AF832305

LUDWIG FEUERBACH

Gesammelte Werke

12

LUDWIG FEUERBACH

GESAMMELTE WERKE

HERAUSGEGEBEN VON

WERNER SCHUFFENHAUER

12

AKADEMIE-VERLAG · BERLIN

1989

PAUL JOHANN ANSELM RITTER VON FEUERBACHS LEBEN UND WIRKEN

veröffentlicht von seinem Sohne

LUDWIG FEUERBACH

2., durchgesehene Auflage

AKADEMIE-VERLAG · BERLIN

1989

Bearbeiter dieses Bandes
WOLFGANG HARICH

Redaktion dieser Auflage
WERNER SCHUFFENHAUER

Gesamt-ISBN 3-05-000 251-4
Band 12: 3-05-000 265-4

Erschienen im Akademie-Verlag Berlin, DDR - 1086 Berlin, Leipziger Str. 3-4
© Akademie-Verlag Berlin 1989
Lizenznummer: 202 · 100/20/89
Printed in the German Democratic Republic
Gesamtherstellung: IV/2/14 VEB Druckerei „Gottfried Wilhelm Leibniz",
Gräfenhainichen, 4450
LSV 0116
Bestellnummer: 752 137 2 (4042/12)

04000

Vorbemerkung

Im Unterschied zu früheren Ausgaben der Schriften Ludwig Feuerbachs nehmen wir in die „Gesammelten Werke" – als zwölften und abschließenden Band der zu seinen Lebzeiten erschienenen Schriften – auch die Würdigung des Lebens und Wirkens von Paul Johann Anselm von Feuerbach (1775–1833) auf, die Ludwig Feuerbach aus dem auf ihn überkommenen ungedruckten Briefwechsel und Nachlaß seines Vaters, des hervorragenden Rechtstheoretikers und -reformers der anbrechenden bürgerlichen Ära, gestaltete. Auch wenn er den von ihm ausgewählten und herausgegebenen Texten nur ein knappes, sein Vorgehen begründendes Vorwort voranstellte und auch nur wenige erklärende, berichtigende oder ergänzende Anmerkungen einzelnen Texten beifügte, so verkörpern doch die Anlage des Gesamtwerkes, die Auswahl des Materials aus einem umfangreichen Fundus von Korrespondenzen, Tagebuchaufzeichnungen, Kopien von Denkschriften und Petitionen, ungedruckten Vortragsmanuskripten und Entwürfen zu Publikationen, wie auch die Anordnung der Texte unter biographischen, rechts- und zeitgeschichtlichen Gesichtspunkten eine hervorragende, originelle editorische Leistung. Sie ist von bleibender Bedeutung für die Analyse der Stellung P. J. Anselm v. Feuerbachs in der Geschichte der Herausbildung der bürgerlichen Rechtstheorie – insbesondere des Strafrechts, wobei mit Bedacht auch auf über deutsche Landesgrenzen hinausgehende Wirkungen und Verflechtungen verwiesen wird –, und sie bietet zugleich unersetzliches Quellenmaterial zur Biographie und wissenschaftlichen Physiognomie des berühmten „Kriminalisten".

Die Edition entstand unmittelbar nach der Niederlage

der Revolution von 1848/49. Daß sich Ludwig Feuerbach jetzt der nach dem Tode seines Bruders Eduard (1803–1843), des Juristen, auf ihn überkommenen Aufgabe der Herausgabe des väterlichen Nachlasses stellte, liegt vornehmlich in seiner tiefen Resignation über die deutschen politischen Zustände begründet; der Rückzug auf die noch offene familiäre Verpflichtung, auf Historie und Biographie erschien ihm als einzige Möglichkeit weiterer schriftstellerischer Betätigung. Und doch führte selbst diese Arbeit zur Konfrontation mit den restaurativen Mächten: Bemühungen zur Komplettierung der Korrespondenz des Vaters werden im Januar 1851 in Leipzig prompt durch polizeiliche Ausweisung des „Achtundvierzigers" durchkreuzt (vgl. L. Feuerbach an F. A. Brockhaus in Leipzig, 19./22. August 1851). Der Rückgriff auf Geschichte und Biographie, auf das Lebenswerk des Vaters, gestaltete sich so zu einer spezifischen Form der Aufarbeitung der eigenen Erfahrungen der Revolutionszeit an Hand wichtiger Elemente ihrer Vorgeschichte, die auch der Vater in seiner theoretischen Wirksamkeit wie in seiner rastlosen Amtstätigkeit an verschiedenen Brennpunkten bürgerlichen Fortschritts mitgeschrieben hatte. Insofern war dieses Werk mehr als die Ableistung einer Sohnespflicht. Die Würdigung des Vaters gestaltete sich zum Bekenntnis, zur Kampfansage an Konservatismus und Restauration, zur Enthüllung von Mechanismen aristokratischer Machtausübung. Insofern repräsentiert das Werk einen markanten Entwicklungsabschnitt Ludwig Feuerbachs selbst und vervollständigt in legitimer Weise den Grundbestand der zu Lebzeiten Feuerbachs erschienenen Schriften in den „Gesammelten Werken" (=GW).

Zur Person Paul Johann Anselm von Feuerbachs vergleiche man – worauf auch im „Vorwort" (vorl. Bd., S. 4) hingewiesen wird – den von Ludwig Feuerbach verfaßten und in Band 10, S. 324ff., unserer Ausgabe wieder abgedruckten Lexikon-Artikel „Paul Johann Anselm von Feuerbach und seine Söhne" (vgl. ferner GW 11, S. 3ff.).

Ludwig Feuerbach hat, wie aus dem Vorwort (vorl. Bd., S. 3ff.). und u. a. aus einem Brief (Ludwig Feuerbach an J. Schibich, 21. Oktober 1851) hervorgeht, auf die Zusammenstellung und Bearbeitung des väterlichen Nachlasses „fast ein ganzes ungeteiltes Jahr" verwandt. Das Werk bedeutete dennoch zu dieser Zeit ein großes verlegerisches Risiko. Otto Wigand brachte es mit Unterstützung des Verlagspartners J. J. Weber zur Ostermesse unter dem Titel „Anselm Ritter von Feuerbachs ... Leben und Wirken ...", Leipzig 1852, in zwei Bänden heraus (= A). Von dieser Ausgabe waren bis Ende Januar 1853 nur ganze 123 Exemplare abgesetzt (vgl. Brief von O. Wigand an L. Feuerbach vom 31. Januar 1853) und man entschied sich zur Begrenzung des vorauszusehenden enormen verlegerischen Verlustes zum Kunstgriff einer „Zweiten, vermehrten Ausgabe", deren Verlagsrisiko allein der Verlagsbuchhändler J. J. Weber übernahm, wobei Feuerbach auf jegliches Honorar verzichten mußte (vgl. Brief von J. J. Weber an L. Feuerbach v. 9. Juni 1853). Diese ebenfalls zweibändige Ausgabe ersetzte im Titel „Leben und Wirken ..." durch „Biographischer Nachlaß" und erhielt im zweiten Bande eine Ergänzung im „Anhang" mit den beiden Nachlaßstücken: „Idee und Notwendigkeit einer Universaljurisprudenz" (vgl. vorl. Bd., S. 616ff.) und „Begriff der Ehe" (vgl. vorl. Bd., S. 634ff.). Mit diesen Veränderungen und Ergänzungen wurden die Bestände Otto Wigands für die zweite Auflage neu aufgebunden und als „Zweite, vermehrte Ausgabe" deklariert; sie erschien in der Verlagsbuchhandlung J. J. Weber, Leipzig 1853 (= B).

Über die Ursachen des Mißerfolgs sowohl der ersten als auch der zweiten Auflage wurden zwischen dem Herausgeber, den Verlegern Wigand und Weber und Freunden Feuerbachs unterschiedliche Meinungen ausgetauscht: der zu große zeitliche Abstand zwischen dem Tode A. v. Feuerbachs und der Veröffentlichung aus seinem Briefwechsel und Nachlaß, die Person des Herausgebers als geächteter Achtundvierziger, die Gestalt des „Vorwortes" mit seinen Hieben auf die Zeit, der Fehlgriff mit Stücken wie dem „Memoire über Kaspar Hauser" und noch andere Gründe wurden für die geringe oder nur kühle Aufmerksamkeit, die das Werk fand, geltend gemacht. Vor allem dürften hier aber die jeder progressiven Publikation entgegenstehenden Hemmnisse der Restaurationsperiode zu nennen sein. An das „Memoire über Kaspar Hauser" (vgl. vorl. Bd., S. 567), in dem die Hypothese vom legitimen badischen Thronerben expliziert wird, knüpfte sich zudem gegen Ludwig Feuerbach einerseits der Vorwurf der Indiskretion, andererseits der unüberprüften Veröffentlichung und der Unkenntnis von einem späteren Abgehen Anselm von Feuerbachs von der im „Memoire" vertretenen Position wie überhaupt einer unzureichenden Vertrautheit mit dem Gegenstand. Letzterer Vorwurf zumindest läßt sich durch Hinweis auf eingehende Beschäftigung Ludwig Feuerbachs mit dem Fall Kaspar Hauser (vgl. GW 17, S. XII, die Hinweise auf die Korrespondenz mit G. F. Daumer, bei dem Hauser zeitweilig Zuflucht gefunden hatte) abweisen.

Unsere Ausgabe bringt das Werk in *einem* Bande nach dem Text von A und fügt ihm in – mit hochgestellten Ziffern markierten – Bearbeiterfußnoten die Varianten von B hinzu. Lediglich im Anhang werden – der Übersichtlichkeit wegen – die beiden den Anhang von A ergänzenden Abhandlungen aus dem Nachlaß nicht als Fußnote abgedruckt, sondern dem Text von A nachgestellt. Orthographie und Zeichensetzung wurden, unter Wahrung des Lautbestandes, modernisiert, fremdsprachigen Stellen die deutschsprachige Übersetzung in eckigen Klammern hinzugefügt. Für die Berichtigung der Druckfehler, auf die in jedem Fall durch Fußnote aufmerksam gemacht wird, war das von Ludwig Feuerbach stammende, an den Schluß von B gestellte Verzeichnis der Errata maßgeblich; die Schreibung von Namen wurde – soweit eine Identifizierung möglich war – gegenüber der Erstauflage berichtigt und vereinheitlicht. Das auf Seite 18f. des „Vorworts" von Ludwig Feuerbach erwähnte Bildnis des Vaters, das dem Titel des ersten Bandes in beiden Ausgaben beigegeben war, wird der Abschlußband der „Gesammelten Werke" bringen.

Im Vorwort des Herausgebers zu den „Gesammelten Werken" (vgl. GW 1, S. XLIV) wurde darauf hingewiesen, daß eine 15 Seiten umfassende Reinschrift des mit 20. Januar 1852 datierten „Vorwortes" von Feuerbachs Hand aufgefunden wurde (Stadtbibliothek Nürnberg). Der Wortlaut dieses offensichtlichen Satzmanuskriptes ist inhaltlich identisch mit dem 1852 veröffentlichten; das Manuskript weist jedoch Textumstellungen und Sofortvarianten auf, die seine gesonderte Veröffentlichung in Nachträgen zu den Schriften gerechtfertigt erscheinen lassen. Zur Anmerkung über die „hohe Regierungsweisheit" auf S. 13 dieses Manuskriptes (vgl. vorl. Bd., S. 17, unten) macht Feuerbach zum Beispiel eigens eine vorherige Streichung mit der ausdrücklichen Forderung rückgängig: „Die Anmerkung wird gedruckt!“

Die in Klammern beigefügten Übersetzungen fremdsprachiger Textstellen stammen von Rudolf Schottlaender † und dem Herausgeber.

Herausgeber und Bearbeiter

Anselm Ritter von Feuerbach's

weiland königl. bayerischen wirkl. Staatsraths und Appellationsgerichts-Präsidenten

Leben und Wirken

aus seinen ungedruckten

Briefen und Tagebüchern, Vorträgen und Denkschriften

veröffentlicht von seinem Sohne

Ludwig Feuerbach

Mit dem Bildnis Anselm von Feuerbach's.

Erster Band.

Leipzig,
Verlag von Otto Wigand.
1852

Umseitig der Originaltitel
des ersten Bandes des Erstdrucks

Vorwort

Der literarische Nachlaß des ehemaligen Staatsrats und Präsidenten Paul Joh. Anselm von Feuerbach, meines Vaters, war ursprünglich von ihm selbst seinem Sohne Eduard, dem einzigen seiner fünf Söhne, welcher sich der Jurisprudenz gewidmet hatte, zur Herausgabe bestimmt. Allein übertriebene Anstrengung und Gewissenhaftigkeit in der Erfüllung seiner Berufspflichten bei peinlicher Unbehaglichkeit in seiner abhängigen Stellung als Staatsdiener, Unentschlossenheit und hypochondrische Ängstlichkeit in allen die Politik auch nur von ferne berührenden Dingen trotz seines sonst durchaus männlichen und furchtlosen Charakters, Kränklichkeit, sei's nun wirkliche oder eingebildete, und endlich ein frühzeitiger, plötzlicher Tod verhinderten diesen, den Willen seines innig, ja heilig verehrten Vaters zu erfüllen. Als der ihm nicht nur den Jahren, sondern auch der Wissenschaft nach nächste von den drei damals (1843) noch lebenden Brüdern kam ich nun in den Besitz der sämtlichen hinterlassenen Papiere nicht nur meines Bruders, sondern auch Vaters. Natürlich war der materielle Besitz für mich nur die Veranlassung, mich sofort auch in den geistigen Besitz zu setzen. Meine sich nicht nur auf dieses und jenes, sondern alles, was wenigstens wert ist, gewußt zu werden, erstreckende Wißbegierde, mein sich weniger im Schreiben und Lehren als im Lernen und Studieren befriedigender Tätigkeitstrieb, begünstigt von einer glücklichen, weil unabhängigen, Lage und angefeuert von dem heiligen Egoismus der Liebe des Sohnes zum Vater, machte mir erst das Studieren, dann das Sichten und Ordnen des väterlichen Nachlasses zu einer ebenso lehrreichen als angenehmen, ebenso den Kopf als das Herz ergreifenden Beschäftigung. Aber gleichwohl war ich von meinen eignen Arbeiten und Gedankenentwicklungen stets so sehr in Anspruch, ja in Besitz genommen, daß es mir unmöglich war, eine ganz kurze, für O. Wigands Konversationslexikon 1847 verfertigte Lebensskizze von meinem Vater ausgenommen, etwas aus seinem Nachlaß für den Druck herzurichten;[1] denn es ist etwas ganz andres, etwas für sich und etwas für andere zu tun, etwas zu studieren und etwas – sit venia verbo [mit Verlaub gesagt] – zu publizieren. Es gibt zwar sehr viele Leute, die von diesem Unterschiede nichts wissen, die, was und wieviel sie wissen, nur wissen, um es anderen zu wissen zu tun, die nur für andere denken und schreiben, weil sie gar nichts für sich selbst denken und haben. Aber ich gehöre nicht in die Klasse dieser glücklichen Skribenten. Mir kostet es immer eine große Überwindung, mich aus der Studierstube in die Visitenstube zu begeben, um dem „Publikum", wenn auch keineswegs in besonders schmeichelhafter Art, meine Aufwartung zu machen. Und obgleich meine Phantasie mir stets das Publikum nicht eben von seiner vorteilhaftesten und einladendsten Seite vorstellt, so habe ich doch wenigstens vor der Öffentlichkeit als solcher eine so große Achtung, daß ich nur das zur Sache der Öffentlichkeit machen kann, was ich, wenigstens eine Zeit lang, zum *῞Εν καὶ Πᾶν* [Ein und alles], zur alles verdrängenden Hauptsache mache. Ich kann wohl „Nebenstunden", selbst auch „Wetzlar[i]sche", studieren, aber nicht schreiben. Ich bin zwar, wie bekannt, horribile dictu [schrecklich zu sagen], ein ganz gräßlicher „Atheist", aber gleichwohl, wenn auch kein guter Christ, doch ein guter Hebräer, und folglich ein guter Jehovist oder doch Jahvist; denn wer den Menschen gut ist, der ist auch ihren Göttern, den Lieblingen ihres Herzens, gut, wenn er gleich die Favoritenherrschaft in die ihr gebührenden Schranken zurückweist. Der Jehova sagt aber: Ich bin ein eifersüchtiger Gott, neben mir sollst du keine andern Götter haben; und: Sechs Tage sollst du für mich arbeiten, aber der siebente Tag, der Sabbat, ist mein. So viele Jahre ich daher auch schon bei meinem Vater Privatissima

[1] Vgl. GW 10, S. 324–332

gehört, so viel Zeit und Studium ich auch schon auf seinen, sein ganzes, unermüdlich tätiges Leben umfassenden Nachlaß verwandt habe, so bin ich doch jetzt erst imstande, etwas davon der Welt mitzuteilen, nachdem es mir gelungen ist, mich mit Gewalt von meinen allernächsten Gedanken und Arbeiten loszureißen und fast ein ganzes Jahr ununterbrochen und ausschließlich auf denselben zu verwenden. Ob es mir trotz alledem aber auch gelungen ist, es der Welt recht zu machen? Das ist freilich eine andere Frage. Übrigens kann man es, wie männiglich bekannt, in nichts jedem – und die Welt ist jeder – recht machen. Der letzte Maßstab, woran man sich kehren muß, bleibt immer das eigne Urteil, das eigne Bewußtsein, zumal wenn man nicht allein steht, sondern von seinem Gegenstande erfüllt und unterstützt wird. Und das war hier der Fall. Stets begeisterte und umschwebte mich, aber nicht als Geist geheiligten Wahnglaubens, sondern als hier noch wirkender, hier noch, wenn auch nur als gewußt wissender, als gedacht denkender Geist, der Geist meines Vaters; ihm die letzte Ehre zu erweisen, die dem geistigen Vater der geistige Sohn erweisen kann, aber eine Ehre nur in *seinem* Sinne, seinem Wahrheits- und Gerechtigkeitssinne – das allein war der Impuls und der Endzweck meiner Arbeit.

Der Nachlaß meines Vaters enthält im allgemeinen – das Nähere kommt größtenteils gelegentlich im Laufe des Werks selbst vor, entweder im Text oder in den Anmerkungen – Kriminalistisches, Staatsrechtliches und Rechtsphilosophisches – seine höchst interessanten, jedoch leider nur zum allergeringsten Teil vollendeten universalhistorischen Entwicklungen der Entstehung und Ausbildung der Gesetze und Rechtsverhältnisse –, endlich Biographisches. In der Erwägung jedoch, daß der Mensch in seiner Ganzheit unendlich mehr ist als der Rechtsphilosoph oder gar der Kriminalist für sich, daß die Darstellung von jenem, wenn man den Begriff „Mensch" nur nicht zu enge faßt, auch den Gelehrten und Staatsmann in sich begreift, aber nicht umgekehrt, wenigstens nicht in demselben Maße, daß namentlich mir nicht nur als Sohn, sondern auch als Denker der Mensch am nächsten liegt, habe ich vor allem die Herausgabe des biographischen

Nachlasses zu meiner Aufgabe gemacht – das Wort „Bios", Leben, jedoch, wie ich soeben bei dem Worte „Mensch" bemerkte, in einem universellen, auch den Gelehrten, den Gesetzgeber, den Staatsmann, kurz, alle menschlichen Verhältnisse und Tätigkeitsäußerungen umfassenden Sinne genommen. Darum habe ich, außer den Tagebuchnotizen, Selbstschilderungen und Briefen meines Vaters, zur Charakteristik seiner legislativen Tätigkeit, seiner Situation und Kämpfe im damaligen Geheimen Rat Bruchstücke aus seinen Vorträgen über den Code Napoléon – nicht zu verwechseln mit den in der „Themis" abgedruckten „Betrachtungen" –, zur Berichtigung der Vorurteile, die namentlich im „Ausland" über den Verfasser des zum Teil mit Recht verschrienen, mit Unrecht aber ihm allein ohne Rücksicht auf Zeit und Verhältnisse imputierten Strafgesetzbuchs von 1913 existieren, Bruchstücke aus seinen Vorträgen in den Vereinigten Geh.-Rats-Sektionen und im Plenum des Geh. Rats, zur Bezeichnung des Standpunkts überhaupt, von dem aus derselbe seine kriminalistischen Reformen in Bayern begann, natürlich nicht für gelehrte Juristen, sondern gebildete Leser überhaupt, einen noch in Landshut geschriebnen, zwar unvollendeten, doch sinnvoll-schließenden Aufsatz über das frühere, damals noch bestehende peinliche Recht Bayerns, zur genauen Angabe seiner vielen außerordentlichen Dienstleistungen Gratifikations-Gesuche, endlich zur Darlegung seiner Ansichten und Urteile über verschiedene allgemein interessante Gegenstände mehrere Aufsätze oder vielmehr Denkschriften in diese Biographie aufgenommen. Ja, ich habe sogar auch, teils wegen der, wenn auch jetzt fast nur noch historischen, Wichtigkeit des Gegenstandes, teils aber auch aus dem ganz äußerlichen Grunde, daß, dank unsrer hohen Regierungsweisheit, unter anderm Handel und Wandel auch der Buchhandel so darniederliegt, daß man auf alle größeren langwierigen Unternehmungen verzichten, daß man, wie auf der Eisenbahn, kommt man einmal an einen günstigen Haltpunkt, in seinen literarischen Reisesack so viel Proviant als möglich in aller Geschwindigkeit hineinstecken muß, sein Gutachten über die Motive oder vielmehr „Anmerkungen zum Strafgesetzbuch", natürlich mit Verkürzungen, mit aufgenommen. Kurz, meine Aufgabe war, ein möglichst vollständiges, allseitiges Bild von dem Wesen oder Leben und Wirken meines Vaters zu geben, *aber* ein *rein objektives*, nur von seinen eignen, wenn auch oft ganz flüchtigen und rohen, Pinselstrichen entworfenes. Mögen die Herren Historiker sich noch so sehr mit ihrer Objektivität brüsten, es gibt nur eine, und diese besteht darin, auf das eigne Wort zu verzichten, den Gegenstand unmittelbar selbst reden zu lassen. Es vertritt jeder sich selbst am besten. Ich bin in dieser Selbstverleugnung so weit gegangen, daß ich mich selbst in den Anmerkungen jedes Eigensinns, jeder, wenn auch noch so zudringlichen, Reflexion und Nutzanwendung auf die ebenso trostlosen als lächerlichen öffentlichen Zustände der Gegenwart – gewiß der höchste Grad der Selbstbeherrschung – enthalten habe. Meine eigne Tätigkeit bestand nur in der kritischen Auswahl der einzelnen brauchbaren Stücke aus der vorhandenen chaotischen Masse, in der chrono- und teleologischen Anordnung und Zusammensetzung derselben zu einem Ganzen und in der Beifügung erklärender, berichtigender und ergänzender Anmerkungen.

Aber trotz dieser oder vielmehr gerade wegen dieser gänzlichen Beseitigung meiner Persönlichkeit ist doch diese Schrift aus demselben Geiste hervorgegangen, aus welchem meine eigensten Schriften entsprungen sind, und daher mit allen Tugenden oder vielmehr Untugenden derselben behaftet. Eine meiner größten Untugenden ist nun aber die, daß ich bei jeder Schrift immer nur eine *ganz bestimmte* Aufgabe im Auge habe, daß ich aufs strengste die Grenzen dieser so oder so gestellten Aufgabe einhalte, daß ich den Gegenstand *nur insoweit* betrachte und behandle, als eben in Beziehung auf diese Aufgabe notwendig ist, daß ich daher alles auslasse, was entweder jenseits dieser selbstgesetzten Grenze liegt oder was überhaupt der verständige Leser sich selbst sagen oder aus dem nächsten besten Buche über denselben Gegenstand erfahren kann. Fast alle meine Schriften sind nur kritische Supplemente zu den, meist nicht von mir genannten, Werken meiner geliebten Brüder im Menschen, sind nur Ausfüllungen von den leeren Zwischenräumen, die ich in den Schriften oder Köpfen anderer entdeckte, und daher selber voller Lücken, weil ich stillschweigend voraussetze, der Leser werde selbst, sei es nun aus seinen eigenen Fonds oder aus den Schriften anderer, diese Lücken ausfüllen. Es erscheint diese Schreibart auf den ersten oberflächlichen Blick als eine sehr indiskrete, aber sie ist in Wahrheit das gerade Gegenteil; denn während der schwatzhafte Schriftsteller den Leser nicht zu Wort und Verstand kommen läßt, ihm alles eigne Wissen und Verstehen abspricht, unterbricht der einsilbige Schriftsteller in Gedanken fortwährend sich selbst durch die Gedanken des Lesers als eines selbst denkenden Wesens, gibt ihm gleichsam zur Unterhaltung seines Verstandes nur Rätsel aufzulösen und sagt überhaupt nur, was er glaubt sagen zu *müssen*, weil es der Leser nicht selbst schon weiß. Freilich kann er in dieser Voraussetzung oft sehr irren, Bekanntes als unbekannt und, umgekehrt, Unbekanntes als bekannt voraussetzen und daher in den Fehler fallen, bald zu viel und bald wieder zu wenig zu sagen. Aber die Schuld dieses Fehlers trägt nur der Schreiber, nicht die Schreibart.

Was nun von meinen übrigen Schriften, das gilt auch von dieser. Nicht einen Finger breit bin ich von dem mir selbst gegebenen Gesetz, nur meinen Vater selbst reden zu lassen, abgewichen. Ich bemerke dieses ausdrücklich, damit man nicht mit Erwartungen an diese Schrift komme, die hier nicht befriedigt werden. Vor allem erwarte man von mir keine Biographie in gewöhnlicher Weise, keine Biographie, wie man sie in jeder Enzyklopädie und jedem Konversationslexikon findet. Ich setze vielmehr das Totengerippe des äußerlichen Lebenslaufes als bekannt voraus und fülle es nur mit Fleisch und Blut aus, und zwar nur mit *dem* Fleisch und Blute, des einst dieses Gerippe besessen und beseelt hat. Man merke wohl auf den Titel! Er bezeichnet genau meine Aufgabe. Es heißt: A v. F.s Leben und Wirken *aus* seinen Briefen usw. veröffentlicht.[1] Nur soweit diese Quellen fließen, nicht über sie hinaus, nicht hinter sie zurück erstreckte sich meine Aufgabe. Wohlweislich, ganz im Einklang mit meiner Idee und Aufgabe, der jedoch hier glücklicherweise auch der äußere

[1] Man merke ... veröffentlicht. *Fehlt in B, wo dann mit dem folgenden Satz ein neuer Absatz beginnt.*

Zufall freundlich entgegenkam, beginne ich das Leben meines Helden nicht mit, noch von meinem Bruder Eduard gesammelten, Sagen über seine Jugend und Jugendstreiche im elterlichen Hause; ich beginne da, wo die eigentliche, zuverlässige Geschichte des Menschen anfängt, wo an die Stelle der mythologischen und patriarchalischen dritten Person das impertinente, revolutionäre Ich auf die Schaubühne tritt; ich beginne den Anfang seines Lebens mit dem Anfange seiner Ichheit, Freiheit und Selbständigkeit – mit dem ältesten Stück, das sich von seiner Hand erhalten hat, mit einem Briefe, welchen er als eben der väterlichen Gewalt entsprungener Student aus Büchernot und Liebesnot an einen Frankfurter Freund schrieb.

Allerdings habe ich zur Ergänzung auch die äußerlichen Lebensumstände, und zwar mit möglicher Genauigkeit, angegeben, aber ich gebe biographische und sonstige Notizen nur da, wo der *Gegenstand selbst* den Stoff oder doch die Veranlassung dazu mir an die Hand gibt, wo er in dem Leser das *Bedürfnis* darnach erweckt, wo sie also allein interessant und *notwendig* sind. So gebe ich den Inhalt seiner Schriften nur da an, wo er entweder nicht selbst sich darüber ausspricht oder der Titel nicht hinreichend denselben bezeichnet. So bringe ich da erst, wo mein Vater eine kurze empfindungsvolle Anrede an seinen Geburtsort hält, wo also die Frage nach seiner Geburtszeit notwendig entsteht, die Antwort darauf durch eine pikante Veranlassung motiviert ist, das Datum seines Geburtsjahres und Geburtstages; da erst die Angabe seines Todesjahres und Todestages, wo er aufhört, selbst zu schreiben und folglich zu leben – denn beides war bei ihm fast unzertrennlich, noch fast bis zu seinen letzten Augenblicken bediente er sich, der Sprache beraubt, zum Ausdruck seiner Wünsche mit größter Korrektheit der Feder –, da, wo er selbst, freilich nur indirekt, bei dem teilnehmenden Leser sich verabschiedet, da also erst, wo in die *hohle Zahl* seines Todesjahres und -tages, die sich als solche in jedem Konversationslexikon findet, Herz und Schmerz, Sinn und Verstand hineinkommt. Da aber, wo mein Gegenstand mir gar nichts gibt und sagt, da sage auch ich nichts und kann folglich auch die Neugierde des Lesers nicht befriedigen weil ich selbst nichts darüber weiß.

Man hat mir, nachdem schon alles, selbst auch die Vorrede gedruckt war, den Vorwurf gemacht, daß es ein großer, dem Leser höchst empfindlicher Mangel sei, daß ich keine übersichtliche biographische Skizze von meinem Vater und seiner Familie vorausgeschickt hätte. Aber was diesen Vorwurf hinsichtlich meines Vaters betrifft, so kommt er mir ebenso vor, als wenn man einem Dichter darüber einen Vorwurf machen wollte, daß er das, was er poetisch gesagt, nicht auch zum bessern Verständnis in Prosa gegeben habe. Man mißverstehe nicht dieses Gleichnis! Es bezieht sich nicht auf mich, sondern auf den Gegenstand; aber auf diesen paßt es. Das Leben, das hier sich vor den Augen des Lesers entrollt, ist eigentlich – im ganzen und wesentlichen betrachtet – ein Drama in der Form von Briefen, Tagebüchern, Vorträgen. A. v. F. war selbst eine durchaus dramatische Persönlichkeit, mit allen Tugenden, aber auch Fehlern einer solchen behaftet. Sogar seine kriminalistische Theorie, die Theorie des psychologischen oder psychischen Zwangs, welche das Gesetz nur zu einem Gegenstand der Leidenschaft macht, Leidenschaft nur durch Leidenschaft bekämpft, ist nur aus diesem seinem dramatischen Wesen zu erklären und begreifen. Selbst die trockensten, geistlosesten Gegenstände der juristischen Gelehrsamkeit – mit welchem Geist und Leben hat er sie behandelt! Wie köstlich ist nicht z. B. in seinen „Zivilistischen Versuchen" die wichtige Entdeckung des Unterschieds zwischen servitus luminum und servitus ne luminibus officiatur, zwischen „Schattendienstbarkeit und Lichtdienstbarkeit"! Und mit welchem dramatischen Feuer und Leben sind nicht seine „Kriminalrechtsfälle" geschrieben! „L. v. O. – um nur ein Beispiel hervorzuheben – das Muster eines rechtschaffenen, gesitteten Mannes, nicht der mindeste Fleck an seinem guten Namen . . . – und *dieser* Mensch auf einmal ein Brudermörder!" Wie meisterhaft ist dieser tragische Widerspruch gelöst und erklärt, aber nur so erklärt, daß wir vor unsern Augen den Entschluß zur unheilvollen Tat entstehen, sich entwickeln und vollenden sehen und endlich tief ergriffen ausrufen: Ja, er *mußte* fallen, wenn auch nur „als ein Opfer des Mangels an moralischer *Klugheit* und *Selbstkenntnis*", aber auch, setze ich hinzu, als ein Opfer des großen Widerspruchs zwischen dem Menschen, wie *er wirklich ist* und der Psycholog ihn darstellt, und zwischen dem Menschen, wie der Kriminalist ihn sich *denkt* und durch seine Gesetze *machen* will – ein Widerspruch, der, obwohl nur in der Person des Darstellers, selbst mit zu den tragischen Konflikten dieser „Kriminalrechtsfälle" gehört. Wie unangemessen wäre es nun aber gewesen, wenn ich diesem dramatischen Wesen und Leben durch einen prosaischen Lebenslauf hätte vorgreifen wollen! Eben um den Charakter dieses Lebens und meines Verhältnisses zu demselben, meine Aufgabe schon auf dem Titel genau zu bestimmen, wollte ich, in Einklang mit der Bedeutung, in welcher ich stets das Wort „Darstellung" in meinen eignen Schriften gebraucht, Darstellung als die gleichsam dramatische Behandlungsweise, wo das Ich *hinter* dem Gegenstande verschwindet, von der epischen und lyrischen, wo das Ich *vor* den Gegenstand tritt und sich in denselben mit einmischt, unterschieden habe, sagen: A. v. F.s Leben, *aus* – nicht nach – seinen Briefen usw. dargestellt. Da aber gleichwohl auch dieses Wort beanstandet wurde, mir überdies der einfachste und anspruchloseste Titel, soweit er sich auf mich bezieht, der liebste war, so wählte ich „veröffentlicht" statt „dargestellt".

Was nun aber weiter den gemachten Vorwurf hinsichtlich der Familie A. v. F.s betrifft, so ist dieser schon durch die Grenze meiner Aufgabe beseitigt. Es handelt sich hier nicht um die Familie, sondern nur um die Person A. v. F.s. Die Briefe an seine Söhne, die hier aufgenommen wurden, sind nicht der Söhne, sondern des Vaters wegen aufgenommen worden. Er ist die Hauptperson, er allein Selbstzweck; alle andern Personen sind *hier* nur Mittel zu seiner Selbstdarstellung, nur personifizierte Seiten oder Momente seines Wesens. So schmerzlich teuer mir das Andenken namentlich meiner Brüder ist, welche, mit Ausnahme meines jüngern Bruders, Friedrich, leider bereits alle ihrem Vater nachgefolgt sind, und zwar in den besten Jahren – der Mathematiker Karl, geboren 1800 in Jena, schon im Jahre 1834, der Jurist Eduard 1803 in Kiel geboren, im Jahre 1843, der Philolog und Archäolog Anselm, in Dornburg, dem Geburtsorte der Mutter, 1798 geboren, im letztverflossenen Jahre –, so war doch hier nicht der Ort, ihrer anders zu gedenken, als eben in diesen Briefen gelegentlich geschieht. Und was den weiblichen Nachlaß meines Vaters betrifft, welcher aus seiner noch lebenden Gattin, meiner geliebten Mutter, und drei gleichfalls noch lebenden jüngern Schwestern besteht, so gehört dieser per se [schon an sich] nicht vor das Forum der Öffentlichkeit. Nur auf dem männlichen Geschlecht lastet ja bei uns „der Fluch der Zelebrität" und Publizität. Und es war ein auch innerhalb meiner Aufgabe gelegener und so streng als möglich beobachteter Grundsatz, nur mitzuteilen, was an und für sich für die Öffentlichkeit sich eignet, was seiner Natur nach auf allgemeine Teilnahme Anspruch macht. Eine Menge für die Familie interessanter Briefe sind daher ungedruckt geblieben. Mein Grundsatz war, eher zu wenig als zu viel zu geben, eher aus kritischer Sparsamkeit als aus indiskreter Unmäßigkeit zu fehlen. Doch ich glaube, nun hinlänglich den mir gemachten Vorwurf widerlegt zu haben, und lenke daher von der großen Unterbrechung, die er mir aufgenötigt hat, wieder in das alte Geleis meiner Vorrede ein.

Ich wollte anfangs der Schrift den Titel geben: *„A. v. F.s Autobiographie"*, in der Vorrede aber bemerken, daß dieser Titel im eigentlichen und gewöhnlichen Sinne allerdings nur auf den geringsten Teil des Inhalts passe, daß aber dieses Wort doch insofern gerechtfertigt sei, als das Ganze nichts weiter sei und sein solle als eine *indirekte* Autobiographie, die indirekte Autobiographie aber gerade die *wahre* Autobiographie sei. Den größten Teil der Schrift machen ja Briefe aus; woraus aber können wir, wenn wir einmal nur auf die Schrift verwiesen sind, besser das Wesen und Leben des Menschen erkennen als aus Briefen, die gleichzeitig mit den Erlebnissen fortlaufen, die ersten, allerdings oft nur momentanen, aber immer charakteristischen Eindrücke abspiegeln, ja, die selbst einen integrierten Teil des Lebens bilden? Der „ehrliche Pastor Gerber in Lockwitz bei Dresden schilderte die Erfindung, Briefe zu schreiben, als eine unerkannte Wohltat „Gottes"; aber der gute Mann lebte zu einer Zeit, wo längst die Gottheit der Gewohnheit diese Erfindung in ihren heiligen Schutz genommen hatte. Die Briefe sind vielmehr, wie alle anderen in ihrem Anfange verketzerten und verdammten Erfindungen der natürlichen Magie, diabolische Prästigien [Blendwerke][1], Werke des criminis conjurationis spirituum [Verbrechens der Geisterbeschwörung], Werke der Hexerei wodurch der Mensch sich und andere an entfernte Orte hinzaubert, wodurch er sich dahin geistig versetzt, wo er nicht leiblich ist, aber sein möchte; sie sind Surrogate des persönlichen Umganges und Verkehrs und ebendeswegen wesentliche Lebensbestandteile. Die Orte, wohin die Briefe adressiert sind, haben daher für den Biographen oft weit größere Wichtigkeit als der leibliche Aufenthaltsort. Wie oft existiert der Mensch an einem Orte, in einem Lande nur aus dem leeren Grunde, weil er eben überhaupt irgendwo existieren muß! Der Prophet gilt nichts in seinem Lande; aber ebendeswegen ist er auch mit seinem Geiste und Wesen nur da, wo er weiß, daß er etwas gilt. Und welche schriftliche Äußerungsweise seiner Erfahrungen, seiner Leidenschaften, seiner Bestrebungen, Gedanken und Empfindungen ist dem Menschen angemessener als die der brieflichen Mitteilung? Wie unnatürlich ist dagegen der sich nur in sich selbst bespiegelnde Monolog des Tagebuchs oder der unmittelbaren, absichtlichen Autobiographie! Sprache und Schrift hat der Mensch nicht für sich, sondern nur für andere und mit anderen. Nur das seiner Naturbestimmung getreue, nur das gelegentliche, das von dem Interesse, der Teilnahme der andern abgenötigte, nur das überhaupt in, sei's nun geistiger[2], Gemeinschaft gezeugte Wort ist kein Mondkalb, sondern eine vollkommene menschliche Leibesfrucht; denn der Mensch ist Mensch nur mit Menschen, Selbst nur selbander. Wer spricht ohne Grund und Not, schwätzt; aber Grund zur Rede ist nur da, wo das Bedürfnis derselben ein gegenseitiges. Worte, die ich nur für mich oder nur für die Welt überhaupt niederschreibe, verschwimmen im Allgemeinen; Leben, Individualität bekommen sie erst in der Richtung an bestimmte Personen. Die Blößen nur, die man sich in der Hitze des Wortkampfes gibt – was ist aber der Brief anders als ein geistiges Sprachduell? Wodurch anders als durch die zeitliche und

[1] Prästitien *A – korr. nach F.s Hinweis, An O. Wigand, 12. 3. 1852.*

[2] *Nach F.s Hinweis, a.a.O., zu ergänzen:* oder körperlicher

räumliche Entfernung der Antwort unterscheidet er sich von dem mündlichen Dialog? –, die Worte nur, die uns im Drange des Augenblicks, im Drange der Notwehr unwillkürlich wie elektrische Funken entfahren, nur diese sind die wahren autobiographischen Licht- und Glanzpunkte.

„Jede", sagt ganz richtig mein verehrter Freund [E. G.] von Herder in der Vorrede zu dem „Lebensbild" seines Vaters, „jede selbst mit der vermeintlich größten Offenherzigkeit verfaßte Autobiographie hat – gegenüber dem *wahren* Wesen – einen nur eingeschränkten Wert, während die im unbewachten Augenblicke der ersten Empfindung geschriebenen Briefe den Menschen ihm selbst unbewußt zeigen, wie er ist." Aber gleichwohl muß ich die Einschränkung hinzusetzen: Sie zeigen ihn nur, *wie er dieser Person gegenüber ist*, der er sich mitteilt, zeigen ihn nur in diesem bestimmten, eigentümlichen Verhältnisse, zeigen also nur sein relatives, nicht sein absolutes oder ganzes Wesen. Er schreibt an diese Person so, wie sie ihn, je nach ihrer Individualität, je nach dem Eindrucke, den sie auf ihn und vielleicht nur auf ihn macht, unwillkürlich bestimmt, ihr gegenüber zu sein oder zu erscheinen. Jeder ruft in dem andern die ihm entsprechenden Seiten oder Eigenschaften hervor, sind gleich diese sehr häufig gerade die entgegengesetzten. So macht Ruhe unruhig, Kälte hitzig, Süßlichkeit gallig, Zudringlichkeit abstoßend. Jeder glaubt den andern zu erkennen und [zu] beurteilen, wie er an sich ist, ohne zu bedenken, daß er in dem vermeintlichen Wesen des andern vielleicht nur eine sehr getreue, aber ebendeswegen nichts weniger als schmeichelhafte Kopie oder vielmehr Karikatur seines eigenen Wesens vor sich hat, ohne zu bedenken, daß wenigstens die Atmosphäre, in der er das Wesen des andern rein für sich selbst einzuatmen glaubt, ein gemeinschaftliches Element und daher auch durch die ausgeschiedene Kohlensäure und den Wasserdampf seines eigenen lieben Ichs verunreinigt ist. Kurz, *wie* das Du, *so* das Ich. Man kann nicht zweimal in denselben Fluß steigen, sagt Heraklit, aber man kann auch nicht zweimal unterschiedlos derselbe, man kann namentlich nicht zweien Menschen gegenüber unverändert derselbe sein.

Die Unveränderlichkeit existiert nur in den Köpfen der Theologen, die Identität nur in den Köpfen der spekulativen Philosophen. Zur vollständigen Erkenntnis des Briefschreibers gehört daher wesentlich auch die Erkenntnis der Personen, an die er schreibt, und der individuellen, freilich oft unsagbaren, Beziehungen, in der er zu ihnen steht. Ich wollte darum anfangs mich nicht allein auf die Briefe meines Vaters beschränken, sondern auch die wichtigeren und interessanteren Briefe seiner Korrespondenten mitteilen; aber dieser Plan scheiterte aus dem schon erwähnten äußerlichen Grunde. Nur bei einem Briefe F. H. Jacobis machte ich die Ausnahme, daß ich ihn ganz aufnahm, während ich bei andern nur die zum Verständnis notwendigen Stellen hie und da in den Anmerkungen beifügte. Glücklicherweise sind jedoch die Personen, an welche ein großer Teil der Briefe gerichtet ist: die Gräfin Elise von der Recke und Tiedge, hinlänglich bekannt, bei vielen andern Briefen, die nur wissenschaftliche, amtliche oder legislative Dinge betreffen, die Personen gleichgültig. Und was die Person seines Vaters betrifft, so möge zur richtigen Beurteilung des Geistes und Tones, namentlich der früheren Briefe an ihn, die Bemerkung hier genügen, daß jener, ein guter Jurist*, nicht nur von Kenntnissen,

* Zu S. 16[1] wo ich seine juridische Inauguraldissertation anführe, erlaube ich mir hier im voraus die berichtigende Anmerkung, daß ich die Frage, wie sie im Texte gestellt ist, nämlich: ob, wie es die allgemeine Annahme der Juristen sei, unter den mitleidswürdigen Personen das Gesetz auch die Armen verstanden habe, in Gedanken auch auf den Titel versetzt habe und daß nur auf die so gestellte Frage die „verneinende Antwort" paßt. Um aber kein falsches Bild von meinem, auch von mir persönlich gekannten und verehrten, Großvater in dem Leser zurückzulassen, bemerke ich zugleich, daß er keineswegs leugnet, daß es billig und selbst gerecht (justum) sei, den Armen Rechtswohltaten zu gestatten, sondern nur, daß sie aus dem allegierten Gesetz abgeleitet werden können, weil unter den aliique fortunae injuria miserabiles [anderen, durch die Ungunst der Umstände Mitleidswürdigen] nicht die Armen, sondern die vorher von dem Kaiser ausdrücklich genannten diuturno morbo fatigatos et debiles [durch langandauernde Krankheit Geplagten

1 *Im vorliegenden Band S. 33, Fußnote.*

sondern auch von Charakter, das Recht namentlich der väterlichen Gewalt im strengsten Sinne ausübte, ja einmal sogar das alte reichsstädtische Privilegium, welches die väterliche Disziplinargewalt selbst bis auf die Zuchthausstrafe ausdehnte, geltend machen wollte, daß er ferner, an und für sich zur Skepsis und Satire über die menschlichen Torheiten und Eitelkeiten geneigt, insbesondere seinem Sohne gegenüber fortwährend den Zweifler und Tadler spielte, in allem seinen Tun und Treiben, mochte es auch noch so erfolgreich sein, Mangel an Weisheit, d. h. Klugheit, erblickte, und diesen daher gewissermaßen nötigte, bei allen Unternehmungen und Veränderungen

und Gebrechlichen] zu verstehen seien. Es ist hier ebenso wie mit dem Rigorismus meines Vaters, dem es nie in den Sinn gekommen ist, zu leugnen, daß[1] das Gesetz gerecht, d. h. vernünftig und menschlich, sein solle, sondern der nur behauptet hat, daß, wenn einmal ein bestimmtes Gesetz gegeben sei, auch die Anwendung desselben eine streng gesetzliche sein müsse. Es ist, um die Familienidentität bis auf meine Wenigkeit herab auszudehnen, jedoch nur ganz kurz und flüchtig anzudeuten, mit der Polemik meines Vaters gegen die Willkür der Kriminalisten seiner Zeit, welche, um die damals noch geltenden barbarischen Gesetze der Carolina scheinbar gelten zu lassen, in der Tat aber aufzuheben, ihre dem Gesetz widersprechenden Meinungen in das Gesetz selbst hineintrugen, gerade ebenso wie mit meiner Polemik gegen die Willkür der modernen Philosophen und Theologen, welche die ihrer bessern Überzeugung widersprechenden, aber doch noch offiziell geltenden barbarischen Glaubensgesetze der Vergangenheit scheinbar bejahen, indem sie sie in der Tat aufheben. Der große Unterschied zwischen meinem Vater und mir ist nur der, daß ich auf einem Gebiete operiere, wo die meisten Menschen nur ein gewisses Dämmerlicht vertragen und wo man daher zum Danke für seine Anstrengungen und Aufklärungen statt Ehren und Würden, wenigstens von der Gegenwart, nur Schimpf und Schande erntet, wie soeben wieder ein gegen mich erschienener Libellus famosus [eine Schmähschrift], wenn auch nicht im juridischen, doch literarischen Sinne – das würdige Produkt eines ebenso ignoranten als arroganten protestantischen Pfaffen – zum Überfluß beweist.

[1] daß nicht *A – korr. nach F.s Hinweis, An O. Wigand, 12. 3. 1852.*

seiner Lage, die er ihm berichtet, ganz im Widerspruch mit seinem Wesen, die vorteilhafte, i. e. [das ist] pekuniäre Seite, oft selbst mit Übertreibungen, hervorzuheben.

Wenn eine Person – und zwar um so mehr, je vielseitiger sie ist, und eine solche war Anselm von Feuerbach – nur im Verkehr mit verschiedenen Menschen ihre verschiedenen Eigenschaften und Talente offenbart, so gehört zur Vollständigkeit des Bildes derselben, daß, wenn auch nicht der Zahl, doch der Gattung nach, die verschiedenen Menschen repräsentiert sind, mit denen sie in Korrespondenz stand. Und in dieser Beziehung ist leider die hier mitgeteilte Sammlung mangelhaft. So ist die Korrespondenz meines Vaters mit seinen kriminalistischen Freunden und Feinden hier gar nicht repräsentiert. Um diesen Mangel zu beseitigen, wollte ich wenigstens ein paar noch vorhandene Briefe an seinen ersten hauptsächlichsten Gegner, Klein in Halle, aufnehmen; aber da diese Briefe nichts enthalten, was nicht schon in der Vorrede zum zweiten Teil der „Revision" gesagt ist, so unterblieb es, weil es überhaupt mein Grundsatz war, nichts Gedrucktes, *wenigstens mit Bewußtsein*, aufzunehmen. Aber auch dieser Mangel kommt teilweise auf Rechnung unserer tragikomischen Zustände. Als ich – um zu meiner Rechtfertigung nur *ein* Beispiel* anzuführen – zu Anfang des vorigen Jahres nach Leipzig reiste, war außer der Korrektur meiner „Vorlesungen" [vgl. GW 9] die persönliche Erkundigung nach Briefen meines Vaters bei den Hinterbliebenen mehrerer seiner wissenschaftlichen Freunde in Sachsen der Zweck meiner Reise. Allein ich wurde unter dem Vorwande, daß ich meinen Aufenthalt verheimlicht hätte, weil ich im – freilich törichten – Vertrauen auf einen nagelneuen königlich-bayerischen Paß es versäumt hatte, mich gleich anzumelden, wahrscheinlich aber nur deswegen, weil die sächsische Polizei eine so feine Nase hat, daß sie witterte, ich fahndete nach den Briefen eines großen Juristen, die Polizei aber be-

* Die Lichtstrahlen, welche die hohe Regierungsweisheit unserer Zeit selbst in mein hiesiges obskures und philosophisches Leben geworfen hat, werde ich nicht ermangeln, sowie ich einmal bei Muße und Laune bin, zur Charakteristik des gouvernementalen Zeitgeistes in dem Brennglas eines besonderen Schriftchens zu konzentrieren.

kanntlich eine besondere Antipathie gegen alles hat, was auch nur im entferntesten Grade mit dem Jus [Recht] zusammenhängt, mir nichts, dir nichts ausgewiesen. An andere Orte hin hatte ich mich brieflich gewendet, aber vergeblich. Gestehen muß ich aber auch, daß ich es verschmäht habe, mich bei denen, die sich als falsche Freunde meines Vaters bewiesen haben, nach Briefen von ihm umzusehen. So blieb denn diese Lücke, wie so manche andere, unausgefüllt. Gestehen muß ich überhaupt, daß ich bei dieser Arbeit auch nicht die geringste fremde Unterstützung, nicht einmal einen Rat oder Wink, so willkommen er mir auch oft gewesen wäre, in Anspruch genommen, daß ich nur auf mich, auf die Papiere meines Vaters, auf seine gedruckten Schriften, auf die ihn und seine Zeit betreffende Literatur, soweit ich derselben habhaft werden konnte, und eine kleine juridische Hausapotheke gestützt, jedoch nie meine Grenzen überschreitend, die Arbeit begonnen und vollendet habe und daß ich mir daher recht gern die Vorwürfe gefallen lasse, die man gewöhnlich nicht ohne Grund den nicht konzessionierten und undiplomatischen Autodidakten macht. Und doch muß ich zugleich hier offen bekennen, daß ich erst, seitdem ich von allen privilegierten Lehranstalten entfernt, nur auf mich, meine eignen, wenn auch noch so beschränkten, Mittel und Kräfte reduziert lebe, angefangen habe, wahrhaft zu lernen und [zu] denken, und nur die Residenzuniversitäten um ihre großen Bibliotheken und naturwissenschaftlichen Anstalten beneidet habe und noch beneide.

Schließlich muß ich noch zweierlei bemerken. Erstlich – eine Bemerkung, die sich zum Teil übrigens von selbst versteht –, daß die Briefe, wie alles andere hier Veröffentlichte, mit der größten Sorgfalt und Gewissenhaftigkeit teils nach den Originalen, teils nach den, oft allerdings schwer zu entziffernden, Konzepten – alle wichtigeren Briefe, ja alle, die nur immer ins Departement der auswärtigen Angelegenheiten gehörten, setzte mein Vater erst für sich zur Erinnerung auf –, teils nach den von ihm selbst noch besorgten Kopien von meinen Händen oder doch unter meinen Augen abgeschrieben und dem Drucke übergeben worden sind. Zweitens, daß das auf Wunsch und Kosten seiner Appellationsgerichtsräte verfertigte Bild von Kreul, welches Herr Raab in Nürnberg in Stahl gestochen hat, meinen Vater in seinen letzten Lebensjahren und, obwohl ein sehr gutes Bild, doch mehr den Präsidenten als den geistvollen Menschen darstellt. Auf dem Originale fehlen daher auch nicht seine vier Orden; aber ich glaube auch in dieser Beziehung ganz im Geiste und Sinne meines Vaters gehandelt zu haben, wenn ich von der Brust eines Mannes, der zwar, wie er selbst gesteht, im höchsten Grade „ehrgeizig und ruhmbegierig" war, aber doch diese seine Leidenschaft nur *im Dienste der Gerechtigkeit, Wahrheit und Freiheit* befriedigte, diesen ohnedem eitlen Schmuck als einen *jetzt* höchst unpassenden, ja störenden Anachronismus entfernte.

Bruckberg, den 20. Januar 1852

Ludwig Feuerbach

An einen Jugendfreund in Frankfurt

Jena, den 13. Nov. 1792

Lieber Bayer!

Was in aller Welt fängst Du mir für Sachen an? Meine Kleider schickst Du mir, die mir fast gar nichts nützen können, weil ich überflüssig neue Kleider, wie ich Dir geschrieben, von meiner Tante bekommen habe, und meine Bücher, welche ich so notwendig brauche, schickst Du mir nicht, schreibst mir auch nicht einmal, ob Du die Bücher, die ich aufgeschrieben, von meinem Vater bekommen hast. Ich bin von Professor Ulrich, Reichard und Walch, meinen Vätern auf der Universität, meinen besten Freunden, in die lateinische Gesellschaft aufgenommen worden, soll meine Antrittsrede halten de philosophia Ciceronis [über Ciceros Philosophie] und habe kein einziges philosophisches Buch, muß eine erbärmliche Rede, ohne nur im geringsten eine Hilfe zu haben, zusammenflicken. Ich bin ganz in Verzweiflung! – Du mußt mir notwendig nächsten Posttag ohnfehlbar schreiben. Hat etwa mein Vater Dir die Bücher nicht verabfolgt? Schreibe mir nur, ich bitte Dich um Gottes willen! Reiße mich aus meinem Zweifel, beruhige mich ein wenig!

Noch eine Frage! Was macht Mariane, meine Geliebte? Warum schreibt sie mir gar nicht? – Schon drei Briefe schrieb ich ihr, alle mit meinen Tränen benetzt und meinen Seufzern begleitet, alle mit innigster Wehmut aus der vollen Quelle meines Schmerzens geschrieben, und, ach, noch keine Antwort, keine Zeile von ihr! Ach Gott! Gewiß, gewiß, mein Andenken ist bei ihr verschwunden, das Fünkchen Liebe ganz verloschen, nicht einer Zeile will sie mich würdigen, Himmel! Ich opferte mein Vaterland ihrer Liebe auf, ging mutig, durch ihre Liebe gestärkt, den augenscheinlichsten Gefahren entgegen; ich tat keinen Tritt, ohne ihr die heißesten Tränen zu weinen, und nun,

nun wird sie mich vergessen, nun soll ich durch die unglücklich werden, welcher ich mutig mein Leben dahingeben könnte! Freund, anfangs, als ich in mein liebes Jena kam, ward durch den Taumel der Freuden, worin ich mich befand, der Schmerz ein wenig erstickt, die Hoffnung zu ihrer Liebe immer mehr angefacht, und nun ist sie ganz verschwunden, und wächst der Schmerz immer mehr und mehr zu! Warum mußte ich doch von der Hand der Räuber verschont bleiben? Warum raubte mir Gott durch ihre Hand nicht ein Leben, das ich bald mit Schande, von Verzweiflung gezwungen, dahingeben werde? Hätte mich der Dolch der Räuber durchbohrt, den ich befürchtete und den mir Gott zu meinem Unglück abwandte, so hätte doch wenigstens nicht Schande mein Grab gedeckt. Ich bin jetzt in der größten Desperation und hätte mich schon längst getötet, wenn nicht die lieben Freunde, die mich beglücken, und die abscheuliche, angestrengte Arbeit diese rabenschwarzen, schrecklichen, schauervollen Gedanken verscheuchte. Doch wenn ich nicht bald Briefe von ihr, nicht Beweis von ihrer Liebe erhalte, dann, Freund, dann sage ich Dir zum voraus das Lebewohl; dann bin ich nicht mehr, dann soll mein Blut eben den Platz benetzen, der vor wenigen Wochen von dem Blute eines Livländers rauchte. Bester, bester Freund, oh, gehe hin zu meiner Geliebten, oh, flehe zu ihr in meinem Namen, bitte für Deinen Freund, Deinen sonst unglücklichen Freund, um Erhörung, stelle ihr meine äußerste Verzweiflung vor, oder zeig' ihr diesen Brief, der von meiner Verzweiflung ein redender Beweis ist. Ist es gewiß, daß ich keine Erhörung zu hoffen habe, nun, so sei's so will ich. – Aber nie werde ich ihr fluchen, ewig sie segnen, und kann noch segnen, wenn ich meine Augen schließe, wenn ihre Liebe mich gemordet hat.

Ich hätte Dir vieles zu schreiben, aber mein namenloser, grausamer Schmerz, meine Tränen, welche wie Bäche sich von meinen Wangen herabstürzen, verhindern mich zu schreiben, und nicht eher wird mein Brief fröhliche Dinge enthalten, als bis ich Versicherung und Gewißheit habe. So kurz die Zeit meiner Trennung ist, so habe ich doch außerordentlich abgenommen, meine Stirn ist immer umwölkt, so daß ich selbst der Spott der Bursche[n] bin.

Mein Porträt ist fertig, und ich schicke Dir es daher mit dem Fuhrmann. Bring es ihr hin, der teuern Geliebten, mein Bild, daß sie noch dann sich an ihren treuen Liebhaber erinnern kann, wenn schon seine Gebeine modern und er ein Beweis der treuen Liebe geworden ist. Leb wohl, Lieber, leb wohl! Lebe froher als ich, der in steter Trauer sein Leben verweint, grüße mir meine Mariane, meine Einzige, meine Geliebte. Bitte sie um Gottes willen, daß sie mir bald Briefe schicke, daß sie mir meine Höllenpein mildere!

Verkauft die alten Bücher, davon bezahlt das Porto für die Bücher, die Ihr ohnfehlbar dem Fuhrmann mitgeben müßt; vielleicht gibt Euch auch meine Mutter etwas für Porto. Bitte alle meine Freunde, daß sie an mich schreiben, auch Starcken, Cordier, Textor, kurz alle. Ich antworte darauf, denn ich habe außerordentlich zu tun, ihnen allen in *einem* Briefe. Noch einmal: Lebe wohl und grüße mir meine geliebte Mariane!

Dein aufrichtiger Freund und Bruder F.

P. S. Wie ich schon meiner Mariane und Dir geschrieben, so adressierst Du alle Deine Briefe, die etwas von meiner Geliebten oder andern Dingen enthalten, von denen meine Verwandten nichts wissen sollen, an meinen Freund Heiligenstädt.

Einfälle, Launen, Exzerpte

Jena, 1793–95

Unter den Gründen, durch welche Mendelssohn, „Über die Evidenz in [den] metaphysischen Wissenschaften", beweist, daß die Philosophie nicht so einleuchtend als die Mathematik sein könne, steht S. 84, 2. Ausg., folgender ebenso wichtiger als schöner: „Die Mathematik", sagt er, „findet allezeit unparteiische Gemüter, die den Ausgang einer Untersuchung mit der größten Gelassenheit abwarten. Sie verlieren und gewinnen nichts dabei, die Tangente eines Zirkels mag mit dem Durchmesser einen rechten oder einen andern Winkel haben, ihre ganze Lebensart kann die vorige bleiben, wenn sich auch alle Zirkelflächen verhalten wie die Quadrate ihrer Durchmesser, daher interessieren sie sich bloß für die Wahrheit, und die Mathematik hat keinen andern Feind zu bekämpfen als die Unwissenheit. Hingegen hat die Weltweisheit auch mit Vorurteilen zu kämpfen. Die Lehren derselben haben einen so unmittelbaren Einfluß auf unsere Lebensart, Glückseligkeit und Meinungen, daß ein jeder zum voraus Partei ergreift und sich aus vorgefaßten Meinungen ein eigenes System baut, das sich mit seinen Schwachheiten sehr gut verträgt. An diese Vorurteile gewöhnt sich endlich das menschliche Gemüt so lange, bis sie einen Teil seiner Glückseligkeit ausmachen" etc.

Wie im prophetischen Geiste gesprochen sind die Worte Rousseaus im III. Buch des „Emile": „Vous vous fiez à l'ordre actuel de la société, sans songer, que cet ordre est sujet à des révolutions inévitables et qu'il nous est impossible de prévoir ni de prévenir celle qui peut regarder vos enfants. Le grand devient petit, le riche devient pauvre, le *monarque devient sujet*. Les coups du sert sont-ils si rares que vous puissiez compter d'en être extempt? Nous approchons de l'état de crise et du siècle des revolutions. [Ihr vertraut euch der gegenwärtigen Ordnung der Gesellschaft an, ohne daran zu denken, daß diese Ordnung unvermeidlichen Umwälzungen unterworfen und es uns unmöglich ist, diejenige vorauszusehen oder zu verhüten, die eure Kinder betreffen kann. Der Große wird klein, der Reiche wird arm, der Monarch wird Untertan. Sind die Schicksalsschläge so selten, daß ihr darauf rechnen könntet, davon ausgenommen zu sein? Wir nähern uns dem Zustand der Krise und dem Jahrhundert der Revolutionen.]"

Rousseau, Freund der Menschheit und der Tugend, nimm den Dank für die Wohltaten, die Du meinem Herzen erwiesen hast – nimm ihn in diesem heiligen Entschluß, das Gute zu lieben, wie Du es liebtest! An Deiner Glut habe ich mein Herz erwärmt, durch Deine Kraft mich zur Tugend gestärkt. Du warst verfolgt von der Menschheit, die Du liebtest, Du segnetest die, die Dir fluchten.

Nach welchen Grundsätzen soll man politische Meinungen und Handlungen der Privatperson beurteilen? Aus *„Deutschland"*, 4. St.: „Der Staat hat nie ein Recht, einen andern wegen seiner bloßen politischen spekulativen Meinungen und deren Äußerungen zu bestrafen oder auf irgendeine Art Gewalt gegen ihn zu brauchen. Politische Gesinnungen, welche der Denkungsart des Staats zwar widersprechen, aber doch keinen moralischen Grund rechtswidriger Handlungen in sich schließen, können den Staat nie zur Gewalt gegen sie berechtigen" etc.

Aus Burke und den Anmerkungen von Gentz. Das Resultat der Gentzischen Abhandlung über Staatsrevolutionen ist das: „Eine Totalrevolution ist nur in dem einzigen Falle ein vollkommen rechtmäßiges Unternehmen, wenn die ganze Nation, die sie trifft, einmütig und ohne den geringsten Widerspruch dafür stimmt. Eine Totalrevolution, die ein *Teil* der Nation begeht und ausführt, ist allemal ein gewaltsamer Bruch des gesellschaftlichen Vertrags und nach strengen Begriffen, wie groß oder wie klein auch immer der Teil, der sie unternimmt, sein mag, eine *unmoralische* Operation."

Die Kraft des Menschen ist beschränkt, aber die Menschheit vermag alles.

Wunder können kein Beweis sein, daß eine Offenbarung von Gott ist. Denn kann nicht auch der Teufel Wunder tun? Kann nicht Gott diesem zulassen, daß er die Ordnung der Natur unterbreche?

Die Manitu (Fetische, Götter der Wilden), von denen de Brosses spricht und welche Vogel für platonische Urbilder hält, scheinen mir nichts weiter zu bedeuten als die Ursache des Daseins von einer Art, *Gattung* von Dingen. Die Menschen bemerkten die Ähnlichkeit verschiedener Individuen, ihr schon entwickelter Verstand hat sich schon zu Begriffen, von einzelnen Individuen zu Arten erhoben. Er fragte sich also wohl, woher denn diese Ähnlichkeit unter den verschiedenen Dingen? Woher kommt die Einstimmung unter dem Mannigfaltigen? – Von einer unsichtbaren Ursache, welche diese Art erschafft, die ihr diese gemeinschaftliche Form aufdrückt. Von der Einheit in dem Mannigfaltigen also wurden diese Wilden auf *einen* Urheber *einer* Art geführt.

An seinen Vater in Frankfurt a. M.

Jena, den 2. März 1794

Ich sage Ihnen den wärmsten, innigsten Dank für Ihre väterliche Liebe und Sorgfalt, die, ohnerachtet ich leider zu meiner eignen Beschämung gestehen muß, daß ich sie nicht verdient habe, in Ihrem letzten, mir so tröstlichen Brief die sichere Überzeugung in mir geweckt hat, daß der lange erwünschte Tag der väterlichen Aussöhnung für mich erschienen ist.* Was ich empfand, als ich Ihren Brief las, was ich jetzt empfinde, da ich durch ihn weiß, daß ich wieder Sohn eines versöhnten Vaters bin, dies Ihnen sagen zu wollen wäre Unmöglichkeit. Liebe und Hochachtung gegen Sie, Scham gegen mich selbst ist der Inhalt meiner Gefühle, Danke und Austilgung des Begangenen das Ziel, welches ich erreichen will. Für jetzt kann ich nichts tun, als daß ich Ihnen versichere: Ich will – einst sollen Sie urteilen, ob ich eifrig und standhaft gewollt habe.

Wie es mit meiner Gesundheit steht, werden Sie fragen. – Von dem Bette bin ich befreit, der nahen Gefahr bin ich entgangen – ob auch der entfernten? Dies mag die

* Der Hauptgrund der väterlichen Ungnade war F.s eigenmächtige Emanzipation von der väterlichen Gewalt. „Du hast Dich", schreibt sein Vater von dem nämlichen Jahre 1794 an F., „zu einer Zeit aus Deinem elterlichen Hause entfernt, da meine Lage und Verhältnisse es nicht zuließen", Dich so „zu unterstützen, als ich Dich unterstützt haben würde, wenn Du die Pflicht des kindlichen Gehorsams besser erfüllet, wenn Du nicht zur Unzeit das väterliche Haus mutwillig verlassen, sondern die Zeit ruhig abgewartet hättest, da meine Umstände es zugelassen haben würden, Dich auf Akademien zu schicken und zweckmäßig zu unterstützen. Du wußtest meine Umstände zur Zeit Deiner unüberlegten Flucht; Du wußtest die Teuerung aller Lebensmittel zur Zeit eines unseligen Kriegs; Du wußtest die schweren Zinsen, die ich von meinem großen Hause alljährlich zu bezahlen habe; Du wußtest den beträchtlichen Verlust, den ich durch die erledigten Wohnungen meines Hauses bereits erlitten habe; und dieser Verlust hat sich während Deiner Abwesenheit um ein Merkliches erhöhet."

Zukunft entscheiden. Die heftigsten Äußerungen meiner Krankheit sind gehoben, welche, wie Sie vielleicht von Jungfer Tante werden erfahren haben, in dem Unterleibe und besonders in der Leber ihren Sitz hat. Allein durch die verkehrte Behandlung des sonst berühmten Herrn Hofrat Starke, welcher glaubte, meine Brustschmerzen rührten von Entzündungen der Lunge her, blieben noch einige Beschwerden in meinem Körper zurück, welche mir das Atemholen und das schnelle Gehen beschwerlich machen. Auch bekomme ich noch zuweilen einen Anfall vom Fieber. – Demohngeachtet habe ich durch den Fleiß und die Geschicklichkeit meines jetzigen Arztes, des berühmten Hrn. Dr. Hufelands, gegründete Hoffnung, daß ich wiederhergestellt werde. Meine Tante tut alles ihr Mögliche, sie spart keine Kosten, keine Mühe und handelt an mir, wie nur eine Mutter an ihrem eignen Sohne handeln kann.

Hierbei übersende ich Ihnen die Zeugnisse meiner Lehrer. – Urteilen Sie daraus, ob ich auf dem Wege zum Guten bin und ob ich anfange, Ihrer würdig zu werden. – Unser großer Lehrer *Reinhold*, mein Führer zum Guten und väterlicher Freund (dessen Zeugnis hie[r] beigefügt ist), wird uns in etlichen Wochen entrissen werden. Er geht als Professor der Philosophie nach Kiel. – Die außerordentliche Liebe und Hochachtung der hiesigen Studierenden gegen diesen großen, verdienstvollen Mann äußert sich sehr bei seinem Weggange. Es wird ihm von den Studierenden eine goldene Denkmünze geschlagen, deren Wert 20 Louisdor an Gold beträgt. Diese wird ihm nebst einem Gedicht bei einem Ständchen mit Fackeln überreicht und er selbst bei seiner Abreise von seinen Schülern, welche sich auf 700 belaufen, mit Trompeten und Pauken begleitet werden. – Eine kleine Belohnung für das viele Gute, das er an dem Herzen jedes einzelnen und an der Ausbildung des Ganzen getan hat! – Ihm dankt es unsre Akademie, daß sie das Lob sich erworben hat, die beste, die gesittetste zu sein. Ihm danke ich es (und mit mir unzählige Jünglinge), daß ich besser geworden bin, ihm danke ich die Ausbildung meines Geistes und die Schärfung meiner Denkkraft, ihm danke ich es endlich, daß ich warmer Freund reeller Wissenschaften, Freund des eigentlichen angestrengten Denkens geworden bin. – Verzeihen Sie, bester Vater, diesen Erguß meines Herzens. Sie werden mir verzeihen, wenn Sie bedenken, daß ich diesem Manne so vieles zu danken habe und ihn gleichwohl verlieren muß.

Leben Sie wohl, versöhnter Vater! – Grüßen Sie die liebe Mutter, Großmama und Schwester, und ich endige meinen Brief mit der Bitte, daß Sie mir die Bücher, um welche ich Sie in meinem vorigen Briefe* gebeten habe, nebst einigen wenigen Zeilen von Ihrer teuren Hand übersenden mögen. – Krönen Sie durch Ihre Güte das Werk Ihrer Versöhnung, und seien Sie fest überzeugt, daß ich, so lange ich lebe, sein werde

Ihr dankbarer und gehorsamer Sohn

Tagebuch

Jena, 1795

Heute, den 11. April, reiste ich auf die Rudolphsburg [Rudelsburg] mit Gösting, Eberhard, Müller, Kellner II, meinem lieben Antze, Floret, Süvern und Reinert, welche beide letztern wir bis dahin auf ihrer Reise nach Halle begleiteten. Wir erlitten manches Ungemach, genossen aber auch mannigfaltige Freuden. Die Sonnenhitze brannte für diese Jahreszeit außerordentlich und ermüdete uns alle sehr, besonders aber mich, der ich diese Reise mit schweren Stiefeln machte. In dem Pächterhofe, der ohnweit der Burg liegt, kehrten wir ein und labten uns an ländlicher Kost. Eberhard zeichnete indessen die Burg von verschiedenen Seiten ab, und wir, nachdem wir uns von der Müdigkeit erholt hatten, bestiegen dann die schöne Burg, die wie ein Feenschloß in einem schönen Feengarten auf dem Scheitel eines Felsenberges ruht. Sie ist größtenteils erhalten und gewährt einen romantischen Anblick. Unmittelbar an dem Fuß des steilen Berges fließt die Saale vorüber, die sich wie eine Schlange durch das liebliche Tal silberblickend hindurchwindet. Dichte Eichenwälder beschatten die Rücken der Berge, die das Tal einschließen, erquicken das Auge

* Nicht vorhanden.

und machen einen herrlichen Kontrast mit den nackten Felsenschichten, die die Seiten des Berges überdecken. Hin und wieder zerstreute Dörfchen, die Salzwerke von dem Dorfe Kösen (?) auf der Ostseite des Tales, kleine Fahrzeuge und Flöße, die die Saale beschiffen, Schafherden, die an den Bergen herumklettern, erheben die Schönheit des Ganzen. Gerät man sonst nirgends umher in süße Schwärmereien und wachende Träume, so ist es hier an diesem Orte der friedlichen Einsamkeit, wo die Natur Anmut und Würde harmonisch in ihrem Werke ausgedrückt hat. Die Erde schwand unter mir, mein Herz schlug heftiger, meine Brust hob sich freier, wie ich schwärmend auf einer Felsenklippe des Berges saß, im Angesicht der ehrwürdigen Ruinen der grauen Vorwelt, wo einst die Väter meines Volks wohnten. Die Empfindungen meines Herzens, die Bilder meiner Phantasie, wie könnte ich sie schildern? Waren unsre Ahnen besser als wir? War dieser Ort einst ein Ort, wo Tugend wohnte? Auf diesen Gedanken ward ich zuletzt geführt. Mein Herz sagte Ja zu dieser Frage, mein Kopf: Wir sind wie sie, sie wie wir; der einzige Unterschied ist der, daß sie andere Laster hatten. – Ich erwachte aus meinen Träumen und fühlte wieder die Fesseln, die mich drücken. Die Sonne war schon den Bergen nahe, als wir den alten Rittersitz verließen und auf den Meierhof zurückkehrten, wo wir äußerst wenig bezahlen mußten. Dies geschah wohl aus Dankbarkeit der guten alten Wirtin gegen den lieben Antzen, der ihrer schönen Tochter ein Geschenk mit einer Dose gemacht hatte. Wir nahmen Abschied von Reinert und zogen unsern Weg nach Camburg. Reinert ist ein edler Junge. Dies sagte[n] mir, ehe ich ihn noch näher kannte und ehe ich das Urteil seiner Landsleute – er ist ein Westfal' – gehört hatte, seine edle Physiognomie, der sanfte leidende Zug um den Mund, seine rührende, herzliche Sprache und andere physiognomische Kennzeichen guter Neigungen, von denen ich mir deutlich keine Rechenschaft zu geben vermag. Ich sah ihn zuerst bei Antzen und unterhielt mich mit ihm auf unsrer Reise zur Kunitzburg. Besonders auf dem Heimweg ergossen sich wechselweise unsere Herzen, die sich schon beim ersten Anblick einander zuschlugen. Ich ward ihm Freund, er mir, und sehen wir uns gleich nicht mehr auf dieser Erde wieder – so wird es leider geschehen –, wir sind uns doch im Geiste nahe, wir werden uns nie einander vergessen und dort oben uns als Brüder wiedersehen. Leb wohl für diese Welt, guter Mensch! Leb wohl!

Der Weg nach Camburg, wo wir übernachteten, ward uns sehr kurz und weniger beschwerlich, denn der Weg geht bergab und die Sonne war schon untergegangen. Unsere Kasse war sehr schlecht bestellt, und wir befürchteten daher, daß wir nicht ausreichen und etwas, eine Uhr oder ein Halstuch usw., zurücklassen würden. Aber der Himmel war uns günstig. Die Wirtin, eine kugelrunde, dicke, kleine Madame, war äußerst billig mit ihrer Rechnung, so daß wir noch über einen Taler bares Geld aus unsrer Kasse übrigbehielten. – Matt und erschöpft kam ich um 12 Uhr in Jena an, nachdem ich mir mit dem kleinen Floret durch gelehrte Gespräche die Zeit angenehm verkürzt hatte.

Den 16. April

Ich will mich darstellen, wie ich bin, jede mir merkliche Falte meines Herzens will ich durchforschen und weder in meinen Fehlern noch in meinen Tugenden mich belügen. – Ich will immer besser werden, ich will mich des hohen Namens *„Mensch"* würdig machen, und, um dies ausführen zu können, muß das *„Erkenne dich selbst"* der Führer auf meinem Weg zur Tugend sein.

Von Natur habe ich einen großen Hang zu allen Arten des Lasters; ich besitze nichts von dem, was man ein gutes Herz nennt. Ich würde weder gütig noch gerecht sein, ich würde Abscheulichkeiten und Niederträchtigkeiten begehen, wenn ich meinem überwiegenden Hang zum Bösen den Zügel ließe; aber mein Wille und meine Vernunft zügelt die Leidenschaften; und seitdem ich die Sinnlichkeit durch mein besseres Selbst bekämpfte, herrscht Ruhe und Friede in meinem Innern. Durch mein Gewissen genieße ich eine Seligkeit, die mir kein äußres Glück gewähren kann. Seitdem ich mich selbst achten gelernt habe, schwinden mir alle die kleinlichen Sorgen um Genuß und Erdenglück. Ich könnte die härtesten Schläge des

Schicksals dulden, ohne zu murren – und daß ich es könnte, hat meine eigne Erfahrung mir schon bewiesen. Dies ist mein Gutes – nun meine Fehler.

Ehrgeiz und *Ruhmbegierde* machen einen hervorstechenden Zug in meinem Charakter aus. Von Welt und Nachwelt gepriesen zu werden dünkt mir das größte Erdenglück. Oft wünsche ich, Gelegenheit zu haben, mein Leben im Vollbringen großer Taten selbst unter qualvollen Martern hinzugeben, um nur in den Jahrbüchern der Menschheit als großer Mann zu glänzen. Ich höre nicht gern das Lob großer Männer, ich meine, ich müßte vor Scham vergehen, wenn ich bedenke, daß ich schon 18 Jahre alt und noch der Welt unbekannt bin, da doch andere schon in den frühesten Jünglingsjahren die öffentliche Laufbahn betreten haben. – Ich trage ein Ideal von Gelehrsamkeit und Verdienst in mir herum, dem ich nahezukommen mich bemühe, das ich aber wohl nie erreichen werde. Dieses Ideal, dieses Streben nach ihm und das Bewußtsein meiner großen Entfernung von ihm ist die einzige Quelle meines Unglücks, ist ein Wurm, der quälend an meinem Herzen nagt. Der Gedanke daran stürzt mich häufig in die schwärzeste Melancholie, wo ich mir selbst und andern zur Last bin. Kein Lob meiner Freunde kann mich aufmuntern oder besänftigen – mein Bewußtsein bezüchtigt sie der Lüge, denn dieses sagt mir immer: Du bist noch unendlich weit von deinem Ziele entfernt, du bist noch lange nicht das, was du sein sollst und was du sein kannst.

So sehr ich auch ehrgeizig bin, so trachte ich doch nicht nach dem Lobe derer, die mich umgeben, und suche keine Befriedigung meines Ehrgeizes in dem Beifall, den mir engere Zirkel darbringen. Mein Blick ist auf das Ganze, auf die Welt gerichtet. Von da her muß das Lob kommen, wenn meine Ehrbegierde gesättigt werden soll. Im Tempel der Unsterblichkeit will ich prangen, dies ist mein höchster Wunsch, dies ist das einzige Ziel all meines Bestrebens, daher ich auch nicht den Umgang großer Gelehrten und in ihrem Zirkel zu prangen suche.

Ich bin nicht *stolz*, wie man glaubt. Niemand kann eine geringere Meinung von sich und seinem Werte haben als ich von mir. Aber ich habe ein rauhes und starres Wesen, ich gerate leicht in Hitze und Zorn, wenn mir in Dingen, die ich genau durchdacht habe, widersprochen wird, besonders aber, wenn ich Verachtung in dem Betragen anderer wahrnehme oder doch wahrzunehmen glaube und man, ohne genau meine Gründe anzuhören, absprechend über meine Behauptungen urteilt. Ich gerate dann so sehr in Hitze, daß ich mich kaum enthalten kann, mit tödlichen Waffen auf meinen Gegner loszugehen. Dies bestimmt wohl meine Freunde zu diesem Urteil.

Ich bleibe mir in meinem äußern Betragen nicht gleich, ein Fehler, der nicht mir, sondern meinem Temperament und meiner Melancholie zugerechnet werden kann. Ich habe gewisse Stimmungen, wo alle Menschen, selbst meine Freunde, mir verhaßt sind. Zu einer andern Zeit bin ich der zärtlichste Freund und liebe jeden, der Menschenantlitz trägt. Bald bin ich übermäßig freudig, so daß ich ausgelassen bin und ein läppisches Kind zu sein scheine, bald übermäßig traurig. Ich kann dann kein Wort vorbringen und auch nicht den leichtesten Gedanken denken. Still vor mich hingebückt, sitze ich oft stumm und gedankenlos mitten in dem Freudengetümmel meiner vertrautesten Freunde. Der Übergang von der ausgelassensten Freude zu der schrecklichsten Traurigkeit und von dieser zu jener ist oft so schnell, daß ich in dieser Minute einem Bacchanten und in dieser einem Anachoreten gleiche. Der einzige Grund hievon liegt in meinem Ideal. Kann ich meine Gedanken von diesem losreißen, so bin ich äußerst vergnügt, aber auch nur der flüchtigste Blick, den ich darauf werfe, führt eine so große Menge von unangenehmen Vorstellungen mit sich, daß mich sogleich die größte Traurigkeit überfällt. Blickt aber durch das Dunkel meiner Melancholie auch nur ein kleiner Strahl von Hoffnung, daß ich mein Ideal und durch Erreichung desselben die Unsterblichkeit erlangen kann, so werde ich sogleich wieder aus meinem Schlummer geweckt, die Phantasie malt meine Hoffnung mit den schönsten Farben aus, erhebt den Wunsch zur Wirklichkeit und läßt mich schon im voraus die Freuden genießen, die ich dereinst in der Zukunft genießen zu können glaube. Die Augenblicke, wo ich mir selbst überlassen bin und dann in den Regionen meiner ehrgeizigen Träume herumschwärme, sind die seligsten Augenblicke, die ich genießen kann. Stundenlang kann ich herumgehn und mich an den Bildern meiner Hoffnung ergötzen. Ich denke mir dann, wie ich von der Welt gerühmt, von der Nachwelt als Beförderer der Wissenschaften gepriesen werde, wie man meine Werke zitiert, meinen Namen im Munde führt und mir eine ehrenvolle Stelle unter den Wohltätern des Menschengeschlechts und den Männern anweist, die den menschlichen Geist auf höhere Stufen geführt haben. Oh, wie selig, wie unaussprechlich glücklich bin ich dann! – Ich finde keine Worte, womit ich mein Glück beschreiben könnte. –

Ich bin eigensinnig im höchsten Grade.

Hainichen bei Jena, 16. April

Selige, himmlische Stunden habe ich in deiner Stille verlebt, liebes Dörfchen, wo ich zuerst diese Welt betrat und mich dem mütterlichen Schoß entwand.* Das habe ich nirgends empfunden, was ich hier empfunden habe.

* F. wurde hier den 14. Nov. 1775 geboren von einer Jenenserin, Tochter [Christine] des Kommerzienrates Kraus[e], Enkelin des berühmten Juristen Joh. Sal. Brunquell, kam aber schon in seinem ersten oder zweiten Kindheitsjahre nach Frankfurt a. M., wo sein Vater [Johann Anselm F.] Dr. juris und Advokat war, daher gewöhnlich Frankfurt auch für seinen Geburtsort gilt. Die juristische Inauguraldissertation seines Vaters[1], das einzige, was (meines Wissens) von ihm gedruckt ist, hatte zum Gegenstand die Frage: „. . . An et quatenus Privilegia Miserabilium Personarum pauperibus denegari possint? Ad L[egem] un[icem] C[odicem] quando Imperator inter pupillos etc. etc., Giessae, Die XI. April. MDCCLXXVIII – „. . . Ob und inwieweit die Sonderrechte ‚mitleidswürdiger Personen' den Armen verweigert werden können. Unter Bezug auf den einzigen Rechtssatz, wann nur der Kaiser jemanden als Mündel erkennt usw. usf., Gießen, 11. April 1778" – eine Frage, die er verneinend beantwortet aus dem ihn charakterisierenden Grunde: [Ast] ubi clara exstat voluntas, ibi ictis, tanquam legum ministris, sola parendi et in verbis legis acquiescendi gloria relicta est [Denn wo ein klarer Wille ist, da bleibt den Betroffenen, als dienten sie den Gesetzen, bloß der Ruhm zu gehorchen und in den Gesetzesworten Trost zu finden]."

[1] *Vgl. im vorliegenden Band S. 15, Fußnote.*

Die seligen Rückblicke in die ersten Momente meines Daseins auf dieser Erde, die frohen Rührungen bei dem Anblick der Örter, in denen ich einst, der Dinge und meiner selbst mir unbewußt, als neuer Erdenbürger mein Leben hinschlummerte, die himmlichen Gefühle, die mich am Busen der schönen Natur und in dem Kreise guter, edler Menschen hier durchschauerten, oh, ich kann sie nicht beschreiben, oder ich müßte wagen, das Unmögliche möglich zu machen. Hier möchte ich mit einem Weibe wie Mine Tröster*, mit einem Freunde wie Feyerlein meine Tage verleben; und, Schicksal, willst du mir günstig sein, oh, so gewähre mir diesen höchsten Wunsch!

An seinen Vater

Jena, 19. August 1795

Ich übersende Ihnen hier einen der Erstlinge** meines Geistes, wie Sie am Schlusse der Vorrede, die mit dem Anfangsbuchstaben meines Namens bezeichnet ist, ersehen werden. Diese Schrift sowie überhaupt die schriftstelle-

* Seine nachherige Gattin.

** „Über die einzig möglichen Beweisgründe gegen das Dasein und die Gültigkeit der natürlichen Rechte", Leipzig und Gera 1795. *„Einen der Erstlinge"* nennt F. dieses Schriftchen, weil er schon 1794 in Meißners „Apollo" als Schriftsteller aufgetreten war. F. verteidigt in dieser Schrift die Menschenrechte und begründet sie durch Prinzipien der kritischen Philosophie, deren Widerlegung allein er als den einzigen gültigen Grund gegen das Dasein und die Anwendbarkeit der Vernunftrechte bezeichnet, spricht aber nicht weniger gegen die „einseitigen Freiheitsschärmer, welche um den Menschen in seine Rechte wieder einzusetzen und vor despotischer Herabwürdigung seiner Würde zu schützen, den Zweck des Staats einzig und allein vor Augen haben und das Mittel zu diesem Zweck (die Politik, die Klugheit) völlig vernachlässigen", als gegen die einseitigen Politiker, „welche über dem Mittel den Zweck des Staats vergessen und, um den üblen Folgen bei einem in Freiheit gesetzten Volk vorzubeugen, die Politik allein, mit Vernichtung aller Menschenrechte, zur höchsten Richtschnur der Handlungen und Staatsmaximen erheben" (S. 51).

rische Laufbahn, welche ich seit einiger Zeit betreten habe, ist die einzige Ursache meines langen Stillschweigens. Ich habe bisher so viel auf diesem Wege verdient, daß ich bequem, und selbst ohne meiner Tante zur Last zu fallen, leben konnte. Ich erhalte für den Bogen, so gedruckt, wie Sie ihn hier sehen, 1 Karolin – und sollte ich unter diesen Umständen einem Vater lästig werden, der ohnedies mit so vielen und großen Ausgaben beschwert ist? – Aber ich hätte doch schreiben sollen! – Ich wollte Sie überraschen, ich wollte Ihnen nicht durch Worte, ich wollte durch Taten Ihnen einen Beweis ablegen; daß ich mich Ihrer würdig zu machen strebe; ich wollte nicht bloß reden, ich wollte *tun*, und dieses Tun wird Ihnen lieber sein als aller Wortkram, den der am nötigsten braucht, der keine Realitäten zu geben hat. Gewiß ist es mir, daß ich schon dadurch allein Ihre Gunst mir wieder erwerben würde, wenn ich sie auch nicht vorher besessen hätte; gewiß ist es mir, daß Sie einem Sohne Ihre Liebe schenken werden, der sich durch eigne Kraft erhoben, der, mit den schrecklichsten Hindernissen kämpfend, sich selbst eine ehrenvolle Bahn gebrochen hatte. Oh, Vater, ich würde Sie ganz verkennen, wenn ich hieran einen Augenblick zweifeln wollte. Und, nicht wahr, lieber Vater, Sie würdigen mich eines Briefes, eines Zeugen Ihrer Liebe, der mir mehr sein wird als alle Lobsprünge der gelehrten Welt. – Ja, gewiß, ich bin bald so glücklich, einige Zeilen von Ihrer lieben Hand zu sehen. – Noch habe ich Ihnen eine Ehre zu melden, die mir widerfahren ist und die ich – ein 19jähriger unbärtiger Jüngling – auch nicht geträumt hätte. Prof. Niethammer gibt ein Journal heraus, unter dem Titel „Philosoph. Journal von einer Gesellschaft deutscher Gelehrten", an dem Reinhold, Fichte und viele andere große Männer arbeiten. Niethammer hat auch mich aufgenommen, und in etwa drei Wochen kann ich Ihnen ein Stück von diesem Journal übersenden, in welchem Sie meinen Namen als Mitarbeiter nebst einer Abhandlung von mir, „Versuch über den Begriff des Rechts", lesen werden. Erhielt ich auch nicht für den Bogen 10 Rtlr., wie ich sie wirklich erhalte, so wäre mir doch die Ehre, unter solchen Männern zum Publikum sprechen zu dürfen, schon genug, um mich für sehr glücklich zu halten. Aber alles hat seine Beschwerden. Denn so ehrenvoll die schriftstellerische Laufbahn auch immer sein mag, so ist es mir doch auf der andern Seite oft sehr drückend, Dinge in das Publikum zu schicken, die einer größern Reife bedurft hätten – um Geld zu verdienen. Ich würde mich besser ausbilden, ich würde meinen Arbeiten mehr Vollkommenheit geben, mich selbst über das, was ich noch nicht weiß, besser belehren und Fortschritte machen können, wenn ich einige Unterstützung, wenn auch nur in Kleidern oder in Büchern, hätte, um nicht so oft notgedrungen das Publikum belehren zu müssen. Ist Ihnen dieses daher möglich, so werden Sie sich dadurch nicht bloß um mich, sondern auch um die Welt verdient machen, und mein Dank wird Ihnen gewiß sein. – Sie sehen aus meinem ganzen Benehmen, daß ich mich mehr zum Gelehrten von Profession als zum Geschäftsmann, mehr zum Philosophen als zum Juristen gebildet habe. Ich habe mich genau geprüft, wozu ich tauge, ich habe nicht bloß mich, sondern auch andere Männer vernommen und gefunden, daß ich mehr zum erstern als zum letztern bestimmt sei. Ich habe mehr Talent für den Katheder als für die Schranken des Gerichts, mehr Talent dazu, die Wissenschaften weiterzubringen, als sie anzuwenden. Wehe dem, der nicht den Winken folgt, die die Natur ihm gibt, der die Talente verrosten läßt, welche die Natur ihm verlieh, und sich das erzwingen will, was sie ihm versagte! Sie sind zu gut von dieser Wahrheit überzeugt, als daß ich glauben sollte, Sie könnten meinen Schritt mißbilligen. Sie stellten mir es immer frei, jedes mir beliebige Fach zu wählen und entweder auf der Akademie als Lehrer zu bleiben, oder aber wieder zurückzukehren. Ich habe daher gewiß Ihren Beifall und brauche nicht zu besorgen, dem Willen meines Vaters entgegengehandelt zu haben. – Ich wollte diese Michaelis als Doktor der Philosophie promovieren, aber teils weil ich Ihren Willen noch nicht vernommen hatte, teils weil der Winter herannaht und ich das Geld, das ich von meinem Buchhändler bekomme, für den nötigen Unterhalt brauche, gab ich dieses Vorhaben auf und verschob es bis Ostern.*

* Gleichwohl promovierte noch in diesem Jahre am 12. Sept. F. als Dr. der Philosophie.

Vielleicht kann ich bis dahin auch von Ihrer Seite auf einige Unterstützung rechnen, da die Kosten der Promotion bei 50 Rtlr. betragen. – Sie werden aus den Zeitungen wissen, was hier für Szenen vorgefallen sind. Man schämt sich beinahe, hier in Jena zu sein. Erst gestern war wieder bei hellem Tag ein Gefecht zwischen Soldaten und Studenten. Keiner wurde jedoch gefährlich verwundet. Doch diese Neuigkeiten werden für Sie kein Interesse haben. Es ist daher besser, ich schweige davon.

Übrigens, bester Vater, seien Sie von meiner Liebe, von meiner guten Aufführung, von meinem rastlosen Bestreben, immer mehr das zu werden, was ich nach Ihrem Wunsche sein soll, überzeugt und belohnen Sie mich doch ja recht bald, so bald wie möglich, mit einem lieben Briefe, in dem ich meinen Vater erkennen kann. Leben sie wohl! Leben Sie glücklich! Ich umarme Sie im Geiste.

Jena, den 1. Januar 1796

Mein Vater!

Das Jahr ist vorüber. In ihm habe ich manche Freuden genossen, aber auch manches Leid empfunden. Ich lege es zurück mit dem frohen Bewußtsein, meine Pflichten treulich erfüllt und meiner Bestimmung als Mensch mit Eifer nachgerungen zu haben. In ihm habe ich einen Teil der Früchte eingeerntet, die ich durch eignen Fleiß mir gesäet habe. In ihm habe ich die Freude genossen, als Jüngling von Männern geachtet zu werden. In ihm habe ich die Seligkeit empfunden, als Sohn um die Liebe des Vaters gerungen und mich derselben würdig gemacht zu haben. Wie froh könnte ich auf diese durchlaufene Bahn zurücksehen, wenn die Rosen, die ich mir brach, nicht auch so viele Dornen getragen hätten! – Leiden der Seele – und, oh, wieviel härter sind diese als des Körpers Leiden! – nagten an meinem Herzen und vergällten mir nur zu oft die kurzen Freuden, die mir der Himmel schenkte. Wie wird sich dein Vater freuen, dachte ich, wenn er sieht, wie sich deine Talente entwickeln, wie weislich du deine Zeit verwandt und wie frühe du die Früchte deiner Anstrengungen gebrochen hast! Wie wird er sich freuen, wenn er dich auf einer Bahn erblickt, die ebenso sehr für dich als für dein Vaterland ehrenvoll ist! Wie wird er sich freuen, wenn er sieht, wie du dich zu einer Würde hinaufgerungen, durch *eigne Kraft* hinaufgerungen hast, die sonst nur in unsern Zeiten ein Geschenk des Glückes ist. Vater, denken Sie sich, wenn Sie es vermögen, meine Gefühle, als ich mich in allen meinen Hoffnungen und Erwartungen betrogen sah, denken Sie sich, wenn Sie es können, den Schmerz eines Sohnes, der nach mancherlei hartnäckigen Kämpfen sich am Ziele zu sehen und das Vaterherz wieder errungen zu haben glaubt und endlich sieht, daß sein Hoffen nur ein leeres Hoffen war! Oh, mein Vater, nur dem kann dieser Schmerz eine Kleinigkeit dünken, dem die Liebe eines Vaters gleichgültig ist. Und mir ist sie nicht gleichgültig – die Liebe meines Vaters. Wenn auch die ganze Welt mir ihre Achtung zollt, kann ich sie mit frohem Herzen annehmen, wenn ich mit dem Bewußtsein durch das Leben gehe, daß mein Leben, mein Glück und Unglück dem gleichgültig ist, der mir selbst das Leben gab? –

Und womit hätte ich denn so sehr Ihren Haß verschuldet? War das, was ich tat, ein Verbrechen? – Ich finde nichts in meinem Herzen, was mich nötigte, diese Frage zu bejahen. – Ich kann geirrt haben; es kann sein, daß ich etwas mir nützlicher glaubte, als es in der Tat sein könnte, und dann, mein Vater, verdiene ich die Wohltat der väterlichen Belehrung, um die ich Sie auch bat und die ich gewiß, selbst dann, wenn es eine strafende Belehrung gewesen wäre, mit bereitwilligem Herzen angenommen und benutzt haben würde. Aber Verachtung und Haß kann ich unmöglich verdient haben. – Sie wollten mich auch wohl, dies hoffe ich, nur auf die Probe stellen; Sie wollten nur sehen, ob es mir Ernst sei mit der Bitte um das teure Geschenk – um Ihr Herz. Oh, mein Vater, lassen Sie mich nun diese Probe überstanden haben; raten Sie mir, belehren Sie mich, beglücken Sie mich mit einem väterlichen Briefe. Ich will dagegen alles tun, wovon ich weiß, daß ich mich Ihnen gefällig beweise; ich will gern auf der einmal betretenen Bahn wieder umkehren und meine Lieblingsneigung der väterlichen Liebe zum Opfer bringen.

Es wird mir ein leichtes sein, bald in der Jurisprudenz das zu werden, was ich jetzt in der Philosophie geworden bin. – Lassen Sie mir nur in diesem neuen Jahre Ihre väterliche Liebe wieder zuteil werden; schenken Sie mir das frohe Bewußtsein, einen Vater zu haben, dessen Hand mich segnet. Der Gott, der unsere Herzen durchblickt, weiß, wie redlich ich es mit dieser Bitte meine. Gewähren Sie mir dieselbe, Vater, gewähren Sie dieselbe einem Sohn, der sein Glück in die Liebe seines Vaters setzt. Gott schenke Ihnen in diesem Jahre alle Güter, die der Mensch sich wünschen kann; er erhalte Ihre Gesundheit, Ihr Leben, Ihr Wohlergehen; – er lenke Ihr Herz zu den Bitten Ihres Sohnes. Leben Sie wohl, mein Vater, leben Sie wohl.

Ihr treuer Sohn

Jena, den 1. Juni 1796

Mein lieber Vater!

Nehmen Sie dieses kleine Opfer meiner Verehrung, das ich Ihnen hier vor den Augen der Welt dargebracht habe* und das, wenn auch nicht durch die äußere Größe seines Wertes, doch gewiß durch die Absicht, die ihm zum Grunde liegt, eine kleine Regung des Beifalls bei einem Vater finden wird. Dem Vater für die Wohltaten zu danken, die ich

* „Kritik des natürlichen Rechts als Propädeutik zu einer Wissenschaft der natürlichen Rechte", Altona 1796. (Seinem Vater, Herrn J. A. Feuerbach, Doct.d. Rechte z. Frankfurt a. M.) Die Schrift beweist, daß es „ein vergebliches Unternehmen ist, das Recht (wie es die bisherigen Naturrechtslehrer taten) aus dem Sittengesetz, sei es nun aus dem Sittengesetz des Berechtigten oder des Bepflichteten oder aus beiden zugleich, abzuleiten" (S. 228), und deduziert das Recht aus einem *vom Sittengesetz verschiedenen*, in dem berechtigten Subjekt an sich gelegnen Grund, welchen F. in einem *besondern* (juridischen) Vermögen der praktischen Vernunft findet. *F. hat also vor Fichte und unabhängig von ihm Moral und Recht gehörig unterschieden, wie er selbst in der Anmerkung zu S. 108 seiner* „Revision der Grundsätze und Grundbegriffe des positiven peinlichen Rechts", II. T., *bemerkt*.

als Kind von ihm empfangen habe, ihm zu sagen, daß ich immer noch sein Kind, er noch immer mein Vater sei, und – warum sollte ich es nicht gestehen? – einen endlichen Sieg über sein Vaterherz mir zu erringen, das waren die Triebfedern, die mich bestimmten, Ihnen dies kleine Monument meines Herzens aufzurichten. – Und könnt' ich, dürft' ich denn wohl an der Erfüllung dieser seligen Hoffnung zweifeln? Könnt' ich glauben, daß Sie gar nichts mehr gegen den fühlen könnten, dem Sie das Leben gegeben haben? Nein, nie werde ich davon mich überreden lassen. Sie können, um die Liebe Ihres Sohnes zu prüfen, die Äußerungen Ihrer Liebe unterdrücken; aber nie können Sie ganz vergessen, daß Sie ein Vater sind. Oh, mein Vater, überzeugen Sie mich doch bald durch die Tat, daß ich mich in dieser Hoffnung nicht getäuscht, in diesem Glauben nicht betrogen habe. Lange, lange schon haben Sie mir Ihre Liebe entzogen, haben Sie mich mir selbst und meinem Schicksal überlassen und dem Unglück zur Prüfung preisgegeben. Standhaft habe ich dieses lange Leiden ertragen; aber von nun an muß ich erliegen, wenn mich mein Vater ohne Rettung von sich stößt. Meine Gesundheit ist durch verzehrenden Gram, durch die Anstrengung ununterbrochener Arbeit und durch den Mangel an Mitteln ganz zerrüttet; mein Mut im Leiden ist erschöpft, und ich habe nur noch Tränen, um mein Elend zu beweinen. Gewiß – ich traue es Ihrem Menschenherzen zu – Sie würden gerührt mir die Hand zur Versöhnung bieten, wenn Sie mich sehen, mich in manchen Stunden beobachten könnten; Sie würden den *Menschen* bemitleiden, wenn Sie auch den *Sohn* nicht lieben könnten. Aber auch entfernt glaube ich einen Sieg über Ihr Herz erhalten zu können; glaube es um so eher, da ich die Bedingung erfülle, unter der Sie mir Ihre Liebe und Unterstützung versprochen haben. Ich studiere Jura, wie Ihnen beiliegendes Zeugnis des Prof. Hufeland beweisen wird. – Ich würde es nicht wagen, von Ihnen eine Unterstützung an Geld zu fordern, wenn ich nur auf eine andere Weise subsistieren könnte. – Aber wie soll ich leben können, da mir mein juristisches Studium alle Muße nimmt, mit der ich mir sonst vielleicht etwas verdienen könnte; da es unmöglich ist, von meiner Tante (die einen Verlust von mehr als 100 Talern erlitten hat und noch durch große Steuern niedergedrückt wird) irgendeine andere Unterstützung als Logis und freie Wäsche zu verlangen! Sie werden mir einwenden, daß ich doch wohl von dem Honorar meiner Schrift mich einstweilen hinbringen könnte. – Aber Sie können auch leicht vermuten, daß bei der großen Teurung alles dessen, was zum Lebensunterhalt gehört, mir von diesem Gelde durchaus nichts übrig bleiben konnte, besonders da ich wegen der Schwierigkeit, ein Manuskript unterzubringen, über ein halbes Jahr größtenteils ohne Geld leben mußte. – Ich bitte daher inständigst, mein Vater, mir eine Unterstützung nicht zu versagen, damit ich mein Studium fortsetzen und als würdiger Nachfolger eines würdigen Vaters nach Frankfurt zurückkehren könne. Ich werde mit wenigem vergnügt sein, wenn ich nur einigermaßen – gesetzt auch, es müsse kümmerlich geschehen – mein Leben hinschleppen kann. – Ich habe gelernt, mit Wasser und Brot vorliebzunehmen; ich will es noch ein Jahr, wenn es sein muß, auf diese Weise versuchen, und ich bitte Sie nur um so viel, um mir nicht durch Betrug mein Brot erkaufen oder schimpflich erbetteln zu müssen.

Ich kann nichts mehr hinzusetzen. Ich fühle Tränen in meinem Auge. Leben Sie wohl!

Ihr Sohn

Jena, den 28. Juni 1796

Lieber Vater!

Wie tief hat mich Ihr Brief – Ihre Liebe gerührt! – Wie schwer haben Sie mich durch Ihre Güte – bestraft! – Nein, einer *solchen* Liebe bin ich nicht wert; einen solchen Vater habe ich nicht verdient. Oh, hätten Sie mir doch Vorwürfe – hätten Sie mir doch bittere Vorwürfe gemacht – Sie würden mich weniger bestraft haben, ich würde die Reue über meine Handlungen, ich würde den Schmerz, einen *solchen* Vater beleidigt zu haben, weniger empfinden. *So* weiß mein Vater des Sohnes Vergehungen zu bestrafen – so weiß er durch Güte den Undank zu belohnen. Und womit habe ich alles das verdient? – Wahrlich, ich wäre nicht wert, Ihr Sohn zu heißen, wenn ich hinfort auch nur die kleinste der heiligen Pflichten vergessen könnte, die mir Dankbarkeit und Liebe gegen Sie zu erfüllen gebieten. Ja, gewiß, alles Vergangene will ich *austilgen*, so wie Sie alles Vergangene *vergessen* haben, und nimmer soll mir mein Herz den Vorwurf machen, daß mein Dank geringer ist als Ihre Güte. – Guter Vater, wie oft, wie schwer habe ich Sie beleidigt! Wie viele von den Leiden, die Sie in Ihrer Vaterstadt erlitten, nennen mich, den Sohn, ihren Urheber. *Sie* haben alles verziehen, *Sie* haben alles vergessen. *Ich* kann es nicht, ich werde es auch dann nicht können, wenn ich einst durch gute Handlungen vor *Ihren* Augen gerechtfertigt bin. Aber *das* kann ich, und *das* Gelübde wiederholt Ihnen mein Herz vor dem Allwissenden – ich will gut, ich will meines Vaters würdig sein. –

Die Torheit, den schlüpfrigen Pfad des akademischen Lebens betreten zu wollen, haben Sie mir, wie meine Vergehungen, verziehen. Sie schreiben sie mit Recht auf die Rechnung einer jugendlichen Unbesonnenheit, die ich nun, soweit das in menschlichen Kräften steht, wiedergutzumachen suche. Mit Eifer studiere ich ununterbrochen die Rechtsgelehrsamkeit, und ich wäre ein Lügner, wenn ich behauptete, daß mich dies eine Aufopferung kostete. Ich arbeite mit Vergüngen, teils, weil ich mich dadurch einem guten Vater gehorsam bezeige, teils aber, weil ich nun überzeugt worden bin, daß ich sonst nur darum keinen Geist in der positiven Jurisprudenz fand, weil ich keinen hineinzulegen wußte. Die Philosophie hat mich auf einen Punkt gestellt, von welchem aus ich die Weisheit, Konsequenz und Harmonie unseres Rechtssystems verstehen und durch den toten Buchstaben der Gesetze zu ihrem lebendigen Geiste vordringen kann. Ich sehe in dem Corpus juris nicht mehr ein confusum Chaos von Verordnungen, die nur in der Laune oder der Willkür des Herrn der römischen Welt ihre Quelle haben, sondern ein Produkt der tiefsten Weisheit, der innigsten Kenntnis des Menschen und seines Geistes und der feinsten Politik, die allen Gesetzgebern künftiger Jahrhunderte zum unsterblichen Muster dienen wird. – Eben das aber, was mich den Geist der Gesetze zu beschwören lehrt, erleichtert mir auch die Aufbewahrung und Festhaltung ihres Körpers. Denn indem ich das, was sonst nur ein Werk des Gedächtnisses ist, in ein Werk des Verstandes verwandle, und zur Einsicht des Zusammenhangs stets meinen Blick von dem einzelnen zum Ganzen erhebe, kette ich, um mich eines platonischen Ausdrucks zu bedienen, die losen herumschwimmenden Gegenstände durch Grund und wechselseitige Verknüpfung am meine Seele an. – Nur über die Pandekten *höre* ich Collegia. Glauben Sie aber nicht, daß ich nur Pandekten *studiere*. Ich verknüpfe damit die Institutionen nach *Höpfners* Kommentar, die Lehre von den Klagen nach *Boehmeri „Doctrina de actionibus"*, den gerichtlichen ordentlichen Prozeß nach *Danz* und die Rechtsgeschichte nach Bachs „Historia Juris". Ich glaube, daß ich in dieser Wahl meiner Studien Ihren Beifall erhalten werde. Sie scheinen mir wesentlich zusammenzuhängen und eines das andere wechselseitig zu unterstützen. Die Klagenlehre fließt unmittelbar aus der Theorie der Pandekten: jene ist nur die Anwendung von dieser. Die Pandekten werden wieder durch die Rechtsgeschichte aufgeklärt, und von jenen ist der Schritt leicht zu der Theorie des Prozesses. Auch darin glaube ich Ihren Beifall zu haben, daß ich diese Collegio für mich studiere, denn das abgerechnet, daß die Dozenten, welche über diese Wissenschaften lesen, eben nicht die besten sind, scheinen mir auch die Lehrbücher, welche ich gewählt habe, ein Collegium entbehrlich zu machen. Bachs Rechtsgeschichte ist das Beste, was wir in diesem Fache haben; Böhmer ist sehr gründlich, und bleibt mir noch ein Zweifel übrig, so nehme ich zu *Schmidts* Klagen und Einreden meine Zuflucht. Höpfners Kommentar wird von unsern Dozenten fast wörtlich nachgebetet, und Danz, mit welchem ich vielleicht noch den Claproth verbinden werde, scheint mir so ausführlich und klar, daß mir nichts mehr zu wünschen übrigbleibt. Freilich habe ich mit der Theorie noch nicht die Praxis. Diese aber scheint mir eben keiner großen Schwierigkeit unterworfen zu sein, wenn nur jene richtig gefaßt ist und das dem Praktiker unentbehrliche Gemütsvermögen – die Urteilskraft – ihre Dienste tut. Außerdem habe ich ja Sie zum Vater. Sie werden mir bessere Anleitung geben, als es irgendein anderer zu tun vermag. In dieser Rücksicht glaube ich auch das Relatorium, das hier sehr teuer ist (bei Walch kostet es 2 Louisdor), bis auf meine Rückkehr ins Vaterland versparen zu können. Ich hoffe, nur noch ein halbes und, wenn es hoch kommt, ein ganzes Jahr zur Vollendung meines Kursus zu brauchen. Denn die Pandekten, die mir eben nicht so schwer vorkommen, und andere Collegia, welche man oft zwei-, auch dreimal zu hören pflegt, werde ich mit der Überzeugung, daß eignes Studium der Grund aller nicht oberflächlichen Kenntnisse ist, nicht wiederholt hören.

Sie tadeln meinen jugendlichen Stolz und legen mir einige Maximen an das Herz, die sich ein jeder Philosoph – besonders aber manches unsrer neuern Kraftgenies – mit goldnen Buchstaben über sein Museum schreiben sollte. Aber, lieber Vater, verzeihen Sie, wenn ich mich hier gegen Sie in Schutz nehmen muß. Ich habe freilich in meiner Kritik, besonders aber in der Vorrede mit einigem *Selbstvertrauen* zu meinen Gegnern gesprochen. Glauben Sie denn aber, lieber Vater, daß man in unsern Zeiten, wo es Mode ist, daß Philosophen nur im Renommistentone reden, auf mich und auf das, was ich für Wahrheit halte, achten würde, wenn ich der oft pöbelhaften Großsprecherei nicht ein ruhiges Vertrauen auf meine Kräfte entgegengesetzt hätte? Der Stolze wird nur noch stolzer, wenn man sich vor ihm demütigt. Wer aber zeigt – und in bescheidnem Tone zeigt –, daß er auch Kräfte in seiner Seele fühlt, nötigt den Gegner, ihm wenigstens neben sich eine Stelle einzuräumen und zwingt ihn wie durch eine magische Kraft, sich von seiner wahren oder eingebildeten Größe etwas herabzulassen. Und gesetzt auch, mein Betragen (welches gleichwohl nie gegen die Personen meiner Gegner, sondern nur gegen ihre Sätze gerichtet ist) wäre keiner *Rechtfertigung* fähig, so werden Sie doch gewiß *entschuldigen* können, wenn Sie bedenken wollen, daß die Eigenliebe (wenigstens in gewissen Stimmungen unseres Geistes) unsern Produkten so gerne einen unverdienten Wert beilegt, weil sie das Werk unsrer aufs höchste gespannten Kräfte sind und ihr Inhalt in dem reinsten Lichte der Wahrheit vor dem Blicke des Geistes steht. – Eigendünkel, der Greuel in den Augen der Weisheit, ist aber wahrlich weit von mir entfernt. Wenn mich auch die ganze

Welt in den dicken Dampf ihres Weihrauchs hüllt und der *Würzburger* Rezensent den wahren Vater des Naturrechts in mir zu sehen glaubt, so habe ich doch einen Rezensenten *in mir*, der strenger als alle andern richtet und, weit entfernt, mich durch seine Lobsprüche aufzublähen, vielmehr durch quälenden Tadel zu Boden schlägt. Dieser Richter ist das *hohe Ideal* eines Schriftstellers, das vor meiner Seele steht und neben dem ich mit meinen Kleinigkeiten so klein erscheine, daß der Eigendünkel gewiß niemals eine Wurzel schlagen, wieviel weniger bis zur Pflanze hervorwachsen wird.

Mit Freude lese ich, daß Sie meine Kleinigkeit einer aufmerksamen Prüfung würdigen wollen. Halten Sie ja dieses Versprechen, den schönsten Beweis, wie sehr Sie mich wieder zu Ihrem Sohne aufgenommen haben. Ich werde mit Dank Ihren Tadel aufnehmen, mit Gewissenhaftigkeit Ihren Winken nachgehen, Ihren Bemerkungen folgen und werde gewiß weit mehr lernen, als ich aus allen mir bekannten seichten und oberflächlichen Beurteilungen der Philosophen von Profession gelernt habe. – Eines bitte ich – die vielen Fehler des Setzers nicht auf meine Rechnung zu schreiben. – Ich bin von Buchhändler und Buchdrucker schändlich hintergangen worden. Beide versprachen, mir die Aushängebogen zu übersenden. Ich erhalte sie bis in den 15. Bogen, wo ich schon über 30 wichtige Fehler entdecke. Endlich erhalte ich keine Zeile mehr und finde mein Buch in den Läden, ehe ich nur seine Erscheinung wußte. Ich schreibe um meine Exemplare und erhalte statt 21, die ich mir ausbedungen, nur sieben. Der Buchdrucker verspricht mir das Druckfehler-Verzeichnis zu drucken und an die Buchhändler zu versenden – aber von allem diesen ist nichts erfolgt. Es darf Sie daher nicht befremden, wenn Sie überall „natürlich" statt „naturrechtlich", „Behandlung" statt „Behauptung", „Perumatologie" statt „Pneumatologie" lesen und hundert ähnliche Fehler nicht einmal am Ende angezeigt finden.

Mit ganzem Herzen danke ich Ihnen für Ihre väterliche Unterstützung. – Sie nennen sie, guter Vater, eine kleine Gabe. Nein, nein, Vater, sie ist hinreichend für meine Bedürfnisse und groß durch den Wert, den ihr mein Herz erteilt. Ich finde nicht den Namen, den ich verdiente, wenn ich von Ihnen mehr verlangen könnte. Ich bin von ganzem Herzen zufrieden. Meiner Bedürfnisse sind wenige, und die kann ich mit 4 Carolinen gar wohl befriedigen. Logis und Wäsche habe ich frei, von Büchern brauche ich nur die Kompendien und – mein Gaumen ist eben nicht mehr gewohnt, große Forderungen zu machen. Nur das bitte ich, daß Sie mir, wenn es Ihnen anders möglich ist, einen alten Rock nebst ein paar Hosen schenken. Einen Sonntagsanzug habe ich. Meine Werktagskleidung besteht aber nur aus ein paar ledernen verwachsenen Hosen und einem abgetragenen Sommerrocke. Vielleicht (kaum getrau' ich es mir zu sagen) sind Sie auch so gütig, mir die Uhr, welche ich in Frankfurt getragen, zu überschicken. Sie fragen wohl, wo die tombackene hingekommen ist. Ich habe sie bei meiner unseligen Flucht in Frankfurt verkauft. Verzeihen Sie, wie Sie noch schwerere Vergehungen verziehen haben.

Leben Sie wohl, guter, mir auf ewig wiedergeschenkter Vater! Würdigen Sie mich bald wieder eines väterlichen Schreibens! Leben Sie wohl!

Jena, den 22. September 1796

Mein innigstgeliebter Vater!

Mit dem Gefühl der innigsten Freude über die endliche Befreiung meiner lieben Vaterstadt und der freudigen Hoffnung, daß Sie und meine liebe Mutter sich noch wohl befinden, ergreife [ich] die Gelegenheit zu einem kleinen Brief, die sich mir durch die Abreise des Fuhrmanns darbietet. – Wie sehr wir alle, namentlich aber ich, der Großpapa und die Tante über das Unglück Frankfurts bestürzt und verlegen waren, dürfte sich wohl schwerlich beschreiben lassen. Der Brand, den entweder das Gerücht oder die alles vermögende Phantasie gerade an den Ort hin versetzt, wo er uns am gefährlichsten war, ließ uns immer nur das Schrecklichste befürchten. Ich glaubte, meine Heimat, Vater und Mutter verloren zu haben, und hätte mich (eine leicht zu verzeihende Übereilung) wohl zu einer unbesonnenen Nachhausekunft hinreißen lassen, wenn nicht ein durchreisender Handelsdiener, den ich zufälligerweise traf, mich versichert hätte, daß unser Haus nicht im geringsten beschädigt worden sei. Insofern bin ich also beruhigt. Aber wie vieles ist noch in Ihrer Lage, was mich beunruhigen kann! Die Furcht vor einer neuen Belagerung, vor neuen, vielleicht noch schrecklichern Behandlungen des Feindes, vor den traurigen Folgen der ungeheuren Kontribution, vor der Größe der Teuerung und einer mit nicht geringer Wahrscheinlichkeit zu vermutenden Hungersnot! – Gewiß, auch Sie wurden unmittelbar durch die Kontribution gedrückt, auch Sie sind zu Beiträgen genötigt worden, die für Sie mehr als für irgendeinen andern drückend sind. – Mein Vater, ich habe von Ihnen die Zusage einer vierteljährigen Unterstützung. Aber wenn die Erfüllung dieses väterlichen Versprechens Ihnen in Ihrer gegenwärtigen Lage unmöglich oder auch nur sehr beschwerlich wäre, so glauben Sie doch ja, daß ein guter Sohn von einem Vater keine Aufopferung wollen kann. Ich fühle ganz das Schmerzliche Ihrer Lage, warum sollte ich mit Ihnen nicht auch etwas tragen können? – Schicken Sie mir an Geld nur *so viel*, als und *wann* es ohne Ihre Beschwerlichkeit geschehen kann. Ihre Liebe ist mir Entschädigung für alles. Meine Nebenstunden werde ich dann zusammensparen, um mir so viel zu erwerben, als ich zu nötigem Unterhalt bedarf. Ich habe einen geliebten Vater, ich habe die Hoffnung auf eine heitere Zukunft – dies wird mir Kraft verleihen. – Nur um das bitte ich Sie sehr inständig; um einige Kleidungsstücke, vorzüglich um einen Überrock und ein paar Hosen. Ich habe das Vertrauen zu Ihrer Güte, daß ich nicht vergebens diese Bitte tue und Sie etwas dem Fuhrmanne mitgeben werden.

Was meine Studien betrifft, so habe ich die Pandekten und Institutionen glücklich mir zu eigen gemacht; das Studium des Naturrechts hat mir treffliche Dienste dabei getan. Freilich finde ich, was das Detail betrifft, noch manche Lücken; besonders in der Lehre vom Schadenersatz, was nämlich in jedem bestimmten Falle prästiert werden müsse, wann die Prozeßkosten erstattet werden müssen, wann nicht usw. Ebenso in der Lehre von den Klagen; welche mit andern kumuliert werden kann, welche nicht, wieviel ich bei dieser oder jener Klage in dem petitum [Begehren] verlangen kann? – In dieser und ähnlichen Lehren habe ich mir, was das einzelne betrifft, noch manches zu beantworten. Hierzu werde ich die Ferien anwenden, in denen ich auch die Lehre von den Testamenten, gewiß die schwierigste und verwickeltste in dem ganzen Rechtssysteme, in succum et sanguinem [in Fleisch und Blut] vertieren [verwandeln] werde. Vielleicht können Sie über diese Materie ein brauchbares Buch entbehren und zum Nachlesen übersenden. – Kommendes Semester höre ich bei *Hufeland*, der zugleich mein Lehrer, Freund und Gegner ist, das deutsche Recht; bei *Schnaubert* Kirchenrecht und Staatsrecht; für das Sommerhalbjahr bleibt mir Kriminal- und Feudalrecht und Praktikum bei *Eccard*[1], der Prozeß und Relatorium miteinander verbindet. Was aber dies letztere Kollegium anbetrifft, so ersuche ich Sie vorerst um Ihren gültigen Rat: ob ich es hören soll und muß oder ob ich es bis auf meine Rückkehr nach Frankfurt verschieben soll, um hierin einen praktischen Unterricht von Ihnen zu erhalten. – Die Theorie des Prozesses habe ich im allgemeinen inne. – Sie werden verzeihen, wenn ich so lange von mir selbst und meinen Studien gesprochen habe; ich glaubte Ihnen vorzüglich hierin eine treue Rechenschaft schuldig zu sein. Übrigens ersuche ich Sie nochmals um die Erhörung meiner Bitte, und sage Ihnen ein kindliches: Leben Sie wohl!

Jena, den 13. November 1796

Lieber Vater!

Sie werden verzeihen, wenn ich schon wieder mit einem Schreiben Ihnen beschwerlich werde. Die Gelegenheit, welche sich mir eben durch die Abreise des Fuhrmanns darbietet, und die urgens rerum necessitas [der drängende Zwang der Dinge] werden mich hinlänglich bei Ihnen entschuldigen. Der Winter ist bei uns sehr streng, und mein

[1] *Im Original A und B Druckfehler:* Enard. *Hier berichtigt nach dem Verzeichnis der Errata in B.*

dünner Rock vermag mich nicht gegen ihn zu schützen. Ich wollte Sie daher, mein lieber Vater, an Ihr Versprechen erinnern und Sie bitten, mir durch den Fuhrmann einen Überrock zu schicken. Machen Sie sich deswegen keine Unkosten. Sie haben vielleicht einen alten, den Sie nicht mehr brauchen. Er wird die kurze Zeit, die ich noch in Jena zuzubringen habe, aushalten und mir dieselben Dienste tun, die ein neuer tun kann.

Ich hoffe, lieber Vater, daß Sie sich mit unserer ganzen Familie wohl befinden und daß ich Sie alle gesund und glücklich bei meiner Zuhausekunft werde umarmen können – ein Zeitpunkt, dem ich mit der heißesten Sehnsucht entgegensehe. Ich bin schon so lange dem Schoße des Vaterlandes und der Familie entrissen, bin schon so lange auf der einförmigen Bahn des akademischen Lebens einhergegangen, habe hier, mir selber überlassen, schon so vieles gelitten und sehne mich, wie ein abgelebter Greis, in die Arme der Ruhe und des häuslichen Lebens. Oh, mein geliebter Vater, mit gerührtem Herzen sehe ich diesen Tagen der frohen Zukunft entgegen, die gewiß dem *Manne* geben werden, was der *Jüngling* vergebens gesucht hat. Und gewiß, gewiß, sie werden mir es geben, ich erwarte es von dem, der den Plan meines Lebens entworfen hat und der Freude und Schmerz mit gerechtem Maße verteilt. Doch da gerate ich auf einen Punkt, den ich schnell übergehen muß, wenn er mich nicht weiter führen soll, als der Raum meines Briefes und mein eigner Wille verstattet.

Ich habe Ihnen, glaube ich, schon geschrieben, daß ich Germanicum höre. Es bezieht sich hierauf eine Bitte, die ich an Sie zu tun habe, nämlich mir die *Frankfurter Reformation und Wechselordnung* zu übersenden. Beide sind in hiesigen Buchhandlungen wegen des speziellen Interesses dieser Schriften nicht zu haben. Und doch brauche ich sie, wie Sie selbst überzeugt sein werden, sehr notwendig. Sehr häufig bezieht sich das Germanicum nach der Natur dieser Wissenschaft auf unsere Statuten. Hierzu kommt noch das, daß ich mich doch einmal in die Verfassung meiner Vaterstadt einstudieren muß und hierzu der beste Anfang bei einem Collegium gemacht werden kann, das die Erläuterung und Entwicklung der statutarischen Rechte zu seinem Gegenstande hat.

Ich muß Sie an Ihr Versprechen erinnern, meine Schrift zu prüfen und mir das Resultat mitzuteilen. Die Erfüllung dieses Versprechens wird mir der größte Beweis Ihres Zutrauens und Ihrer Liebe sein. Vielleicht aber haben Sie das Buch schon lange mit Verdruß über die abstrakten Spitzfindigkeiten aus der Hand gelegt. So scheint es auch in der Tat zu sein. Aber wer ein Gebäude errichten will, muß wohl sorgfältig auf das Fundament bedacht sein, denn sonst hat er mit dem Aufbauen vergebliche Mühe, und das Haus stürzt wieder zusammen. Dieser Gedanke wird mich gewiß bei Ihnen rechtfertigen oder doch entschuldigen. – Mit einigen kleinen Versuchen hoffe ich Ihnen bald ein Geschenk machen zu können. Prof. *Meißner* in Prag hat mich um Aufsätze für seine Monatschrift ersucht, und meine Hauptarbeiten haben mir einige Stunden Muße übriggelassen, in denen ich mich durch meine Lieblingsstudien zu neuer Arbeit stärken konnte. Die Aufsätze, die ich Meißner gegeben habe und noch geben werde, sind meistens populär und für das größere Publikum bestimmt. Ich will nämlich, was leider noch nicht geschehen ist, die tröstenden Resultate, der neuern Philosophie über die Bestimmung des Menschen, die Tugend, das Dasein Gottes und die Unsterblichkeit der Seele in Dialogen und (wenn das nicht meine Kräfte übersteigt) in einem etwas ästhetischen Gewande vortragen, damit, was Sache der Menschheit ist, nicht in dem Staube der Schule vermodere. In einzelnen Bruchstücken werde ich dieses Werk nach und nach, so wie es meine Zeit erlaubt, in diese Monatschrift einrücken und dann besonders unter dem Titel: *„Alkiphron* und *Agathokles"* abdrucken lassen. Glauben Sie aber nicht, daß durch diese Beschäftigungen meine Hauptarbeiten, deren Notwendigkeit und Reize ich nun hinlänglich zu kennen und fühlen glaube, einigen Abbruch leiden. Gewiß nicht, lieber Vater! Der Mensch bedarf Stunden der Erholung. Andere finden diese bei Spiel und Karten und ich bei einer für mein Herz wohltätigen Wissenschaft.

Leben Sie nun wohl, mein innigst geliebter Vater!

Jena, den 29. Oktober 1797

Lieber Vater!

Der gerechte Schmerz über den so unerwarteten Tod meiner geliebten Mutter erlaubte mir es nicht, Ihren mir so teuren, wahrhaft väterlichen Brief in seinem ganzen Umfange zu beantworten. Erst jetzt ist mir dieses möglich.

Mein Schmerz hat der Wehmut Raum gegeben, und Ihre tröstende Versicherung, „daß ich Vater- und Mutterliebe in einem einzigen Herzen vereinigt finden soll", steht in ihrer ganzen Schönheit und Kraft vor meiner Seele. Ja, mein lieber Vater, ich bin vollkommen von der Wahrheit dieser Zusage überzeugt, und es bedurfte derselben nicht, um das, was sie verspricht, von Ihnen zu erwarten. Ihre Handlungen bürgen mir dafür so gut als Ihre Worte. Ihrem Befehle, noch ein halbes Jahr in Jena zu bleiben, war schon mein Wunsch zuvorgekommen. Ob ich gleich in meiner Wissenschaft alles getan habe, was ich nach meinen geringen Kräften tun konnte, so sehe ich doch sehr gut ein, daß ich noch nicht ganz so weit bin, um mich mit Zuversicht der schlüpfrigen Bahn des Geschäftsmannes überlassen zu können. Diese fordert eine vollkommene und ganz innige Vertrautheit mit der Wissenschaft. Und diese kann ich mir am besten noch hier erwerben, durch Zuhören und durch eignes Studium – Frankfurt ist hierzu der Ort nicht. Ich könnte zwar so glücklich sein, Ihres Unterrichts zu genießen. Aber die Neuheit des Orts und die Veränderung meiner Lage würden mich gewiß zerstreuen und mir die Ruhe unmöglich machen, die eine so wesentliche Bedingung des Denkens und der Freiheit des Geistes ist. –

Ich höre diesen Winter Rechtsgeschichte und repetiere meine sämtlichen Kollegien. Zu diesem Behuf ersuche ich Sie, mir, wenn Ihnen dies möglich ist, das „Corpus juris publici" von Schmauß zu übersenden. Sollten Sie dies nicht besitzen, so haben Sie wohl eine andere Sammlung deutscher Reichsgesetze, welche als Corpus juris publici betrachtet werden kann. Sie wissen selbst, wie nötig es einem gründlichen Rechtsgelehrten ist, die Quellen zu studieren und nicht in verba magistri [auf die Worte des Lehrers] zu schwören. Ich wollte mir besagtes Buch von den Professoren leihen, deren Bibliothek mir offensteht. Aber keiner derselben konnte es, weil Dozenten solche Bücher zu allen Zeiten brauchen, entbehren. Ich bin überzeugt, daß Sie meine Bitte nicht unerhört lassen werden. –

An diese schließt sich die andere, mir das Quartalgeld gütigst zu übersenden. Da das Vierteljahr schon den 8. Oktober fällig war, so bin ich ganz von Geld entblößt und kann weder mein Kollegium noch mein Essen bezahlen, noch mir Holz, das immer teurer wird, anschaffen. Ich würde auf die Hülfe der guten Tante rechnen können, wenn nicht die Saumseligkeit ihrer Schuldner und die Notwendigkeit, ihre Handwerksleute zu bezahlen, alle Unterstützung ihr unmöglich machte. Es bleibt mir daher nichts anderes übrig, als Sie recht inständigst um baldige Übersendungen des mir ausgesetzten Geldes zu bitten und Ihnen meine unbeschreibliche Not ans Herz zu legen. Leben Sie wohl, und seien Sie versichert von der ewigen Liebe Ihres Sohnes.

Tagebuch

Jena, 1797

Den 13. Juni. Der Dr. Z. kam zu mir, um mich zu bitten, ihm etwas zu versetzen. Er war in Not. Nein, ich kann Ihnen auf eine andere Weise helfen, rief ich aus. Ich hatte eine Schuldforderung an die Akademie, und obgleich meine ganze übrige Barschaft noch aus drei Pfennigen bestand, so brachte ich ihm doch die acht Gulden, welche ich auf meine Forderung erhalten, mit dem freudigsten Herzen dar. Meine Eigenliebe oder mein Gewissen tat sich etwas zugut auf diese Handlung. Ich glaubte meiner Pflicht ein großes Opfer gebracht zu haben. Aber arme, schwache Menschheit! Ich würde nicht so gehandelt haben, wenn ich es nicht bequemer gefunden hätte, diese acht Gulden zu leihen, als einige Bücher des armen Doktors zu versetzen.

Den 27. Juli. Ich betitelte meinen Antihobbes: „Antih.

oder über die Grenzen der höchsten Gewalt und das Zwangsrecht der Bürger gegen den Oberherrn"*. Dieser Titel wird Aufmerksamkeit auf mich und mein Buch erregen. Man wird mich lesen und rühmen. – Ich gehe dadurch großen Gefahren entgegen. Die *politische Inquisition wird ihre Klauen, gegen mich ausstrecken.*** Aber ich will trotzen. *Mut, Feuerbach, Mut, Heldenmut!*

Ich will kämpfen, ich will siegen!
Meinen Nacken beug' ich nicht.
Der Natur nicht unterliegen,
Dies ist heil'ge Menschenpflicht.

Droht mit Ketten und mit Flammen,
Stürzt mich in des Kerkers Nacht,
Häufet alle Qual zusammen,
Psyche spottet Eurer Macht.

* Erschien aber erst 1798 in Erfurt. Der Inhalt der Schrift ist hinlänglich schon durch den Titel bezeichnet.

** Zur Erklärung dieser Äußerung und zur Charakteristik der damaligen Zeiten sei folgendes bemerkt. Schon in Beziehung auf seine Schrift: „Über die einzig möglichen Beweisgründe" *schreibt ihm sein Vater vom 14. Juni 1976:* „Deine Abhandlung, schien mir, besonders bei Deinem projektierten Lebenspfad, nicht klüglich gewählt zu sein. Durch die freimütige Verteidigung der natürlichen Menschenrechte konntest Du bei der dermaligen Krise bei Großen Dich sicherlich nicht empfehlen. Wäre ich ein Großer und hätte eine Lehrstelle des Naturrechts zu vergeben, *Du dürftest Dir meinerseits gewiß keine Hoffnung dazu machen.*" Und von Almendingen schreibt ihm vom 24. Okt. 1800 in betreff der Bibliothek für die peinl. Rechtswiss. u. Gesetzkunde: „Die unselige Jakobinerriecherei, welche sich jetzt der ältern Geschäftsmänner in den ersten Stellen bemächtigt hat, drückt alle Hoffnung des Besserwerdens nieder. Sie schließt die Gerichtshöfe dem Eindringen neuer Ansichten zu. Sie wirft auf philosophische Juristen die gehässige Benennung von Neuerern, und die Praktiker fürchten sich fast, sie zu zitieren, weil sie sonst von Präsidenten und Räten für Demokraten möchten gehalten werden. Sie werden lachen, wenn ich behaupte, daß hierin zum Teil der Grund des geringen Abgangs der Bibliothek liege."

Der große Johnson riet dem jungen Boswell, der ihn um einen Studienplan ersuchte, er solle sich einen besonderen Zweig der Wissenschaft auswählen, um es darin zur Vollkommenheit zu bringen, sich aber zugleich von allem etwas zu erwerben. Dies ist meine längst angenommene Maxime. Ohne mancherlei Kenntnisse sind wir einseitig, trocken, pedantisch, unser Stil geistlos und mager wie Pharaos Kühe. Diese mancherlei andere Kenntnisse machen es uns auch möglich, in dem Fache etwas Vorzügliches zu leisten, dem wir unsern Geist mit aller Anstrengung gewidmet haben. Die Wissenschaften hängen ja durch die festesten Bande aneinander, bieten sich wechselseitig die Hand, und jede reicht uns herrliche Blumen, womit wir ihre Schwestern schmücken können. Aber wehe dem vagen „flüchtigen Polyhistor". „Die Leute haben jetzt", sagt Johnson, „den seltsamen Begriff angenommen, daß man alles durch Vorlesungen lernen müsse. Allein ich kann nicht einsehen, daß Vorlesungen so viel Nutzen stiften als das Lesen der Bücher, woraus sie genommen sind. Ich weiß nichts auf der Welt, das man am besten aus Vorlesungen lernen könnte, außer wo Experimente gezeigt werden müssen. Die Chemie sowie das Schuhmachen läßt sich aus Vorlesungen lernen" (*„Johnsons Leben"* von Boswell. Übers. 1. T., S. 366).

Wie wenig bin ich noch! Wie viele Felder des Wissens habe ich noch nicht betreten, wie viele nur oberflächlich berührt! Geschichte, Politik, Literatur, Philosophie! Wie wenig, wie so gar wenig bin ich noch hierin. Aber Mut, Mut, armer Anselm, du hast erst 22 Jahre gelebt.

Julius. „Mors omnibus ex natura acqualis. Oblivione apud posteros vel gloria distinguitur. [Der Tod ist für alle von Natur der gleiche. Ob ihn die Nachwelt vergißt oder rühmt, das erst macht den Unterschied.] (Tacitus, „Hist." I. 21).

Septr. Es ist nun wohl Zeit, daß ich das Merkwürdige meiner Reise nach Dresden, die Leiden, die ich auch hier trug, und die überwiegenden Freuden, die ich genoß, der Untreue meines Gedächtnisses entreiße.

Der Zweck meiner Reise war, meinen alten Herzensfreund Meinert und die Gräfin Pachta aus Prag zu sprechen. Mit kindischer Freude flog ich dem Orte meiner Bestimmung zu. Ich schwelgte schon im Vorgenuß der Wonne, wenn ich meinen Joseph (er ist der einzige, der meinem Herzen ganz verwandt ist) wieder an meinem Busen sehen würde. Mit einiger Schüchternheit, obwohl nicht ohne einigen eitlen Kitzel, dachte ich an die Unterredung mit der Gräfin. Ich hatte Hochachtung für sie; mein Freund hatte sie mir als seine und meine Freundin und als eine Dame von Geist und Herzen geschildert. Aber bei alledem war der Gedanke an eine Gräfin, die ich sprechen und unterhalten sollte, mit einiger Pein verbunden. Eine Gräfin, selbst eine geistvolle Gräfin, kam mir doch immer wie eine Gräfin vor. Und diese Vorstellung ist einem ungefeilten, ich kann auch sagen: freien Sohn der Natur, wie ich bin, eben keine der erfreulichsten. Aber wie grlücklich wurde ich diesmal in meiner Erwartung betrogen. Freund, willst du ein Weib sehen, aus derem ganzen Wesen eine edelmütige Seele spricht, die in allen deinen Wünschen dir mit liebendem Herzen entgegenkommt, die dir Wohltaten erzeugt, ohne dich es merken zu lassen, daß du eine Wohltat von ihr empfängst, die einen gelehrten und gelehrigen Geist besitzt, ohne mit Gelehrsamkeit zu prahlen und zu flimmern – kurz, willst du ein Weib sehen, wie es sein *soll*, und eine Adlige, wie keine *ist*, so verlasse alles, was dir teuer ist, gehe hin und sehe und spreche diese edle Frau.

Ich hatte sie und meinen lieben Joseph schon den 18. Sept. hier erwartet. Ich wartete vergebens. Ebenso den 19. Ich war in Verzweiflung. Meine Einbildungskraft gab mir alles Schreckliche ein. Ich zweifelte an der Freundschaft meines alten Freundes und glaubte (einen solchen Argwohn hat die Erfahrung mich gelehrt), seine Einladung hätte ich nur als einen Irrtum oder als eine Grille und ein leeres Kompliment zu betrachten. Mein Zimmer im Gasthof – aber warum nenn' ich's nicht einen Kerker?, denn kaum scheint durch die dichten Eisengitter ein matter Sonnenstrahl in den vier Schritte weiten Raum –, also mein Kerker gibt von der düstern Schwermut meiner Seele einen lebendigen Beweis. Mit gepreßtem Herzen und einer Träne im Auge schrieb ich an die Wand: „In hoc cubiculo homo a fortuna agitatus summum in his terris bonum suum, amicum, sed ohe frustra expectavit [in dieser Wohnstatt hat der vom Schicksal umgetriebene Mensch das höchste Gut auf dieser Erde: einen Freund, erwartet, aber, ach, vergebens]." Diese Inschrift umgibt ein Kranz, den ein Totenkopf schließt. In der Tat, in keinem Augenblicke meines Lebens sehne ich mich auch ernstlicher nach Auflösung als jetzt. Arm an Freuden, verfolgt vom Schicksal, gekränkt von der Welt, verspottet von Feinden, verkannt von Freunden, harrte ich einen einzigen Gnadenblick des Glücks, der Umarmung eines Bruders, vielleicht der letzten, entgegen, und auch diese Freude, freilich groß genug, um von meinem Schicksal deswegen beneidet zu werden, ach, auch diese sollte mir entrissen werden. – Eine glückliche Nacht war meine Befreierin. Es war zwei Uhr. Ich lag in tiefem Schlaf. Ein Gepolter an der Tür und eine rauhe Stimme, die meinen Namen ruft, rissen mich auf. An die Möglichkeit, daß dies der Augenblick des Wiedersehens sein würde, dachte ich nicht, denn ich hatte schon meine Hoffnung gänzlich aufgegeben und glaubte, daß einer meiner Reisegefährten sich, wie es schon geschehen war, das Vergnügen machen wollte, mich im Schlaf zu wecken. Unwillig stieg ich aus dem Bette, tappte nach einer Bedeckung und der Türe umher und rufe: Wer da? „Mache auf, Feuerbach!", wiederholte mein lieber Ruhestörer, und immer zweifle ich noch an meinem Glück. Ich öffne endlich die Tür. Eine lange Figur steht in dem dämmernden Schein einer Lampe vor mir. Er streckt die Arme nach mir aus. Zweifelnd und starren Blickes sehe ich ihm ins Auge und zögere, an seine liebende Brust zu sinken. „Und du kennst mich nicht, Feuerbach!" Mit diesen Worten meines M. fährt ein Blitzstrahl durch meine Seele; meine Knie wanken, alle meine Nerven zittern, und nun lieg' ich, göttliche Glut im Herzen, in den Armen des Freundes. Wahrlich, so ein Augenblick kann für alle vergangenen Leiden belohnen und auf alle künftigen stärken. Ich war ausgesöhnt mit der ganzen Welt und vergab allen Feinden, die mich verfolgten. Die Heftigkeit meiner Freude und der unzähligen andern Gefühle, die in mir tobten und sich wechselseitig aufregten und überwanden, schienen meinen Körper zertrümmern zu wollen.

Ich zitterte an allen Gliedern, und ein Fieberfrost durchlief meinen Körper. Ich mußte mich zu Bett legen. Mein Freund saß zu meinen Füßen, und nie empfand ich inniger den Segen der Freundschaft als in dieser heiligen Stunde.

Den folgenden Morgen sollte ich der Gräfin vorgestellt werden. Ich wartete mit Bangigkeit und Herzklopfen der Stunde. Sie kam. M. führte mich ins Zimmer. Die Gräfin flog mir mit liebenswürdiger Offenheit und Zutrauen entgegen. Ich stotterte meine Komplimente, aber ihr freundliches „Willkommen, mein lieber F.!" und der herzliche Druck ihrer lieben Hand befreiten mich bald von den Ketten der Mode und ließen mich nur das edle Weib vor mir sehen. Mit reger Glut des Herzens drückte ich ihre Hand an meinen Mund, und nun führte sie mich zum Sofa, wo ich die rechte Seite einzunehmen gezwungen war. Diese Gefälligkeit, die sie mit einer bezaubernden Versicherung ihrer Freundschaft und Hochachtung begleitete, vollendete, was ihr Anblick und Empfang begonnen hatte. Ich fühlte nicht mehr das Verhältnis zwischen ihr und mir, in dem ich noch vor einer halben Stunde eine ewige Scheidewand zu sehen glaubte. Es ward mir wohl ums Herz und licht im Geiste. Ich wurde, was ich in ähnlichen Lagen selten bin, beredt und voll Zutrauen und Vertraulichkeit. Seitdem lebte ich mit ihr wie ein geliebter Sohn mit seiner Mutter, wie ein Freund mit seiner Freundin. Ich speiste an ihrer Tafel, die sie mit ihren Gesprächen würzte, und kam selten von ihrer Seite. Sie ist, worüber ich am meisten erstaunte, mit ganzem Herzen Demokratin und eine geschworne Feindin des Adels von Geburt. Sie verwendete stets ihren Einfluß beim Wiener Hof und andern Fürsten Deutschlands für die gute Sache. Meinert hat ihr seine Professur zu danken. Sie läßt es aber nicht im geringsten merken, was ist sie. Selten und gleichgültig oder im Scherz spricht sie von ihrem Umgang mit den von Gottes Gnaden Kaisern, Königen, Herzogen und andern Durchlauchten. Kaiser Leopold machte ihr nach seiner Krönung einen Besuch, sie aber war frei und edelstolz genug, ihn mit Kälte abzuspeisen und ihm zu verstehen zu geben, daß er nur ein Kaiser sei. Der Herzog von W. besuchte sie vor einigen Monaten. Er wollte sie noch einmal sprechen, aber ein Billet meldete ihm, daß sie nicht zu sprechen sei.

Oh, Pachta, unter deinen Augen fühlt sich der Geist erhoben und sagt es sich lauter als je, daß der Mensch zur Freiheit geboren ist.

Heute ist der Tag der Trennung. Nun erkenne ich erst die Wahrheit: Unser Leben und unser Glück ist ein Traum. Ich schweige.

Jena, den 26. Februar 1798

Lieber Vater!

Hier überschicke ich Ihnen mein Schriftchen über den Hochverrat*, so wie ich es eben aus der Druckerei bekommen habe. Ich hoffe, daß es Ihren Beifall erhalten wird und daß Sie in ihm meine Bemühungen, auch der Jurisprudenz etwas zu sein, nicht verkennen werden. Ich hoffe dies um so mehr, da Sie gewiß überzeugt sind, *daß ohne einen (freilich bedächtlichen und bescheidnen) Gebrauch*

* „Philosophisch-juristische Untersuchung über das Verbrechen des Hochverrats", Erfurt 1798. Eine Schrift, deren Thema ist, den von den Gesetzen und Rechtsgelehrten höchst unbestimmt gelassenen und mit dem eigentlichen Majestätsverbrechen vermischten Begriff des Hochverrats scharf zu bestimmen, und deren, namentlich für unsre Zeit, *bemerkenswertester Gedanke der ist, daß ein Bürger sich nicht nur gegen, sondern auch mit seinem Regenten des Verbrechens des Hochverrats schuldig machen kann.* Nämlich: „Wenn ein Bürger mit dem Regenten zur Bewirkung einer Revolution (d. h. einer gewaltsamen Umkehrung oder Veränderung der bestehenden Staatsverfassung) konspiriert. Denn der Regent hat ebensowenig das Recht, gegen die Verfassung einseitig etwas vorzunehmen, als das Volk wider ihn dieses Recht hat. Die Verfassung ist die Grenze seiner oberherrlichen Gewalt. Nur innerhalb ihr ist er Regent; außer ihr ist er Privatperson" (S. 61). Die Unterscheidung zwischen der Privat- und öffentlichen Person des Regenten in dieser Schrift und in seinem „Antihobbes" verwarf jedoch später F., wenigstens in ihrer Anwendung auf das eigentliche Majestätsverbrechen, „aus *legislativen* Gründen", wie seine ungedruckten und unvollendeten Motive zum Strafgesetzbuch von 1813 beweisen und er selbst in seinem „Kriminalrecht", § 172 Anm. b., bemerkt.

der Philosophie für die positive Jurisprudenz, am allerwenigsten aber für das peinliche Recht, kein wahres Heil zu erwarten sei. Wegen der Entfernung des Druckorts ist es durch einige Druckfehler entstellt worden. Die wichtigsten habe ich mit Bleistift geändert, damit Sie nicht mir zuschreiben, was nur dem Korrektor zugerechnet werden kann. – Mein „Anti-Hobbes“ wird erst zur Messe fertig.

Ich erneuere in diesem Brief, mein lieber Vater, die Bitte, welche ich in meinem vorigen Briefe* an Sie getan habe. Es hieße Mißtrauen in Ihre Gesinnung setzen und Sie, den Vater, verkennen, wenn ich an ihrer Erhörung zweifeln könnte. Sie erleichtern und befördern dadurch die Erfüllung meiner Pflichten und geben mir den Frieden der Seele wieder, den ich schon lange nicht mehr kenne und der nur allein noch fehlt, um mich ganz glücklich zu nennen. Und ein Vater wie Sie, der das Glück und die Rechtschaffenheit seines Sohnes will, sollte der eine solche Bitte versagen können? – Nein, ich will mich nicht dadurch Ihrer Verzeihung unwürdig machen, daß ich an ihrer Möglichkeit zweifle. Ich glaube, ich weiß, daß Sie mir ganz verziehen haben, und es fehlt mir nichts zu meiner vollen Beruhigung, als daß Sie nur das selbst sagen, was ich mir selbst schon in Ihrem Namen gesagt habe. – Ich vermag zu diesem nichts hinzuzusetzen, da ich mein voriges Schreiben nicht wiederholen mag. Sie mögen urteilen, und Ihr Vaterherz mag entscheiden.

Jena, den 30. Januar 1799

*An einen Freund (Rumpf?)***

Meine Briefe an Dich fangen immer mit Entschuldigungen über mein langes Nichtschreiben an. So auch der gegenwärtige, dessen langes Ausbleiben das Beiliegende, meine Disputation, an meiner Statt entschuldigen mag; denn daß Vorbereitungen zu zwei juristischen Examinibus und Vorbereitungen zu einer Disputation, welche auch das

* Ist aber wahrscheinlich nicht der vom 29. Okt. 1797.

** In Wahrheit ein ostensibler Brief an seinen Vater.

Schreiben derselben in sich fassen etc., nur wenig Muße verstatten, wirst Du Dir schon selbst sagen können. Aber nie würde ich es mir vergeben können, wenn ich jetzt noch Deinen Brief, der so ganz der Beweis einer treuen und dabei *aufrichtigen* Freundschaft ist, unbeantwortet lassen könnte. Ich muß mich entschuldigen, Freund, ich muß mich rechtfertigen, wenn ich mich nicht Deiner Freundschaft für unwert halten soll. Jede Zeile Deines Briefes hat mich bis in mein Inneres verwundet. Deinen ersten Vorwurf habe ich schon befriedigt. Ich habe meinem Vater gleich nach meiner Promotion geschrieben und ihm meine Disputation überschickt.* Ich habe als Sohn zu einem Vater, d. h. aus meinem Herzen mit ihm, geredet, und wie es wahr ist, daß,

* Am 15. Jan. 1799 hatte F. die juristische Doktorwürde erhalten. Die Promotionskosten hatte ihm sein Freund Meinert vorgestreckt. Seine Doktor-Dissertation handelt „De causis mitigandi ex capite impeditae libertatis [von den strafmildernden Gründen aus dem Grundsatz verminderter Freiheit]" und stellt den rigorosen Grundatz auf, daß das Strafgesetz, weil es nicht einen bestimmten Fall, einen bestimmten Verbrecher, wie die Präventionstheorie, meine, sondern *alle* Bürger als mögliche Verbrecher im Auge habe und von Verbrechen abschrecken wolle, so wie es von dem Gesetzgeber im allgemeinen oder in abstracto ausgesprochen sei, auch in concreto unbedingt und rücksichtslos angewendet werden müsse, sobald die *gesetzlichen* Merkmale des Verbrechens vorhanden sind, daß daher *die* Richter *über* das Gesetz sich stellen, welche im Gesetz *bestimmte* Strafen wegen verminderter Freiheit oder mangels an voller Zurechnung und vollem dolus [böser Absicht] sich zu mildern erlauben – ein Grundsatz, dessen Ausführung nebst der Entwicklung des Gedankens, daß die Freiheit nur in die Moral und Metaphysik, aber nicht [in] das Kriminalrecht gehöre, daß wenigstens, wenn sie in das Kriminalrecht hineingezogen werde, gerade das Gegenteil der bisherigen Annahme der Kriminalisten das Richtige sei, nämlich daß, je geringer die Freiheit, um so größer die Strafbarkeit sei, weil die bürgerliche Strafbarkeit nicht von der moralischen Schuld, sondern der Gefährlichkeit abhänge, daß, ein Verbrecher aber aus Gewohnheit, aus Leidenschaft, aus eingewurzelter Neigung weit gefährlicher und folglich strafbarer sei als ein Verbrecher aus Freiheit, den wesentlichen Inhalt der in diesem Briefe erwähnten Revision der Grundsätze usw. ausmacht.

was vom Herzen kommt, auch wieder zum Herzen geht, so muß mir dieser Brief meinen Vater wiedergeben. Daß ich ihm so lange nicht geschrieben habe, brauche ich mich darum zu rechtfertigen? Ich war krank, gefährlich krank. Das weißt Du, und mein Hausfreund Bartz (?) hat es Dir vielleicht ausführlicher geschrieben, als ich es tun könnte. Schon dies wird es hinlänglich erklären. Aber Du weißt auch vielleicht, mit welchen Arbeiten ich umgeben bin. Ich lebe einer Wissenschaft, die meine ganze, ungeteilte Aufmerksamkeit und Tätigkeit erfordert, die, um gründlich verstanden, wieviel mehr, um mit Geist und so, wie es sein *soll*, kultiviert zu werden, fast alle andere[n] Wissenschaften als Hilfswissenschaften fordert und bei welcher man beinahe Polyhistor sein muß, um in ihr nur etwas Vorzügliches leisten zu können. Und ich sehe nur zu deutlich, was ich werden *soll*, vor Augen, als daß ich mich mit dem wenigen, was ich schon jetzt bin, begnügen könnte. Ich lebe endlich auf einer Akademie, wo es schwer ist, Beifall zu finden und zu erhalten, weil man nur an das Vortreffliche gewöhnt ist, und wo ich alle Kräfte aufbieten muß, um mich des Zutrauens, welches man mir schenkte, nur einigermaßen würdig zu machen. Dies ist, was mich jetzt allein beschäftigt, was mich ganz und gar ausfüllt, daß ich nur selten zum Bewußtsein meiner übrigen Angelegenheiten komme, und was mir so sehr meine Zeit beschränkt, daß ich kaum einigen Raum gewinne, um nur das Dringendste befriedigen zu können. Aber das alles würde mich noch nicht abgehalten haben, meinem Vater zu schreiben, wenn nicht die *Furcht* mich zurückgehalten hätte. Ich kenne ihn als beleidigten Vater. Ich habe ihm oft, wahrlich mit Tränen in den Augen geschrieben, aber nur eine, und zwar eine harte, eine demütigende, Antwort erhalten, eine Antwort die mich um so tiefer beugte, je weniger ich sie damals verdient zu haben glaubte. Weder Lieblosigkeit, noch Haß[1] war an meinem Betragen schuld. Selbst dann, wenn seine Antwort mich kränkte, sah ich, daß er es gut mit mir meinte. Er wollte mein *Glück*, wenn er gleich über das Mittel zu diesem Glück anders als ich dachte. – Die Frage, ob ich verheiratet bin, kann ich Dir nicht anders als mit Ja be-

[1] *In A und B* Hast, *hier berichtigt nach Errataverz. in B.*

antworten. Ich bin es, bin es ohne Wissen und wider Willen meines Vaters. Ich weiß, was ich hier sage, und zittere, wenn ich dabei an meinen Vater denke, dessen Rechte ich durch diesen Schritt gekränkt habe und der darin einen augenscheinlichen Beweis meiner Verworfenheit erblicken wird.

Und doch fehlt nur noch mein Vater, seine Vergebung, sein Segen, zu meinem Glück. Es ist mir ein schrecklicher Gedanke, von meinem *Vater* verkannt, verachtet, vielleicht gehaßt zu sein: diesen Vater beleidigt zu haben, ohne seine Verzeihung zu besitzen. Daß ich wirklich diesen Vater liebe, sagt mir mein Herz, um so mehr muß es mich schmerzen, von ihm nicht geliebt zu werden. Er ist *Pate* von meinem Sohne, den ich ihm und der Gräfin *Josephine* Pachta zu Ehren Joseph *Anselm* habe taufen lassen. Aber auch davon weiß er noch nichts. Und doch möchte ich es ihm so gern sagen. Ich glaube, daß es ihn rühren würde. Wenn es irgend möglich ist, d. h., wenn meine dringenden Arbeiten es möglich machen, so reise ich vor dem Anfang meiner Kollegien nach Frankfurt und werfe mich dem Vater in die Arme. Keine eigennützige Absicht hat an dem heißen Wunsch, mit ihm wieder ausgesöhnt zu werden, einigen Anteil. Ich verlange nichts als das beruhigende Bewußtsein, wieder ganz sein Herz zu besitzen, nichts als die Verzeihung für mich und mein geliebtes Weib, das ich gern zur Freundin meines Vaters wünschte, weil sie seinen Sohn glücklich macht. Mein Vater glaubt, wie Du mir sagtest, das Gegenteil; er wirft sie in die Klasse der verworfenen Geschöpfe: oh, dies kränkt, dies kränkt, mein Freund, dies schmerzt von jedem, am meisten von einem Vater! Doch genug von allem diesem. Mein einziger Trost ist, daß ich und mein Weib nicht immer werden von ihm verkannt sein. Es wird, es muß eine Zeit kommen, wo er in mir seinen Sohn, in meinem Weib seine Tochter lieben wird; und daß sie komme, will ich alles, was an mir ist, tun. Ich werde ihm wieder schreiben, sobald mein Werk „*Revision der Grundsätze und Grundbegriffe des positiven peinlichen Rechts*"* die Presse verlassen hat. Ich würde es ihm dedi-

* Erfurt, I. T. 1799, II. T. 1800. Dazu gehört „als Anhang" die in demselben Jahr erschienene Schrift „Über die Strafe als Sicherungsmittel usw. nebst einer nähern Prüfung der Kleinschen Strafrechtstheorie".

zieren, wenn nicht meine Verhältnisse zu der Akademie mich nötigten, es dem Herzoge von W. [Sachsen – Weimar – Eisenach] zuzueignen. Du wirst ebenfalls ein Exemplar erhalten. Ich habe schon sehr lange über diesem Buche gebrütet, und es wird sehr voluminös werden. Die Kriminalisten werden gewaltig die Köpfe zusammenstecken, und Professor [Karl L. v.] Grolman will der erste sein, der gegen mich zu Felde zieht. Ich habe einige Ideen davon in seiner „Bibliothek des peinlichen Rechts" und in mehreren Rezensionen in der „Allgem. Lit.-Zeitung" hingeworfen, und eben schreibt mir Grolman, er werde kommende Ostern eine besondere Schrift gegen mich herausgeben. Ich bat ihn aber, bis auf meine Revision zu warten. Hufeland ist schon strenger Anhänger meiner kriminalistischen rigoristischen Ketzereien, die, n[ota] b[ene] [wohlgemerkt] für mich keine Ketzereien sind und hoffentlich es auch nicht lange sein werden. – Beiliegendes Paket übergib Grolman, und sobald wie möglich schicke den Brief an Kanzler Koch. Gib mir doch nächstens von Prof. Grolman einige Nachricht: Wo er her ist? Ob er mit dem Regierungsrat [Heinrich D. v.] Grolman und ob er mit dem *Theodor* Grolman (der neulich eine Übersetzung von Seneca angekündigt hat) verwandt ist? Und wie er sich mit Koch verträgt? Das letzte kann ich mir schon a priori beantworten. Aber über das erste wünschte ich doch einige Auskunft. Ich kenne bloß den *Gelehrten* Grolman, der *Mensch* Grolman ist mir ganz unbekannt. Unsre Freundschaft und Feindschaft sind beide bloß literarischer Art. – Daß *Fichte* durch Gießen gereist ist, ist physisch unmöglich; denn Fichte ist diese ganze Zeit nicht aus Jena gekommen und liest täglich zwei Kollegien, welches der stringenteste Beweis ist, daß entweder nur *Fichtes* Geist in Gießen war oder (welches wahrscheinlicher ist) daß die Gießner falsch gehört oder gesehen haben. Daß jedermann seine Absetzung fürchtet, ist gewiß. Der ***kursächsische Hof denunzierte ihn bei dem Weimarischen wegen des gröbsten Atheismus und trug auf seine Absetzung an, mit beigefügter Drohung, daß widrigenfalls der Kurfürst seine Landeskinder von der Akademie wegziehen würde***. Allein der Herzog und die übrigen Höfe verwandten sich nachdrücklich bei dem Kurfürsten, und so wird die Sache wahrscheinlich ohne allen Erfolg bleiben. Ich bin übrigens ein geschworner Feind von Fichte, als einem unmoralischen Menschen, und von seiner Philosophie, als der abscheulichsten Ausgeburt des Aberwitzes, die die Vernunft verkrüppelt und Einfälle einer gärenden Phantasie für Philosopheme verkauft.* Jetzt gefällt sie dem Publikum, das nach allem Neuen hascht. Als *Phantasie*philosophie hat sie auch allerdings etwas Gefälliges und Anziehendes, aber nicht für den, den der Kantsche Geist genährt hat und der es weiß, daß mit leeren Begriffen spielen noch nicht philosophieren heißt. Dieser Unsinn wird aber bald verweht sein. Was Kant von diesem Unfug denkt, weiß ich vom Professor *Beck* in Halle, Kants Freund und Schüler. Ich forderte ihn neulich beiläufig auf, an das Kartenhaus dieses Systems zu blasen. Er schrieb mir aber ein kategorisches Nein zurück. Er habe ex professo [von Amts wegen] gegen Fichte schreiben wollen und seinen Entschluß Kant mitgeteilt; dieser aber habe nichts geantwortet als, er möchte die Sache ihren Gang gehen lassen, denn Ciceros Spruch sei nur zu wahr: „Opinionum commenta delet dies, veritatis judicia confirmat [es kommt der Tag, der die Lügen der Meinungen zerstört, die Urteile der Wahrheit aber bestätigt]." Alles, was ich hier sagte, soll nur dazu dienen, meine Bitte zu unterstützen, Dich ja nicht, wenn Dir Deine Zeit und Dein gesunder Verstand lieb ist, durch das Geschrei der Säuglinge und Unmündigen irremachen zu lassen und Dich in die sogenannte Wissenschaftslehre zu vertiefen. Ich habe leider einen guten Teil Zeit damit verschwendet, und ich danke nur dem Himmel, daß ich meinen Kopf wieder gesund davongebracht habe. Auch unsern Bartz (?), der schon der Skylla nahe war, habe ich gerettet, und ich rechne mir dies als ein besonderes Verdienst an. Wenn

* Grolman, ein Verehrer Fichtes, schreibt von dem nämlichen Jahre, als dieser Brief geschrieben ist, an F. in betreff dieses seines harten Urteils, welches F. wahrscheinlich von Fichtes Benehmen gegen Herder bei Gelegenheit der eben erwähnten Geschichte abstrahiert hat, unter anderm folgendes: „Fichte ist zu leidenschaftlich . . . Auch Luther war leidenschaftlich . . . Auch Sie, Feuerbach, sind leidenschaftlich – *gegen Fichte* . . . leidenschaftlich gegen die Fichtesche Philosophie eingenommen . . . Aber nur Fichte der Mensch! . . . Wie leicht ist F. falsch zu beurteilen!"

Du ja Muße hast, so nehme die Leibnize, Locke, Kante zur Hand. Hier weht ein unsterblicher, echt philosophischer Geist. – Daß Du von diesem Urteil über Fichte nichts bekannt werden lässest, bitte ich Dich angelegentlichst. Es ist gefährlich, mit Fichte Händel zu bekommen. Er ist ein unbändiges Tier, das keinen Widerspruch verträgt und jeden Feind seines Unsinns für einen Feind seiner Person hält. Ich bin überzeugt, daß er fähig wäre, einen *Mahomet* zu spielen, wenn noch Mahomets Zeiten wären, und mit Schwert und Zuchthaus seine Wissenschaftslehre einzuführen, wenn sein Katheder ein *Königsthron* wäre.

Nun lebe wohl, Herzensfreund! Dieser lange Brief wird hinlänglich einbringen, was ich versäumt habe. Ich erwarte nächstens auch von Dir einen recht langen, langen Brief.

Dein F.

Tagebuchnotizen aus dem Dozentenleben in Jena

Jena, 1801

16. Jan. Die Wolken, die über meinem Horizont in Jena stehen, werden durchbrochen von der Hoffnungssonne aus Helmstedt. Und auch jene Wolken schweben schon leichter und lichter einher. Ich las sehr enthusiastisch über das Crimen laesae Majestatis [Verbrechen der Majestätsbeleidigung] und schloß mit einer Harangue [Lobrede] auf v. Brabeck*.

20. Jan. Ich war in Gesellschaft und bemerkte in den Gesichtern und in dem Betragen ein gewisses Etwas, das mir Spott über meine Hoffnungen und Wünsche zu sein schien. Die Anspielungen auf meinen – man denke? – Zopf, den man mit einer toga candida [schneeweißen Toga] für eins zu halten scheint, und so manches andre, was sich mehr sehen und fühlen als darstellen und niederschreiben

* Freih. v. Brabeck war 1799 wegen seiner freimütigen „Bemerkungen dem gesamten Corps der Hildesh. Ritterschaft usw. vorgelegt" des Verbrechens der beleidigten Majestät angeklagt worden.

läßt – dieses setzte mich in die peinlichste Lage. Es ging mir ein Stachel in das Herz, der mir die Wunde Menschenhaß von neuem erweckt hat. Ich will nicht mehr die Gesellschaft besuchen, bis alles entschieden ist.

17. Febr. Ein herrliches Anerbieten! Buchhändler Schneider in Göttingen empfiehlt mir Martins Prozeß. Über ihn soll ich gegen eine jährliche Revenue von etlichen Göttinger *Mettwürsten* lesen!

12. März. Von Stengel erhielt ich eine höchst elende Rezension meines Kompendiums des peinlichen Rechts, wodurch er zeigt, daß er ganz zu den Juristen der niedern Klasse gehört: seicht und unwissend. Er gab mir die Erlaubnis, sie zurückzuschicken. Ich warf sogleich eine lange Widerlegung mit meinen desideriis [Wünschen] nieder und erwarte nun den Erfolg. Oh, Himmel, für solche Menschen rede ich; für ein solches Publikum habe ich die edelsten Kräfte meines Lebens verschwendet! Nein, ich will nicht mehr der Fichtianer spotten, daß sie mit Arroganz Widerlegung oder Unterwerfung fordern, daß sie sich für besser halten als ihre seichten Gegner! Nun fühle ich, was es heißt, lebendig und kräftig Wahrheit denken und sagen und nicht verstanden werden! Der Brief an St. geht schon heute fort.

5. April. Mich besuchte Dr. Lehmann aus Göttingen und brachte mir seine Dissertation. Ein interessanter Mensch, voller Kenntnisse. Von der Theologie und Philosophie war er endlich zur Jurisprudenz gekommen. Er war schon alt. Unser Gespräch war die Indolenz der Juristen, der Geist der Göttinger Universität, der eben nicht der Geist der Wissenschaft ist, Waldecks Gelehrsamkeit, der das Corpus juris täglich und als Buch aller Bücher liest, Schmalzens in Königsberg Seichtigkeit als Gelehrter und Erbärmlichkeit als Mensch.

11. April. Man sagt mir abend[s] beim Nachhausegehen, daß ein Offizier mit braun und gelber Uniform mich zu sprechen verlangte. Man sagte mir zugleich, er sei ziemlich lumpigt und ärmlich gekleidet. Kann ich mehr erwarten als – einen Bettler?

12. April. Der Offizier kam heute früh 7 Uhr zu mir. Es war Professor Rüdiger in Halle. Ich, der hämische Rezensent seines „Naturrechts" in der „Allg. Lit-Zeitung",

erstaunte, diesen Mann ganz anders zu finden, als ich ihn aus diesem Buche kennengelernt, und schämte mich herzlich, daß ich diesen Mann, obleich mit bestem Gewissen, so sehr mißhandelt hatte. Wir sprachen viel von Damberger, von Reisen, von ausländischer Gesetzgebung. Ich wurde durch ihn auf das Hindu-Gesetzbuch von Raspe und auf die Gesetze der Kalmücken in Pallas aufmerksam gemacht. Der Mensch ist unterhaltend und äußerst aufrichtig, wie es scheint. Zuletzt redete er von seinem „Naturrecht" und seinem bittern Rezensenten. Ich konnte da freilich nicht viel mitreden. Ich habe gewiß mich durch meine Verlegenheit verraten.

16. April. Es besuchte mich Gildemeister, einer meiner ersten und talentvollsten Schüler. Wir sprachen von Göttingen, und er bestätigte mir ganz Lehmanns Äußerungen. Meister ist mir günstig, er empfiehlt meine Schriften und benutzt sie. Auch Sartorius hat in seiner „Politik" meine Grundsätze über die Kriminalgesetzgebung angenommen. Hugo glaubt, ich sei sein ärgster Feind. Ich ermunterte Gildemeister, über die Imputationslehre zu schreiben.

10. Mai. Kollegien angefangen: Rechtsgeschichte und Institutionen, jenes vor etwa 50, dieses vor 26–27 Zuhörern. In der im Lektionskatalog angekündigten, dann aufgegebenen, dann wieder angekündigten Vorlesung über das peinliche Recht fanden sich im Auditorium ungefähr zwanzig Zuhörer*; aber welche! Nur für einige war es wohl der Mühe wert zu lesen, alle andern rohe Menschen oder Körper, auf denen das Siegel der Dummheit stand. Das schlimmste Omen für dieses Kollegium war wohl der schnarchende Schlummer eines H. Auditors, der die ganze Stunde hindurch träumte, während ich sprach und deklamierte.

13. Mai. Ich schloß das Kolleg über das peinliche Recht mit dem Entschluß, es wieder aufzugeben. Meine Kräfte reichen ohnehin nicht zu, und weder die Zahl noch die Qualität der Zuhörer konnte mich ermuntern, noch diese wenigen Kräfte aufzuopfern.

* Schon im Sommerhalbjahr 1799 hatte übrigens F. ein – und zwar das erste – Kollegium über das peinliche Recht gelesen, zu dem sich 42 Zuhörer unterzeichnet hatten.

14. Juli. Ward als außerordentlicher Beisitzer des Schöppenstuhls installiert mit Dr. Gensler.

17. Juli. Dr. Ersch brachte mir das 38. Stück von dem Flugblatt zu der Fama, wo Bergk mein kleines Eigentum über die juridische Zurechnung, über Milderung usw. sich vindiziert und unter andern Sätze sich zueignet, die Beccaria, der von Bergk übersetzte Beccaria, schon lange ausgeführt hatte. Gibt es eine elendere Rasse als die Rasse schlechter und eingebildeter Schreiber? Ich schrieb gleich eine Antwort.

17. Sept. Von Aktenarbeiten müde, kam ich, wie durch eine Ahnung, auf den Gedanken, doch an Massow zu schreiben, um mich ihm zu empfehlen und mir die Hoffnung, die mir durch Gedikens Brief an Schütz gegeben war, näherzurücken. Ich nehme das Konzept zu Schütz. Und S. donnert in mich die Nachricht: *Thibaut wird berufen!* – Ich wanke nicht. Es ist gut, wenn man an Berge kommt. Man bietet dann die Kraft auf, sie zu übersteigen. Bei Gott, ich will mich rächen, so edel, wie sich nur wenige rächen. Ich will mich so groß und nützlich machen, daß meine Feinde verstummen und elende Höflinge über ihre Dummheit verzweifeln.

27. Nov. Brief von Thibaut. Er erklärt mir seinen Auftrag von dem Kurator der Kieler Universität zu einer Lehrstelle mit der Assessur in dem Spruchkolleg und dem Syndikat. Er erklärt mir zugleich, ich dürfe nicht weniger als 700 Rtlr. fordern.

28. Dez. Brief des Kurators von Kiel, worin er mir auf den speziellen Auftrag des Kronprinzen meldet, daß meine Bedingungen angenommen seien. – So hat sich denn der Faden des Schicksals ausgesponnen, der voriges Jahr sich zu entwickeln begonnen. Ostern bin ich in Kiel.

An seinen Vater

Jena, den 26. November 1801

Mein innigst geliebter Vater!

Ich war bisher bekümmert, daß Sie mir noch immer auf meinen Brief von dem vorigen Jahre (mit dem ich Ihnen Böhmer usw. und meiner Schwester etwas Wolle geschickt hatte) nicht geantwortet haben. Ich hoffe nicht, daß Sie Ursache hatten, mir, aus was immer für einem Grunde, die Liebe wieder zu entziehen, die ich mir für immer errungen zu haben glaube. Oh, mein Vater, wenn Ihr Herz wieder dem meinigen entfremdet worden wäre! Gott verhüte, daß dieser Gedanke mehr als der vorübergehende Wahn einer ängstlich furchtsamen Seele sei! Längst schon hätte ich auf meine Briefe neue Briefe folgen lassen, wenn ich nicht die Absicht gehabt hätte, die völlige Entwicklung meines Schicksals abzuwarten und Sie dann durch das freudige Resultat zu überraschen. Es hat sich beinahe jetzt ganz entwickelt; aber freilich das glänzende Glück, zu dem es mich führen wird oder vielmehr schon geführt hat, enthält auch bittre Schmerzen für mich und Sie. Die Hand des Himmels zeigt mir mein Glück an einem Ort, der mich noch viel weiter von Ihnen trennt, als ich schon jetzt getrennt bin. Ich werde – wenn nicht unerwartete Ursachen dazwischentreten – als ordentlicher Professor der Rechte, Mitglied des Spruchkollegii und Syndikus der Universität – nach *Kiel* berufen.

Hören Sie kürzlich die Geschichte meines Lebens seit meinem letzten Brief. Sie werden glauben, die Katastrophe in einem Roman zu lesen, so sonderbar ist alles, besonders die Veranlassung zu dem Antrage nach Kiel. Sie werden aber auch finden, daß alle meine Schritte nach kalter Überlegung gemacht wurden und daß Pflicht und Ehre mich nunmehr Jena zu verlassen zwingen. Ich verschwieg Ihnen in meinem letzten Brief absichtlich, daß durch den Tod des Geheimen Hofrats von Eccard eine Stelle in der Fakultät ledig geworden sei. Man war gerückt, und die fünfte Lehrstelle der Institutionen war vakant. Solche Stellen bleiben hier immer lange unbesetzt, ehe nur die Denomination und Präsentation geschieht (die Wahl treffen die Höfe). Ich schwieg also darum über jenen Umstand, weil ich bestimmte Gründe hatte, anzunehmen, daß ich Ihnen nach Verlauf eines Jahres würde die überraschende Nachricht melden können: – ich sei in diese Stelle eingerückt. Der Himmel hat es anders gewollt.

Man hatte mich zum Beisitzer des Schöppenstuhls ernannt. Diese Assessur ist eine unendlich ergiebige Quelle des Einkommens. Ich versichere Sie auf meine Redlichkeit, daß ich bisher jeden Monat nie unter 70 Rtlr. sächsisch verdient habe. In diesem Monate November habe ich 116 Rtlr. sächsisch auf meiner Rechnung. Es hatte diese meine Promotion in meinen Augen auch noch den Wert, daß ich sie als ein Vorspiel zum Eintritt in die Fakultät betrachtete, der mir dann eine fixe Besoldung von 400 Rtlr. und vielen andern Akzidenzien gegeben hätte.

Die Zeit der Denomination erschien. Die Fakultät muß wenigstens drei Personen präsentieren. Ich ward mit den größten Lobeserhebungen *primo loco* [an erster Stelle] vorgeschlagen. Ich habe das Denominationsschreiben selbst gelesen, und Personen aus anderen Fakultäten versicherten mich, daß noch nie auf diese Art ein Einheimischer vorgeschlagen worden sei. *Nach* mir waren noch ein Dr. *Martin* aus Göttingen und Professor *Thibaut* in Kiel, aber nur obenhin, genannt. Kein Mensch war im Zweifel, wen die Wahl treffen würde. Der beinahe unerhörte Zulauf, den ich hier habe, der in einem so hohen Grade gewiß nicht verdiente Ruhm, den ich im Auslande habe, richteten einmütig alle Augen auf mich. Aber mein gutes Herz, meine Dankbarkeit gegen Wohltäter, meine Achtung gegen die Gesetze der Freundschaft haben – und ich freue mich darüber und bin stolz darauf – alle Hoffnungen vereitelt. Ich sollte ein Werkzeug werden, um einen Mann als Lehrer zu stürzen, den ich zwar eine Zeit lang verkannte, der aber, wie ich nun überzeugt bin, stets als Freund gegen mich gehandelt hat und durch den ich auf der Stufe stehe, zu der mich das Glück erhoben hat – kurz, meinen *Hufeland*. Kaum war die Denomination geschehen, so ließ mich der Gothaische Geh. Rat von Ziegesar auf sein Gut nach Drockendorf kommen. Da erklärte er mir, wie sehr er überzeugt worden sei, daß Hufeland zum Lehrer nicht tauge; er verwirre die Köpfe, niemand verstehe ihn, alles sei oberflächlich usw. Ob ich die Pandekten in *demselben* halben Jahr lesen wolle, wo Hufeland sie gewöhnlich lese. Dabei versicherte er mich denn seiner höchsten Freundschaft, erhob meine Fähigkeiten und Kenntnisse, nannte mich den einzigen Juristen in Jena, der sein Fach ausfülle usw. Ich antwortete bestimmt, dieses erlaube mir mein Gewissen nicht, Hufeland sei mein Wohltäter und Freund. – „Es muß ein Weg in das Holz gehen – solche Rücksichten gelten nicht, das Wohl der Akademie geht vor", war seine Antwort. Ich erklärte von neuem, was ich schon gesagt hatte. „Aber es ist dieses Bedingung, unter der Sie in die Fakultät einrücken können. Wir müssen dann für dieses Mal einen Auswärtigen haben, der keine persönlichen Rücksichten hat." – Auf diese Bedingung muß ich denn zurücktreten, war meine Antwort. Unser Dialog war geschlossen, und 14 Tage darauf erschienen die herzoglichen Reskripte, worin *Thibaut* in Kiel zum ordentlichen Professor der Institutionen, ich aber bloß zum ordentlichen Professor des Lehnrechts mit Sitz und Stimme im akademischen Senat ernannt wurde. Man hatte diese Zurücksetzung, die mit einer freilich bedeutenden Erhebung verbunden war (denn als Professor des Lehnrechts habe ich Rang und Stimme in der Juristenfakultät), auch noch durch einige Lobeserhebungen über meine Verdienste in den Reskripten zu überkleistern versucht. Auch erhielt ich Privatbriefe von dem Gothaischen und Weimarischen Minister, worin sie sich äußerten, man hoffe, daß ich in der Lage der Unstände die Ursache zu dem Ruf eines Auswärtigen finden und meine Erhebung mich bis auf die nächste Vakanz entschädigen würde. – Ich bin also hier von Gottes Gnaden ordentlicher Professor des Lehnrechts, Mitglied des Senats und Beisitzer des Schöppenstuhles! „Was willst Du mehr?" werden Sie fragen, lieber Vater. Aber erlauben Sie: Nicht alles Glänzende ist Gold. – Als Professor des Lehnrechts und Senator habe ich sehr viel Ehre, aber nicht einen Heller Besoldung. Die Besoldung, die Hufeland ehemals als Prof. des Lehnrechts bezog, war nicht mit der *Stelle* selbst verknüpft, sondern eine bloße *Pension*, die aus besonderer Vergünstigung *ihm* gegeben war. Das wußte ich damals noch nicht, als ich das Glück hatte, mit Ihnen persönlich von jener Stelle zu reden. Kurz, ich habe keinen fixen Gehalt. Mein Einkommen ist zwar sehr groß. Ich kann mich, wenn ich will, über anderthalbtausend Taler stehen. Dies können mir allein meine Kollegien, verbunden mit den Schöppenstuhlarbeiten – ungerechnet meine Schriftstellerei – verdienen. Aber das muß ich mir *erarbeiten!* Mein Körper ertrug bisher kaum die ungeheure Last von ununterbrochenen und vielseitigen anstrengenden Arbeiten. Werde ich krank, so liegt alles;

sterbe ich, wer sorgt für meine Witwe und meine Kinder? Der Dozentenbeifall ist zwar glänzend, aber unsicher; und ob der Schöppenstuhl immer so ungeheuer viel zu tun haben wird, daß auf meinen Anteil so viel kommt wie bisher, das ist die Frage. Jena ist ein Nest voll Intrigen: Wer bürgt mir also für die Gewißheit, daß ich bei einer nächsten Vakanz einrücke? Ich mußte also nach einem Orte trachten, wo mich der Staat belohnt für die Dienste, die ich ihm leiste, und mich in den Stand setzt, ungehindert und ohne Sorge für die Zukunft den Wissenschaften, meiner zärtlich geliebten Familie und mir zu leben. Aus diesen Gründen war gleich bei dem Empfang der Reskripte mein Entschluß gefaßt, Jena zu verlassen. Auch gestehe ich gern dem Vater, daß beleidigte Ehre und die gewisse Überzeugung, daß mich die Herzöge nicht gern verlieren, daß mein Abgang ihnen empfindlich schadet und daß ich mir dadurch selbst die schönste Satisfaktion geben kann, meinen Entschluß beschleunigt haben. Thibaut ist zwar ein geschickter und äußerst edler Mann; aber er ist ein junger Mann, und *ich habe ihn erst vor dem Publikum* als Schriftsteller introduziert.

Nun hören Sie weiter!

Schon ehe die Reskripte über mich entschieden hatten, war von dem preuß. Justizminister von Massow durch Gedike bei Hofrat Schütz angefragt worden, ob ich wohl einmal Lust hätte, auf eine preuß. Universität zu gehen. Ich ließ schon damals durch Schütz mit Ja antworten. Nach Empfang der Reskripte suchte ich nun diese Aussicht mir näherzurücken, schickte von Massow mein „Kriminalrecht" und bot ihm meine Dienste im Vorbeigehen an. Er schrieb mir sogleich selbst; freute sich, mich einer königl. Universität gewinnen zu können, und verlangte, ich möchte ihm eine Berechnung meiner Einnahme schicken, um sich bei einem Rufe danach richten zu können. Eine Antwort auf diesen Brief mußte wegen eines wichtigeren und mich näher zum Ziele führenden Umstandes verschoben werden.

Als Thibaut schon den Ruf nach Jena angenommen hatte (er nahm ihn nur darum an, weil die Seeluft ihm nicht bekommt und die Ärzte ihm das hiesige Klima anrieten), so starb der Professor Mellmann in Kiel, und durch diesen

Todesfall, verbunden mit Th.s Abgang, waren denn zwei Fakultätsstellen erledigt. Kiel ist ein herrlicher Ort, und der König gibt starke Besoldungen. Ein guter Genius gab mir daher einen klugen Gedanken. Ich schrieb sogleich an meinen Freund Reinhold, Prof. zu Kiel, stellte ihm meine Zurücksetzung vor und bat ihn, die Aufmerksamkeit des königl. Kurators im Fall eines Rufs auf mich zu lenken. Reinhold selbst hatte keinen Einfluß; aber Th. steht in genauem Verhältnis mit dem Kurator der Universität, Grafen von Reventlow. Reinhold kennt Thibaut als einen edlen Mann; er weiß von ihm, wie ich es selbst schon aus mehreren datis wußte, daß Th. mich bis zum Enthusiasmus achtet. Er gibt also ihm meinen Brief zu lesen und überläßt ihm alles. Sogleich schreibt Th. an den Grafen, und auf der Stelle erhält er von ihm den Auftrag, mit mir zu unterhandeln. Der Antrag ist mir nun von Thibaut gemacht. Es sind mir angeboten 700 Rtlr. schwer Geld Besoldung, 250 Rtlr. ditto Reisegeld, und nach meinem Tode 180 Tlr. Witwengeld für meine Frau. Mit den übrigen mitangegebenen Akzidenzien, z. B. Hausfreiheit, stehe ich mich jährlich wenigstens 1000 Rtlr. schweres Geld. Ich habe schon erklärt, daß ich komme, jedoch mit der Bedingung, daß man mir 800 Rtlr. Besoldung gebe. Wenn man auch diese Bedingung nicht akzeptiert, so komme ich doch. Als Beweis, wie vorteilhaft die Stelle sei, kann schon der Umstand dienen, daß der berühmte und gut besoldete Prof. Weber in Rostock sich mit allen Kräften um die mir angetragene Stelle in Kopenhagen bewirbt.

Ich bin überzeugt, daß Sie meinen Schritt billigen.

1. Meine Aussichten in Jena sind schwankend, und beleidigte Ehre fordert mich auf, mir Satisfaktion zu geben.

2. Meine Lage wird beträchtlich gebessert. Das fixe Gehalt, verbunden mit der Gewißheit einer Gehaltserhöhung, wenn ich nur einige Zeit auch dort mich ausgezeichnet habe, wiegen alles, was ich hier habe, auf.

3. Ich bin ein junger Mann, ich bin kaum aus Frankfurt und Jena herausgekommen. Es wird meinem Geiste eine solche Veränderung wohltätig sein.

4. Gefällt mir es in Kiel nicht, so steht es in meiner Gewalt, es nach einiger Zeit wieder zu verlassen. Ich habe einen nicht geringen Ruf im Auslande und werde gewiß

bald über noch mehrere Vokationen zu disponieren haben. Der Vorsicht wegen schreibe ich auch, sobald ich von hier abgehe, an Massow.

Zu keinem Falle also verliere ich, und der Himmel gebe, daß die Sache mit Kiel nicht zurückgeht. Längstens in vier Wochen ist alles entschieden. Jacta est alea [der Würfel ist geworfen.]

Und nun zu einer Bitte. Gehe ich künftige Ostern von Jena ab, so kann ich nicht das Glück haben, Sie mit meiner Familie in Frankfurt zu besuchen, wie ich es willens war. Gleichwohl fordert es mein Herz, daß ich Sie noch vor einer so weiten Trennung umarme und Sie zum Zeugen meines häuslichen Glücks und meines Wohlstands habe. Mein liebes Weib wünscht auch gar zu sehnlich, den guten Vater kennenzulernen, und mein kleiner Anselm, der uns oft von dem Großvater in Frankfurt reden hört, sagt oft so herzlich: „Oh, der Großvater ist weit – weit! Wann fahren wir denn zum Großvater?" Also eine Bitte, geliebter Vater: Wenn ich den Ruf wirklich erhalten habe, so schreibe ich Ihnen sogleich, und Sie erzeigen mir dann den Beweis Ihrer Liebe, daß Sie mich hier besuchen und einige Monate oder Wochen in dem Schoß der glücklichen Familie Ihres geliebten Sohnes leben. Ihre Gegenwart wird auch wegen unsres Hauses notwendig sein, das schlechterdings einiger Anordnungen von Ihrer Seite bedarf. Hierüber ein andermal mehr. Ich habe schon so viel geschrieben, daß ich mich beinahe meiner Weitschweifigkeit schäme. Indes das ist die Natur der Urteilsfabrikanten. Wer, wie ich, in einem Monat 16 Urteile mit rationibus decidendi et dubitandi [Entscheidungs- und Zweifelsgründen] schreiben kann, der wird auch in seinen Briefen kein Ende zu finden wissen. – Leben Sie wohl!

Ihr Sohn A.

Jena, den 18. Januar 1802

Mein innigst geliebter Vater!

Ihre beiden lieben Briefe, die ich oft an meinen Mund gedrückt und mit meinen Tränen benetzt habe, haben mich tief erschüttert, so wenig unerwartet mir ihr Inhalt war. Schmerzlich war mir die Nachricht von dem Tode der lieben Großmutter; ich freute mich gerührt, sie, nach langer Trennung, noch vor ihrem Ende gesehen zu haben. Warum ward mir dieses karge Glück nicht auch bei meiner guten Mutter zuteil, die ich als Flüchtling verließ, um sie niemals in diesem Leben wiederzufinden? Aber ich teile mit Ihnen den Trost: Wir werden sie da wiedersehen, wo keine Trennung mehr ist. – Oh, Vater, bei diesem Worte „Trennung" fühle ich jetzt mehr wie sonst; denn auch mir steht bald ein Scheiden bevor – zwar nicht, wenn der Himmel es will, aus dem Diesseits in das *Jenseits*, aber doch von einem Orte, an dem meine Seele hängt, in dem ich mein Glück fand und wo ich die innigste Liebe vieler Herzen hinter mir zurücklassen muß. Ach, warum haben Sie mir meine Trennung von hier durch Ihre zärtlichen Besorgnisse, durch Ihre liebevollen Vorwürfe noch schmerzlicher gemacht? – Der Wurf ist geschehen, es ist nichts zu ändern! Aber ich muß Sie beruhigen, damit ich selbst beruhigt scheide. Doch nicht darum, sondern weil es Wahrheit ist, muß ich reden und Ihnen sagen: *Sie irren*. – Sie betrachten meinen Weggang von hier als eine Trennung für immer; ich betrachte ihn als eine Reise an einen Ort, in dem ich lebe, so lange es mir gefällt, und von dem ich wieder abziehe, wenn es mir beliebt. Glauben Sie mir, lieber Vater, ich habe mein Schicksal in meiner Hand und kann es leiten, wie ich will. Das – gewiß in so hohem Grade nicht verdiente – Glück des literarischen Ruhmes, bei der ungeheuren Seltenheit gelehrter Juristen, läßt mich über Rufe schalten, die mich Ihnen wieder näherbringen. Als ein kleines Dokument für diese Wahrscheinlichkeit kann ich Ihnen anführen, daß zu derselben Zeit, wo ich nach Kiel und Erlangen voziert wurde, zugleich ein Ruf nach Landshut mit 1500 Fl. im Werke war, wie ich gestern erfuhr. Ich hätte diese Vokation auf eine katholische Universität gewiß nicht angenommen; aber sie beweist Ihnen gewiß, daß man mich überall gern sieht. Auch habe ich alles in Berlin so eingeleitet, daß, wenn eine vorteilhaftere Stelle in Erlangen aufgeht, mir die Wahl zuteil wird, entweder mit Besoldungserhöhung in Kiel zu bleiben oder, welches um des guten Vaters willen geschehen würde, nach Erlangen zu gehen. Warum ich jetzt diesen Ruf nicht annahm, dazu folgende Gründe: 1. In Erlangen hätte ich, um leben zu können, mich von neuem in das Joch der Akten spannen müssen. Ich bin noch so jung, habe noch Kraft und Liebe für literarische Geschäfte und kann mich des Wunsches nicht erwehren, daß nach meinem Tode etwas von meinem Namen übrigbleibe. Noch ist nicht der kleinste Teil meiner Pläne ausgeführt, und ich sollte so bald für die Welt und für die Wissenschaften sterben? 2. Zwei Tage vorher, ehe ich den Brief des preuß. Ministers mit dem förmlichen Antrage nach Erlangen erhielt, hatte ich schon die Versicherung des Kronprinzen von Dänemark in dem Briefe des Grafen von Reventlow in Händen. Mich band mein Wort, und dieses Wort hatte ich zu der Zeit gegeben, als die Berliner Anträge noch entfernt waren. Gegen Jena mußte ich entscheiden. Die Höfe, die wunder wieviel an mir getan zu haben glaubten, wollten mir nicht mehr als 150 Rtlr. geben, ohnerachtet die Hoffnung, einzurücken, *entfernt* und *schwankend* blieb. Stirbt der Ordinarius Reichard, so wird nicht gerückt, sondern die Stelle von oben besetzt; stirbt Schnaubert, so wird ein Publizist berufen; alle übrigen, Hufeland, Thibaut, sind junge, rüstige Männer. Acht Jahre vielleicht hätte ich warten müssen, bis ich zu mir hätte sagen können: Für mich hat nun der Staat gesorgt. Und Sie glauben nicht, wie fein, aber wie boshaft Reichard, der den Verlust seines Beifalls an mir rächt, bisher in dem Schöppenstuhl und außerhalb desselben mich gedrückt hat. Hier hätte ich sicher mein Grab gefunden. Auch das hat mich bestimmt: Wäre ich hiergeblieben, so mußte ich mit Hufeland oder mit Thibaut kollidieren; es galt die literarische Existenz eines von uns dreien. – Aber „Kiel, dieser schreckliche Ort?" Lieber Vater, verzeihen Sie, Sie sind falsch unterrichtet. 1. Kiel ist ein sehr *freundlicher, munterer Ort, voll liebenswürdiger, guter, treuherziger Menschen.* Das ist eine völlig allgemeine, ungeteilte Stimme. Dort werde ich finden, was ich hier nicht fand – ein Herz, mit dem sich das meinige vereinigen kann. Daß ich dieses Bedürfnis nach Mitteilung hier nicht befriedigen konnte, war eine fortdauernde Ursache der tiefsten Schwermut, die das Leben mir verbitterte und die vielleicht schon längst es geendigt hätte, wäre nicht die Liebe meines guten Weibes und die Freude an meinen Kindern mir Ersatz gewesen. 2. Kiel ist ein *gesunder* Ort. Reinhold, der hier dem Grabe nahe war, ist ein Mann von eherner Gesundheit geworden, das schreibt er mir. Ein gleiches versichert mir Prof. Nieman von sich. Dieses versichern mir alle, die ich gesprochen habe oder die mir geschrieben haben. Nicht um meinet-, sondern um meines Weibes wegen habe ich schon vorher bei mehrern mich erkundigt. Manchen Personen ist die Seeluft nicht zuträglich; aber auch manchen (und zu diesen glaube ich zu gehören) ist die eingeschlossene Jenaer Talluft gefährlich. An einem gewissen Orte der Stadt (dem alten Kiel) ist es wegen der Nähe eines Sumpfes nicht gut wohnen. Mein Logis ist aber in der besten Straße, die von der herrlichsten Seeluft durchweht und von jenem Orte ganz entfernt ist. 3. Inwiefern Bier oder Wasser trinkbar oder untrinkbar sei, weiß ich nicht, weil ich darum mich nicht bestimmt erkundigt habe. Der Wein aber, der mich sehr interessiert, weil er mir leider (versteht sich nur als Gesundheitstrank) zum Bedürfnis geworden, ist weit wohlfeiler und besser als hier. *Rheinwein* ist teuer, aber echt; in Jena auch teuer, aber nicht trinkbar. Hingegen alle spanischen und französischen Weine, besonders Bordeaux-Weine sind weit wohlfeiler als hier, weil sie zur See ankommen. Die Bouteille guter Bordeaux kostet in Kiel 4–5 Gr.; in Jena kostet mich die Bouteille Vin de Grave in dem Eimer $9^1/_2$ Gr. 4. Im ganzen ist Kiel nicht viel teurer als Jena. Zucker, Kaffee, Fleisch, Butter und alle Waren, die zur See ankommen, sind viel wohlfeiler als hier. Fische haben beinahe keinen Wert. Das Logis ist für jeden Nicht-Professor sehr teuer; ein Professor findet es so wohlfeil als in Jena. Jedes Haus wird steuerfrei, sobald es ein Professor bezieht. (Dies wird die *Hausfreiheit* genannt.) Von der jährlichen Miete geht daher so viel ab, als das Haus an Steuern geben muß. Wer freilich, mit leichtem Geldfuße bekannt, dorthin kommt und da seinen Louisdor nur zu 4 Rtlr. 20 Gr. ausgeben kann, dem muß Kiel sehr teuer vorkommen. Aber diese Differenz verschwindet für den, der seine Einnahme auch in schwerem Gelde hat. – Überhaupt kann ich, ohne im geringsten noch meinen literarischen Verdienst in Anschlag zu bringen, mit Kollegien und *notwendigen* Akzidenzien meine *gewisse* Einnahme wenigstens auf

1200 Rtlr. anschlagen, wie ich aus den sichersten datis [Angaben] weiß. Wenn ich dieses alles, wenn ich das freundliche Zutrauen, mit dem man mir von dort aus entgegenkommt, und die sichern, noch größern Aussichten, die mir unter einer sehr liberalen Regierung, auf einer sehr reich dotierten Akademie sich darbieten (es ist mir wirklich von dem Grafen erklärt, daß meine jetzige Besoldung, 800 Rtlr. Schleswig-Holsteinisch Courant, nur das Handgeld sei), wenn ich dies alles erwäge, so kann ich an meinem Entschlusse nichts bedauern, als daß er meinen guten Vater bekümmert. Doch gewiß, Sie werden diese Besorgnis, diesen Wermut aus dem Kelche meiner Freude entfernen; Sie werden meinen Entschluß billigen und bekennen, daß Sie aus Zärtlichkeit eines guten Vaterherzens viel – zu viel – besorgten. Nehmen Sie die heilige Versicherung – meine Liebe zu Ihnen soll mich Ihnen bald wieder näherführen. Dem ersten annehmlichen Ruf auf eine nähere Akademie will ich folgen, und von da, des glänzenden Elends satt, eile ich auf immer in Ihre Arme. Fristet mir Gott mein Leben, so sollen Sie einst an dem Herzen Ihres Sohnes, in dem Schoße seiner guten Familie die schönsten Tage Ihres Lebens finden. Meine liebe Mina, mein Anselm und mein Karl müssen noch den guten Vater in Frankfurt sehen.

Ihre Frage am Ende Ihres Briefes setzt mich in wahre Verwunderung. Schlegel und mein Vater? Ich gehorche, so gut ich kann. Ihre Frage ist etwas unbestimmt. Zwei Schlegel lebten hier: beide Brüder, beide Dichter, wenigstens *will* der eine sein, was der andere wirklich *ist*. Indes meinen Sie wohl den ausschließend als Dichter und Verskünstler berühmten *August Wilhelm Schlegel* (sein Bruder heißt Friedrich), also den August Wilhelm, der sonst auch Sonetten-Schlegel genannt wurde, den einst Bürger mit einem Adler verglich, der der Sonne zufliegen werde, von dem aber neulich Nicolai sagte, daß er ein Rabe geworden sei, der nach den Kadavern fliege, der durch seine herrliche Übersetzung von Shakespeare sich die Unsterblichkeit erworben und neuerlich durch seinen Triumphbogen, eine Satire oder, wie es andere nennen, ein Pasquill auf Kotzebue, eine Schandsäule sich gesetzt hat, der jetzt von den Dichtern nur Goethe, Hans Sachs und sich selbst lobt und einen neuen Geschmack sowie die Wiedergeburt der wahren Poesie mit dem Schwerte des Fanatismus predigt. Umgàng hatte ich mit ihm nicht, so daß ich über seinen Charakter urteilen könnte. Etwas positiv und entschieden Böses habe ich nicht von ihm gehört, aber auch nichts positiv Gutes. Soviel ist gewiß, daß Eitelkeit und Eigendünkel ihn zu Handlungen und Äußerungen führen, die ein echt moralischer Mensch sich nicht erlaubt. In Gesellschaft ist er angenehm und unterhaltend. Sein häusliches Verhältnis ist sonderbar und auch nicht sonderbar, je nachdem man die Beziehung nimmt. Seine Frau, eine sehr gebildete und gelehrte Dame, lebt hier; er selbst ist gewöhnlich in Berlin und hält gegenwärtig den dortigen schönen Herren und Damen ästhetische Vorlesungen. Zuweilen macht er seiner Frau die Visite. Unter „Frau" ist aber hier weiter nichts zu verstehen als eine weibliche Person, deren Hand ein Geistlicher in Schlegels Hand gelegt hat und die dessen Namen führt. Die wirklichen Eherechte besitzt und übt aus Prof. Schelling, der Idealist, wie allgemein bekannt ist. Schlegel als Dichter und Transzendentalphilosoph ist von Rechts und Vernunft wegen bei diesem Punkte gar nicht weiter interessiert, da er ja weiß, daß alles nur das selbstgeschaffene Produkt von ihm selbst und Schelling doch nur in ihm und durch ihn und als Teil seiner eigenen Ichheit vorhanden ist. Er ist ohne eigentliches Vermögen: Seine Frau, die abgeschiedene Ehefrau Böhmers, soll etwas haben, ohne gerade reich zu sein. Seines Alters ist er einige 30 Jahre. – Mein Porträt ist, wie Sie sehen, nur noch Skizze. Es kann nichts weiter sein, da ich nicht den Zweck desselben kenne, weder vermute noch ahne. Ist das Wenige, was ich sagte, nicht genügend, so belieben Sie nur, mir die Fragen zu detaillieren und die Gesichtspunkte, die vorzüglich zu nehmen sein möchten, anzugeben.

Ich drücke Sie im Geiste an mein Herz, mein guter Vater. Leben Sie wohl, ewig geliebt und geehrt von

Ihrem A.

An denselben

Kiel, den 30. Juni 1802

Je größer nun die Entfernung ist, welche mich von Ihnen trennt (es werden wohl über 100 Meilen sein), desto inniger ist mein Bedürfnis zu der intellektuellen Annäherung an meine entfernten Lieben, die mir allein vergönnt ist und die freilich nicht die Gegenwart ersetzen, aber doch trösten kann. Gewiß würde ich Ihnen früher geschrieben haben, wenn ich nicht erst einige Erfahrungen über mein neues Vaterland hätte einsammeln wollen, um Sie mit meiner Lage ganz vertraut zu machen und Ihnen mit Gründen die Besorgnisse zu nehmen, die Sie mir wegen meines Schrittes geäußert haben.

Meine Trennung von Jena war höchst empfindlich meinem Herzen, nicht, als wenn ich Jena geliebt oder meinen Schritt bereuet hätte, sondern weil die Liebe der dort Studierenden, die sich bei meinem Abschied durch die schönsten Beweise der Dankbarkeit und des Schmerzes über meinen Verlust äußerte, all die Kränkungen vergessen machte, durch die der Neid mich beleidigt hatte. Ich will Sie nicht mit einem Detail hierüber belästigen, das nur für mich in der Erinnerung wichtig und heilig ist. Aber das schöne Denkmal darf ich nicht übergehen, das mir die Dankbarkeit meiner ehemaligen Zuhörer gestiftet hat und das vor mir noch niemandem, außer *Reinholden*, zuteil geworden ist. Es besteht in einer großen goldnen Ehrenmedaille, welche auf mich geprägt wurde. Auf der einen Seite ist mein Brustbild nebst meinem Namen, auf der andern die Inschrift:

Praeceptori. Optimo.	[Gratulation für den vorzüglichen Lehrer,
Quem. Jena. Sibi. Ereptum. Dolet.	Der leider Jena verläßt,
Kiloniae. Donatum. Gratulator.	Um sich Kiel zu schenken,
A. F.	Für A. F.
Pietas. Auditorii, Jenensis.	Zum Andenken an die Jenenser Zuhörer.
MDCCCII.	1802.]

Wenn Sie sich hier noch die kleineren Züge der innigsten Anhänglichkeit an mich hinzudenken, wenn Sie es sich vergegenwärtigen, wie ich in der letzten Stunde meiner

Vorlesungen in vielen Augen helle Tränen sah, wie mehrere, die ich kaum dem Namen nach kannte, mich noch in meinem Hause aufsuchten und mir weinend für meinen Unterricht dankten, wie sich an dem Tage meiner Abreise alles um meinen Wagen drängte und mehrere mich begleiteten und dgl. – dann werden auch Sie fühlen, was mein Herz empfand und noch immer nachempfindet. Diese Erinnerung an den Tag des Abschieds und der Gedanke, so weit von Ihnen getrennt zu sein, sind es aber auch wirklich allein, die zuweilen den Himmel meines Glückes trüben. Denn in der Tat, wenn es irgendeine Lage, irgendeinen Ort gibt, wo ich zufrieden und glücklich meines Berufs mich freuen kann, so ist es hier in meinem lieben Kilonia!

Ich will hier ausführlich sein, denn daß man Kiel bei Ihnen so arg und so plump verleumdet hat, das kränkt mich nicht wenig. Ärgert es uns doch, wenn man unsern Freund verleumdet, und auch ein Ort läßt Freundschaftsgefühle zu. Lassen Sie mich ab ovo [von vorn] anfangen! Mein Kiel, ein sehr reichlicher, freundlich gebauter Ort, größer und volkreicher als Jena (es enthält über 10000 Menschen), liegt auf einer Halbinsel in einem schönen, weiten Hafen der Ostsee. Dicht vor der Stadt, ungefähr hundert Schritte von meinem Hause, ist der Ankerplatz für die Schiffe, der für den Süddeutschen den interessantesten Anblick gewährt. Kriegerische Fregatten und friedliche Kauffahrteischiffe, Dänen, Finnländer, Engländer und Holländer im bunten Gewühl, Schiffe, die soeben von dem Stapel laufen, freundliche Segelboote, die auf der grünen Flut hin und her schwimmen, bieten immer die mannigfaltigsten Veränderungen dar. Die Spaziergänge an dem Hafen, die Aussichten auf Kiel selbst und seine Umgebungen von benachbarten Hügeln, die Prospekte in die hohe See (die zwei Stunden von hier anfängt) sind im höchsten Grade reizend, erheiternd und beinahe unvergleichlich. Also Kiel ist schön. Ist es gesund? Sein Klima ist nicht sehr *angenehm*. Da es zwischen zwei Meeren, der Ostsee auf der einen und der Nordsee auf der andern Seite, liegt, so ist es etwas rauh, ziemlich regnerisch und besonders von kalten Ostwinden durchweht, die selbst in den heißesten Tagen den Spaziergänger zuweilen mit Frost durchschauern. Man darf es daher nie wagen, in leichten Sommerkleidern auszugehen, wenn man nicht Leibweh oder Schnupfen bekommen will. Das beste Schutzmittel gegen die Launen der Witterung, das auch unter den höhern Ständen allgemein eingeführt ist, sind Hemden von englischer Wolle, die unter dem leinenen Hemde auf dem bloßen Leibe getragen werden. Dieser Unannehmlichkeit des Klimas ungeachtet, an das ich schon ganz gewöhnt bin (anfangs freilich kam es mir wunderlich vor), ist Kiel ein sehr gesunder Ort. Daß die Leute hier sehr alt werden, daß in der Theologischen Fakultät ein Mann von 70 Jahren lebt, in der medizinischen zwei nahe an 70 gesund und munter leben und oft neuerlich ein medizinischer Professor von einigen 80 Jahren gestorben ist, daß viele, die vor mir aus südlichen Gegenden hierher gekommen sind, wie Fr. Fischer aus Franken, Reinhold aus Wien und Jena usw., sich weit wohler befinden als irgendwo, daß ich selbst nirgends mich stärker, heiterer und lustiger fand als hier, dieses und das allgemeine Zeugnis derer, die hier leben, ist für jenen Satz entscheidend. Daß die hiesigen Getränke den Tod nicht befördern, das kann ich zuverlässig sagen. Wir haben das herrlichste Trinkwasser und die mannigfaltigsten Sorten des besten einheimischen und ausländischen Biers, weswegen uns nur immer ein Frankfurter beneiden könnte. Daß man hier Branntwein trinke, habe ich bisher nur an den Matrosen und andern dergleichen Subjekten wahrgenommen, die in der ganzen Welt Branntwein trinken. Den Wein – französischen und spanischen – den läßt man sich freilich schmecken, weil man ihn hier vortrefflich und wohlfrei haben kann. Ich habe von dem besten Medoc in meinem Keller und befinde mich recht wohl dabei, daß ich nun dieser wohlschmeckenden Arznei mich bedienen kann. Teurer als Jena ist Kiel; besonders sind Wohnung, Arbeitslohn und Gemüse teuer. Allein bei der Wohnung kommt dem Professor die Hausfreiheit zugut, welche darin besteht, daß ein jedes Haus, worin ein Professor wohnt, steuerfrei wird und also von der Hausmiete so viel abgeht, als das Haus an Steuern trägt, welches jährlich in der Regel 60 (?) schwere Taler ausmacht. Auf jeden Fall kann ich sehr bequem leben, ohne mir jeden Bissen Brot erst erarbeiten zu müssen, welches ich in Jena mußte und höchst drückend war. Mit meiner Besoldung à 800 Tlr. und den übrigen Einnahmen, die ich als Professor, Beisitzer des Schöppenstuhls und Syndikus habe (meine Schriftstellerei wird nicht gerechnet), stehe ich mich auf 1200 Taler schweres Geld. Davon kann ich doch wohl etwas zurücklegen; wenigstens wird alles, was meine literarischen Arbeiten eintragen, ad futuros usus [für künftigen Gebrauch] und für die Zeiten, wo die Kleinen groß werden, zurückgelegt. In der Tat würde ich in keiner andern Lage als hier so ganz entschieden haben sagen können: Ich bin versorgt. So weiß hier ein jeder Professor zuversichtlich, daß er immer zu verschiedenen Zeiten Zulage erhält, und ich weiß aus der Verfassung der Akademie und dem stehenden Fonds, daß, sobald Ältere abgehen, auch meine fixe Besoldung steigt, daß ich in einigen Jahren 12, wohl auch 1500 Tlr. fixen Gehalt habe. Dies hängt nicht einmal von Gnade und Gunst ab; das *muß* geschehen und geschieht bei allen. Und wie gut ist nicht für meine Witwe gesorgt, wenn ich einst sterbe! Außer 180 Tlr. jährlichen Witwengehalt bekommt sie gleich nach meinem Tode auf einmal das Gnadengehalt, welches 800 Tlr. beträgt, ausbezahlt – ein bedeutender Umstand für einen guten Hausvater, der als Gelehrter wenigstens keine Reichtümer zurückzulassen hoffen kann. Doch beinahe mache ich mir Vorwürfe, daß ich von diesen physischen und ökonomischen Dingen früher geredet habe als von der schönsten, beglückendsten Seite meiner Lage, von meinen persönlichen Verhältnissen. Ich komme aus Sachsen, aus dem polierten, feinen Sachsen, wo Honig auf der Zunge der Menschen und Galle in dem Herzen ist, wo Höflichkeit für Tugend gilt und oft die heimtückische Schurkerei verdeckt, von einer Akademie, wo der kleinlichste Neid neben empörender Prahlerei und in jeder Rücksicht der engherzige, verräterische Geist herrscht, der sonst nur in den engen Zellen der Mönche umherzuschleichen pflegt! Und hier, lieber Vater, wie so ganz anders! Welche liebenswürdige Offenheit und Geradheit! Welche tätige, zuvorkommende Güte, die nicht verspricht, aber handelt und immer mehr gewährt, als man von ihr erwartet! Von Haß, Anfeindung und Neid unter den Professoren ist auch nicht die entfernteste Spur. Der ganze akademische Senat ist nur *eine* Familie, eine Gesellschaft von Freunden, in welcher ein jeder das Glück der Freundschaft findet, der es sucht und zu schätzen weiß. Ist es ein Glück, die Gnade der Großen zu besitzen, so kann ich mich auch von dieser Seite glücklich nennen. Der Staatsminister, Graf von Reventlow, der Kurator hiesiger Universität, ein ungemein liebenswürdiger und kenntnisreicher Mann, beehrt mich mit seiner vorzüglichen Gunst. Ich bin sehr oft bei ihm zur Tafel und genieße sogar sein Vertrauen in Angelegenheiten, welche seine Vorsorge für die Akademie betreffen. Überhaupt ist hier ein Professor ungleich mehr, als er es an andern Orten ist. Auch von den Höchsten wird er gesucht und geehrt und beinahe nach dem Verhältnis vollkommener Gleichheit behandelt. Daher kommt es denn auch, daß nur sehr wenige Professoren Titel haben; der Name, den das Amt gibt, wird selbst als ein vorzüglicher Ehrentitel betrachtet. Unter diesen Umständen werden Sie gewiß den Entschluß, nur durch einen ganz vorzüglichen Ruf mich von hier hinwegziehen zu lassen, passend finden. Nach Jena wenigstens kehre ich unter keinen, auch noch so großen Bedingungen wieder zurück. Denn meinen unüberwindlichen Haß gegen diesen Ort meiner Qualen abgerechnet, sind auch die größten Bedingungen, die man mir dort anbieten könnte, nur unbedeutend gegen die, welche ich schon habe, und geben wenigstens keinen Ersatz für das Glück des Lebens.

Ich lege Ihnen hier einen Kupferstich von mir bei, den jedermann für sehr getroffen erklärt. Ich habe ihn verkürzen müssen, weil die Post hier gewaltig teuer ist. Dies ist auch die Ursache, warum dieser Brief so klein geschrieben ist und nur auf einem Blatte steht, welches Sie mir verzeihen werden. – Schenken Sie mir doch ja recht bald die Freude, einen Brief von Ihrer Hand zu sehen.

Ihr treuer Sohn

Kiel, den 16. November 1802

Mein lieber Vater!

Mich bekümmert es sehr, daß ich noch immer nicht so glücklich war, ein Zeilchen Antwort auf meine Briefe zu erhalten. Ich kann nicht glauben, daß sie verlorengegangen sind. Wie soll ich mir also Ihr Stillschweigen erklären? Der gute Hensler, den ich noch einmal so herzlich umarmte, weil er bei Ihnen war, versicherte mich Ihres vollkommnen Wohlbefindens, und dadurch ist denn die wichtigste Besorgnis gehoben. Aber eine andere Besorgnis bleibt, und diese hat für die Empfindung wenigstens ein gleiches Gewicht mit jener. Daß sich Ihr Herz von mir entfernt hat, daß Sie nicht mehr mit Liebe an Ihren entfernten, vielleicht auf immer von Ihnen getrennten Anselm denken, daß die Erinnerung alter Zeiten, die vor der neueren und besseren Zeit schon längst verschwunden sein sollten, noch nicht ganz erloschen ist, daß Sie noch den Mann fühlen lassen wollen, was der unverständige Knabe verdient und verschuldet hat – das, das ist es, was ich denke und fürchte und wogegen ich kein Mittel des Trostes kenne. Ist diese Besorgnis unbegründet so verzeihen Sie. Aber die Aufrichtigkeit, die ein Sohn dem Vater schuldig ist, nötigt mich, offen und frei zu gestehen, was ich gern mir selbst verschweigen möchte. Ach, mein guter Vater, zeigen Sie mir, daß ich mich selbst auf das schändlichste belogen habe, machen Sie, daß ich dieser Furcht mich als einer neuen Torheit schämen muß, und ich will mich der Entdeckung dieses Irrtums und meiner Torheit freuen, als wenn ich die schönste Wahrheit gefunden hätte. Ein einziger Brief, und wenn auch nur ein Fünkchen väterlicher Liebe in ihm glimmt, wird mir diese Freude schenken. Und gewiß, gewiß, Sie schenken mir sie. Ein Vaterherz kann auf Augenblicke schlummern, aber sterben kann es nicht. In dieser frohen Erwartung schreibe ich diesen Brief, der keinen andern Grund hat als das innere Bedürfnis, einige Worte zu meinem guten Vater zu reden.

Noch bin ich mit meiner guten Frau und meinen lieben Knaben vollkommen gesund und wohl, und täglich finden wir neue Reize in unserer neuen Lage. Wir alle befinden uns besser als in unserm ehemaligen Wohnorte. Meine Frau, die sich sonst mit Rheumatismus quälte, ist hier völlig frei davon, und ich habe mit meiner Hypochondrie die äußere Steifheit im Umgange, die Einsilbigkeit und Trockenheit in Gesellschaften verloren. Aber freilich wirkten hierauf auch die glücklichen persönlichen Verhältnisse, die mich einesteils zur Gesellschaft nötigten und anderenteils ihre Annehmlichkeiten zeigten, die ich entweder verkannte oder wirklich nicht finden konnte. In Jena war ich bloß Gelehrter, hier bin ich erst Mensch geworden, hier werde ich mich als Mensch ausbilden können. Die Freundschaft, Gutmütigkeit und Offenheit meiner Kollegen, von denen mehrere meine innigen Freunde wurden, gaben meinem Herzen, das in Jena beinahe vertrocknete, neue Kraft und neues Leben, und der Umgang mit einigen Personen höheren Standes, besonders mit Reventlow, nötigte mir unwillkürlich mehr Mut und etwas äußere Politur ab. Ich sehe auch jetzt deutlich, wie wohltätig es selbst für die gelehrten Arbeiten ist, wenn man zuweilen den Staub der Studierstube mit dem menschlichen Umgange vertauscht. Nie war ich tätiger, nie habe ich mehr gewirkt und mehr gelernt als hier, und doch habe ich weniger als sonst an meinem Pult gesessen. Ich bin heiter, so mannigfaltig auch die Geschäfte sind, die ich entweder ex officio [von Amts wegen] trage oder mir selbst mache. Hier sind akademische Geschäfte, dort Akten, die auf ihr Urteil warten; neben diesem arbeite ich an einer Kritik des Entwurfs zu einem bayerischen Kriminalgesetzbuche, arbeite selbst an einem Entwurfe dazu, besorge eine neue Ausgabe meines Lehrbuchs, eine neue Ausgabe meiner „Revision" feile an einer Sammlung zivilistischer Abhandlungen, die ich vielleicht diese Ostern herausgebe und elaboriere neue Kollegienhefte. Ich hätte dieses in Jena nicht vermocht; hier kann ich es, denn Gesundheit, Freiheit von Sorgen, Freundschaft der Guten – die geben Kraft und Mut. Nur eins fehlt, die Gewißheit – Ihrer väterlichen Liebe. – Von meinen Kindern habe ich Ihnen noch nichts gesagt. Nichts wünschen wir, ich und mein Weib, sehnlicher, als daß Sie Ihre Enkel sehen könnten, Sie müßten sie liebgewinnen, so schön und gut sind sie. Der älteste, Ihr Pate *Anselm*, ein schlanker, herrlicher Junge, voll Lebhaftigkeit und Geist und doch von großer Gutmütigkeit, hört uns öfters von Ihnen reden und fragt dann zuweilen: „Aber wann sehe ich denn den Großvater? Nicht wahr, der ist weit, weit?" Der Junge macht uns mit diesen Fragen oft das Herz etwas eng und die Augen naß. Mein jüngster Sohn, *Karl*, ist noch nicht so weit, um dieses zu können. Er ist ein kerngesunder, rotbäckiger, dicker

Junge, der lustig umherspringt und mit seinen Gedanken über das Essen und Trinken noch nicht weit hinausschweift, aber an Treuherzigkeit seinen Bruder übertrifft. Diese Knaben und mein gutes treues Weib gehören zu der schönsten Seite meines glücklichen Lebens; denn; gottlob, ich habe für die stillen häuslichen Freuden einen regen guten Sinn und bedarf seiner oft, um von dem wilden Lauf meiner Ruhmbegierde (warum sollte ich dies dem Vater nicht gestehen?) auszuruhen oder ihn auch dadurch zu mäßigen. –

Verzeihen Sie, daß ich so viel von mir selbst rede. Ich muß ja wohl, da Sie mir nicht schreiben und ich also keinen andern Stoff habe als die Meinigen und mich. Denn was könnten wohl die übrigen Dinge, die in unserm Kiel vorgehen, Sie interessieren? – Aber Kiel selbst interessiert Sie doch jetzt, weil es mich und mein Leben in sich faßt. Daher will ich Ihnen hier eine kleine Karte von Kiel beilegen, damit Sie sehen, wie ich jetzt im eigentlichen Sinne ein Seestädter bin und mitten im Wasser lebe ... – Dies, lieber Vater, ist eine kleine nackte Darstellung des Orts, wohin das freundliche Schicksal mich geführt hat, das nicht – menschliches Schicksal sein würde, wenn es nicht wenigstens die eine finstre Seite zeigte, von Ihnen mich so weit entfernt zu haben. Allein auch dieses wird sein Schmerzliches verlieren, wenn ich überzeugt sein kann, daß Sie doch im Geiste mir nahe sind.

Kiel, den 4. Januar 1803

Diese Zeilen, lieber Vater, soll Ihnen mein Mosche bringen. Seine Freundschaft gegen mich soll meine Stellvertreterin bei Ihnen sein, sie soll von Ihnen erbitten, was *vier* Briefe von meiner Hand zu erlangen nicht vermocht haben – ein freundliches, liebendes Wort zu dem entfernten, um seinen Vater trauernden Sohne. Wenn es wahr ist, daß das zum Herzen geht, was vom Herzen kommt, so habe ich den wahren Weg zum guten Herzen des lieben Vaters gefunden. Meinem Mosche will ich es daher überlassen, für mich zu reden: Er ist ein lebendiger Brief, der gewiß kräftiger, inniger reden kann als dieser tote Buchstabe auf diesem toten Blatte.

Mit einer freudigen Veränderung in meiner Familie muß ich selbst Sie bekannt machen. Den 1. Januar 1803, morgens 6 Uhr, erhielt ich von meinem Weibchen einen kleinen Knaben zum frohen Neujahrsgeschenke. Er und seine Mutter sind gesund. Wie er heiße, weiß ich selbst noch nicht. Erst sechs Wochen nach der Geburt werden hier die Kinder getauft, und eine Präliminartaufe mochte ich selbst noch nicht vornehmen. Meine Frau will ihn gerne Eduard nennen.

Ihnen, teuerster Vater, wünsche ich Freude und Glück zum neuen Jahr; mir selbst weiß ich nichts mehr zu wünschen als Ihre väterliche Liebe.

Kiel, den 19. Juni 1803

Nehmen Sie, liebster Vater, meinen innigsten Dank für Ihren wahrhaft väterlichen Brief, den ich statt der lieben Hand, die ihn schrieb, freudig an meinen Mund gedrückt habe.

Mir war es sonst immer so bang hier zumute, ich schien mir immer so fremd und so weit entfernt von meinem Vaterlande, als wäre ich in einen andern Weltteil geraten; aber seit ich weiß, wie nahe Sie mir durch Ihren Geist sind, seitdem scheine ich mir um viele Meilen Ihnen näher gerückt; mir ist, als lebte ich bei Ihnen und mit Ihnen, dem innigst geliebten und innigst liebenden Vater. Möchte doch der Himmel mir einst das Glück in der Wirklichkeit geben, das mich jetzt schon in seiner Einbildung so selig macht! Ja gewiß, mein guter Vater, dieses Glück wird mir noch zuteil werden; denn ich will es herbeizwingen, wenn es nicht freiwillig kommt! Zwar ist hier viel, um ruhig und froh zu leben. Aber wie ist ein frohes Leben einem guten Sohne, in einer so weiten Entfernung von seinem guten Vater möglich? Ich muß Sie wenigstens einmal, und zwar – ***bald***, wieder an meine Brust drücken, und Sie müssen meine gute Frau und Ihre lieben, guten Enkel sehen. Wissen Sie wohl, wovon jetzt immer in meiner Familie geredet wird? Je nun, von einer Reise zu dem guten Großvater in Frankfurt am Main. Erstaunen Sie nicht, es ist in allem Ernste so. Und zwar ist eine Reise projektiert worden, die uns wohl gar – auf ein halbes Jahr Ihnen zur Last aufbürden soll. Und dieses soll (versteht sich, wenn Sie es erlauben) in dem allernächsten, künftigen Sommer geschehen. Wie ich es anfange, von meinen Geschäften dispensiert zu werden? Ich gelte hier allgemein für einen enorm fleißigen Gelehrten, und alle meine Herren Kollegen der Medizinischen Fakultät hatten schon die Menschlichkeit, mir zu sagen, nicht nur, daß mein Körper einmal einer völligen Reparatur bedürfe, sondern auch, daß er, wenn ich es noch einige Zeit so forttriebe, ganz irreparabel werden müsse. Diese geben mir nun, wenn ich es verlange, mit dem besten Gewissen das Attestat, daß meine zerrüttete Gesundheit eine Reise notwendig mache, und so läßt mich denn mein gnädiger König auf ein halbes Jahr davonziehen, um einen gesunden Professor wiederzubekommen, so, wie ein guter Hauswirt einmal sein Lastvieh ruhen läßt, wenn er etwa befürchtet, daß es ihm sonst ganz nutzlos werden oder dahinsterben werde. Aber die Kosten? Meine Besoldung wird mir bezahlt, ich mag dafür arbeiten oder nicht. Zu meiner Reise habe ich also meine halbjährigen 400 schweren dänischen Reichstaler, die wohl an 500 sächsische ausmachen, und damit kann man wohl die Reise bestreiten. Sollten die nicht zureichen, nun, so habe ich einige goldne Ludwige zur Reserve, denn Sie müssen wissen, Ihr Sohn fängt an, gar ein Kapitalist zu werden. Im künftigen Jahre leiht er seiner königlichen Majestät etwa 1200 dänische Taler, die ihm ein paar Büchleins eingebracht haben werden, auf Interessen. – Also, es kommt nur noch darauf an, ob mein Plan Ihre Billigung hat. Denn wenn ich gleich im voraus überzeugt bin, daß Ihr Herz ihn billigt, so ist es doch eine andere Frage, ob es Ihnen *äußerlich* möglich ist, nach dem Wunsche Ihres Herzens zu tun. Bedenken Sie, daß ich schon eine vollkommene Familie unter meiner patria potestas [väterlichen Macht] vereinigt habe, eine Frau, drei Jungen und eine Magd bei Ihnen Einquartierung suchen würden, und das ist in der Tat keine Kleinigkeit! Ihnen, bester Vater, kommt daher in jeder Rücksicht das Recht der *Entscheidung* zu, während ich bloß Vorschläge wagen darf. Nur bitte ich, daß Sie mich nicht lange darüber in Ungewißheit lassen, damit Sie, wenn Sie *für* mich entscheiden, mir recht bald das Glück schenken, an der Gewißheit, Sie zu sehen, mich im voraus lange zu erquicken.

Sie fragten mich wegen unseres Hauses in Jena. – Als ich abreiste, gab ich meinem Schwager, dem Hofadvokaten und Stadtschreiber *Faselius*, Auftrag in Ansehung desselben. Ich habe seit meines Hierseins nichts weiter davon erfahren, weder von meiner Tante, die zuweilen an meine Frau schreibt, noch von Faselius. Daher weiß ich nicht, wie unser Verhältnis zu den russischen Erben ist, ob diese ihre Prätensionen fortsetzen oder aufgegeben haben, oder wie es sonst steht. Haben Sie ja die Güte, schreiben Sie an Faselius, und nehmen Sie sich der Sache an; Sie verstehen solche Angelegenheiten weit besser als ich zu allem Praktischen, zu allem, was Geschäft heißt, untauglicher Theoreticus. Meiner Frau und meinen Kindern kann einst nach meinem Tode dieses Haus sehr wichtig sein, wenngleich ich selbst schwerlich wieder einen Vorteil davon haben werde.

Sie werden wohl schon aus Gießen durch Grolman, dem ich dazu den Auftrag gab, die zweite Auflage meines Lehrbuchs erhalten haben. Von daher werden Sie auch einen Band Abhandlungen aus dem Zivilrechte erhalten. Ich muß diese Sachen Ihnen per indirectum [auf indirektem Wege] schicken, damit sie nicht erst mit beträchtlichen Kosten nach Holstein reisen, um nach Frankfurt zu kommen. Bald werden Sie auch noch andere opera und opuscula, neue Werke und neue Auflagen von mir bekommen. Das Büchermachen liegt nun einmal so sehr in meiner Natur wie das Schnurren in der Natur einer Katzenseele. Schon oft habe ich das verzweifelte Schreiben abzuschwören gesucht, das mir die Ruhe meines Lebens und gewiß auch bald das Leben selbst nimmt; ich habe mir schon oft genug gesagt, was Leisewitz den Gelehrten über die Papier-Unsterblichkeit sagt: „Meine Herren, wenn die Welt verbrennt, so verbrennt die Weltgeschichte mit!" Aber was hilft's? Ich kann nun einmal nicht anders leben, als wenn ich den Kopf in der Hand oder in der Hand die Feder habe. Schreiben Sie mir doch ja, lieber Vater, ob Sie die Bücher bekommen haben?

Endlich leben wir nun auch hier in einem status belli [Kriegszustand]. Eine Tagesreise von Kiel stehen die ersten Neufranken. Wenn sie nur da stehenbleiben! Man fürchtet das Gegenteil. Unsere Dänen sind alle marschfertig. Der Kronprinz, der jetzt zur Revue aus Dänemark in Rendsburg angekommen ist, hat den Staatsminister und die Staatssekretäre mitgenommen, welches ein unzweifelhaftes Zeichen wichtiger politischer Unterhandlungen ist. Die Folgen des Krieges in unserer Nähe fühlen wir schon merklich. Die Teuerung nimmt täglich zu, denn viele Viktualien werden immer zur Armee geführt. –

Schreiben Sie doch, lieber Vater, was Sie seit Pfingsten für Wetter gehabt haben. Damit ich nur erfahre, ob ich wegen unseres Wetters das hiesige Klima ganz allein anklagen muß. Erst heute kommen wieder ein paar Sonnenblicke durch die Wolken; doch wärmen sie nicht, denn es ist buchstäblich wahr, daß ich da vor diesem Blatt Papier sitze, vor Frost am ganzen Leibe zittere und manchmal die Finger recken muß, damit sie mit der Feder nur nicht ganz und gar erstarren. Den ersten Pfingsttag hatten wir noch helles Feuer in dem Ofen. Wie will ich mich auswärmen, wenn ich künftigen Sommer bei Ihnen bin! Das ist noch mein Trost in dieser unserer Eiszone. Und doch würden auch Sie sich freuen, einmal hier zu sein, und frierend sich an unserer lieblichen Seegegend ergötzen. Eine solche Gegend kennt man doch in dem innern Deutschland nicht, wie wir sie haben. Welch eine Aussicht auf unsern Hafen mit seinem Kiel! Tausendmal habe ich sie gesehen, und doch ist sie mir täglich neu. Ich vergesse Frankfurt und seinen gelben Main, wenn ich an dem Ende des Hafens stehe und sich aus dem hohen Meere in der Ferne ein Schiff hervorhebt, das dann groß und majestätisch durch die Wellen daherrauscht, wenn ich aus dem Wäldchen auf Düsterbrook den himmelblauen Wellen in ihrem Spiel zusehe oder selbst in einem Segelboote auf ihren Spitzen tanze! Von allem diesem haben Sie keine Vorstellung und können keine haben. – Meine Lust zu einer Seereise ist übrigens vergangen. Ich wollte einmal zu Schiff nach Kopenhagen. Aber schlimm würde es mir ergehen, wenn ich es wagte. Denn so oft ich bei einigem Sturme auch nur auf dem Hafen herumfahre, bekomme ich anfangs einen Anfall von Seekrankheit, wo es einem gar wunderlich zumute wird, noch viel wunderlicher, als wenn man ein Brechmittel genommen hat. –

Sollte ich mit meinen Kindern Sie zu sehen so glücklich sein, so würde Ihnen mein kleiner Anselm schon durch seine Sprache viele Ergötzung machen. Er lernt neben dem Hochdeutschen auch die hiesige Landessprache, das Plattdeutsche, das er auch gut ausspricht. Ich selbst kann es zwar nun so ziemlich verstehen, aber bis zum Sprechen habe ich es noch nicht bringen können. Denn außer seiner innern Eigentümlichkeit, den vielen neuen Worten usw. erfordert das Plattdeutsche, so wie das Englische, mit dem es sehr verwandt ist, eine ganz eigne Modifikation des Organs, die sich ein schon erwachsener Hochdeutscher schwerlich ganz zu eigen machen kann.

Nun muß ich endlich schließen, um nicht gar zu lange zu plaudern. Leben Sie wohl, mein lieber Vater, geliebt von allen ihren Kindern in Kiel.

An seinen Vater

Kiel, den 2. Oktober 1803

Lange, lange habe ich Ihnen nicht geschrieben, indem ich immer auf einen gütigen Brief von Ihnen harrte. Aber nun sollen Sie einen Brief bekommen, den Sie mir gewiß beantworten; denn Sie nehmen teil an dem Schicksal Ihres Sohnes. Eben der Brief, den ich Ihnen jetzt schreibe, bringt Ihnen viele gehaltschwere Neuigkeiten. Ich will Sie nicht lange bei dem Eingange aufhalten und Sie sogleich in medias res [in die Mitte der Sache] hineinführen. Sie wissen, daß ich Ihnen einst schon geschrieben habe, der Stern meines Schicksals werde mich bald von hier hinwegleiten. Meine Weissagung geht jetzt in Erfüllung, und ich wünsche und hoffe: zu Ihrer Zufriedenheit. Vor etwa 4 Wochen hatte ich eine Vokation nach Greifswald an die Stelle des Oberappellationsrats Hagemeister, mit 1300 Rtlr. Gehalt und andern beträchtlichen Emolumenten [Amtsvorteilen]. – „Und das ist wohl die wunderseltsame Neuigkeit? Doch nicht diese Vokation etwa angenommen?“ Nein, lieber Vater, ich habe Ihnen versprochen, nicht weiter nach Norden zu gehen; am wenigsten in das rauchigte Pommern, zu den berühmten Schinken und Gänsen! Ich habe also unbedenklich meine verneinende Antwort dahin geschreiben und an meiner Statt einen andern guten Gelehrten, den man in seinem Vaterlande drückt und der schon längst es zu verlassen Lust hatte, den Hofrat von Almendingen, empfohlen, mit dem ich auch jetzt im Auftrag von Greifswald zu meiner Freude in Unterhandlung stehe. Ich wußte, daß bei der allgemeinen Totalrevolution auf den Akademien, bei dem Hin- und Herwandern der akademischen Gelehrten notwendig auch an mich mehrere und bessere Anträge kommen würden und daß ich also nichts verloren hatte, als ich die Greifswalder Anbietungen von mir warf. Früher, als ich erwartete, kam diese Vermutung zur Wirklichkeit. In der vorigen Woche bekam ich von dem Staatsminister Massow in Berlin einen Antrag nach Halle, mit der Bestimmung, daß ich die Bedingungen meiner Vokation dahin selbst bestimmen solle. Schon war ich geneigt, meine Vorschläge dahin abzuschicken; denn auf einer so kleinen Akademie wie Kiel, in einem so rauhen Klima bei einem kränklichen, zerbrechlichen, wirklich alternden Körper mochte ich nicht länger bleiben. Auch sind wir alle hier mit unsrer Regierung unzufrieden, da sie unsre Privilegien nicht mehr respektiert. Sie hat nicht nur die Professoren einer neuen Steuer unterworfen, obwohl diese gegen alle, sowohl ordentliche als außerordentliche, Steuern privilegiert sind, sondern uns auch bei der durch die Drohungen der Franzosen veranlaßten außerordentlichen Truppenvermehrung in Holstein wenigstens auf einige Tage mit Soldateneinquartierung belastet, ganz gegen die ausdrücklichen Worte der Privilegien und die feierlichsten Zusicherungen des Königs. Dieses alles und die immer wachsende Vergrößerung des Handels, der sich wegen der Sperrung der Elbe zum Teil nach Kiel zieht, aber eine große Teurung besorgen läßt, bestimmten meinen Entschluß, nach Halle abzugehen. Aber dieser Entschluß war doch mit großer Ängstlichkeit und herber Bekümmernis verbunden. Mit Recht mußte ich in Halle ein glänzendes Elend fürchten. Die Lehrer, meiner Fakultät in Halle sind durch ihre Niederträchtigkeit, Bosheit und Kabalensucht in ganz Deutschland berüchtigt. Die Furcht vor diesen Kollegen war bekanntlich die einzige Ursache, warum der König von Preußen für die Universität Halle keinen – Direktor finden konnte, bis endlich nach vielem Hin- und Herbieten, Schmalz zu diesem wichtigen Posten kam. Und diese Leute sollten meine Kollegen werden! Und was noch mehr sagen will, diese Leute sind meine persönlichen Feinde. Sie kennen ja die Fehden, die ich teils als Rezensent an der „A. L. Z.", teils in meinen eignen Schriften gegen die *Hallische Juristenfakultät* geführt habe. Von dieser Angst befreite mich die gestrige Post. Sie brachte mir einen Brief aus München von dem Staatsminister von Zentner, dem Kurator der neuerrichteten Universität *Landshut*, mit der Anfrage, ob und unter welchen Bedingungen ich geneigt sei, einen Ruf nach Landshut als Professor des gemeinen Zivil- und Kriminalrechts anzunehmen. Wenn ich an das liebliche Klima des südlichen Bayerns, die schöne Gegend von Landshut, die Wohlfeilheit der dortigen Lebensmittel, die große Frequenz dieser Universität und vor allem an die hohe Liberalität der Regierung denke, so bin ich keinen Augenblick über meine Wahl zwischen Halle und Landshut zweifelhaft. Indes wünschte ich, daß Sie, lieber Vater, noch durch Ihren gütigen Rat und Beifall in die Wagschale, die sich nach Landshut neigt, ein bedeutendes Gewicht legen möchten. Ehe ich Sie gehört habe, werde ich nichts entscheiden. Unterdessen aber schreibe ich mit heutiger Post zugleich an H. v. Zentner und bitte mir nebst der Antwort auf einige ihm vorgelegte Fragen, betreffend z. B. die Honorarien der Studenten, Bedenkzeit aus. Unter einer Besoldung von 12–1500 Fl. gehe ich nicht nach Landshut. Da wäre ich denn also nahe dabei, von der äußersten nördlichen Spitze von Deutschland zu der beinahe äußersten südlichen Spitze hinüberzuschreiten und von dem kalten Strand der Ostsee meine Wohnung aufzuheben, um sie nahe an der Donau aufzuschlagen! Und zu meinen drei Kindern, die alle beinahe verschiedene Landeskinder sind zu meinem Dornburger, meinem Jenenser und meinem Dänen, könnte noch am Ende ein Bayer hinzukommen! Dies ist indessen das Los der akademischen Dozenten von unruhigem Geiste wie ich; sie haben kein Vaterland und schlagen nomadisch bald da, bald dort ihre bretterne Bude auf. Mein Wandern wird den großen Vorteil haben, daß es mir Gelegenheit gibt, wenigstens auf einige Tage meinen lieben Vater zu sehen und ihm meine Frau und Kleinen zuzuführen; denn auf jeden Fall nehme ich dann meine Reise über Frankfurt.

Ich hoffe, liebster Vater, daß Sie die zweite Auflage meines Lehrbuchs und den ersten Band meiner „Zivilistischen Versuche“ werden erhalten haben, und zwar von beiden, gute, nicht löschpapierne Exemplare. Ausdrücklich habe ich dazu den Auftrag gegeben.

Vergeben Sie, mein lieber, guter Vater, daß ich so flüchtig schreibe. Es sollte keinen Posttag später mein Brief an Sie abgehen, und das macht mich notwendig eilen. Ein guter Vater wie Sie fragt nur nach den Gesinnungen des Herzens, nicht nach den Zügen der Buchstaben, durch die der Sohn diese Gesinnungen ausdrückt. Ich küsse Ihnen mit Ehrfurcht und Liebe die Hand, so wie alle die Meinigen.

Kiel, den 20. Februar 1804

So sehr auch Ihr letzter Brief, liebster Vater, mich von der Wahrheit jener für mich so schrecklichen Zeitungsnachricht von einem großen Brand in Ihrem Hause am Allerheiligentor überzeugt, so war er doch für mich ein Brief des Trostes und der Beruhigung, teils, weil der Verlust erträglicher war, als ich mir dachte, teils, weil ich sah, wie beruhigt Sie ihn wirklich ertrugen. Zugleich gibt er mir die angenehme Hoffnung, Ihre liebe Frau wieder völlig gesund zu sehen und sie dann persönlich von meiner Teilnahme überzeugen zu können.

Meine Vokation nach Landshut ist nun in aller Formalität angekommen, d. h., ich habe das kurfürstliche Dekret wirklich erhalten und bin nun – oh, ich weiß, wie sehr einen guten Vater das Glück eines guten Sohnes freuen muß – Kurpfalzb. (unwirklicher) wirklicher Hofrat und Professor auf der Universität Landshut mit 2000 Fl. Gehalt; denn noch 200 Fl. mehr habe ich ihnen abgelockt, da der Antrag anfangs nur auf 1800 Fl. lautete. Ich werde jetzt also ein sehr wohlhabender, nach meiner Ansicht reicher Mann; denn mit den übrigen Einnahmen werde ich mich sicherlich weit über 4000 Fl. stehen. Bei meiner frugalen Lebensart und der häuslichen Sparsamkeit meiner guten

Frau werde ich gewiß in jedem Jahr etwas Beträchtliches zurücklegen können. Doch habe ich mir es zum Gesetz gemacht, in Zukunft etwas mehr für mein Wohlsein und den Genuß des Lebens zu sorgen, als ich bisher tat, wo ich mit Aufopferung meiner besten Kräfte bloß im Reich der Abstraktionen lebte. Tätig, sehr tätig für die Wissenschaften werde ich immer bleiben; denn dieses ist mir ebensowohl Bedürfnis, wie es andern ihre Bälle und Spazierfahrten sind. Ich will nur so viel sagen: Das „Interpone tuis interdum gaudia curis [schalte in deine Sorgen bisweilen Freuden ein]" soll in Zukunft etwas mehr als bisher von mir beobachtet werden. Und dieses interdum [bisweilen] bedeutet für mich sehr viel, da es von mir so lange, lange Zeit *gar nicht* geschehen ist. Die schönsten Tage meines Lebens sind beinahe bald vorüber, und noch habe ich das Leben nicht genossen; in dem Jünglingsalter habe ich bisher als Geist gelebt.

In fünf Wochen a dato [vom Datum an gerechnet] längstens werde ich meine 110 Meilen lange Reise von den Ufern der Ostsee an die Ufer des Isarflusses antreten. Ich werde mich unterwegs bis zu Ihnen nur in Göttingen (etwa 3 Tage), dann in Kassel (höchstens 2 Tage), in Gießen (1 Tag) aufhalten. Bei meinem guten Vater werde ich etwa 8 Tage verweilen; denn ich muß bald in Landshut eintreffen, um meine Oeconomica [wirtschaftlichen Belange] zu arrangieren. Auch würde es beinahe Unverschämtheit sein, wenn ich mich mit Frau, drei Jungen und einer Magd in Ihrem Hause einlagern und über diese Zeit lästig werden wollte. Leben Sie einstweilen herzlich wohl, bis ich so glücklich bin, Sie zu umarmen.

Über meinen Aufenthalt in Kiel

Kiel, den 12. März 1804

Ich stehe auf dem Punkt, Kiel wieder zu verlassen und meinen Katheder von den Ufern der Ostsee hinter die Donau zu versetzen. Es ist doch der Mühe wert, auf diesen zweijährigen Zeitraum zurückzusehen und einige Punkte der Erinnerung zu fixieren.

Da ich bei meiner Ankunft zuerst die Spitze des Kieler Kirchturms sah, teilte sich plötzlich der Himmel, der den ganzen Tag über umwölkt gewesen war, und die helle Sonne glänzte über der Stadt. Ich dachte: So wird auch über Dir die Sonne des Glücks in Kiel aufgehen.

Viel Ruhe habe ich hier gefunden: Biederkeit und Offenheit meiner Kollegen; Mangel an Brotneid und Eifersucht; keine Parteien im Senat; Freuden des Kränzchens, dessen Mitglieder Reinhold, Hegewisch, Niemann, Müller usw.; dagegen überall gar zu viel Phlegma, wissenschaftliche Kälte und Trägheit. Schriftstellerverdienst ist wenig geachtet; das Dozieren treibt man, weil es die Bestallung auferlegt. Keine Seele bekümmert sich darum, wie der Professor liest, ob gut oder schlecht, mit Beifall oder nicht. Das Studentenpublikum ist ein brutum pronum in ventrem [dem Bauch verfallenes Vieh]. Sein höchstes Ziel ist, im Examen zu Glückstadt oder Schleswig erträglich wegzukommen und allerhöchstens den ersten Charakter zu erhalten. Vergebens war mein Bemühen, in diesen Seelen einige Feuerfunken zu erwecken, und beinahe wäre ich geworden wie sie selbst. Ich hatte immer dann die fleißigsten Zuhörer, wenn ich am seichtesten las. Daher war man besonders in dem Kriminalrecht faul. Im Winter 1802 hatte ich den Kriminalprozeß mit 19–21 Zuhörern angefangen und mit 3 geschlossen, im Sommer 1803 blieben im Kriminalrecht von 28–29 Zuhörern am Ende nur noch 4 übrig. Das letzte Kolleg schloß ich mit einer fürchterlichen Harangue [Lobrede]. Unter meinen Zuhörern sprang ein einziger hervor, aber freilich kein holsteinischer Klotz – der Unteroffizier Veltheim aus Breslau. Ursache dieser Elendigkeit des Publikums: 1. Nationalcharakter, der zu sehr in den Körper treibt. Die viele Grütze und das häufige fette Rindfleisch muß sich endlich auch den Köpfen mitteilen; 2. Vernachlässigung auf den Schulen; 3. Schuld der meisten Lehrer, die ihr Amt nur als Gewerbe ὡς ἐν παρόδῳ [gleichsam beiläufig] treiben und von denen einige selbst durch übles Beispiel im Leben Verderben verbreiten.

Völlig zerrütteter Zustand der juristischen Fakultät, um die kein Mitglied sich bekümmern mag. Ungeheure Saumseligkeit. Niemand will arbeiten. Gründe: 1. weil die Leute zu viel andere Dinge zu tun haben, 2. geringes Honorar.

Zerrütteter Zustand in den akademischen Geschäften. Keiner im Konsistorium kennt die akademischen Gesetze und Statuten; daher kommt es, daß oft Entdeckungen in dem Statutenbuche gemacht werden. Neulich wies der Stadtmagistrat das Konsistorium zurecht und lehrte es, welche Personen unter seiner Jurisdiktion stehen.

An der Spitze der Universität steht als Kurator der Graf von Reventlow, der sich mit der Akademie nur als Amüsement beschäftigt und sich erst dann recht für sie interessiert, wenn er despotisch etwas durchsetzen will. Er ist ein talentvoller Kopf, der aber die Kenntnisse nicht hat, die zu diesem Geschäft gehören. Literaturkenntnisse hat er gar nicht. Sein Geheimer Rat ist das alte Kind – Hensler, ein Fuchs, der die Schwäche und Leerheit seines Kopfs hinter einer großen, herrlichen Bibliothek, die er nicht liest, zu verstecken weiß. Die Medizinische Fakultät ist des Kurators Steckenpferd. Für 6 oder 8 Mediziner, die hier studieren, werden botanische Gärten, chemische Laboratorien angelegt und neue Professoren um starke Besoldungen berufen. Die Juristische Fakultät, die, nächst der theologischen, die meisten Studenten zählt, wird nur als das accessorium [Anhängsel] der Akademie betrachtet. Trendelenburgs und meinen Abgang will man der Ersparung wegen mit einem einzigen ersetzen.

Die Regierung geht immer mehr in Despotismus über. Die Privilegien, deren Genuß der König mit eigener Hand und Siegel den Vozierten verspricht, nimmt er beliebig weg. Für jede Spanne Raum, die ein Professor bewohnt, muß er in Zukunft dem König Steuern geben, und vorigen Sommer legte der Kronprinz den Professoren Soldaten in die Häuser.

Ich habe in Kiel einiges gewonnen. Ich glaube, daß ich etwas geselliger geworden bin, doch war ich sehr oft melancholisch und betrachtete meinen hiesigen Aufenthalt als ein Exil. – Gearbeitet habe ich viel:

I. Neue Kollegien ausgearbeitet:
   1. Institutionen }
   2. Pandekten } dabei lernte ich erst Zivilrecht.
   3. Hermeneutik }

II. Schriftstellerische Arbeiten:
   1. neue Ausgabe meines Lehrbuchs

2. zivilistische Versuche (I. T. Gießen 1803) } gedruckt;
3. Kritik des Kleinschrodschen Entwurfs }
4. Entwurf zu einem Kriminalgesetzbuch,
5. sammelte ich viel zu zivilistischen Abhandlungen und zu einer Geschichte des Kriminalrechts und las in der letzten Hinsicht vieles von Cicero, Quintilian usw.

III. In diesem letzten halben Jahr trieb ich viel das Griechische und las 5 B. von Dionys H. Antiq., Sophokles' Antigone, Aristoteles' Rhetorik, von Plutarch 9 Biographien.

IV. Aktenarbeiten.

V. Einige Rezensionen.

Meine Freunde: Cramer, Hensler II, Niemann, Reinhold – sein höchster Fehler ist sein philosophischer Pedantismus und ein Glaube an eine alleinseligmachende Metaphysik, für die er immer Proselyten sucht –, Pätz – guter Mensch, liebt aber die Gesellschaften mehr als die Bücher –, Hegewisch, der tätigste Schriftsteller in Kiel.

Claudite jam rivos pueri, sat prata biberunt [hemmt nun die Wasserläufe, ihr Kinder, die Wiesen haben genug getrunken]! Jetzt gehts nach Landshut. Wie wird das Blatt lauten, das ich dort bei meinem Abschied niederschreibe?!

An seinen Vater

Hamburg, den 22. März 1804

In Eile

Hier bin ich denn, mein lieber, guter Vater, um mit den Meinigen in Ihre Arme zu eilen. Bald nach Ankunft dieses Briefes bin ich bei Ihnen.

Wir haben auf unserer Reise von Kiel bis hierher viel Unglück gehabt. Mit meinem schönen Wagen war ich betrogen. Vier Stunden von Kiel mitten in fürchterlichem Sturm, dichtem Schneegestöber und grimmiger Kälte brach das Untergestelle, das, wie sich nun zeigte, aus vermodertem Holze bestand, morsch entzwei. Ich mußte ihn auf einem adeligen Gute zurücklassen und sogleich

Anstalten treffen, um durch eine actio redhibitoria [Klage auf Rückerstattung], deren Ende ich in Landshut abwarten muß, mein Geld wiederzubekommen, wenn ich es nicht gutwillig wiedererhalte. Auf einem holsteinischen offenen Wagen mußte ich mit meinen armen Kindern, von denen der Älteste nunmehr an Frostbeulen leidet, und meiner schwangern Frau in schrecklichem Wetter, in grimmiger Kälte, durch ödes Heideland, wo man selten ein Dorf findet, 14 Meilen machen. Gottlob, daß nicht größeres Unglück erfolgt ist. Heute muß ich mir in dem teuern Hamburg einen andern Reisewagen kaufen.

Ein zweites Malheur passierte mir in Hamburg. Eine Anweisung auf 71 Louisdor, die ich von Würzburg erhalten hatte, wurde nicht akzeptiert. Ich danke meinem Himmel, daß meine Börse hinreichend versehen ist, sonst wäre ich in schrecklicher Not.

Adieu, lieber Vater. Ich bin der glücklichste unter den Menschen, denn ich bin bald bei Ihnen. Gebe mir nur Gott für meine Reise eine glücklichere Fortsetzung, als ihr Anfang war.

Ihr A.

Landshut, 1804

Lieber Vater!

Endlich bin ich glücklich an dem Ort meiner Bestimmung angekommen. Meine Reise war ermüdend, aber sonst recht gut; möchte ich dieses immer auch von meinem hiesigen Aufenthalt sagen können! Die Stadt und die Gegend ist himmlisch; ***die Verhältnisse der Professoren sind Verhältnisse von Teufeln; beinahe möchte ich sagen*** im eigentlichen Verstande*. Die Roheit, Sittenlosigkeit, höllische Bosheit,

* Über diese Verhältnisse schrieb ein Freund aus Landshut (Schmidtmüller) 1803 F.: „Die Verhältnises der Professoren zueinander, darüber hätte ich wohl allein einen ganzen Bogen zu schreiben. Wie ganz Bayern gewissermaßen in drei Parteien: in Illuminaten, Obskuranten und Mittendurchgehende, geteilt ist, so auch unsere Universität ...

Abgefeimtheit, Niederträchtigkeit, Gemeinheit der meisten, die als Jugendlehrer dastehen, geht über alle Grenzen. Das Beste ist, daß man mit diesen Menschen (wegen der neuesten Organisation der hiesigen Akademie, wo es kein akademisches Konsistorium mehr gibt) nur sehr wenige Berührungspunkte und die Freiheit hat, mit einigen Auserwählten zu leben, ohne daß man sich um das andere bekümmert und ohne daß diese einem Mann, der auf eigenen Füßen steht, im mindesten schaden könnten. *Gönner wollte an mir ein Werkzeug haben, durch das er seine Pläne ausführen könnte;* aber ich ließ ihn nicht lange in Ungewißheit über die Individualität, die er in mir finden werde. Meiner guten Frau verdankte ich den herrlichen Gedanken, gar nicht in seinem Hause, sondern in einem Gasthause abzusteigen und uns von da ein Logis zu suchen. Dieser Gedanke, den ich treu ausführte, hat mich gerettet. – Die hiesigen Studierenden sind mit ganzer Seele mir ergeben; mit einer Veneration, von der ich nie einen Begriff hatte, suchen sie mich auf. Alles ist gespannt auf meine erste Vorlesung. Ich muß nolens volens Pandekten lesen. Alle prophezeiten mir in diesem halben Jahr ein Auditorium von 120–130 Studierenden und berechnen meine Honorareinnahme bloß in diesem halben Jahre auf 1500 Fl. Diese sollen dann ehestens nach Frankfurt wandern.

Ein Glück für mich ist, daß ich mein Zöpflein hierher mitgebracht habe. Alle Professoren (die Geistlichen aus-

Sie haben darum, daß Sie Protestant sind, fürs erste wohl eher Schonung und delikatere Behandlung zu erwarten als ein Katholik, obschon die Bayern im allgemeinen die Ausländer nicht zu liebhaben; sie haben eine gar große Meinung von ihrem hausgebackenen Verstand. Was die Religiosität anbelangt, so finden Sie hier übrigens fast die ganze Akademie mehr protestantisch als katholisch. Es fehlt dem größten Teil unserer Lehrer nicht an Kenntnissen, aber mitunter ebensowenig an Aufgeblasenheit. Von freundschaftlicher Harmonie weiß man hier wenig oder nichts, und dies kommt größtenteils daher, daß man von München her einige allen übrigen vorzieht, die ohnehin Illuminaten waren. Diese Herren wollen dann alles dirigieren, und das nehmen andere übel. Gönner hat außerordentlich viel zum Wirrwarr durch seinen auffallenden Stolz, Ehrgeiz und Herrschsucht beigetragen."

genommen) müssen ex professo welche tragen, da sie, wie alle Staatsbeamte, nach Verschiedenheit des Rangs, wenigstens an Galatagen, Staatsvisiten bei dem Kurfürsten etc. Uniform tragen müssen.

Nächstens mehr. Sie glauben nicht, wie ich beschäftigt bin. Empfangen Sie nochmals meinen Dank für alle Liebe, die Sie mir bei meiner Gegenwart erwiesen haben.

Landshut, den 6. Juli 1804

Ich hoffe, lieber Vater, durch Sie selbst schon entschuldigt zu sein, daß dieser zweite Brief so spät dem ersten nachfolgt. In einer Lage, wie ich in der ersten Zeit hier war und in welcher mehr oder weniger ein jeder nach einer so großen Veränderung, versetzt in eine neue Welt, sein muß, ist nichts leichter verzeihlich als eine solche Saumseligkeit, die indessen bei mir nicht Saumseligkeit genannt werden kann. Ich will nichts von dem Detail der Verwirrungen sagen, darin ich anfangs lebte, von den mancherlei häuslichen Angelegenheiten, notwendigen Zerstreuungen und notwendigen Arbeiten; ich will nicht gelten machen, daß ich, wider Vermuten, eine Rede ausarbeiten und Pandekten lesen mußte, auf die ich gar nicht vorbereitet war, daß ich durch eine neue Reise nach München, wo ich 14 Tage mich aufhielt und aufhalten mußte, viel Zeit verlor und von da mit Aufträgen zurückkam, die noch mehr Zeit gekostet haben und keinen Aufschub litten. Noch jetzt weiß ich kaum, wo ich mich hinwenden soll. Die Hauptsache indessen, warum ich erst jetzt etwas ausführlicher schreibe, ist, weil ich Ihnen, besonders über einen bedeutenden Punkt, ein entscheidendes Resultat schreiben kann.

Meine Schilderung, die ich von Landshut entwarf, müssen Sie zum Teil auf meine hypochondrische Laune schieben, die besonders durch die Erfahrungen, welche ich gleich anfangs mit Hofrat G. machte (bei dem ich nicht logierte, bei dem ich auch nicht abgetreten bin), anfangs sehr gereizt worden ist. Dieser ist ein höchst schlechter Mensch, das ist wahr, und neben ihm ist noch einer und der andere ebenso schlechte Mensch da. Aber über diese

Betrachtungen kann ich mich nun hinaussetzen: Ich habe einzelne sehr treffliche Menschen als Freunde gewonnen, ich habe die Achtung und Liebe des Publikums und bin bei der Regierung (wie Sie aus einem nachfolgenden factum selbst einsehen werden) äußerst gut akkreditiert, welche Regierung denn auch jene Menschen in ihrer ganzen Schlechtigkeit kennt. Was vorzüglich die Lage der Dinge für mich ändert, ist, daß ich zweien meiner besten Freunde in Kiel Vokationen nach Landshut ausgewirkt habe, welche zu vorteilhaft sind, als daß ich über die Annahme meiner Vorschläge in Zweifel sein könnte. Diese Männer sind Hegewisch, als Historiker, und Niemann, als Ökonom. Ich erwarte täglich ihre entscheidende Antwort und werde dann in Landshut mir einen wahren Himmel schaffen. Meine eigenen ökonomischen Vorteile sind auch in dieser kurzen Zeit schon um ein Beträchtliches erhöht worden. Kaum war ich 6 Wochen hier, so hatte ich von dem Staatsminister von Hardenberg in Bayreuth eine zweite Vokation – nach Erlangen mit 1200 Rtlr. Preuß. Courant. Man muß wohl in Bayreuth nicht wissen, was ich nach Berlin wegen Halle geschrieben hatte, und man mußte wahrscheinlich meine Unzufriedenheit mit Landshut erfahren haben, die man denn benutzen zu können glaubte. Da sich die Gründe der Unzufriedenheit größtenteils geändert hatten und ich unmöglich Lust haben konnte, zum Skandal von ganz Deutschland von neuem meinen Wohnort, und zwar in so kurzer Zeit, zu verändern, überhaupt auch nicht geneigt bin, eine Universität, wo ich vor 127 Auditoren Pandekten lesen kann, mit einer Universität wie Erlangen zu vertauschen, wo 30–40 das Maximum sind, so beschloß ich, die preußische Gefälligkeit für Bayern zu benutzen. Ich setzte mich unter dem Vorwand, als sei ich geneigt, den Ruf anzunehmen, mit München in Unterhandlung und erhielt folgende ungeheure Konzessionen durch ein förmliches kurfürstliches Dekret zugesichert: 1. 400 Fl. Gehaltszulage, welche schon im nächsten fälligen Quartal zum ersten Male bezahlt wird. Meine fixe Besoldung beträgt also jetzt 2400 Fl. 2. Wenn ich noch acht Jahre als Professor gedient habe, soll ich, wenn ich des Lehramts überdrüssig bin, nach München, entweder in die Landesdirektion oder in das Justizdepartement, als Geh. Rat und Referendar versetzt werden. 3. Nach meinem Tode sollen meine Witwe und meine Waisen ihre Pensionen verzehren dürfen, wo sie es ihrer Konvenienz gemäß finden – eine Vergünstigung, die bisher noch niemandem bewilligt worden ist. Diese enormen Auszeichnungen sind wahrscheinlich Ursache, daß Gönner (der ebensoviel nur der Besoldung nach haben wollte, dem dieses aber abgeschlagen worden ist) bei der ersten Gelegenheit seine Dimission nehmen wird. Die angeführten Tatsachen haben nun endlich fortdauernd über mein Schicksal entschieden. Ich werde nun Bayern nicht mehr verlassen; denn nirgends ist es möglich, mir auch nur eine ähnliche, ich will nicht einmal sagen: eine gleiche oder bessere, äußere Lage zu geben. Von einer künftigen Änderung in den Maximen der Regierung habe ich nicht das mindeste zu besorgen. Gerade die wärmsten Katholiken, die hier angestellten Geistlichen (die allermeisten Professoren sind Clerici [Geistliche]) sind meine innigsten Freunde. Die jetzige Regierung braucht mich, eine künftige wird mich nicht hassen können, weil ich mit den fanatischen Aufklärern (die auch nicht mehr von der jetzigen Regierung sehr begünstigt werden) keine gemeine Sache gemacht habe und nie machen werde. Mir geht es gerade auf entgegengesetzte Art als in Kiel. Dieses gefiel mir anfangs gar zu sehr, und daher wurden mir bald seine Mängel zu sehr auffallend; hieher kam ich mit Haß, und dieser verwandelte sich in Anhänglichkeit und Liebe. Ich werde mich in einiger Zeit ankaufen. Ich habe eine herrliche Wohnung mit einem ziemlich großen Garten; diese werde ich wenigstens dann ganz gewiß kaufen, wenn meine Freunde von Kiel gewiß herherkommen. Die Gegend ist außerordentlich schön; die Gegend um Jena ist dagegen elend. Nur fehlt mir zuweilen der Hafen bei Kiel und die See.

Sie erhalten hier meine Antrittsrede und eine Kantate, welche meiner Ankunft zu Ehren in dem akademischen Saal von den Studierenden aufgeführt worden ist. Das Fest, zu dem alle Honoratioren der Stadt eingeladen und bei welchem beinahe 3000 Menschen versammelt waren, ist ein wahres Ehrenfest gewesen; das akademische Gebäude war schön illuminiert, der Saal durch geschmackvolle transparente Gemälde, mit Kränzen, Altären usw.

geschmückt. In dem Gedichte ist zwar nicht viel Poesie, aber desto mehr Herzlichkeit.

Empfehlen Sie mich Ihrer lieben Frau und allen Ihren Freunden, und vergessen Sie nicht

Ihren treuen Sohn Anselm

An seinen Vater

Landshut, am Weihnachtsabend 1804

Eben putzt meine Frau den Christbaum für meine Kinder, trägt heimlich die Dinge zusammen, die auch mir beschert werden sollen, und bereitet ein kleines freundliches Abendmahl, das einige meiner Freunde mit mir genießen werden. In einer Stunde wird der heilige Christ kommen, mich erwartet ein heitrer Abend; – aber nicht ganz so heiter, wie er es werden soll, wenn ich nicht zuvor Ihnen einige kindliche Worte zugerufen habe. Herzlichen Dank für Ihren Brief, den ersten in Landshut, den langerwarteten, der für mich das schönste Weihnachtsgeschenk war. Er enthielt zwar manches bittre Wermut-Körnchen, die aber so gut in den Zucker väterlicher Liebe gewickelt waren, daß ich sie kaum gewahr werden konnte. Sie sind nun einmal hinab; ob ich es so ganz verdiente, sie zu empfangen? Das noch hinterher zu fragen wäre gewiß sehr unzeitig und wäre unangenehmer als das Nehmen selbst.

Meine liebe Frau, meine guten Kinder, ich selbst – wir alle sind wohl. Mit meiner Lage werde ich immer mehr zufrieden. Ich schlug meiner Regierung einen meiner alten Freunde in Jena, Professor Breyer, zum Professor der Geschichte vor; sie nahm den Vorschlag an; ich bekam den Auftrag, mit ihm zu unterhandeln; er willigte in die Bedingungen und in das Herkommen. Jetzt ist er da und macht als alter Freund und als trefflicher Mann von Herz und Kopf mein schönstes Glück. Ich habe außerdem noch einige innige Freunde, habe die meisten zu guten freundlichen Bekannten und werde von den wenigen, die ich selbst verachten muß, gefürchtet. Die Parteien, die bei meiner Ankunft hier tobten, sind fast ganz, zum Teil durch mich selbst, niedergeschlagen, und ich kann sagen, daß ich eine Ruhe und literarische Muße genieße, wie sie mir noch nie zuteil geworden ist. Mit den Plackereien des akademischen Senats habe ich vermöge der hiesigen Organisation gar nichts zu tun; der Schöppenstuhl beschäftigt mich wenig, und so kann ich fast ganz allein meinen Wissenschaften leben. Und wie unschätzbar ist das Ökonomische meiner Lage! Vor einigen Jahren rang ich noch, halb verzweifelnd, mit Elend und Sorgen, und jetzt ein fixer Gehalt von 2400 Fl.! Und konnte ich den Meinigen ein besseres Kapital sammeln als den Erwerb meiner jetzigen Stelle, die ihnen nach meinem Tode ihre Versorgung zugesichert hat? Kurz, ich darf, in völliger Zufriedenheit mit der Gegenwart, mit dem heitersten Blick in die Zukunft sehen und selbst mit Freude in die Vergangenheit blicken, durch welche mich der Himmel glücklich hindurchgeleitet hat, der im Kampf meine Kräfte übte und mir durch Unglück den Genuß des Glückes desto köstlicher machte. Darüber, lieber Vater, über das Bewußtsein besiegter Leiden, überstandner Gefahren und des mühselig selbst errungenen Glücks – darüber freue ich mich, und wenn man diese Freude Stolz nennen kann, nun, so gestehe ich auch, daß ich darauf stolz bin. Aber den Titel- und Flitterstolz, den Hochmut des Toren, den habe ich nie gekannt und werde ihn nie kennenlernen.

Der mir erteilte Auftrag zur Reform der Kriminalgesetzgebung in den bayerischen Staaten ist eine sehr mühselige und zum Teil sehr gefahrvolle Ehre. Es läßt sich dabei viel Ruhm erwerben, aber auch viel Ruhm verlieren. Die Bayern sehen ziemlich scheel darüber, daß ein Ausländer ihnen Gesetze geben soll, und meine Herrn Mitbürger in der Schriftsteller-Republik sehen so etwas auch nicht mit neidlosen Augen an. Ich habe auf große Kämpfe mich gefaßt zu machen.

Ein Haus werde ich mir nun vor der Hand gewiß nicht kaufen. Ist mein Entwurf fertig, so laß ich mir eins vom Kurfürsten schenken. Es sind hier verschiedne Häuser, die von den Chorherren des hiesigen (aufgehobnen) Domstiftes bewohnt werden und dem Fiskus zufallen, sowie einer oder der andere abstirbt. An Wanderungen denke ich nicht mehr, teils, weil ich nicht hoffen kann, es irgendwo besser zu bekommen, teils, weil ich aus Erfahrung weiß, wie außerordentlich groß der Verlust ist, den solche Ortsveränderungen zur Folge haben. Seien sie auch überzeugt, daß niemals durch eine Veränderung der Regierung etwas für mich zu besorgen ist und daß nur Verleumdung es unserm Kurprinzen nachsagt, daß er an der Spitze einer verfolgenden Obskurantenpartei stehe. Er wird, wenn er zur Regierung kommt, zwar *anders*, aber nach gleichen Zwecken regieren. Er ist liebenswürdig als Mensch und hat einen hellen Kopf mit vielen gründlichen Kenntnissen. Zudem werde ich persönlich sowohl von dem Kurfürsten als von dem Prinzen geschätzt und habe Klugheit genug, um nicht durch Unvorsichtigkeit Veranlassung zu gegründeter Besorgnis zu geben.

Vor ungefähr drei Wochen waren wir in ganz Bayern wegen des gelben Fiebers sehr in Schrecken. Indes ist jetzt alles vorüber.

Indem ich Ihnen und Ihrer lieben Frau und meiner Schwester ein glückliches neues Jahr wünsche, womit sich die Wünsche der Meinigen vereinigen, empfehle ich mich herzlich Ihren freundschaftlichen väterlichen Gesinnungen.

An seinen Vater

Landshut, im April 1805

Lieber Vater!

Die Zeit, die nach den Ferien folgt, ist jeder andern Beschäftigung, außer den Berufsarbeiten, so ungünstig, daß ich mein bißchen Muße, das mir jetzt die Ferien schenken, nicht vorüberlassen kann, ohne Ihnen durch einen Brief mein Andenken wieder zu empfehlen. Zwar hätte ich gerne durch Sie erfahren, ob Sie und alle im väterlichen Haus sich wohl und froh befinden. Aber ich nehme dieses Stillschweigen als eine bejahende Antwort und säume nicht, von mir und den Meinigen zu sagen, daß wir uns alle recht wohl befinden und uns immer unsrer getroffenen Wahl freuen, ja sogar täglich mit ihr zufriedner werden. – Es gibt hier freilich viele Unannehmlichkeiten, worunter die Zänkerei der Parteien und der Mangel an erfreulichem Familienumgange die vorzüglichsten sind. Allein die ersten affizieren mich nicht mehr, da ich durch eine neuerlich erhaltne kurfürstliche Dispensation von allen akademischen Geschäften jeder Art ganz in die Lage eines Zuschauers versetzt worden bin, der sich an den wunderlichen Komödien mancher Narren recht herzlich belustigt. Der letzte ist teils durch die Gewohnheit, teils durch die *nahe* Hoffnung des Besserwerdens ziemlich erträglich. In diesem Semester erwarten wir mehrere protestantische Familien, die größtenteils durch mich hierher berufen sind und sich schon darum an uns anschließen werden. Schon im vorigen Semester erhielt ich einen Zuwachs großen Glückes durch einen liebenswürdigen jungen Mann, den Hofrat Breyer, den ich der Universität Jena abgewonnen habe, so wie ich ihr jetzt den Professor Ast, einen trefflichen Philologen, entziehe. Als Beweis der Zufriedenheit mit meiner Lage mag dieses gelten, daß ich vor 6 Wochen einen Ruf nach dem herrlichen Heidelberg mit sehr vorteilhaften Bedingungen abgelehnt habe. Professor Thibaut in Jena geht nun statt meiner dahin. – Nirgends kann ich einen größern, einen glänzendern und nützlichern Wirkungskreis finden, als ich hier gefunden habe. Auf jeder andern Universität wäre ich auf das Dozieren vom Katheder herab beschränkt; in Bayern kann ich zugleich meine Ideen in das Reich der Wirklichkeit einführen und durch das entschiedne Vertrauen, dessen mich meine Regierung würdigt, unendlich viel Gutes wirken. Ich kann es dem Vater gestehen, daß es mich sehr glücklich macht, mich von den ersten Männern eines so beträchtlichen Staats geachtet, geliebt und ausgezeichnet zu wissen. In dieser Woche kam ich von der fünften Reise nach München zurück, wohin ich von dem Justiz-Departement berufen war und wo mich alle, selbst Montgelas, mit wahrhaft ausgezeichneter Aufmerksamkeit behandelt haben. Wäre ich nicht für das eigentliche gelehrte Leben geboren und gebildet, wäre ich mir nicht bewußt, jetzt in meinem besten Lebensalter als Lehrer und Gelehrter weit mehr wirken zu können als in einer praktischen Laufbahn, und wäre ich durch die Eitelkeit des Weltmanns geblendet, der selbst die Gefahren der glänzenden Knechtschaft der Ruhe akademischer Unabhängigkeit vorzieht, so sollte es mich bloß einige Winke kosten, um sogleich nach München versetzt zu werden. Aber mit Recht würden Sie mir alsdann die Windmühlen vorhalten können und den Spruch des Salomo: Alles ist eitel! Zwar freut sich mein jugendlicher Sinn noch vieler Dinge, die in diesem Spruch zusammengefaßt sind; aber warum sollte ich mich ihrer nicht freuen, solange das Herz sich noch freuen kann? Wenn man nur weiß, daß es eitel ist, daß die Zeit kommen wird, wo das Eitle als Eiteles auch *empfunden* wird, und daß man immer so handeln muß, als wenn man es immer als Eiteles empfinde, obgleich oft die Empfindung dem Schein den Anschein eines wirklichen Wesens gibt. – Nächsten Herbst soll ich wenigstens den ersten Teil meines Kodex der Regierung übergeben. Wenn Sie die ungeheure Mühseligkeit und Schwierigkeit dieser großen Arbeit erwägen, wenn Sie dazurechnen, wie viele Vorlesungen, die ich zum Teil immer von neuem ausarbeiten muß, ich zu halten, daß ich außerdem noch diesen Sommer die Hauptdefension in der Schubartschen Sache*, die sich nun sehr zum entschiednen Vorteile gewandt hat, zu verfertigen habe, so werden Sie kaum begreifen, wie Geist und Körper nicht erliegen. Und doch bin ich gesunder und heitrer als je. Manche Leute wollen sogar behaupten, daß sich eine Anlage, dick zu werden, bei mir zu entwickeln anfange. – Dafür wird mich aber wohl der Himmel behüten. – Wie ich sehe, habe ich, ohne es beinahe selbst zu wissen, eine ganze lange Weile von mir gesprochen. Aber das müssen Sie verzeihen. Da Sie mich durch Ihr Stillschweigen außerstand setzen, über Sie und Ihre Familie mit Ihnen mich schriftlich zu unterhalten, so muß ich wohl mich und das Meinige zum Thema machen.

Ich bleibe mit ewiger Liebe

Ihr treuer Sohn A.

* Betreffend eine angeblich auf dem Kais. Landgericht in Würzburg verübte Depositen-Entwendung.

Landshut, den 15. September 1805

Nach langem Stillschweigen schreibe ich Ihnen, lieber Vater, und schreibe Ihnen nicht ganz so vergnügt, wie in meinen vorigen Briefen.

Ein großer Teil des Sommers ging mir sehr traurig vorüber. Acht Wochen lang kam ich nicht aus meinem Zimmer, wo bald das Bett, bald das Kanapee meine einzigen Aufenthaltsorte waren. Ein heftiges dreitägiges Fieber hatte mich überfallen, und noch jetzt leide ich an seinen Folgen. Große Mattigkeit verhindert mich fortwährend an anstrengenden Arbeiten, und mein blaßgelbes Gesicht und das bis auf die Knochen hinweggezehrte Fleisch müssen mich jedem, der nicht die Ursache weiß, als Kandidaten des nahen Todes zeigen. Indessen hoffe ich, bald meine vorigen Kräfte wiederzuhaben. Vor vierzehn Tagen reiste ich nach München, um mich zu zerstreuen und mich durch Luftveränderung wiederherzustellen. Aber die nasse Witterung machte, daß ich dort wieder zweimal das Fieber bekam und früher zurückkehren mußte, als ich beschlossen hatte und meine dortigen Freunde es wünschten. Kaum aber war ich vier Tage wieder zu Hause, so ließ ich mich von der Universität nebst einem andern Kollegen wieder nach München in einer Angelegenheit deputieren, die für ganz Bayern höchst betrübt und der Gegenstand allgemeiner Aufmerksamkeit ist.

Sie wissen wohl schon, daß Österreich die Neutralität unsers Kurfürsten nicht anerkannt und den freien Durchmarsch sowie die Desarmierung der bayrischen Truppen gefordert hat. Sobald Österreich seine Armeen gegen Bayern wirklich in schnelle Bewegung setzte, zog unser Kurfürst alle seine Truppen aus unserm Herzogtum an die Donau, und fast auf dem Fuße rückten die Österreicher nach, jedoch, wie der österreichische Gesandte in München erklärte, ohne alle feindliche Absicht, bloß des Durchzuges wegen. Ganz Bayern ist nun hilflos preisgegeben und von fremden Truppen überschwemmt, die, ihrer angeblichen Freundschaft ungeachtet, *Requisitionen* machen und durch ihr Papiergeld, das sie oft in hohen Summen mit Gewalt für bares Geld aufdringen, das Land zugrunde richten werden. Viele Tausend Mann sind schon durch unsre Stadt passiert;

morgen werden wir wieder Einquartierung bekommen. Alle Truppen werden sich am Lech zusammenziehen, und da Bonaparte beim Reichstag erst letzthin hat erklären lassen, daß er jeden von seiten Österreichs gegen Bayern unternommenen feindlichen Schritt als Kriegserklärung betrachten werde, so kann man wohl sagen, daß der neue Krieg, dessen Schauplatz unser Bayern, Schwaben usw. sein wird, schon wirklich seinen Anfang genommen habe. Die Bestürzung über alle diese Veränderungen war hier überall um so betäubender, je unerwarteter und unvorbereiteter sie kamen. Kein Mensch wußte, was geschah; man murmelte nur von Unterhandlungen; zuweilen wurde auch dieses Murmeln durch das Gerücht unterbrochen, Bayern sei von Bonaparte zur Erhaltung des Landfriedens abgetreten worden. Plötzlich brach endlich das Ungewitter los: Alle Regimenter jagten wie Flüchtlinge davon; die Straßen waren mit davoneilenden Truppen, Kanonen, mit Wagen kurfürstlicher Effekten bedeckt; der Kurfürst und die ganze Familie flüchtete, und sogleich erscholl auch: „Hannibal ante portas [Hannibal steht vor den Toren], die Österreicher!", die der Bayer haßt wie der Franzose den Briten! – Ob wir besetzt würden, weil man uns abgetreten? Ob man uns feindlich überfalle? Ob man nur friedlich durchziehen wolle? Alles war ungewiß; kein Dikasterium [Landesbehörde] war offiziell darüber unterrichtet! In diesem Sturme reiste ich als Deputierter der Universität nach München (meine achte Reise dahin, seit ich Bayer bin), teils, um Gewißheit, teils auch, um Verhaltungsbefehle zu holen und uns unsere Einnahmen auch während des Kriegs zu sichern. Obgleich ich beim Hin- und Herweg in der Nacht reisen mußte und dort mit allerei Strapazen nur einen Tag zubringen konnte, so kam ich, wenngleich müd', dennoch gesunder wieder zurück, als ich gegangen war. – Diese Unruhen und die nahe bevorstehenden Kriegsgefahren sind also das zweite Klagelied in diesem Briefe.

Das dritte ist: Die heftigen, wütenden Verfolgungen, die ich seit meiner neusten Zulage und Auszeichnung von Gönner und einigen andern leiden muß. Es ist unbeschreiblich, was diese Leute erfinderisch sind, um mich zu quälen. Ich arbeite zwar immer an mir selbst, um das Verächtliche verächtlich zu finden und über den Grimm, der ohne reelle Macht ist, zu lachen. Indessen: semper aliquid haeret [immer bleibt etwas hängen]. Mein bester Trost ist, daß ich es überall nicht besser finden würde und daß der Neid stets im Gefolge des Glücks, der Haß Begleiter des Verdienstes ist.

Von ganzer Seele

Ihr treuer Sohn A.

München, den 26. September 1805

Friedrich Heinrich Jacobi an Feuerbach*

Nicht so, mein lieber F.! Davonzulaufen vor seinen Widersachern ziemt nicht dem Manne; am wenigsten wird es ihm ziemen, damit anzufangen. Ich weiß, daß Ihre Lage böse ist. Seit Sie das letzte Mal bei mir waren, habe ich Gelegenheit gehabt, über die in Landshut herrschenden giftigen Kabalen mit Zuverlässigkeit manches zu erfahren, was mich bestürzt und tief bekümmert hat. Ich weiß ebenfalls, daß Gönner wirklich ganz so hassenswürdig und verächtlich ist, als Sie ihn schildern. Aber ebendeswegen, mein Liebster, weil dieses nicht allein wahr ist, sondern auch dergestalt am Tage liegt, daß es jedem, der nur sehen will, gezeigt werden kann, warum wollen Sie verzweifeln? Wider den vorhandenen, die Akademie Landshut offenbar zugrunde richtenden Unfug muß sich Rat und Hilfe finden lassen, und ich will sie gemeinschaftlich mit Ihnen und aus allen meinen Kräften suchen. Mißlingt dieser Versuch, dann verspreche ich Ihnen, was Friedrich II. einem mißvergnügten Soldaten seiner Armee den Tag (ich glaube) vor der Schlacht bei Torgau versprach: „Bleibe nur noch diese Nacht", sagt er zu ihm, „morgen greifen wir den Feind an; geht die Schlacht verloren, so will ich mit Dir ausreißen."

* Von der Regel, nur Briefe F.s. aufzunehmen, mache ich nur bei diesem Briefe, des besseren Verständnisses des Nachfolgenden wegen, eine Ausnahme.

Auch ich weiß das, mein Freund, daß in Bayern mancherlei nicht gut und der Weg zum Bessern schwer zu finden oder zu bahnen ist; dagegen weiß ich aber auch, daß anderes in Bayern sehr gut ist und daß man, solange dieses sich erhält, den Mut nicht sinken lassen darf. Wo haben Sie an der Spitze der Geschäfte so viele einsichtsvolle und rechtschaffene, nur das Beste und es mit Eifer wollende Männer beisammen wie hier? Wo *vier* Geheimräte wie Zentner, Branka, Stichaner und Schenk? – Mit diesen müssen wir uns vereinigen und es erringen, daß ein *Gemeinsames* werde. Eadem velle, eadem nolle inter bonos amicitia, inter malos factio est [dasselbe zu wollen, dasselbe nicht zu wollen stiftet unter Guten Freundschaft, unter Schlechten Zusammenrottung]. Es lohnt der Mühe, daß edel gesinnte und herzhafte Männer sich dazu auf jede Gefahr verbinden, daß die schönen Hoffnungen, welche Bayern allgemein erregt hat, nicht zuschaden werden und ein Ende nehmen mit Schrecken. Die Sache Bayerns in dieser Absicht ist, bei dem gegenwärtigen Zustande von Europa, die Sache der Menschheit. Dieses steht mir mit der größten Klarheit vor Augen, daran halte ich mich und will nicht eher verzagen, bis ich muß.

Wohl kann es geschehen, daß sich etwas dem Ähnliches in Bayern zutrage, was sich vor Zeiten in Unteritalien ergab – dann Schande über die, welche sich vor der Schande nicht fürchten: Wysmaiers Genossen und Gönnern und *Gönners* Beschützern! Unsere Ehre läuft keine Gefahr, und was wir mit ihr retten, ist mehr als alles, was wir verlieren können; wir gehen, sobald sie gefährdet wird, und sie wird gefährdet sein, sobald die Regierung die ihrige entschieden aufgibt und das Schlechtere walten läßt vor und über dem Besseren. Gleichgültige Zuschauer zu sein ist uns nicht erlaubt; wir sind Zeugen der Menschheit, dürfen nie verstummen; wo das Wort nicht laut werden darf, muß die Gebärde sprechen, unser Kommen und Gehen muß von Bedeutung sein, ist öffentliche Stimmengebung, auch wider unsern Willen.

Und ebendeswegen, mein lieber *Feuerbach*, ich darf und mag es Ihnen nicht verhehlen, bin ich erschrocken und zurückgefahren, da ich in Ihrem Briefe las, Sie hätten wirklich schon nach Jena und nach Halle geschrieben, um sich nach der einen oder andern dieser Akademien einen Ruf zu verschaffen. Wie wollen Sie ein solches rasches Verfahren vor unparteiischen Beurteilern rechtfertigen? Die bayrische Regierung hat Sie mit Beweisen der Achtung und mit Wohltun überhäuft; und was bereiten Sie ihr dagegen? Undank über Undank! Sie müssen sich vorbereiten, sich darauf gefaßt machen, ihr alles mögliche Böse nachzusagen, sie und das ihr untergebene Land in übeln Ruf und Geruch zu bringen, den Zustand eines öffentlichen Lehrers auf den hiesigen Akademien als unerträglich und verächtlich zu schildern, mit einem Worte: üble Nachreden auf üble Nachreden zu häufen, um sich von dem Vorwurfe der Undankbarkeit und des Wankelmuts zu befreien. Hoffen Sie dabei, „die freudige Heiterkeit der Seele zu erhalten, welcher Sie bedürfen, um das wissenschaftliche Ziel zu erreichen, welches Sie zu erstreben suchen, und einer wahren Ruhe des Lebens teilhaftig zu werden?" Besinnen Sie sich, Lieber, Vortrefflicher, und achten Sie auf eines wahren Freundes Wort! Den *bessern* Menschen wollen Sie weh- und den *schlechtesten* wohltun, jenen Traurigkeit und bittern Mißmut, diesen ein abscheuliches Lachen bereiten; ein Lachen und einen Triumpf, den Sie hinter sich her, mit Schaudern, wer weiß wie lange noch, werden erschallen hören.

Melden Sie mir, welche Veränderungen zu Landshut geschehen, welche Maßregeln getroffen werden müßten, um Sie dort zufrieden zu machen, drücken Sie Ihre Klagen bestimmt aus, führen Sie Tatsachen an, ziehen Sie das Verborgene, und was im Finstern schleicht, ans Licht. Sie sollen nicht gerichtlich beweisen, sondern nur überzeugend darstellen. Ich will unterdessen über die Lage in L. und Ihre zunehmende Unzufriedenheit mit dem biedern und vortrefflichen Branka im Vertrauen reden; ich will darüber ebenso an meinen Freund Schenk nach Würzburg schreiben und ihn bitten, das von mir Geschriebene dem H. v. Zentner, unserm gemeinschaftlichen würdigen Freund und Gönner, mitzuteilen. Mir liegt diese Sache dergestalt am Herzen, erfüllt so ganz mein Gemüt, daß ich, anstatt Ihnen zu schreiben, lieber selbst nach Landshut gereist wäre und wirklich im Begriff war, es zu tun. Nach reiflicher Erwägung aller Verhältnisse und Umstände schien es mir doch weiser, diesmal noch in der Ferne und ganz unsichtbar zu bleiben.

Ich umarme Sie mit der wahrsten und wärmsten Freundschaft.

An Friedrich Heinrich Jacobi

Frankfurt, Oktober 1805

Hier also, hier in Frankfurt, wohin ich floh, um vor mir selbst und meinem Schicksal zu entfliehen, muß ich den Brief lesen, in welchem der erhabene und liebevolle Geist meines Jacobi durch jedes Wort ermunternd, lehrend, warnend, strafend zu meiner bekümmerten Seele spricht. Ja, hier her bin ich geflohen, mit dem Entschluß in dem Herzen, lieber auf Gnade und Ungnade mich einer fremden Regierung in die Hände zu werfen, als da fortzuleben, wo alle Besseren an allem Guten verzweifelten, lieber mich selbst und all mein Glück aufzuopfern, als unter der schmählichen Verfolgung frevelhafter Bosheit hoffnungslos um das Bessere zu ringen – und hier erst trifft mich der drohend ermunternde Zuruf meines Feldherrn: Stehe! und das schrecklich anklagende Wort: Undank! – Aber, Verehrungswürdiger, weiche ich denn wirklich wie ein Feiger? Habe ich angefangen gleich mit dem Davonlaufen? Schon eine ziemliche Weile stand ich auf dem Kampfplatz und tat, was meines Tuns war; und erst dann beschloß ich zu weichen, als ich glaubte, nicht mehr mit Ehren streiten zu können, weil ich das Schlechteste zur entschiedenen Übermacht sich erheben und schon triumphieren sah. Mit den schönsten Hoffnungen und dem freudigsten Mut trat ich in meinen Wirkungskreis. Da hielt gleich ein akademischer Studienplan meine Schritte auf, ein Plan, der, fast möchte ich sagen: von Staats wegen, laut schreiend den Studierenden zuruft: Ihr sollt mit euren Ohren hören, aber nicht mit eurem Geist, der die Universität, soweit sie auch Rechtsgelehrte bilden soll, zu einem Hör- und Schreibinstitut organisiert, wo einer für Bezahlung Worte sagt, die von andern mit den Ohren aufgefangen, mit der Feder aufs

Papier gebracht und dann schwarz auf weiß in dem Pult zur Ruhe getragen werden. Denn wo nur leeres Vielerlei und Allerlei die alles belebende Seele ist, wo der Jüngling jeden Tag fast vom grauenden Morgen bis zum dämmernden Abend auf den Bänken des Hörsaals sitzen muß, um eine fast ungeheure Menge *gesetzlich* vorgeschriebener, großenteils unnötiger Vorlesungen durchhören zu können, wo er z. B. Polizei*recht* und Polizei*wissenschaft*, ein besonderes Naturrecht für Philosophen und dann noch ein besonderes Naturrecht für Juristen zu hören hat, wo ferner alle *Ordnung* des Studierens umgekehrt und die höchste Verwirrung vom Gesetz erlaubt, vom Eigennutz der Lehrer begründet und befördert wird, da kann doch wohl vom Denken und Begreifen, von Studieren und wissenschaftlichem Interesse – nicht einmal vom Auswendiglernen des vom Lehrer Gesagten die Rede sein. Ich sah, wie der zwecklose Finger- und Ohrenfleiß den Geist der Jünglinge tötete und das Chaos eines verworrenen Vielerlei oberflächliche Seichtigkeit und mit dieser den leeren Dünkel der Vielwisserei hervorbrachte; und alles verkündete laut, daß so lange alles Wirken durch und für die Wissenschaft unmöglich sein müsse, als nicht der Kerker jenes Studienplans, in welchem der Geist der Jünglinge gefangenlag, von Grund aus abgebrochen sei. Was ich sah, das sprach ich laut und kühn aus da, wo es wirken konnte; ich übersendete Herrn v. Z. ausführliche Memoires, von denen ich hoffte, daß sie überzeugten, weil sie bewiesen, für die ich einige Rücksicht wenigstens erwartete, weil ich über mein eignes Fach redete; ich schrieb keinen Brief, der nicht auf dieses große Anliegen zurückführte; erst vor einem Vierteljahr schrieb ich bei der Visitation der Universität auf meinem Krankenbette eine neue ausführliche Vorstellung – alles vergebens! Ich habe vielen Dank geerntet, aber das Unkraut, das ich ausjäten wollte, steht und wuchert bis auf den heutigen Tag und erstickt jedes Körnchen edler Frucht, das in diesen undankbaren Boden fällt. In meinen Wirkungskreis, wo ich ohnedem an Händen und Füßen durch zwecklose Gesetze gebunden bin, greifen noch rings umher Menschen ein, die entweder in ihrer Brutalität nie das Höhere, nie auch nur die Idee einer Wissenschaft gedacht und geahnet haben, oder solche, die kein andres Ziel ihres Daseins in Landshut kennen als ihren Eigennutz, keinen andern Enthusiasmus haben als ihre selbstsüchtige Leidenschaft, kein andres Prinzip für die Wahl ihrer Mittel als die Tauglichkeit, denen endlich der friedliche Gelehrte ein feiger Pedant, der Rechtschaffne ein Frömmling ist und von denen einer fast von allen Lastern den Schandfleck an sich trägt und noch damit sich brüstet, daß er so schlecht ist, noch damit prahlt, daß die Schande sein Stolz ist. Das Wesen und Treiben dieser Elenden schleicht nicht im Finstern, es ist offenbar; es muß der Regierung offenbar sein, ist es seit langer Zeit wirklich. Und was hat sie getan? Sie hat dieselben durch Nachsicht über Nachsicht und Auszeichnung über Auszeichnung bestärkt, ermuntert und erhoben. Der sittenloseste Wollüstling, der ausgelassenste Tor, der gewissenloseste und unfleißigste Lehrer steht als Prokanzler, durch Ehre und wichtigen Einfluß ausgezeichnet, an der Spitze der Universität; ihn hat man durch Landgüter belohnt und erst noch neulich durch ehrenvolle Zulage gefesselt. Es ist wahr, die Regierung hat auch mich mit Wohltaten überhäuft; was sie aber tat, war durch die Gefahr meines Weggehens erpreßt; dem Gönner hat sie eben das und noch weit mehr aus freier Gunst getan. Ein Mensch dieser Art (und er hat mehrere Genossen) braucht nur dort zu sein, um jedem Guten den Einfluß und Erfolg des Wirkens und damit allen Mut zum Wirken zu benehmen. Während ich nur zu nützen und das Rechte und Gute, auch wenn es nicht gefällt, zu gründen suche, will Gönner nur *gefallen* und seinen Ehrgeiz kitzeln, es koste Wahrheit oder Recht; während ich meine Schüler auf dem ernsten, rauhen Wege der Wissenschaft fortzuführen suche, tändelt er scherzend mit geläufiger Geschwätzigkeit um die Wissenschaft herum und lehrt, dem Narren hohnzulachen, der seinen Schülern zumutet, sich es um ihre Wissenschaft sauer werden zu lassen; während ich dem Ideale über mir nachzuringen und die mir anvertrauten Jünglinge mit mir hinaufzuziehen strebe, steigt er mit einschmeichelnder Gefälligkeit zu ihrer Einfalt herab und geht folgsam nach, wohin *sie* ihn führen, und ruft ihnen zu: Nur das ist der rechte Weg! Während für mich nur der Ernst meiner *Sache* spricht und mir zum Wahren und Guten kein anderer Weg offensteht als der des Wahren und Guten selbst, spricht für ihn jene Keckheit und nie errötende Prahlerei, die den jungen Gemütern für begründetes Selbstvertrauen, jener literarische Thrasonismus [jene literarische Großsprecherei], der ihnen für Mut eines übermächtigen Geistes gilt. Was dieser Mensch zugleich als Feind meiner Person getan hat, um mir allen Einfluß auf die Gemüter zu entziehen, wie er sogar durch öffentliche, feierliche Reden meinen Wert als Lehrer vor meinen Schülern zu vernichten unablässig strebt, wie er bei unzähligen Gelegenheiten, bei feierlichen Universitätsakten sogar den Mund meiner eignen Schüler braucht, um mich als unwissenden und untauglichen Lehrer an den Pranger auszustellen, wie boshaft er die Impietät vieler Schüler mißbraucht, daß sie mir schon die kleinen äußern Zeichen der Achtung versagen, welche die Liebe erfunden und allgemeine Sitte geheiligt hat, wie ich durch heimliche Künste und durch öffentliche Beschimpfungen die Ehre, mit dieser das Vertrauen, mit dem Vertrauen die Kraft des Wirkens verloren habe, wie ich, durch kecke, öffentliche Feindseligkeit auf das äußerste getrieben, entweder in gleich entehrendem Gegenkampf zum neuen öffentlichen Skandal alle Muße und den Frieden des Lebens aufopfern oder, den Fuß dieses Rasenden auf meinem Nacken, in schimpflicher Unehre zu Boden liegen muß – das soll ein ausführliches, auf Tatsachen gegründetes, mit Urkunden belegtes Memoire dem H. von Zentner sagen. Auf Besserung und Hilfe ist nicht zu hoffen; einem Übel, das aus boshaftem, frechem Gemüte quillt und das schon den Damm der Scham und Schande höhnend durchbrochen, sind Verordnungen und Verweise nur die Veranlassung zu neuem Triumph. Und wenn sehende Augen nicht sehen wollen? Wenn *die* Arme nachlässig in den Schoß sinken, die noch hätten retten können, wenn sie sich zeitig geregt hätten? Wie dann? Laut habe ich namentlich H. v. Branka und H. v. Zentner alle Arten des Unfugs geklagt, welche nicht bloß von Gönner, sondern auch von andern, nicht bloß an mir, sondern auch an Breyer und mehreren Würdigen verübt worden; nicht bloß ich habe gesprochen, auch Breyer, auch Sailer und so mancher, der noch Mut hatte in männlicher Seele, schriftlich und mündlich, bittend und drohend – vergebens! Jener lieh kaum das Ohr, dieser versprach Hilfe – und die erfolgte Hilfe waren neue glänzende *Belohnungen*, womit man eben diejenigen auszeichnete und zu neuer Keckheit ermunterte, gegen die alles um Hilfe rief. Erst vor wenigen Wochen erhielt Gönner 800 Fl. Zulage. Der Prof. der Bayerschen Geschichte, v. Hellersberg, der, zu seinem Vorteil mit Gönner nicht zu vergleichen, im übrigen aber nicht viel mehr als Ignorant, dabei ein höchst unfleißiger Lehrer und einer der emsigsten Kabalenschmiede ist, gegen welchen Breyer, Sailer und mit mir viele andere bei den Kuratoren Klagen erhoben haben, erhielt neulich aus freier Bewegung 300 Fl. Zulage, während man Breyer, damit er doch nicht ganz leer ausgehe, 100 zuwarf. Dafür ist aber auch Hellersberg unser sichtbares Oberhaupt; alles, was er wollte, war es gleich das Ungerechteste, erhielt bisher von oben unbedingte Sanktion, und damit alles recht gut gehe, so ist er es, der fast in wöchentlichen geheimen Berichten die geeigneten Anekdoten, und was sonst das Heil der Universität betrifft, an die Behörde schreibt. – Wie, Verehrungswürdiger, soll ich alleinstehen, während alles zum Fliehen bereit ist? Soll ich bleiben, wenn das Haus über meinem Scheitel wankt? Soll ich bleiben, bis es zu spät ist, mich zu retten? Auch Breyer sieht umher, wo er einen Ausweg finde, zu entgehen. In seinem Auftrag habe ich vor 8 Tagen H. v. Z. erklären müssen, daß er lieber als Privatdozent irgendwohin flüchten, als länger in dem Unfug dieser Universität als Professor fortleben wolle. Selbst Ast, den seine Anstellung in L. aus kümmerlicher ökonomischer Lage zog, seufzt wehmutsvoll nach seiner Befreiung. Kurz, wohin ich nur sehen mag, nichts als hoffnungsloser Jammer, schimpfliches Leben, Verzweiflung am Guten. Nein, Verehrungswürdiger, nicht feig fliehen wir, fliehen nach mutigem, aber vergeblichem Kampf. Die Nacht, auf welche *mein Friedrich* vertröstete, ist schon vorüber, und die Schlacht ist verlorengegangen.

Wenn Sie noch die Geduld haben, weiterzulesen, so will ich nun auch erzählen, wie und warum ich hier bin und wie es mit mir steht. Bei einer feierlichen Disputation, wo wieder unter Gönners Präsidium einer meiner Schüler mit vielen beschmutzten, zertretnen Brosamen von Schellings Tafel nach mir als Kriminalisten warf, war ich, um den Triumpf zu vollenden, zur Opposition eingeladen. In einer

Rede, womit Gönner den Akt eröffnete, wurde gleich anfangs, mir ins Angesicht, meinen Schülern laut verkündet, daß über den Unwert meiner kriminalrechtlichen Schriften (sie waren bis zum Händegreifen beschrieben) durch allgemeines Urteil entschieden sei. Diese Bosheit war zu dumm, als daß sie mich erschüttert hätte. Ich fing kalt mit Drummer (so hieß der Schüler) meine Opposition an, der aber die Rolle, die ihm aufgegeben war, wohl studiert hatte und mir bald Grobheit, bald Unverschämtheit, bald höhnenden Spott entgegensetzte. Ich wurde zwar bestürzt, fuhr aber mit verbissener Leidenschaft, wenigstens mit dem äußern Schein der Ruhe, fort. Auch ertrug ich es noch mit stillem Ingrimm, als Gönner, der sich als Präsens ins Mittel schlug, mir unter anderm vor der versammelten Menge spottend zurief, daß, wer das (von mir soeben) Gesagte behaupte, nicht bloß in Ansehung dieses Satzes, sondern in Ansehung der ganzen Rechtswissenschaft, in seinem „Kopfe müsse verschoben sein". Dieses trug ich, ohne ein Wort zu erwidern. Als aber endlich der Knabe, der noch vor einem halben Jahre lernend zu meinen Füßen saß, wieder das Wort nahm und, die Hände in die Seiten gestemmt, mit zurückgelehntem Körper und hohnlächelndem Munde ein förmliches ***Examen*** über die ***Elemente*** meiner Wissenschaft mit mir begann, da erlag meine Kraft der Empörung gerechter Indignation; in die Mitte des Saals hervortretend und auf den unwürdigen Jüngling deutend, rief ich aus: „Hier steht ein Frecher, ein unedles Werkzeug in einer noch schlechtern Hand!", und mit diesen Worten verließ ich den Saal, indem mein empörtes Herz zu mir sagte: Das seien die letzten Worte, die du öffentlich in L. gesprochen hast! – Den folgenden Morgen früh verließ ich mein krankes Weib am achten Tage ihres Wochenbettes und meine weinenden Kinder, um ihnen und mir ein besseres Los zu suchen. In Würzburg gab ich H. v. Z. das kurfürstliche Zulagendekret zurück, das er aber nicht annahm, weil, was der Landesherr gegeben, dieser auch nur zurücknehmen könne. Um noch eine Pflicht gegen mein neues Vaterland zu erfüllen, dessen unwürdige Söhne nur mich mißhandelten, auch um das Verderben von dem Haupte meiner Familie abzuwenden (denn noch habe ich keine Vokation), bot ich H. von Montgelas meine Dienste für den Staat zu andern Zwecken an. Eine mir angebotene Stelle eines Landesdirektionsrates lehnte ich ab, weil weder Anlage noch Art der Bildung mich für das eigentliche Geschäftsleben bestimme. Hierauf versprach er mir denn, mich als Geheimen Rat dem Geheimen Justiz-Departement zur Verfertigung der Gesetz-Entwürfe und mit der Erlaubnis eines beliebigen Wohnorts anzuschließen. Er befahl anfangs, mich so lange in Würzburg aufzuhalten, bis mir die höchste Genehmigung des Kurfürsten würde mitgeteilt worden sein; aber der Drang der großen Begebenheiten der Gegenwart machte, daß ich nach achttägigem vergeblichen Warten nach Frankfurt zu meinem väterlichen Herde ging.

Sie sehen, Verehrungswürdiger, ich habe eine Linie überschritten, hinter die ich nicht mehr zurücktreten kann, ohne mir neues Elend und meinen Feinden einen neuen Triumph zu bereiten. Was ich beschlossen, was ich getan, ist bekannt und sollte bekannt sein. Ihr trefflicher Brief, den ich wohl zwanzigmal gelesen – dieser engelgute, erhabene Genius, der aus ihm zu mir spricht, der ist zu spät gekommen.

An H. v. Zentner

Landshut, November 1805*

Die schmerzlichen Äußerungen des Unwissens, womit Euer Hochw. meine Schritte und Äußerungen verurteilt haben, nahmen mir den Mut, Ihnen bei meiner Rückreise über Würzburg persönlich aufzuwarten. Aber der Gedanke ist mir unerträglich, des schönsten Besitzes, dessen sich mein Herz erfreute, Ihres Zutrauens und Ihrer Freundschaft, aus Veranlassungen, die wenigstens mein Haupt mit keiner Schuld belasten, verlustig geworden zu sein.

Der Aufenthalt in Landshut erschien mir seit den ersten Monaten meiner Ankunft in Bayern als das, was er war; ich blieb dennoch trotz verschiedener Vokationen aus Begeisterung für meinen Beruf, aus Verehrung der erhabenen

* Dieser Brief gehört eigentlich *nach* dem nächstfolgenden.

Plane der edelsten Regierung, aus inniger Anerkennung dessen, was ihre Gnade mir gewährt hatte, aus liebevoller Zuneigung zu den edlen Vorgesetzen, aber zugleich doch in der Hoffnung, daß doch endlich der Anfang zu Besserem erscheinen würde. Als diese Hoffnung mir ganz verschwunden war, als ich nicht mehr begriff, wie zu wirken sei für das Gute, welches andere unablässig wieder zu Boden rissen, als die Frechheit ihr höchstes Ziel erreicht und die rastlose Bosheit des Neides mich zum Gegenstand der heftigsten Verfolgungen gemacht hatte, als ich schon die Munterheit meiner Seele erstorben, mein Herz durch bittern Mißmut erkältet, sogar meine Gesundheit vor Gram zerrüttet fand, als ich in allen Besseren den Entschluß reifen sah, den Ort zu verlassen, wo die Schlechteren walteten und List und Roheit anwandten, um keinen Besseren zur Rede kommen zu lassen, da trieb mich Verzweiflung auf die gefährliche Spitze, auf welcher mein und meiner Familie Schicksal zwischen Rettung und drohendem Verderben schwankte. Mein Entschluß, Landshut nicht mehr als Professor zu betreten, war gefaßt; mich auf Diskretion um wenige Gulden einer fremden Regierung in die Arme [zu] werfen war mir erwünschter als das glänzendste Glück an diesem Orte der Verzweiflung.

Daß ich gerettet bin, verdanke ich von neuem der erhabenen Regierung. Es wird der höchstverehrlichen Kuratel wahrscheinlich schon offiziell bekannt geworden sein, daß ich von Sr. kurf. Durchl. wirklich bei dem Geheimen Ministerial-Justiz und Polizei-Departement angestellt und zugleich berechtigt worden bin, von dieser Anstellung sogleich Gebrauch zu machen.*

Dadurch, verehrungswürdiger Herr Geh. Rat (möchten Sie mir erlauben, sagen zu dürfen: verehrungswürdiger ***Freund***), dadurch bin ich zwar von den akademischen Verhältnissen frei, nicht aber frei von meiner Pflicht und

* Erst das nächste Monat (am 16. Dez.) wurde jedoch F. förmlich zum außerordentlichen Geheimen Referendar beim Geh. Ministerial-Justiz- und Polizei-Departement und das folgende Jahr (am 15. Nov.) zum Ordentlichen Geh. Referendar des neu konstituierten Ministerial-Justiz-Departements ernannt.

meiner Dankbarkeit und meiner innigen Ergebenheit gegen Sie. Ich bin bereit, alles aufzubieten, um für meine Stelle einen würdigen Lehrer zu finden. Ich werde, wenn Sie dazu mir Erlaubnis erteilen, einige nennen können (denn ich stehe mit fast allen Rechtsgelehrten Deutschlands in freundschaftlicher Korrespondenz), von denen vielleicht zu hoffen ist, daß sie gegen nicht unbeträchtliche Vorteile einen Ruf annehmen.

Meinem Versprechen gemäß bleibe ich noch hier in diesem halben Jahre und lese auf meinem Zimmer vor acht Auserwählten Pandekten und Kriminalrecht. Öffentliche Vorlesungen zu halten vermochte ich nicht mehr; den Katheder, von welchem herab ich unablässig beschimpft worden bin, hätte ich nicht mehr betreten können, außer nach einer von der gnädigsten Kuratel mir zugestandenen feierlichen öffentlichen Genugtuung, die den Gönner vor seinen Schülern hätte erniedrigen müssen und die ich nicht hätte annehmen können, ohne rachsüchtig zu scheinen. Auf *diese* Genugtuung habe ich gern Verzicht geleistet. Ich bitte aber, daß Sie die Güte haben möchten, das Klaglibell, welches Gönner gegen mich hat machen lassen, mit dem Gegenbericht gütigst zu lesen. Sie werden finden, was diesem Manne möglich ist und wie recht ich hatte, einem Orte zu entgehen, wo dieser Mensch sogar schriftlich vor seiner Regierung die Maxime niederlegte, daß er durch *seine Handlungsweise gegen mich Bayern von einer Schande habe befreien wollen.*

Noch teile ich Ew. Hochw. die Notiz mit, daß die Gärung und Erbitterung in L. unter allen den höchsten Grad erreicht und daß, die wenigen ausgenommen, die in der Verwirrung sich wohlbefinden, alles in den bittersten Mißmut versetzt ist. Nicht nur Breyer ist entschlossen, zu gehen, auch noch viele andere rechtliche und würdige Männer. Seitdem an Kn. das Beispiel gegeben ist, daß einzelne Professoren *eigenmächtig Kriminal*-Inquisition gegen ihre Kollegen eröffnen und ohne Anzeige bei dem Rektor, ohne Erlaubnis und Beschluß des Senats, ohne Befehl von der gnädigsten Regierung heimlich des Nachts in Wohnungen eindringen, um die Papiere eines Kollegen zu versiegeln und Beweise eines Kriminalverbrechens gegen ihn zu finden, seitdem muß man an diesem Orte sogar für seine persönliche Sicherheit besorgt sein. Da muß die Lizenz auf das Höchste gestiegen sein, wo man so etwas wagt.

Es ist ein nicht geringer Teil meines Glücks, in Zukunft in Ihrer Nähe, höchst verehrungswürdiger Mann, leben zu dürfen. Vollenden Sie dieses Glück durch die Überzeugung, daß Sie mich nicht verkennen und daß ich für immer auf Ihre gütige Gesinnung rechnen darf. Eine Zeile wird hinreichen, um mir diese Überzeugung zu schenken.

An Friedrich Heinrich Jacobi

Landshut, den 7. November 1805

Da bin ich denn nun wieder bei den lieben Meinigen nach der langen gefährlichen Flucht. Doch mitten im Jubel des Wiedersehens steht mein Geist in Verehrung und Liebe vor dem Bilde des liebenswürdig Erhabenen, der mich gewürdigt hat, mich seinen Freund zu nennen, und der nun bald in meiner Nähe der Schutzgott meines Lebens sein wird. Das erste Wort, das ich zu meinen hiesigen Freunden sprach, war Jacobi; die ersten Zeilen, dich ich niederschreibe, sind an Jacobi; der erste Wunsch, den mein nimmersattes Gemüt nach kaum erstrebtem Ziele in mir geboren hat, ist, dem einzigen, dem unaussprechlich Geliebten ohne Säumnis zum dauernden Verein wieder an das große Herz zu sinken. Wie konnte ich doch nur ein längeres Bleiben in L. selbst zur Gnade mir erbitten? Wenn ich aus der Hölle in L., wo ich nur Plagegeister und Gequälte um mich sehe, zu dem Himmel, den Ihre Nähe mir öffnet, hinaufblicke, so muß Verlangen und Sehnsucht mich ergreifen, oder ich bin dieses Himmels nicht wert. Länger als dieses Winterhalbjahr dauere ich hier nicht aus; den Katheder, welchen Gönner entehrt hat, besteige ich nicht mehr. Aber acht edle Jünglinge sind um mich versammelt, um noch von dem scheidenden Lehrer seine letzten Worte zu hören. Die Tränen, welche ich in den Augen einiger von diesen sah, als ich ihnen sagte, daß die Trennung von der Akademie schon geschehen sei, waren mir eine herrliche Entschädigung für die erlittenen Beschimpfungen.

Der Himmel hat es übrigens recht gut nicht bloß mit

meinem Glück, sondern auch mit meiner besseren Seele gemeint, daß er mich gerade jetzt von der akademischen Laufbahn abrief. Es ist mir jetzt klar, daß durch diese Veränderung mein Geist von dem intellektuellen Tode und mein Herz von dem moralischen Verderben gerettet worden ist. Mein bürgerlicher Beruf machte mir die gelehrte Durchforschung und Ausbildung des römischen Rechts zur Pflicht und stellte mich dadurch auf einen rauhen Weg, der zwar zuletzt zu einem schönen und großen Ziele, aber auch durch dürre, austrocknende Sandwüsten hindurchführt, in deren unabsehbarer Weite sich schon mancher bessere Geist verloren hat. Durch vieles Unnütze muß man da zum Nützlichen, durch vieles Kleinliche zum Großen, durch die Mikrologie von Buchstabenwissen und Silbengelehrsamkeit zum Sinn oft nur kleiner Bruchstücke alter Weisheit, die sich zum Ganzen bloß wie die kleinen Stifte in einem großen Mosaik verhalten, in mühseligem Schnekkengange fortschleichen und mit großem Verlust oft nur geringen Gewinn erkaufen. So, wie derjenige, der dazu verdammt wäre, an einem majestätischen Mosaikgemälde die vielen Tausend Stiftchen genau abzuzählen, am Ende den Sinn für die Anschauung des großen Ganzen verlieren und wohl gar die einzelnen Pünktchen für das Herrlichste und ihr Zählen für das Verdienstlichste achten würde, so läuft der bloß theoretische gelehrte Zivilist Gefahr, über dem Forschen das zu Erforschende, über dem Buchstaben den Geist, über Bruchstücken den Sinn für die Einheit, die Harmonie und den Zusammenhang des Ganzen und über dem ewigen Nachgrübeln in fremden Gedanken die Fähigkeit eigner Gedanken zu verlieren. Nur großen Seelen ist es gegeben, unter der schweren Last von aufgehäuften kleinlichen Materialien des Wissens aufrecht einherzugehen, die gewöhnlich werden der Last erliegen und endlich vor lauter Gelehrsamkeit unwissend sein. Schon seit einiger Zeit bemerkte ich in mir eine gewisse Trockenheit und Sprödigkeit, gefiel mir bei der Neigung, im Kleinen und Kleinlichen groß zu sein, feierte Siegesfeste, wenn ich dem Ulpian oder Papinian ein Punktum oder Komma an den rechten Ort gesetzt, ein Wörtchen gegeben oder genommen, in dem Geschlechtsregister eines alten römischen Juristen das Praenomen berichtigt, wenn ich über die Frage, ob der

Jurist Alfenus Varus nach der Meinung des Scholiasten bei Horaz wirklich ein Cremonesischer Schuster, ob das Labeone insanior bei Horaz ein Hieb auf den weltberühmten römischen Juristen M. Antistius Labeo gewesen, irgendein neues Argument tiefsinnig aufgefunden hatte – kurz, ich war nahe daran, an Leib und Seele als dürrer, juristischer Pedant zu verderben. Jetzt trete ich aus der Schule in die Welt, auf ein Feld des Kampfes und der Ehre; jetzt sind für das Leben neue Kräfte zu üben, neue Bahnen zu brechen neue Aussichten zu öffnen, jetzt gilt es, mit dem Gewonnenen für mein geliebtes Vaterland zu wuchern und manches tote Wissen mit lebendiger Kraft zu befruchten, damit es unmittelbar Segen bringe dem Volke und meinen Dank bezahle seinem Regenten. Und hätte ich auch den Kopf mir erhalten, gewiß, ich hätte doch das Beste verlieren müssen – das Herz, das durch Menschenbosheit verwundert, durch die Erbärmlichkeit meiner Umgebungen immer zusammengepreßt, durch den beinahe schon triumphierenden Unglauben an menschliche Güte bis zur Menschenfeindschaft tödlich erkältet war. Oh, Jacobi, die Sonne Ihres Geistes wird mich bestrahlen, wird mich wieder erwärmen und entzünden; in Ihrer Nähe werde ich im Gefühl eines neuen moralischen Lebens die langentbehrte Seligkeit wieder schmecken.

München, den 20. Februar 1806

Lieber Vater!

So habe ich denn nun schon bei meinem kurzen Verweilen in München den zweiten Beweis, daß auf der Tour von hier Briefe liegenbleiben oder gar verlorengehen. Vor acht Tagen bat mich ein Brief aus Neuburg dringend, auf einen anderen zu antworten, den ich erhalten hätte und den ich nicht bekommen habe. Jetzt empfange ich Ihren lieben Brief vom 12. Febr. 1806, und nichts ist mir aus ihm klarer, als daß nicht weniger als zwei Briefe, einer aus Landshut, einer aus München, verloren sein müssen.

Ich bin bis jetzt sehr wohl, ich fühle sogar deutlich, wie ich an Frohsinn und Gesundheit immer zunehme. Das Klima ist zwar hier, der südlicheren Lage ungeachtet, weit strenger als in Landshut und dies verursachen die oberbayerischen und Tiroler Gebirge; aber es ist auch weit reiner und gesünder. München liegt in einer weiten Ebene, keine Sümpfe und stehende Gewässer sind in der Nähe wie in Landshut, das beinahe ganz damit umgeben ist; hingegen ist die große Stadt an verschiedenen Teilen von abgeleiteten Armen der reißenden Isar durchstrichen, wodurch die Luft besonders gut rein gehalten wird. Selbst mein neuer Wirkungskreis hat einen großen, sehr wohltätigen Einfluß auf Körper und Geist. Die ewige Anspannung der Seele, oft in Augenblicken, denen Minerva ungünstig ist, das unaufhaltsame Wühlen in Büchern in trockenen Theorien und mikrologischem Staube und so viele andere geistige Notzüchtigungen, die dem akademischen Lehrer Pflicht sind, fingen an, mich auszutrocknen und mein Gemüt zur Aufnahme des Erfreulichen und Angenehmen ungelenk zu machen. Bei dem Umgange mit lauter schweinsledernen Bänden assimiliert sich nach und nach Seele und Leib der schweinsledernen Natur. Sonst mußte ich als Einsiedler leben; die Menschen, denen ich mich nahte, waren mir großenteils entweder gleichgültig oder verhaßt; selbst unzufrieden und von Unzufriedenen umgeben, sagte und hörte ich fast nichts, als was neue Unzufriedenheit machte. Jetzt bin ich mehr in den Kreis der menschlichen Gesellschaft gezogen, ich muß mich mit dem Individuellen menschlicher Angelegenheiten befassen; ich sehe und spreche viele Personen, die von verschiedenen Seiten her interessieren, bin gepflegt und gehegt von der Liebe der ersten Männer an Geist und Herz, und so fange ich an, unter den Menschen für sie wieder aufzuleben. Meine nächsten Spezial-Kollegen sind nichts weniger als Hofleute, sondern brave Biedermänner, die für alles Gute tapfer kämpfen, oft auf eigne Gefahr; unser neuer Justiz-Minister, Graf Morawitzky (der vorige starb vor einigen Tagen), ist ein guter, lieber Alter, der zwar nicht viel tut, aber auch nichts Gutes hindert. Der vortreffliche Geh. Rat *Schenk* ist mein Freund und Ratgeber, und Jacobi, der mich nur immer sein liebes Söhnchen nennt und bei dem ich tagtäglich mehrere Stunden zubringe, vertritt Ihre Stelle in der Nähe. Dieser ehrwürdige Greis ist mir Lehrer, Freund und Vater.

Meine Arbeiten gehen unmittelbar auf das Wohl von Millionen, die mir vielleicht einmal noch spät eine bessere Gesetzgebung danken. Außer der Legislation in Zivil- und Kriminalsachen habe ich die Relation in allen kurrenten Kriminalsachen, die aus dem Herzogtum Bayern, aus der Oberpfalz und Neuburg ad intimum [zur persönlichen Entscheidung (durch den König)] kommen. Wenn nämlich von den Richtern oder Delinquenten um Begnadigung oder Mitigation ex capite gratiae [Strafmilderung aus Gnade] gebeten wird (was bei der Strenge unseres bestehenden Gesetzbuches sehr oft geschieht), wenn ein Todesurteil zu bestätigen ist (denn keines kann ohne höchste Bestätigung vollzogen werden), wenn zwischen Kriminalgerichten eine Streitigkeit wegen competentiam fori [Zuständigkeit des Gerichts] etc. entsteht, so habe ich darüber die Relation in dem Geheimen Rate. Sie können leicht denken, wie höchst interessant alle diese Geschäfte sind. Nächste Woche lege ich meinem guten König eine ausführliche Verordnung über die Abschaffung der Tortur in Bayern vor, und ich hoffe zu siegen. Denn ich spreche in meinem Vortrage die Wahrheit stark aus, wie ein treuer Diener muß. Daß ich Kämpfe zu bestehen habe, daß noch viele in der nahen Zukunft mir bevorstehen, können Sie wohl denken; ich weiß es, ich bin gefaßt und mutig, aber auch klug. Das Gute kann nur im Kampfe gedeihen, und wer den Kampf scheut, muß schlafen. – Was mich unzufrieden machen könnte, es aber doch nicht tut, ist dieses: Mir war anfangs das volle Gehalt der Geheimen Referendare (1500 Fl.) versprochen, aber in dem *förmlichen* Dekret hat man dieses nicht gehalten. Da ich außer einer *Vakanz* in den Geheimen Rat eingedrückt sei, da man sogar schon früher beschlossen habe, verschiedene Geheimeratsstellen wegen des Mangels an hinreichenden Arbeiten eigehen zu lassen, und da es besonders die jetzigen Umstände nicht erlaubten, die Kasse mit neuen Ausgaben zu beschweren, so erwarte man von meiner Billigkeit, daß ich bis zu einer Vakanz mit dem ordentlichen Gehalt Anstand haben (?) werde. Ich gab nach und mußte es; wer so viel Gutes auf einmal erhalten hat, wie ich von meinem Könige, darf es mit seinen Rechten und Forderungen gegen seinen Wohltäter nicht strenge nehmen, ohne undankbar zu scheinen.

Ich beziehe daher bis jetzt noch einen Gehalt von 3200 Fl., dabei habe ich die Apotheke ganz frei (was in einer Haushaltung, wo viele Kinder und Kindbetten sind, immer sehr viel beträgt). Große Sprünge kann ich bei einer solchen Besoldung in dem sehr teuren München nicht machen, an Zurücklegungen ist gar nicht zu denken, und was ich vorher erspart hatte, ist mit den großen Reisen und mit dem Umzug von Landshut nach München daraufgegangen. Wir leben daher sehr sparsam und eingezogen, was man hier, wo keine Seele sich um die andere bekümmert, sehr gut kann, ohne sich quasi zu infamieren.

Frankfurts Schicksal findet allgemein innige Teilnahme, die ohne die größte Indignation über den Urheber desselben nicht möglich ist. Auf mich hat dieses alles verdoppelten Eindruck gemacht, da ich meiner Vaterstadt, wenigstens durch Sie, geliebter Vater, noch angehöre. Frankfurts Reichsunmittelbarkeit hat keinen Wert mehr; wird sie einem deutschen Fürsten untertan, so muß dieser um seines eigenen Interesses willen sie mit Schonung behandeln – wer mag sein Eigentum ruinieren? –, aber reichsunmittelbar, d. h. ohne allen Schutz, liegt sie als eine res nullius [bedeutungslose Sache] da, wovon der fremde Allmächtige nimmt, was ihm beliebt. Möge der Himmel den Sturm besänftigen und Ihnen allen heiteren Mut schenken, um in ihm auszudauern!

Es ziehen immer noch viele französische Truppen durch Bayern zurück. Die 30000 Mann in Ansbach werden schon der Zitrone den Saft auspressen, um uns die Schale zu überlassen. Wir sind ein *Bundes-Staat* – die amici sociique populi Romani [Freunde und Bundesgenossen des römischen Volkes] (vgl. Livius etc.).

Ewig Ihr treuer Sohn Anselm.

Über die bevorstehende Reform der bayerischen Kriminalgesetzgebung *

Früher als die übrigen Provinzen Deutschlands unternahm *Bayern* bedeutende Reformen in seiner Kriminal-

* Hier in München, wo erst eigentlich F.s legislatorische Tätigkeit beginnt, wird dieses 1805 geschriebene, das frühere bayerische Kriminalwesen schildernde Fragment am rechten Platz stehen.

gesetzgebung. Schon im Jahre 1616 unter Max I. erschien eine besondere Malefizordnung für die Herzogtümer Ober- und Nieder-Bayern, wodurch zwar Karls V. Peinliche Gerichts-Ordnung nicht aufgehoben, aber in wesentlichen Punkten erweitert und verbessert werden sollte. Ihr Hauptzweck war die Organisierung des *Inquisitionsprozesses,* der schon lange über den Anklageprozeß den Sieg gewonnen hatte, für welchen aber die P. G. O. nur sehr unzureichende Bestimmungen enthielt, die bisher bloß durch schwankende Observanz oder richterliches Gutdünken ersetzt worden waren. Sorgfalt für die Entdeckung der Unschuld des Angeschuldigten ist der nicht zu verkennende Hauptcharakter, durch welchen sich viele ihrer Prozeßverordnungen empfehlen. Auch weht in ihr ein freundlicher Geist der Humanität, der zwar noch nicht bis zum Abscheu vor grausamen Strafen jeder Art sich gebildet hat, aber doch schon anfängt, es zu erkennen, daß die Strenge der Gerechtigkeit nicht die Wildheit eines Barbaren ist. Sie verbot die Strafe des Ertränkens, sie milderte den Tod jedes zum Feuer Verurteilten durch das vorhergehende Erdrosseln. Der Gotteslästerung droht sie nur Geldbuße oder Beschimpfungen und im Wiederholungsfalle die Kirchenbuße, und den Dieb, der nur fünf Gulden gestohlen hat, spricht sie ausdrücklich von der Todesstrafe frei.

Ein solcher Anfang ließ in der Geschichte der bayerischen Kriminalgesetzgebung ein schönes Ende erwarten, aber man kam im Fortgang weiter hinter den Punkt zurück, von dem man ausgegangen war, und bereitete durch manche einzelne vom Geiste der Grausamkeit oder des Aberglaubens diktierte Kriminalverordnungen einem vollständigen Gesetzbuche den Weg, mit welchem verglichen die Karolina (die Peinliche G. O. Karls V.) wie ein Muster der Gerechtigkeit und gesetzgebender Klugheit dasteht. Dies ist der von Maximilian Joseph im J. 1731 gegebene, von Baron *Kreitmayr* entworfene „Codex juris Bavaricii criminalis“, der mit Aufhebung aller Gültigkeit der gemeinen deutschen Kriminalgesetze zur einzigen, noch jetzt geltenden Norm der Richter in Bayern aufgestellt wurde. Die eigentlichen Strafgesetze dieses Kodex sind fast durchaus in Drakos Geist gedacht und geschrieben mit Blut. Das lebendige

Verbrennen ist wieder eingeführt, der Verbrecher wird zuweilen gerädert und ohne Gnadenstoß lebendig auf das Rad gelegt, äußerlich wird unter andern die Todesstrafe geschärft nicht bloß durch Zangenreißen oder durch Kneipen mit glühenden Zangen, sondern auch durch Ausschneiden der Zunge und dadurch, daß ihm aus dem lebendigen Leibe *Riemen geschnitten* werden. Wer 20 Fl. stiehlt, hat den Strang verwirkt. Kommt eine ledige Weibsperson heimlich nieder und wird ihr Kind tot gefunden, so soll sie mit der Entschuldigung, als sei das Kind tot von ihr abgegangen, nicht angehört, sie soll *wie eine erwiesene* Kindesmörderin mit dem *Schwert* hingerichtet werden. Auf die Blutschande in gerader Linie folgt die Feuerstrafe, auf Bigamie Schwert, auf den Abfall vom christkatholischen Glauben Schwert und Güterkonfiskation, auf eine durch Tätlichkeit verübte Gotteslästerung Feuer oder, im milderen Fall, das Schwert. Alle ausländischen Bettler und andere herumschweifende Personen, wenn sie nur zum ersten Male betreten worden sind und sonst nichts verübt haben, werden über die Grenze geschafft, wenn ihnen vorher der Buchstabe B zum Andenken aufgebrannt worden ist, und wenn sie sich wieder betreten lassen, ist Schwert oder Strang ihr Lohn. Daß in einem solchen Gesetzbuch die Hexerei nicht fehle und ihre bereiteten Scheiterhaufen finde, gehört nur zur Ordnung des Ganzen. Widerspricht ein Strafkodex durch Grausamkeit oder zwecklose Härte auch noch so sehr der Menschlichkeit und gesetzgebenden Klugheit, so kann er vielleicht in dem Charakter der Zeit, in welcher und für welche er entstand, in dem Bedürfnis der damaligen Gegenwart, in der außerordentlichen Lage des Staats und Volks, welche auch außerordentlicher Mittel bedurfte, Gründe zu seiner Entschuldigung finden, wenngleich die Vernunft sich nicht überzeugen wird, daß, was durch die Zufälligkeiten der Gegenwart abgedrungen ist, als allgemeines Gesetz zur Gültigkeit für alle künftigen Zeiten erhoben werde. Sind aber die Prozeßgesetze ebenso grausam den bloß Angeschuldigten, wie es die Strafgesetze den wirklich Schuldigen sein wollen, gehen jene von der Maxime aus: Zwanzig Unschuldige auf dem Schafott oder im Zuchthaus sind besser als ein Schuldiger, den Händen der Gerechtigkeit entschlüpft! Hat der Richter alle Mittel, um in dem Angeklagten den Schuldigen zu finden, aber der Angeklagte fast nicht ein einziges, um seine Unschuld zu retten, alsdann erst ist das Maß schauderhafter Ungerechtigkeit ganz erfüllt. Daß nach diesem Kodex bloß der entfernte Verdacht die Spezialinquisition begründet, daß bloß auf ein indicium proximum (nahe Anzeige) der Leugnende der Tortur unterworfen wird, daß dem Angeschuldigten in keinem Fall, selbst wenn es auf den schrecklichsten Tod ankommt, eine Verteidigung, nicht einmal eine Hauptdefension gestattet ist, daß alle übrigen Rechtsmittel wider eine Sentenz als unstatthaft verworfen sind, daß, wer die Tortur überstanden hat, nach Befinden der Umstände dennoch auf lebenslang zum Zuchthause verurteilt werden darf, daß bei Kapitalverbrechen ein einziges indicium proximum hinreicht, um den Angeschuldigten auch ohne Tortur zu lebenslangem Zuchthaus zu verurteilen – diese wenigen Punkte mögen den Geist dieses bayerischen Prozesses offenbaren.

Was so oft schon ausgesprochen worden, daß grausame Gesetze, indem sie die Gemüter abstumpfen gegen die Furcht vor den Strafen, viel mehr eine Ursache von Verbrechen als ein Mittel sind wider dieselben und daß ein Gesetzgeber seine unbedachtsame Strenge in immer wachsender Progression zum Extrem aller möglichen Grausamkeiten hinaufsteigern muß, damit der vorige Stachel, gegen welchen sich immer die Gemüter abstumpfen, eine neue schneidendere Spitze bekomme – das bestätigt sich auch durch die Geschichte der bayerischen Gesetzgebung zur traurigen Wahrheit. Jener Kodex verminderte nicht die Verbrechen; diese vermehrten sich, so wie sich die Galgen und Räder an den Landstraßen vermehrten. Von Zeit zu Zeit erschienen daher neue Verordnungen oder Reskripte, welche bald die strengste Befolgung der blutigen Gesetze einschärften, bald auch noch bei weitem übertrafen. Der Kodex droht dem Duell nur dann die Todesstrafe, wenn eine Entleibung durch ihn geschehen ist; eine Verordnung von 1773 droht jedem Duell, es sei Tötung oder bloße Verwundung oder keines von beiden geschehen, dem Provokanten wie dem Provokaten, den Urhebern wie den Teilnehmern das *Schwert*, und eine Verordnung von 1779 setzt, außer manchen andern

Verschärfungen, hinzu, die Todesstrafe solle „ohne alle Weitläufigkeiten, nach bloß summarischem Prozeß" erkannt und, wenn in dem Duell eine Tötung erfolgt ist, der Entleibte *vornehmeren* Standes auf dem Schindanger verscharrt, ein nicht so vornehmer Leichnam aber an den Galgen aufgehängt werden. – Gegen die Räuber ist schon der Kodex übermäßig streng; aber seine Härte ist eitel Güte gegen die Raubverordnung vom Jahre 1781; im gelindesten Fall wird der Räuber einfach gerädert; wenn er den Beraubten gebunden oder geschlagen hat, wird er lebendig, ohne vorhergehendes Erdrosseln, gerädert; wenn der Beraubte an den Mißhandlungen gestorben ist, wird er lebendig gerädert, empfängt erst den Gnadenstoß nach zwei oder drei Stunden, und dann wird sein Körper gevierteilt und stückweise auf öffentlichen Straßen aufgehenkt. Gehilfen werden wie der Urheber, bloße Begünstiger (fautores) mit Strang oder Schwert bestraft. Und nicht genug, es wurde auch verordnet, dieses Gesetz solle ad praeterita (auf vor dem Gesetz begangene Verbrechen) gezogen werden! – Wen überfällt nicht Schauder bei einem solchen Gesetz? Und wer erinnert sich nicht bei eben diesem Gesetz der merkwürdigen um eben diese Zeit erschienenen Verordnung, die so viel Aufsehen selbst außer Bayern erregte, jener Verordnung, worin der Gesetzgeber sich herabläßt, den Scharfrichter zu instruieren, wie viele Minuten er bei Exekution der Strafe des Rades zwischen jedem Stoße pausieren soll? Manche Gesetze dieser Zeit sind verabscheuungswert, nicht gerade wegen der Furchtbarkeit körperlicher Leiden, sondern vielmehr wegen ihres nachteiligen Einflusses, den sie auf den Charakter der Nation überhaupt äußern mußten. Scheint nicht z. B. eine Verordnung vom Jahre 1779, welche einem Injurianten des Ritter- oder sonst vornehmen Standes, wenn er einen andern gleichen Standes durch Tätlichkeiten beleidigt hat, die Zumutung macht, nicht nur *kniend* Abbitte zu tun, sondern auch dem Beleidigten zu erklären, „daß er ebenso viele Schläge, als er ihm gegeben, wieder zu empfangen gewärtig sei, oder sonst ihm zu danken haben wolle, wenn er ihm diese Schläge in der Güte nachlassen wolle", scheint nicht diese darauf berechnet zu sein, um in einer kräftigen, edlen Nation alles Ehrgefühl und alle Selbstachtung auszutilgen? Denn nur ein Niederträchtiger kann eine solche Genugtuung nehmen, und wer sie gibt, muß so niederträchtig werden wie derjenige, der sie von ihm genommen hat. – Nebst der Verschärfung der Gesetze wurde auch manche einzelne, wenngleich schwache, Schutzwehr der Unschuld, die noch der Kodex übrigließ, hinweggenommen. Nach dem Kodex muß der untersuchende Richter noch zwei Beisitzer (Schöppen) haben; aber diese Beisitzer wurden durch eine Verordnung von 1772 für eine überflüssige Last erklärt, und seitdem steht der Angeschuldigte bloß vor dem untersuchenden Richter und dessen Aktuar.

Schon früh versuchten es hin und wieder manche Justiz-Dikasterien Bayerns, durch mildernde Auslegungen jene Gesetze ihrem Gefühl für Humanität und ihren bessern Überzeugungen anzunähern. Kaum war *Beccarias* Werk über Verbrechen und Strafen auch in Deutschland bekannt geworden, so wagte man besonders den Dieben die Todesstrafe seltener zu erkennen. Dies beweisen verschiedene Reskripte, wodurch den Dikasterien strafend ihr unverständiger Ungehorsam verwiesen wird und von denen wenigstens einige, ihrer seltsamen Argumente wegen, eine größere Publizität verdienen. So heißt es in einem Reskript vom Jahre 1768, man habe erfahren, daß manche Justiz-Dikasterien [Gerichtshöfe] Anstand nähmen, den Dieben die Todesstrafe zuzuerkennen, bloß aus dem Grunde, „weil sich auch bei dem allergrößten Diebstahl zwischen dem entwendeten Gut und menschlichen Leben keine rechte Proportion bezeigen will". Gleichwie aber (dies sind die Gegenargumente) 1. *dieses Prinzipium durch die Carolinam poenalem* [karolingische Strafjustiz] *als ältere und neuere Landesstatua, dann die praxin fere universalem* [eine fast allgemeine Praxis] in aller Herren Landen *schon längst für unrecht erkannt und verworfen*, hingegen 2. für eine ganz richtige und unbezweifelte Thesis angenommen ist, daß bei der auf den Diebstahl geschlagenen Todesstrafe die *Proportion nicht in dem gestohlenen Geld oder Gut, sondern nur in dem vorsätzlichen Übertritt eines so hoch verpönten Gesetzes und der gemeinen Sicherheit zu suchen sei* – als etc." (vgl. Meyer, „Generalien-Sammlung", B. 1., T. 1., Nr. 65). In einem andern, im Jahre 1781 an die Dikasterien ergangenen Befehl heißt es unter andern: „Wenngleich die Todesstrafe *so viel Schrecken und Abscheu nicht macht*, als man sich davon verspricht, so wirkt sie doch bei der großen Menge Räuber und Diebe, *für welche kein Zuchthaus mehr räumlich genug ist* (ei nun, so baue man neue oder mache die alten größer!), wenigstens so viel, daß diese so schädliche und dem Publikum höchst beschwerlich fallende terrae pondera [Erdenlast] aus dem Wege dadurch geräumt werden" (Meyer, a. a. O., Nr. 138). Allein ungeachtet dieser Argumente, trotz aller warnenden und strafenden Einschärfungen der alten Verordnungen mußte endlich die verrostete Kette dem überwältigenden Geiste herrschender Überzeugungen weichen und die Periode eintreten, die schon lange fast in ganz Deutschland in Beziehung auf die gemeinen Kriminalgesetze eingetreten ist und überall entstehen muß, wo sich gegen grausame Gesetze Natur, Gefühl, Überzeugung der Männer empört, durch die sie ausgeführt werden sollen – jene Periode, wo die Gesetze, veraltet, drohen, ohne zu schrecken, wo sie leere Formen sind, in die man legt, was man selbst will, wo die Willkür Gesetz und das Gesetz nur in der Willkür ist. In dieser Periode gibt es zwar Verbrechen und Strafen, aber keine Kriminal-*Justiz*, weil keine Gerechtigkeit ist außer in der Herrschaft des in sich selbst ruhenden immer sich gleichen Gesetzes.

So wenig aber die eigentlichen Strafgesetze noch ihre gebietende Kraft behaupten und behaupten können, so groß ist noch die Übereinstimmung der neuesten Praxis mit den alten Prozeßgesetzen, die schon weit früher das Veralten verdient hätten. Noch immer schützt den Beklagten keine Verteidigung; noch immer werden diejenigen, die bloß ein indicium proximum [dringenden Verdachtsgrund] gegen sich haben, auf 20, 40, 60 Jahre zu schweren Ketten im Zuchthaus verurteilt, und ein dem allgemeinen und gemeinen Kriminalrecht ganz unbekanntes Verbrechen kommt selbst in gedruckten Dokumenten sehr häufig vor – das „*crimen suspecti*", den Worten nach: „*das Verbrechen, eines Verbrechens verdächtig geworden zu sein,*",was es denn auch der Sache nach ist.

Selbst die Tortur, dieses furchtbare und blinde Ungeheuer, das schon lange fast aus ganz Europa verschwunden ist und kaum noch hier und da als unschädliches und ohnmächtiges Schreckbild stehenblieb, selbst die Tortur – ist noch im 19. Jahrhundert unter *Max Josephs II.* weisem und mildem Szepter das gewöhnliche gangbare Mittel, aus dem Leugnenden das Bekenntnis der Schuld zu pressen. Vor kurzem sollen, wie gesagt wird, in einer einzigen Stadt innerhalb eines Zeitraums von 14 Tagen nicht weniger als 5 bis 7 Personen die Folter erlitten haben. Auch ist es nicht selten, in Bayern zu hören oder zu lesen: Dieser ist nach dreifach ausgestandener Tortur frei entlassen worden, oder auch: Dieser und jener wurde nach dreifach ausgestandener Tortur auf 40 oder 60 Jahre oder auf Lebenszeit in das Zuchthaus gebracht.*

* Schon 1804 hatte F. von Landshut aus eine Abhandlung „Über die Notwendigkeit der Abschaffung der Tortur in B." dem Kurfürsten „zur gnädigsten Erwägung" vorgelegt, welche aber keinen Erfolg hatte. F. schrieb daher 1806 einen neuen „umständlichen Vortrag", der noch in demselben Jahre mit Erfolg gekrönt wurde. Dieser Vortrag, wenigstens der erste, das allgemeine Publikum interessierende Teil, ist bereits in F.s „Themis oder Beiträge zur Gesetzgebung", Landshut 1812, abgedruckt. Zur Erbauung der Verteidiger des Bestehenden, weil es besteht, teile ich aus jener ungedruckten Landshuter Abhandlung folgende interessante Stelle mit: „Um sich zu überzeugen, daß die Folter bloß ein Überrest alter barbarischer Gewohnheiten sei, für welche sich mit Vernunft nichts vorbringen läßt, braucht man beinahe nur die Äußerung eben des Mannes zu lesen, der Bayern das jetzt noch geltende Kriminalgesetzbuch gegeben hat, des Baron von Kreitmayr. Dieser sagt in seinen Anmerkungen zu dem Bayer. Kriminal-Kodex zur Rechtfertigung der Tortur: Sie ist ein sehr *gefährliches und betrügliches* Mittel – Dem sei, wie ihm wolle, ist es *bei uns einmal so eingeführt*, und finden sich deutliche Spuren, daß die Tortur schon vor 1000 Jahren in Bayern gebräuchlich gewesen." Wen muß nicht schaudern bei diesen Worten, die der Gesetzgeber selbst zu sprechen nicht errötet hat? Weil einmal die Tortur eingeführt ist in Bayern, so soll sie ferner darin bleiben; ungeachtet sie sehr gefährlich ist für die Unschuld, ungeachtet sie betrüglich ist, weil durch sie oft ein Unschuldiger als ein Schuldiger erscheint, so soll sie dennoch gelten – weil sie schon vor tausend Jahren in Bayern gegolten hat! Wie, gründen tausend Jahre Unrecht ein Recht auch nur für einen Augenblick?"

Diese großen Gebrechen des Kriminalwesens, welche nicht den Richtern, sondern allein den Gesetzen, denen sie dienen sollen, zur Schuld angerechnet werden müssen, wären schon allein hinreichend, um in einer gänzlichen Reform der Kriminalgesetzgebung und der sie begleitenden Anstalten Bayerns eines der dringendsten Bedürfnisse dieses Staates zu erkennen. Diese Angelegenheit ist für Bayern um so wichtiger, je mehr die überhandnehmende Zahl der Verbrechen auf der einen Seite die Energie einer mit konsequenter Strenge abwehrenden Justiz und auf der andern Seite die weiseste Sorgfalt für Straf- und Sicherungsanstalten (ohne welche alle Gesetzgebung tot, alle Justiz ohnmächtig, die Strafe zwecklos oder gar schädlich wird), zu einer schleunigen Hilfe aufzufordern scheint. Schon im Jahre 1802 wurde übrigens bei Organisierung der Landgerichte, in welche Bayern verteilt ist (und deren 50 sind), befohlen, daß an jedem Ort eines Landgerichts sichere, aber doch menschliche Gefängnisse errichtet werden sollen, die teils zur Verwahrung, teils zur Bestrafung der geringeren Verbrechen verschiedene voneinander abgesonderte Behältnisse enthalten müssen. Es soll indessen diese höchst wohltätige, ebenso gerechte als weise Verordnung noch an den allerwenigsten Orten vollzogen sein. Auch erschien in diesem Jahre (den 17. März 1805) eine höchste Verordnung über die innere Verbesserung und Einrichtung der Zuchthäuser, welche sehr weise Bestimmungen enthält.

An den Minister Montgelas bei Übersendung des Antrags zur Aufhebung der Tortur

München, 1806

Sr. Königl. Majestät haben schon den 17. November des Jahres 1805 (?) in der Geheimen Konferenz die Aufhebung der Tortur allergnädigst beschlossen, zugleich aber die Entwerfung eines Antrags über Herstellung der Surrogate derselben befohlen. Da das letzte nicht geschah, so war es der Weisheit Sr. Majestät gemäß, die Ausführung jenes Beschlusses bis zur Erfüllung jener Bedingung zu verschieben.

Das Interesse, welches ich sonst nur als treuer Untertan, der die Ehre des Staats für seine eigne Ehre rechnet und jedes gemeinsame Gut als Teil seines Privatglücks betrachtet, an dieser wichtigen Angelegenheit genommen habe, ist durch meine Anstellung für Legislation überhaupt und das Kriminalwesen in B. insbesondere zu einer meiner dringendsten Berufspflichten geworden. In dieser Überzeugung habe ich eine vollständige Instruktion für die Kriminalrichter über die Surrogate der Tortur entworfen, welche ich hiermit Eurer Exz. nebst dem Vortrag zu überreichen die Ehre habe. Es wird der erleuchteten Einsicht E. E. nicht entgehen, daß es keineswegs darauf abgesehen sei, die Kriminaluntersuchung zu lähmen, sondern sie zu *fördern*, nicht um gegen Verbrecher mitleidig, sondern nur gegen Unschuldige gerecht und gegen wirkliche Schuldige strenger zu sein, nicht um dem Kriminalrichter Mittel der Wahrheitsforschung zu entziehen, sondern um an die Stelle eines zweckwidrigen, widersprechenden, den Staat und die Unschuld gefährdenden Mittels zweckmäßige, konsequente, dem wirklichen Verbrecher nachteilige, dem Unschuldigen gefahrlose Mittel zu setzen. Es ist nicht einmal darauf abgesehen, den Inquisiten während der Untersuchung allem richterlichen Zwang zu entziehen, sondern nur einen unzweckmäßigen und unrechtmäßigen Zwang durch einen weit wirksameren und doch wegen der anders bestimmten Voraussetzungen rechtmäßigen Zwang zu ersetzen. Es war aber nicht genug, an diesem Surrogat; es mußte den bayerischen Richtern, die, wie mir die meisten Kriminalakten bezeugten, von der Bequemlichkeit der Tortur verwöhnt, durch Fehler und Nachlässigkeiten und unkluges Benehmen in Anstellung der Verhöre sich selbst den Weg der Überführung versperren und die Hilfe, die sie in ihrem Verstande finden könnten, am Ende von den Händen des Henkerknechts erwarten, es mußte diesen zugleich eine leicht faßliche, aber erschöpfende Anweisung zum zweckmäßigen Inquirieren, worüber der bestehende Kodex kein Wort sagt, in die Hand gegeben werden. Wenn ich behaupte, daß der vorliegende Antrag das Produkt unermüdeten Fleißes und reifen Nachdenkens ist, daß ich alles für ihn benutzt habe, was über diesen Gegenstand von Gelehrten und von Geschäftsmännern, in Gesetzvorschlägen und Verordnungen in und außer Bayern gedacht und gesagt worden ist, und daß ich nicht aufgenommen, was nicht die Erfahrung längst bewährt hat, so brauche ich nicht hierüber wie über eine Unbescheidenheit zu erröten, denn ich erkläre damit nur, daß ich meine Pflicht getan habe. Wer für das Gute tätig ist, arbeitet für die Absichten E. Exz. Ich darf daher an die Erfüllung der schönen Hoffnung glauben, die bestimmende Überzeugung E. Exz. werde diesem Antrag bei Sr. Königl. Majestät die Empfehlung nicht versagen.

Noch liegt ein anderer Wunsch von weiterem Umfang auf meiner Seele, dessen Ausführung ich einem besondern Memoire oder, wenn mir dieses vergönnt würde, einer mündlichen Unterredung vorbehalte. Se. Königl. Maj. haben mich zum Werkzeug einer umfassenden Reform der Kriminalgesetzgebung erwählt, und ich spare keinen Fleiß, um dieses Werk sobald zustande zu bringen, als es die hohe Wichtigkeit desselben, die großen Forderungen, die hier der Werkmeister erfüllen soll, und die Ehre, die er von dem Werk sich selber schuldig ist, verstatten. Allein tiefe Bekümmernis erregt der traurige Zustand aller derjenigen *Anstalten*, welche das Organ sein müssen, wodurch Gesetze wirken können, ohne welche die beste Gesetzgebung wie leerer Schall in der Luft verfliegt. Geht nicht die Einrichtung und Verbesserung solcher Anstalten der neuen Gesetzgebung voran, so werden von der Zeit des vollendeten Gesetzbuchs bis zur Einführung desselben noch viele Jahre fruchtlos verstreichen müssen. – Gefängnisanstalten! Schon dieses einzige Wort, wie vieles umfaßt es! Welche Erinnerungen und Betrachtungen erregt es nicht, wenn man auf die Gefängnisarten, z. B. die Landgerichtsgefängnisse, in Bayern blickt! Erlauben es E. Exz., daß ich über diese und ähnliche Gegenstände, es sei schriftlich oder mündlich, ausführlicher meine Wünsche für das gemeine Wohl vortragen darf; ich erkenne die Pflicht meines Berufs, und ich darf nicht verstummen, wo meine Überzeugung spricht.

An den Russisch-Kaiserl. Staatsrat Ritter v. Rosenkampf

München, den 23. Februar 1807

Die Zuschrift vom 17. April 1806, womit Eure Exz. mich zu beehren die Gnade hatten, gehört zu den erfreulichsten Begebenheiten meines Lebens. Unschätzbar ist für mich die Ehre, der Aufnahme unter die korrespondierenden Mitglieder der erlauchten Gesetz-Kommission gewürdigt zu sein *, unschätzbar das Glück, welches mich mit Ew. Exz., dem so weit verehrten Freund alles Wahren und Guten, dem erleuchteten Kenner und Beförderer der Wissenschaften, in eine unmittelbare Berührung gebracht hat. Ein langer Zeitraum ist zwischen diesem Briefe, der meinen ehrfurchtsvollen Dank überbringen soll, verflossen; allein davon trägt die Entfernung der Orte und der leidige Zufall die Schuld. Hochdero verehrtes Schreiben nebst Diplom kam erst nach einem halben Jahre hier in meine Hände und traf mich dann in dem Zustande einer schweren und gefährlichen Krankheit, von welcher ich erst seit acht Tagen zu genesen anfange. Haben E. Exz. die Gnade, meinen zwar späten, aber nicht minder lebhaften untertänigen Dank der erlauchten Gesetz-Kommission in meinem Namen darzubringen und die Versicherung anzufügen, daß ich mich der Ehre, an dem großen Werke der nordischen Gesetzgebung mitarbeiten zu dürfen, würdig zu sein bestreben werde.

In meinen hiesigen legislativen Arbeiten habe ich schon eine große Strecke zurückgelegt, und ich würde noch weiter vorwärts gerückt sein, wenn nicht die einzelnen Geschäfte, welche mir als Staatsrat obliegen und welche die oberste Leitung des sämtlichen Kriminalwesens in B. betreffen, mich zu anhaltend davon abzögen. In einigen Monaten hoffe ich die fünfte Umarbeitung des ersten Teils, welcher die Gesetze über die Verbrechen und deren Bestrafung enthält, zu beendigen, und werde alsdann sogleich eine Ab-

* Zugleich war in der Ernennungs-Urkunde F. ein *jährliches* Gehalt *von 400 Rubeln zugesichert* worden. Aber ungeachtet dieser Zusicherung *„unter Kaiserl. Siegel in Kaiserl. Auftrag von einer Kaiserl. hohen Behörde"* erhielt F. auch nicht *einen* Kopeken. Alle Erinnerungen und Reklamationen blieben erfolglos.

schrift nebst den motivierenden Abhandlungen (die zugleich eine detaillierte Kritik der vorzüglichsten peinlichen Gesetzgebungen, besonders der preuß., englischen und französischen enthalten) der erlauchten Gesetz-Kommission mitzuteilen die Ehre haben. Wenngleich Legislationen zunächst für einen bestimmten Staat geschaffen werden und gerade dann am vollkommensten sind, wenn sie am genauesten den Bedürfnissen der Nationalität entsprechen und das Gepräge der Individualität auf sich tragen, so gibt es doch ein notwendiges Allgemeines und Gemeinsames, das sich zu jenem Individuellen verhält wie eine geistreiche Zeichnung zu den Farben, die zwar die Zeichnung erst zum Gemälde machen, für sich selbst aber ohne bleibenden Wert sind. Auf die Arten und Grade der einzelnen Strafen selbst, auf die Auszeichnung dieses oder jenes Falles, der vielleicht da oder dort am häufigsten vorkommt, auf die besondere genaue Bestimmung des Ranges, welchen dieses oder jenes Verbrechen auf der Stufenleiter der Strafen einnehmen soll – darauf haben freilich die Zufälligkeiten der Nation und ihres Charakters, die Eigentümlichkeiten des Ortes und der Zeit manchen und bedeutenden Einfluß. Aber die Bestimmung des Begriffs der Verbrechen, die Analysis der gesetzlichen Voraussetzungen zur Strafe, die Festsetzung des allgemeinen Verhältnisses der Verbrechen zueinander, die Ausscheidung und Bestimmung der einzelnen Klassen, Arten, Grade der Verbrechen, die Darstellung der Idee einer sich selbst gleichen, genau abgemessenen Proportion in dem Verhältnis der Verbrechen zueinander selbst und zu ihrer rechtlichen Folge, der Strafe, diese und ähnliche Bestandteile und Grundpfeiler der Strafgesetzgebung vermag kein Gesetzgeber aus der Zufälligkeit seiner Umgebungen zu entlehnen; sie haben einen höhern Ursprung und sind von gleicher Wahrheit und gleichem Wert an der Donau wie an den Ufern der Wolga und an den Gestaden des Kaspischen Meeres. In dieser Hinsicht ist es für mich, als den Bearbeiter der bayerischen Gesetzgebung, ein ermunternder Gedanke, daß, was ich vielleicht hier erstreben mag, nicht bloß in meines Landes Grenzen eingeschlossen bleibe und daß diese Arbeit, wenn sie nicht etwa ganz mißlungen, auch als ein Beitrag zu den Materialien einer russischen Gesetzgebung betrachtet werden dürfe.

Es ist vielleicht kein Land, dessen Kriminal-Verfassung und Gesetzgebung so wenig bekannt wäre, als Rußland. Sollte indessen kein Werk vorhanden sein, aus dem man darüber gründliche Belehrung schöpfen könnte? Sollte nicht irgendein Lehrbuch oder Handbuch in lateinischer oder französischer Sprache in Rußland erschienen sein, welches vollständig die bisherige Kriminalverfassung, den Inhalt der vorzüglichsten, die Strafgesetzgebung betreffenden Ukasen und das Hauptsächlichste der Kriminalpraxis in den verschiedenen Provinzen darstellte? Es wäre mir wegen meiner künftigen Arbeit als korrespondierendes Mitglied von der größten Wichtigkeit, wenn Ew. Exz. mir entweder ein solches Werk anzuzeigen und mitzuteilen die Güte hätten oder unter Ihrer Leitung ein solches Tableaux aus den Materialien, welche der erlauchten Gesetz-Kommission vorliegen werden, entwerfen ließen.

Ew. Exz. erhalten in der Anlage eine von mir entworfene Verordnung, die Tortur* etc. betreffend. Der erste Paragraph ist für Rußland, wo schon Katharina II. die Tortur als Schriftstellerin verdammt und als Gesetzgeberin längst verwiesen hat, ohne alles Interesse. Indessen versuchte ich in den übrigen Paragraphen einige Probleme der Kriminalprozeß-Gesetzgebung zu lösen, die nicht ohne große Schwierigkeiten sind und ebendeswegen es verzeihlich machen, wenn der Versuch ihrer Auflösung nicht in allen Punkten durch das Gelingen belohnt sein sollte. Sollte die erleuchtete Gesetz-Kommission ähnliche Verordnungen und Arbeiten als Materialien zu erhalten wünschen, so ersuche ich E. E., mir darüber Nachricht zu erteilen.

München, den 8. März 1807

Bester Vater!

Endlich bin ich wieder in die Lage der Hoffnung und Besserung gekommen. Mein Übel ist zwar noch immer mein Gesellschafter, doch ist er mir weniger lästig, und

* „Verordnung, die Abschaffung der peinlichen Frage und das von dem Inquirenten gegen leugnende Inquisiten zu beobachtende Verfahren betreffend", 7. Juli 1806.

seit einiger Zeit habe ich es wagen dürfen, sogar auszugehen; doch ist der leiseste Zugwind, die geringste Verkältung mir noch sehr gefährlich; Gliederreißen, schmerzhafte Geschwulste bald an den Füßen, bald an den Händen ist dann die Folge. Jetzt, wo ich dieses schreibe, ist mein linker Arm in der Binde. Bei alledem ist mein jetziger Zustand Gesundheit gegen das Elend der verflossenen Wintermonate. Weihnachten und den Neujahrstag brachte ich im Bette jämmerlich zu, und zu gleicher Zeit war mein jüngstes Kind todkrank, auch meine Frau sehr übel. An die Vergnügungen der Festtage war nicht zu denken; zu nichts war in unserm Krankenspitale Lust und an nichts Freude, und daher gingen auch diese Zeiten ohne *geschriebene* Wünsche von uns und unsern Kindern vorüber.

Hier hat man seit einiger Zeit von der nahen Krönung unsers Königs gesprochen; aber ist vor dem Frieden nicht daran zu denken. Wenn die Krönung angesagt werden sollte, so melde ich es Ihnen, und dann müssen Sie einmal die ci dévant [einstmals] *kaiserliche* Krönungsstadt verlassen, um eine *königliche* Krönungsstadt hier in unserm München zu sehen. Ich rechne sicher darauf, daß Sie sich nicht so sehr für „glebae adsciptus [der Scholle Verschriebenen]" halten, um nicht bei einer solchen Gelegenheit einmal zu mir und den Meinigen zu kommen. Schwerlich wird mir so bald Zeit, Gelegenheit und Erlaubnis zuteil werden, Frankfurt wiederzusehen. Als Professor war ich freier als jetzt; da im Justizdepartement nur noch zwei Geh. Räte sitzen und auf mir die Last des ganzen Kriminalwesens ruht, so wüßte ich es kaum möglich zu machen, mich nur auf 7 Tage von hier zu entfernen. Gern besuchte ich nächsten Sommer meiner Gesundheit wegen ein Bad in der Nähe, aber ich muß es bleibenlassen, weil mich meine Delinquenten und Gefangenen in Gefangenschaft halten.

Ich habe jetzt sehr verdrießliche Ausgaben, die uns eine neue Geheimrats-Kleiderordnung macht. Kaum habe ich die Auslagen verschmerzt, die mir die Umformung der Professorenröcke in Geheimeratsuniformen machte, so muß ich diese mit ihren Stickereien in die Rumpelkammer werfen. Es sind nämlich seit einigen Tagen neue Uniformen für die Geheimen Räte vorgeschrieben und diese so kostbar, daß ich wenigstens 600 Fl. brauche, um sie herzustellen. – Noch habe ich mir nichts davon angeschafft oder bestellt; die Krankheiten in meinem Hause haben für diese Goldröcke wenig Gold übriggelassen.

Mein verehrungswürdiger Freund, der Geh. Rat Jacobi, ist Präsident der Akademie der Wissenschaften geworden, was eine sehr große Ehrenstelle ist und wo ein Mann wie Jacobi unendlich viel Gutes wirken kann.

Von Krieg und Frieden weiß ich Ihnen nichts zu sagen; wir wissen hier selbst nicht viel davon. In Frankfurt, heißt es, sei man jetzt sehr erfreut, die reichsstädtische Freiheit losgeworden zu sein. Von den Illuminationen, primatischen Proklamationen, bürgerlichen Huldigungen, Freudenbezeigungen, erleichterten oder verschwundenen Kriegslasten etc. haben die Zeitungen wenigstens vieles gerühmt, und ich nehme, wie Sie denken können, viel teil an diesem – wahrscheinlich aufrichtig ausgesprochenen – Gefühl des neuen Glücks. Wir erfahren hier vom Kriege nichts, wir sehen nur seine Spuren in den stets fortgehenden Rekrutierungen und fühlen ihn an der Teuerung und an der bei Bezahlung der Besoldung sehr oft stockenden Staatskasse. Wirklich setzte es mich diesen Winter oft in nie gefühlte dringende Verlegenheiten, wenn monatelang die Zahlung über die Zeit ausblieb.

Ihr Sohn A.

München, den 15. Mai 1807

Ihr Brief, lieber Vater, machte mir viele Freude, sofern er mich überzeugte, daß Sie nun völlig wiederhergestellt sind, und weil er mir die Besorgnisse nahm, die bei Ihrem langen Stillschweigen auf mehrere Briefe von mir natürlich waren.

Ich selbst habe zwar, was den Rheumatismus betrifft, nur noch an zurückgebliebenen gelinden Schmerzen in den Schultern und Knien zu leiden, dagegen sind andere Übel eingetreten. Die Hämorrhoiden quälen mich jetzt, und ich darf sagen, daß ich mich auch sonst im Zustande beständiger Kränklichkeit befinde und nur wenige Tage habe, wo ich mich erträglich fühle. Was meine Kränklichkeit erhält und vermehrt, ist die – ich darf sagen – ungeheure und unbeschreibliche Last von Arbeiten, die auf meinen Schultern liegen und die fast von Tag zu Tag noch wachsen. Von Morgens 6 bis Abends 10 Uhr bin ich an meinem Schreibtisch, und oft raubt mir die Unruhe über die am nächsten Tage zu vollendenden Geschäfte selbst die Stunden des Schlafs. Wenn mir oft so weh ist, daß ich umfallen möchte, muß ich mich mit erkünstelter Kraft aufraffen, um, wenn die Stunde zur Konferenz schlägt oder wenn der Bote erscheint, mit dem Notwendigen fertig zu sein.

Nehmen Sie die Versicherung der ewigen Treue und schuldigen Kindesliebe von

Ihrem Sohne A.

Wildbad Gastein, den 10. Juli 1807

Übermorgen, lieber Vater, trete ich meine Rückreise von hier nach München an, von wo ich nun seit 5 Wochen abwesend bin. Es wird Ihnen die Nachricht willkommen sein, daß ich, was ich suchte, die langentbehrte Gesundheit, hier wiedergefunden habe. Die Reise, die Ruhe von Geschäften und vor allem die Leben schenkende Heilquelle haben mich gerettet: Ich bin nicht nur frei von allem Schmerz, sondern fühle in mir eine verjüngte Kraft in Seele und Leib. Auch meiner Frau und meinen Kindern, Anselm und Eduard, ist der hiesige Aufenthalt sehr heilsam gewesen. – Ich wünschte, Sie mit einem Zauberschlag hierher versetzen oder wie ein Zauberer malen oder schreiben zu können, um Ihnen die Wunder der Gegend sehen zu lassen, wo ich diesen Brief schreibe. Hier sitze ich ohngefähr 4000 Fuß über der Meeresfläche erhaben und doch nur erst am Fuße eines mehr als 6 Stunden hohen Gebirges, das über meinem Kopf in den Wolken steht, blendend weiß, mit Eis und ewigem Schnee bedeckt. Das Haus, wo ich hier sitze, liegt auf einem Felsen in einer Schlucht, ringsum von himmelhohen Bergen eingeschlossen, über welche in manchen Monaten die Sonne nicht hinüberscheint. Zehn Schritte von meinem Fenster stürzt zwischen schroffen Felsen 180 Fuß hoch ein breiter, tiefer Waldstrom herunter, bei dessen Getöse man nicht den lautesten Donner hört und der das ganze große Badehaus mit dem Felsen, worauf es steht, in so heftige Bewegung setzt, daß meine Uhr, die am Fenster hängt, beständig wie ein Pendel hin und her schwankt. Eben sehe ich zum Fenster hin, und in dem Wasserstaub, der gleich einer dicken Wolke haushoch über ihm verbreitet ist, steht jetzt ein dreifacher Regenbogen. Reisende, welche die Schweiz und andere Gegenden dieser Art gesehen, versichern, daß diese Kaskade an fürchterlicher Schönheit von wenigen übertroffen werde. – Gestern hatten wir Schnee und ein fürchterliches Donnerwetter, das den Schnee zu versengen schien. Drei Jahreszeiten sind hier täglich zu sehen: im Tale Sommer, in der Höhe Frühling und auf dem Gipfel meilenlang nichts als der bitterste Winter. Mit dem Perspektiv, zuweilen mit bloßem Auge, sehe ich über mir die Gemsen mit ihren gefährlichen Luftsprüngen über greuliche Felsen. Außer den Luchsen und Murmeltieren, von denen viele hier wohnen, machen auch zuweilen im Winter Bären und Wölfe ihre Badekur. – Morgen trete ich meine Rückreise an. Wenn Sie in Ihrer Vorstellung nur den hundertsten Teil des unbeschreiblich Großen, Ungeheuren und Gräßlichen, was nun 2 Tage lang in ununterbrochenem Wechsel mich umgeben wird, erreichen könnten, Sie würden entzückt sich freuen und doch vor Schauder frieren. Wüßte nicht jeder Reisende, daß Tausende vor ihm und nach ihm diesen Weg mit heiler Haut passieren, so machte jeder, ehe er in den Wagen steigt, sicherlich sein Testament. Denn wenigstens 10 Stunden lang schwebt jedem über dem Kopf und unter den Füßen und neben ihm rechts und links der Tod. Morgen z. B. passiere ich erstlich den Paß Klamm und dann den Paß Lug. Da sieht es ungefähr so aus: Über dem Kopf hängen Steinchen wie Kirchtürme gesenkt quer über den Weg herab; das Auge kann ihre Höhe nicht erreichen, und aus den Spalten krächzen unsichtbar allenfalls einige Joch- oder Lämmergeier, die ihren Fraß verzehren. Der Weg ist gerade so breit als die Wagengleise, er endigt auf der einen Seite an schwarzen Abgründen, in denen der Fluß Salzach schäumend durch Felsen hindurchbraust. Und woraus besteht dieser Weg? Aus Brücken, d. i. aus Baumstämmen, die über einzelne hervorspringende Felsenstücke gelegt sind oder auf Pfählen ruhen, von denen man glaubt, daß sie nirgendwo als in der Luft ihren Ruhepunkt haben könnten. Manche dieser Brücken sind so locker gelegt oder einzelne Balken so sehr abgenützt, daß ich auf der Herreise oft das Vergnügen hatte, im Gehen gerade unter meinen Füßen einen Prospekt von etlichen hundert Klaftern in die Tiefe hinab zu haben. Damit Sie einen Schatten der Vorstellung von dieser Luftreise haben, lege ich dieses Blättchen bei. So geht der Weg, zuweilen unterbrochen, wenigstens 5 Stunden lang fort. Es gehören eigne, sehr eingewöhnte Pferde und sehr geübte Kutscher dazu, um sicher zu reisen; ein falscher Tritt des Pferdes würde an manchen Stellen unvermeidlich in den Tod stürzen. Doch gibt es Wagehälse, die über diese Pässe sogar in der Nacht reisen. Die auserlesensten Plätze ging ich mit meiner kleinen Karawane immer zu Fuß, um die gräßlich schönen Wunder, die mit jedem Schritt sich verändern, desto besser betrachten zu können. Wer furchtsamer ist, bleibt lieber im Wagen und macht die Augen zu, um nicht die Gefahr zu sehen. Die Fußreise aber gewährt zugleich den Vorteil einer unterhaltenden Lektüre, wobei zuweilen die Haare in sympathetische Bewegung geraten. Fast alle Schritte stehen gemalte Täfelchen, ungefähr des Inhalts: „Steh, Wanderer! Hier wurde im Jahre . . . der Fuhrmann N. N. von einem herunterfallenden Felsen erschlagen und liegt unter ihm begraben. Bet' ein Vater Unser!" Oder: „Hier ging im Frühjahr eine Schneelawine nieder. Die 3 Bauern N. N. kamen jämmerlich um; Hans . . . wurde auf Anrufen der Mutter Gottes zu Mariazell wunderlich gerettet. Ex voto [Einem Gelübde gemäß ⟨aufgestellt⟩]." Und so weiter. – Im Sommer ist fast gar nichts zu besorgen; nur im Frühjahr, wo entweder Lawinen niedergehen oder alte Felsenstücke von ihrem erweichten Grunde sich losreißen, ist die Reise sehr gefährlich. Wäre auch soviel in der Badezeit zu fürchten, so würde schwerlich alle Sommer ein großer Teil selbst der vornehmsten und delikatesten Herren aus Österreich und besonders aus München ihr teures Leben in Gefahr setzen, um in der heißen Quelle unter dem Schnee des Hexenbergs zu baden.

Ich gebe diesen Brief in Salzburg oder in München auf

die Post. Ich schrieb ihn hier, weil ich hier Muße habe; in München erwartet mich ein Berg Akten, den zu übersteigen mir schwerer ankommen wird als die Berge von Salzburg.

Empfehlen Sie mich und meine Frau dem ganzen Hause.

Ihr Anselm

An seinen Vater

Pyrmont, 4. September 1807

Ich erfülle mein Versprechen. Gestern kam ich nach einer zehntägigen Reise hier in Pyrmont an, um in dem hohen Norden Deutschlands den zweiten Versuch zu machen, meine Gesundheit aus den Händen der Natur selbst wieder zu empfangen. Meine Reise war sehr glücklich, das Wetter fortwährend unbeschreiblich schön und ist es noch jetzt. Geringere Anwandlungen abgerechnet, befand ich mich unter den Strapazen der Reise schon viel besser als in München. Der Geh. Rat Trompel, der hier meine Kur leitet, gibt mir die sicherste Hoffnung vollkommner Wiederherstellung. Was ich leide, ist die Folge der ununterbrochnen Anstrengungen des Geistes, der gewaltigen Kämpfe, womit ich seit meinen Jünglingsjahren mir den Weg zum Ziele gebrochen habe, der Leidenschaften aller Art, die mit harter Gewalt abwechselnd in mich einstürmten und an meinem Körper keinen Felsen gefunden haben. Meine letzten Tage in München, die mich nötigten, das große Opfer einer zweiten Gesundheitsreise zu bringen, waren schrecklich; ich war nicht weit davon, rasend oder mindestens wahnsinnig zu werden. Die Hauptarznei nebst Brunnen und Bad ist hier die Enthaltung von allem, was die Gemütsruhe stören kann. Mein einziger Reisegesellschafter ist Anselm. Ich werde über Frankfurt zurückkehren und einige Tage bei Ihnen zubringen. Bis dahin verspare ich die Erzählung meiner Reise u. dgl. Drei Wochen wenigstens muß ich hier zubringen. Von ganzer Seele

Ihr A.

München, 10. April 1808

Lieber Vater!

Ihr letzter Brief hat mir sehr viel Vergnügen gemacht, er sprach in dem Ton der Liebe und heiterer Ruhe. Die Nachricht von Rebekkas Krankheit beunruhigte mich. Bald aber erfuhr ich aus einem Brief der Mad. Schlosser an Jacobis, daß sie wieder völlig hergestellt sei. Beiliegender Gevatterbrief zeigt, daß ich meine Rebekka für mich zu verdoppeln und einen Teil von ihr in mein Haus zu versetzen, soviel an mir lag, bemüht gewesen bin. Meine Frau ist nach acht Knaben endlich einmal mit einem hübschen, frischen *Mädchen* niedergekommen, wozu ich mein Frankfurter Schwesterchen mir zur Gevatterin ersehen oder vielmehr schon genommen habe. Denn sie heißt schon Rebekka Magdalena.

Meine Laufbahn und mein Geschäftskreis hat eine große Veränderung erlitten, und eine noch größere steht mir nächstens bevor. Von criminalibus bin ich weg; ich lebe ganz im Politischen und Zivilistischen und weiß kaum die ungeheuren Lasten, die auf mir liegen, zu ertragen. Unser Staat ist in einer völligen, wiewohl unblutigen, Revolution begriffen: Alles Alte wird eingerissen, und eine neue Ordnung der Dinge wird gegründet. Aufhebung des Feudalismus, Aufhebung aller Fundamente, Rechte und Privilegien des Erbadels, eine neue Volksrepräsentation, eine neue Konstitution, das sind die politischen Gegenstände, woran ich mitarbeite und wobei ich beinahe mich Hauptperson nennen kann. Es ist eine Geheime Reichs-Organisations-Kommission niedergesetzt, wovon ich ein Mitglied bin und welche alle Arbeiten, welche die in einigen Monaten erscheinende neue Konstitution betreffen, zu verfertigen oder vorzubereiten hat und in der ich wöchentlich zweimal gewöhnlich von 10 Uhr Morgens bis 3 Uhr Nachmittags, oder von 4 Uhr Nachmittags bis Nachts 10 und 11 Uhr zu sitzen habe. Aber dieses ist noch das Kleinste: Meine Hausarbeit ist ein ganzes bürgerliches Gesetzbuch, welches in 3 Monaten durch meine Hände fix und fertig gegangen sein muß. Der Code Napoléon ist nämlich als Grundlage angenommen und wird mit den nötigen Modifikationen,

Veränderungen, Auslassungen, Zusätzen, welche die Eigentümlichkeit des Landes fordert, als Landesgesetz in Bayern eingeführt.

Was diese Aufgabe für eine Riesenarbeit ist, läßt sich leicht denken. Aber ich halte mein Wort, und es ist in meiner Art nicht, Gewöhnliches zu tun. Wäre ich nur gesund! Aber ich kränkle wieder beständig und würde nächsten Sommer ein Bad besuchen, wenn ich könnte. In einem so wichtigen Zeitpunkt aber bekomme ich die Reiseerlaubnis um so weniger, als man weiß, daß gewisse Arbeiten niemand als ich zu leisten imstande ist. Auch würde ich meinem Glück durch eine selbstwillig gestattete Entfernung sehr schaden. – Diesem steht eine bedeutende reelle und glänzende Verbesserung bevor. Wenn mein guter Stern sich nicht wieder verdunkelt, so habe ich nächsten Herbst eine Besoldung von 8000 Fl. (von 6000 gewiß) und außerdem einen silbernen Stern auf der linken Brust mit einem blau und weißen Bande über der Schulter. Mehr mag ich noch nicht sagen. Soviel sehen Sie, daß ich noch nicht am Ziel meiner Laufbahn stehe: Ich liebe den Ruhm und die Ehre, aber ich ringe darnach als braver Mann durch Verdienst und Bestrebungen[1], Gutes zu tun.

Sobald ich die neue Ausgabe meines Lehrbuchs von Heyer erhalten habe, werde ich Ihnen ein Exemplar für den Fürst-Primas mit einem Briefe zuschicken. Wenn Sie mir es erlauben, werde ich Ihrer darin erwähnen, und Sie können ihm beides, wenn Sie es gut finden, selbst überreichen. Vor acht Tagen habe ich dem Fürsten unmittelbar meinen Entwurf zu dem Kriminalgesetzbuch in Bayern in einem prächtigen Manuskript zugeschickt.

Ihr treuer Sohn A.

[1] *Im Original A und B steht dieses Komma nicht erst hier, sondern bereits hinter* darnach. *Berichtigt nach Vorschrift des Errata-Verzeichnisses zu B.*

An den Russisch-Kaiserl. Staatsrat v. Rosenkampf

München, 1808*

Ew. Exz. würde ich das Versprechen der Einsendung meines Entwurfes zu einem Kriminalgesetzbuch vollständig und früher erfüllt haben, wenn nicht eine neue, viel umfassendere, gleichwohl dringendere Aufgabe meine ganze Tätigkeit in Anspruch genommen hätte. – Seine Königliche Majestät, mein allergnädigster Herr, erteilten mir nämlich den Befehl, auch ein bayerisches bürgerliches Gesetzbuch zu verfassen, den Code Napoléon dabei zugrunde zu legen und diejenigen Änderungen, Modifikationen und Zusätze zu entwerfen, welche die Wissenschaft und die Lokalität notwendig erfordern. Diese Arbeit, welche mich stets und ununterbrochen beschäftigte, indem ich ganz allein das Ganze zu redigieren und außerdem ein ganzes halbes Jahr lang täglich 4 Stunden über meinen Entwurf in der Gesetzkommission zu referieren und zu diskutieren hatte, machte es mir unmöglich, meine Materialien zu den Motiven des Kriminalgesetzbuches mit jener Freiheit und Gemütlichkeit auszuarbeiten, wodurch allein jene Abhandlungen würdig werden können, einer hohen Gesetzkommission vorgelegt zu werden.

Indessen habe ich wenigstens zum Teil, so gut es in meinen Kräften stand, mein Versprechen zu erfüllen gesucht. Unserem Gesandten in St. Petersburg, Sr. Exzellenz, Herrn Chevalier de Bray, habe ich ein geschriebenes Exemplar meines Entwurfs zu einem peinlichen Gesetzbuche für Seine Kaiserliche Majestät mitgegeben. Ich wünschte dadurch auf der einen Seite, dem erhabenen Monarchen, den ganz Europa hochverehrt und liebt, ein kleines Zeichen der Huldigung darzubringen, und setzte dabei voraus, indem ich nach der Analogie unserer hiesigen Einrichtungen schloß, daß dieses Exemplar auch auf diesem Wege einer hohen Gesetzkommission dennoch zukommen würde. Da dieses nicht geschehen ist, wie ich

* Dieser Brief trägt im Konzept kein Datum, gehört aber in das J. 1808.

aus Ew. Exzellenz verehrtem Schreiben ersehen, so wird diese Nachricht Hochdenselben Gelegenheit geben, dessen Besitz zu erlangen. Dieser Entwurf ist unterdessen in hiesiger Gesetzkommission geprüft und mit wenigen Veränderungen von Seiner Königlichen Majestät genehmigt worden. Das Manusprkt ist jetzt im Druck und wird in einigen Monaten promulgiert werden. Die günstige Aufnahme, die mein Entwurf bei den Regierungen, welchen ich denselben mitteilte, gefunden hat, und mehrere ausdrückliche Erklärungen lassen erwarten, daß er in verschiedenen andern Staaten, namentlich in einigen Kantons der Schweiz und verschiedenen rheinischen Bundesstaaten, ebenfalls werde zum Grunde gelegt werden. Sobald die Prachtausgabe des Werkes gedruckt ist, werde ich es für meine erste Pflicht halten, an Ew. Exzellenz Exemplare zu übersenden.

Dasselbe werde ich mir in Ansehung des Zivilgesetzbuches zum angenehmen Geschäft machen. Dieses ist ebenfalls von Sr. Königl. Majestät genehmigt; die ersten zwei Bücher sind auch schon gedruckt und einstweilen an die Behörden verteilt. Die Promulgation des Ganzen wird aber erst den 1. Mai 1809 stattfinden können. Dem Werke selbst liegt zwar der Code Napoléon zum Grunde; doch glaubten wir der Maxime folgen zu müssen, welche der große Mann, dessen Namen jenes Gesetzbuch trägt, bei einer gewissen Gelegenheit so schön ausgesprochen hat. – Am meisten glaube ich auf unsere Erbfolgeordnung aufmerksam machen zu müssen, welche sich von der französischen durchaus unterscheidet. Die von mir in Vorschlag gebrachte und von Sr. Königl. Majestät genehmigte Sukzessionsordnung ist eine *Lineal*-Sukzession, welche von den zwei einfachen Grundsätzen ausgeht: 1. die nächste Linie (nicht der nächste Grad) schließt die entferntere aus; 2. in jeder Linie gilt das Repräsentationsrecht ins Unendliche. Diese Sukzessionsart ist in der Anwendung so einfach, daß ein Kind sie begreifen kann; sie ist durch ihre Einfachheit so erschöpfend, daß sich mathematisch beweisen läßt, ein *Rechts*streit über die Art der Sukzession sei dabei ganz unmöglich. Sie ist in einem uns benachbarten sehr großen Staate seit 25 Jahren eingeführt, und seit dieser langen Zeit hat ihre Auslegung oder Anwendung nicht einen einzigen Prozeß verursacht. Unstreitig der beste Probierstein, die untrüglichste Rechnungsprobe für die Güte der Gesetze. Sie hat außerdem noch folgenden wichtigen Vorzug, den ich vielleicht hätte zuerst nennen sollen. – Jede Intestatsukzession ist nichts weiter als ein Testament, welches der Gesetzgeber selbst für den Verstorbenen macht, wie schon die französischen Gesetzgeber sehr richtig bemerkt haben. Der *vermutliche* Wille des Verstorbenen ist daher das Prinzip des Gesetzgebers bei Anordnung der Intestaterbfolge, und dieser vermutliche Wille wird bestimmt durch den vermutlichen Grad der Zuneigung, und diese vermutliche Zuneigung muß erkannt und angenommen werden nach der Art und nach der Nähe des verwandtschaftlichen Verhältnisses. So, wie es daher Grundfehler einer Gesetzgebung ist, wenn ein ganz naher Verwandter mit einem ganz entfernten die Erbschaft teilen muß (wie dies nach einem berühmten, auch sonst allerdings vortrefflichen Gesetzbuche der Fall ist), so ist es auf der andern Seite Hauptvorzug einer Gesetzgebung, wenn in demselben Grad, in welchem die Verwandtschaftsverhältnisse entfernter und lockerer werden, auch der Anspruch auf Erbfolge sind allmählich mindert, der wirkliche Anteil an der Erbschaft sich verkleinert, bis der Anspruch endlich ganz verschwindet.

Und diese Aufgabe löst die oben angedeutete so vollständig und erschöpfend, daß man erstaunte, wie es möglich war, daß sie so lange Zeit fast ganz unbekannt, noch viel weniger gesetzlich anerkannt war. Nur die große Übermacht des römischen Rechts, die blinde Anbetung unsrer deutschen Rechtsgelehrten vor allem, was Justinians Namen trug, und die Schlafsucht der meisten deutschen Gesetzgeber, welche ihre Weisheit und Macht an die Gelehrsamkeit der positiven Juristen abgetreten hatten, kann diese Erscheinung erklären. – Ich habe durch diese Bemerkungen Ihre Erwartung gespannt; aber ich fürchte nicht, daß dadurch jene Gesetze verlieren werden, wenn sie vor Augen liegen und die Probe damit gemacht wird.

Die belehrenden Notizen, welche mir Ew. Exzellenz in Hochdero früherem Schreiben v. 26. Okt. 1807 mitgeteilt haben, verehre ich mit unendlichem Dank. Besonders interessant war mir die Bemerkung, daß in den russischen

Gesetzen der ältesten Zeit das Taxationssystem so wenig herrschend gewesen ist.* Fast alle Völker, welche ungefähr auf der Stufe wie die germanischen Nationen stehen oder standen, haben es. In der ältesten römischen Gesetzgebung finden sich davon die deutlichsten Spuren. In dem sogenannten Heldenzeitalter der Griechen war es durchaus herrschend. Wir finden es noch heutzutage bei fast allen afrikanischen und asiatischen Völkerschaften, welche aus dem Stand der Wildheit in den von Ferguson so genannten Stand der Barbarei getreten sind, z. B. bei den Sumadranern, nach Marsdens umständlicher Darstellung. Die Araber zu Muhameds Zeiten, wie sein Koran beweist, kannten keine andere Strafe. Das merkwürdige Gesetzbuch der Kalmücken (von dem ehrwürdigen Pallas mitgeteilt) darf ich hier kaum anführen. Die Chinesen und Hindus machen nur eine scheinbare Ausnahme, denn diese dürfen mit Recht zu den zivilisierten Nationen gerechnet werden. Was mir am meisten in jener Rußland betreffenden Notiz auffiel, war dies, daß sie sich an die einzige mir bisher bekannte Ausnahme von jener Regel (die sich sehr leicht aus dem Gang des menschlichen Geistes und der menschlichen Kultur erklären läßt) durch eine historische Verbindung anzuknüpfen scheint. *Dschengis-Khans* Gesetze, welche der persische Universalhistoriker Myrkhond aufbehalten und wovon uns aus dem persischen Manuskript der gelehrte Langlès (in den „Notices et extraits des manuscrits de la bibliothèque nationale", Tom. V, p. 192ff.)

* Diese Bemerkung lautet in dem Schreiben des russischen Staatsrats und Referendars der Gesetz-Kommission an F. wörtlich also: „Selbst die Verordnungen aus frühern Zeiten von *Rurik, von Oleg* (unter andern dessen Traktat mit Griechenland vom Jahr 907**) enthalten manches Schätzbare: Statt des damaligen deutschen Taxations-Systems finden wir unter andern hier schon mehr das Jus talionis, wenngleich im ganzen die Ähnlichkeit dieser Gesetze mit denen des westlichen Europas uns an dem gemeinschaftlichen Ursprunge beider nicht zweifeln läßt."

** Der russische Herr Staatsrat ist hier sehr ungenau. Der (von den Historikern mehr zur Sage als Geschichte gerechnete) Zug Olegs gegen Konstantinopel fällt ins Jahr 907, der (ebenso als echt bezweifelte) Traktat mit Griechenland aber ins Jahr 912.

einen ziemlich umständlichen Auszug geliefert hat, waren die erste mir bekannte Ausnahme von jener universalhistorischen Regel.* In Dschengis-Khans Strafgesetzen wird nur ein einziges Verbrechen durch Geld oder Gut bestraft oder vielmehr abgelöst; überall nur Leibesstrafen. Wer z. B. einen Ehebruch begeht, wer einen fremden flüchtigen Sklaven bei sich behält, ohne ihn seinem Herrn abzuliefern, der falsche Zeuge, der Sodomit und sogar jeder Dieb wird mit dem Tode bestraft. Nur das Gesetz wider den Mord geht wieder nach der universalhistorischen Regel.

An den Russisch-Kaiserlichen Staatsrat v. Rosenkampf

München, März 1809

So höchst erfreulich, belohnend und belehrend mir das Schreiben Ew. Exz. vom 26. Januar (erhalten am 17. März) gewesen ist, so sehr fühle ich mich zugleich dadurch beschämt: Das gnädige Zutrauen der erleuchteten Gesetzkommission in meine Kräfte ist zu groß, als daß ihm die Wirklichkeit entsprechen könnte; dieselbe hegt Erwartungen, die ich weder zu rechtfertigen noch zu befriedigen vermag. Als ich in meinem letzten Schreiben von der neuen Sukzessionslehre in unserm Gesetzbuche sprach, war es nur dieser und kein anderer Vorzug, auf welchen ich aufmerksam zu machen mir erlaubte, weil ich glaubte,

* In seinen spätern Notizen und Entwürfen zu einer Rechtsphilosophie oder Universaljurisprudenz weist übrigens F. nach, daß Dschingis Khans Gesetzbuch erst verfaßt sein könne, nachdem er auf seinem Eroberungszug nach China gedrungen und Männer dieses Reichs an sich gezogen hatte, und findet er gerade darin, daß in diesem Gesetzbuch an die Stelle der Kompositionen oder Versöhnungsbußen eigentliche Strafgesetze getreten sind, den Beweis, „daß in der Yassa – so heißt in Asien dieses Gesetzbuch – keine bloß schriftlich gesammelte Volksgesetzgebung, sondern eine von oben herab gebietende Regierungsgesetzgebung zu suchen sei".

daß *diese* Partie als Beitrag zu den Materialien der russischen Gesetzgebung in legislativer Hinsicht einiger Aufmerksamkeit würdig sein könne. Es ist meine Schuld, wenn ich dadurch unvorsichtigerweise Veranlassung gegeben habe, über das Zivilgesetzbuch *im ganzen*, soweit es von mir bearbeitet worden ist, größere Hoffnungen zu erregen, als ich selbst zu erregen die Absicht haben konnte. Bei Bearbeitung des Werkes war ich durch politische Rücksichten beschränkt und gebunden. Es war als Gesetz der Bearbeitung vorgeschrieben, den Code-Napoléon zum Grunde zu legen, ihn aber so zu modifizieren, wie er in Bayern als bayrisches Landesgesetz in Anwendung gebracht werden könnte.

Die *Einteilung* und *Anordnung* des bayrischen Gesetzbuches stellte meine Überzeugung nicht dar; ich würde eine ganz andere Anordnung gewählt haben, wenn ich frei Hand gehabt hätte; dann aber hätte ich das ganze Gebäude des Code Napoléon niedergerissen und selbst ein in seiner äußern Form durchaus neues aufführen müssen, was mir nicht erlaubt war. Ich würde, um mit wenigen Worten die Grundlinien meines Systems anzudeuten, die große Ungleicheit unter den drei Büchern des Code Napoléon (wo das dritte eine wahre Rüstkammer ist, in welche man zusammenwarf, was man in den zwei ersten nicht unterbringen konnte) aufgehoben und das Ganze in folgende 4 Bücher geteilt haben: I. Buch von den Rechten des *Personenstandes*; II. Buch von den *dinglichen Rechten an Sachen*; III. Buch von den *persönlichen Rechten auf Leistungen*; IV. Buch von dem *Erbrechte als Inbegriff dinglicher und persönlicher Rechte*. Nach meiner Überzeugung und Erfahrung gibt diese Darstellung für den praktischen Zweck der Legislation das einfachste, umfassendste und vollständigste System, das zugleich der Theoretiker am besten befriedigen kann. Ein nach allen Regeln der strengen Logik auch im einzelnen vollkommen gegliedertes System halte ich aber in theoretischer und praktischer Rücksicht für ganz unmöglich; aus dem ganz einfachen Grunde, weil viele einzelne Lehren sich einander wechselseitig voraussetzen und ineinander verflochten sind. Sind die Einteilungsgründe des Ganzen einfach und erschöpfend, folgen die einzelnen Materien in ungekünstelter Ordnung aufeinander, so ist alles getan, was in praktischer Hinsicht von dem Gesetzgeber gefordert werden kann. Zu große Ängstlichkeit und Strenge in der Form schadet oft der Materie, indem sie nicht selten die Zerstückelung der Materien zur Folge hat.

Mit der größten Sehnsucht hoffe ich auf die Mitteilung der von Ew. Exz. mir zugesicherten Materialien. Mein angenehmstes Geschäft in freien Stunden ist, mich auf deren Gebrauch durch das Studium des russischen Reichs, soweit dieses ein Abwesender kann, gründlich vorzubereiten. Durch Pallas, Storch, Lepechin, Georgi u. a. suche ich den Mangel lebendiger Anschauung zu ersetzen.

In unserm Deutschland ist jetzt die Gesetzgebung Gegenstand des lebhaftesten Interesses. Unsere Schriftsteller nehmen sehr lauten Anteil. Leider ist noch zur Zeit für die Wissenschaft sehr geringer Gewinn davon zu hoffen. Die Schreier führen das große Wort, die Verständigen tun entweder die Tat oder haben sich schweigend zurückgezogen; feiles Lob ohne Prüfung, erkaufte Tadelwut, politische Zwecke, Privathaß oder Privatrache spielen jetzt ihre großen Rollen.

Unter allen Zeitschriften ragt an Gründlichkeit und Mäßigung hervor die *„Allgemeine Bibliothek für Staatskunst, Rechtswissenschaft und Kritik"*, deren vorzüglichster Mitarbeiter der Oberappellationsrat v. Almendingen ist. Eine andere Zeitschrift machte bisher durch die Seltsamkeit ihrer Tendenz Aufsehen. Begünstigt durch die bei uns konstitutionelle Preßfreiheit, erschien auf der ersten Universität Bayerns von dem Professor Gönner (einem talentvollen Schwätzer) ein Journal, welches lediglich *gegen* unsre Regierung und gegen ihre legislativen Maßregeln angelegt war und durch alle möglichen Waffen es versuchte, der Regierung den *unveränderten* Code Napoléon aufzudringen, nebenbei auch mich bei der Nation anzuschwärzen und dadurch, wo möglich, von meinem Platz zu stürzen. Die Absicht war indessen zu klar und plump ausgesprochen, so daß sie ihren Zweck verfehlte und nur auf das Haupt des Urhebers mit Schande zurückfiel.

Vortrag im Geheimen Rat, die Einführung des Code Napoleon in Bayern betreffend*

München, 1809

Die erste unerläßliche Pflicht des Referenten ist, alle *Vorfragen* bestimmt zur Sprache zu bringen, und zwar so, daß nirgends die mindeste Dunkelheit oder Zweideutigkeit zurückbleiben könne.

Meine Hauptfrage ist: *Was will denn eigentlich Bayern bei seiner neuen Gesetzgebung?*

Als S. K. Maj. nach allerhöchster Rückkehr aus Mailand dem Justizministerium den Befehl erteilten, den Code Napoléon zur Grundlage einer neuen bürgerlichen Gesetzgebung anzunehmen, und späterhin eine eigene Gesetzkommission zusammenberiefen, um den Code Nap. so, wie er für Bayern anwendbar sein könnte, in einer modifizierten Bearbeitung, zur allerhöchsten Genehmigung vorzulegen, konnten Allerh. bei dieser Entschließung nicht bloß die Absicht haben, in dem Königreich *Einheit* und *Gleichförmigkeit* der Gesetzgebung einzuführen. Denn diese Absicht hätte mit weit geringerem Aufwand von Mühe, durch weit näher liegende Mittel erreicht werden können . . . Ein einziger Federzug hätte den Kreitmayrschen Kodex oder, wenn man noch nebst jener Einheit einen höhern Zweck hätte erreichen wollen, das in Ansbach geltende Preußische Gesetzbuch auf alle Provinzen des Königreichs ausgedehnt und so ohne alle Gesetzkommission, ohne Staatsrat und Reichsstände die Einförmigkeit hergestellt.

Warum also gerade ein ausländisches Gesetzbuch? Und warum gerade der Code Nap.?

Man wird es dem Ref. verzeihen, wenn er hier auf die größern politischen Weltverhältnisse einige Blicke wirft, denn nur in diesen findet er die Antwort auf seine Frage und in dieser Antwort das Prinzip, aus welchem viele der folgenden zu beantworten sind; glaubt aber im voraus,

* Natürlich nur im Auszug, und zwar nur der Momente, welche zum Verständnis der nachfolgenden „Nachträge" notwendig sind.

hierbei bemerken zu müssen, daß er in dieser Darstellung politischer Verhältnisse sich nur als Historiker betrachte, der da wiedergibt, was ihm gegeben ist, der nur mit seinem Verstande das auslegt, was sein Auge gesehen und sein Ohr vernommen hat, und der also, weit entfernt, ein politisches Glaubensbekenntnis ablegen zu wollen, die beurteilende Würdigung allein den Privatmeinungen seiner Leser oder Hörer überlassen muß.

Kein Sehender wird sich nun aber verhehlen können, daß Europa eine veränderte Gestalt angenommen hat und daß das denkwürdige Wort, das ein sehr bekannter Staatsmann vor etwa 15 Jahren gesprochen hat: „La révolution française fera tour du monde [die Französische Revolution wird ihren Lauf durch die Welt nehmen]", in verändertem bessern Sinn zur höchsten historischen Wahrheit geworden ist. Das schwankende, zweideutige System des Gleichgewichts der europäischen Staaten ist dem Systeme des entscheidenden Übergewichts, welches jetzt seiner Vollendung naht, gewichen. Das westliche Europa bildet ein System konföderierter Staaten, die sich um ihren großen Mittelpunkt, Frankreich, vereinigen. Dieser Verein ist in dem Sinne seines Stifters nicht ein bloßer Völkerbund, der durch das äußere Band der Verträge lose zusammengehalten wird, sondern ein wahres Staatensystem, welches zugleich innerlich verknüpft ist und in welchem Frankreich, als der durch physische und geistige Macht überwiegende Staat, mit den Rechten des Protektorats bekleidet, den letzten Schlußstein bildet.

Ein solches System kann bloß dadurch bestehen und innere Konsistenz gewinnen, daß alle konföderierte Staaten in ihrer äußern Form, in den Hauptgrundsätzen der Staatsverfassung und Verwaltung sowie in allen Prinzipien der Gesetzgebung, welche auf den Völkerverkehr Einfluß haben, sich dem Hauptstaate assimilieren und dadurch sowohl unter sich als im Verhältnis zu diesem Protektorstaate jene Gleichförmigkeit herstellen, ohne welche ein steter Konflikt, eine ewige, dem Ganzen Gefahr drohende Reibung, eine unversöhnliche innere Feindseligkeit der Elemente die ruhige Einheit des Systems untergraben und zerrütten würde. Diese Grundsätze hat Napoleon überall, wohin seine Waffen oder sein Einfluß reichten, durch die Tat so deutlich ausgesprochen, daß sie kaum der Auslegung bedürfen. Alle seine Handlungen sind der deutlichste Kommentar der merkwürdigen Worte, die er den 14. Februar des Jahres 1808 zu den Abgeordneten des gesetzgebenden Körpers sprach: „Je veux autant que je pourrai y influer, que le règne des idées philantropiques et généreuses soit le caractère du siècle [ich will, soviel ich kann, darauf Einfluß nehmen, daß das Reich der menschenfreundlichen und edelmütigen Ideen der Charakter des Jahrhunderts sei]". Alle Konstitutionen, die er entweder als Sieger gegeben oder als Protektor veranlaßt hat, sind nach einem einzigen Muster gebildet. Und überall, in Italien, in Spanien, in Holland, in Polen und Deutschland, war Code Napoléon immer eines seiner ersten Worte, denen er so großes Gewicht beilegte, daß sie fast allgemein sogar in die Verfassungsurkunden der Staaten aufgenommen wurden. Auch werden wir nicht vergessen haben, daß vor nicht langer Zeit bei einer sehr feierlichen Gelegenheit von einem Redner des französischen Gouvernements in Paris öffentlich der Satz ausgesprochen wurde, daß der Code Nap. bestimmt sei, das *europäische* bürgerliche Gesetzbuch zu werden. Napoleon erkennt zwar, daß eine absolute Gleichförmigkeit unmöglich ist; er selbst sagte im Jahre 1806 in Beziehung auf die italienische Verfassung: „L'histoire de tous les siècles nous apprend que l'uniformité des lois nuit essentiellement à la force et à la bonne organisation des empirès, lorsqu'elle s'étend au-delà de ce que permettent soit les mœurs des nations, soit les considerations géographiques [die Geschichte aller Jahrhunderte lehrt uns, daß die Gleichförmigkeit der Gesetze die Kraft und die gute Organisation der Reiche schädigt, da sie sich über das hinaus erstreckt, was teils die Sitten der Nationen, teils die geographischen Erwägungen zulassen]." Allein diese Punkte, wo die Natur selbst der Gleichförmigkeit ihre Grenzen gesetzt hat, betreffen wenigstens bei euroäpischen Staaten und in Beziehung auf den Code Nap. immer nur die zufälligen Einzelheiten, nie das Allgemeine, die Grundsätze, die Hauptmomente, kurz, nie das Wesentliche. Der Staatsrat Bigor-Préameneu, als er am 24. August 1807 das französische bürgerliche Gesetzbuch mit den durch die veränderte Staatsverfassung nötig gewordenen Modifikationen unter dem Namen Code Nap. dem gesetzgebenden Körper vorlegte, entwickelte umständlich die Vorzüge desselben, wodurch es würdig und fähig sei, das gemeine Recht aller zivilisierten Völker zu werden. Gerade darum, sagt er, habe sich der Plan der französischen Gesetzgeber bloß auf die allgemeinen Grundsätze, auf die unveränderlichen Prinzipien des Rechts und der Billigkeit beschränkt und alles Detail, alle bloß zufälligen, an Ort und Zeit gebundenen Institute von dem Umfange des Zivilgesetzbuches ausgeschlossen, um ihm dadurch den Weg zu allen übrigen Völkern zu bahnen ... Solche Erklärungen, solche Handlungen lassen über die Absichten des Kaisers keinen Zweifel. Nach diesen deutlich erklärten Absichten und in diesem Geiste werden daher alle Staaten, welche durch ihre Lage in das Konföderativsystem verflochten sind, jene Prinzipien der Konföderation als die ihrigen anerkennen oder sich die Frage beantworten müssen, ob sie nach ihren Verhältnissen und inneren Kräften imstande sind, auch außer dem Bunde selbständig zu bestehen. In dem Bunde sein und sich in den Grundsätzen des Bundes isolieren sind widersprechende Dinge. Diesem Widerspruche auszuweichen, das ist es, was allein die Veranlassung werden konnte, den Code Nap. auf Bayern in Anwendung zu bringen. Diese Rücksicht war daher eine der ersten, welche die Gesetzkommission bei der ihr vorgelegten Aufgabe, den Code Nap. zu modifizieren, leiten mußte. Ist diese Sache ungegründet, so muß Referent bitten, daß ihr sogleich hier widersprochen und daß ihre Grundlosigkeit dargetan werden möge. – Da ihr aber schwerlich widersprochen werden kann, ohne die Erfahrung und die Geschichte selbst der Lüge zu strafen, so steht von selbst der Grundsatz fest, den die Gesetzkommission als ihr Grundgesetz bei der Bearbeitung des neuen Gesetzbuches beobachtet hat, nämlich der, den Code Nap. in seinen ihm wesentlichen Bestimmungen überall aufrechtzuerhalten, nichts zu ändern, als wo er schlechterdings unanwendbar oder evident nachteilig geworden sein würde, mit andern Worten: einen Code Nap. zu liefern, so wie ihn die französischen Gesetzgeber geschreiben haben würden, wenn sie ihn für Deutschland und für Bayern insbesondere hätten schreiben wollen.

... Es war daher der zweite Grundsatz der Gesetzkommission: Alle Grundideen, welche den Geist des Code Nap. ausmachen, müssen beibehalten werden; sie können weder aufgehoben noch modifiziert werden, weil man sonst nicht einmal sagen könnte, daß dem bayerischen Gesetzbuch der Code Nap. zur Grundlage diene.

Was sind nun aber die Grundideen, auf welchen der Code Nap. ruht?

Die Grundsätze des Code Nap. sind:

1. Jeder Untertan ist im Verhältnis zu andern Untertanen ein freier Mensch; er ist frei geboren, und er muß frei bleiben.

2. Alle Untertanen sind gleich vor dem Gesetz.

3. Selbständigkeit und Unabhängigkeit des Staats von der Kirche in allen bürgerlichen Dingen.

4. Freiheit des Eigentums soll begünstigt werden.

5. Der freie Umtausch des Eigentums soll befördert werden.

6. Die Verteilung des Eigentums soll befördert werden.*

Nachträge zum Vertrag über den Code Napoléon

München, 1809

I

Bemerkungen zu dem schriftlichen Votum Seiner Exzellenz des Herrn Grafen zu Törring

Die Gegenbemerkungen, welche dem Vortrage des Referenten entgegengesetzt worden, betreffen zuvörderst die *politischen* Verhältnisse, in welchen ich die Veran-

* Die Entwicklung dieser Grundsätze ist hier weggelassen worden, weil sich dieselbe, wenn auch nicht gerade mit denselben Worten, aus dem Vortrag von 1808 in der „Themis" abgedruckt findet. Dort wie hier hat aber diese Entwicklung keinen andern Zweck, als die Unvereinbarkeit des C. N. mit den in Bayern bestehenden Gesetzen und Einrichtungen zu zeigen.

lassung finde, warum Seine Königliche Majestät sich bewogen gefunden haben, den Code Napoléon zur Grundlage einer bayerischen Gesetzgebung zu nehmen.

Ob meine Darstellung historische und politische Richtigkeit habe, will ich weiter nicht erörtern. Ich habe *Tatsachen* angeführt und *Tatsachen* erklärt. Ob ich richtig erklärt habe, kann ich freilich nicht selbst entscheiden. Jeder sieht, liest und interpretiert gewöhnlich auf seine eigene Weise, aus seinem besondern Standpunkt, und daher ziemt es jedem, sich über den andern nicht zu entrüsten, der nicht gerade dasselbe Resultat findet wie er. Begebenheiten werden von dem Zeitgenossen selten richtig beurteilt, weil sie seinen Augen zu nahe sind und gemeiniglich auch in ihm die nötige Ruhe und Unbefangenheit nicht finden. Zeit, Zukunft, Erfolg sind allein die vollgültigsten und in letzter Instanz entscheidenden Richter.

Allein ein Staat darf es nicht auf diese *letzten* Richter ankommen lassen. Er muß handeln und kann seine Handlungen nicht nach mathematischer Gewißheit, sondern nach historischer *Wahrscheinlichkeit*, nach Vermutung und Konjunkturen bemessen. Der *sicherste* Rat ist der *beste* Rat, und der sicherste Rat ist immer nur derjenige, der die *meiste Wahrscheinlichkeit* für sich hat. Sollten nun aber die Tatsachen, die ich angeführt habe, ganz und gar nichts sagen? Wenn ich *allein* es wäre, der so urteilte, wie ich geurteilt habe, wenn die Schlüsse, die ich aus unbestrittenen Tatsachen zog, nur mir angehörten, ich würde kein Wort weiter verlieren. Allein woher kommt es, daß alle Unbefangenen gerade ebenso urteilen und auch nach solchen Urteilen handeln? Woher kommt es, daß so manche Staaten, Könige, Fürsten, Staatsmänner ganz eben das sehen, was ich zu sehen meinte? Das erste Mittel, um Gefahren zu *begegnen*, ist, die Gefahr zu *kennen*. Die Augen gegen die Wirklichkeit verschließen, sich seine Verhältnisse verhehlen, um sich die Unruhe darüber zu ersparen, hieße dem Vogel Strauß ähnlich werden, der seinen Kopf in einen Busch versteckt und nun meint, von dem Jäger nicht gesehen zu werden, weil er den Jäger nicht sieht.

Jede Staatsangelegenheit kann nach einem doppelten Gesichtspunkt erwogen werden. Der erste bestimmt sich durch die Frage: Was ist *für sich selbst* gut? Der zweite: Was ist *unter den gegebenen Umständen* das Beste und Rätlichste? Gar vieles ist an sich das Beste, was unter den gegebenen Umständen der Zeit, des Orts und der Verhältnisse dennoch das Schlechteste von allen sein würde, was gewählt werden könnte. Manches *soll* sein, was doch, wie nun eben die Dinge stehen, nicht sein *kann*. Manches ist vielleicht im allgemeinen höchst wünschenswert, was im besonderen nicht nur unausführbar, sondern höchst verderblich sein würde. Ein Staatsmann, der nicht sehr oft den Grundsatz „le meilleur est l'ennemi du bien" vor Augen hätte, der, für die Umgebungen blind, für die Stimme der Begebenheiten taub, für die einschränkende Bedingung der Verhältnisse unempfindlich, immer nur nach dem fragte, was er als das *an sich Beste* für den Staat wünscht, der würde in Gefahr stehen, durch lauter Vortrefflichkeiten den Staat zugrunde zu richten.

Wäre nur die Frage: Was ist in Beziehung auf die Reform der bayerischen Gesetzgebung *überhaupt und an sich das Beste?*, so wäre allerdings die Untersuchung wenigstens noch bedeutend, ob Bayern überhaupt einer neuen Gesetzgebung bedürfe, ob es nicht gut sei, eines der in Bayern schon bestehenden Gesetzbücher, das Kreitmayrsche* oder allenfalls das Preußische, auf das gesamte Königreich auszudehnen. Es könnte dann untersucht werden, welches von diesen beiden die meisten Vorzüge habe, welches der wenigen Änderungen bedürfe, ob nicht eines von beiden oder beide den Vorrang vor dem Code Napoléon verdienen.

Ich halte mich aber nicht für berufen, diese Fragen bejahend oder verneinend zu beantworten. Und hievon ist mein erster Hauptgrund, weil nicht mehr res integra [unangetastete Sache] ist. Von Sr. Königl. Majestät ist, wie ich

* Man verzeihe mir diese Benennung; denn außer dem Codex Maximilianeus, den Kreitmayr gemacht hat, gibt es in Bayern noch einen ältern Codex Maximilianeus, den er nicht gemacht hat. Obige Benennung hat also nichts auf sich; sie beabsichtigt keineswegs die Begründung des Rechtstitels zu einem Codex Feuerbachianus, wie ein ehrwürdiges Mitglied eines hohen Staatsrats gemutmaßt hat; sie ist auch ganz in dem gewöhnlichen Redegebrauch gegründet.

glaube gehört zu haben, schon früher dem französischen Hofe erklärt worden, *daß* der Code Napoléon mit den nötigen Modifikationen in Bayern aufgenommen werde, und, wie ich gewiß weiß, so haben französische Blätter hievon als von einer schon ganz entschiedenen Sache gesprochen. Welch ein großes Gewicht der Kaiser auf die Annahme des Code Napoléon lege, scheint mir aus den in meinem Vortrage angeführten Tatsachen wenigstens nicht ganz unerwiesen, und dann wäre es doch, wie mir dünkt, den Verhältnissen nicht durchaus angemessen, nunmehr gerade das Gegenteil von dem zu tun, was man zu tun nicht nur erklärt, sondern auch nicht ohne Eklat zu tun wirklich angefangen hat. Und sollte es denn mit der Würde der Regierung vereinbarlich sein, wenn sie auf diese Weise in ihren Entschließungen wankte? Wenn sie in einer so hochwichtigen Angelegenheit von dem einen Extrem auf das andere überspränge? Wenn sie dadurch das Bekenntnis ablegte, entweder den ersten oder den letzten Entschluß nicht aus entscheidenden Gründen, sondern nur aus Ansichten, wie sie eben kommen und verschwinden, aus einem zufälligen Einfall, wie dergleichen dem Gemüte zuweilen plötzlich aufsteigen, kurz, auf Geratewohl gefaßt und daher mit der höchsten Angelegenheit des Staats und seiner Bürger gleichsam nur ein Spiel getrieben zu haben? Und daß Se. Königl. Majestät samt den hohen Ministerien *sehr entscheidende Gründe hatten*, als der Befehl erteilt wurde, den Code Napoléon in Bayern einzuführen, das muß doch wohl von jedem unter uns als eine unbestreitbare *Vorbedingung vorausgesetzt* werden. Vielleicht finden es des Herrn Staatsministers Grafen von Montgelas Exzellenz nicht ungeeignet, dem Geheimen Rate hierüber nähere Aufklärung zu erteilen. Ich glaube aber nicht, daß der Geheime Rat einen Rechtsanspruch habe, die Mitteilung jener Tatsachen und Gründe zu *fordern*. Der Beschluß, den Code Napoléon einzuführen, war von Seiner Königlichen Majestät gefaßt und ausgesprochen, *ehe* noch die neue Konstitution in Wirksamkeit gesetzt, *ehe* sie von Seiner Königlichen Majestät genehmigt, *ehe* sie nur noch entworfen war.

Und was ist es denn, was so sehr gegen den Code Napoléon entrüstet? Ist er denn so schlecht, ist er so gefährlich, so verderblich? Und warum ist er es? Nicht ich, als Referent, habe den Beweis des Gegenteils zu führen. Ich stehe da, um *für den Beschluß Sr. Königl. Majestät zu reden*, und *dieser* Beschluß steht auf sich selbst als königlicher Beschluß da, solange nicht Gründe gegeben sind, welche Se. Königl. Majestät bewegen können, denselben wieder aufzuheben. Diese Gründe kann ich aber nur in dem Beweise finden, daß der Beschluß selbst in jedem Betracht verderblich und dem Staate nachteilig sei, ein Beweis, der nur aus der *Untauglichkeit* oder *Verderblichkeit* des neuen Gesetzbuches abgeleitet werden könnte. Vergebens sehe ich mich in dem Votum Sr. Exzellenz des Herrn Grafen von Törring nach einem solchen Beweise um.

Se. Exzellenz sagen: Bayern bedürfe keiner neuen Gesetze, weil es seine alten habe; Frankreich habe eines Code Napoléon bedurft, aus Mangel der Gesetze. Wäre dieses richtig, so würde es höchstens beweisen, daß der Beschluß Se. Königl. Majestät nicht *absolut notwendig* gewesen sei, keineswegs aber, daß er staatsverderblich sei und darum abgeändert werden müsse. Doch hat es auch mit dem Satze selbst nicht so ganz seine historische Richtigkeit. Frankreich lag nicht krank an dem Mangel der Gesetze, sondern, geradeso wie jetzt das Königreich Bayern, an einer übermäßigen Vielheit der Gesetze, und so, wie Frankreich durch eine Revolution zerrüttet war, so ist das bürgerliche Leben in Bayern durch Krieg und Kriegszustand, und was in seinem Gefolge steht, zerrüttet. Ich sehe verschiedene Ursachen, aber gleiche, wenigstens ähnliche Erscheinungen und Folgen.

Wenn ferner Se. Exzellenz bemerken, daß ein Gesetzbuch wie der Code Napoléon mit den Grundsätzen, welche von mir entwickelt worden, „nicht ohne Verwirrung, nicht ohne Störung, nicht *ohne Beraubung* da eingeführt werden könne, wo bei Einführung desselben die bestehende Ordnung aufgehoben, geschlossene Verbindlichkeiten aufgelöst und rechtliches Eigentum aufgeopfert werden müssen“, also nicht in Bayern, so scheinen Se. Exzellenz einem friedlichen, unschuldigen Gesetzbuch eine gar harte Beschuldigung aufzubürden, die es gewiß nicht verdient. Kein bürgerliches Gesetzbuch kann an dem erworbenen Eigentum Raub oder Diebstahl begehen, denn, ganz gegen

Räuber- und Diebssitte, bindet es sich selbst die Hände, um ja nichts zu verderben; es gebietet ja nur *für die Zukunft* und hat an seiner Spitze das Grundgesetz „Lex non trahitur ad praeteria [das Gesetz wird nicht bezogen auf die Vergangenheit]“. Es kann also schlechterdings nichts nehmen, was man nach den alten Gesetzen *schon hat*; kann aber wohl künftig jemandem etwas geben, was er nicht bekommen hätte, wenn das vorige Gesetz bestünde, oder ihn verhindern zu erlangen, was er nach dem alten Gesetz erlangt haben würde – worauf er aber so lange noch kein wirkliches Recht hat, als es nicht von ihm erworben ist. Auf jeden Fall beweist jene Behauptung gar zu viel, denn genau betrachtet würde sie beweisen, daß gar keine *neue* Gesetzgebung in einen Staat eingeführt werden dürfe, weil da immer die bestehende gesetzliche Ordnung, zwar nicht im *Haben* und *Besitzen*, aber doch im *Erwerben*, aufgehoben oder verändert wird. Alles Alte ist ja auch einmal neu gewesen, und es würde, sollte jener Satz gelten, wenigstens nicht minder ungerecht sein, den Schwaben, Bambergern, Ansbachern, Tirolern, Salzburgern usw. *ihre* bestehende Ordnung durch das Maximilianische Gesetzbuch zu nehmen, als es für ungerecht gehalten würde, das Maximilianische Gesetzbuch durch ein neues, auf die Grundlage des Code Napoléon gebautes aufzuheben.

Einige Bemerkungen Sr. Exzellenz, welche die von mir dargestellten Grundsätze betreffen, scheinen zum Teil nur auf Mißverständnissen zu beruhen.

Bei dem *ersten* Grundsatz bemerken Se. Exzellenz, daß die Folgerungen desselben zu weit ausgedehnt sein dürften. Dagegen bemerke ich, daß ich einige besondere Sätze nur der Erläuterung des Grundsatzes wegen ausgehoben habe. Kommt es zur Diskussion der besondern Teile des Gesetzbuches, dann kommt auch an die Folgerungen die Reihe. Hier geht uns nur der Grundsatz an, mit welchem Se. Exzellenz einverstanden sind.

Bei dem *zweiten* Grundsatz wird gefragt, ob auch der Fiskus dem Grundsatz der Gleichheit vor dem Gesetz unterworfen sei. Ich antworte: Ja, allerdings, und zwar nach *ausdrücklicher* Bestimmung des Gesetzbuches.

Was den *dritten* Satz *anbetrifft*, so sind Se. Exzellenz damit im ganzen einverstanden, so wie ich von meiner

Seite mit ganzer Seele der zugefügten Bemerkung beistimme, daß der Mond ohne die Sonne in seinem Laufe weder bestehen, noch weniger leuchten könne, daß also, mit andern Worten, der Staat nie vergessen dürfe, was er der Kirche schuldig ist.

Die Einwendungen gegen den *fünften* Grundsatz, der zunächst bei Fideikommissen Anwendung findet, werden wie mir scheint, durch folgende Bemerkungen beseitigt: 1. daß er nur für *bürgerliche* Untertanen gilt, Adlige *hingegen* durch die Freiheit der Majorats-Errichtung dagegen gesichert sind; 2. daß bei Bürgerlichen die Absicht, den Glanz ihres Namens an ein Familiengut zu hängen und dadurch dieses Gut dem Kommerz und der Verteilung zu entziehen, durchaus keine Begünstigung verdienen kann, weil hier der entschiedenste Nachteil auch nicht durch mindesten Scheinvorteil aufgewogen wird und weil hier die Bemerkung des großen Adam Smith ganz besonders zur Anwendung kommt, „daß nichts dem wahren Interesse einer großen Familie so sehr widerspreche als das Recht, vermöge welches, um ein Kind zu bereichern, alle übrigen arm gemacht werden*"; 3. daß dieser Grundsatz mit der bemerkten notwendigen Einschränkung von Se. Königl. Majestät schon lange genehmigt und bekanntgemacht worden ist und daß er daher auch 4., soferne ich ihn in meinem Vortrage pflichtgemäß wiederholen mußte, nicht *„ein Nachhall der Revolution"*, sondern *ein Nachhall der geheiligten Aussprüche Se. Königl. Majestät* ist.

Die Bemerkungen wider den *sechsten* Grundsatz sind bloß durch einen von mir unglücklich gewählten Ausdruck veranlaßt. Sehr richtig bemerken Se. Exzellenz, daß die bürgerlichen Gesetze als solche nur *bestimmen*, aber bloß *äußerst mittelbar* befördern können. Gerade eben das wollte auch ich sagen; mein Fehler ist nur, daß ich positiv ausdrückte, was *negativ* hätte gesagt werden sollen, und nun wohl gar dadurch die Meinung veranlaßte, als wenn der Code Napoléon eine Gracchische lex agraria [ein Gracchisches Agrargesetz] und andere dergleichen Dinge enthalte, die den Reichen um Gottes willen bestehlen, um den Bettler zum Reichen zu machen. Setze man statt der Worte:

* „Über Nationalreichtum", B. III, K. 2.

„*Die Verteilung des Eigentums soll befördert werden*" nur die Worte: „*Die Verteilung des Eigentums soll nicht verhindert, nicht erschwert werden*", so ist wohl allem geholfen.

Über die Vorschläge Sr. Exzellenz, die Bearbeitung des neuen Codex Maximilianeus betreffend, enthalte ich mich aller Erinnerungen, die einzige ausgenommen, daß, *wenn der Code Napoléon von Sr. Königl. Majestät ganz und gar wieder verworfen werden wollte*, ich allerdings, wiewohl nicht ganz aus denselben Gründen, dafür stimmen würde, unter den in Bayern geltenden Gesetzbüchern den neuen Codex Maximilianeus zum gemeinen Rechte Bayerns zu erheben.

Ein einziges Wort habe ich noch von mir selbst zu sagen. Was nämlich die dem voto [Gutachten] Sr. Exzellenz eingemischten *Anzüglichkeiten gegen meine Person* anbetrifft, so habe ich nur *dies* dagegen zu sagen – *daß ich ganz und gar nichts dagegen zu sagen habe.*

II

Bemerkungen zu dem schriftlichen Votum Sr. Exzellenz des Herrn Grafen von Arco

Da Se. Exzellenz darüber einverstanden sind, daß der Code Napoléon zur Grundlage einer bayerischen Gesetzgebung genommen werden solle, so wäre es unnötig, mich über die Nebenbemerkungen Sr. Exzellenz, soweit sie die politischen Veranlassungen zur Rezeption des Code Napoléon betreffen, weiter zu verbreiten.

Se. Exzellenz richten ihren Angriff hauptsächlich gegen die von mir entwickelten *Grundsätze* und ziehen hieraus das Resultat, daß ein Gesetzbuch, welches darauf gebaut ist, nur für einen *demokratischen*, nicht für einen *monarchischen* Staat anwendbar sein könne.

Wenn die von mir entwickelten Grundsätze das zum Teil *wirklich* sagen und bedeuten, was Se. Exzellenz darin finden, so stimme ich nicht nur vollkommen dieser Meinung bei, sondern ich muß alsdann mich selbst nicht nur wegen meines Blödsinns bedauern, sondern auch, sofern ich zu einem solchen Werk dienstbar meine Hände darbot, verabscheuen. Wenn z. B. bei Gelegenheit des sechsten

Grundsatzes von einer lex agraria, von den Gracchen, von Lykurg, von der Unmöglichkeit und Widerrechtlichkeit einer gleichen Güterverteilung gesprochen wird, so setzt dieses in jenem Satz einen Sinn voraus, der, abgesehen davon, daß er in sich selbst schon die größte Torheit sein würde, die nur in einem gärenden Gehirn aufsteigen könne, geradezu die Zerstörung alles Eigentumsrechts, die Aufhebung aller bürgerlichen Ordnung, ein gesetzlich organisiertes System allgemeinen Raubes zur Folge haben müßte. Wehe dem Staat, wo ein solcher hochverräterischer Gedanke *ungestraft* auch nur geäußert werden dürfte! Allgemeine Sätze, in ihrer Allgemeinheit genommen und außer ihrer speziellen Beziehung gedacht, haben, eben weil sie allgemein sind und ihre Grenze selten mit haarscharfer Genauigkeit ausgedrückt werden kann, gar leicht das Schicksal, daß sie zu weit genommen und *Konsequenzen* daraus gezogen werden, die von ihren Folgen sehr verschieden sind. Die von mir aufgestellten Grundsätze hielt ich indessen um so mehr vor solchen Mißverständnissen gesichert, da sie durch die speziellen Sätze des Code Napoléon und des bayerischen Gesetzbuchs, aus denen sie nur abstrahiert sind und für welche sie nur die Hauptgesichtspunkte bezeichnen, ihre ganze bestimmte Bedeutung, ihren Umfang und ihre Grenze erhalten und ich daher, da diese Bücher in jedermanns Händen sind, die Hoffnung schöpfte, daß man sie nicht nach dem beurteilen werde, was allenfalls unschicklicherweise daraus gefolgert werden *kann*, sondern nach dem, was daraus wirklich gefolgert worden *ist*.

Es würde dem Zweck der Versammlung des Geheimen Rates nicht entsprechen, wenn ich dem Voto Sr. Exzellenz Schritt vor Schritt folgen und umständlich jede Bemerkung mit meinen Gegenbemerkungen begleiten wollte. Wenige Bemerkungen werden hinreichen, um zu zeigen:

1. daß jene Grundsätze nichts weniger als demokratisch sind,
2. daß sie nicht erst des Code Napoléon bedürfen, um als Grundsätze des bayerischen Rechts betrachtet zu werden.

I. Der Grundsatz der *Freiheit* der Untertanen liegt schon in der *Konstitution* und ist durch mehrere *organische*

Edikte, welche nur als Folgen dieses Grundsatzes gedacht werden können, bestätigt.

Das Edikt über die Aufhebung der Leibeigenschaft, die Bestimmungen über die Ablösbarkeit der Fronden und Scharwerke sind eine unzweideutige Anerkennung desselben. Frankreich, Holland, Westfalen sind doch gewiß monarchische Staaten, und sie erkennen jenen Grundsatz. Dänemark ist doch gewiß ein monarchischer Staat, und Dänemark machte ihn geltend. Rußland ist sogar ein despotischer Staat und strebt wenigstens, freilich ohnmächtig genug, ihn geltend zu machen. Was Se. Exzellenz daraus folgern: z. B., daß nach diesem Satz, in seiner weitesten Ausdehnung genommen, nicht einmal eine Ehe möglich sein würde, hat wenigstens in dieser Versammlung keine praktische Bedeutung. Denn der Code Napoléon kennt eine strenge bindende Ehe, hat aber gleichwohl sehr richtig aus jenem Grundsatze gefolgert, daß eine Person, welche die Ehe *versprochen* hat, nicht obtorto collo [mit gewürgtem Halse, d. h. gewaltsam] zu dem Altar oder vor den Zivilstandsbeamten geschleppt werden könne, um da, quia pacta servanda sunt [weil Verträge eingehalten werden müssen], sich selbst zur Verdammnis und dem andern Teil zur lebenslangen Marter an die Kette geschmiedet zu werden.

II. Auch der *Grundsatz der Gleichheit der Untertanen vor dem Gesetz* ist durch die Konstitution und durch organische Edikte, wohin das Edikt über die Aufhebung der Siegelmäßigkeit ganz vorzüglich gehört, anerkannt. Daß 1. darunter nicht eine Gleichheit des *Ranges* und die Aufhebung aller *Ehrenvorzüge* verstanden werde (welches allerdings nicht nur demokratisch, sondern jakobinisch sein würde), versteht sich von selbst, und daher versteht es sich von selbst, daß es jenem Grundsatz nicht widersprechend ist, wenn sich die Gerichte einer ausgezeichneten äußern Form der Schreiben usw. gegen Personen bedienen, welche durch Stand oder Amt eine höhere Stelle im Staate einnehmen. Auch spricht 2. mein Grundsatz nicht von der Gleichheit *vor Gericht*, obgleich auch diese in Frankreich, da, wo es das *Eigentum* betrifft, so weit ausgedehnt ist, daß bei Klagen, welche das *Privateigentum* des Kaisers betreffen, der Kaiser selbst vor dem Tribunal de première instance [höchster Gerichtshof] belangt werden muß. Allein 3. mein Grundsatz spricht von der Gleichheit vor dem *Gesetz* und daß diese mit monarchischen Verfassungen sehr wohl bestehen könne, davon ist das Kaisertum Frankreich mit allen durch das Eroberungsrecht gestifteten föderativen Königreichen ein deutlicher Beweis. England ist doch gewiß auch ein monarchischer, ja sogar ein monarchisch-aristokratischer Staat, und dort hat der Pair des Reichs nächst seinem Range kein anderes Vorrecht als den Sitz in dem Oberhaus und das Recht, von seinen Pairs gerichtet zu werden, wenn anders das letztere ein Vorrecht genannt werden kann, da auch jeder andere, selbst der Sackträger an der Themse, nur von seinen Pairs gerichtet wird. Geht England zugrunde, so hat es seinen Untergang gewiß nicht diesem Grundsatze zu danken; es hat schon sehr lange unter der Herrschaft dieses Grundsatzes bestanden und geblüht.

Wenn Se. Exz. unter andern behaupten, daß die Gleichheit der Untertanen vor dem Gesetz bei *Strafgesetzen* eine Ausnahme leiden müsse und der vornehme Verbrecher durch ein besonderes Verfahren, durch eigene Strafen und dgl. ausgezeichnet werden müsse, so erlaube ich mir folgende Bemerkungen:

1. Wenn einige Rechtslehrer, aber bei weitem nicht alle, sonst von einer Verschiedenheit oder Milderung der Strafen bei vornehmeren Personen sprachen, so bezogen sie es doch bloß auf infamierende Strafen, sie wollten z. B. den Vornehmern (wohin sie *jeden* Mann eines ausgezeichneten Standes zählten) von dem Pranger befreien; wollten ihm statt des Galgens das Schwert zuerkennen, und dgl. Daß aber irgendwo und von irgendjemandem die Begünstigung der Vornehmen in dem Sinne und in der Ausdehnung genommen worden sei, wie Se. Exz. sie zu nehmen scheinen, kann ich mich nicht entsinnen. – Auch ist nirgends eine Ausnahme von dem Gesetz grundloser und gehässiger als in solchen Fällen; denn

2. Wer ein Verbrechen begeht, der ist nun eben – Verbrecher und hat als Verbrecher, als Dieb, Mörder durchaus keinen andern Rang, als den ihm seine Tat anweist. Es wäre selbst eine wahre Kränkung für jedes ehrbare Mitglied eines höhern Standes, sehen zu müssen, daß ein Mensch seinesgleichen, der zu einem Verbrecher herabgesunken ist,

seinen Ehrenstand noch in den Stand der öffentlichen Schande mit hinübernehmen, seinen Ehrenstand noch als Missetäter geltend machen könne. Zu Zeiten des französischen Königtums (gewiß eine Monarchie) galt zwar im Kriminalrecht der Satz: „En crime qui merite la mort, le vilain sera pendu, et le noble décapité [bei todeswürdigen Verbrechen soll der gemeine Mann gehängt und der Edelmann enthauptet werden]"; aber es galt zugleich der andere Grundsatz: „Toute fois où le noble serait convaincu *d'un vilain cas*, il sera puni *comme vilain* [in allen Fällen, wo der Edelmann einer gemeinen Straftat überführt sein sollte, soll er wie ein gemeiner Mann bestraft werden]".

3. Wenn man sagt, der *Vornehmere verliert* mehr durch die Strafe, als der Gemeine, so antworte ich: Aber der Vornehmere hat auch *größere Pflichten*, und er ist noch darum *weit straffälliger* als der Gemeine, weil er gewöhnlich eine bessere Erziehung genossen hat und in einer Lage ist, wo er weit weniger Reiz und Veranlassung zu Verbrechen hat als der Mann geringeren Standes, der nicht selten aus Not zum Verbrecher wird. Im Mittelalter bestand daher in verschiedenen Ländern die Sitte, den vornehmern Verbrecher nur dadurch von dem gemeinen auszuzeichnen, daß sein Galgen um eine ganze Elle höher war als der Galgen des gemeinen Verbrechers.

III. Was den dritten Grundsatz betrifft, so ist er nicht, wie Se. Exz. annehmen, in *den* Worten meines Vortrags ausgedrückt: „Der Staat schützt die Freiheit des Gewissens aller Religionen", sondern in dem letzten unterstrichenen Satze von No. III, nämlich in den Worten: *„Selbständigkeit und Unabhängigkeit des Staats von der Kirche in allen bürgerlichen Dingen"*. *Jener* Satz gehört freilich in ein Kirchenedikt; *dieser* aber gehört zwar nicht in seiner Allgemeinheit, doch mit seinen *Folgen*, in die Sphäre des bürgerlichen Gesetzbuches. Er hat große Folgen, wie sich jeder Leser des Code Napoléon besonders bei dem Kapitel von der Ehe überzeugen wird. Daß übrigens dieser Satz nicht demokratisch ist, leuchtet ein. Er paßt in jede Regierungsform. Die eifrigsten Monarchisten, wie Hobbes, in seinem „Leviathan", die konsequentesten Monarchien, wie Frankreich, die stolzesten Aristokratien, wie ehemals Venedig, haben ihn entweder geltend gemacht oder geltend zu machen bestrebt. Auch Bayern hat seit dem glorreichen Regierungsantritte Sr. Königl. Majestät stets nach solchem Grundsatze *gehandelt*, wie aus unzähligen Reskripten bewiesen werden kann.

IV. Ich stimme ganz mit den Bemerkungen Sr. Exz. über den vierten Grundsatz überein; und treffen jene Bemerkungen weder gegen den Grundsatz noch gegen seine Folgen. Daß er auch nicht ein Überbleibsel der revolutionären Zeiten, nicht eine Erfindung der Revolutionsmänner sei, ergibt sich schon daraus, daß er schon lange vor der Revolution und außerhalb ihres Wirkungskreises von den kaltblütigsten Männern, wie z. B. von Adam Smith in seinem Werk über Nationalreichtum, behauptet worden ist. Und wenn *beide Teile einwilligen*, wem geschieht dann Unrecht? Ist denn ein Gut *mit* Lasten besser als ein Gut *ohne Lasten?*

V. Die Bemerkungen Sr. Exz. über den *fünften* Grundsatz betreffend, so weiß ich noch zur Zeit nicht, wie sie mit diesem Grundsatze im Zusammenhange stehen mögen. Daß übrigens *Begünstigung der Gebundenheit* und *toten Ruhe* des Eigentums, Begünstigung der *Unveräußerlichkeit* desselben (und nur *dagegen* ist mein Grundsatz gerichtet) nicht zum Wesen einer Monarchie gehöre, daß also jener Grundsatz kein Jakobiner-Grundsatz sei – sollte ich dies erst hier in dieser Versammlung beweisen müssen? War denn Adam Smith ein Jakobiner? Doch ich beziehe mich noch auf das, was ich bei Gelegenheit des voti Sr. Exz. des Herrn Grafen von Törring hierüber gesagt habe, woraus auch hervorgeht, daß er um so weniger ein Revolutions-Grundsatz sein könne, da er schon von Sr. Königl. Majestät *ausgesprochen* worden ist.

Ebenso beziehe ich mich

VI. auf meine über den sechsten Grundsatz schon bei dem vorhergehenden voto geäußerten Erinnerungen.

Durch alles Voranstehende habe ich nun eigentlich nicht mehr gesagt, als ich schon in meinem ersten Vortrag gesagt habe. Allein ich wollte auch nur verhindern, daß man mich nichts anderes sagen lassen möge, als ich wirklich gesagt habe. Wenn mir dieses gelungen ist, so habe ich sehr viel erreicht.

München, den 11. April 1809

Lieber Vater!

Ich will hiermit die mir noch übrige Zeit der Ruhe benutzen, um Ihnen einige Zeilen zu senden. In wenigen Tagen geht hier alles drunter und drüber, und es wird leicht möglich oder vielmehr sehr wahrscheinlich sein, daß die Passage zwischen München und Frankfurt ziemlich lange gesperrt wird. Die Feindseligkeiten haben ihren Anfang genommen, und in einigen Tagen werden die österreichischen Truppen bei uns sein. Vorgestern (als am Sonntage) kam ein Kurier vom Erzherzog Karl an unsern König, welcher ihm meldete, daß den folgenden Tag die Feindseligkeiten ihren Anfang nehmen würden und daß der Erzherzog diese Nachricht seiner persönlichen Achtung gegen den König schuldig zu sein glaube, damit er die Maßregeln ergreifen könne, die er rücksichtlich seiner Person nötig glaube. Er fügte im Namen des Erzherzogs bei, daß, wenn der König in München bleiben wolle oder die Königin wegen ihrer Gesundheitsumstände nicht wohl sich entfernen könne, alle Rücksichten der schuldigen Hochachtung beobachtet würden. Dieser sehr artigen und wirklich humanen Kriegserklärung folgte in voriger Nacht der Übergang der Österreicher in das Herzogtum Bayern auf zwei Punkten von Schirding und Bughausen aus, heute früh ist auch wirklich die königl. Familie nach Dillingen abgereist. Den Inn haben die Österreicher noch nicht passiert; aber unsere Truppen werden sie da nicht aufhalten, werden sich nach ihrer Ordre zurückziehen und den allergrößten Teil des alten Bayern bloßgeben. Eine große Heermasse französischer, bayrischer etc. Truppen zieht sich in einem großen Triangel von Ulm bis nach Straubing und von da bis hinauf nach Bamberg. Unser Land ist die Falle, aus welcher die Österreicher nicht entkommen werden; aber leider die andern, die mit in der Falle sind! Schon jetzt ist unsre Lage traurig: sie wird bald schrecklich sein. Wir werden ausgezogen und ausgesogen werden, vielleicht ärger als irgendein Land. Tiefen Groll hat der Österreicher gegen den Bayern schon seit Jahrhunderten: im Jahre 1805 wurde dieser Groll von neuem aufgefrischt und womöglich geschärft. Im Anfang, beim ersten Eintritt werden sie schonen, um die Gemüter zu gewinnen; aber wehe uns im Fall der vorauszusehenden Retirade! Zudem ist, was uns München insbesondere betrifft, eine Schlacht in unsrer Nähe bei Augsburg oder Straubing vorauszusehen. In meinem Hause ist alles auf die Einquartierung schleunigst angerichtet worden. Leider habe ich ein großes Quartier von 11 Zimmern und also vielen Raum für ungebetene Gäste. Ich bin fast unfähig zu arbeiten; mein Gemüt ist zerstreut, mein Herz beängstigt; jede Viertelstunde bringt andere Neuigkeiten; jeder harrt bang der Dinge, die da kommen sollen. Vielleicht hören wir schon morgen vom Inn her die Kanonen. Das Hauptquartier unsers Kronprinzen, der eine Division (von 10000 Mann) kommandiert, ist ungefähr eine Poststation von hier. Wenn ich einen Namen der königl. Familie schreibe, geht mir ein Dolch durch die Seele. Heute früh besuchte ich noch den König vor seiner Abreise; er nahm mich bei der Hand mit den Worten: „Adieu! Geht es gut, so sehen wir uns wieder; geht es übel, so – adieu!" Hier kehrte er den Rücken. Der Kronprinz hinterlegte vor vier Tagen hier sein Testament, über das (was dessen Förmlichkeiten betrifft) er schon vier Wochen vorher sehr lange mit mir gesprochen hatte. Ich besorge – aus manchen Anzeichen –, unser Kronprinz suche den Tod! Merken Sie sich dieses Wort, ob ich wahrgesagt habe! Gebe der Himmel, daß ich mich irrte!

Sobald Sie diesen Brief erhalten haben, schreiben Sie mir doch mit einigen Zeilen, wie Sie sich befinden.

München, den 25. April 1809

Lieber Vater!

Die Passage ist wieder offen und wird schwerlich wieder gesperrt werden. Die österreichische Armee ist *total geschlagen, und alles ist gesprengt.* Bloß bei der Hauptaffäre, welche bei Geissenfeld an der Donau vorging und sich von da bis nach Landshut erstreckte, wurden 25000 Österreicher gefangen. Der Erzherzog Karl war schon umringt und hieb sich verwundet mit einigen Regimentern durch;

doch hat man noch keine Nachricht, daß er sich gerettet hat. Ein Erzherzog ist getötet, zwei sind verwundet. In Landshut wurden 200 Kanonen, die ganze Kriegskasse, das ganze Kriegsarchiv usw. erbeutet. Von allen Seiten fliehen die aufgelösten Reste der zertrümmerten Armee, und wenige Trümmer werden ihren vaterländischen Boden wieder erreichen. Ein ansehnliches bayerisches Truppenkorps ist schon bis Salzburg vorgedrungen. Unsere Stadt hatte gerade 8 Tage lang 8000 Mann Kaiserliche, die auf einer Anhöhe bei der Stadt ein Lager bezogen hatten und die vorgestern in aller Eile flüchtig gingen. Dieser Korps ist aber wahrscheinlich ganz verloren, wenn es nicht seinen Rückzug nach Tirol genommen hat, weil ihm alle übrigen Wege schon verrannt und abgeschnitten sind. Eben kommt die Nachricht, daß auch dieses Korps gesprengt worden ist und 12–1500 Mann gefangen sind. In unserer Stadt hört man nichts als Jubel, sieht man nichts als österreichische Flüchtlinge, Gefangene oder Deserteurs. Unsere bayerischen Truppen haben sich mit Ruhm bedeckt, sie waren überall voran und trugen in weit kleinerer Anzahl oft vollkommene Siege über die größte Übermacht davon. Bei der Erstürmung von Landshut ritten des Kronprinzen Chevauxlegers [Reiter] über die brennende Isarbrücke. Der Kaiser hat diesem Regiment die ausgezeichnete Ehre erwiesen, es zu seiner Leibgarde während des Feldzugs zu erheben. So ist der Sturm schon über unsern Häuptern hinweg. Feindesland ist jetzt noch allein der Schauplatz, wo, wie in Bayern, das Wild weiter gehetzt wird. La maison d'Autriche a cessé de régner [das Haus Österreich hat aufgehört zu regieren]. Ich bin nicht bös' darüber; es ist seine alte verdiente Schuld. Ein so abgestorbner Staat konnte nicht länger bestehen. Die Dummheit in allen Maßregeln, die Unwissenheit und Sorglosigkeit der Anführer und Offiziere, die gänzliche Mutlosigkeit der ausgeprügelten Soldatenhelden kann nur der sich vorstellen, der es vor Augen gesehen hat. Wäre ihre Überzahl noch viele Tausend größer gewesen – *solche* Truppen können in unsern Tagen nicht mehr siegen.

Heute kam unser König von Augsburg wieder an, um sich der Stadt zu zeigen und sich wieder mit ihr zu freuen. Er wird indessen wohl nicht eher wieder ganz hierher ziehen, bis sein Leibregiment, das jetzt noch in Österreich, wieder zurück ist.

Heute Abend ist die ganze Stadt illuminiert. Ihr Brief vom 18. April kam, wie alle übrigen Briefe, *erbrochen* an. Dieses ist im Krieg bei allen Briefen, welche die Operationslinie passieren, stili [der Stil], und daher danke ich Ihnen, daß Sie nichts von politicis [politischen Dingen] geschrieben haben. Dieser Brief trifft keinen Österreicher mehr auf seinem Wege.

Den 26. April morgens. Die Illumination gestern abends war ad modum [nach Art] des „unterbrochnen Opferfestes" ein unterbrochnes Illuminationsfest. Alles glänzte schon im Schein der Lampen, als auf einmal das Gerücht sich verbreitete: Der König reist schnell wieder ab; die Österreicher sind im Anzuge gegen die Stadt! Allerdings war viel Wahres an dem Gerücht; der König reiste schnell ab, auch waren Österreicher in der Nähe, aber bloß die von unserm General Wrede von Salzburg abgeschnittenen, zersprengten Truppen, welche unsere Stadt 8 Tage lang besetzt hatten und nun, auf ihrem Wege zurückgeworfen, als Streifkorps nach München zukamen. Mit ihnen haben sich auch Tiroler Rebellen vereinigt. Soeben rückt unser Kronprinz mit seinen Regimentern ein, um das Land von diesem Raubgesindel zu säubern; denn Soldaten sind es nicht mehr.

München, am Christh[eiligen] Abend 1809

Lieber Vater!

Glück zum neuen Jahr rufe ich Ihnen und allen, die Sie umgeben, zu. Und die Meinigen – so viele! – rufen oder lallen es mit mir. Nehmen Sie von neuem von mir die Versicherung meiner unveränderlichen Liebe und Ergebenheit, wenn es anders schicklich ist, das zu versprechen, was sich ohnehin von selbst versteht. Anselm und Karl senden Ihnen hier als Neujahrswunsch eine kleine Probe ihrer Geschicklichkeit im Zeichnen. Sie schmeicheln sich, daß Sie diesen Zeichnungen die Ehre der Ausstellung gönnen werden. Soviel kann ich hinzusetzen, um das Verdienst der

Arbeit zu erhöhen, daß sie das volle Eigentum meiner Kinder ist. Anselm würde noch viel weiter sein, wenn er nicht – ein leibhaftiges Ebenbild seines Vaters – gar zu flüchtig wäre.

Daß Sie wohl sind und alle, die ich mir nahe fühle, glaube ich, weil ich es hoffe und wünsche; auch wir alle, das ist: meine Frau, fünf Buben, zwei Mädchen, sind wohl. Die Kleinste war noch keinen Augenblick unpäßlich, seitdem sie geboren ist.

Meine politische Lage ist nicht die beste. Ich würde sie gefährlich nennen, wenn ich mich fürchtete. Meine zahlreichen, zum Teil mächtigen Feinde versuchen alles mögliche, mich zugrunde zu richten. Sie versuchen Mittel, die an und für sich abscheulich, zugleich aber beinahe lächerlich sind. Da sie nicht öffentlich Stirn gegen mich machen können, so versuchen sie es heimlich; da mein König meine Treue kennt, so wenden sie sich an den Kaiser; da sie an mir keine Schuld finden, so gebrauchen sie die tollsten, sich selbst zerstörenden Verleumdungen. Was denken Sie? Werden Sie es glauben? In anonymen Pasquillen, welche umher verbreitet sind, in gemeinen Libellen, welche dem französischen Hof übergeben wurden, bin ich mit mehreren ehrwürdigen Männern – des Hochverrats und einer Verschwörung – mit dem *österreichischen* Hof angeklagt. Ich, der ich, wie glücklicherweise meine Amtsführung in unzähligen Aktenstücken beweist, stets so gehandelt habe, daß, wenn die österreichische Partei gesiegt hätte, ich zum allerwenigsten des Landes wäre verwiesen worden. Zu derselben Zeit, wo die Pasquille im Umlauf waren, warf man mir in dem Staatsrat selbst an den Kopf, daß ich von *französischem* Einfluß beherrscht sei und zu der Partei gehöre, welche dem Kaiser N. zur Errichtung eines okzidentalischen Kaisertums den Weg bahnen und die souveränen Königreiche stürzen wolle. So würde mich also zuvörderst die österreichische Partei als Anhänger des französ. Kaisers köpfen, dann die französische als Anhänger und Verschwornen von Österreich hängen lassen. Ich bin wegen des einen und des andern beruhigt. Conscia mens recti famae mendacia ridet [Das gute Gewissen lacht über die Lügen des Gerüchts]. Wer die Hände ruhig in den Schoß legt, wird ruhig bleiben; wer tätig ist und fest auf seinem Posten mit Ehre steht, zumal auf einem solchen Posten und in einer solchen Zeit, muß im voraus wissen, daß er mit Guten und mit Schlechten zu kämpfen hat. Daß man mich zu verleumden sucht, und zwar so plump, daß man zum Geheimen seine Zuflucht nehmen muß – dies achte ich als ein schönes Zeugnis für mich, das schönste, das mir gegeben werden kann und nach welchem jeder brave Mann geizig sein muß. – Ich erinnere mich eines Briefes, den ich Ihnen nach der ersten Niederlage des Erzherzogs Karl schreib und worin ich meinen Jubel über den Sieg unserer Waffen aussprach. Es reute mich, als er fort war, daß ich ihn geschrieben hatte, denn ich fürchtete nun, vielleicht Ihre Ansichten beleidigt zu haben. Aber nun ist es mir doch lieb. Haben Sie ihn noch? Schreiben Sie mir es! Wenn Sie ihn noch haben, so *bewahren* Sie ihn sorgfältig. Man weiß nicht, wie es kommt. Der Kaiser hat gerechte Ursache, auf die Deutschen überhaupt mißtrauisch und daher streng zu sein. Jener Brief könnte dann mit unter die Zeugnisse gehören. Bewahren Sie ihn also sorgfältig auf! Übrigens seien Sie meinetwegen ganz unbesorgt, so wie ich es selbst bin. Die ganze Erbärmlichkeit hat mir noch keine einzige trübe Stunde gemacht; dagegen hat sie mir schon viel Stoff zu Scherz und Lachen gegeben. Denn das ist doch gewiß viel Anlaß zur Freude, wenn man sieht, daß die Feinde außer sich kommen und vor Wut tolle Streiche begehen. Gegen die Urheber der Schmähschriften ist eine Kriminalinquisition im Gange, die indes bis jetzt nur noch entfernte Gehilfen entdeckt hat. Herzliche Grüße usw. von

Ihrem treuen A.

An seinen Vater

München, den 11. März 1810

Mit vielem Bedauern, bester Vater, habe ich in Ihrem Briefe die Nachricht von Ihrem Übelbefinden vernommen. Daß Sie aber wiederhergestellt sind, entschädigte mich wieder durch Freude für jene Nachricht. Auch ich bin die ganze Zeit über nicht recht wohl gewesen. Da ich zu

Rheumatismen sehr geneigt bin, so hat jede Veränderung des Wetters, die besonders in unserm abscheulich rauhen Münchner Klima sehr häufig ist, großen Einfluß auf mich. Indes sind alle solche Anfälle nicht sehr bedeutend und haben bloß zur Folge, daß ich einige Tage der gleichen Temperatur wegen im Bette liegen muß.

Die mehr lächerliche als seriöse Pasquill- und Denunziationsgeschichte haben Sie weit ernsthafter genommen, als sie eigentlich verdiente. Von den Herren selbst war es freilich ernsthaft genug gemeint. Der Oberhofbibliothekar Freih. Ch. v. Aretin, ein zweiter Catilina, der schon vor mehreren Jahren an der Spitze einer Verschwörung gegen den König gestanden und dessen Ehrgeiz durch die ausgezeichnete Wirksamkeit der Protestanten sich beleidigt fühlt, hatte es auf nichts weniger abgesehen, als *alle* angesehenen und vornehmen Protestanten in München durch den Einfluß des französischen Hofs zu stürzen. Allein die Waffen, die er führte, waren zu plump (denn er ließ z. B. drucken, *„die ganze protestantische Sekte* sei gegen den Kaiser verschworen"); es zeigte die ganze Methode des Angriffs die Büberei so augenscheinlich, daß das Netz, das er weben wollte, sehr bald entdeckt und zerrissen wurde. In Paris hat man über den Narren, der den Kaiser zu seiner Privatleidenschaft gebrauchen wollte, gelacht, dagegen unser König, der selbst *mit* angegriffen war, sowie die Minister sehr ernsthafte Gesichter machen. Aretin entgeht einer ernstlichen Untersuchung und Strafe nicht. Einstweilen steht er vor dem gesamten deutschen Publikum als Falsarius, Pasquillant und falscher Denunziant am Pranger, mit einer Infamie beladen, wie sie nicht leicht einen Gelehrten trifft. Denn wahrscheinlich wissen Sie, welchen Lärm diese Sache in Deutschland macht. Alle Journale, Flugblätter und gelehrte Zeitungen, ja selbst politische Zeitungen sind damit angefüllt. Alles fällt über A. her, und man betrachtet die Sache in Deutschland als allgemeine Angelegenheit der protestantischen Kirche. Eine besondere Schrift, „Sollen die Religionsverfolgungen wieder ihren Anfang nehmen?", ist von Leipzig aus an den Fürsten Primas geschickt und dieser aufgefordert worden, sich beim Kaiser des bedrohten Protestantismus anzunehmen und den Rheinischen Bund gegen innere Gärungen, welche man katholischerseits bereite, zu wahren. Alles dies haben die Herren in München nicht vorausgesehen; sie wollten ungefähr sechs Männer stürzen, und dazu bedienten sie sich des Mittels, *alle* Protestanten in Deutschland, ja in Europa in zahllosen Flugschriften als Bösewichter darzustellen. Es wird für sie schlimm endigen.

Wie können Sie es doch befremdend finden, daß ich viele Feinde habe? Das liegt ganz in der Natur der Sache und befremdet mich im mindesten nicht. Jeder Mann, der sich auszeichnet, hat sie, muß sie haben. Ob er als Professor sich auszeichnet oder als Staatsmann, das ist gleichviel. Das Publikum und die Personen sind nur verschieden. Ein glückliches Leben in gewissem Sinne des Worts ist ganz und gar nicht für mich gemacht und war es nie. Ich muß arbeiten, kämpfen, ringen, streben, das ist meine Sache; gibt's dabei auch Rippenstöße, so hat es doch am Ende nichts zu sagen. Je blutiger die Schlacht, desto ehrenvoller der Sieg. Daß die Leute mich lieben, ist gar nicht meine Sehnsucht. Gefürchtet sein ist weit besser als geliebt zu werden. Was man Ihnen von Gönner erzählt hat, ist ebenso lächerlich als alles andere, womit sich die Waschweiber auf dem Frankfurter Museum unterhalten. So etwas wagt kein Professor gegen einen Staatsrat, und täte er es, so seien Sie versichert, daß er von meinen zwei Pistolen, die immer geladen auf meinem Büro liegen, die eine gewiß an den Kopf bekommen hätte. Von ganzem Herzen

Ihr A.

An seinen Vater

München, den 13. Oktober 1810

So sehr mich der Empfang Ihres lieben Briefes erfreute, bester Vater, so schmerzlich war mir dessen Inhalt. Von Anfang bis zu Ende nichts als Veranlassung zur Teilnahme an Ihrem Mißgeschick, zum Bedauern, zu niederschlagenden Besorgnissen. Sie befinden sich seit langer Zeit nicht wohl. Dieses ist mir das Schmerzlichste. Hätte ich dieses ahnen können, ich hätte nicht so lange mit meinem Briefe gezögert. Was mich einigermaßen tröstet, ist, daß Sie, aus den Symptomen Ihres Übelbefindens zu schließen, an derselben Krankheit leiden, welche mich vor einigen Jahren so hart mitgenommen hat, an welcher ich noch jetzt zuweilen kränkle und die mich auch, solange ich mich in München aufhalte, wohl nimmer ganz verlassen wird. Diese Krankheit ist wenigstens nicht gefährlich, so schmerzlich sie auch an sich ist. Aber es gibt nur *ein* Mittel, sie wenigstens in ihren Fortschritten aufzuhalten und zu mindern, nämlich Bäder, und zwar nicht künstliche, sondern natürliche. Alle Ärzte sind darin einig, und daher kann ich es nicht billigen, daß Sie bloß aus ökonomischen Rücksichten unterlassen haben, das Frankfurt so nahe Wiesbad zu besuchen, und sich sogar des Weines enthalten. Sie wissen, wie schwächlich und kränkelnd ich von jeher war; bloß dem Wein verdanke ich es, daß ich jetzt eine dauerhafte Gesundheit genieße und mein Körper stärker geworden ist, wie er es nie war. Meine ältern Bekannten sind oft erstaunt, wenn sie mich wiedersehen; meine Backen sind nicht mehr hohl, sondern gefüllt, ohne dick zu sein, und mein sonst erdfahles Gesicht ist mit einer gesunden Röte überzogen. Alles dieses verdanke ich dem mäßigen Genusse des Weines, welcher auch wohl zuweilen mit einem übermäßigen Genuß abwechselt. Zu große Regelmäßigkeit ist der Gesundheit ebenso schädlich als beständige Unregelmäßigkeit. An der Tafel des Ministers, wöchentlich einmal, pflege ich daher außer einer halben Bouteille Burgunder noch eine Viertels-Bouteille 83 Rheinwein, 2, auch 3 Gläser Champagner, ein paar Gläser Eremitage, nebst 1 oder 2 Gläschen Malaga, tri-Madera etc. auszuleeren, ohne daß ich davon im mindesten einen Nachteil verspüre. Wenn ich daher nach mir urteile, so begreife ich nicht, wie Sie ohne Wein ausdauern können, und bitte Sie, sich wenigstens in diesem Punkte nichts abzubrechen. Gewiß sind Sie auch rücksichtlich des Ökonomischen besorgter, als Sie zu sein Ursache haben. So viel, als die Gesundheit und das Leben notwendig fordert, muß sich immer finden, und ich bin durch mein eignes Beispiel überzeugt, daß Sie ohne dieses Mittel, das besser ist als eine ganze Apotheke, nie gesund werden können, zumal bei schon etwas vorgerückten Jahren, wo das Lebensflämmchen neuen Öls bedarf.

Die Trakasserien [Scherereien] und Verfolgungsgeschichten des verflossenen Winters sind nun längst ganz vorüber. Sie haben teils mit Bestrafung, teils mit Demütigung der Kabalenmacher geendigt und nicht wenig dazu beigetragen, mich in der Gunst des Königs zu befestigen, der mir von neuem sehr viel Beweise seiner Gnade gegeben hat.

Warum ich diesen Sommer nicht nach Frankfurt kam? Lieber Vater, dazu hat es mir weder an Neigung noch an den nötigen Mitteln gefehlt, wohl aber an Zeit und Muße. Meine Geschäfte sind so groß und so dringend, und meine Person kann so wenig dabei remplaciert werden, daß ich eine Reiseerlaubnis auf so lange Zeit vom König nicht hätte erlangen können. Selbst im nächsten Sommer wird es schwerlich möglich sein. Denn außer der Gesetzgebung, die jetzt in vollem Gange ist, macht die Organisation der neu erworbnen Provinzen, Salzburgs, des Innviertels, Bayreuths usw., uns ungeheure Arbeit, deren Ende noch gar nicht abzusehen ist. Meine einzige Zerstreuung ist, daß ich zuweilen auf einige Tage, höchstens auf eine Woche, nach Landshut reise. Und selbst von dort aus muß ich dann noch die dringendsten Reskripte etc. expedieren. Hohe Würden, große Bürden! Dieses Sprichworts Wahrheit fühle ich leider nur zu sehr an mir selbst.

Verzeihen Sie der Flüchtigkeit meiner Feder, denn sie muß in allem eilen. Diese Woche bin ich nächst meinen Geschäften auch noch durch Courmachen, Hofzeremoniell usw. geplagt, da gegenwärtig die Hochzeitsfeierlichkeiten unseres Kronprinzen sind. Gestern Abend mußte ich in der Cortège [im Gefolge] mit in die Kirche marschieren, von da in den Thronsaal, wo das ganze Personal vorschriftsmäßig vor dem Thron vorbeidefilieren und jedes Individuum drei genau vorgeschriebene Reverenzen machen mußte, die erste dem Könige, die zweite der Königin, die dritte dem Brautpaare. Ich holte mir bei diesen Zeremonien einen steifen Arm. Heute Nachmittag um 2 Uhr ist große Cour beim Kronprinzen, und was morgen sein wird, das wird der Oberst-Zeremonien-Meister uns noch bestimmen. Würden sind Bürden und glänzendes Elend!

Ihr A.

Data
zur Geschichte des merkwürdigsten Tags meines Lebens

München, den 15. April 1810

Nach meiner Rückkehr von Landshut beginnt ein Kampf mit Pasquillanten und Verleumdern. Während meiner Abwesenheit hat sich das Gerücht verbreitet, daß ich die Flucht ergriffen hätte, daß die Polizei mir aber schon auf der Spur sei, daß sie mich schon habe etc. Sömmering hat auf dem Museum dem Kabinettsprediger Schmidt und Zentralschulrat Niethammer dasselbe als eine Neuigkeit erzählt. Mein Entschluß, mit allen Verleumdern oder Nachschwätzern anzubinden. Ich rücke Sömmering auf das Zimmer. Meine Bosheit und seine Angst. Zittern, Freimaurerparole; Tränen. Seltsames Betragen Sömmerings an demselben Abend bei Niethammer. „Ich will's auf meine Dummheit genommen haben." Sömmering läuft den folgenden Tag in der Stadt umher und fragt, was er mit dem Hundsfott anzufangen habe, den er von mir bekommen. Lärm, der darüber in der Stadt entsteht. Immer seltsameres Betragen Sömmerings, der ganz den Kopf verloren hat und woraus endlich eine Klage gegen ihn entsteht.

Alles dieses war ein trefflicher Stoff, der von dem Pasquillantenklub begierig ergriffen ward. Ein angeblicher Briefwechsel, der den Sömmering als Helden, mich als feigen Patron und niederträchtigen Schurken darstellt, wird verbreitet und auf dem Museum abgelesen. Sogleich falle ich mit einer polizeilichen Untersuchung die Hörer an. Alle Anwesenden auf dem Museum, Räte, Direktoren, Barone, Grafen, müssen vor der Polizei erscheinen. Es wird zwar nichts entdeckt, aber Furcht und Schüchternheit wird doch einstweilen gewonnen.

Am Palmsonntag, den 15. April, will man einen Meisterstreich, ein Seitenstück zu der an Jacobi gespielten Kutschengesichte, an mir ausführen, der aber, dank meiner Raschheit und meinen Maßregeln, dem ganzen Komplott, das ein Jahr lang schon gegen Jacobi, mich usw. gespielt hat, den Untergang bereitete. Erste Palmenbringerin um 7 Uhr. Sogleich Billet an den Polizeidirektor um Verteilung von Polizeidienern in der Nähe meines Hauses. Mein Entschluß, die an mich gesendeten Personen zu arretieren, sie dadurch gegen die Besteller zu erbittern und durch versprochne Belohnung ebenso viele Spione als an mich gesendete Leute zu machen. Noch während der Abwesenheit meines Bedienten: Lorgnettenfabrikant, Palmenbringerin, Hundescherer. Die Leute werden in eine Stube eingesperrt; in meine Uniform gekleidet, eben bereit, zum König zu gehen, begebe ich mich erst zu meinen Gefangenen, rede freundlich zu ihnen und lege meine Mine an: 50 fl. für einen gemeinen schlechten Kerl, 100 Fl. für einen Baronen. Ich gehe, den König zu sprechen (8 Uhr), der mir durch den Kammerdiener sagen läßt, er wünsche, wenn es nichts Pressantes sei, daß ich zu andrer Zeit wiederkommen möge, weil ihn in dieser ganzen Zeit die Geistlichkeit beim Leibe habe. Gehe daher zu Ringel, mit der Bitte, den Vorfall sogleich dem König zu melden, und erkläre ihm meinen Entschluß, von München mich in eine Provinz als Präsident versetzen zu lassen; auch daß ich den Wunsch hege, *sogleich* durch einen außerordentlichen ehrenvollen Auftrag bis zur definitiven Entscheidung meines Schicksals aus der Münchner Luft und der Nähe solcher Schurken entfernt zu werden. Dann zu Effner, wo ich mein Frühstück nehme. Effners und seiner Frau freundschaftlich teilnehmendes Betragen; E. ist bereit, alles zu tun, um meinen Wunsch zu unterstützen und die geeigneten Arrangements in Antrag zu bringen, um mir den Weg zum Präsidentenstuhl zu öffnen. Graf Leiningen in Neuburg solle quiesziert und Seckendorf zu Bamberg nach Neuburg versetzt werden. Von Effner, gehe ich zum Minister der Justiz, Graf Morawitzky, um ihn ebenfalls zu meinem Plan zu bestimmen, der es mir auch zusagt.

Um $^3/_4$ auf 1 komme ich nach Hause. Während meiner Abwesenheit wieder Palmenbringerin, Kammerdiener, Mädchen, welche Schachteln mit Pasquillen bringen, gestohlene Ohrringe, welche in meinem Hause gesucht werden, endlich die Totenweiber, die mich, der in verwichner Nacht gestorben sein soll, in den Sarg legen wollen und die ich noch bei meiner Frau eben bei meinem Nachhausekommen teffe. Kluges Benehmen meiner Frau bei allen diesen Szenen. Ich lache zwar bei den Totenweibern, aber ein kleiner Schauder überläuft mich denn doch. Ich verlasse deswegen mein Haus und lade bei Effner zu Gast. Daß durch meine Anstalten und Arretierungen der Tote die Lebendigen bald begraben werde, ahnete mir, und ich bin ziemlich frohen Mutes, wenigstens äußerlich sehr gelassen, scheinbar ganz gleichgültig, sogar ungezwungen lustig.

Um 5 Uhr zum König. Die Szene beschreibt im wesentlichen beiliegender Brief an Röschlaub.

Denselben Abend besuche ich noch eine Gesellschaft bei de Troge. Die Leute, die mich da gesehen und welche erst den folgenden Tag erfuhren, was mir begegnet, wollen dies nicht glauben, weil sie an meinem Betragen gar nichts dergleichen bemerkt. Am folgenden Tage trage ich mein heitres Gesicht an vielen sehr besuchten Orten zur Schau.

Dienstags nachmittags ist schon der Besteller, ein Student, arretiert. Die Papiere, die man bei ihm in Landshut findet, entdecken das Komplott des Pasquillanten, hinter welchem die Absicht, eine Rebellion zu erregen, deutlich versteckt war. Professor B. wird nachts aus dem Bette geholt. Sch., A. etc. werden arretiert. An demselben Tage, wo der infame A. in das Gefängnis wanderte, hatte ich mit Jacobi und andern die Ehre, mit großen Buchstaben an einem Galgen angeschlagen zu stehen. Die Vorteile, die mir meine Feinde durch ihre Angriffe auf mich, besonders den letzten, verschafft haben, sind folgende:

1. Daß ich und meine Freunde für immer Ruhe bekommen haben.

2. Daß man mich mehr achtet, weil man mich fürchtet. Die Herren glaubten in mir einen bloßen Gelehrten zu finden, der den Kopf leicht verliert, und nun haben sie gerade das Gegenteil, einen wilden, leidenschaftlichen, dabei aber besonnenen Mann, gefunden. Kaum hat die Rotte, die ein Jahr lang ihren Unfug getrieben, gegen mich ihre Pfeile gerichtet, so stürzt sie in ihr Verderben.

3. Daß ich mehr als je in der Gunst des Königs befestigt bin. Die Abscheulichkeit der an mir begangnen Büberei, meine offenbare Unschuld und mein männliches Benehmen haben mir seine Neigung für immer zugewendet.

4. Daß ich nicht nach Bamberg gehe, nicht Präsident werde. Als Präsident habe ich wenig im großen zu kämpfen, dagegen mehr Verdruß im kleinen. Meine Natur ist zu

Kampf und Streit gemacht. Eine solche Stelle soll einst, wenn mein Blut gekühlt ist und meine Haare grauen, eine ehrenvolle Retraite sein. Hier an der Quelle der Gnade kann ich auch weit besser für meine Kinder sorgen als in einer Provinz auf noch so ehrenvollem Posten. Ich bin noch jung und doch schon Geh. Rat. Wer weiß, wie die Umstände sich wenden und bei welchem schönen Ziele ich noch enden kann. Ich will dahin nicht streben, aber doch auch nicht absichtlich von ihm mich entfernen.

An Röschlaub

München, den 16. April 1810

„*Donnerstag* oder *Sonnabend* kommen wir!" Oh, Ihr kaltherzigen, Ihr bösartigen Menschen, die Ihr wißt, wie ich fast jede Minute zähle, die zwischen jetzt und Eurer Ankunft liegt, und doch noch sagen könnt: Donnerstag *oder* Sonnabend! Ich sage: Donnerstag! Auf den Donnerstag wird bei uns auf Euch gerechnet, und Ihr macht, daß die Rechnung zutrifft, oder das Donnerwetter wird über Euch kommen. Nämlich mein eignes allergnädigstes Donnerwetter – eine runzliche Stirne und ein herabwärts gezogenes Maul, aus dem einige Frankfurt-Sachsenhäusische Liebesformeln sich ergießen. – Doch Spaß beiseite! Das *Wetter* kann keine Entschuldigung sein, um später zu kommen. Denn wer hat eine schönere Sonne gesehen als die, welche heute in dem schönsten, reinsten Himmelsblau über uns aufgegangen ist? Und auch *in* mir ist ein Sonnenschein, der noch niemals schöner gewesen ist; ich kann sagen, der ganze Himmel hängt für mich voller Geigen und Nachtigallen u. dgl. Es ist keine Übertreibung, wenn ich Ihnen sage, ich bedarf solcher Freunde jetzt, wie Ihr seid, vor denen mein in jauchzender Wonne taumelndes Herz sich ganz so, wie es ist, in Lust und Freude dahingeben kann. Hören Sie, lieber Röschlaub und liebe Röschlaubia, was mir geschehen ist, denn ich kann nicht so lange warten, bis ich es Euch mündlich erzähle. Also höret, *wie* mich der König haßt.

Seit meiner Rückkehr nach München beschloß ich – meinen Abgang von München. Des *Königs Max Joseph* Dienste zu verlassen, dazu war mir die Lust vergangen, seitdem ich *ihn* wieder gesehen und gesprochen hatte. Aber eine ehrenvolle Retraite von dem Hof in die schöne Provinz B . . . g als Präsident, das war mein Entschluß; zu dessen Ausführung war schon alles vorbereitet, und in zwei Monaten wäre ich wahrscheinlich schon nicht mehr in München gewesen. Aber was geschieht?

Gestern am h. Palmsonntage (den 15. April) ward die berühmte Kutschengeschichte bei Jacobi – an mir mit Variationen wiederholt. Und seltsam, was mich in Jacobis Seele fast bis zur Raserei empört hatte, brachte als es an mir selbst geschah, nichts als Lachen und Scherze hervor. Die einzelnen Szenen mündlich; auch wird sie schon Unterholzner supplieren können. Für die armen betrognen Bürger der Stadt München war mein Scherz übrigens weniger lustig. Denn um das Volk recht gegen die *Buben* zu erbittern, hatte ich die Anstalt getroffen, daß alle die Leichenweiber, Schuster, Schneider usw., die mich besuchten, unmittelbar in meinem Hause selbst von versteckten Polizeidienern arretiert, an hellem Tage auf die Polizei geführt, daselbst ins Gefängnis gesteckt und so lange, bis alle verhört waren, darin gehalten wurden. Dieses hat die erwünschteste Folge gehabt, zumal jedem, der einen Täter entdecken würde, große Belohnung versprochen worden ist. Nach des Polizeidirektors Versicherung ist die Entdeckung gar nicht mehr zu bezweifeln. Doch dieses in Parenthese. Ich eile zur Hauptsache.

Das Lustspiel ward von 1/2 7 Uhr morgens bis ungefähr 1 Uhr gespielt. Um 5 Uhr abends gehe ich zum König. Da erfolgte nun zwischen dem König und mir folgendes Gespräch, wo ich für die Richtigkeit fast eines jeden Wortes mit meiner Ehre bürgen kann.

König: Nun, lieber Freund, Sie haben heute viel Besuch bei sich gehabt.

Feuerbach: Ja, Ew. Königl. Majestät, und zwar kann ich nun erzählen, daß mich in München schon die Leichenweiber haben begraben wollen, daß aber der Tote gleich eine Stunde nachher ein Diner besucht und auf Ew. Königl. Maj. Gesundheit fast eine Bouteille Champagner getrunken hat.

K.: Gut, aber, nicht wahr, nun werden Sie um so fester darauf bestehen wollen, München und mich zu verlassen? Denn über so etwas kann man doch in die Länge nicht spaßen.

F.: Ich gestehe es Ew. Königl. Maj., ja! Nicht aus *Ihren* Diensten (sonst wäre ich undankbar), aber aus einem Luftkreis, den ich mit solchen Buben teilen muß – das ist es, was ich bitte. Ich bedarf der Ruhe, und auch in der Entfernung kann ich Ew. Königl. Maj. dienen.

K.: Nun hören Sie, mein Freund! Erst als *Freund* zu Ihnen geredet! Die Buben, die ich kenne, fürchten sich vor Ihrem Verstande, *darum* diese Bübereien, das glauben Sie mir. Daß Sie ihnen ihren Willen tun, das ist unter *Ihrer* Würde. Jetzt auch als *König*. Männer wie Sie lasse ich nicht eher von meiner Seite, bis alle Mittel fruchtlos sind, sie zu halten. Machte ich Sie zum Präsidenten in B. und erfüllte ich Ihnen alle Ihre Bedingungen und erzeigte Ihnen alle Ehre, so würden doch diese Buben* sagen, sie hätten *mich gezwungen*, Sie auf eine ehrenvolle Weise aus meinem Geheimen Rate zu verweisen. Das wäre gegen *meine* Würde; das werde ich wenigstens *jetzt* nicht tun. Genugtuung sollen Sie haben; diese bin ich mir selbst, die bin ich auch Ihnen, als einem meiner vornehmsten und besten Staatsdiener, schuldig. Greift man *so* Geheimräte an, die mit mir an einem Tische zu Rate sitzen, so kommt es bald auch an den König selbst.

F.: Ew. Königl. Maj. äußern so gnädige Gesinnungen gegen mich, daß ich –

K.: Ich bin noch nicht fertig. Ihre Gesundheit ist nicht die stärkste; Sie haben sie in meinen Diensten zugesetzt, und gewiß, denn ich habe es gehört, möchten Sie gern jetzt auf einige Wochen eine Lustreise machen, um die Bübereien aus dem Leib herauszuschütteln. Hier, mein Freund (bei diesen Worten drückte der König mir eine sehr große Anweisung auf seine Privatdispositionskasse in die Hand), hier, das lassen Sie sich ausbezahlen, und wenn dieses Geld verreist ist, dann kommen Sie wieder zu mir, und dann reden wir wieder über die Präsidentenstelle, wenn Sie sie

* Nie bediente sich der König andrer Worte als „Bube", „Büberei".

dann noch haben wollen. Unterdessen kommt Montgelas von Paris zurück, und unterdessen sitzt vielleicht auch schon mancher von diesen Buben, so Gott will, in der Fronfeste. (Hier reichte mir der König die Hand; die Stimme versagte mir das Wort, unwillkürlich beugten sich meine Knie, und ich sank nieder vor diesem göttlich guten Menschen. In demselben Augenblick reichte er mir wieder die Hand.)

K.: Diese Stellung ziemt Ihnen nicht, lieber Feuerbach!

F. (indem ich aufstand und seine Hand an mein Herz drückte, während die hellen Tränen der Freude über meine Wangen liefen): Ja, ich bleibe bei Ihnen! Mit Ihnen und in Ihrem Dienste leben und sterben! Das soll ihnen nicht gelingen, sagen zu können, ihre Büberei vermöge mehr über mein Herz als eines solchen Königs Gnade.

K.: Sie haben sie verdient. Was Sie mir und meinem Lande für Dienste getan, das weiß ich. Sie sind nicht nur ein talentvoller und geschickter Mann, sondern auch ein rechtschaffener Mann. Und wenn Sie, was Ihnen die Buben schuld geben wollen, ein Landesverräter wären, *so wären Sie durch diese Bübereien unschuldig geworden*.

F.: Ich habe keine Worte mehr. Was ich auch verdient haben mag, *solche* gnädige Gesinnungen –

K.: Keine Komplimente! Wenn ich *Sie* nicht achtete, müßte ich ein schlechter Mensch sein. (Ich sah eine Träne in seinen Augen.) Nun adieu, lieber Freund, bald sehen wir uns wieder.

So verließ ich stumm das Kabinett, und nun sogleich nach Haus, wo meine Frau sich bei der Erzählung dieses Gesprächs der Tränen der Freude nicht enthalten konnte. Bei herrlichem Punsch unter stetem „Vivat Max Joseph" brachte ich mit einigen Freunden den Abend zu und legte mich, um vieles reicher und mehr als je in der Gnade des Königs befestigt, zu Bette, mit dem Entschluß, nach einigen Wochen – wohin, das weiß ich noch nicht – einen Teil von des Königs Präsent auf der Landstraße zu verzetteln. Sehen Sie nun, *so wahr ist es*, was Hellersberg sagt, der sich nur in acht nehmen soll, daß ich ihn nicht bei den Ohren nehmen lasse. Sie brauchen aus oben erzählten Tatsachen *kein* Geheimnis zu machen; nur sorgen Sie, daß *nicht Abschriften* von jenem Dialog genommen werden können. Auch lesen Sie ihn nur allenfalls Sailer und Savigny und Ihrer Frau vor. – Bringen Sie mir diesen Brief wieder nach München mit, damit ich ihn als Notiz zu meinen biographischen Materialien in Abschrift legen kann. Was in diesem Brief steht, darüber werden sich vielleicht noch meine Enkel und Urenkel freuen. – In wenigen Tagen seid Ihr bei mir, und im besten Rheinwein wollen wir „Vivat Max Joseph" trinken.

An seinen Vater

München, den 19. März 1811

Lieber Vater! Seit ich Ihnen zum letzten Mal geschrieben, haben sich viele mir sehr unangenehme Vorfälle ereignet. Ich selbst war krank an einem Anfalle von Nervenfieber; meine Frau wurde ebenfalls krank und liegt noch jetzt zu Bette; zwar nicht gefährlich, wie ich hoffe, doch immer sehr empfindlich. Bei mir wirkten teils die ununterbrochnen ungeheuren Arbeiten, teils meine sehr bedenkliche politische Lage, wobei ich nicht einmal meines Lebens vor Mörderhänden sicher bin. Gegen ausländische und protestantische Männer besteht hier eine Art geheimer Gesellschaft, deren Dasein man wohl weiß, deren Teilnehmer aber gegen juridische Verfolgungen gedeckt sind. Erst versuchte man es, uns bei der französischen Regierung verdächtig zu machen, uns durch Libelle des Hochverrats anzuklagen. Da dieser Plan nicht gelungen ist, so wird nunmehr durch Banditenstreiche gewirkt.

Einer meiner besten Freunde, der Lehrer meiner beiden ältesten Kinder, Professor Thiersch aus Sachsen, wäre vor drei Wochen beinahe als Opfer gefallen. Er ging abends nach seinem Hause und wollte eben seine Haustüre öffnen, als in der Dunkelheit ein Meuchelmörder von hinten herbeischlich und ihm mit fürchterlicher Gewalt einen langen Dolch bis an den Griff in den Nacken stieß. Der Mörder ließ das Eisen in der Wunde stecken und entfloh. Zum Glück stieß er um einen Zoll zu hoch, und die Wunde war nicht gefährlich. Der Mörder kann fast mit den Fingern gedeutet werden. Aber er ist juridisch nicht entdeckt und wird auch nicht entdeckt werden. Auf mich sind ebenfalls die geschäftigen Hände dieser Herren gerichtet. Außer der sogenannten Patrioten-Partei habe ich noch eine Menge andere Feinde, diejenigen, die meinen Stand, meinen Einfluß und meine Verdienste beneiden. Ich bin sehr auf meiner Hut. Ich gehe abends nicht auf die Straßen, noch bei Tage in entfernte Gegenden des Parks ohne die Begleitung meines Bedienten und ohne zwei gut geladene Terzerole und einen tüchtigen Degen in meinem Rocke. Nachts werden alle Zugänge zu meiner Schlafstube wohl verriegelt, und auf meinem Nachttische liegen beständig meine zwei Pistolen. Furcht habe ich nicht, aber angenehm ist solches Leben ebensowenig. Die Betrachtungen, zu denen ich geführt worden bin, sind sehr ernst. Sie gaben mir das Resultat, mich, sobald als möglich, und soviel es ohne Nachteil meiner Familie geschehen kann, auf einen weniger glänzenden, aber minder gefahrvollen und ruhigeren Wirkungskreis in irgendeiner Provinz zurückzuziehen. Wohin, das weiß ich noch nicht. Nur das ist entschieden: sobald wie möglich aus München.

Mein Arzt sagt mir, daß eine Entfernung von Geschäften, eine Reise und ein Bad diesen Sommer schlechterdings notwendig sei, wenn nicht meine Gesundheit, auf welche ich schon gar zu lange getrotzt, ohne Rettung zugrunde gehen soll. Noch ist nichts entschieden, außer daß ich reise. Vielleicht daß ich nun doch noch so glücklich bin, Sie in Frankfurt zu sehen, welches jedoch alles davon abhängt, wann und auf wie lange ich die Reiseerlaubnis bekomme. Leben Sie wohl!

An den Minister Grafen Reigersberg

München 1811

Die mir aufgetragnen legislativen Arbeiten, soweit sie von mir abhingen, sind beendigt. Der erste Teil des Kriminalgesetzbuches hat bereits die Diskussionen durchgangen; der zweite Teil, nämlich der Kriminalprozeß, ist in den Händen Ew. Exzellenz; die neue Bearbeitung des Codex Maximilianeus, soweit sie mir obgelegen, nämlich das erste und dritte Buch, ist ebenfalls, wie Hochdenselben bekannt, beendigt. Nachdem ich das Meinige getan, ist es wenigstens verzeihlich, wenn ich mich für berechtigt glaube, zu erwarten, daß der Staat gegen mich auch das Seinige tun werde.

Ich bin weit entfernt, auf Belohnungen Anspruch zu machen, wie sie in andern Staaten den Verfassern ihrer Gesetzbücher zuteil geworden sind; ohnehin verliert eine Belohnung ihren Wert, sobald sie gefordert wird. Für den ersten Teil des Kriminalgesetzbuches hätte ich, wie Ew. Exzellenz bekannt, vermöge des Kontraktes mit Buchhändler Krüll, in welchen der Staat eingetreten und nach besonderer allerhöchster Zusicherung noch 12000 Fl. an die Staatskasse zu fordern. Allein ich entsage auch diesem schon erworbnen Rechte um so lieber, als es dem Publikum auffallend sein müßte, aus dem öffentlichen Schatz eine solche Summe unter dem Namen Gratifikation in einer Zeit zu erhalten, wo so viele Staatsdiener nicht einmal ihre Besoldung richtig empfangen. Stünde ich in der Welt allein für mich, so hätte ich zu dem eben Gesagten nichts hinzuzufügen; ich würde stolz darauf sein, die bloße Ehre, dem Königreich Bayern seine Gesetze geschrieben zu haben, mir als Belohnung anzurechnen. Allein zu solchem Stolze bin ich so lange nicht befugt, als ich die Verbindlichkeit habe, für eine zahlreiche Familie als Gatte und Vater zu sorgen.

Statt aller Belohnung bitte ich, daß der Staat die Früchte meiner Geisteswerke mir und meinen Kindern zugute kommen lasse; daß er das geistige Eigentum an den von mir verfaßten *Strafgesetzbüchern* mir auch bürgerlich gewähre, daß mir an diesen Werken, auf welche ich die besten Kräfte meines Lebens verwendet habe, eben die Rechte zugestanden werden als dem Baron Kreitmayr an dem seinigen. Mit einem Worte: Ich bitte,

daß durch königliches Privilegium mir und meinen Kindern das ausschließende Eigentums- und Verlagsrecht dieser Gesetzbücher übertragen werde.

Ein gerechteres, billigeres Gesuch ist nicht wohl möglich. Der Staat verliert dadurch nichts als die Vorteile, die er aus meinen Arbeiten ziehen könnte. Ich würde diese Werke auf eigne Kosten drucken lassen und nur dem Buchhändler Seidel in Amberg in Kommission geben; ich würde mich dem Staat auf eine gewisse Summe verpflichten, über welche der Bogen nicht verkauft werden sollte; es würde die Versendung an die Gemeinden und öffentlichen Behörden durch die Expedition des Regierungsblattes geschehen. Der Staat ist dadurch nicht im mindesten geniert. Ich bin dem Staat so gut verpflichtet als die Redaktion des Regierungsblattes und hafte daher ebensowohl für die gegen den Staat übernommenen Verpflichtungen.

Sollte diese Bitte mir nicht gewährt werden, so bitte ich Ew. Exzellenz ganz untertänigst:

1. Hochdieselben möchten veranlassen, daß mir die für den ersten Teil der Strafgesetzgebung rückständigen 12000 Fl. ausgezahlt werden,

2. daß mir gleichmäßig für den zweiten Teil derselben eine billige und dem Honorar für den ersten verhältnismäßige Vergütung zuteil werde.

Der ich in schuldigem Respekt etc.

Betrachtungen über das Geschwornengericht

An Villers

München, Januar 1813*

Kein angenehmeres Neujahrsgeschenk konnte ich empfangen als Ihren Brief, vortrefflicher Mann, welcher in sich selbst wie durch seine Beilage von höchstem Interesse für mich sein mußte. Es ist keine kleine Belohnung, den Beifall eines Villers zu gewinnen, keine geringe Ermunterung für mich, Sie als Teinehmer und Beförderer meiner Bemühungen zu wissen. Je weniger die äußern Verhältnisse meines

* Die „Betrachtungen", worauf sich dieser Brief bezieht, erschienen nicht 1813, wie auf dem Titel dieser Schrift steht, sondern bereits im August 1812, wie F. selbst in einer Anmerkung zu seiner „Erklärung über Geschwornengerichte" bemerkt. Daher konnte schon im Januar 1813 F. auf Villers' Brief vom 30. Dez. 1812 antworten.

Lebens meinem innern Berufe zusagen, je mehr ich mich in meinen nächsten Umgebungen beengt, gedrückt, geängstigt, oft gepeinigt finde, desto erquickender ist es mir, in der Entfernung edle Männer zu wissen, mit welchen ich durch gleiche Gesinnung mich befreundet, durch gemeinsames höheres Streben mich vereinigt fühlen kann. Als Gelehrter, dem seine Wissenschaft zu mehr als zum bloßen Handwerke dient, stehe ich hier beinahe ganz einsam, bloß auf mir selbst allein, ohne teilnehmende Freundschaft, aber nicht ohne hassenden Neid; als Staatsmann ernte ich nur selten Freude in dem Gedeihen des Guten, das ich stifte, häufiger nagenden Schmerz über mancherlei Unheil, das ich nicht zu hindern vermag, und über das stete Vorwärtsgreifen der verheerenden Zeit, die vielleicht mit leisem Hauche in Augenblicken zu Boden wirft, was ich für das Volk, dem ich angehöre, durch jahrelanges Bemühen dauernd zu gründen gesucht habe. Nach dieser Stimmung und nach diesen Ansichten können Sie einigermaßen die Größe des Vergnügens ermessen, das Ihr Brief in mir erregen mußte, in welchem ich nicht bloß den Gelehrten Villers, sondern auch, was noch mehr bedeutet, den Menschen Villers wiedererkannt habe.

Die Äußerungen des erhabenen Staatsmannes*, für deren vertrauliche Mitteilung ich Ihnen unendlich dankbar bin, haben nicht wenig dazu beigetragen, mich in meiner Überzeugung zu bestärken. Die meisten Sätze jenes äußerst interessanten Blattes schienen mir nur ebenso viele Summarien zu einzelnen Kapiteln meines Werkes; manche Stellen hätten dem Ganzen oder einzelnen Teilen schicklich als Motto vorgesetzt werden können. Allein bei aller Übereinstimmung der *Gründe* treffe ich mich gleichwohl mit Herrn v. Simeon nicht bei demselben *Resultate;* bei aller Gleichheit der Urteile im einzelnen herrscht zwischen uns die größte Verschiedenheit des Urteils über das Ganze. Herr v. Simeon verwirft die Jury überhaupt und in jeder Beziehung; ich tadle sie nur als juridisches Institut, verwerfe sie nicht als politisch-konstitutionelle Einrichtung. Jener ehrwürdige Staatsmann betrachtet sie nur als einen Über-

* Sie sind am Schlusse von F.s „Erklärung über Geschwornengerichte" gedruckt zu lesen.

rest aus dem kindlichen und kindischen Zeitalter der Staaten; ich verehre in ihr ein heiliges Schutzmittel der bürgerlichen Freiheit und beklage nur, daß in den Staaten *ohne* Verfassung oder (was dasselbe heißt) in Staaten, deren Verfassung in der *Gewalt desjenigen* ist, welcher dadurch beschränkt werden soll, die Jury auch *dieses* nicht sein könne, weil in solchen Staaten überhaupt nichts ist, was bestände, sobald *ein* Wille nicht will, daß es bestehen solle. Ist die Nation einer Jury *wert*, der Staat einer Jury *fähig*, dann sind mit allen von mir geschilderten kriminalrechtlichen Nachteilen, welche dieser Einrichtung anhängen, die umfassenden Vorteile, welche sie der Menschheit und dem Bürgertum gewährt, bei weitem nicht zu teuer bezahlt. Überhaupt aber können Einrichtungen dieser Art, welche auf den unmittelbaren Anteil des Volks mitberechnet sind, niemals von *oben herab* geschaffen und dem Staate gleichsam durch Kunst eingepfropft werden; sie müssen mit der Nation und aus ihr geboren, mit ihr selbst erzogen, aufgewachsen und großgeworden sein, wenn sie ihr bequem und befreundet bleiben, ihr inniglich fest anhängen, ihr in Not und Gefahr beistehen und nicht von ihr selbst als ein aufgedrungner Fremdling früher oder später wieder verstoßen werden sollen. Die Jury der Engländer stammt noch aus Germaniens Wäldern; darum ist sie ihnen geworden, was sie ist. – Sie sehen, vortrefflicher Mann, ich gehöre eigentlich nicht zu den Gegnern, sondern zu den *Freunden* des Geschwornengerichts, nur daß ich zugleich nach gewissen Bedingungen und Voraussetzungen suche, die ich gerade da am meisten vermisse, wo man das Heil der Staaten durch eine Jury am lautesten gepredigt hat. Der Grund des Gebäudes ist untergraben, die tragenden Säulen sind niedergerissen, und was darauf stand, wird man mit schwacher Hand nicht halten. Wer den Brotbaum, diese herrliche nährende Pflanze des südlichen Himmels, nach Frankreich brächte, um damit den Ackerbau zu verdrängen, würde vollkommen dem Staatsmann gleichen, der von dem Geschwornengericht in unsern Staaten Gedeihen hofft. Die Jury ist ein Baum, der nur in dem Boden der politischen Freiheit wächst und von der Liebe zur Freiheit großgezogen, von dem Gemeingeist erhalten werden muß. Es gemahnt mich die Jury in unsern Tagen wie das römliche Volkstribunal, das noch stand, als es schon lange kein Volk mehr gab, und von welchem der jüngere Plinius (Ep. I. 23) sagt: „Plurimum refert, quid esse tribunatum putes; *inanem umbram et sine honore nomon*, an *potestatem sacrosanctam*, et quam *in ordinem cogi*, ut *anullo*, ita ne a se quidem deceat [es macht sehr viel aus, wofür man das Tribunal hält: für einen leeren Schatten und wertlosen Titel oder für eine geheiligte Amtsgewalt, die niemand, nicht einmal der Inhaber selbst, in ein Standesinteresse einzwängen darf]". Was ich eigentlich bei meinem Werke dachte und wollte, das durfte, ut nunc sunt tempora [wie jetzt die Zeiten sind], bloß von mir angedeutet werden; manches mußte ich verschweigen, manches so verstecken, daß ich höchstens erraten werden konnte; zuweilen mußte ich mein Gesicht zur Grimasse heuchlerischen Lobes gerade alsdann verzerren, wenn mein bewegtes Herz den bittersten Tadel auszusprechen hatte. „Rara temporum felicitas, ubi sentire quae velis, et quae sentias, dicere licet [selten ist das Glück der Zeiten, in denen es einem freisteht, zu meinen, was man will, und das, was man meint, auszusprechen]." Sosehr mir auch bei der Ausarbeitung meines Werkes diese Worte gegenwärtig geblieben sind, so glaub' ich doch gern, wie not es tun mag, hin und wieder mehrere zu „ungeschliffene" Stellen noch etwas mehr abzuschleifen oder ganz zu verwerfen, um das Buch unserm von gewisser Seite äußerst sensiblen Zeitalter erträglicher zu machen. Für ihre Güte, eine Übersetzung zu veranstalten, für die Mühe, welche Sie dabei über sich nehmen, für die Vorrede, womit Sie mein Werk beehren wollen, meinen innigsten Dank! Nur durch eine französische Übersetzung wird jenem Werk der Weg zu dem Orte eröffnet, für welchen es hauptsächlich bestimmt ist und wo es seine bedeutendste Wirkung äußern kann. Vielleicht wird es die Veranlassung, daß in Frankreich die Stimmen einsichtsvoller Richter und Staatsmänner, welche seit der neuesten Gesetzgebung über diesen Gegenstand verstummt sind, von neuem wieder laut werden.

Erst dann, wenn mein Buch durch Ihre gütige Veranstaltung französisch erschienen ist, werde ich so frei sein, mich an Se. Exz., den Herrn Minister von Simeon, zu wenden. Gegenwärtig schon würde ein solches Schreiben voreilig sein und mich schon darum in den Verdacht einer zudringlichen Eitelkeit bringen. Doch ersuche ich Sie, bei Gelegenheit Se. Exz. der aufrichtigen hohen Verehrung zu versichern, welche ich schon längst für diesen geistreichen Staatsmann in mir genährt habe. Schon weit früher hatte ich einmal Gelegenheit, mit *seinen* Waffen in einem gewaltigen Kampfe zu streiten. Eine der schönsten, kräftigsten Stellen, welche jemals gegen den auf seine Verdienstlosigkeit hochmütigen Ahnenadel gesprochen worden sind, steht in der geistreichen Rede an die westfälischen Stände im Jahre 1808. Vor ungefähr zwei Jahren hatte ich als Staatsmann in einer feierlichen Versammlung die boshafte Keckheit, mit jenem Worte des Herrn v. S., unter andern mit dem „Une noblesse qui commence avec éclat vaut mieux que celle qui vieillit et s'obscurcit dans l'inactivé [ein Adel, der glanzvoll beginnt, ist besser als einer, der altert und sich in der Untätigkeit verdunkelt]" den anmaßenden Hochmut gewisser Großen zu demütigen.

Dürfte ich Sie auch wohl mit einer Bitte belästigen? Wenn Sie über den Verlag mit dem Buchhändler sich vereinigen, so haben Sie doch zugleich die Gefälligkeit, mir auf *meine Kosten* 20 Exemplare und unter diesen 10 auf schönes Velin-Papier zu bestellen.

Auch kommt mir soeben eine Kleinigkeit in den Sinn, die gleichwohl von großer Wichtigkeit ist, wenn es darauf ankommt, in Frankreich meinen Worten sogleich geneigte Ohren zu gewinnen. Die äußern Verzierungen eines Mannes sind in unsern Tagen nicht die unbedeutendste Eigenschaft, nach welcher man sogleich seinen innern Wert ermißt. Wer jetzt ohne Titel sich vor das Publikum wagt, ist beinahe wie ein Mensch, der ohne anständige Bedeckung seiner – Blöße in eine honette Gesellschaft tritt; mit einem Orden auf dem Rock wird man schon zu einem bedeutenden Manne, und mit zwei Orden ist man ein ganz vortrefflicher Mensch, auf den sich gewiß alle Augen wenden, für den man sogleich im voraus eingenommen ist und von dem man, ist er ein Schriftsteller, ganz gewiß etwas Gescheites erwartet. Vor meinem armen Vaterlande, zumal dieses schon etwas länger mit mir bekannt ist, durfte[1] ich es

[1] *Im Original A und B:* dürfte *Hier berichtigt nach dem Verzeichnis der Errata in B.*

wagen, ganz einfach in meinem Negligé als bloßer Feuerbach zu erscheinen. Allein da Sie mich in der Hauptstadt der Welt aufzuführen die Güte haben wollen, so wird es notwendig sein, daß Sie mich auf dem Titel der Übersetzung in meiner Galauniform mit meinen Dekorationen produzieren, wenn Sie nicht Schande mit mir haben wollen. „Wer *ist* denn dieser Feuerbach?", würde man gleich beim Eintritt fragen. Um diese Frage ganz überflüssig zu machen, lege ich Ihnen hiermit in folgendem Titel meine vorzüglichsten Eigenschaften vor. Ich bin nämlich: „Paul Johann Anselm edler Ritter v. F., königl. bayr. Wirkl. Geheimer Rat, Geh. Staatsreferendar in Justiz-Sachen, Kommandeur des Ordens der bayr. Krone, Ritter des Ordens der Heiligen Anna II. Klasse, Mitglied der Gesetz-Kommission zu München, der russisch-kaiserl. Reichs-Gesetz-Kommission zu St. Petersburg Korrespondent, Ehrenmitglied der Akademie der Wissenschaften zu München." Finden Sie diese Pracht gar zu prächtig, so können Sie der heiligen Anna ein oder zwei et cetera [usw.] anhängen, womit sich sogar noch das Lob der Bescheidenheit verdienen läßt, weil man alsdann glauben kann, daß die errötende Bescheidenheit hinter dem et cetera noch einen Stern oder ein anderes Ritterkreuz verstecke.

Geist des Strafgesetzbuchs von 1813

Aus dem Vortrage im Plenum des königl. Geheimen Rats

Den Charakter unserer älteren Strafgesetzgebung bezeichnet fast durchaus eine ungemessene Strenge, welche nicht selten bis zur Grausamkeit sich steigert und sich von aller Gerechtigkeit und Menschlichkeit lossagt, um gegen das Verbrechen desto besser die Gerechtigkeit zu üben. Kleines wurde vermengt mit Großem, Vergehen gleichgestellt der Missetat, die höchste Weisheit in der äußersten Härte, alle Kraft der strafenden Gewalt in des Henkers Arm gefunden. Allmählich gab die Zeit mildere Gesinnungen, und die Philosophie warf auch auf die Strafgesetzgebung ihre Strahlen. Die alten Gesetze sanken in Verachtung und überlebten sich selbst. Aber nun trat sehr bald ein neues Übel an die Stelle des alten. Über dem Grab der Gesetze erreichte unangemessene Willkür ihren Thron; die Philosophie verbündete sich mit dem Geiste eines weibischen Zeitalters, und kränkelnde Empfindsamkeit bemächtigt sich, besonders in den letzten Zeiten, selbst der Kriminalgerichte. Einen Verbrecher zu strafen schien ein öffentliches Unglück, ihn von der Gerechtigkeit retten ein Triumpf. Mitleidig schonte man den Bösewicht, aber das Mitleid gegen den gefährdeten rechtschaffenen Untertan wurde vergessen. Man sprach von der Humanität gegen den Verbrecher, aber von der Gerechtigkeit gegen den Staat und dessen Bürger war nur selten die Rede. Grausamkeit der Strafgesetzgebung stürzt in Barbarei; weichliches Schonen erschlafft die Nerven der Staatskraft und die Bande des bürgerlichen Vereins. Die Gerechtigkeit mit der Milde, die Strenge mit der Humanität geschickt zu vereinigen, eine kräftige, jedoch menschlich-gerechte Kriminaljustiz zu gründen, die richterliche Willkür ihrer angemaßten Herrschaft zu entsetzen, ohne darum die Vernunft des Richters bloß an tote Buchstaben zu fesseln – dieses ist eine der ersten Aufgaben des Strafgesetzgebers; sie zu lösen war ein Hauptzweck bei der Bearbeitung des hier vorliegenden Werkes.

Strafen müssen streng sein, denn sie sollen schrecken. Aber die Strenge wird ungerechte Grausamkeit, sobald sie durch zweckloses Quälen das Maß der Notwendigkeit überschreitet, wird Barbarei, sobald sie nicht bloß der Sinnlichkeit des Verbrechers empfindlich ist, sondern auch seinen bessern Teil, seine höhere moralische Natur verletzt. Keine martervollen, selbst nicht bloß scheinbar quälenden Todesarten, keine Verstümmelungen, kein Brandmarken und ähnliche Reste früherer Zeiten durften daher in dieses Gesetzbuch aufgenommen werden. Dieses kennt nur eine einfache Todesstrafe, und die Strafen an der Freiheit, auf welche hauptsächlich sein System gebaut ist, sind (wie weiter unten näher gezeigt werden soll) nach jenen Rücksichten der Humanität sorgsam bemessen, ohne dadurch den Hauptzweck der Bestrafung zu gefährden. Richtiges *Ebenmaß der Verbrechen und Strafen* ist eine, zweite Hauptforderung der Strafgerechtigkeit, nämlich daß die Schwere der gesetzlich gedrohten Strafe mit der Größe des Verschuldens im Verhältnis stehe und weder strenger noch gelinder sei, als es die Tat verdient, daß nicht ungleiches Verschulden gleicher Strafe unterworfen, sondern die Stufenfolge der Übertretungen, bestimmt durch die verschiedenen Grade ihrer Strafbarkeit, bei Zumessung der gesetzlichen Strafübel wohl beachtet werde. Diese Regel des Ebenmaßes mit der strengsten Pünktlichkeit zu befolgen war eine der vorzüglichsten, aber auch schwierigsten Bestrebungen bei der Abfassung dieses Gesetzbuchs. . . .

Ein Gesetzbuch wird geschrieben nicht für die *Gegenwart* allein, sondern auch für die *Zukunft*. Darum darf es nicht auf bloß *vorübergehende ungewöhnliche* Zustände der Gegenwart berechnet sein. Sollten die Folgen eines erst kurz vorübergegangenen verheerenden Krieges auf das Überhandnehmen dieser oder jener Gattung von Verbrechen, vielleicht des Raubes oder anderer Verletzungen des Eigentums, gewirkt haben, so wäre es ein durchaus verkehrtes Unternehmen, in dem neuen *Gesetzbuch*, wenn es zufällig mit einem solchen Zeitpunkte zusammentrifft, die Strafe gegen solche Verbrechen über das Maß des gewöhnlichen Strafverhältnisses zu steigern. Gegen vorübergehende Zustände soll der Staat auch nur durch vorübergehende Maßregeln wirken. Das Außerordentliche dauert nicht, aber das Gesetzbuch bleibt, und dann besteht dieses außer seiner Zeit, wird verderblich, mindestens zwecklos. Der von Kreitmayr verfaßte „Codex juris bavarici criminalis“ wurde geschrieben für das Jahr 1751, und eben das ist der Grund, warum er so schnell sich selbst überlebte. Allein wenngleich das Gesetzbuch nicht auf die Voraussetzung außerordentlicher Zustände gebaut werden darf, so muß doch in ihm das gesetzliche *Mittel erhöhter Sicherung für den Fall solcher ungewöhnlicher Verhältnisse* gegeben sein. Eine in diesem Punkte mangelhafte Strafgesetzgebung läßt den Staat ohne Hilfe gerade dann, wenn er am dringendsten der Hilfe bedarf. Der Römer hatte in Zeiten besondrer Gefahr des Staats seinen Diktator, sein „Videant consules ne quid respublica detrimenti capiat [die Konsuln mögen zusehen, daß der Staat keinen Schaden nehme]“, seine judicia extraordinaria [außerordentlichen Gerichte], England die Suspension der Habeas-Corpus-Akte, Frankreich die Suspension der Geschwornen-Gerichte und dgl.

Wir haben nach dem Muster der österreichischen Gesetzgebung die *Verkündung des Standrechts*, welche nicht nur ein eiliges Verfahren, sondern auch die unvermeidliche Todesstrafe gegen solche Verbrechen zur Folge hat, welche sonst nicht unbedingt mit dem Tode bestraft werden.

Sehr viele der früheren Gesetzgebungen litten an einem der beiden Grundfehler: Entweder sie schlossen alles *richterliche Ermessen* aus, wie die französische Strafgesetzgebung vom Jahre 1791, oder sie überließen zu vieles dem richterlichen Ermessen, wie die peinliche Gerichtsordnung Karls V. und andere. Das letzte führt zur Gesetzlosigkeit und zur parteilichen Ungleichheit der Bestrafung, und Baco von Verulam sagt mit Recht („Serm. Fid. de cert leg.", Tit. I, aph. 8): „Illud recte positum est, optimam esse legem, quae minimum relinquit arbitrio judicis, id quod certitudo ejus praestat [es ist ein richtiger Standpunkt, daß ein Gesetz dann am besten ist, wenn es am wenigsten dem Ermessen des Richters überläßt, und das leistet es durch seine Bestimmtheit]." Aber auch das erste endigt mit Gesetzlosigkeit. Denn da sich die Strafbarkeit einzelner Fälle in zu mannigfaltig verschiednen Graden darstellt, als daß nicht eine im allgemeinen absolut bestimmte Strafe sehr oft zu weit außer der gerechten Proportion fallen müßte, so halten sich die Richter nur zu bald durch eigenes Gewissen nicht bloß berechtigt, sondern sogar verpflichtet, den Angeschuldigten gegen die Tyrannei des gesetzlichen Buchstabens zu schützen, wo es dann dem Scharfsinne nie an Mitteln fehlt, um das Gesetz durch Ausnahmen, Einschränkungen und dgl. so geschmeidig zu machen, als es das eigene Gutdünken zu erfordern scheint. Eine Gesetzgebung, welche auf bleibende Anwendbarkeit Anspruch macht, muß daher das Mittel halten zwischen beiden Extremen; – sie *darf keine richterliche Willkür begünstigen oder möglich machen, muß aber dem vernünftigen richterlichen Ermessen innerhalb bestimmter Grenzen die gehörige Freiheit lassen.*

Von dieser Idee geleitet, war unsere Gesetzgebung zuvörderst bemüht um genaue *Bestimmung aller Begriffe*, welche den Gegenstand der Strafgesetze ausmachen. In neueren Zeiten hat man zuweilen die Behauptung gehört, Definitionen ziemten keinem Gesetzbuche, sondern nur der

Wissenschaft. Allein dieses heißt mit anderen Worten, das Gesetzbuch solle zwar dem Richter sagen, *was* er verfügen, nicht aber *wann*, *wo* und in *welchem* Umfange er es verfügen soll. Begriffe, welche die Merkmale jeder gesetzlichen Voraussetzung mit Klarheit und erschöpfender Präzision zusammenfassen, sind die Hauptfäden, welche eine Gesetzgebung tragen. Wo sie fehlen, wo sich der Gesetzgeber begnügt, das Verbrechen nur mit seinem Namen zu nennen oder allenfalls durch bloße Beispiele zu bezeichnen oder wo die von ihm aufgestellten Begriffe in vager Allgemeinheit ohne scharf bezeichnete Grenzen hin und her schwanken, da fehlt es dem Gebäude nicht nur an Licht, sondern auch an Grund und Haltung, da schwankt der *Gegenstand* des Gesetzes, folglich auch der Umfang der Gültigkeit desselben mit den unbestimmten Vorstellungen des Volks und seiner Richter in engeren oder weiteren Sphären unsicher umher, und die gesetzliche Verordnung selbst wird abhängig; von dem Meinen und Glauben derer, denen sie gegeben ist; denn jeder hat nun die Freiheit, dasjenige, was seines Dafürhaltens der Gesetzgeber hätte denken *sollen* und können, für das zu nehmen, was er wirklich gedacht *habe*. Sehr richtig sagt daher ein berühmter französischer Staatsmann (Bigot-Préameneu): „Les definitions sont de véritables *dispositions* et même les *dispositions fondamentales* de la loi [die Definitionen sind die echten und meist die grundlegenden Anordnungen des Gesetzes]." Aber freilich muß der Gesetzgeber, um nicht in die Schranken der Schule zu geraten, bloß auf diejenigen Begriffsbestimmungen sich beschränken, welche die unmittelbare gesetzliche Voraussetzung zu seiner Strafbestimmung enthalten; er muß ferner, was die Form seiner Definition betrifft, wissenschaftliche Schulausdrücke vermeiden und, wo eine streng logische Begriffsbestimmung den Gegenstand in das Dunkel der Allgemeinheit zu hoch hinauf steigern würde, die Kürze für die Klarheit, die Definition für eine bloße Beschreibung bereitwillig hingeben. Auch wird er (welches in dem vorliegenden Werke durchaus beobachtet wurde), wenn ihm zugleich an der Würde des gesetzgebenden Stils gelegen ist, seine Definitionen in die Form einer Verordnung zu kleiden oder jene in diese so hineinzulegen wissen, daß sie, wenn auch nicht dem Auge, doch dem Verstande des Verständigen sichtbar erscheinen.

Jene Grundidee, die Richter zu beschränken, ohne dadurch die Möglichkeit eines gerechten Ebenmaßes zwischen Verbrechen und Strafen aufzuheben, machte ferner notwendig, niemals bloß eine ganze *Gattung* von Verbrechen im allgemeinen entweder mit unbestimmten *Strafgraden* oder mit unbestimmter *Strafart* zu bedrohen, sondern jede besondere *Gattung* von Verbrechen in ihre *Hauptarten*, jede *Hauptart* in ihre *Hauptgrade* aufzulösen und sodann *diesen Graden, jedem besonders*, seine Strafe zuzumessen.

Hier kommt es aber auf zwei sehr wesentliche Punkte an, nämlich zuvörderst auf den *Standpunkt*, aus welchem die in dem Gesetzbuche selbst auszuzeichnenden verschiedenen Grade der Strafbarkeit aufgefaßt werden, auf das *Prinzip*, welches die gesetzlichen Unterscheidungen bestimmen soll. Werden, wie es in manchen Gesetzbüchern und Entwürfen geschehen, nur besondere Fälle wie sie sich eben darbieten, nebeneinandergereiht und als besondere Arten oder Grade des Hauptverbrechens unterschieden, so wird es einer solchen Gesetzgebung an innerem Zusammenhang, an Konsequenzen und Einheit gebrechen. Der *Charakter, welcher jeder besondern Gattung oder Art von Verbrechen eigentümlich ist*, muß immer das Hauptprinzip sein für die Unterscheidung der Grade desselben. Jedes Verbrechen hat nämlich ein ihm eigentümliches Hauptmerkmal, welches den Gesichtspunkt bestimmt, aus welchem seine Strafbarkeit im ganzen zu beurteilen und wonach demselben unter den übrigen Verbrechen der ihm gebührende Rang anzuweisen ist. Bei der einen Gattung von Verbrechen ist es z. B. die *individuelle Beschädigung* des Eigentums oder der Person, bei andern hauptsächlich die Größe der besondern *Gefahr*, welche den allgemeinen Charakter derselben bezeichnet. Derselbe Gesichtspunkt nun, in welchem sich das Verbrechen im allgemeinen darstellt, muß auch zum Grunde der Haupteinteilung der besondern Grade desselben genommen werden. Der Gesetzgeber, welcher daher z. B. beim Raub unterscheidet, wie groß die Summe der Entwendung gewesen, oder bei dem Brande, ob die Beschädigung diese oder jene Summe erreicht habe, und dergleichen, fällt aus dem Gesichtspunkt des Gesetzgebers in den eines bloßen Kasuisten. Denn da bei dem Raub *Gewalt* an der Person, bei dem *Brand* die gemeine Gefahr für Leib,

Leben und gesamte Habe anderer den Hauptcharakter der Strafbarkeit ausmacht, so können auch nur diejenigen Umstände, welche dort, die Größe der Gewalt an der Person, hier die Größe der gemeinen Gefahr mehren oder mindern die verschiedenen gesetzlich auszuzeichnenden Grade der Strafbarkeit bestimmen. Alle andern Umstände, welche nicht in diesem Gesichtspunkte liegen, sind in der Regel bloß als *Nebenumstände* zu betrachten, welche nicht von dem *Gesetzgeber*, sondern nur vom *Richter* bei Ausmessung des Grades der gesetzlichen Strafen berücksichtigt werden können.

Ein zweiter Abweg, welchen der Gesetzgeber zu vermeiden hat, ist das *Zuviel*. Sobald er aus dem Allgemeinen zu tief in das Besondere herabsteigt, statt Regeln zu geben, Fälle entscheidet, statt die verschiedenen Abstufungen der Strafbarkeit in größern Massen zusammenzufassen, die einzelnen Modifikationen der Hauptgrade durch Distinktionen und Subdistinktionen zu erschöpfen sucht, so vergibt er seinem Berufe als Gesetzgeber; sein mit verwirrenden Kleinigkeiten überladenes Werk wird den Richter betäuben statt zu erleuchten und bei der Unerschöpflichkeit besonderer Fälle lückenhaft werden aus lauter Bestreben nach Vollständigkeit. Diese Vorwürfe trafen mit Recht das preußische Gesetzbuch und den Kleinschrodschen Entwurf. Sie werden schwerlich gegen das vorliegende Gesetzbuch mit Grund erhoben werden können, welches überall wohl bedachte, was dem Gesetzgeber zieme und was dem Richter, daß jener ebensogut seinen Standpunkt verliere, wenn er durch Entscheidungen über Einzelnes dem Richter vorurteile, als wenn er durch leere Allgemeinheit der Gesetze es dem Richter gestatte, zugleich sich selbst Gesetzgeber zu sein.

Bloß durch die gesetzliche Abstufung besonderer Arten und Grade der Verbrechen wird indessen der Zweck: strenge Gesetzmäßigkeit in der Bestrafung, verbunden mit angemessener Freiheit des richterlichen Urteils, noch nicht erreicht. Da jeder Hauptgrad eines Verbrechens wieder sehr viele *Modifikationen* der Strafbarkeit umfassen kann, welche der Gesetzgeber weder vollkommen vorauszusehen noch auch, wäre dieses möglich, in dem Gesetze zu erschöpfen vermag, so ist nicht genug, das Verbrechen nach seinen im allgemeinen erkennbaren Graden gesetzlich einzuteilen, sondern es muß in Ansehung jener *Modifikationen* eines Hauptgrades dem richterlichen Urteile ein gemessener Raum freigelassen werden, innerhalb welches der Richter die eigentümlichen Momente der Strafbarkeit der besondern Handlung bei Ausmessung des Grades der gesetzlichen Strafe berücksichtigen darf. In der Regel setzt daher dieses Gesetzbuch keine absolut bestimmten Strafen fest, so wenig, als es absolut unbestimmte Strafdrohungen kennt. Die ordentliche Strafe für jeden gesetzlich ausgezeichneten Grad des Verbrechens ist in dem Gesetze bestimmt, sowohl in Ansehung der Straf*art* als auch in Ansehung des *Grades*, jedoch, was den letzten betrifft, nach einem feststehenden *Minimum* und *Maximum*, so daß nun zwar der Richter innerhalb dieser Grenzen nach Erwägung der besondern Umstände eines jeden Falles die Strafe mehren oder mindern, jedoch niemals eigenmächtig über das Maximum hinausgehen oder unter das Minimum herabsteigen darf.

Über das öffentliche Schlußverfahren bei Kapitalverbrechen

Die Erinnerungen Sr. Ex., des H. Justizministers Grafen Reigersberg, veranlaßten in der Sitzung des Geh. Rats vom 21. Jan. l. J. eine Diskussion über die Frage, ob es gut und zweckmäßig sei, bei Kapitalverbrechen ein öffentliches Schlußverfahren anzuordnen nach den Bestimmungen, welche hierüber in unserm Entwurf enthalten sind.* Die bejahende Antwort dieser Frage hatte zwar in den vereinigten Sektionen die Einhelligkeit, in dem vollen Geh. Rate die Mehrheit der Stimmen für sich. Und Ew. Königl. Majestät Allerhöchstselbst geruhten hierauf, die Einführung dieses öffentlichen Verfahrens als einer löblichen, der Gerechtigkeit anständigen Einrichtung allergnädigst

* F. hatte zuerst bei *allen* Verbrechen öffentliches Schlußverfahren beantragt, hernach aber in Erwägung der großen Schwierigkeiten, welche die Organisation der Gerichtsverfassung der Ausführung dieser Idee entgegengesetzte, seinen Antrag nur auf Kapitalverbrechen beschränkt.

zu beschließen. Da jedoch Sr. des Herrn Justizministers Exzellenz mich aufgefordert haben, diesen Gegenstand nochmals zu überdenken, um denselben von neuem in Beratung zu bringen, so entledige ich mich hiermit dieses Auftrags. Zwar muß ich im voraus bekennen, daß ich mit aller Mühe und Selbstverleugnung keine andere Überzeugung gewinnen konnte als diejenige, welche von den vereinigten Sektionen in dem hohen Geh. Rat bereits gefaßt worden ist. Indessen wird es zur vollen Aufklärung des Gegenstandes und zur Rechtfertigung der frühern Beschlüsse wesentlich dienen, wenn die Gründe zur Einführung eines öffentlichen Schlußverfahrens umständlich dargestellt und alle Gegengründe nochmals genau erwogen werden.

Das Thema meiner Aufgabe würde mir den Weg zu sehr umfassenden Betrachtungen öffnen, wenn ich in die große Frage über die Öffentlichkeit der Justiz überhaupt eingehen wollte. Es ist von den geistreichsten Gelehrten, von den erfahrensten Staatsmännern schon längst dargetan worden, daß der Schleier des Geheimnisses der Gerechtigkeit überhaupt nicht zieme; daß die Gerechtigkeit da am besten verwaltet werde, wo man sie öffentlich verwalte, daß die Scheu vor der öffentlichen Meinung weit eindringlicher wirkte als jede andere Art von Aufsicht über die Richter, daß das dem Staat so wichtige Zutrauen der Nation in die gerechte Verwaltung der Justiz bedingt sei durch die Öffentlichkeit dieser Verwaltung, daß durch nichts so sehr als durch diese Öffentlichkeit die Gefahr einer in seelenlosen Mechanismus ausartenden Justizmanipulation abgewendet werde, daß endlich solche Einrichtung des gerichtlichen Verfahrens als eine Nationalanstalt zu betrachten sei, welche einesteils, indem sie das Volk an öffentlichen Angelegenheiten teilnehmen läßt, zugleich den öffentlichen Geist weckt und nährt, andernteils Veranlassung wird zur Entwicklung und Ausbildung von mancherlei Talenten, welche da, wo das öffentliche Leben bloß im Papier sich regt, ewig begraben bleiben. Ich lasse indessen diese Behauptungen, sofern sie in solcher Allgemeinheit ausgesprochen sind, hier auf sich beruhen; es würde mich zu weit führen, ihnen zu folgen, ich bleibe bei dem nächsten Gegenstande stehen. Wenn 1. schon die Heimlichkeit des

Inquisitionsprozesses im allgemeinen lauter Vorwurf gefunden hat, so muß sich um so mehr jedes für wahre Gerechtigkeit und Humanität gestimmte Gemüt durch diese unbedingte Heimlichkeit zumal in denjenigen Fällen beleidigt finden, wo es dem Leben und der ganzen bürgerlichen Existenz des Menschen gilt. Auf eine geheime Denunziation in einer geheimen Inquisitionsstube wird der Angeschuldigte untersucht; von einem geheimen Gerichte, das unter einer geheimen Aufsicht steht, wird er gerichtet – erst am Schlusse des mysteriösen Trauerspiels öffnet sich der geheimnisvolle Vorhang – der Angeschuldigte besteigt das Blutgerüst. Gegen ein solches Verfahren empört sich gewiß schon jedes feinere Gefühl, selbst ohne sich der Gründe bewußt zu sein. Doch an Gründen fehlt es nicht. Denn

2. gesetzt, die Öffentlichkeit des Schlußverfahrens wäre eine bloße Prunkanstalt (wie sie es nicht ist, welches bald gezeigt werden soll), so wäre ihr Prunk wenigstens ein sehr anständiger – eine würdevolle Feierlichkeit, mit welcher sich die Gerechtigkeit umgibt, wenn sie bereit ist, die wichtigste und schrecklichste ihrer Handlungen auszuüben. Dieses erkannten alle weisen Gesetzgeber, dieses Gefühl sprach sich in der Sitte fast aller Nationen aus. Das Gesetzbuch Karl V. kennt zwar kein öffentliches Schlußverfahren in unserm Sinne, nach unsrer Form, doch aber ein öffentliches Schlußverfahren, das, soweit noch das Karolinische Gesetzbuch gilt, überall in Deutschland beobachtet wird, nämlich die Hegung des sogenannten hochnotpeinlichen Halsgerichts. Nach gesprochner Sentenz, jetzt gemeiniglich erst am Tage der Hinrichtung, versammelt sich der Richter mit sieben oder acht Beisitzern entweder in einem allen Menschen zugänglichen Gerichtssaal oder gewöhnlicher unter freiem Himmel auf einer dazu besonders erbauten Bühne. Vor dem Richter liegt der Stab und ein entblößtes Schwert. Der Richter fragt nun zuerst, ob auch das Gericht gehörig besetzt sei, wie es das Gesetz des Landes verlange. Wenn diese Frage von dem Beisitzer durch Ja beantwortet ist, wird der Verbrecher fesselfrei vorgeführt; ein Ankläger tritt auf mit einer kurzen Anklage, und dann nimmt der Richter das Wort und befragt den Inquisiten nochmals über die vorzüglichsten

Anklage- und Verteidigungspunkte. Beharrt er bei seinem Bekenntnis, so wird das Urteil von dem Gerichtsschreiber öffentlich vorgelesen, der Stab über den Verurteilten gebrochen und dieser nun dem Scharfrichter übergeben. Der Zweck dieses hochnotpeinlichen Halsgerichts ist, um mich der Worte *Quistorps* (Pein. R., T. II, § 792–798) zu bedienen, bei welchem die ganze Feierlichkeit umständlicher zu lesen ist: „damit bei den Zuschauern ein tiefer Eindruck gemacht und ein jeder durch das letzte freiwillige Bekenntnis des Verurteilten überzeugt werde, daß demselben kein Unrecht geschehe". Diese Gedanken, die schon dem blutigen Gesetzbuch Karl V. im Anfange des 16. Jahrhunderts nicht fremd waren, dürfen dem Gesetzbuche für Bayern am Anfange des 19. nicht verlorengehen. Was jenem Gesetzbuch und den Ländern, wo es gilt, das hochnotpeinliche Halsgericht *nach* erkanntem Urteil sein sollte, das ist uns vor erkanntem Urteil das öffentliche Schlußverfahren, nur mit dem Hauptunterschiede, daß dieses seinem Zwecke mehr entspricht und jenes in vielfacher Hinsicht gefährlicher ist; denn vor dem hochnotpeinlichen Gericht wird der Verbrecher noch einmal über die Anklagepunkte förmlich verhört, wodurch den Rechtsgelehrten vielfach Gelegenheit gegeben wurde zur Untersuchung der Frage, was Rechtens sei, wenn der Verbrecher vor öffentlichem Halsgericht sein Bekenntnis widerrufe.

3. Wenn der Vollstreckung des Urteils nicht ein öffentliches Schlußverfahren vorhergeht, so sieht das Volk in der Strafvollziehung zwar eine öffentliche Gewalthandlung des Staats, nicht aber den Akt der Gerechtigkeit, durch den sie gerechtfertigt ist; es sieht die Strafe, nicht das Verbrechen. Heimlichkeit in Charakter der Unredlichkeit; unbefangne Offenheit wird überall bei der redlichen Rechtlichkeit (?) gesucht, weil sie das Zeichen des Bewußtseins ist, daß man das öffentliche Urteil nicht zu scheuen habe. Ist daher dem Staat an dem öffentlichen Vertrauen des Volks gelegen, will er die lebendige Überzeugung wecken, daß er nicht räche, sondern strafe, nicht Gewalt übe, sondern das Recht handhabe, daß er nicht aus Übereilung, sondern nach bedächtiger Überlegung, nicht bloß auf Anklage, sondern auch auf förmliche Verteidigung den Richterstab über den Angeklagten gebrochen, will er dieses (und mir scheint: das

müsse er wollen), so muß er das Volk zum Zeugen der Anklage und Verteidigung nehmen, er muß die Gerichtstüren öffnen, wenigstens in dem entscheidenden Augenblick, wo die begründeten Resultate der Untersuchung dem urteilenden Richter zur Entscheidung über Tod und Leben vorgelegt werden sollen. So wie jetzt der Gebrauch ist, verteilt man am Tage der Hinrichtung ein Blatt Papier unter das Volk worauf gedruckt steht, was dem Verbrecher den Tod zugezogen hat, und woraus man soviel kaum zur Genüge sieht, was die Richter gegen den Delinquenten zu sagen hatten, wodurch aber nichts von allem dem bewirkt wird, was nur durch das Öffentliche Anklage- und Verteidigungsverfahren bewirkt werden kann, nämlich die klare, feste Überzeugung, daß gegen den Hinzurichtenden ordentlich verfahren worden sei, daß ihm das wirklich zur Last liege, dessen er angeschuldigt worden, daß man ihn zur ordentlichen Verteidigung zugelassen, daß man nicht bloß das gehört und gewürdigt, was der Ankläger wider ihn zu sagen hatte, sondern auch dasjenige, was der Verklagte für sich zu sagen wußte. Auf der andern Seite aber

4. gewinnt auch das Volk, wenn der Angeschuldigte von der Strafe losgesprochen wird, durch seine eigenen Sinne, nach seinem eigenen Urteil die Überzeugung, daß nicht Parteilichkeit, nicht Begünstigung der Person, sondern nur die Gerechtigkeit die Entscheidung gefaßt habe. Denn es hört die Anklage, hört die Gründe des Verteidigers, erfährt durch diesen die Mängel der Untersuchung, die Unvollständigkeit oder das Schwankende der Beweise, die Erheblichkeit der mildernden oder entschuldigenden Umstände. Wenn auch vielleicht das Publikum die Gründe des Anklägers stärker finden sollte als die des Verteidigers, so wird es zwar die Sentenz zu großer Gelindigkeit, nicht aber den Richter der Parteilichkeit, der schleichenden Begünstigung beschuldigen können. Dieser Beschuldigung, diesem Verdacht wird schon durch die Öffentlichkeit allein auf das sicherste begegnet. Wie sehr es aber solcher Rücksichten bei dem Volke bedarf, das weiß jeder, welcher das Volk aus der Erfahrung kennt, seine Denk- und Handlungsweise mit eignen Augen beobachtet hat. Die Masse des Volkes ist fast überall mehr oder weniger mißtrauisch

gegen die Maßregeln der Regierung, am meisten aber da, wo die Regierung straft. Man hat nur zu oft Gelegenheit, Gespräche zu beobachten, wie sie Referent bei der letzten Hinrichtung unter dem Schafotte gehört. „Was hat er verbrochen?“ „Er hat sein Weib umgebracht.“ „Sein Weib umgebracht? Nun freilich, hätte er aber ein paar goldene Quastl auf dem Hute getragen, so säße er vermutlich auch nicht auf dem Karren!“

Aus allem diesem ergibt sich:

5. daß das öffentliche Schlußverfahren nichts weniger ist als eine bloße Prunkanstalt. Das kann dieses Verfahren so wenig sein, als die Anklage und die Verteidigung selbst bloße Formalitäten genannt werden können. Überall, auch in den rohesten Zeiten, erkannte man, daß der Mensch, welcher den schrecklichen Tod auf dem Schafotte sterben soll, auf vorzüglich menschliche Behandlung, auf besondere Rücksichten für seine letzten Wünsche Anspruch habe. Man gab ihm einen freundlicheren Aufenthaltsort, gestattete ihm den tröstenden Zutritt seiner Freunde, gab ihm an Speise und Trank, was er wünschte, befriedigte ihm mit entgegenkommender Humanität jedes Begehren, das nur immer befriedigt werden konnte. Gleichen Anspruch und mit noch größerem Rechte hat aber derjenige auf Humanität, der zwar noch nicht um sein Leben verurteilt ist, doch in der nahen Gefahr steht, dazu verurteilt zu werden. Was kann für ihn in dieser schrecklichen Erwartung beruhigender sein, als wenn der Staat ihm gestattet, nicht nur vor den Augen seiner Richter zu stehen und zu den Männern selbst mit lebendigem Worte sprechen zu dürfen, welche über sein Leben oder seinen Tod zu entscheiden haben, sondern auch sich vor den Augen seiner Mitbürger zu verteidigen, seine Verteidigung unter dem Schutze der Publizität zu führen? Denn diese Publizität leistet ihm dafür beruhigende Bürgschaft, daß die Richter seine Verteidigung nicht bloß hören, sondern auch aus Scheu vor dem Publikum gehörig würdigen werden. Man vergesse hierbei auch nicht, daß zwar gemeiniglich, doch auch nicht immer der wirkliche Verbrecher, nicht immer der des Todes wirklich Schuldige vor dem Richter steht, daß das Schlußverfahren auch dem, wo nicht Unschuldigen, doch minder Schuldigen zugute kommt, z. B. dem Men-

schen, der zwar getötet, aber nur in Notwehr oder nur aus überschrittener Notwehr getötet hat und vielleicht nur sehr unvollkommen imstande war, den Beweis zu führen, den die Strenge des Gesetzes von ihm fordert. In diesen und ähnlichen Fällen springt das Harte, Gehässige, Unedle und zugleich Gefährliche eines heimlichen Verfahrens am deutlichsten in das Auge.

Ich wende mich nun zu den praktischen Einwendungen, welche dem öffentlichen Schlußverfahren entgegengesetzt worden sind. Man wendet ein:

1. *den Mangel des Lokals, die Notwendigkeit, Bänke, Stühle etc. herbeizuschaffen* u. dgl. Allein auf diese Bemerkung wurde schon bei einer andern Gelegenheit geantwortet.

2. *„Der Transport des Gefangenen vom Sitz des Landgerichts zum Appellationsgerichte verursache Kosten und begründe Gefahr der Entweichung*. Allein was die Kosten betrifft, so können diese eben nicht so groß sein, um die Einführung einer Anstalt zu vereiteln, welcher selbst ihre Gegner das Lob einer gerechten, großen, schönen Idee nicht versagen können. Aus der Gefahr der Entweichung folgt nur, daß, wie bei allen Transporten schwerer Inquisiten (welche ja auch z. B. bei Konfrontationen, Rekognitionen usw. vorkommen müssen) der Transportierte gut zu schließen und gut zu bewachen sei, wofür der Staat seine Gendarmen bezahlt.

3. *Das Publikum werde wenig Interesse an dieser Verhandlung nehmen, anfangs werde man zulaufen, dann werde bald der Saal leer stehen*. Wenn bei allen Kriminalverhandlungen, wohl gar, wie in England, in Frankreich und andern französisch organisierten Staaten, bei den Verhandlungen der Ziviljustiz das öffentliche Verfahren eingeführt würde, wenn die Gerichtstüren sich alle Tage öffneten, um unbedeutende Kleinigkeiten oder solche Verhandlungen zur Publizität zu bringen, welche mit dem allgemeinen menschlichen Interesse in keiner Beziehung stehen, so wäre dieses freilich zu besorgen. Aber der Streit um Leben oder Tod, die Verhandlung über begangene schwere Verbrechen fordert auch das rohste Gemüt zur Teilnahme auf, reizt und beschädigt die Neugierde selbst derjenigen, welche für die feinern menschlichen Beziehun-

gen, die sich in jenem großen Schauspiel offenbaren und entwickeln, keinen Sinn haben. Nur von einem ganz herz- und seelenlosen, bis zur Brutalität abgestumpften Volke könnte man eine solche Gleichgültigkeit gegen jene feierliche Handlung mit Grund besorgen. Warum strömt das Volk zu dem Blutgerüste? Ist es, um Blut zu sehen? Um sich an der Angst des Sterbenden, an den Zuckungen des Leichnams zu vergnügen? Gewiß nicht, sondern es ist dasselbe Interesse an dem Menschlichen, welches das Volk zum Blutgerüste und da, wo ein öffentliches Verfahren besteht, in die Gerichtssäle führt.

4. ***Es koste diese Verhandlung mit ihren Vorbereitungen zuviel Zeit, die Aburteilung und Vollstreckung werde dadurch verzögert.*** Ich antworte: Wenn die Idee eines öffentlichen Verfahrens um der Gerchtigkeit willen notwendig, wenn sie, wie allgemein zugestanden wird, groß und schön ist, so würde ihre Einführung doch gewiß mit der Zögerung von einigen Tagen, selbst mit dem Verzug von einigen Wochen und mit den paar Gulden, welche die Ätzung des Inquisiten mehr kostet, nicht zu teuer bezahlt sein. Überhaupt kommt es ja bei wichtigen Angelegenheiten des Staats, insbesondere bei Handlungen der Gerechtigkeit, zunächst nicht darauf an, daß sie so schnell als möglich, sondern daß sie so gut und so würdig als möglich getan werden, eine Maxime, welche gewiß da am dringendsten ihre Anforderung macht, wo es dem Leib und Leben eines Bürgers gilt.

5. ***Dieses öffentliche Schlußverfahren sei mit dem inquisitorischen Prozeß unverträglich.*** Jenes Verfahren würde nur dann damit unverträglich sein, wenn dasselbe entweder dem Begriffe des inquisitorischen Verfahrens widerspräche oder wenn dadurch der Zweck des Untersuchungsprozesses gestört oder vereitelt würde. Jenes wäre eine logische, dieses eine politische Unverträglichkeit. Die erste ist gewiß nicht vorhanden, denn das Wesen des inquisitorischen Prozesses besteht nur darin, daß der Untersuchungsrichter von Amts wegen verfährt, daß die Tätigkeit der Kriminalgerichtsbarkeit nicht durch die Aufforderung eines Anklägers, der als Partei gegen den Angeschuldigten auftritt, bedingt ist, womit denn gar wohl sich verträgt, daß nach geschlossener, von Amts wegen angefangener und vollführter Untersuchung ein Ankläger die Anklagepunkte reas-

sumiert und vor den Augen des Volks dem Richter vorlegt. Die *politische* Unverträglichkeit könnte leicht nachgewiesen werden, wenn die Untersuchung selbst öffentlich geführt würde; die Nachteile dieser Publizität, die Gefahren, welche hieraus für das ganze Gelingen des Prozesses entstehen, wurden schon im Jahre 1781 von einem sehr unterrichteten und geistreichen französischen Rechtsgelehrten, von Boucher d'Argis, in seinen „Observations sur les lois criminelles de France", umständlich entwickelt. Allein alles dieses trifft unsern Entwurf nicht, nach welchem der Ankläger erst nach vollkommen beendigter und geschlossener Untersuchung öffentlich auftritt.

6. *Werde das Urteil an dem Sitze des Appellationsgerichts vollstreckt, so gehe dadurch der Eindruck der Exekution für den Ort der begangenen Tat verloren.* Der Eindruck, den das bloße Zusehen bei der Hinrichtung hervorbringt, ist gemeiniglich ein Eindruck von ganz anderer Art, als welchen das Gesetz bei der Exekution seiner Strafe sich wünschen muß; dieser Eindruck ist sogar gemeiniglich der Absicht des Gesetzes geradezu entgegen. Bei dem schauerlichen Anblicke der Todesangst des Verbrechers wird in dem Gemüt der Zuschauer über dem leidenden Menschen meistens der schuldige Verbrecher übersehen, und statt des Schauders vor dem Verbrechen entsteht mitleidige Rührung, wehmütige Teilnahme an dem Leiden dieses Missetäters. Dieses und anderes ist Ursache, weshalb mehrere Gelehrte, welche sich auf Kenntnis des menschlichen Herzens verstehen, insbesondere der berühmte amerikanische Schriftsteller *Benjamin Rusch*, jede öffentliche Hinrichtung mißraten und bloß die Ausstellung des Leichnams oder Kopfs oder auch die bloße Verkündigung der geschehenen Vollstreckung empfehlen. Ist nun kein Zweifel darüber, daß der Verbrecher die verdiente Strafe wirklich erlitten habe, wird in den Zeitungen im allgemeinen, allenfalls am Orte der begangenen Tat insbesondere, die Vollstreckung des Todesurteils bekannt gemacht, so ist alles geschehen, was des Eindrucks wegen zu geschehen braucht. Zudem ist es in anderer Rücksicht sehr wichtig, daß die Vollstreckung der Todesurteile am Sitz des Kriminalgerichts geschehe. Es können sich noch nach der Publikation des rechtskräftigen Urteils Umstände ereignen,

welche, wenn darum die Vollstreckung nicht verzögert werden soll, die Nähe des Kriminalgerichts fordern.

7. *Das öffentliche Verfahren könne manche Nachteile in einzelnen Fällen hervorbringen, das Volk könne sich vielleicht zu sehr für den Verbrecher durch dessen Verteidigung interessieren; es könne manches publik werden, was besser dem Volke verborgen geblieben wäre u. dergl.* Hierauf antworte ich: Wenn einzelne irgendeinmal mögliche Nachteile über das Schicksal einer an sich notwendigen, gerechten, menschlich schönen Einrichtung entscheiden sollen, so gibt es keine einzige Einrichtung, und wenn sie von allen sieben Weisen erfunden und eingerichtet wäre, welche nicht verwerflich genannt werden könnte. Indessen mache ich noch eine andere Instanz. Referent hatte bei Gelegenheit der Einrichtung der Spezialgerichte in derselben Versammlung über das öffentliche Verfahren zu sprechen. Es galt damals der Bestrafung von Staatsverbrechen, in welche die feinsten politischen Rücksichten auf innere und äußere Verhältnisse verflochten waren; der Staat selbst war in der äußersten Gefahr, befand sich in einem Zustande, wo heimliches Verfahren am ersten entschuldigt werden konnte; hier brannte Aufruhr und Verrat, dort glimmte er unter der Asche. Nichtsdestoweniger siegten die hohen Gedanken der Gerechtigkeit, Menschenwürde und Liberalität über alle Rücksichten der politischen Ängstlichkeit, und das öffentliche Verfahren wurde genehmigt. In der Stadt selbst*, wo kaum erst ein wilder Aufruhr gedämpft worden, wurde ein Spezialgericht eingesetzt; man fand ein Lokal und Sitze für die Zuhörer bei dem öffentlichen Verfahren; man bekam so viel aufmerksame Zuhörer, als der Saal nur immer zu fassen vermochte; man konnte nach dem Berichte des dortigen Direktors den feierlichen Eindruck, den das Ganze in den Gemütern hervorbrachte, sowie die lebhafte Teilnahme des Publikums an der Verhandlung auf das deutlichste wahrnehmen. Aber von Gefahren oder nachteiligen Folgen hat sich, damals wenigstens, nichts offenbart.

Referent glaubt daher, seine Meinung alleruntertänigst dahin äußern zu müssen:

* Nürnberg

daß Ew. Königl. Majestät geruhen möchten, den in vorheriger Session allergnädigst gefaßten Beschluß rücksichtlich des öffentlichen Verfahrens nicht abzuändern und auch zu diesem Teile des Entwurfs, welcher zu dessen größten Vorzügen gehört, welcher denselben der Zeiten Ew. Königl. Maj. am meisten würdig macht, Allerhöchstdero Genehmigung nicht zu versagen.*

Vortrag,
*die künftig einzuführende Todesstrafe betreffend***

In die neue Gesetzgebung des Königreichs kann nur *eine* Art der Todesstrafe – und zwar nur eine *einfache* Todesstrafe aufgenommen werden.

* Gleichwohl erfolgte hierauf am 23. Febr. der allerhöchste Beschluß, daß das öffentliche Schlußverfahren als eine unwesentliche, vom inquisitorischen Verfahren abweichende Solennität in das neue peinliche Gesetzbuch nicht aufzunehmen sei.

** Dieser Vortrag gehört zwar der Zeit nach in das Jahr 1810 in die vereinigten Sektionen der Justiz und des Innern, der Sache nach aber doch hierher, nämlich zum Strafgesetzbuch von 1813, und reiht sich nicht unpassend an den vorhergehenden Antrag an, nur mit dem Unterschiede, daß die Heimlichkeit der Strafgerechtigkeit durch den Märzsturm von 1848 endlich beseitigt wurde, der Gegenstand, dessen Abschaffung aber hier beantragt wird, noch bis auf den heutigen Tag existiert. Die wichtige Frage, ob nicht die Todesstrafe überhaupt abzuschaffen sei, hat F. in seinen („nicht vollständig ausgearbeiteten") Motiven nur mit wenigen Worten berührt, deren Inhalt kürzlich der ist, daß die Philosophie über die Rechtmäßigkeit der Todesstrafe noch im Streite sei, daß dieselbe aber wenigstens der Erfahrung nach zur Zeit noch notwendig sei. In seiner „Kritik des Kleinschrodschen Entwurfs", 3. Tl., S. 164–177, spricht er sich für die Todesstrafe aus, wenigstens für die zeitliche Beibehaltung derselben in einem Lande wie Bayern, wo ein drakonisches Strafsystem bisher bestanden habe und daher ein plötzlicher Übergang von der höchsten Strenge zur höchsten Milde die gefährlichsten Folgen haben müsse. Grohmann, dieser gründliche Gegner der Todesstrafe,

Aber welche? Dieses ist in Frage. Es kann nur die Wahl sein zwischen der Strafe des *Stranges* und der *Enthauptung*. Für die erstere hat sich die Majorität der Geheimen Rats-Mitglieder in den vereinigten Sektionen der Justiz und des Innern entschieden.

Allein obgleich diese Strafe schon in einigen Gebietsteilen des Königreichs ausschließlich als Todesstrafe gilt, so stehen ihrer Einführung in das neue Gesetzbuch gleichwohl folgende sehr erhebliche Bedenklichkeiten entgegen.

1. Wenn auch die Meinung einiger Physiologen, das Hängen sei eine leichte, wohl gar eine wollüstig angenehme Todesart, als wahr und vollkommen erwiesen angenommen wird, so weiß doch jeder Sachkenner, daß die Sicherheit und schnelle Wirksamkeit des Hängens wieder zuletzt auf der Geschicklichkeit des Scharfrichters beruht und es daher auch hier gewissermaßen von dem Zufalle abhängt, ob der Delinquent schnell davonkommen oder lange gemartert werden soll. Hierzu kommt, daß die Scharfrichter in Bayern die Gewohnheit haben, gewisse äußerst qualvolle Handgriffe anzuwenden, die man ihnen zwar verbieten, aber, da bei solchen Leuten das Vorurteil zu tief eingewurzelt ist, schwerlich allgemein verhindern kann.

2. Beleidigt diese Strafe in der Anwendung oder vielmehr fast immer den öffentlichen *Anstand* und die *Dezenz* aus Gründen, welche die Schicklichkeit hier weiter auszuführen verbietet.

3. Diese Strafe ist nach den bisherigen Gesetzen eine *ehrlosmachende* Todesart, welche durch das gemeine Volksvorurteil zugleich auf die Familie des Verbrechers entehrend ihre Folgen verbreitet. Daher

4. würden Se. Königl. Majestät in nicht geringe Verlegenheit gesetzt werden, wenn, nachdem diese Todesart als einzige gesetzlich geltende Todesstrafe eingeführt wäre, eine Person *vornehmern* Standes die Todesstrafe verwirkt haben sollte.

5. Die gemeine Volksmeinung, welche bei der Kriminal-

macht in seiner Schrift „*Christentum und Vernunft für die Abschaffung der Todesstrafe*", 1835, S. 237, die (wahrscheinlich aus einem Briefe F.s an ihn geschöpfte) Mitteilung, daß F. am Ende sich überzeugt habe, daß „*die Todesstrafe als unrechtmäßiges Strafmittel abzuschaffen sei*".

gesetzgebung immer möglichst geschont werden muß, bezieht den Strang bloß auf den Diebstahl und andere Verbrechen gegen das Eigentum. Hingegen bei dem *Morde* ist die Meinung des Volkes überall durch den bekannten Spruch des Alten Testaments: „*Wer Menschenblut vergießt, des' Blut soll wieder vergossen werden*", bestimmt. Diese buchstäbliche Auslegung der mosaischen Gesetzgebung ist tief in den Gemütern des Volkes eingewurzelt und allgemein unter den christlichen Religionsparteien verbreitet. Die Strafe des Stranges bei dem Mord beleidigt daher das moralische Gefühl und die religiöse Überzeugung des Volkes und muß daher schon deswegen von einem weisen Gesetzgeber verworfen werden.

Es kann daher, nach Überzeugung des Referenten, bloß auf die Strafe der *Enthauptung* der Antrag gemacht werden.

Aber nun fragt sich: Wie soll die Enthauptung vollzogen werden?

Es kann dieses geschehen entweder

I. durch das *Schwert* oder

II. durch das *Beil* oder endlich

III. durch das *Fallbeil*.

I. Gegen die Strafe des Schwertes hat die *allgemeine Erfahrung und die Einhelligkeit der Stimmen aller denkenden Gelehrten und aller Sachkundigen entschieden*. Denn

1. es hängt bloß von dem Zufall ab, ob der Wille des Gesetzes pünktlicher vollzogen oder die beabsichtigte einfache Todesart eine höchst martervolle, grausame, barbarische Todesart werden soll*;

2. ist sie denjenigen, welche sie vollstrecken sollen, gefährlich, weil der sogenannte Vorführer oder Kopfhalter immer in Gefahr ist, daß ihm in den Kopf oder in den Arm gehauen werde.

* „Durch ein Ungefähr", drückt sich hierüber F. in seiner „Kritik des Kleinschrodschen Entwurfs", 2. Tl., S. 184, aus, „durch ein Zittern der Hand, oft veranlaßt durch den Gedanken: dieses Geschöpf, das du vernichtest, ist Mensch!, artete sie (die Schwertstrafe) schon unzählig oft in ein blutiges Gemetzel aus, das ebensosehr die Menschlichkeit empörte als die Gerechtigkeit beleidigte. Menschliche Regenten haben sie daher längst aus alten Gesetzen durch neue Verordnungen vertilgt."

In dem anliegenden Gutachen der Scharfrichter zu München und Neuburg ist alles dieses umständlicher entwickelt.

II. Se. Königl. Maj., hiervon Allerhöchstselbst überzeugt, haben in einer Staatskonferenz allergnädigst zu beschließen geruhet, daß künftig die Enthauptung mit dem *Beile* geschehen solle. Infolge dieses Befehls ließ das Justizministerium von Sachverständigen das Modell eines *Beils* und *Blocks* verfertigen. Als aber diese Instrumente den Scharfrichten vorgezeigt wurden, erklärten sie, daß damit wenig gewonnen sei; auch das Beil könne leicht fehlen, und bei Personen mit einem sehr kurzen Halse und vorgebückten Kopfe sei es fast ganz unanwendbar.

In dem anliegenden Gutachen der obenerwähnten Scharfrichter äußern daher diese den dringenden Wunsch, daß Se. Königl. Majestät der Menschheit und ihnen selbst die Wohltat erzeigen möchten, das *Fallbeil* einzuführen.

III. Dieses *Fallbeil* ist ohne allen Streit:

1. die schnellste und untrüglichste, sicherste Art der Enthauptung.

2. Schon in dem Mittelalter bestand es an verschiedenen Orten in Deutschland unter dem Namen „*Diehle*" und in Italien von den ältesten bis auf die neusten Zeiten unter dem Namen „Mannája". – Es wurde zwar dieses Instrument unter dem Namen Guillotine während der französischen Revolution zu grausamen Ungerechtigkeiten mißbraucht; allein

3. nichtdestoweniger wurde es nach längst beendigter Revolution von dem französischen Kaiser bis auf den heutigen Tag beibehalten und selbst da eingeführt, wo sein Gebrauch nicht Sitte gewesen war. Der französische Kaiser, der sonst alles zu vertilgen sucht, was an die traurigen Revolutionszeiten erinnern kann, glaubte nichtsdestoweniger dessen Beibehaltung der Menschheit und Gerechtigkeit schuldig zu sein.

4. Was kann denn ein Instrument dafür, daß es von Mörderhänden gebraucht worden ist.* Müßten wir nicht sonst unsere Messer verbannen, weil sie gewöhnlich zum

* Die Herren Geheimen Räte waren nämlich deswegen gegen das Fallbeil, weil es „gehässige und grausame Erinnerungen erwecke".

Morden gebraucht werden? Dürften wir die Enthauptung durch das *Schwert* oder durch das *Beil* einführen, bloß weil diese Werkzeuge einst mißbraucht worden sind? *Thomas Morus*, *Anna Boleyn*, *Maria Stuart*, *Karl I.* starben in England unter dem *Beile* den Märtyrertod; das Blutbad zu Stockholm unter dem Wütrich *Christiern*, die Greuel des Herzogs *Alba* in Holland, der Justizmord an dem Fürsten von *Gavre*, Grafen *Egmont* wurden mit dem Schwerte vollzogen, und es war vorzüglich das Schwert, das in der Sizilianischen Vesper und in der Bartholomäusnacht gewütet hat.

Wem sind die in der *Französischen* Revolution berüchtigten *Füsiliaden* unbekannt? Und gleichwohl besteht noch in ganz Europa das *Füsilieren* als militärische Strafe. Kann also der Umstand, daß das *Fallbeil*, die *Diehle*, die Mannaja unter dem Namen „Guillotine" mißbraucht worden ist, ein Grund sein, um dieses Instrument, das die *Humanität* und *Gerechtigkeit* fordern, das als das zweckmäßigste anerkannt ist, nicht einzuführen? Es ist daher der pflichtmäßige, gewissenhafte Antrag des Referenten dieser:

daß Se. Königl. Majestät sich allergnädigst bewogen finden möchten, die Strafe der Enthauptung auch künftig bestehenzulassen, jedoch statt dem *Schwert* das *Fallbeil* einzuführen.

München, den 3. August 1813

Gutachtliche Erinnerungen über die von Titl.-Dir. v. Gönner und E. v. Kobel verfaßten Motive zum Allgem. Strafgesetzbuch

I

Zweck und Absicht der Bekanntmachung gesetzlicher Beweggründe überhaupt; von der Wichtigkeit derselben und von den Grundsätzen, nach welchen sie bearbeitet werden möchten

§ 1

Die Absicht, aus welcher die einem Gesetzbuch zugrunde liegenden Motive bekannt gemacht werden, kann eine doppelte sein, eine *politische* oder eine *juridische*. Jene geht darauf aus, das Vertrauen der Nation in die neue Gesetzgebung zu gewinnen, durch die Publizität der gesetzlichen Gründe die Legislation vor den Augen des gesamten Volkes zu rechtfertigen und allgemein die Überzeugung zu bewirken, daß nicht Willkür oder gehässige Absicht, sondern Vernunft und Staatsweisheit die gesetzgebende Macht in ihren Entschließungen geleitet habe. Eine neugegründete Regierung, welche noch mit dem Mißtrauen der Nation zu kämpfen hat und gleichwohl die Wichtigkeit der öffentlichen Meinung erkennt, oder auch eine schon durch langes Besitztum feststehende Regierung, welche durch wichtige, in die Staatsverfassung im ganzen oder in das Interesse aller einzelnen eingreifende Gesetze den öffentlichen Zustand wesentlich zu ändern unternimmt, wird daher gern jene politische Absicht ergreifen und durch öffentliche Rechtfertigung ihrer Gesetze das Volk von der Vortrefflichkeit und Weisheit der Gesetze zu überzeugen suchen. Bayern ist, was die neue Strafgesetzgebung betrifft, nicht in diesem Falle. An Gesetzen, welche zunächst bloß dem Verbrecher gelten, nimmt die Nation als solche wenig teil; sie betrachtet diesen Zweig der Gesetzgebung als Sache der Rechtsgelehrten und findet in Gesetzen wider Mörder, Räuber, Diebe usw. nur im allgemeinen und nur insofern einen Gegenstand ihres Interesses, als diese Gesetze bestimmt sind, den Rechtschaffenen gegen den Schlechten zu schützen. Ob aber der Begriff dieses oder jenes Verbrechens so oder anders bestimmt, die Grade der Übertretungen so oder anders abgestuft, die Strafen nach diesem oder jenem Maße zugemessen worden, und anderes, was in das Detail der gesetzlichen Bestimmungen eingeht, liegt außer dem Kreise des Nationalinteresses. Möchten daher unsere Motive abgefaßt sein, wie sie wollen, sie würden über den Kreis der Gelehrten- und Beamtenwelt nicht hinauskommen. Es ist auch noch eine große Frage, ob es gut wäre, wenn die Gründe, zumal eines Kriminalgesetzbuches, in dem Gewande der Popularität sich weit unter der großen Masse verbreiteten. Ein Volk, welches von dem Gesetzgeber selbst aufgefordert ist, über seine Gesetze zu *räsonieren*, wird nicht immer diesen Gesetzen gut gehorchen; die Gesetze werden die Autorität verlieren, wo irgend Gründe allenfalls nicht überzeugen. Auch kann die Enthüllung der innern Absichten der Strafgesetzgebung den Verbrechern mancherlei Waffen gegen die Gesetze, mancherlei Kunstgriffe, sie zu umgehen und zu vereiteln, an die Hand geben. Auf jeden Fall wäre ein in alle Geheimnisse der Kriminalgesetzgebung eingeweihter Verbrecher ein sehr mißlicher Inquisit.

Daß daher die zuerst bemerkte *politische*, allgemeine und nationale Rücksicht nicht in der Absicht der Regierung bei Bekanntmachung der Motive zum Strafgesetzbuch liegen könne, scheint mir ausgemacht. Der Zweck dieser Bekanntmachung ist rein *juridisch*, geht bloß auf die *Richter*, soll diese mit dem *Geiste* des Ganzen und aller einzelnen Bestimmungen bekannt machen, um Mißdeutungen des Buchstabens in der Anwendung der Gesetze zuvorzukommen. Diese Absicht Sr. Königl. Maj. ist in dem allerhöchsten Reskripte vom Jahre 1808, wodurch der Unterzeichnete, als Verfasser des Entwurs und Redakteur des Gesetzbuchs, auch zur Ausarbeitung der Motive beauftragt wurde, deutlich und bestimmt ausgesprochen. Es könnte scheinen und hat schon verschiedenen unterrichteten Männern so geschienen, als bedürfe es selbst zu dem angegebenen juristischen Zwecke einer besonderen Motivierung nicht. Die Gründe von Justizgesetzen sind allein die *wissenschaftlichen* Prinzipien, aus welchen die einzelnen Bestimmungen geflossen sind. Da nun der Verfasser des Entwurfs zugleich Schriftsteller ist, da er seine Grundsätze über Kriminalrecht und Kriminalgesetzgebung in mehreren allgemein bekannten Werken, welche in den Gerichten Autorität haben, umständlich erörtert hat, da z. B. in seinem großen Werke „Revision der Grundsätze und Grundbegriffe des peinlichen Rechts" alle Prinzipien entwickelt sind, welche dem allgemeinen Teil unseres Strafgesetzbuchs zugrunde liegen, da er in seiner „Kritik des Kleinschrodschen Entwurfs" selbst in das Detail einzelner Bestimmungen sich eingelassen und über die meisten und interessantesten Gegenstände des speziellen Teils sich in legislativer Hinsicht verbreitet hat, so glaubten einige, es könne niemand leicht an dem Geist der bayerischen Gesetze im ganzen irre werden, wer mit dem Geist und Inhalt der Schriften ihres Redakteurs bekannt sei. Allein die Grundsätze jener Schriften mußten doch in der Anwendung zuweilen modifiziert werden; manches erhielt in dem Geschäft der wirklichen Gesetzgebung eine andere Gestalt, als es in dem Gebiet der reinen Theorie hatte; zuweilen gab der Redakteur, wenigstens im einzelnen, eine frühere Überzeugung gegen eine bessere auf; manche einzelne Bestimmung, die aus den wissenschaftlichen Ansichten des Redakteurs hervorging, erhielt nicht die Billigung der vereinigten Sektionen oder des Geheimen Rats. Insofern wäre allerdings eine *spezielle* Motivierung in jener Absicht weder zwecklos noch zweckwidrig.

Hierbei muß aber das Mittel auf seinen Zweck *ganz genau* und mit sehr *vorsichtiger Mäßigung* berechnet sein. Se. Königl. Maj. haben nach allgemeiner Überzeugung aller Unterrichteten wiederholt ausgesprochen, daß Sie keinen *Kommentar* über das neue Gesetzbuch wollen, sondern die reine Darstellung der gesetzlichen, d. i. der *wissenschaftlichen*, Gründe der Gesetze. Der Zweck eines Kommentars ist: die gesetzlichen Bestimmungen durch Erklärung ihres Inhalts zu erläutern, die Sätze, welche darin implicite enthalten sind, zu entwickeln, die Folgerungen, welche sie umfassen, daraus abzuleiten, den Zusammenhang, in welchem einzelne Verordnungen unter sich stehen, wie sie miteinander harmonieren, wie die scheinbaren Verschiedenheiten oder Widersprüche aufzulösen, vor Augen zu stellen, endlich das Allgemeine durch Beispiele, durch Entscheidung wirklicher oder fingierter Fälle in der Anwendung zu versinnlichen. Ein solcher *Kommentar* oder auch Motive, welche in das *Gebiet eines Kommentars ausschweifen*, wären das nutzloseste und gefährlichste Werk, ein wahres Grab der neuen Gesetzgebung, zumal wenn sie auch nur den Schein von *offiziellem* Ansehn für sich haben sollten. *Nutzlos* wäre ein solches Werk; denn der höchste Vorzug unseres Gesetzbuchs, durch den es, nach allgemeiner Stimme der Sachkenner, allen Strafgesetzbüchern aller Nationen den Rang streitig macht, ist seine hohe Karheit, seine Bestimmtheit und durchgreifende Präzision, die jedem wissenschaftlich gebildeten Manne, der das Werk nicht bloß ansieht oder duchblättert, sondern studiert, jeden Kommentar überflüssig macht; der *Schüler* wird Erläuterungen nötig haben, aber gewiß in wunderseltenen Fällen der *Gelehrte*. Nicht minder wäre ein solches Werk *gefährlich;* denn es würde auf diese Weise durch die Privatansichten des Kommentars den künftigen Urteilen der Gerichte vorgegriffen, es würden der freien Entwicklung der Wissenschaft und der Praxis Fesseln angelegt, überdies würde es auch der Trägheit schlaffer Köpfe zum Polster dienen und mittelmäßige Richter noch schlechter machen, als sie sind. Denn der Träge und Bequeme würde, statt mit Ernst den Inhalt des Originalwerks zu penetrieren, sich in allen halb bedenklichen Fällen an seinen Kommentar halten, wo ihm alles schon zubereitet bequem in den Mund gestrichen würde.

Eine besonders wichtige Rücksicht verdient der Umstand, ob die *Motive* zu dem Gesetzbuch bloß als *Privatwerk* oder als *offizielles* Werk in dem Publikum erscheinen. Werden die Motive zu einem Gesetzbuch von dem Redakteur oder auch von einem andern Teilnehmer an dem Legislationsgeschäfte bearbeitet und herausgegeben, jedoch so, daß der Herausgeber nicht in seiner *amtlichen* Eigenschaft, sondern nur als Gelehrter auftritt und die *Regierung* selbst an der Abfassung und Herausgabe derselben *keinen Anteil* nimmt, so wird solches Werk ein bloßes *Privatwerk* sein, das, ähnlich den in der Themis bekannt gemachten Motiven, zwar auf die Gerichte Einfluß haben kann, aber nicht weiter als ein jedes andre wissenschaftliche Werk. Ein solches Werk würde die Richter *belehren*, nicht aber *binden*; es würde gelten nicht durch *Autorität* der Regierung sondern nur so weit, als sein *innerer Wert* oder der in der Wissenschaft bekannte *Name* des Verfassers demselben Geltung verschaffte; es würde daher den Richtern bei Auslegung der Gesetze keinen andern Zwang antun als den der *eignen Überzeugung*, und daher könnte selbst ein Irrtum nicht mehr schaden, als der Irrtum jedes andern schriftstellerischen Werks schaden kann. Allein die hier zur Bekanntmachung vorgelegten Motive erscheinen nicht als bloßes *Privatwerk*; sie werden auf *königlichen Befehl* von dazu *niedergesetzten Kommissarien, unter den Augen und den Auspizien der gesetzgebenden Gewalt* ausgearbeitet, kündigen sich an als „*aus den Protokollen des Geh. Rats*" ausgezogen, treten daher als *offizielles*, mit der *Autorität der Regierung* ausgestattetes Werk in den Gerichten auf Alles, was darin steht, erscheint nun nicht etwa als Privatmeinung, sondern als *authentisch erklärte Absicht und Meinung des Gesetzgebers selbst* und ist, als offizieller Anhang und integrierender Teil des Gesetzbuchs, für die Richter ebenso bindend als das Hauptwerk selbst. An Kreitmayrs Noten brauchten sich die Richter nicht weiter zu halten, als soweit sie dieselben in der Wissenschaft gegründet und mit dem Gesetzbuch in Übereinstimmung fanden, denn Kreitmayr schrieb diese Noten bloß als Gelehrter und als Verfasser der Entwürfe; nicht so mit diesen Motiven zum künftigen Strafgesetzbuche, welche die Regierung, sobald sie dieselben erscheinen läßt, ganz zu den *ihrigen* macht, folglich mit dem Stempel öffentlichen Ansehns bekleidet. Die österreichische Regierung *erlaubte* Hrn. v. Zeiller, die Motive zu dem österreichischen Gesetzbuch in einen Kommentar zu verarbeiten; aber sie selbst machte sich für den Inhalt derselben nicht verantwortlich, sondern ließ den Verfasser dieses Buch bloß als seine gelehrte Privatarbeit bekannt machen. Welches von beiden zweckmäßiger sei, ob nicht der Richter durch *offizielle* Motive, welche er *neben* dem Gesetzbuch selbst stets berücksichtigen muß, oft in einen Zwiespalt mit sich selbst gestellt, die Unbefangenheit seiner Ansicht gestört und irre gemacht werde, das kommt mir nicht mehr zu zu beurteilen. Aber dazu kann jene

Betrachtung dienen, um die Überzeugung zu geben, daß die Ausarbeitung solcher *Motive* nicht minder wichtig sei, nicht mindere Sorgfalt, Umsicht und peinliche Genauigkeit erfordere als die Ausarbeitung des Gesetzbuches selbst. Ein Wort zu viel oder zu wenig gesagt, eine vieldeutige Wendung, ein unglücklich gewähltes Beispiel, ein Grund mehr oder weniger, selbst die Stellung der Gründe, ob dieser oder jener als Hauptgrund an die Spitze oder als Nebengrund in den Schatten gestellt wird, alles dieses kann zu den gefährlichsten Mißdeutungen des Gesetzes Anlaß, kann dem ganzen Interpretationsgeschäfte eine ganz falsche Richtung geben. Die Aufgabe ist hierbei so schwierig, die Verantwortung so groß, daß gehorsamst Unterzeichneter, wiewohl er sich zutrauen darf, seines Faches Meister und sich jeden Grundes, aus welchem jedes Sätzchen seines Werkes geflossen ist, deutlich bewußt zu sein, gleichwohl einen Auftrag zur Ausarbeitung *offizieller* Motive, ohne daß diese wenigstens den *vereinten Geheimrats-Sektionen* vorgelegt, von diesen durchgängig gewürdigt und Satz für Satz genehmigt würden, als einen für seine Schultern viel zu schweren Auftrag von sich abzulehnen sich verpflichtet fühlen müßte.

Ich wende mich jetzt zu der Anwendung dieser Ansichten auf das mir vorgelegte Manuskript zu einem exposé des motifs [einer Darlegung der Beweggründe]. Den mir erteilten allerhöchsten Auftrag glaube ich nicht so auslegen zu müssen, als sollte ich diesem Manuskript Blatt für Blatt, Satz für Satz mit kritischen Augen folgen. Denn alsdann müßte ich selbst die Motive ausarbeiten, und zum wenigsten würde die Kritik weitläufiger werden als das kritisierte Werk selbst. Ich glaube daher dem allerhöchsten Auftrag vollkommen zu entsprechen, wenn ich das Werk nach bestimmten Gesichtspunkten betrachte und jedes meiner Urteile mit entscheidenden Beispielen belege. Dadurch wird es möglich sein, aus Tatsachen ein entscheidendes allgemeines Urteil über den Wert des Ganzen zu fassen.

Ehe ich die Motive zu den einzelnen Artikeln der Prüfung übergebe, werfe ich einen Blick auf die Einleitung.

II

Bemerkungen zu der Einleitung in die Motive

§ 2

Der Verfasser der Motive hielt es, mit Grund, für zweckmäßig, diese Einleitung mit einer kurzen *Geschichte* der bayerischen Kriminalgesetzgebung zu eröffnen. Wenngleich diese Erzählung von keinem unmittelbar praktischen Einflusse ist, so darf doch nichts darin enthalten sein, was von dem Unterrichteten der *historischen Unrichtigkeit* beschuldigt werden könnte. Allein deren kommen mehrere vor. Gleich im § 2 heißt es: „Die bekannte peinliche Gerichtsordnung Kaiser Karls V. war der erste Versuch einer eignen Gesetzgebung in Deutschland, *den sich auch Bayern als Teil des Deutschen Reichs aneignete* und der mit Beihilfe einzelner Landesordnungen den bayerischen Gerichten *zur Norm diente.*" Die unterstrichnen Stellen *sind historisch falsch*. Obgleich die Karolina ein Reichsgesetz und Bayern ein deutsches Reichsland war, so kam sie doch hier *als Carolina* und *als Reichsgesetz* nie in gesetzliche Kraft. Anfangs war sie ohne allen Einfluß auf Bayern. Zwölf Jahre nach Publikation der Karolina im Jahre 1544 gab der bayerische Hofrat *Perneder* zu München ein Buch heraus unter dem Titel „*Von Straf und Poen aller und jeder Malefizhandlungen*" etc. In diesem wird aber die Karolina *ganz ignoriert* und das Strafrecht bloß nach dem Römischen und Kanonischen Recht und deren Glossatoren, desgleichen nach alt-bayerischen Landrechten und Gewohnheiten dargestellt (Malblank, „Gesch. der peinl. Gerichtsordnung Karls V.", § 44).

Viel später bekam das deutsche gemeine Recht durch die Autorität der Kommentatoren Einfluß auf die bayerischen Gerichte, und zwar nicht in *gesetzlicher Kraft*, sondern bloß als Autorität, gleichsam als raison écrite [geschriebene Vernunft], und erst im Anfange des *siebenzehnten* Jahrhunderts fingen bayerische Räte an, sich in ihren Kriminalreferaten hin und wieder auf das gemeine Recht zu berufen. Maximilian I. legte die Karolina seiner Malefiz-Ordnung vom Jahre 1616 zum Grunde und führte sie als *Landesgesetz* ein, jedoch auch dieses nur in *denjenigen Punkten*, bei welchen er sich *ausdrücklich* auf sie beruft und dieselbe *bestätigt* (Lipowsky, „Gesch. der bayerischen Kriminalgesetzgebung", § 94, S. 100).

In eben diesem § 2 wird die *Malefiz-Ordnung* des großen Herzogs *Maximilians I.* vom Jahre 1616 in einem etwas verächtlichen Tone erwähnt. Es heißt unter anderm, diese Malefiz-Ordnung sei „ein kurzes Gesetzbuch, auf achtzehn Blätter gedrängt, *aber nichts als eine Kompilation der vorherigen Gesetze, welche das Kriminalrecht in Bayern ganz auf dem Standpunkt des vorigen Jahrhunderts ließ*". Dieses ist eine sehr auffallende Unrichtigkeit, welche um so befremdender sein muß, je einhelliger das Gegenteil im In- und Auslande von Gelehrten, welche die Maximilianea gelesen haben, anerkannt ist. Die Maximilianea ist nichts weniger als bloße *Kompilation*, sondern enthält in vielen erheblichen Punkten eine sehr *wesentliche Reformation* der frühern bayerischen Gesetze und zeigt eine Menge von Bestimmungen, welche beweisen, daß Max I. weit über seinem Zeitalter stand, und wodurch die Malefiz-Ordnung nicht nur die Karolina, sondern auch sogar den viel späteren „Codex Bavaricus Criminalis", von 1751, an Humanität und philosophischem Geiste übertrifft. Ich will nur einige der auffallendsten Stellen aus dieser angeblich so schlechten Maximilianea anführen. Die Malefiz-Ordnung hob Art. 9 die Strafe des *Lebendigverbrennens* auf und verwarf Art. 8 die Strafe des *Ertränkens* als eine zu langsame Todesart. Nach Art. 1 sollen die geschlossenen Untersuchungsakten einem *Defensor* [Verteidiger] zur Einsicht mitgeteilt werden, welchem auch erlaubt ist, *sich mit dem Beschuldigten zu besprechen*. In den Art. 2–17 sind sehr menschliche Bestimmungen in Ansehung des Gebrauchs der Folter. Von den Gefängnissen heißt es Art. 8: „Sie sollen gehörig gebaut sein, um Verbrecher zu verwahren; sie sollen *derselben Gesundheit zuträglich und für ihr Leben nicht* aber *gefährlich sein*." Er entzog Art 10 den Klöstern, Kirchen und Kirchhöfen, gegen alle schweren Verbrecher, gegen Totschläger, Brandstifter, das jus asyli [Recht, Zuflucht zu gewähren] und dgl. Überhaupt war es Maximilian, welcher zuerst in dieser Malefiz-Ordnung dem *Inquisitions*-Prozeß einen bestimmteren Gang vorzeichnete und unter andern den wichtigen Unterschied zwischen General- und Spezial-Inquisition festsetzte. Was würden nun wohl die Gelehrten des In- und Auslands zu Stellen, wie die oben angeführte, in einem offiziellen Regierungswerke sagen?

Im übrigen ist diese Einleitung größtenteils ein ziemlich getreuer Auszug aus den Geheimrats-Vorträgen des Redakteurs. Indessen muß folgendes bemerkt werden. Erstlich geht diese Einleitung gar zu sehr schon in das Detail einzelner Bestimmungen und enthält eine Menge Dinge, welche weder den Richter noch den Gelehrten interessieren, weil sie in dem Gesetzbuch selbst schon stehen. So ist fast alles, was von § 19–22 auf sechs Bogen ausgedehnt ist, weiter nichts als eine räsonierende *Inhaltsanzeige* des Gesetzbuchs. Zweitens kommen eine Menge Wiederholungen vor. Was in der Einleitung gesagt wird, das wiederholen die Motive zu den einzelnen Artikeln oft wieder mit denselben Worten oder in demselben Sinne, weitläufiger oder kürzer. Drittens kommt schon in dieser Einleitung mehreres vor, gegen dessen *Richtigkeit* oder *Bündigkeit* sehr gegründete Bedenken erhoben werden können. Zum Beispiel in § 12 kommt über die *Infamie* eine Äußerung vor, welche die Justizstellen zu ganz sonderbaren Schlüssen mißleiten und Folgen herbeiführen könnte, welche der Absicht des Gesetzgebers ganz entgegen sind. Es heißt, der Gesetzgeber habe zwar die Infamie als gesetzliches Übel nicht angenommen, „allein hierdurch wollte der Gesetzgeber der öffentlichen Meinung und dem allgemeinen Zartgefühle nicht zu nahetreten, er wollte keine Achtung, *kein Zutrauen, keine Annäherung für Menschen erzwingen*, welche durch eine schändliche Handlung sich der Achtung und des Zutrauens guter Bürger unwürdig gemacht haben". Dieser so allgemein hingeworfene, von aller nähern Bestimmung entblößte Satz, wohin muß er in der Praxis führen? Durch Aufhebung der Infamie wollte der Gesetzgeber unter andern bewirken, daß der Verbrecher nach überstandner Strafe ordentlich wieder in die bürgerliche Gesellschaft zurücktreten könne, von dem freien

* Die meisten Belegstellen dieses Vorwurfs sind der Kürze halber und als zu uninteressant weggelassen worden. Dasselbe gilt von den folgenden Vorwürfen und Ausstellungen, namentlich des § 3.

Verkehr *mit andern Menschen nicht ausgeschlossen* werde und demnach imstande sei, nicht nur im Bewußtsein wieder erlangter Ehre sich zu bessern, sondern auch sich redlich sein Fortkommen zu verschaffen. Hier wird nun aber dem Richter gesagt: Der Gesetzgeber habe *keine Annäherung* an solche Menschen erzwingen wollen, er gestatte es also einem jeden, den Bestraften als einen Auswürfling zurückzustoßen, als einen Verächtlichen verächtlich zu behandeln. Und da wäre denn das Vorurteil indirekt gesetzlich sanktioniert, die *Infamie* mit ihren Folgen von dem *Gesetzbuch* ausgeschlossen, aber in dem *Leben* zugelassen. Bekanntlich war eine Folge der alten Infamie, daß der Bestrafte in *keine Zunft* mehr zugelassen wurde. Wird es bei *diesem* angeblichen Motiv des Gesetzgebers anders sein können? Ein Sträfling will künftig nach überstandener Strafe wieder in seine Zunft; er beruht sich auf das Gesetz, das keine Infamie gestattet, das da will, daß nach überstandener Strafe ein jeder wieder in den Genuß der bürgerlichen Rechte zurücktrete. Die Zunft widerlegt seine Anforderung mit dem Motiv des Gesetzes, zeigt ihm, daß da geschrieben stehe, der Gesetzgeber wolle *keine Annäherung, kein Zutrauen* gegen ehemalige Sträflinge erzwingen; da sie nun in ihn kein Zutrauen habe, da sie mit ihm als einem abgestraften Verbrecher in keiner Annäherung und Berührung stehen wolle, so könne er sich, ohne ihren Willen, in ihre Korporation nicht eindrängen. Was kann der arme, *von Rechts wegen* restituierte Verbrecher gegen eine solche Rede einwenden? Sie ist unwiderlegbar. Es bleibt ihm nichts übrig, als *Rehabilitation* nachzusuchen, und diese Rehabilitationen, welche durch das Gesetz überflüssig gemacht werden sollten, werden in Kraft der Motive wieder notwendig und allgemein herrschend werden müssen, wenn nicht der Gesetzgeber nachträglich erklärt, daß jenes in den offiziellen Motiven ausgesprochene Motiv wenigstens in der Art, wie es ausgesprochen worden, *nicht* sein Motiv gewesen sei.

Gehorsamst Unterzeichneter könnte noch mehrere Beispiele aus der Einleitung anführen, wo entweder zu viel oder zu wenig gesagt ist und das zu viel oder zu wenig Gesagte den Richter mißleiten könnte. Allein er begnügt sich, um nicht zu weitläufig zu werden, an dem Bemerkten, da die Motive zu den einzelnen Artikeln, zu welchen er nunmehr übergeht, ihm einen reichhaltigen Stoff zu ähnlichen und noch weit stärkern Erinnerungen darbieten.

III.

Kritik des besondern Teils der Motive, zuerst 1. rücksichtlich der Frage: Hält sich das vorgelegte Werk in den Schranken eigentlicher Motive oder ist es auch Kommentar?

§ 3

Se. Königl. Majestät wollen keinen *Kommentar*, sondern die *Motive*, keine *Erläuterungen* und *Illustrationen*, sondern Darstellung der *gesetzlichen* und wissenschaftlichen Gründe. Se. Königl. Majestät erklärten ferner in dem allerhöchsten Reskript vom 11. März 1813, daß nur die Geheimrats-Protokolle zur Quelle genommen werden sollten, können also am allerwenigsten *das* in Ihrer Absicht haben, daß die Privatansichten der Redakteurs der Motive den Gesetzen untergelegt werden. Nun muß aber der Unterzeichnete allerdings gestehen, daß von allem, was hier als Motivierung des Gesetzbuchs vorliegt, wenigstens *zwei Dritteile* nichts als einen Kommentar enthalten, welche, weit entfernt, aus den Protokollen extrahiert zu sein, bloß auf den Ansichten der Hrn. Redakteurs beruhen, gegen deren *Richtigkeit* noch dazu der gehorsamst Unterzeichnete als Redakteur und Verfasser des Entwurfs sehr oft feierlichst *protestieren* müßte. Zum Beispiel alles, was schon ad art. 1 gesagt wird, besteht zuerst aus einem (man muß gestehen) etwas oberflächlichen Räsonement über den Begriff und das Wesen der Strafe. Dann werden aus dem art. 1 unter No. 1, 2, 3 *Korollarien* abgeleitet, welche aus meinem Handbuch des Kriminalrechts entlehnt sind und welche um so überflüssiger sein dürften, als sie sich einesteils aus den Worten des art. 1 von selbst ergeben und bloß einem Schüler, nicht aber einem Richter besonders erklärt zu werden brauchen, andernteils aber schon in einem Buche, das jeder Richter in Händen hat, umständlich erörtert und erwiesen sind. Die Protokolle wissen von allem, was hier gesagt wird, kein Wort. Übrigens ist in diesen Kommentar eine sehr *unrichtige* Behauptung eingeflossen. Unter No. 4 wird nämlich erinnert, von dem Satz: „*geleisteter Ersatz tilgt oder mindert nicht die Strafe*" kämen in dem besondern Teil, namentlich im Art. 226 und 227, einige *Ausnahmen* vor. Diese ist falsch. Es ist zum Geheimenrats-Protokolle umständlich von dem Redakteur erörtert worden, daß die Art. 226 und 227 *keine* Ausnahme von jenem Satze enthalten, weil hier nicht der *geleistete Ersatz als solcher*, sondern, wie sich aus dem wortdeutlichen Inhalt dieser Artikel ergibt, die durch die Art der Ersatzleistung *bewiesene Reue* des Verbrechers die Strafe mildert.

§ 4

2. Rücksichtlich der Frage: Sind die Motive überall richtig und genau angegeben?

Gehorsamst Unterzeichneter hat in seinem § 1 gezeigt, von welcher äußersten Wichtigkeit es sei, daß bei diesen Motiven die größte Genauigkeit und Pünktlichkeit beobachtet werde. Forderte dieses nicht schon die *Ehre* der Regierung, welche ihre Gesetze und Gründe auf diesem Wege der öffentlichen Kritik des In- und Auslandes bloßstellt, so würde es zur Verhütung unabsehbarer praktischer Nachteile die unnachläßlichste Forderung sein.

Fast jeder Bogen lieferte den Beweis, daß es an dieser Genauigkeit gar sehr fehlt, daß oft ganz unrichtige oder nur halb richtige Motive aufgestellt worden sind, daß oft die Verfasser nur ihre Meinung dem Gesetze untergelegt haben, da doch nur diejenigen Gründe als gesetzlich gelten können, welche der Redakteur hatte, als er die Gesetze niederschrieb und welche die Geheimrats-Sektionen als richtig anerkannten, indem sie die Gesetzvorschläge des Redakteurs annahmen.

Unterzeichneter begnügt sich an einigen Beispielen, welche statt aller dienen können.

Ad art. 6, 5 heißt es: „Das Leben des Menschen ist sein höchstes Gut, mehr als dieses kann man von ihm nicht nehmen. *Daher wurde auch die im Entwurf vorgeschlagene Schärfung durch Bekleidung mit einem blutroten Hemde hinweggelassen* und die nur in wenigen Fällen beibehaltene Ausstellung an dem Pranger auf eine halbe Stunde abgekürzt." Wenn der Grund, warum die Geheimrats-Sektionen das rote Hemd verworfen haben, *darin* liegt, weil man dem Menschen nicht mehr als das Leben nehmen kann, *warum* ließen sie dennoch die Ausstellung am Pranger zu? Jener Grund paßt ja auf diese Ausstellung und auf die Tafel vor der Brust ebensogut als auf das Hemd. Und man sollte meinen, die Farbe des Rocks wäre doch weit unschuldiger als die halbstündige Ausstellung, wo der Sterbende in seiner Todesangst dem Spotte und dem Hasse des Pöbels preisgegeben steht. Der *wahre* Grund war unter andern bekanntlich der: 1. weil dieses Hemd an die französische Revolutionszeit erinnere, und vorzüglich 2., weil diese Bekleidung keineswegs den Eindruck machen werde, den man sich davon versprochen. Es hat freilich keinen Einfluß auf die Praxis, ob der eine oder andere Grund angenommen wird. Allein eine Regierung soll sich doch nicht in gelehrten Blättern den Vorwurf ausstellen, daß sie nicht logisch geurteilt und sich selbst widersprochen habe.

Ad art. 7, 8, 9 werden die Gründe dargestellt, aus welchen die Kettenstrafe auf lebenslang stattfinde und mit bürgerlichem Tode verbunden sei: *Lebenslänglichkeit* der Strafe, heißt es, sei der *Grund* des damit verbundenen bürgerlichen *Todes*. Dieses ist ganz irrig; der Grund ist dieser: Da von dem physischen Tod zu der bloß zeitlichen Freiheitsstrafe ein zu großer Absprung sein würde, so mußte der *bürgerliche Tod* als verbindendes Mittelglied in das System der Strafen aufgenommen werden. Von dem *bürgerlichen* Tode war dann die *Lebenslänglichkeit* der Strafe die notwendige Folge – weil ein Toter nicht wieder lebendig wird. Die Sache verhält sich also gerade umgekehrt: Was die *Ursache* ist, wird in dem exposé des motifs zur *Folge* und *die Folge* zur *Ursache* gemacht. Übrigens hätte das Gesetzbuch gerade in dem Punkte, daß es überhaupt eine *lebenslängliche Freiheitsstrafe* aufgenommen hat, legislativ gerechtfertigt werden sollen. Denn nicht nur die französischen Gesetzgeber, sondern auch berühmte deutsche Gelehrte und Geschäftsmänner, namentlich der Staatsminister Freih. v. Arnim, erklären lebenslängliche Freiheitsstrafen für widerrechtlich, für einen Frevel an der moralischen Natur des Menschen, für weit verwerflicher als die Todesstrafe. Gegen diese Vorwürfe, welche gewiß nicht ausbleiben, hätte unser Gesetzbuch der Rechtfertigung bedurft. Allein über diesen Hauptpunkt ist – altum silentium [tiefes Schweigen].

Ad art. 12 kommt ein äußerst merkwürdiges Beispiel vor, wie unter der Form von Motiven dem Gesetzbuch Behauptungen aufgedrängt werden, welche dem Sinn und der Absicht desselben ganz und gar widersprechend sind. Die Verfasser der Motive finden einen Widerspruch zwischen dem Art. 12 und 13, weil der letzte Satz des Art. 13: „Wer nach überstandener Strafe – bleibt von dieser Wohltat ausgeschlossen", nicht auch beim Art. 12 stehe. Um den angeblichen Widerspruch zu lösen, wird deduziert, daß in dem unterstellten Falle „der Begnadigungsantrag nicht eher als nach Ablauf von *zwanzig* Jahren zu machen sei, weil die Zuchthausstrafe auf unbestimmte Zeit schwerer ist als die Zuchthausstrafe auf bestimmte Zeit, dieselbe also im vorbemerkten Falle wenigstens das Maximum der bestimmten Zeit in sich fassen muß". Von allem diesem steht kein Wort in dem Gesetze, dem es geradezu widerspricht, von dieser Interpretation kein Wort, nicht einmal die leiseste Andeutung in irgendeinem Protokolle, und überdies würde durch das neue Gesetz, wodurch das bereits promulgierte Gesetz in den Motiven eine *Änderung* erleidet, ein scheinbarer, gemachter Widerspruch durch einen – wahren Widerspruch aufgelöst.

In der Einleitung zum II. Kap. des 1. Buchs wird weitläufig erörtert, warum die Überschriften des II. und III. Kap. des Entwurfs geändert worden seien und warum das *Gesetzbuch* von dem Unterschiede zwischen *ordentlicher* und *außerordentlicher* Strafe, worauf der *Entwurf* gebaut gewesen, Umgang genommen habe. Dieser Gegenstand bedurfte allerdings der Erörterung, und die Protokolle gaben dazu hinreichenden Stoff. Nur erlaubt sich das exposé des motifs mehr, als ihm diese *Protokolle* gestatten. Die Geschichte der Verhandlungen war bekanntlich diese: Herr Direktor v. Gönner stellte der Theorie des Verfassers eine andere Theorie gegenüber. Jener suchte zu zeigen, es gäbe keinen Unterschied zwischen ordentlicher und außerordentlicher Strafe, weil jede Strafe in diesem Gesetzbuch gesetzlich ausgesprochen sei; dieser entgegnete: Dir. v. Gönner verwechsele *gesetzliche* Strafe mit *ordentlicher* Strafe. Mehrere Mitglieder erklärten die Einwendungen des H. v. G. für Subtilitäten und hielten die Ansicht des Redakteurs für wesentlich zur Abrundung und zum innern Zusammenhange des Systems. Die übrigen Mitglieder, welche die *Majorität* bildeten, fanden, daß die Gründe des Angriffs und die Gründe der Verteidigung sich die Waage hielten, daß beide Ansichten rein theoretisch seien, daß man daher eine Unterscheidung, welche auf einem Schulstreite beruhe, nicht in das Gesetzbuch aufnehmen, sondern lediglich der künftigen Wissenschaft überlassen solle, welches um so unbedenklicher geschehen könne, als dieser Punkt auf die Praxis selbst keinen unmittelbaren Einfluß habe. Aus *diesen* Gründen nun wurden die Eingangsparagraphen getrichen und die Überschriften geändert; es wurde also weder die Feuerbachsche noch die Gönnersche Theorie weder verworfen noch angenommen; beide sollten aber von dem Gesetzbuch ignoriert werden. In dem exposé des motifs hingegen wird die Gönnersche Theorie, als wäre *sie* von den vereinigten Sektionen anerkannt und dem Gesetzbuch zum Grund gelegt worden, als die einzig wahre auf den Thron erhoben, die Ansicht des Redakteurs als durchaus unhaltbar verworfen und nun alles aus jener allein wahren, von der gesetzgebenden Gewalt angeblich rezipierten Theorie erklärt, wogegen die vereinigten Sektionen feierlichst sich verwahren würden.

Im Art. 49 ist das Motiv zu dem Satz, daß eine *Gemeinde* (universitas) kein Verbrechen begehen könne, ein selbstgemachtes, in den Protokollen nicht vorkommendes und ganz unrichtiges Motiv. Der Grund ist nicht der, weil sich bei moralischen Personen kein angemessener Gegenstand für die Anwendung sinnlicher Übel darbietet, sondern der: 1. weil die *Gemeinde* nur insofern als Gemeinde, mithin als *Person*, gedacht werden kann, inwiefern sie auf ihren *Gemeindezweck* bezogen wird. Beschließt sie ein Verbrechen, so handelt nicht die Gemeinde, sondern die *einzelnen* in ihr. 2. Delinquiert die Gemeinde, so muß auch die Gemeinde *als solche* bestraft werden. Nun besteht aber eine Gemeinde auch aus Unmündigen, es sind in derselben auch die nascituri [die in Zukunft geboren werden] begriffen; es würde daher der Grundsatz „Poena suos teneat auctores [die Strafe ereile die Verantwortlichen]" verletzt werden, wenn der entgegengesetzte Satz angenommen werden sollte.

Art. 104, 105 wird von der Milderung der Strafe wegen *langwierigen Gefängnisses* gesprochen. Die Darlegung des eigentlichen legislativen Grundes ist ganz übergangen. Dagegen steht als Kommentar folgender Satz: „Wenngleich bei der steten Rücksicht des Staats auf vorzügliche Tätigkeit der Gerichte in Strafsachen der Fall nicht eintreten wird, daß durch Nachlässigkeit der Gerichte jemand in langwierigem Gefängnis gehalten werde, so *kann dieses doch durch Zufälle, z. B. Entfernung oder Abwesenheit der Zeugen, Leugnen der Mitschuldigen* und dergl. *so geschehen, daß weder dem Angeschuldigten noch dem Gericht der Verzug zur Last fällt.*" Dieses ist eine Erklärung, welche dem Buchstaben des Gesetzes, der Absicht des Redakteurs, den in den Diskussionen der vereinigten Sektionen ausgesprochenen Grundsätzen, sogar den Prinzipien aller Rechtsgelehrten widerspricht. Zögerungen, welche eine *Folge des Prozesses* sind, z. B. *Abwesenheit der Zeugen, Leugnen der Mitschuldigen* etc., kommen einem Inquisiten niemals zustatten, eben weil der *Prozeß selbst* durch sein *Verbrechen*, mithin sua culpa [seine Schuld], veranlaßt worden ist. Dieses wurde in den Sitzungen von dem Redakteur umständlich erörtert, und weil es den vereinigten Sektionen schien, daß dieser Sinn in der Fassung des Entwurfs nicht scharf genug ausgedrückt sei, so wurden die Worte des Entwurfs. Art. 10[1]: „ohne Schuld des Inquisiten" in die Worte: „ohne *alle* Schuld des Inquisiten" verwandelt. In dem Protokolle No. 6 ad Art. 104[1] des Entwurfs heißt es ausdrücklich: „Es erinnerte Se. Exz. H. Geh. Rat v. Arco, daß sie im Anfang dieses Artikels statt ‚*ohne Schuld*' sagen würden: „*ohne irgendeine Schuld*", um dadurch zu bezeichnen, *daß, wenn der Inquisit aus anderen zufälligen Umständen in der Untersuchung oder sonst längere Zeit sitzen müsse, dieses ihm nicht eine Minderung der Strafe* bewirke – die

[1] *Beide Male in A und B:* 107 *Hier berichtigt nach dem Verzeichnis der Errata in B.*

H. Geh. Räte vereinigen sich in diesem Antrage mit H. Grafen v. Arco." Die H. Redakteurs der Motive stellten das gerade Entgegengesetzte auf. Wäre dieses dem Gesetzgeber in dem Sinn gelegen, dann wehe der Kriminaljustiz! Dann wird jede Zeugenrequisition, jeder Tag, den ein Mitschuldiger ohne Bekenntnis verstreichen läßt, dem Delinquenten zugute geschrieben werden müssen!

§ 5

Schlußbemerkung

Gehorsamst Unterzeichneter hatte anfangs in seinem Plane, dieses exposé des motifs auch noch aus dem Gesichtspunkte der *Vollständigkeit* zu betrachten. Allein er glaubt schon durch das bisher Erörterte dem allerhöchsten Auftrage Genüge geleistet zu haben. Die vorgelegten Tatsachen sind von der Art, daß über den Wert dieses Exposé *im ganzen* ein unzweideutiges Urteil gefällt werden kann, welches auszusprechen mir nicht geziemt.

Die von dem Unterzeichneten ausgehobenen Tatsachen sind übrigens nicht zusammengesucht und *ausgewählt*. Es sind nur die *nächsten besten, wie sie in die Augen fielen*, herausgehoben worden, und es ist in diesem ganzen Manuskript kaum ein Bogen, der nicht ähnliche darböte. Sollten daher die obigen Bemerkungen noch nicht für genügend betrachtet werden, so ist Unterzeichneter erbötig, deren noch weit mehrere vorzulegen.

In jedem Falle glaubt gehorsamst Unterzeichneter soviel gezeigt zu haben:

1. daß dieses Exposé, wie es vorliegt, durchaus nicht öffentlich bekanntgemacht werden könne;

2. daß dasselbe mindestens zuvor den vereinigten Sektionen vorzulegen, in denselben zu verlesen, hier zu berichtigen und dem Sinne und der wahren Absicht der Gesetze genau anzupassen sei*.

* Und dennoch ist – horribile dictu [schrecklich zu sagen] – trotz dieser „gutachtlichen Erinnerungen" das Gönnersche exposé des motifs unter dem Titel: „Anmerkungen zum Strafgesetzbuch für das K. Bayern" nicht nur fast unverändert[1] „öffentlich bekannt gemacht" worden, sondern auch bis auf den heutigen Tag noch in gesetzlicher Kraft.

[1] Nur der Satz über das Schicksal der Karolina in Bayern § 2

Dank und Belohnung, welche ich für meine legislativen Arbeiten erhalten habe

München, 1. April 1813

Was ich für Bayerns Gesetzgebung und verbesserte Rechtsverfassung seit meiner Anstellung bei dem Ministerium geleistet habe, ist der Welt aus meiner „*Themis*" bekannt. Es war eine glückliche Ahnung dessen, was folgen würde, welche mich in dem Gedanken bestärkte, meine Geschäftsarbeiten teils in dieser „Themis" ,teils in der Sammlung meiner Rechtsfälle der Welt vorzulegen. Was man nun auch tun mag, ich stehe jetzt öffentlich vor der Welt und vor Bayern als derjenige, der ich wirklich bin. Um alles kann man mich nun bestehlen, nur nicht um meine Ehre. Mag es selbst meinen Feinden gelingen, mir meinen Sturz zu bereiten, ihr Sieg wird mein Triumph und ihre Schande sein. Doch mehr als durch einzelne Gesetzverbesserungen glaube ich meinem Namen und der Ehre der bayerischen Nation in dem von mir verfaßten Entwurf und redigierten *Strafgesetzbuch des Königreichs* (I. u. II. Teil) ein bleibendes Ehrendenkmal gestiftet zu haben. Was ich für die bürgerliche Gesetzgebung geleistet, ist weniger für die Wissenschaft bedeutend, war aber bedeutend für den Staat zur Zeit, wo es geleistet wurde, und ward von mir mit einer Aufopferung getan, die meine Gesundheit untergraben und gewiß mein Leben verkürzt hat. Als im Jahre 1808 in größter Schnelligkeit der Code Napoléon auf Bayern angepaßt werden sollte, übernahm ich ganz allein das Geschäft; ich bestimmte in mehreren von mir verfaßten umständlichen Vorträgen die aus dem Code Napoléon hervorgehenden Momente, welche auf die Staats- und bürgerliche Verfassung ihren wesentlichsten Einfluß äußerten, und fixierte dadurch zugleich die Gesichtspunkte, nach

Einleitung lautet in den „Anmerkungen" anders als hier. Ebenso scheint auch in dem gerügten Satz in Nr. 4 zu Art 1 etwas hineinkorrigiert zu sein, indem es in den Anmerkungen heißt, daß der Grund von der Strafmilderung in Art. 226, 227 *mehr* in einer tätigen Reue als bloß im geleisteten Ersatz liege.

welchen damals die Organisationskommission zu arbeiten hatte. Für die Gesetzkommission bearbeitete ich *ganz allein* das französisch-bayerische Gesetzbuch, welches zuerst in der Gesetzkommission, dann in der geheimen Staatskonferenz von mir vorgetragen wurde und welches unter dem Titel *„Allgemeines bürgerliches Gesetzbuch für das Königreich Bayern"* (seinem größten Teile nach) durch den Druck bekannt gemacht worden ist. Als die Politik im Verhältnis gegen Frankreich eine andere Wendung genommen hatte, als man anfing, sich etwas freier wieder zu bewegen und keine dringende Aufforderung mehr zu haben glaubte, sich zu schrauben und zu pressen, um ein der Nation nicht anpassendes, fremdes Gesetzbuch anpassend zu machen, so wurde der gewiß sehr zweckmäßige Beschluß gefaßt, den Codex Maximilianeus zu revidieren, vielmehr denselben einer neuen Gesetzgebung zur Grundlage zu geben. Dem Geh. Rat Baron von *Aretin* und *mir* ward hierzu der Auftrag erteilt; bald, und noch ehe das Geschäft begonnen hatte, wurde auch, auf heimliches Andringen des B. v. A., *Gönner* als Mitarbeiter berufen. Nicht die Berufung dieses charakterlosen Mannes, der sich seit meiner Ankunft in Landshut heimlich und öffentlich, auf dem Katheder und in Schriften als meinen Todfeind bewiesen und mich durch seine Neckereien den Lehrstuhl zu verlassen bestimmt hatte, nicht dieses, aber die Falschheit und Heimlichkeit, womit der Minister diese Berufung hinter meinem Rücken betrieb, dann die schmähliche Grobheit, womit mir der Minister das, was geschehen, ankündigte, empörte mich anfangs aufs äußerste. Indessen mußten Privatrücksichten dem öffentlichen Berufe weichen. Um durch persönliches Mißverhältnis nicht dem Geschäft hinderlich zu sein, söhnte ich förmlich und – anders kann mein Herz nicht – aufrichtig mich mit Gönner aus. Ohne alle Rivalität gab ich mich aus reiner Liebe zur Sache hin. In sechs Monaten sollte die Umarbeitung beendigt sein; sie ward früher zu Ende gebracht und war nicht mehr der Codex Maximilianeus, sondern ein neues, bloß auf den C. M. gegründetes Werk. Was ich daran besonders geleistet habe, besteht in dem folgenden: Ich redigierte ganz allein den *ersten*, *dritten* und *vierten* Teil; auf die übrigen Mitarbeiter kommt das Eherecht, der zweite Teil, das Hypothekensystem, die

Lehre vom emphyteutischen Kontrakt, von Zehnten und das Lehnrecht. Um jene ungeheure Arbeit in so kurzer Zeit vollbringen zu können, stand ich bei grauendem Morgen aus meinem Bette, nahm um 10 Uhr ein Frühstück, aß abends um 5 oder 6 Uhr zu Mittag.

Der Oktober 1811 verging, ohne daß, wie anfangs beschlossen war, der revidierte Codex eingeführt oder nur in Deliberation genommen wurde. Desto eifriger wurde das Strafgesetzbuch betrieben. Dreimal die Woche war Sitzung, in welcher ich mein Werk in Vortrag brachte und den schwersten Kampf gegen die zahllosen, oft aus bloßem Mutwillen unternommenen Angriffe bestand. Das Werk bewährte sich indessen, je heftiger an ihm gerüttelt und gerissen ward. Man konnte einzelnes ändern; die Grundideen, die Basis des Ganzen, das System aller einzelnen Lehren blieb unverändert stehen. Der erste Teil war aber auch von meiner Seite das Produkt meiner besten Kräfte, die Frucht meiner schönsten, glücklichsten Stunden, die durch Fleiß und Zeit mühsam gereift war. Was den zweiten Teil betrifft, so war der Erfolg weniger glücklich. Die schönsten, glänzendsten Ideen, wodurch mir die schwere Aufgabe, den finstern Inquisitionsprozeß zu humanisieren, die Vorzüge des öffentlichen Verfahrens mit den Vorzügen des alten Untersuchungsprozesses zu kombinieren, zu lösen geglückt war, stürzten zuletzt im Geheimen Rate.*

Einige Tatsachen
Wie man in Bayern andere belohnt, und wie man mich belohnt hat

A. Wie andere?

1. Hofrat *Kleinschrod* erhielt gleich nach Übersendung seines Entwurfs zum bayerischen Strafgesetzbuch eine goldene, mit Dukaten gefüllte Dose, nebst der Zusicherung einer anderweiten Belohnung, sobald sein Entwurf nach

* Mit dem hierauf folgenden unvollendeten Satz: „für das öffentliche Schlußverfahren, die Beisitzer usw." schließt das Fragment.

den nötigen Änderungen die Gesetzeskraft erlangt haben würde.

2. Ein Franzose, *Bexon*, schrieb ein elendes Buch: „Développement etc." als Beitrag zur bayerischen Kriminallegislation; er erhielt eine goldene, mit Brillanten besetzte Dose, 100 Stück Louisdor und das Großkreuz des ehemaligen pfälzischen Löwen-Ordens.

3. Der Präsident Ritter von *Sonnenfels* zu Wien übersendete Sr. Königl. Majestät die zweite Auflage seines Werkes „Über Stimmenmehrheit in Kriminalurteilen".* In dem Übersendungsschreiben erklärte v. S., daß er die jetzigen Vorzüge dieses seines Werkes eigentlich nur mir zu danken habe und daß er Sr. Königl. Majestät Glück wünsche, einen Mann, wie ich, zum Staatsbeamten zu haben. Für dieses mir gemachte Kompliment erhielt v. S. eine reiche goldene Dose mit dem brillantenen Namenszug des Königs.

4. Unter den Konkurrenz-Schriften über den Kleinschrodschen Entwurf war meiner *Kritik* durch einhelliges Urteil aller gelehrten Zeitungen der *Preis* zuerkannt. Die Belohnung erhielt Präsident von Heller mit 100 Louisdor, Prof. Reitemeier zu Kiel mit 50 Louisdor, Regierungsrat Gundelach zu Kassel mit 30 Louisdor.

5. Die Rittergüter und Häuser, die zahlreichen Gratifikationen und Dotationen, die Hunderttausende, Fünfzigtausende usw., welche teils zu wirklicher Belohnung, teils zur Bezahlung von Schulden an Hof- und Staatsbeamte verwendet worden sind, kommen in dieser Rechnung gar nicht einmal in Anschlag.

B. *Wie ich?*

1. Ich, Vater von 8 Kindern, bat für eine meiner Töchter nur um eine *Präbende*, wie jedem meiner Kollegen, der eine Tochter hat, zuteil geworden ist. Mein Gesuch hatte nicht statt.

2. Mein Werk, das Strafgesetzbuch, wurde von der Expedition des Regierungsblattes als fruktifizierliches Eigentum in Besitz genommen; das von der Regierung seit dem *Jahr 1808* übernommene *Honorar*, das mir doch

* Eine ausführliche, höchst interessante und geistreiche Rezension von dieser Schrift gab F. in der „Allg. Lit.-Zeit.", Nov. 1811.

sogar ein *geiziger Buchhändler* akkordiert hatte (nämlich 8000 Fl. für den I., ebensoviel für den II. Teil), wurde mir *nicht bezahlt*, sogar *verweigert*; die Renten des ganzen Kapitals zieht mit 10 Prozent nebst andern Vorteilen Freih. Adam von Aretin.

3. Gleich nach sanktioniertem Strafgesetzbuch erging ein Reskript an den Königl. Geh. Rat, worin den *vereinigten Sektionen* für alles Herrliche, was sie getan, in folle [im Beutel] gedankt, der Hauptperson aber, des *Urhebers* dieses Werkes, des Baumeisters dieser Legislation – *mit keiner Silbe*, geschweige mit einem Wort des Dankes erwähnt wurde.

4. Durch königl. *Reskript* vom J. 1808 war ich (wie natürlich: als *Verfasser*) zur Ausarbeitung der Motive zum Strafgesetzbuch *beauftragt*. Ich legte meine größeren gelehrten Arbeiten zur Seite, um mich auch diesem Geschäfte zu unterziehen. Öfters ermunterte man mich, doch ja recht fleißig daran zu arbeiten, es müßten die Anmerkungen zugleich mit dem Texte erscheinen. Ich arbeitete rastlos; das Werk war beinahe vollendet – da sprang die schon längst im geheim angelegte Mine: Die Abfassung der Motive wurde andern Personen als dem Verfasser übertragen. Und so war ich (abgesehen von dieser empörenden Zurücksetzung) auch noch um die kostbare *Zeit* von mehreren Jahren und um die Einnahme von wenigstens 8000 Fl. gebracht! Denn soviel hätte ich mir wenigstens als *Schriftsteller* verdient, wenn ich die auf die Motive undankbar verwendete Zeit auf die Ausarbeitung meiner *gelehrten Werke* hätte verwenden können.

5. Auf seinem Todtbette sagte mir der würdige Geh. Rat v. Schenk bedauernd unter andern folgendes: „Sie werden für alles, was sie getan, höchstens 4000 Fl. bekommen. Dagegen ist alles schon eingeleitet, daß die *Hauptbelohnung* dem Sekretär *Kobel* und dem Freunde seiner Frau, dem Direktor *Gönner*, zukommt. Dazu wird es als ein besonderes Verdienst dieser Herren geltend gemacht werden, die Anmerkungen zu Ihrem Buche geschrieben und Sie doppelt bestohlen zu haben."

6. Seit Beendigung des Kriminalgesetzbuches durfte ich nicht mehr vor Sr. Königl. Majestät *persönlich* erscheinen. Viermal war ich zu ganz verschiedenen Zeiten (einmal in

einer wichtigen Angelegenheit) im Vorzimmer; ich ward nicht mehr vorgelassen.

7. An dem neurevidierten Codex Maximilianeus sind allerwenigst zwei Dritteile von mir bearbeitet. Wahrscheinlich damit es nicht zu den *Protokollen kund* werde, daß ich die *Hauptperson* bei diesem Geschäft gewesen, daß ich das *meiste* und in 4 Monaten beinahe das *Unmögliche* getan, durfte ich *meine eignen* Sachen nicht vortragen, mußte ich, obgleich gegenwärtig, gleichwohl per procuratorem [durch einen Verwalter] die von mir bearbeiteten Lehren vortragen lassen. Nun, da die Anteile aller in *eins* zusammengeworfen waren und Direktor Gönner als *Hauptperson* figurierte, konnte dieser zur gelegnen Zeit auch *ministeriell* geltend machen, was er in allen Privatgesellschaften und in Wirtshäusern ruhmredig prahlt, sogar in öffentlichen Zeitungen einrücken läßt: daß er bei diesem Werke alles in allem sei.

8. An andern persönlichen Kränkungen, selbst an unverdienten schriftlichen Verweisen fehlte es ebensowenig; und wenn es darauf ankam, mich wegen eines Beweises königl. Ungnade zufriedenzustellen, so wurde es als ein Beweis besonderer königl. Gnade geltend gemacht, daß man mir soeben wieder eine neue *Arbeit* übertragen habe.

Das Resultat dieser Parallele ist ungefähr folgendes: Ich hatte das Verdienst, andere suchten und erhielten zum Teil schon den Lohn dafür. Ich hatte die Last, andere die Ehre und den Dank.

Während viele andere sich die Abzüge von ihren Besoldungen unter dem Titel von Gratifikationen wieder erstatten lassen, hatte ich in diesem Jahre (nach Abzug aller Abgaben, Lotterie-Anlehen, Kriegssteuern, freiwilligen Beiträge usw.) nicht viel mehr vom Staate als 5000 Fl.

Während andere mit königlicher Freigebigkeit Belohnungen erhielten, ward mir, nach vielfältigen Sollizitationen, nicht einmal bezahlt, was ich kraft eines *Buchhändler-Kontraktes* zu fordern hatte.

Während andere durch den Staat oder durch des Königs besondere Gnade in den Stand gesetzt sind, ohne Nahrungssorgen auf eine ihrem Rang gemäße Art zu leben, bin ich zuletzt durch alle meine *extraordinären* Arbeiten zu dem Grad des Wohlstandes gekommen, daß ich in diesem Jahre gewohnte mäßige Erholungen und Bequemlichkeiten mir versagen mußte, um nur nicht unter den Schuldenlasten zu erliegen.

Und dieses alles noch unter der Perspektive auf neue weitläufige systematische Arbeiten, von denen unter solchen Aspekten vorauszusehen war, daß sie ebenso belohnt werden würden wie die früheren.

So etwas hält keine menschliche Seele aus, am wenigsten die meinige, in welcher das Gefühl noch nicht vertrocknet ist. Daß bei solchen Verhältnissen nicht bloß Niedergeschlagenheit, sondern gerechte Erbitterung in mir überhandnehmen mußte, daß mein Eifer für das Gute in Bayern in Gleichgültigkeit, meine Liebe zum bayerischen Dienste beinahe in Haß überging, daß mir sogar die Furcht aufstieg, man werde dereinst den Haß, den man dem Vater so äußerte, nach seinem Tode auch seinen Kindern entgelten lassen, daß ich daher ernstlich nach dem Ausland meine Augen richtete und mein Dimissionsgesuch im voraus einleitete, teils um den ewigen Neckereien im Innern zu entgehen, teils um meine ohne meine eigne Schuld zerrüttete ökonomische Lage gründlich zu verbessern, das ist wohl unter allem Natürlichen das Natürlichste.

An den Justizminister

München, 7. April 1813

Zufällig habe ich gestern erfahren, daß Ew. Exzellenz bei dem hohen Ministerium der Finanzen eine Gratifikation für meine legislativen Werke in Anregung zu bringen neuerlich die Gnade gehabt haben. Hochdenenselben danke ich dafür als für einen Beweis Ihrer wohlwollenden Gesinnungen. Dieser Gesinnungen glaube ich aber nur durch die folgende Erklärung mich wahrhaft würdig bezeugen zu können.

Gleich nach beendigtem Strafgesetzbuche äußerte ich Ew. Exz. mündlich den Wunsch, Hochdieselben möchten diese meine Gratifikationssache auf sich beruhen lassen.

Hochdieselben schienen diese Äußerung ungnädig aufzunehmen; ich wurde hierdurch und durch den Gedanken an dasjenige, was ich meiner zahlreichen Familie schuldig zu sein glaube, an meinem in mir schon längst reifenden Entschluß irre; ich übergab Sr. Königl. Majestät ein Bittschreiben.

Allein meine bessere, veränderte Überzeugung und der Gedanke an die gegenwärtigen bedrängenden und furchtbar drohenden Zeitläufe erlauben mir nicht, eine Gratifikation zu wünschen, viel weniger, dieselbe zu suchen oder zu betreiben. Über dem Staate schweben Gefahren: Die Kassen sind durch die dringendsten Bedürfnisse belastet; die Nation ist durch die unglücklichen Verhältnisse der Zeit zu großen Opfern verbunden. Die Nachrede wäre entehrend, daß ich in Zeiten der Not mich auf Kosten des Staats bereichert habe. Wo jedermann im Staate leidet, darf kein einzelner vom Staate gewinnen.

Ich habe meine Pflicht getan und fühle mich belohnt in dem Bewußtsein dessen, was ich getan habe. Dieses Bewußtsein und die diesem Bewußtsein entsprechende öffentliche Anerkennung machen mich reich, reicher, als die reichste Belohnung vermöchte. In dieser Gesinnung lege ich die mir wiederholt zugesicherte, auch durch allerhöchstes Reskript vom 6. Sept. 1808 zugesprochene Gratifikation auf dem Altar des Vaterlandes nieder. Deshalb erkläre ich:
daß ich jeder Gratifikation, welche mir dermalen entweder überhaupt oder für die Verfassung des Entwurfs und die Redaktion des I. und II. Teils des Strafgesetzbuchs insbesondere zugedacht sein möchte, hiermit feierlichst entsage und die Annahme derselben, sie bestehe in Geld oder Gütern, meinen Grundsätzen für nicht gemäß erkläre.

Wenn einst glücklichere Zeiten dem Lande wiedergekommen sind und alsdann noch das Andenken an meine redlichen Bemühungen fortbesteht, dann werde ich, was mir allenfalls der Staat aus freier Anerkennung dankbar gewähren mag, mit Ehre anzunehmen imstande sein. Auf jeden Fall hinterlasse ich nach meinem Tode eine zahlreiche Familie. Möge mir alsdann dasjenige, was ich geleistet, zum Verdienst angerechnet werden und möge dann dieses Verdienst meinen Hinterlassenen zugute kommen. Übrigens wird es, wie bisher, so auch künftig mein höchstes Glück sein, dem Staate, der längst mein teures Vaterland geworden, mich sowohl überhaupt als auch besonders in der großen Angelegenheit einer allgemeinen Gesetzgebung des Königreichs mit meinen besten Kräften nützlich zu beweisen.

An General v. Raglowich

München, den 20. November 1813

Ew. Exzellenz werden durch die Unterschrift und vielleicht noch mehr durch den Inhalt dieses Briefs sich befremdet finden. Indessen gibt es ja nichts Außerordentliches in dieser außerordentlichen Zeit.

Mein Freund, H. v. Harold, äußerte mir, daß ich in der Angelegenheit, welche mein Gemüt beschäftigt, an niemanden mich zuversichtlicher wenden dürfe als an Ew. Exzellenz.

Ergriffen von dem Gefühl für die große Zeit, welche gekommen ist, für die heilige Sache der Gerechtigkeit, für welche jetzt die schwer beleidigten Völker Europas im Kampfe stehen, wünsche ich die Kenntnisse und Fähigkeiten, die mir geworden sind, auf eine würdigere Art anzuwenden, als ich bei den dermaligen Verhältnissen in meinem gegenwärtigen Posten es vermag. Mein Beruf war bisher die Gesetzgebung des Königreichs. Seitdem das von mir verfaßte Strafgesetzbuch allerhöchst sanktioniert, das zu zwei Dritteilen von mir bearbeitete neue bürgerliche Gesetzbuch in der Diskussion begriffen ist, sind meine übrigen Geschäfte so geeigenschaftet, daß sie weder meine Zeit noch meinen Kopf noch mein Herz ausfüllen. Der Geheime Rat, dessen Mitglied zu sein ich die Ehre habe, ist nur noch ein Justizkollegium für unbedeutende Rekursgegenstände, und was meine Eigenschaft als Geh. Referendär anbetrifft, so ist allgemein bekannt, daß des Herrn Justizministers Exzellenz alles selbst beschließen und ausfertigen, ohne sich von Ihren Räten einen Vortrag erstatten zu lassen. Schon seit langer Zeit betrachte ich mich daher als eine entbehrliche Person. Ich bin noch ein junger Mann von 37 Jahren, der sich nur glücklich fühlt in großer Tätigkeit, der sich überdies des regsten Eifers rühmt für alles Große und Gute und die Überzeugung in sich nährt, daß er nur da an seiner Stelle ist, wo er am meisten und besten wirken kann. Wen nicht diese Gedanken und Gefühle beseelen, ist nicht wert, in dieser Zeit zu leben.

Se. Königl. Hoheit, an der Spitze der allgemeinen Landesbewaffnung, bedürfen in mannigfaltiger Hinsicht mitwirkender geistiger Kräfte, geübter Geschäftsmänner und Männer von höherer geistiger Bildung, geübt, die schwere Waffe des Geistes, die Sprache, leicht und kräftig zu handhaben. Mein Beruf ist eigentlich die Rechtsgelehrsamkeit und Politik der Gesetzgebung, in welchen beiden Fächern ich der gelehrten Welt, selbst außer Deutschland, nicht unvorteilhaft bekannt bin. Mein literarischer Ruf verschaffte mir das Glück, Bayern anzugehören, und erwarb mir nebst andern Auszeichnungen von Sr. kaiserlich russischen Majestät den Orden der heil. Anna II. Klasse.

Als Staats- und Geschäftsmann habe ich mich an einer Mannigfaltigkeit der wichtigsten Arbeiten vielseitig geübt. Wie meine übrige Geistesbildung beschaffen, wie ich insbesondere die großen Tage, in denen wir leben, betrachte, wie ich in der Gegenwart mich fühle, mögen Ew. Exz. aus beiliegendem Schriftchen, „Über die Unterdrückung und Wiederbefreiung Europens"* ersehen, von welchem ich bitte, das eine Exemplar als ein geringes Zeichen meiner Hochachtung anzunehmen, das andere bei schicklicher Gelegenheit Se. Königl. Hoheit zu Füßen zu legen.

Erlauben mir nun Ew. Exz. die Frage, ob es möglich sei, unter Sr. Königl. Hoheit für die Kriegsgeschäfte eine Stelle zu erhalten, welche meinen Kräften und meinen Neigungen anpaßte und nicht ganz unter dem Range wäre, den meine bürgerliche Amtswürde mir anweist. Ich glaube mich zu allem tauglich, nur nicht zum Rechnungswesen und zu denjenigen Geschäften, welche Mathe-

* Ist „A. v. F.: Kleine Schriften vermischten Inhalts", Nürnberg 1833, abgedruckt.

matik erfordern, die ich nicht verstehe. Nehmen übrigens Ew. Exz. die Versicherung als die reinste Wahrheit hin, daß ich bei diesem Schritte durchaus nichts zu gewinnen suche, weder an Geldvorteilen noch an Rang. Der einzige Gewinn, welchen ich allerdings suche, ist ein besserer Wirkungskreis, größere, würdigere Beschäftigung und das dereinst beruhigende Bewußtsein, daß auch ich in dem heiligen Kriege für Deutschlands Rettung und Freiheit mit meinen besten Kräften für König und Vaterland gewirkt habe. – In dieser Überzeugung war mein lebhaftes Gemüt schon dem Entschlusse nahe, unter den Freiwilligen Militärdienste anzunehmen, hätten nicht meine Freunde, unter andern auch H. v. Harold, mir zu Gemüte geführt, daß ich der Welt und dem Vaterlande mit dem Geiste nützlicher dienen könne als mit der Faust und daß ein Familienvater wie ich, der noch acht unerzogene Kinder hat, auch dieses Verhältnis wenigstens noch zur Zeit nicht ganz vergessen dürfe.

Dem Kronprinzen von Bayern

München, Dezember 1813

Ew. Königl. Hoheit war ich so dreist, eine kleine Schrift, „Über die Unterdrückung und Wiederbefreiung Europens", durch den Herrn General von R. alleruntertänigst zu überreichen. Darf Unterzeichneter sich erkühnen, Allerhöchstdemselben eine zweite, welche zugleich einem frommen Zwecke gewidmet ist*, unmittelbar zu Füßen zu legen? Die Muße, die mir zuteil geworden, kann nicht besser verwendet werden als für die heiligen Zwecke, für welche die Welt sich zum Kampfe erhoben hat. Die Gelehrsamkeit hat keinen Wert, wenn sie nicht auch dem Vaterlande zu Hilfe kommt, wenn sie nicht Feuer in die Seelen gießt, wenn sie nicht die Herzen begeistert. Tut jeder an seiner Stelle das Seine, so wird das Große vollbracht. Ich für meinen Teil bin des festen Entschlusses, für die Sache

* „*Was sollen wir?*" Zum Besten der Invalidenkasse.

des Vaterlandes zu leben und zu sterben. Wenn die Gefahr herannaht (welche Gott abwende!), dann finden Ew. Königl. Hoheit auch mich unter der Fahne. Die Stunden, in welchen ich von geistiger Arbeit sonst bei den Meinigen ausruhe, finden mich jetzt auf dem Waffenplatze in militärischen Übungen. Zwar ist mein Arm nur gewöhnt, die Waffen des Geistes zu handhaben. Aber nichts ist dem unmöglich, der das Ernste ernstlich will.

Der ich in tiefstem Respekt usw.

F.

An General Wrede

Während die Helden streiten und siegen, bleibt uns, die wir nur die Waffen des Geistes führen, nichts vorbehalten, als ihre Siege würdig zu feiern und die Seelen zur Nachahmung großer Taten zu begeistern. Aber wenn jeder das Seine tut, wird das Große vollbracht werden, was schon begonnen hat. Empfangen Ew. Exz. die beiliegenden Blätter als geringes Zeichen meiner dankbar huldigenden Verehrung und als einen Beweis, daß ich das Meinige zu tun mich bestrebe. Meine besten Stunden, all mein Sinnen und Trachten ist auf Beförderung des erhabenen Zweckes gerichtet, dem hier noch gar manche heimlich entgegenstreben, für welchen aber alle Besseren bereit sind, zu leben und zu sterben. Gering ist der Umfang der Blätter, welche ich hier zu überreichen die Ehre habe, aber sie haben mächtig auf die Gemüter gewirkt. Es werden noch mehrere folgen.

Mit der ganzen Nation teile ich den heißen Wunsch, daß der edle Held unserer Nation bald von seiner Wunde ganz genesen sei, um mit eigner Hand die frischen Lorbeeren zu pflücken, die ihm jenseits des alten Rheins blühen.

Zu meinem Leben im Jahre 1813 und 1814, besonders seit März

Bayerns Allianz mit Österreich und Abfall vom Rheinbunde. Jubel des Volks; Kälte des Ministeriums; Erbitterung und stille Hoffnungen der französischen Partei. Bedeutender Eindruck der merkwürdigen Schlußworte der

k. Kriegserklärung, welche eine schwankende zweideutige Politik, eine große Lautheit für die Sache Deutschlands sowie den Wunsch, der neuen Allianz bald wieder loszuwerden, auszusprechen schienen. Des Königs kräftig schöne Proklamation; aber das Reden und Schreiben gegen Napoleon untersagt; die Zensur wacht streng. „Der König", schrieb ein Zensor auf eine Ode, „will, daß man handle, nicht, daß man schreibe." Von Seite der Regierung durchaus kein Zeichen der teilnehmenden Freude; die Schlacht bei Leipzig fast gar nicht gefeiert; kein Tedeum, außer in der Hofkapelle und für die Soldaten.* Die Nationalbewaffnung sowie die der Freiwilligen unterderhand so gut als möglich zurückgehalten; die Polizeibeamten bespötteln diejenigen, die sich melden. Beunruhigende, zweideutige Nachrichten werden verbreitet. Im Hause des Ministers Montgelas insbesondere Hohnlachen über die nun „wieder aufkommende fatale Deutschheit". So verlor sich die laute Freude der Nation bald wieder in dumpfe, ängstliche Stille. Man wagte nicht zu reden, viel weniger zu schreiben. Eine ärmliche, vom Baron von Aretin verfaßte Volksschrift, „Was wollen wir?", sah mehr aus als Verteidigungsschrift der Regierung gegen den möglichen Vorwurf eines verbrecherischen Abfalls; um das Bayertum dreht sich alles; nichts von deutscher Ehre! Bayern ist die Welt! Der Hauptrechtfertigungsgrund ist: Wir Bayern gingen mit dir, Napoleon, gegen unsere deutschen Nachbarn auf den Raub, und du hast, wie der Löwe mit den schwächeren Tieren, viel zu ungleich den Raub geteilt; wir haben nicht genug bekommen!

* In einem andern, mit dem hier abgedruckten aber im wesentlichen übereinstimmenden, „*Data zur Geschichte des Jahres 1813 als Prognostikon für die Zukunft*" überschriebenen Entwurf heißt es hierüber also: „Die Völkerschlacht bei Leipzig wird geschlagen. In einem feierlichen Tedeum werden wir doch wohl Gott für den herrlichen Sieg danken, womit er die Waffen der Völker gesegnet hat! Sangen wir doch feierliche Lobgesänge in der Kirche, als Moskwa eingenommen war. Aber nein, was wir für die *fremde* Sache taten, für welche unsere Kinder starben, dessen war die gerechte Sache des Menschengeschlechts, für welche unser König sich erklärt hatte, nicht wert."

Um die düstern Wolken durch einige kräftige Donnerschläge zu teilen und die Pestluft der Knechtschaft etwas zu reinigen, gebe ich meine Schrift über die Unterdrückung etc. heraus. Überlistung des Zensors. Gewaltiger Eindruck dieser Schrift, die selbst von den niedern Klassen, wenn gleich nicht immer verstanden, doch gelesen wird. Allgemeines Lautwerden (?). Bayern und ganz Deutschland bringt mir seinen Dank. Kronprinz, Minister Rechberg, Wrede usw. danken mir dafür. Schiefe Gesichter von dem Minister und seinen Anhängern, die Böses verkünden. Jene Schrift war aus historischem Gesichtspunkte gefaßt, galt nicht sowohl dem Volke als den gebildeten Geistern, galt den Deutschen, nicht allein den Bayern. Gleich darauf besondere Aufforderung der Bayern in mehr populärer Sprache zur allgemeinen Teilnahme an der großen Sache durch die Schrift: „Was sollen wir?" In München sucht man ihre Verbreitung zu hindern; sie darf nicht in den Zeitungen angekündigt werden. Gleichwohl durchflog sie in vielen tausend Ab- und Nachdrücken alle Provinzen, alle Stände. Noch größere Sensation; Begeisterung in jungen Gemütern, sichtbarer Einfluß auf den Fortgang der Bewaffnung. Ich selbst ergreife das Gewehr. – Je rühriger ich, desto erbitterter die Feinde. Ein Ministerialreskript beschuldigt mich ziemlich unzweideutig wegen meiner Schriften des Verbrechens der in der Person des feindlichen Souveräns beleidigten Majestät, und das Schreiben wird mir untersagt, außer unter Zensur des auswärtigen Departements.* Ich zeige das Reskript um-

* Es lautet wörtlich also: „Obgleich nach den bestehenden Verordnungen es keinem Staatsdiener erlaubt ist, ohne Vorlage des Manuskripts bei dem auswärtigen Ministerium irgendeine Schrift über die äußern Verhältnisse des Reichs und überhaupt alles, was auf Politik Bezug hat, in das Publikum zu geben, so hat dennoch der geh. Rat und Justizreferendär v. F. mit der ihm von dem General-Kommissariate des Isarkreises unbefugt erteilten Bewilligung einen Aufsatz unter dem Titel: ‚Über die Unterdrückung und Wiederbefreiung Europas' teils anynom, teils mit Beisetzung seines Namens drucken lassen, in welchem man die ruhige, leidenschaftslose, würdige Sprache ebenso wie die dem feindlichen Souverän und den in allen Staaten bestehenden Institutionen gebührende Achtung gänzlich vermißt. – Derselbe

her; Unterredung mit dem Grafen S., dem Freunde des Ministers Montgelas. Der Kronprinz ermuntert mich; ich möge mich nicht irre machen lassen. Meine Schrift „Die Weltherrschaft das Grab der Menschheit". – Ein von mir und B. veranstaltetes Fest im Museum bei der Einnahme von Paris. Toasts. Spione des Ministers. Die unschuldige Freude wird als Einleitung zu einem Bunde ausgelegt. Ein Verdachtsgrund mehr ist mein Umgang mit dem preußischen Minister H. von Küster.

Seitdem wird die politische Luft schwül, und ich merke, daß sich Gewitter zusammenziehen. Meine sogenannten Freunde zeigen auffallende Lauheit und Zurückgezogenheit; meine Feinde werden auf einmal so freundlich, artig und scheinen eine besondere Lust an mir zu haben. Der Minister Rg. behandelt mich mit ganz ausgezeichneter Zurücksetzung; er umgeht mich in allem; sucht aus der Gesetzkommission mich herauszuspielen; entzieht mir fast alle Geschäfte, um sie an Gönner oder Effner zu verteilen. Die Polizei, entdeckte man mir endlich, bewache und belaure mich; jeder meiner Schritte werde beobachtet; wer mit mir umgehe, sei verdächtig. Ein alter Freund des H. v. Küster warnt denselben vor dem Umgange mit Gelehrten, die bei Hof sehr übel angeschrieben seien. Effner sprach mir zuweilen befremdend von dem Glück einer Versetzung aus München in eine Provinzialstadt und schien meine Wünsche zu erforschen. Aller dieser Erscheinungen ungeachtet, gehe ich in sorgloser Ruhe, meiner redlichen Gesinnungen mir bewußt, durch die Gefahren, die ich nicht für möglich hielt. – Meine Schrift über *„Teutsche Freiheit und Vertretung teutscher Völker durch Landstände"*, welche von Baumgärtner dem Könige und den Ministern zugesendet worden. Diese vollendet das Begonnene und macht den Sturm ausbrechen.

Eines Abends finde ich beim Nachhausegehen ein Billet vom Dr. Müller (der beim Grafen Rechberg ist). Er wünsche mich zu sprechen in einer für mich äußerst wichtigen

wird demnach nachdrücklichst erinnert, jede, die innern und äußern Verhältnisse des Königreichs betreffende Schrift künftig vor dem Druck dem auswärtigen Ministerium vorschriftsmäßig zur Zensur vorzulegen. – München, den 5. Dezember 1813."

Angelegenheit, die keinen Aufschub leide. Ich ahnte, der Bosheit möge etwas bei Hofe gelungen sein, und ich betrog mich nicht. Mr. entdeckte mir, der König sei mir sehr erzürnt; er habe neulich in Gegenwart des Prinzen Karl die heftigsten Äußerungen gegen mich ausgestoßen. Auch ich sei einer von den deutschen Jakobinern, einer von den preußischen Emissärs. Er habe Beweise in Händen. Er wolle lieber den Franzosen untergeben sein, als sich im eignen Lande von diesen Menschen Gesetze vorschreiben lassen. Alles dieses Gesindel von Norddeutschen müsse ihm noch aus den Augen fort; das sei entschieden usw." Ich sah des Ministers Werk; das Gewebe war fein gestrickt. Meine offene, freie Handlungsweise, mein Mut für die Sache des Vaterlandes konnte sehr bequem aus dem Vertrauen auf einen geheimen Beistand erklärt werden. Daß ein Mann, bloß auf sich selbst gestellt, aus eigner innerer Begeisterung, ohne Eigennutz, auf eigne Gefahr einer guten Sache dienen könne, das ist ohnehin einer Hofseele nicht begreiflich zu machen. Mein gelehrter Schriftwechsel mit verschiedenen norddeutschen Gelehrten, von denen einige auf Davousts Liste gestanden, wie v. Villers, konnte der Lüge noch größern Schein geben. Ob man nicht noch größere Bübereien begangen, ob man nicht den falschen Schlüssen auch noch falsche Tatsachen und Urkunden untergeschoben, konnte ich nicht wissen; nur das wußte ich, daß Mr., der mich tödlich haßte, weil er meinen Charakter und meine Feder fürchtete und weil ich nie vor ihm gekrochen, auch das Schlechteste zu begehen fähig sei. Ich war aufs Härteste gefaßt. Aber ich suchte zuvorzukommen; wenigstens meinen Rücken zu decken.

Gang zu H. v. Küster. Biete Preußen meine Dienste an; werden angenommen. Briefe an Fürst Hardenberg, Kircheisen. – Indessen quält mich Unruhe über Unentschiedenheit meines Schicksals. Mir war, als ging ich über der glühenden Asche eines unter meinen Füßen donnernden Vulkans. Ich entdecke Effner, was Müller mir gesagt. E. spricht davon den Rgbg.; dieser den König. E. sucht mich nach einigen Tagen durch die feierliche Versicherung zu beruhigen, alles sei falsch; der König habe nichts dergleichen gesagt. Eben dieses wiederholt der Minister Rbg. und fügt bei, der König werde mir gewiß recht bald beweisen, wie gnädige Gesinnungen derselbe gegen mich hege. Es dauerte nicht lange, so lernte ich diesen Zusatz verstehen. Ohne bestimmte data zu haben, begleitete mich überallhin die durch bloße Ahnungen begründete Überzeugung, daß meinem Leben eine große Katastrophe bevorstehe. Auch die äußern Zeichen blieben nicht aus. Der Minister Montgelas wohnte gegen seine Gewohnheit im Anfang des Juni einer Geheimenrats-Sitzung bei. Ohne eines Grußes oder Blickes mich zu würdigen, schritt er in seiner Grandezza langsam an mir vorüber. Ich nahm wahr, daß er die ganze Sitzung hindurch mich ganz besondrer Beobachtung würdigte und mich stets von oben bis unten mit seinen Augen maß und zu fragen schien: Wer bist du, der du solchen Mutes gegen mich dich erdreistest? Deine Stunde hat geschlagen! –

Sie schlug. Es war Dienstag, den 21. Juni 1814. Ich war in einer sonderbaren Stimmung aufgestanden: Unruhe und Bangigkeit, vermischt mit einer gewissen leichtsinnigen Heiterkeit, die mir hinter Wolken die Sonne sehen ließ. Generaldirektor Müller besucht mich schon um 7 Uhr, wir sprechen von Baron Aretins Entfernung als Hofkommissär nach Aschaffenburg, und das Gespräch endete von meiner Seite mit aus voller Brust fließender Überzeugung, daß ich ganz gewiß das neue Etatsjahr in München nicht mehr erleben werde. Die Unruhe trieb mich aus meinem Haus in das Ministerial-Justiz-Büro. Der Generalsekretär Renner zeigt sich mir seltsam einsilbig. Ich komme zu Reigersberg; dieser scheint über meine Ankunft betroffen und wunderbar verlegen. Seine Freundlichkeit war über die Maßen groß, erzwungen und gleich einer Grimasse. Bald wurde er rot, bald blaß; bald wurde dieses, bald jenes Gespräch angeknüpft; auf eine mit großer Anstrengung herausgepreßte Periode folgte zuweilen ein tiefes Stillschweigen, wie wenn man sich besinnt, wie es anzufangen sei, um einen lästigen Gegenstand wegzuschaffen. „Was geht in deiner Seele vor? Was auch darin vorgehe, es gilt mir", dachte ich und nahm meinen Hut. Wie ich das Vorzimmer öffne, tritt mein Freund Effner herein; ich grüße ihn und sehe in seinem Gesicht einen feierlichen Ernst mit einem Zug wehmütigen Bedauerns;

er scheute mit mir das Gespräch und begab sich zum Minister. Mir war nun, als läse ich in einer Urkunde, daß eine große Stunde nahe sei. Unmittelbar vor dem Justizpalais begegnet mir Geh. Ref. von Mann (?). Meine Anrede ist: „Neuer Herr Kollege, unsre Kollegenschaft hat am längsten gedauert! Es geht etwas mit mir vor; in diesen Tagen ganz gewiß! Und von Effner weiß mehr als wir beide." So sprach ich wie von einer ganz entschiednen Sache. Von da zum Legationsrat v. Belli, wo das Gespräch denselben Gegenstand betraf: Aretin nahm zuerst Abschied aus dem Geh. Rat; ich bin der zweite, ganz gewiß der nächstzweite! Das wußte ich freilich nicht, daß noch am heutigen Tage über mich das Los geworfen würde. – Es war 12 Uhr; ich wollte nach Hause. Unterwegs begegnet mir der Oberpostmeister Baron v. Pfetten und redet mich an, dankt mir für die Freude über meine Schrift „Über deutsche Freiheit", setzt aber scherzend hinzu: „Gewiß werde ich nun auch auf der Polizei wegen meines Redens mit Ihnen in das schwarze Buch geschrieben! Es ist jetzt gefährlich, mit Ihnen etwas zu tun zu haben." Während wir über dieses und Ähnliches halb ernst, halb scherzend reden, kommt Effner aus der Prangergasse daher, zieht mich auf die Seite und fragt: „Werde ich diesen Nachmittag Sie zu Hause treffen?" „Sie, Effner, haben mir Wichtiges zu sagen; adieu Pfetten! Ich gehe gleich mit Ihnen, Effner!" „Nein, diesen Nachmittag, es hat bis dahin Zeit." „So lange warte ich nicht; Sie haben Wichtiges mir zu entdecken. Ihr Gesicht sagt es mir!" „Es ist noch nicht Zeit; ich darf nicht reden." „Aber Sie müssen, bei Ihrer Freundschaft beschwöre ich Sie, die Sie mir immer in schwierigen Zeiten bewiesen haben. Ich bin verbannt, nicht wahr, verbannt?" „Ich darf zwar nichts sagen, aber so viel: nicht verbannt. Ihr Los wäre für mich ein großes Glück." „Nun also versetzt? – Sie schweigen; Ihr Stillschweigen bejaht. Und so wissen Sie: Ist die Versetzung meinen Wünschen entsprechend, so nehme ich sie als Gnade auf; wo nicht, so mag mir die Versetzung als eine Entsetzung gelten, und ich nehme meinen Abschied." „Sie wird Ihren Wünschen entsprechen; ich selbst habe alles zu Ihrem Besten mit dem Minister überlegt; das Reskript ist aufgesetzt von mir, von der Hand Ihres Freundes."

„Meine erste Bedingung zu einer annehmbaren Versetzung wäre Beibehaltung meines vollen Gehalts." „Ja". „Die zweite: Beibehaltung meines Rangs als Wirklicher Geh. Rat und Anstellung als Präsident". „Ebenfalls, aber vorderhand zweiter Präsident." „Tut nichts zur Sache; auch Reigersberg war zweiter Präsident, und Arco ist es. Aber der Ort? Er muß außer Altbayern und meinem Vaterland näher sein; muß gehörige Unterrichtsanstalten besitzen." „Ich glaube recht gewählt zu haben; ich merkte oft Vorliebe in Ihnen für Bamberg und habe Bamberg gewählt. Doch könnte dieses wohl noch eine Abänderung erleiden." „Gottlob denn, so sind Sie ein Friedensbote! Dank, lieber Effner! Ich bin am Ziel meiner höchsten Wünsche. Hier läßt sich nicht mehr mit Ehre dienen; ich sehne mich nach einem ruhigen Glück. Und wann entscheidet es sich?" „Heute unterzeichnet der König Ihr Dekret." Effner sprach dieses mit gebrochner Stimme, da merkte ich (wir waren jetzt im Hofgarten), wie dem ehrwürdigen Greis die hellen Tränen über die Wangen liefen. „Warum weinen Sie?" „Es sind Tränen der Freude und des Schmerzes", sagt er, indem er tief gerührt meine Hand drückte, „ich freue mich, daß ich Sie glücklich weiß; ich bejammerte es, den einzigen Mann von meiner Seite zu verlieren, der mir noch mein Amt erträglich machte." – Wir sprachen nun noch vieles über die Ursache dieser Veränderung. Sie sei des Ministers Montgelas Werk. Meine Schrift über deutsche Freiheit sei den Regierungsmaximen entgegen. M. habe beim König auf meine schleunige Entfernung angetragen. Sein Antrag sei gewesen, mich auf meine Referendärbesoldung zu reduzieren und mich zum Vizepräsidenten zu ernennen. Der gute König habe in die Versetzung eingewilligt, aber nur unter der Bedingung: „F. darf nichts verlieren, weder an Rang noch Gehalt." Auch werde ich für die Gesetzarbeiten eine Gratifikation erhalten. Rgsbg. habe den Antrag auf 1000 Dukaten gestellt; Ms. habe aber – 500 bewilligt!! –

München, den 22. Juni 1814

Lieber Vater!

Ich eile Ihnen eine ***angenehm*** unglückliche Begebenheit mitzuteilen, die sich gestern mit mir ereignet hat. Das Unglück besteht darin, daß ich bei meinem guten Könige in Ungnade gefallen bin und infolgedessen aus dem königl. Hoflager mich entfernen muß. Das Glück aber ist, daß mein guter König auch in seiner Ungnade höchst gnädig ist. Durch Reskript vom gestrigen Datum bin ich zum „Wirklichen Geheimen Rat im außerordentlichen Dienste ernannt und mit Beibehaltung meines vollen Gehalts von 7000 Fl. zum Präsidenten des k. Appellationsgerichts zu *Bamberg*" berufen worden. Meine höchsten Wünsche sind erfüllt. Ich vertausche das unruhige, ränkevolle und unsichre Hofleben mit einem friedlichen, ehrenvollen Wirkungskreise; Bamberg ist die schönste Stadt des Königreichs mit den reizendsten Umgebungen und dem gesundesten Klima. Wohnungen und Lebensmittel sind nicht nur ohne Vergleichung besser, sondern auch wohlfeiler als in der Hauptstadt; durch diese Veränderung gewinne ich daher eine Gehaltsvermehrung von wenigstens 2000 Fl. Dabei habe ich den großen Vorteil, meiner guten Vaterstadt um vieles näher zu sein. Längstens in zwei Monaten bin ich an dem schönen Orte meiner Bestimmung. Meine beiden größern Söhne bleiben in dem hiesigen Seminarium zurück. Da ich Ihnen nun so nahe bin, so besuche ich Sie noch entweder in diesem Jahre oder ganz gewiß in dem folgenden. Von ganzem Herzen

Ihr A.

N. S. Soeben erhalte ich von meinem lieben guten Könige ein außerordentliches Geschenk von 1000 Dukaten.* Versammeln Sie Ihre Freunde zu fröhlichem Mahle und

* Eine große Hyperbel! Es waren nur 500 Dukaten. „Se. Maj. der König", heißt es wörtlich in dem Schreiben R.s an F., „haben allergnädigst geruht, Sr., Hochwohlgeb. für die geleisteten legislativen Arbeiten eine Gratifikation von *fünfhundert* Dukaten zu bewilligen."

trinken Sie die Gesundheit erstens: meinem Könige Max Joseph, dann: dem in Ungnade gefallenen und durch Ungnade beglückten Geh. Rat und Präsidenten, Ihrem Sohn A.

An seinen Vater

München, 15. August 1814

Soeben komme ich nach mehrwöchentlicher Abwesenheit von einer Reise durch die Schweiz nach München zurück und – finde Ihren Brief und zwei Briefe von meiner Schwester gleichen Inhalts mit dem Ihrigen. Ich will es nicht zu beschreiben wagen, wie mir ist, wie das Herz mir blutet! Während ich mich freute, lag der Vater krank und sehnte sich nach seinem Sohn, und jetzt, wo ich eilen muß, meinen neuen Posten anzutreten, wird mir vielleicht, ja sogar wahrscheinlich, die Erlaubnis versagt, eine Reise nach Frankfurt zu machen. Ich eile in der nächsten Stunde zu dem Minister, lege ihm Ihren Brief vor und werde tun, was in meinen Kräften steht, um ihn zu bewegen. Meine Bitte kommt vom Herzen, vielleicht, daß sie auch ihm zu Herzen geht und er einen zweiten Urlaub mir erteilt. – Ich machte die Reise nach der Schweiz, weil ich mich schon längst darnach gesehnt hatte, weil mein Gemüt einer großen Erheiterung bedurfte und weil sich gerade die beste Gelegenheit dazu dargeboten hatte. Hätte ich freilich geahnet, was ich nun weiß, so wäre ich schon längst an Ihrer Seite. – Ich sende diesen Brief ab, noch ehe ich die Antwort des Ministers weiß. Mein kranker Vater muß wenigstens nicht auch noch durch mich beunruhigt werden, und ich muß mich des quälenden Gedankens entledigen, daß der Vater glaubt, sein Sohn habe solche Briefe gehabt, ohne den väterlichen Wunsch zu erfüllen oder nur sie zu beantworten. Gott erhalte Sie, liebster Vater! Er gebe Ihnen die Gesundheit wieder! Und mir möge der Himmel nur insoweit gnädig sein, daß mir der Minister die Erlaubnis gibt, den kranken Vater durch meine Ankunft zu erfreuen und durch meine Liebe zu trösten!

An denselben

Bamberg, 1. September 1814

Liebster Vater! Hier bin ich endlich an dem Orte meiner Bestimmung, um viele Meilen Ihnen näher, aber mit Empfindungen, für die ich keine Worte finden kann. Denn (es ist schrecklich niederzuschreiben) jetzt kann und darf ich nicht zu Ihnen. Der Minister hat mir die Reiseerlaubnis verweigert, und leider aus Gründen, denen ich nichts entgegensetzen konnte als die Menschlichkeit, die in Dienstsachen bei einem Staatsknechte nicht oder wenig in Rechnung kommt. Daß bei dem Abgang des ersten Direktors, bei der Krankheit des zweiten meine Person schlechterdings notwendig sei, wenn nicht das Gericht in Stockung geraten solle, daß ich wenigstens einige Monate anwesend sein müsse, um meinen Dienst zu versehen, dieses wurde mir so bestimmt geäußert, so nachdrücklich wiederholt, daß ich alle Hoffnung aufgeben mußte, durch fortgesetzte Sollizitationen etwas zu gewinnen. Ich mußte sogar den größten Teil meiner Familie und meiner Sachen in der größten Verwirrung zurücklassen, um nur schnell zu gehöriger Zeit am Orte meiner Bestimmung einzutreffen. Mit verwundetem Herzen, mit der Sehnsucht nach dem geliebten Vater in der Seele, voll Bekümmernis, Angst und Sorge bin ich nun hier, um in einem mir ganz fremden, mir ganz unbekannten Wirkungskreise den Lehrling und den Meister zur gleichen Zeit zu spielen. Was meine Seele beinahe bis zur Verzweiflung bringt, ist noch überdies ein Teufelsstreich, den mir (was ich erst jetzt in Bamberg erfahre) der Finanzminister, mein Todfeind, zu spielen sucht, der mir, zweier Königlicher Reskripte ungeachtet, nicht weniger als 2000 Fl. jährlicher Besoldung streitig macht. Wenn nicht mein Gemüt bald wenigstens über einen Teil seiner Sorgen beruhigt wird, so weiß ich kaum, wie mein Körper noch lange die Lasten der Seele tragen kann. Beruhigen Sie mich entweder unmittelbar oder durch meine liebe Schwester über Ihren Zustand, geben Sie mir nur die Hoffnung, daß Sie sich besser befinden, so werde ich das Übrige desto leichter ertragen können. Ach

Gott, lieber Vater, ich glaubte in Bamberg in den Hafen der Ruhe einzulaufen, hoffte endlich den Frieden des Lebens mir zu gewinnen, den ich durch vieljährige Arbeiten und Verdienste wohl verdient hätte; doch leider finde ich auch hier nur ein stürmendes Meer voll Untiefen und Klippen. Ich weiß es nun, dem stillen Glück muß ich entsagen, Ruhe werde ich dann nur finden, wenn dieses arme Herz nicht mehr im Busen schlägt. Mit banger Sehnsucht erwarte ich mit nächster Post einen Brief an Ihren A.

An denselben

Bamberg, 13. September 1814

Ich mache mir recht sehr Vorwürfe darüber, daß ich neulich, im frischen Gefühl eines an mir versuchten Unrechts, bei übler Laune mit finsterm Gemüt an Sie, lieber Vater, einen Brief habe abgehen lassen, welcher Sie, wie ich sehe, beunruhigt und Ihnen meine Lage in einem Lichte gezeigt hat, in welchem sie mir weder vorher erschienen war, noch jetzt erscheint. Daß ich mir eine Stelle wie die gegenwärtige schon längst gewünscht habe, daß ich des Hoflebens und seiner Schikanen längst bis zur Verzweiflung überdrüssig war, wird Ihnen aus frühern Äußerungen gewiß erinnerlich sein. Daß ich diese Versetzung freudig als ein Glück aufgenommen, werden Sie aus meinem ersten Brief ersehen haben. Woher es kommt, daß sich diese Veränderung infolge einer Ungnade – nicht sowohl des Königs als des Ministers M. – mit mir ereignet, kann keinem Briefe anvertraut werden. Aber die Zeit wird kommen, wo man in Deutschland viel davon sprechen wird. Nur so viel darf ich Ihnen sagen, daß alles von mir wohl vorausgesehen, und nicht bloß vorausgesehn, sondern voraus*berechnet*, *beabsichtigt*, absichtlich *herbeigeführt* war. Ich bin nichts weniger als unbesonnen, unklug; aber meine Zwecke und meine Mittel sind anders gestellt und berechnet, darum scheine ich zuweilen gerade da am unklügsten, wo ich am klügsten bin. Bamberg ist für mich eine ehrenvolle Retraite, keine tiefe Erniedrigung. Die Stelle eines Präsidenten ist um so ehrenvoller, als diese Stellen seither nur den Personen des alten hohen Adels aufbehalten waren und ich der *erste* bin, für welchen von dieser Regel eine Ausnahme gemacht worden ist. Das Beiwort „zweiter" bezeichnet kein Verhältnis der Herabsetzung oder Unterordnung, sondern nur das Verhältnis der Anciennität. Der erste und zweite Präsident stehen vollkommen parallel; so war der jetzige Minister Reigersberg ebenfalls zweiter Präsident bei dem Appellationsgericht zu M., dann zweiter Präsident beim Oberappellationsgericht. Überdies bin ich als Wirklicher Geheimer Rat bestätigt und habe als solcher meinen Rang. Was ganz alleine meine Zufriedenheit störte, war die Geschichte mit meiner Besoldung, die indessen bereits so gut wie beigelegt ist. Im übrigen sind meine persönlichen Verhältnisse hier vortrefflich. Mein Kollege, Freiherr v. Seckendorf, ist ein liebenswürdiger Mann und mein alter Freund; das Kollegium, das sich geehrt fühlt, mich an seiner Spitze zu haben, kommt mir in allem mit der tiefsten Hochachtung entgegen. Meine Stelle ist überdies angenehm; sie beschäftigt mich, ohne mich zu beladen. In das Formelle des Geschäftsganges war ich in einem Zeitraume von weniger als 8 Tagen vollkommen eingeweiht. Gott hat mir einen vielgewandten Kopf gegeben; ich weiß mich sehr bald in alles zu fügen, und nichts ist mir sehr lange neu; *wo* ich stehe, weiß ich mit Würde zu stehen und mich als der *erste* zu behaupten. – Zu einem salto mortale [Todessprung] aus dem Präsidentenstuhl auf den Katheder ist noch zur Zeit keine Veranlassung vorhanden. Soviel ist aber wohl sehr wahrscheinlich, daß noch lange nicht meine Rolle ausgespielt ist, und für jeden Fall habe ich mir schon längst an drei verschiedenen Orten einen starken Pfeiler gesichert, an den sich mein *Rücken* lehnt. Ich bin weit stärker als meine Feinde; ich bin ihnen weit furchtbarer als sie mir. Ich bin hier nicht, weil ich *muß*, sondern weil ich *will*, weil ich in München nicht mehr leben mochte, weil ich dort nicht mehr mit Ruhe leben, weil ich nicht mehr mit *Ehre* wirken konnte. Die Zeit wird anders kommen. Ich ruhe einstweilen vom Kampfe aus, um desto rüstiger wieder aufzutreten. Ein guter Soldat entflieht nicht. Sie werden nie Anlaß finden, Ihren Sohn zu verachten. Mein Weg bleibt immer die Bahn der

Ehre. – Daß die *Gefahr* für Sie, wenigstens die *nahe* Gefahr, vorüber ist, dafür danke ich Gott von ganzem Herzen. Die Hoffnung, Sie wiederzusehen, ist mir keineswegs verschwunden. Wenn Not an Mann geht, besuche ich Sie – selbst *ohne* Erlaubnis von oben; ich riskiere dann meine Stelle, aber das Gebot der Natur ist höher als das Gebot des Staats. Von ganzer Seele Ihr A.

An denselben

Bamberg, 24. Dezember 1814

Aber nun, lieber Vater, dauert es mir denn doch zu lang, daß ich keine Nachricht von Ihnen oder über Sie habe. Ich bin ungeduldig, etwas aus dem väterlichen Hause zu hören. So lange würde ich selbst nicht gewartet haben, meine Ungeduld auszudrücken und auf einen Brief zu dringen, wenn ich nicht krank gewesen wäre. Ich hatte ein rheumatisches Fieber, das mich lange im Bette hielt und wobei ich insbesondere an meiner Hand sehr viel gelitten habe. Noch jetzt darf ich nicht ausgehn, und es kommt mir sehr sauer an, diese Worte auf das Papier zu bringen. Die Veränderung des Klima, obgleich zum weit bessern, hat einen gewaltigen Einfluß auf meinen Körper ausgeübt. Man muß sich an alles gewöhnen, so auch an die reine, feine Bergluft, die ich hier in meinem Schlosse einatme und die mir erst nach einiger Zeit gedeihlich werden wird.

Ich lebe hier ein wahres Klosterleben. Es sind hier wunderliche Menschen, denen man sich kaum zu nähern Lust haben kann. Alles tut gegeneinander fremd und kalt; in öffentlichen Gesellschaften ist alles steifer als am steifsten Hof. Außer Kraft, der übrigens sehr hypochondrisch ist, habe ich gar keinen vertrauten Umgang. Seckendorf wohnt zu weit von mir entfernt, und ein inniges Verhältnis findet unter zwei einander gleichgestellten Geschäftsmännern ohnehin nicht statt. Ich lebe daher fast ganz allein, vergnüge mich am Anblick der selbst in ihrem Winterkleide noch herrlichen Natur, die mich umgibt, und mache die Toten zu meiner Gesellschaft.

Bei Annäherung des neuen Jahrs kann ich und meine ganze Familie Ihnen nichts Besseres von ganzer Seele wünschen als die Gesundheit oder, wenn diese noch zögern sollte, Milderung der Schmerzen, Geduld und Standhaftigkeit und Hoffnung. Ist nur erst der Winter überstanden, so ist alles gewonnen; Sie müssen dann hierher in mein Elysium, um da neue Lebensluft zu atmen.

Im Politischen sieht es sehr trüb und stürmisch aus. Ich habe Briefe aus Wien von sehr guter Hand, welche in Übereinstimmung mit dem, was dann und wann in öffentlichen Blättern verlautet, mir die fast an Gewißheit grenzende Wahrscheinlichkeit geben, daß uns ein schwerer Bürgerkrieg nahe bevorsteht. Rußland, Preußen und Österreich, Norden und Süden, große und kleine Bundesstaaten – alles ist gegeneinander aufgewiegelt, und der Knoten ist so ins Verworrene geschlungen, daß nur das Schwert ihn lösen kann. Ich habe einen Antrag, nach Wien zu gehen, um eine politische Rolle mitzuspielen. Aber dafür behüte mich der Himmel! Wer auf festem Lande steht, ist ein Tor, wenn er in die stürmende See sich wirft. – Mein langes Außenbleiben in Frankfurt ist nicht ungnädig aufgenommen, vielmehr belobt worden. „Se. Königl. Maj.", heißt es in dem Reskript, „achteten die treue Erfüllung kindlicher Pflichten ebenso hoch als die Erfüllung amtlicher Pflichten gegen den Staat." Zugleich wurde mir die Erlaubnis erteilt, ohne besonderes Urlaubsgesuch nach Frankfurt reisen zu dürfen, so oft es meine Familienverhältnisse dringend notwendig machen sollten. Ihr treuer Sohn A.

An den Minister Grafen Reigersberg

Bamberg, 13. Mai 1815

Es drängt mich, Ew. Exz. die Gefühle meines Dankes darzubringen für das allergnädigste Reskript vom 2. dieses, den ausgezeichneten Diebstahl betreffend. Durch jenes in jeder Rücksicht gnädige Reskript ward ich hocherfreut, teils, weil dasselbe meine mir sehr lästige Muße für ein würdiges Geschäft des Staats wieder in Anspruch nimmt, teils, weil die gnädigen Äußerungen des allerhöchsten Wohlwollens mir die tröstende Überzeugung gewähren, daß der Mann, mit welchem sein König mit solchen Worten spricht, nicht aus des Königs Gnade verstoßen, diese seine Entfernung keine Verbannung und das, was bisher ihm geschehen und fortgesetzt an ihm versucht wurde, ohne Vorwissen Ew. Exz. geschehen und versucht worden ist.

Das Wort ist aus der Feder; erlauben Ew. Exz., daß ich umständlicher über meine hiesige Lage in Bamberg mich verbreite. Schon mehrmals hatte ich die Feder angesetzt, um in förmlichem Wege bei Sr. Majestät Schutz und Gerechtigkeit zu suchen. Daß es unterblieb, geschah vorzüglich darum, weil ich aus Achtung für die Regierung jedes lärmende Aufsehen zu vermeiden, derselben mancherlei unangenehme Verlegenheit zu ersparen, mir selbst aber ein neues Verdienst zu erwerben wünschte, das Verdienst, das Schmählichste mit schweigender Geduld ertragen und durch Abwendung und Unterdrückung von Skandal die Ordnung des Dienstes und die äußere Ehre eines hohen Justizamtes aufrechterhalten zu haben. Aber nun ist es an der Zeit, und die Pflicht fordert es, Ew. Exz. von dem, was seither *war*, noch *ist* und dereinst vielleicht *kommen kann*, durch ein gehörig motiviertes *Privatschreiben* in Kenntnis zu setzen.

„Feuerbach soll nichts verlieren, weder an Geld noch an Ehre", sprach mein allergnädigster König, als meine Versetzung beschlossen ward. Diesem gemäß wurde ich nach demselben Verhältnis, wie es sich zwischen den beiden Präsidenten des Oberappellationsgerichtes darstellt, wie es ehemals bei dem Appellationsgerichte in M. bestand, als zweiter Präsident beim hiesigen Appellationsgericht dekretiert, und damit selbst die Stelle eines Präsidenten die pragmatischen Rechte der Staatsdiener in meiner Person nicht verletze, ward mir das Amt und die Würde eines Wirklichen Geheimen Rates vorbehalten. Da mir nicht der Präsidenten*titel* (dessen ich als Geh. Rat zu meiner Ehre nicht bedurfte), sondern das Präsidenten*amt* übertragen war, da eine Regierung niemals weniger zu geben im Sinne sich vorbehält, als sie zu geben in einer von des Königs heiligen Namen unterzeichneten Urkunde verspricht, da ein *Titel ohne* das dadurch bezeichnete Amt nur dann übertragen ist, wenn es das Patent *ausdrücklich* besagt, da nicht der Titel, sondern *die Stelle*, die man bekleidet, das *amtliche Geschäft*, das man kraft jenes Titels übernimmt, das *Amt* ausmachen, da ich mit den Gesetzen zu gut bekannt bin, um nicht zu wissen, daß einerseits eine Degradation nur einen überwiesenen Schuldigen treffen, andererseits aber die Herabsetzung auf niedere *Dienstesstufe* durch einen höhern Titel nicht *verdeckt* werden kann (weil sonst auch ein geheimer Staatsrat, den man mit Vorbehalt seines Titels in ein Stadt- oder Appellationsgericht zu Ratsarbeiten einstellte, sich wegen Degradation nicht beschweren dürfte), da ich dieses alles wußte und diesem allem redlich vertraute, so konnte mir nichts unerwarteter kommen, als was mir hier sogleich bei meinem Eintritt begegnete. Mein Herr Kollege hatte nämlich den Mut (?), mir zu erklären, die *Stelle* eines *Präsidenten* werde auch künftig von ihm *allein* bekleidet werden; vorbehaltlich meines Titels sei keine andere *Stelle* für mich vakant als die – eines *ersten Direktors!!!* Einer ebenso seltsamen als entehrenden Zumutung konnte allenfalls nur ein Elender sich unterwerfen, dem für Geld selbst das Höchste feil ist und der nicht, wie ich, die Gesinnung hat, daß es unter gewissen Umständen ehrenvoller ist, mit Weib und Kind zu betteln, als reichlich zu leben. Es war übrigens meiner Ehre vollkommen genügt, wenn ich diese Zumutung ablehnte; daß ich in das Präsidentengeschäft mich *eindrängte*, forderte sie nicht; ich wußte ja, *weswegen* ich hierher geschickt worden, und die Lorbeeren, die im Appellationsgericht an der Regnitz wachsen, konnte ich großmütig dem überlassen, der keine andern noch gebrochen hat. Hieraus folgt denn aber, daß ich seither mehr nicht war und bis jetzt mehr nicht bin als ein betiteltes – Nichts!

Herr von Seckendorf hätte es können dabei bewenden lassen, daß ich ihn in der Anmaßung, Alleinpräsident zu sein, nicht beunruhigte und durch stetes Ausweichen oder freundschaftliches Zuvorkommen wenigstens die äußere Ehre des Amts und ein Scheinverhältnis von einer Kollegialität aufrechtzuerhalten suchte. Aber nicht genug, mich von der Teilnahme am Präsidium zum größten Nachteil des

Geschäfts selbst ausgeschlossen zu haben, suchte er nicht nur sowohl in als *außer* dem Kollegium, im Amt wie im geselligen Leben die Superiorität eines höheren Ranges auf die auffallendste, kleinlichste Weise bei jeder Gelegenheit zu behaupten, sondern auch sich in der Eigenschaft als erster Präsident gewissermaßen als meinen *Vorgesetzten*, dem ich als Vizepräsident *untergeordnet* sei, dem er Erlaubnis erteile und verweigere, Weisungen zusenden könne u. dgl., zu gerieren. Da die Prädikate „erster" und „zweiter", dem Hauptworte „Präsident vorgesetzt, mehr nicht bedeuten als erster, zweiter, dritter Rat, da überdies das ABC des Staatsdiener-Verhältnisses es mit sich bringt, daß ein Beamter auf einer höhern Amtsstufe (wie ich als Wirklicher Geh. Rat) einem andern, der auf niederer Amtsstufe steht (wie ein Präsident im Verhältnis zu einem Wirklichen Geh. Rat), nicht untergeordnet sein kann, so war die Veranlassung zu den ekelhaftesten Kollisionen gegeben, welche, sollte nicht ein der Ehre des Dienstes nachteiliger Ausbruch geschehen, wieder nur von meiner Seite durch abwehrendes Ausweichen und Zurückziehen, durch Minderung der Gelegenheit zum Zusammentreffen verhütet werden konnten.

Alle bisher erwähnten Übergriffe des Freih. v. S. lassen sich noch menschlicherweise erklären und begreifen. Wenn aber endlich Freiherr v. S. seit ungefähr 4 Monaten so weit gegangen ist, daß er im Verhältnis zu mir sich von allen Gesetzen kollegialischer Achtung, ja sogar von allen Gesetzen äußerer Sitte, welche der Anstand unter gebildeten Menschen eingeführt hat, entbunden glaubt, wenn derselbe mehrmals sogar in Gegenwart von Räten, Sekretären, Boten durch äußere Zeichen tiefster Verachtung mich zu beschimpfen gesucht hat, so übersteigt das beinahe die Grenzen der Glaublichkeit. Durch solches Betragen beschimpft man zwar nur sich selbst und die Würde, die man trägt, nie den andern, am wenigsten einen Mann wie mich. Wie soll denn aber ein Beamter von Ehrgefühl und von Achtung gegen das Amt sich gegen einen Kollegen benehmen, der ihm in Gegenwart von Subalternen seinen Gruß nicht erwidert, seine Anreden entweder nicht oder mit zugekehrtem Rücken beantwortet oder, während er selbst mit dem Hut unter dem Arm daherkommt, nicht einmal seine Kappe zieht und mit zugekehrtem Rücken über die Achsel herabblickend vorübergeht? Ein Bürger hat unter gewissen Voraussetzungen gegen solches Betragen die Injurienklage; der Soldat und der Kavalier außer dem Kollegialverhältnisse können so etwas als einen Ehrenhandel abtun; aber der Kollege? der Geheime Rat? der Präsidentkollege? Solche Behandlungen ertragen und sich der steten Wiederholung derselben aussetzen hieße ehrlos allem Ehrgefühl entsagen; Gleiches mit Gleichem erwidern hieße die Gesetze des Anstandes nicht nur, sondern auch die eigne persönliche Ehre und die Pflichten des Amtes aus den Augen setzen. Bei Hof deshalb förmliche Beschwerde erheben würde zu den ekelhaftesten, schmutzigsten, alle Verhältnisse verwirrenden, alle Achtung der Räte und Subalternen gegen das Amt der Vorgesetzten zerstörenden Händeln führen. Und so blieb mir denn, um meine und des Amtes Ehre zu wahren, nichts übrig, als meine Person gegen persönliche Insulte in Sicherheit zu bringen, jedes Zusammentreffen, selbst im außeramtlichen, geselligen Leben so gut wie unmöglich zu machen und mich so zurückzuziehen, daß H. von S. keine Gelegenheit mehr findet, dasjenige, was er seiner eignen Ehre, seinem Amte und meiner Würde schuldig ist, wieder zu vergessen, ich selbst aber außer den Fall der Möglichkeit gesetzt bin, wo eine zu lang mißbrauchte Geduld endlich sich empören und in leidenschaftlichem Selbstvergessen die Rechte des natürlichen Gefühls behaupten möchte.

Glauben Ew. Exz. ja nicht, als wäre dieses geschreiben, um irgendeine Bemittelung, Ausgleichung usw. zu veranlassen. Die Wunde ist unheilbar; es ist nicht mehr zu helfen. Nur darum hielt ich es für meine Pflicht, Hochdenselben zu schreiben, damit Sie sich von der Notwendigkeit überzeugen, bei erster Gelegenheit ein Verhältnis ganz aufzuheben, das, weil es einen Widerspruch in sich selber trägt, schon nach der Natur der Sache, überdies aber, bei den obwaltenden besonderen Umständen, um des Staatsdienstes willen durchaus nicht fortbestehen *kann*. Dabei gebe ich jedoch Ew. Exz. die heilige Versicherung, daß, solange es noch besteht, ich mit der entschiedensten duldsamsten Resignation, wie bisher, ausharren und zurückgezogen die Erlösungsstunde erwarten werde. Freilich aber wünschte ich um meiner persönlichen Zufriedenheit willen, möglichst bald mir die Frage beantworten zu können, *was* ich denn eigentlich *bin*? Eine zweideutige Lage wie die meinige könnte auch die kälteste Natur zur Verzweiflung bringen und selbst die gesündesten Kräfte der Seele und des Leibes aufreiben. Nichts hat mich seither noch aufrechterhalten als die ungeteilte Liebe und Achtung der hiesigen Räte und die Auszeichnung, womit die durchlauchtigste herzogliche Familie mich beehrte.

Meine Gesundheitsumstände sind so zerrüttet, daß ich für diesen Sommer noch ein Bad werde gebrauchen müssen, und ich fürchte und ahne, daß, wenn einst die Zeit gekommen ist, wo man edle hohe Kräfte des Geistes *nicht mehr fürchtet*, sondern *braucht*, von den meinigen nichts mehr zum Brauchen übrig sein wird.

*Bekanntschaften und Freundschaften, gestiftet in Karlsbad und Franzbrunnen im Juli 1815**

Hofrat von Zeiller aus Wien. Ein würdiger Greis; gutmütig, anspruchslos. Mir von Herzen mit Hochachtung und Liebe ergeben.

Graf von Haugwitz, k. k. Geh. Rat und Kämmerer, und dessen Sohn aus Wien. Seine Bekanntschaft durch Zeiller. Weltmann. Lebt und webt in Politik. Schwatzt sehr viel.

Prinz Paul von Württemberg. Belesen, geistreich; gewaltige Redegabe. Glühendes Feuer des Ehrgeizes, durch zurückgehaltene Befriedigung genährt. Daher Unmut, wilde Leidenschaft gegen alle regierenden Häuser. Freche Offenheit; Revolutionsgrundsätze unverhohlen geäußert. An Charakter und Sitten ein Orléans Égalité. Ein imponierendes Äußere, hoher, kräftiger Wuchs, großes, geistvolles, zuweilen starres oder in wilder Irre hin- und herblickendes Auge. Sein Übergang zu den Alliierten im Jahr 1813. Sein Anliegen, die Heirat des Kronprinzen mit der

* Das vollständige Verzeichnis derselben ist hier nicht abgedruckt worden. Von manchen sind nur die bloßen Namen angegeben, von manchen nicht einmal diese leserlich.

Großfürstin Kathinka betreffend. Mein teils angenehmer, teils qualvoller Nachmittag und Abend.

Baron von Witzleben, Adjutant des Prinzen. Ein liebenswürdiger, wißbegieriger junger Mann von guten Grundsätzen.

v. Cruickschank, geh. Sekretär des Prinzen. Von Geburt ein Schotte, gebildet in Deutschland in dem Schottenkloster zu Regensburg. Seine kräftige männliche Gestalt, sein großes helles Auge verspricht, was sein Gemüt in vollem Maße erfüllt. Mir eine der wohltuenden Erscheinungen. Unsere Seelen haben sich gefunden und erkannt. Gründliche Kenntnisse; richtige Weltansichten, Freimütigkeit ohne Anmaßung; kräftiges Selbstbewußtsein ohne Hochmut.

Konstantin von Popp aus Hermannstadt. Geborner Grieche aus dem Gebiet von Athen. Gelehrter Kenner der Alten, Schriftsteller im Neugriechischen. Ein Mensch von liebenswürdigem Charakter. Verehrt in mir den Gelehrten, liebt in mir den Menschen.

Der liebenswürdige Sänger der Urania, Kanonikus Tiedge aus Berlin. Mit ihm fühlte ich mich zuerst wieder als Mensch zum Menschen. Offen, herzlich, liebenswürdig. Seine Seele verklärt seinen mißgestalteten Körper. Unsere Freundschaft auf Du und Du.

Die berühmte Elise Gräfin von der Recke, Schwester der Herzogin von Kurland. Schon bejahrt und kränkelnd; doch noch schön; einnehmend beim ersten Blick; hoher Anstand ohne Stolz; gütig ohne Miene der Herablassung, edel an Geist und Herz. – Diner am 10. Juli mit Tiedge, ihrem Freunde, mit der Frau des Rat Becker, deren Sohn und Tochter aus Dresden. Ein naseweiser preußischer Legationsrat verdirbt mir den Genuß dieser Gesellschaft. – Stets innigere Vertrautheit meiner Seele mit Elise und Tiedge. Jene ein Ideal weiblicher Güte, Hoheit und Demut; dieser eine liebe Dichterseele, voll Kraft mit unschuldigem Kindersinn. Unser gemeinsames Leben. Am 15. von morgen[s] 7 Uhr bis abends um 8 Uhr und doch wie *eine* Stunde! – Elise und Tiedge wünschen mit mir an einem Orte zu leben. Am 16. Diner mit dem preußischen Staatsminister von Schuckmann, Tiedge, Popp, nebst Damen. Antrag des Ministers für Preußen.

Diner am 17. mit der Geheimrätin von Goethe, der Schopenhauer und Tochter usw. Ich erfahre das Schicksal, das über Molly gewaltet und Josephine Gräfin Pachta von Meinert getrennt hat.

Ritter von Kunikow, Generalleutenant, russicher Gesandter bei Hannover. Bedeutend nur durch seine Stelle.

Ammon, königl. sächs. Oberhofprediger, gewaltiger Schwätzer.

Schäzler, Bankier. Ein alter Geck, eitel auf seine Person, noch eitler auf sein Geld.

Baron von Lüttwitz aus Breslau. Schuckmanns Schwager und im Jahre 1813 mein Gegner, der mir damals gern die ganze Armee auf den Hals gehetzt hätte.

Fürst von Neuwied, ein gutmütiger Mensch.

Julie von Piattoli. Russische Staatsrätin. Gemütlich gutes kränkelndes Weibchen. Bedeutend durch ihren verstorbenen Mann. War Sekretär des letzten Königs von Polen, Verfasser der polnischen Konstitution und Veranlasser des Unterganges von Polen.

Theodor Bernstein. Leibarzt beim Fürsten von Neuwied. Mein Schüler zu Jena im Kriminalrecht.

Hofrat v. Müller, im Dienste des Großfürsten Konstantin, von Geburt ein Schweizer aus Altorf im Kanton Uri. Spricht zu seinem Despoten Konstantin von der Notwendigkeit bürgerlicher Freiheit. Konstantin soll grausamer sein in Worten als mit der Tat und einen geraden, hellen Verstand besitzen. Es ist ihm unlieb, daß Alexander den Polen eine Konstitution versprochen hat, will aber nun, daß das Versprochene erfüllt werde. Überall fand Müller in den Völkern einen Geist, der wohltätig erleuchten wird, wenn sich die Fürsten ihm befreunden, der aber, will man sich ihm feindselig entgegensetzen, die Brandfackel in die Pulvermine zu werfen droht. – Von Rußland aus wäre wohl eine zweite Wanderung der nordischen Völker nach Süden zu besorgen. Der Russe hat kein Vaterland; der Kosak am Don und Ural findet Deutschland reizender als seine Steppen, und der leibeigene Bauer liebt den Boden nicht, der ihm nicht angehört. Ein Wort des Kaisers – und Millionen strömen aus dem Norden in den Süden hinab.

Frau von Rühle-Lilienstern. Gattin des zweiten Adjutanten von Blücher. Recht artig, fast schön; sehr für die

Welt gebildet, übrigens ohne Gemüt, eine lackierte Person, wie Tiedge sich ausdrückt. Bin oft mit ihr in Gesellschaft bei Fr. v. Reck. Sie erhält in meiner Gegenwart von ihrem Manne folgendes Geburtstagsgeschenk geschickt: das kleine Legionskreuz Napoleons, ein schildkrötenes Döschen mit Lakritzensaft und Lederzucker, das der Kaiser am Tage der Schlacht vom 18. bei sich führte.

Hr. Staatsminister von Schuckmann. Bekanntschaft durch Graf Haugwitz. Einige kurze Worte am Sprudel. Nähere Bekanntschaft bei der Gräfin von der Recke. Nach dem Diner Unterredung wegen eines Rufs nach Preußen. Geheimer Oberster Justizrat zur Redaktion der neuen preußischen Strafgesetzgebung, dann Professur. Bedingt, mit Bedenklichkeiten ratione [hinsichtlich] des letztern meine Neigung erklärt. – Diner am 20. Seitdem wenig Berührung wegen Schuckmanns Kränklichkeit. Herzlicher Abschied am Tage der Abreise. Meine eventuellen Bedingungen: 1. Geh. Staatsrat, 2. 5000 Rtlr., 3. Pension für Witwe und Waisen nach den Normen der bayer. Staatsdienerpragmatik, 4. Reisegeld.

Graf von Buquoy aus Prag. Ein Graf mit ungefähr 100000 Fl. jährlicher Einkünfte, dabei Gelehrter und Schriftsteller im Fache der Mathematik und Nationalwirtschaft, gewiß eine seltene Vereinigung.

Diner am 22., zu meiner Rechten Gräfin Buquoy, nicht schön, aber angenehm und liebenswürdig, zur Linken Baronin von Jacobi-Klöst, sehr fromme Katholikin, die vor jedem freigeisterischen Winke erschrickt. Ich merkte es bald und richtete mich danach ein.

Johanna von Hennikstein aus Wien. Meines edlen Griechen edle Freundin, eine meiner liebsten, leider kürzesten Bekanntschaften. Die schönste Seele in einem reizenden Körper. Verstand und Gefühl leuchten aus ihren großen Himmelsaugen, Anmut und Güte spielen um ihren lieblichen Mund, der Ernst der Wehmut, der Erinnerung an schwere Prüfungstage ruht auf ihren schön gebogenen Augenbrauen. Eine Witwe von 18 Jahren.

Maria von Dickmann, Schwester der Hennikstein. Nicht glänzend schön, aber viel Anmut, die dem finstern Schmerz auf ihrem bleichen Angesicht etwas himmlisch Verklärtes mitteilt. Meine Aufmerksamkeit geht lange kalt an ihr vorüber. Beim Diner im sächsischen Saale am 23. kommt sie rechts neben mich zu sitzen. Gemütliche Heiterkeit sprudelt in meinem Gespräch und geht auf sie hinüber. Ihre Seele leuchtet auf einmal in hellen Flammen auf; Verstand und Herz, leichte Scherze und schöne Gefühle lassen mich bald verschmerzen, daß ich nicht neben Johanna meinen Platz hatte nehmen können. Es war einer meiner angenehmsten Nachmittage.

Hofrätin Schopenhauer, eine reiche Witwe. Macht von der Gelehrsamkeit Profession. Schriftstellerin. Schwatzt viel und gut, verständig; ohne Gemüt und Seele. Selbstgefällig, nach Beifall haschend und stets sich selbst belächelnd. Behüte uns Gott vor Weibern, deren Geist zu lauterem Verstande aufgeschoßt ist. Der Sitz schöner weiblicher Bildung ist allein in des Weibes Herzen. Das Gänschen, ihre Tochter. „Ich habe für Blumenmalerei das vorzüglichste Talent." Ich falle ganz aus der Gnade.

Geh. Rätin von Goethe. Ein kleines dickes Figürchen mit hellen Augen. Lebhaft, gutmütig, ganz einfach, von gewöhnlicher Bildung, man könnte sagen: ohne Bildung.

Regina v. Frohberg. Ein weiblicher Autor aus Wien. Ich muß nolens volens ihre Bekanntschaft machen. Verstand, Feinheit und etwas Tücke (?) schien mir auf ihrem nicht üblen Gesicht zu liegen. Weibliche Autor-Eitelkeit sieht aus ihrem Tun und Reden durch.

Hofrat Tittmann aus Dresden, hat mit seinem gepuderten Haar etwas von einem sächsischen Philister, übrigens ein gutes, offenes Gesicht.

Graf von Luxburg. Merkwürdige Unterredung mit ihm; voll Grimm und Bitterkeit gegen Montgelas. Er erzähle es weiter! Er berichte es!

An Tiedge

Bamberg, den 3. August 1815

Der Arzt, der mich abends fieberkrank verließ und am Morgen des folgenden Tages das Bett leer fand, weil der Kranke auf Reisen gegangen war, mag Sie, mein teuerster Freund, und die edle Freundin, die wir beide verehren, um das Schicksal des wilden Brausekopfs ein wenig besorgt gemacht haben. Daher ist mein erstes und heiligstes Geschäft, Ihnen kürzlich zu melden, daß sich mein Zustand auf der Reise bedeutend gebessert hat, daß ich so gesund, als ich es bei meinem armen Arme sein kann, bei den Meinigen angekommen bin und Frau und Kinder im besten Wohlsein angetroffen habe. Wenn die schlimmen Folgen der Erkältung am Franzenbrunnen nachgelassen haben, hoffe ich der Gaben, die ich der wohltätigen Nymphe, Karolina, verdankte, wieder froh zu werden. Die freundlichen Geister einer schönen Erinnerung, das Bewußtsein, wie reich an Freundschaft und Liebe ich geworden bin, der Gedanke an Elisa und an Sie und an so manche andere edle Seele, die ich nun mein nennen darf, endlich die Hoffnung auf die langersehnte Freiheit, die mich aus dem Lande der Barbarei und geistigen Knechtschaft zu einem würdigeren Dasein führen soll, diese Reichtümer des Geistes und Herzens werden die schmerzlich drückende Armut der Gegenwart mir noch für einige Monate erträglich machen. Auch sagt mir die Ahnung und mehr noch als bloße Ahnung, daß wir uns bald wiedersehen, um uns nicht so bald wieder zu trennen. Ich fand bei meiner Ankunft den erwarteten Brief, aus dem ich mir die Überzeugung geschöpft habe, daß die Aussicht nach dem Präsidentenstuhl in Bremen noch in weiter Ferne liegt, weil die Städte über sehr viele bedeutende Vorfragen, welche die Stelle selbst betreffen, noch gar nicht miteinander in Kommunikation getreten sind. Auch sind die ökonomischen Vorteile, welche ich zu hoffen hätte, bei weitem nicht mit den Ehrenvorzügen im Verhältnisse. Und so bin ich denn entschlossen, nach Berlin zu gehen, wenn man die Bedingungen, welche der anliegende Brief enthält, mir gewährt. Diesen Brief haben Sie die Güte sogleich zu besorgen. Vielleicht ist H. v. Schuckmann noch in Karlsbad. Es dürfte auch wohl dieser Angelegenheit nützlich sein, wenn Sie, meine edle, innigst verehrte Freundin, den beiliegenden Brief mit einigen Worten nachdrücklicher Empfehlung begleiten wollten. Schreiben Sie mir mit einigen Zeilen, liebster Tiedge, was geschehen ist und was Sie hoffen. Auch muß ich wissen, *wann* und *wohin* Sie abreisen.

Einige meiner Flugschriften übergebe ich noch heute der

fahrenden Post. – Empfehlen Sie mich der Frau von Piattoli und Fräulein Neander zu freundschaftlichem Andenken. Dem Verstande der Regina Frohberg machen Sie in meinem Namen eine Reverenz. Aber den Griechen-Pop drücken Sie für mich an Ihr Herz.

Ich habe nun schon einen langen wichtigen Brief an Schuckmann zu schreiben.* Die Post wird in einigen Stunden geschlossen, und meine entzündete, fast zum Aufbrechen geschwollene Hand leidet bei jedem Federzug tausend Dolchstiche. Leben Sie wohl, treffliche, innigst verehrte Freundin, die als Seelenmutter meinen geistigen Menschen wiedergeboren hat, so weit dieses nur immer bei einer brummigen, wilden Bärenseele, wie die meine, möglich ist. Was zu tun noch übriggeblieben – freilich noch ein tüchtiges Stück Arbeit –, wird vielleicht in Berlin mit freundschaftlicher Geduld auf der einen Seite, bei willigem Gehorsam auf der andern glücklich vollbracht. Lebe wohl, guter, lieber, meisterlicher Tiedge! Dich grüßt, dem Tage der Freiheit und unseres Wiedersehens entgegen sich sehnend, von ganzem Herzen

Dein F.

An Tiedge

Bamberg, den 4. August 1815

Hier die versprochenen Blätter, mein innig geliebter Freund. Einige andere sind teils verlegt, teils ausgegangen. Die Schrift „Über deutsche Freiheit" hat viele Druckfehler. Diese Erinnerung ist zugleich dem Verfasser nützlich. Denn wo der Leser Unsinn findet, mag er glauben, es habe ihn der Setzer gemacht. Übrigens ist diese Bro-

* Die Briefe an Sch. enthalten nichts Besonderes; sie fassen nur zusammen, was der Leser teils aus den folgenden Briefen an Tiedge und Elise erfährt, teils schon aus den früher mitgeteilten Briefen und Daten weiß; sie wurden daher, am Wiederholungen zu vermeiden, nicht dem Druck übergeben.

schüre unter allen, die ich geschrieben, die merkwürdigste. Sie hat wohltätiger als jede andere gewirkt und hat dem Verfasser die Ehre verschafft, vom Hofe verbannt zu werden. Es läßt sich daher auch daraus abnehmen, welche Gesinnungen, Grundsätze und Gedanken bei uns als Verbrechen gelten.

Mit meiner Seele steht es schlimmer als mit meinem Körper, obgleich es auch mit diesem schlimm genug steht. Elise sprach so schön von den Freuden der Erinnerung, und ich glaubte ihr und meinte, es nun gewonnen zu haben. Aber dieser Glaube ist in dem Kopfe hängengeblieben; mein Herz fühlt es anders. Die Reichtümer des Geistes und Herzens welche die Vergangenheit mit sich hinweggenommen, lassen mich die Entbehrungen in der Wüste der Gegenwart nur um so schmerzlicher empfinden. Ich lebe in der Vergangenheit – das fühle ich wohl –, aber nur dazu, um nach ihr mich zu sehnen und im Durste der Sehnsucht zu verschmachten. Wie ein abgeschiedener Geist wandle ich hier unter den Lebenden; ich suche eine Seele, die ich mein nennen möchte, und ich finde sie nicht. Wie mich die Larven höhnisch-freundlich angrinsen! Jeder Gruß des Willkommens geht mir wie ein Dolchstich durch die Brust. Fort, fort von hier! Meines Bleibens ist nicht mehr! Ich habe aus dem Quell des bessern Lebens getrunken, hier ist kein Tröpfchen, meine lechzende Zunge zu kühlen. Nur der Stern, der aus der Zukunft blinkt, wirft tröstend seine Strahlen in die Nacht, die mich umgibt; nur die Hoffnung auf den Tag der rettenden Freiheit erfrischt noch die dumpfe, modrige Kerkerluft, in der ich nahe bin zu ersticken.

Daß Napoleon Bonaparte in England gelandet ist, läßt sich nicht bezweifeln. Die Reserve des russischen Heeres, etliche 40000 Mann stark unter Anführung des Grafen Wittgenstein, zieht eben durch unsere Stadt.

Der edlen Elise die Versicherung meiner innigsten Freundschaft und aufrichtigsten Verehrung.

Ihr A. v. F.

An Tiedge und Elise Gräfin von der Recke

Bamberg, den 29. August 1813

Ihr lieber Brief vom 10. dieses, mein guter Tiedge, und die freundlich tröstenden Worte unserer edlen Freundin sind mir ungefähr acht Tage, nachdem sie geschrieben waren, glücklich zugekommen. Die Versicherung, daß ich dadurch unendlich erfreut worden bin, wäre ebenso überflüssig als unschicklich; diese und ähnliche Versicherungen kommen in so vielen tausend Briefen vor, die tagtäglich geschrieben werden, da es einem Wunder gliche, wenn nicht wenigstens die Hälfte davon erlogen wäre. Und so werden immer die heiligsten Worte eines redlich fühlenden Gemüts im voraus von der Lüge weggenommen, so daß der Wahrheit fast nichts mehr als das Schweigen übrigbleibt. Es faßte mich bei den Haaren und zog mich zu meinem Pulte hin, daß ich auf der Stelle wieder Antwort gäbe; allein ich bedachte, daß der Franzbrunnen für die Briefpost beinahe am Ende der Welt liegt und es sicherer sei, Ihre Abreise nach Berlin abzuwarten, welche, wie ich gestern erfuhr, erfolgt ist.

Daß Sie, vortreffliche Freundin, und Sie, lieber uranischer Mensch, mit der Badekur zufriedener sein möchten als ich, wünsche ich von ganzer Seele. Denn das „Solatium miseris miseros habuisse sodales [Für Unglückliche ist es ein Trost, Gefährten im Unglück zu haben]" ist nur ein Trost für Leute, die keinen Trost verdienen. Zu den Armen und Schwachen an Geist und Leib gehöre ich für meine Person übrigens mit dem vollsten Recht. Krank bin ich so eigentlich nicht, aber, was noch schlimmer ist, äußerst kränkelnd und von unaufhörlichen stechenden, brennenden Schmerzen in meiner rechten Hand gefoltert. Mit jedem Federzug, den ich hier mache, durchzucken tausend glühende Dolche meine Hand vom Gelenke bis an die Fingerspitzen. Dies Unheil hat niemand anderes als die kalte „Franziska" angerichtet, die mich für meine Untreue an der feurigen „Karolina" hart bestrafen zu wollen scheint. Mit wahrer Angst sehe ich dem Winter entgegen, zumal wenn ich ihn unglücklicherweise – hier, hier verleben muß. Von meiner Seele und von ihren Schmerzen will ich ganz schweigen. Die Anweisung, welche Sie, mein Freund, mir auf die *Zukunft* geben, gefällt mir besser als die Anweisung auf die Vergangenheit, welche ich von Ihnen, edle Elise, bekommen habe. Auch ich, Vortreffliche, möchte nicht aus Lethes Quelle trinken, auch ich möchte nimmer die Vergangenheit in ihre Welle tauchen; denn auch ich trage in meinem innern Herzen manch geliebtes Bild. Aber dies ist nicht die Frage, sondern: ob der Hungernde satt wird, wenn er sich erinnert, daß er vor Jahren sich satt gegessen hat, der Bettelarme reich, wenn er an seinen Reichtum denkt, den ihm die Vergangenheit aufgehoben hat. Der Garten der Erinnerung ist wohl schön, da stehen ja die Denkbilder der genossenen Freuden, da wandeln die Geister der geliebten, von uns entfernten Freunde, da blühen noch bleich, doch lieblich die Rosen einer glücklichen Liebe, deren Gegenstand unsern Armen, doch nicht dem Herzen verloren ist. Aber nur dem mit der Gegenwart Zufriedenen ist vergönnt, die Blumen in dem Garten der Erinnerung zu brechen, nicht dem, der auf Dornen liegt, der in dürrer Einöde unter den Gluten der südlichen Mittagssonne verschmachtet.

An den großen, guten Geist der Zeit, die noch kommen wird, glaube ich mit hoffendem Vertrauen. An ihm werden alle Versuche des bösen Willens zuschanden werden. Wer die Augen offen hat, sieht ihn schon einherschreiten durch die Welt; wer die Geschichte kennt, weiß, was es vermag. Doch des Ormuzd Lichtreich erscheint nur nach schwerem Kampfe mit Ariman, und dieser tobt in seinem Grimme um so gewaltiger, je näher das Ende seiner Herrschaft herbeikommt. Der Fels, der seine Wurzeln in der Tiefe hat, wird auch gegen die empörten Wellen stehen, aber die Brandung wird noch lange toben und manches Schiff und manches Menschen Glück wird darin zugrunde gehen. – Ich mache Sie aufmerksam auf die Verhandlungen der württembergischen Stände mit ihrem Könige. Lesen Sie, was Sie darüber bekommen können; es gibt keine merkwürdigeren Aktenstücke. Kräftiger kann sich der erwachte Volksgeist gegen den Despotismus nicht aussprechen, als diese Stände getan haben; und ein wahrhaft der Götter würdiges Schauspiel ist das (übrigens noch gewiß nicht alles endigende) Ende dieser Ständeversammlung. Auf der einen Seite der Gewinn und die Zornwut der geängstigten, an sich verzweifelnden, um sich her wütenden Tyrannei; auf der andern die heilige Majestät der beleidigten, doch nicht entwürdigten Gerechtigkeit, die, indem sie der Gewalt sich beugt, noch in ihrer äußern Ohnmacht durch ihre innere Hoheit den Tyrannen schrecklich ist. Oh, lesen Sie, sehen Sie! Wer aus solchen Erscheinungen nicht das Weissagen lernt, dem hat Prometheus kein Fünkchen göttlichen Feuers in die Seele gelegt. Ja, ich freue mich, in einer solchen Zeit zu leben. Und Gott weiß, in mir lebt der Wille, ihrer würdig zu sein und teilzunehmen durch Wort und Tat an dem großen Werk, an dem jetzt gebaut wird, an welches mit Hand anzulegen ein jeder berufen ist, dem dazu die Kraft gegeben wurde. Aber erst muß meine Seele erlöst sein, ihre Flügel sind gebunden, und ihre gefesselten Hände streckt sie, um Erlösung betend, zum Himmel hinauf!

Vor einigen Tagen las ich eine kleine Rezension Ihres Tagebuchs in dem zu Stuttgart erscheinenden Morgenblatte. Da Sie diese Blätter schwerlich bald genug zu Gesicht bekommen werden, so habe ich die betreffende Stelle abgeschrieben und lege sie hier bei. Das Buch selbst ist bereits in den hiesigen Buchläden zu haben.

Gegen Preußen ist eine äußerst heftige, bitter boshafte Schrift vor längerer Zeit erschienen unter dem Titel „*Sachsen und Preußen*". Ich kenne das Ding nicht als aus verschiedenen, in andern Schriften ausgehobnen Stellen und erkannte darin einen in Süddeutschland spukenden, hier an einem gewissen Ort sorgsam gehegten und gepflegten Geist, der dem Abgrund der Hölle entstiegen ist und auch mich, wie oft schon, gedrückt und gezwickt und an meinem Herzblute wie ein Vampyr gesogen hat. Dieser Höllengeist hat nun sein Meisterstückchen gemacht, indem er in Wien den Glauben weit zu verbreiten gewußt hat, daß niemand anderer Verfasser dieser Schrift sei als (nun wer glauben Sie?) – als eben *ich*. So wird mir aus Wien geschrieben. Sollte diese tolle Bosheit bis nach Berlin sich verbreitet haben, so treten Sie ihr mit der Wahrheit entgegen. Sie kennen meinen Charakter zu gut, um mir vollkommen zu glauben, wenn ich versichere, daß ich jene Schrift nicht gelesen, viel weniger geschrieben, daß ich nie eine Zeile über das Verhältnis zwischen Preußen und Sachsen geschrieben habe.

Während ich die unmittelbar vorhergehende Zeile ausfüllen wollte (ich weiß nicht mehr, womit), wurde ich durch zwei liebe, herrliche Gäste gestört, die aus der Ferne kamen und in meiner Einöde mich besuchten: der eine – ein weiblicher Engel voll Anmut und Würde, Güte und Hoheit, der andere ein männlicher Genius, dem das Herz wie der Kopf auf dem rechten Orte sitzt, in welchem jenes ebenso warm als dieser hell erleuchtet ist und der nur den einzigen Fehler hat, daß er andere Leute mit den Spitznamen belegt, die wenigstens mit ebensoviel Recht – *ihm* gebühren. So nennt mich das letztgenannte Subjekt z. B. Brausekopf, und doch gehört er selbst zu den unglücklichen Kreaturen, die, sobald man sie berührt, oft auch ganz von selbst, nicht bloß, wie die schwarzen Katzen, Funken sprühen, sondern Leuchtkugeln, Schwärmer und Raketen, ja sogar Kartätschenschüsse um sich werfen. Kurz, und ohne alle rednerische Umschweife zu sprechen, Sie beide selbst sind geistig bei mir eingekehrt, nämlich durch Vermittlung eines Doppelbriefs, angefangen am 15. an der Seite meiner fatalen „Franziska", fortgesetzt und geschlossen zu Löbichau am 23. August. Ich bin seitdem halb ein ganz andrer Mensch; mir wurde so hell da oben, so fröhlich und leicht auf der linken Brustseite, sogar meine Schmerzen in der Hand gönnten mir Ruhe, und ich sprang wie ein kleines Kind, zu dem der heilige Christ gekommen, den Brief lesend und wieder lesend, in meinem Zimmer herum. Gibt es auf dieser Welt eine Seligkeit, so ist sie im Bewußtsein, die Achtung hochachtungswerter Seelen, die Liebe liebenswürdiger Menschen zu besitzen. Und in diesem Gefühl ist mir heute der Himmel auf dieser Erde geworden. Aber diese Seligkeit löste sich zuletzt in eine demütige Selbstbeschämung auf, als ich mir gestehen mußte, daß meine Freunde viel günstiger von mir sprechen, als ich von mir denken darf. Ich kenne mich, und (glauben Sie mir!) ich bin bei weitem nicht so viel wert, als Sie mich schätzen. Von den Schlechtesten bin ich nicht, aber ich muß noch wenigstens hundertmal besser sein, um zu den Besten zu gehören. Etwas Gold ist unter den Ton meines Herzens gemischt, aber die Töpfermasse herrscht gewaltig vor. Wenn ich recht aufrichtig und recht galant gegen mich selbst bin, so sage ich mir, daß mir eine doppelte Seele gegeben ist, eine gute und eine böse; jene Lamm, Taube, Engel, diese Tiger, Geier, Satan. Was der guten Seele wieder ihre Verdienstlichkeit, der bösen ihre Abscheulichkeit mindert, ist, daß die Güte der ersten Instinkt, das Böse der letzten nicht – Grundsatz ist und diese sogar selbst den Wunsch und das ohnmächtige Bestreben hat, besser zu sein, als sie werden kann. In *einem* Punkte, edle Elise, urteilen Sie ungünstiger von mir als ich von mir selbst: es ist der Punkt der Klugheit. Hierüber habe ich folgende Maximen, die durch den Instinkt bei mir in Mark und Blut übergegangen sind: 1. Tue und sage nichts, was dir *von Rechts wegen*, nach den *Gesetzen* des Staats, in dem du lebst, und nach den *allgemeinen Gesetzen bürgerlicher Ordnung* zum Nachteil sein kann. Übrigens: Tue recht, rede wahr, scheue niemand! 2. Gegen edle, rechtliche, gute Menschen, also gegen mutige Leute, sei mild, bescheiden, demütig; gegen arme Sünder, die also, mit aller Macht, feig sind, sei mutig, trotzig, keck! 3. Überlege kalt, aber führe leidenschaftlich aus und spiele (wenn es gilt) nicht kleines Spiel, sondern immer – va banque! – Mit diesen und einigen andern Maximen bin ich seither durch die Welt gekommen, bin ich aus einem blutarmen Teufelchen eines Königs Geheimer Rat und Präsident geworden, habe ich mich acht Jahre lang in den allergefährlichsten Zeiten auf dem Glatteise neben einem Thron aufrechterhalten. Und selbst als ich fallen sollte, mußten sie mir erst ein Faulbett unterbreiten; und – wenn ich nur *wollte!*, doch ich will nicht, hier will ich nichts weiter als – auf dem Faulbett schlafen, bis ich neugestärkt unter besserem Himmel an Ihrer Seite wiederauferstehen kann! „Was der verständige Mensch *will*, das *kann* er, und wenn er sagt: Ich kann nicht, so will er nicht *recht!*" Also muß man Fichtes berühmten Denkspruch übersetzen, und dann liegt, meine ich, ein recht großer, wahrer Sinn in dem Spruche. Ich habe nun ein für allemal den recht ernstlichen Willen, neben und mit Elisa und mit Tiedge zu leben, und will wieder ein Mensch unter Menschen sein, und nun möchte ich doch sehen, ob jener Spruch sich nicht bewähren soll!

Was Sie mir von den Altenburgern geschickt haben, hat mich recht ergriffen. Der Krieg ist doch gar nicht so bös. Er bringt *solche* Gefühle in das Leben! – So etwas wie das mir übersendete Blatt würde hier gewaltig übel aufgenommen, vielleicht gar von Polizei wegen verboten werden. Denn – es ginge Geld aus dem Lande, und in den Lazaretten zu Brüssel, Namur etc. liegen ja nur Engländer, Niederländer und gar – Gott sei bei uns! – Preußen, die ein für allemal *nur* Deutsche, ja sogar nur Preußen sind. Und diese Leute haben sogar den Hochmut gehabt, sich tot oder halbtot schließen zu lassen, um alles *allein* zu vollbringen, so daß uns auch gar nichts zu tun, übriggeblieben ist. Dieser Ehrgeiz, diese Ruhmsucht, dieses verdammte Vorwärts und immer Vorwärts! – Indessen, aufrichtig gesprochen, diese undeutschen Gefühle sind mir (wenn es einmal sein muß, zwischen zwei Erbärmlichkeiten zu wählen) noch weit erträglicher als die modern-deutschen Grimassen, die einige Eurer norddeutschen Sophisten schneiden. Jene dienen mittelbar der guten Sache, weil sie durch Anfeindung die Kräfte des Widerstands erheben; diese schaden ihr, weil sie dieselbe lächerlich machen; jene kann ich hassen, diese sind mir widerlich ekelhaft, und ich kann sie nur verachten. „Behüte uns nur der Himmel vor dummen Freunden; mit den Feinden will ich schon fertig werden!" So kann jetzt die widererstandene Germania von manchen ihrer Söhne sprechen. Diese neuen Moden mit den sogenannten altdeutschen Trachten, bei denen es die modernen Alt-Germanen auf nichts anderes abgesehen haben, als ihre Lenden, die Weiber ihren Busen am vorteilhaftesten zur Schau zu tragen! Und dieser armselige Sprachreinigungs-Fanatismus, der uns bald zu deutschen Aufsätzen ein Verdeutschungswörterbuch notwendig machen wird! Und diese rohe, ungeschlachte Bärenhaftigkeit, welche den altdeutschen Ernst in trockner, unbehilflich schwerfälliger Geschraubtheit des Stils auf neudeutsch wiederzugebären sucht! Und dieses halb dumme, halb gottlose Bestreben, mit dem alten Guten auch das alte Schlechte, mit dem alten Glauben auch den alten Aberglauben, mit der alten Ordnung auch die alten Vorurteile und Mißbräuche, mit dem alten Adel auch seine alten, verfluchten Anmaßungen, mit dem alten Recht auch alles alte Unrecht bei uns wieder auf den Thron zu setzen! – Wahrlich, wenn es so fortgeht, muß ein ehrlicher Deutscher wieder halb undeutsch werden, um im edlen, echten Sinne deutsch zu sein. Es ist kein Wunder, wenn die Franzosen uns verachten, wenn wir, nachdem das Joch vom Nacken ist, *so* uns gebärden! Es ist so, als könnten wir uns in unser Glück gar nicht finden.

Es war zwischen uns einigemal mündlich die Rede von dem Prof. *Schultheß* zu Landshut, mit dessen Lob der Hofrat Böttiger Ihre treffliche Reisebeschreibung, meine herrliche Freundin, besudelt hat. Von der ausgemachten Charakterschlechtigkeit dieses Menschen führte ich mehreres als Probe an; sein neuestes Bubenstück konnte ich damals nicht mit Namen nennen. Jetzt kann ich es. Der Titel des verräterischen Pamphlets ist:

„*Sendschreiben des Michael Freiherrn von und zu Michelshausen an die Deutsch-Michel-Gesellschaft zu Idstein; nebst einem konfiszierten Aufsatze Gespräch dreier Allemannen und eines Deutschen, die Deutschheit betreffend.*"

Schon der Titel spricht den Inhalt aus. Mit dem gemeinsten, doch boshaftesten und auf den Geschmack seines Publikums wohl berechneten Bierwitze wird hier der Satz durchgeführt, daß die Deutschheit eine Erbärmlichkeit sei, daß der Deutsche kein gemeinsames Vaterland habe, daß der Bayer schlechterdings weiter nichts sei und (ohne Hochverrat an seinem nächsten Vaterlande) weiter nichts sein dürfe als eben – ein Bayer. Es verdient wohl bemerkt zu werden, daß diese Schandschrift im *März* des gegenwärtigen Jahres, also *unmittelbar* nach dem Wiedererscheinen des menschgewordenen Mephistopheles, erschienen ist. Sie sollte und wollte *vorbereiten!* Sie war die etwas vorlaute Stimme einer Partei, die eine große Rolle gespielt haben würde, wenn nicht die Schlacht vom 18. Juni das Spiel verdorben hätte. Ich habe daher nicht zu viel gesagt, wenn ich jene Blätter eben ein *verräterisches* Pamphlet genannt habe.

Indem ich das Blatt umwende, merke ich, daß meine Hand, trotz ihrer Schmerzen, ein ganzes Ungeheuer von Brief an das Licht gefördert hat. Das tut, das vermag die Liebe! Wenn ich erst leibhaft wieder Ihnen gegenüberstehe, was wird dann erst aus mir werden! Ich weiß nicht, welcher Philosoph behauptet hat, daß der Geist sich seinen eignen Körper erst *mache*. Das ist nun wohl etwas zu viel behauptet; aber das spüre ich an mir selbst, daß der Geist vieles *aus* seinem Körper machen kann. Nur tut dieses der Geist (wenigstens der meinige) auch nicht so ganz frei aus sich selbst; der belebende elektrische Funke wird erst durch Nähe, Berührung, Reibung mit verwandten Geistern geweckt.

Sie, lieber Tiedge, werden wohl jetzt nicht *grauen*, sondern *blauen* Himmel über sich haben. Hier wenigstens ist es sehr schön blau, so blau wie die Augen der Karolina, die Sie (weshalb ich Sie beneide) noch im Franzbade gesehen haben. Die Karolinen scheinen in besonderem sympathetischen Verhältnisse mit meiner Natur zu stehen. „Karolina" heißt in der Kriminalisten-Kunstsprache die „peinliche Halsgerichtsordnung Kaiser Karls V.", welcher ich, als hoher Priester der peinlichen Gerechtigkeit, etwas gelehrten Ruf und ziemliches äußerliches Glück verdanke; Karolina heißt die feurige Wassernixe, die mir das Glück verschafft hat, die edle Elisa und den edlen *ἀνηρ οὐρανιος* [„uranischen" Mann] meine Freunde nennen zu dürfen; Karolina endlich heißt eine Karolina, die mir noch viel lieber ist als meine „Karolina", die in schöner Edition von Schöfter, „gedruckt zu Meintz, als man zalt nach der Geburt Christi unseres Herrn MDXXIII jar, im Monat Hornung" – in schön Schweinsleder gebunden auf meinem Arbeitstische liegt.

Das nenne ich mir aber schwatzen. Die Feder lief, und ich lief ihr nach. Doch „Claudite jam rivos pueri, sat prata biberunt [hemmt nun die Wasserläufe, ihr Kinder, die Wiesen haben genug getrunken]." Der Schlaf drückt mir die Augen zu. Ich war heute recht glücklich; doch das ist der rechte Ausdruck nicht: Ich war selig! Aus lauter Seligkeit werde ich manch närrisches Zeug geschrieben haben. Aber das wird mir Elisa gewiß verzeihen. Recht gute Nacht!

Ihr Feuerbach

Der Frau v. Piattoli meinen Gruß, meinen recht herzlichen Gruß!

An Tiedge und Elisa

Bamberg, 15. September 1815

Endlich ist der erste Schimmer einer neuen Lebenssonne mir aufgegangen. Minister Schuckmann hat mir geschrieben; er und Minister von Kircheisen sind über meine Berufung einverstanden und haben deshalb gemeinschaftlichen Antrag an den Fürsten von Hardenberg gemacht, ohne welchen von dieser Art nichts endlich Entscheidendes beschlossen werden kann. Ich habe nicht den mindesten Grund zu zweifeln, daß der Fürst das Gutachten zweier Minister ebenfalls gutheißen werde, zumal ich eitel genug bin, zu glauben, daß mein Übergang nach Preußen selbst in politischer Hinsicht nicht unbedeutend sei und Preußen wenigstens in der öffentlichen Meinung Vorteil bringen müsse, was dem Fürsten nicht entgehen kann. Und so tritt mir die Hoffnung sehr nahe, daß meine Fesseln sich lösen, daß ich aus der Bärenhöhle bald wieder zu Menschen kommen, daß ich vielleicht schon, ehe ein neuer Frühling kommt, bei Ihnen beiden, Ihr herrlichen, unaussprechlich lieben Seelen, sein werde. Mein Wirkungskreis in Berlin würde ganz meinen Kräften und Wünschen angemessen sein. Nach dem Plane der Minister soll ich hauptsächlich für die Gesetzgebung arbeiten, das allgemeine Preußische Landrecht verbessern und ein neues Strafgesetzbuch entwerfen. Soferne mir dieser gewiß hohe und ehrenvolle Beruf noch Muße übrigläßt (dies ist der Ausdruck des Ministers), wünschen v. K. und v. Sch., mich in ihren beiderseitigen Ministerien zu verwenden. Ich merke, in Preußen versteht man sich auf Geister und weiß, wozu sie gut sind. In Bayern weiß man es nicht mehr, wenn man es je gewußt hat; Geister bedeuten hier mehr nicht als Gespenster, vor welchen sich die armen Sünder fürchten. Der meinige, so klein er auch ist, wurde darum in die Wüste gebannt und sollte dadurch nicht bloß unschädlich gemacht, sondern auch (für dieses Bubenstück habe ich viele Tatsachen) womöglich zugrunde gerichtet werden. Dieses wäre gelungen und würde noch gelingen, wenn nicht die Erlösung nahte und stets die Hoffnung auf Erlösung mich begleitet hätte. Oft, selbst noch vor kurzem erkannte ich an den unzweideutigsten Erscheinungen meines Seelenzustandes, daß ich in der Gefahr mich befinde, daß entweder der Wahnsinn meinem bißchen Verstand oder die Verzweiflung meinem Leben ein Ende machen könnte.

Als eine kleine Tatsache, welche nebst vielen Hunderten und Tausenden für den hier schaffenden politischen Geist als Beleg gelten mag, führe ich folgende an: In dem so gut wie offiziellen Journal „Allemannia", welches dazu bestimmt ist, monatlich gegen die Teutonia und Germania Giftgeifer auszuspeisen und die Undeutschheit und die Absonderung vom deutschen Vaterland und den Despotismus als das eine, was Bayern not tue, zu predigen, in diesem Journale wurde unter andern neulich von den Württemberger Ständen gesagt, sie hätten durch ihr Benehmen sich des Hochverrats schuldig gemacht und verdienten die Strafe der Hochverräter!! – In *diesem* Lande lebe ich.

Geben Sie mir doch Nachricht von Ihrem beiderseitigen Befinden. Meine Hand ist um nichts besser, vielmehr schlimmer geworden. Jeden Buchstaben, den ich nicht schreibe, sondern male, bezahle ich mit Höllenschmerzen. Bloß der Franzbrunnen ist schuld daran. Eine Frau von hier, die an völlig gleichem Übel litt und das Karlsbad diesen Sommer gebraucht und, wie ich, dort die Heilung gefunden hatte, wurde auch im Franzbrunnen rückfällig und ist nun ebenfalls schlimmer daran als vorher.

Gern schrieb ich noch mehr; aber die Schmerzen sind gar zu heftig.

Ich versiegle diesen Brief mit einem abscheulichen Petschaft, um meine Person zu verstecken; denn die geheime Polizei hat auf meine Briefe ihr Auge geworfen.

Küssen Sie, lieber T., der edlen Elise in meinem Namen die Hand und behalten Sie lieb den Vesuv, dem es jetzt vergeht, Feuer zu speien, aus dessen Krater höchstens Schwefeldämpfe aufsteigen und morastige Ströme mit faulen Fischen (vide [siehe] Humboldts Reise) ausfließen.

Ihr F.

An dieselben

Bamberg, 21. September 1815

Zwei Briefe werden Sie schon in Löbichau von mir erhalten haben; dieser dritte folgt jenen beiden nach, ohne auf diese die Antwort abzuwarten. Bei andern Menschen würde so etwas der Entschuldigung bedürfen. Vor Ihnen bedarf ich dessen nicht. Mit meiner Seele lebe ich nicht hier, sondern bei Elise und Ihnen. Alle meine Gedanken sind an Sie beide gerichtet, und da ist es denn ganz natürlich, daß die Gedanken Worte suchen, und selbst die schmerzreiche Hand nach der Feder greift, um dem Drängen und Treiben da innen etwas Luft zu machen. Gerade jetzt, wo ich eines Freundes, seiner Liebe, seines Rats und Beistands am allermeisten bedürfte, stehe ich ganz allein, muß ich alles in mich verschließen, alle Empfindungen in sich ausgären lassen. Da wende ich denn gern meine Worte in die Entfernung dahin, wo meines Herzens Heimat ist, und suche dort, was mir die Nähe und die unglückliche Gegenwart versagt – Teilnahme, Freundschaft und Liebe. Mit einer Angst ohnegleichen warte ich auf den entscheidenden Brief; denn wenngleich mein Verstand die Hoffnung rechtfertigt, weil es nicht wohl denkbar ist, daß der Fürst H. die vereinten Anträge zweier Minister nicht genehmigen werde, so ist doch meine durch langes Leiden mißstimmte Empfindung (zumal in meiner gegenwärtigen äußerst kritischen Lage) nur zu geneigt, selbst das Unwahrscheinliche zu fürchten. Ich sprach eben von meiner *kritischen* Lage. Urteilen Sie selbst, ob sie es nicht ist. Mein häufiger Umgang mit Ihnen, Elise, deren Name eine „edle deutsche Frau" bezeichnet, die als solche im ganzen deutschen Vaterlande hoch gefeiert, aber ebendarum, und weil man sie als patriotische Preußin kennt, bei der tonangebenden Partei in Bayern – verrufen ist, ferner mein Umgang mit Ihnen, lieber Tiedge, der die Ehre hat, in Bayern ein Religionsschwärmer und einer von den preußischen Fanatikern und *Volksaufhetzern* genannt zu werden, dann mein Umgang mit Schuckmann und andern preußischen Männern und Frauen, alles dieses wurde von dem Karlsbad und Franzensbrunnen aus bis in das kleinste nach München berichtet, und dort knüpfte man denn diese Tatsachen sogleich an jene alte niederträchtige Beschuldigung an (die hauptsächlich, wie ich Ihnen mündlich erzählte, meiner Entfernung aus München zum Vorwand dienen mußte), daß ich von Preußen erkauft und als geheimes Mitglied des Tugendbundes (!) schon seit Jahren in Bayern gewirkt hätte. Dieses schrieb mir schon vor 14 Tagen einer meiner wenigen Freunde aus München, mit dem Zusatz, ich möge mich darauf gefaßt machen, daß eine neue Verfolgung, ähnlich der vom Jahre 1809/10, über mich kommen werde. Ich war hierüber anfangs ganz unbekümmert und schrieb diese Nachricht auf Rechnung zu großer Ängstlichkeit meines Freundes. Aber sieh da, er hat wahr geschrieben und richtig gesehen. Das schlechte Werkzeug in einer verruchten Hand, die „Allemannia", von der ich Ihnen schon geschrieben, diese freche Schmähschrift auf das deutsche Vaterland und auf alles, was nur irgend in den Zusammenhang damit gezogen werden kann, hat (versteht sich aus höchstem Auftrag, denn dieses Journal wird unter der Aufsicht einer der höchsten Ministerialpersonen redigiert) einen durch seine Frechheit und schändliche Lügenhaftigkeit, unübertrefflichen Aufsatz gegen meine Person gerichtet, worin ich, so gut wie mit dürren Worten, des Hochverrats, der Landesverräterei, der unmittelbaren Teilnahme an den Absichten *Preußens* auf Bayern beschuldigt werde. In einem andern Lande könnte ich mich solch eines Angriffs freuen; denn von dieser Schrift, welche, von den verworfensten Menschen verfaßt, auf nichts geringeres abzielt, als den Krieg, welcher Deutschland von innen heraus zerfleischen soll, vorzubereiten und gleichsam im voraus zu organisieren, von dieser Schrift könnte ich mit Recht sagen, was einmal Leisewitz von einem verrufenen Verleumder sagt: „Schurke! Du hast noch kein Pasquill auf mich gemacht, und doch bin ich auch ein ehrlicher Mann!" Aber auf *diesem* Boden läßt sich so nicht scherzen. Jener kecke Schritt ist nur der Anfang eines größern Plans, der gegen meine Person geschmiedet ist, und ich sehe, so unschuldig ich bin, den Untergang vor mir, wenn ich mich der Gewalt dieser Bösewichter nicht entrücke. Selbst in dem Fall, wenn

Fürst H. meinen Ruf nicht genehmigen sollte, bin ich entschlossen, zu gehen und mich – auf *Diskretion* Preußen in die Arme zu werfen. Dieses edle Volk wird einen deutschen Mann, der zwar noch nicht Gelegenheit hatte, ihm nützlich zu sein, der aber durch seine Kenntnisse ihm vielfach nützlich werden *kann* und der um *seinetwillen*, freilich aus bloß grundlosem Verdacht, schon lange verfolgt worden ist, nicht von sich stoßen. Ich wünsche nicht, daß ich zu diesem Schritte gezwungen werde; ist es aber nicht anders, so tue ich ihn im Vertrauen auf Gott uud auf die edle Regierung eines edlen Volks.

Sie können keine größere Wohltat üben, edle Freundin, edler Freund, als wenn Sie Ihrem Freunde schreiben. Aber nicht unmittelbar an mich, sondern unter der Adresse: An die Kunzische Buchhandlung zu Bamberg.

Mit ewiger Liebe Ihr F.

An dieselben

Bamberg den 14. Oktober 1815

Hoffentlich sind Sie nun glücklich an dem Orte Ihres Winteraufenthaltes angekommen, hochverehrte Freundin. Möchte keines der Übel deren Sie in Ihrem Briefe gedenken, Sie bis dahin begleitet haben; möchte Ihr Körper immer so kräftig und gesund sein wie Ihr edler Geist und Ihr edles Herz! Diese Wünsche sind so innig, so wahr und aufrichtig, als mein Dank für Ihre wahrhaft mütterliche Teilnahme an mir, für alle die heiligen Worte der Freundschaft, womit Sie mich beglückt, für die vielen tröstenden Ermunterungen, womit Sie kräftig meinen Glauben, meinen hoffenden Mut wieder aufgerichtet haben. Ihre Briefe werden nicht wie Briefe gelesen, sondern wie das Evangelium eines himmlischen Friedensboten. Sie liegen alle ihrer Ordnung nach hier auf meinem Schreibtisch, und sooft der böse Geist über mich kommt und mir wilde Gedanken in die Seele sagt oder wenn schwermütige Sehnsucht nach vergangenem Glück mir alle schmerzlichen Empfindungen des Herzens aufwühlt und glühende Tränen in mein Auge zieht, dann gehe ich hin und lese und küsse diese Blätter, und dann ist mir, als habe ein Engel mit mir geredet. Buddäus mit dem kleinen Briefchen von Ihnen war mir daher neulich auch ein erwünschter Gast. Er traf mich zwar sehr übel, unter den heftigsten Schmerzen, die mir kaum das Reden gestatteten, und er wird in dem bleichen, matten, von Fieber überlaufenen Feuerbach gewiß den Vesuv vergebens gesucht haben; doch mußte er den ganzen Abend neben mir auf dem Sofa zubringen, und es war mir wenigstens gemütlich wohl in der Nähe dessen, der Ihnen und dem guten Tiedge später als ich so nahe gewesen war. Um soviel als möglich dem Schicksale abzutrotzen und Sie auf alle Weise geistig in meine Nähe zu ziehen, mache ich mit Ihnen Ihre Reise durch Italien mit. Vor einigen Tagen lebte ich mit Ihnen und Tiedge die seligsten Stunden auf der Insel Ischia und sah an Ihrer und Tiedges Seite den herrlichen Sonnenuntergang. Oh, Freundin, das ist herrlich, meisterhaft, es ist nicht Beschreibung, sondern Gemälde, wahre Poesie der Natur. Man braucht nicht erst die Stücke zusammenzusuchen und aneinanderzufügen. Das Ganze steht wie auf einmal in seiner Herrlichkeit vor der Seele. Nur Wahrheit, mit einfachen, aber der Natur abgesehenen Zügen, anspruchslos gemütlich dargestellt, aber ebendarum so dichterisch, so sinnlich anschaulich, so ergreifend. Wenn man mit Ihren zarten, nur so aus der vollen Seele hingegossenen Gemälden der Natur und Volkssitten die grimassierten Kleckmalereien eines schöntuenden Gefühlsaffen wie Matthison (in seinen Erinnerungen) vergleicht, welch ein Abstand! – Der Freund, der in Ihrem Vorzimmer auf Ischia mit dem frommen Äskulap den bewußten Mordlärm gehabt hat, war gewiß kein anderer als mein Tiedge. Ich mußte, sowenig zum Lachen mein Gemüt gestimmt ist, laut auflachen; aber wie ich Sie späterhin auf Ihrem Maultier unter den murrenden Gläubigen des *Fra Giro* unter freiem Himmel sah, wurde mir wahrhaft angst, und ich war herzlich froh, als der unbekannte Freund erschien, um der ungläubigen Moskowiterin durch die Fäuste der gläubigen Seelen durchzuhelfen. – In dem „Freimütigen" ist Ihr ganzes Tagebuch, soweit es den Aufenthalt auf Ischia betrifft, abgedruckt. Die Wiener Literaturzeitung (Juni) enthält eine Rezension der zwei ersten Bände, die eigentlich keine Rezension, sondern nur Anzeige zu nennen ist. Sie empfiehlt nicht das Buch, noch mahnet sie davon ab, sie tadelt nicht, auch lobt sie nicht; doch kam es mir vor, als hätte der Anzeiger gern gelobt, wenn er sich dessen getraut hätte. Daß die Verf. „mit den Augen einer *eifrigen Protestantin*" beobachtet habe, wird gleich im Anfange bemerkt, woraus sich denn das Übrige von selbst erklärt.

Wenn Böttiger von Bayern sagt, man scheine hier vom Satan besessen, so läßt sich nun Ähnliches von Preußen sagen. Doch der Unterschied ist dieser, daß bei uns der Satan sich nur zu zeigen brauchte, um ganz friedlich und unangefochten sein Reich in Besitz zu nehmen, während er dort nicht so leichtes Spiel haben wird, sondern auf harten Kampf sich wird gefaßt machen müssen. Hier jauchzt schon der Geist des Bösen, der Finsternis und Knechtschaft seinem Bruder im Norden freundlichen Willkomm und bietet ihm zu Schutz und Trutz die schwarze Krallenpfote! Worauf sich dieses alles bezieht, wird Ihnen an Ort und Stelle kein Rätsel sein. Die Schrift des Geh. Rat Schmalz über geheime politische Gesellschaften, welche ihm schon beim König von *Württemberg* den *Zivilverdienstorden* erworben hat, ist weiter nichts als Ankündigung der Plane einer aristokratischen Partei, welche des Despotismus bedarf, um den Geist des Rechts und rechtlicher Freiheit wieder in die alten Ketten zu legen. Dazu ist denn ein Gespenst, das man den Fürsten drohend entgegenführt, das sie überall geheime Gesellschaften, in jedem hellen Kopfe einen Tugendbündner, in jedem Freunde verfassungsmäßiger Volksrechte einen Schwärmer und Empörer sehen läßt, ein ganz vortreffliches Werkzeug. Daß so etwas aus Berlin kommen würde, hätte man nicht erwarten sollen. Ebenso befremdend sind die Versuche gewisser Herren mit der Religion, wovon mehrere auffallende Zeitungsnachrichten Meldung tun. – Dem sei, wie ihm wolle, in Preußen ist schon des Lichts zu viel, als daß es einigen gelingen könnte, ihren Scheffel darüber zu stellen. Dort geben die Schlechten ihre Worte, weil[1] alle reden

[1] *Im Original A und B folgt Zusatz:* andere *Hier nach Vorschrift des Errata-Verzeichnisses in B gestrichen.*

dürfen; bei uns sprechen die Verworfenen, weil jedem Bessern durch den schmählichsten Despotismus die Gabe der Sprache genommen ist. Ein Sumpf, den kein Lüftchen bewegt, der erstickenden Qualm aushaucht, in welchem nur Kröten, Molche und Schlangen behaglich frei ihre Glieder strecken, ein Leichnam, welcher die Luft verpestet, an dem nichts Lebendiges mehr ist als die Gewürme, die ihn verzehren, ein Zuchthaus, in welchem ehrliche Leute an Ketten liegen und Spitzbuben die Kerkermeister sind, das sind so ohngefähr die passenden Bilder für den Zustand der Dinge, welche ich aus sinnlicher Anschauung kenne. Die Allemannisten treiben ihr Wesen rüstig fort; sie sind die lauteste, sie sind die einzige Stimme, welche hier laut wird. Wehe jedem, der es wagen wollte, öffentlich diesem Unwesen die Spitze zu bieten oder nur gegen diese privilegierten Pasquillanten seine Privatehre zu verteidigen! Vorige Woche wurde ich von einem hier durchreisenden Mitglied dieser Bande in meinem eignen Hause insultiert; ich bin auf Ärgeres gefaßt. Die Feier des 18. Oktobers ist fast in allen unsern Provinzen *verboten*. In der unsrigen, welche hauptsächlich aus dem ehemaligen Bayreuth und Fürstentum Bamberg besteht, ist kein ausdrückliches Verbot erschienen, und daher wird das Fest der Befreiung Deutschlands von unsern braven Franken feierlichst begangen werden. Indessen erhielt ich *diesen* Morgen von München aus über Bayreuth einen anonymen Schmähbrief mit einem beiliegenden gedruckten *Pasquill* auf die Feier des 18. Oktober. In diesem plumpen, schmutzig pöbelhaften Ding sollen die Teilnehmer an solchem Feste nicht bloß verspottet, sondern auch als gegen ihre Fürsten verschworne Freiheitsschwärmer verdächtigt werden. Daß „besonders *Bäder*" zu den Bundesversammlungen der Germanisten gebraucht würden, wird darin sehr verständig bemerkt. Um Ihnen von dem Geist und Witz dieses Pasquilles, eine kleine Vorstellung zu geben, führe ich noch an, daß in einem sogenannten „*Programm zur Oktoberfeier*" unter andern vorkommt: „Zum Schlusse des Festes wird eine Viehausstellung statthaben, wobei dem besten Stier der Orden des *Eisernen Kreuzes* umgehängt werden wird!!" – Diese Schmähschrift wurde auch an viele andere Personen hiesiger Stadt in unfrankierten

Briefen gesendet und wird so über das ganze Land verbreitet worden sein. Wie es Ihnen, edle Freundin, wie Ihnen, mein herrlicher Freund, bei solchen Tatsachen zumute? Gewiß, Ekel und Abscheu erfüllen Ihre Seele und bewegen Ihr Herz zum Mitleid gegen Ihren armen, in diesem Kerker schmachtenden Freund. Wahrlich, es gehört ein recht gesunder Kopf und ein recht frisches Herz dazu, bei lebhaften Gefühlen in solchem Schmutz zu leben.

Daß ich in der langen Zeit von 1 1/2 Monaten nichts Näheres von Sch. erfahren habe, beunruhigt mich manchmal sehr. Zwar ist die Entfernung der Orte sehr groß, und H. hat mit viel größeren Dingen als mit der bekannten Angelegenheit zu tun. Indessen mache ich mir manchmal allerlei Vorstellungen. Sollten Kabalen in München Eingang in B. gefunden haben? Sollte ich vielleicht als Verfasser des Pasquills gegen Preußen wirklich verdächtig sein? Sollte vielleicht eine enge Verbindung, welche (wie neulich in den Zeitungen gesagt wurde) zwischen Preußen und den süddeutschen Staaten geschlossen worden, meinem Rufe im Weg stehen? Alles unwahrscheinlich, aber doch möglich und schon darum in meiner Lage ängstigend. Würde mein Ruf nach Pr. vereitelt, so wäre ich in der Tat der Verzweiflung preisgegeben. Von Preußen wäre ich als Bayer zurückgestoßen, in Bayern würde ich als Preuße verfolgt. Und was das heißt: in – Bayern verfolgt werden, das weiß nur derjenige, der solche Verfolgung an sich selbst schon erfahren hat. Deutsche Pöbelplumpheit und italienische Tücke sind bei diesen Menschen auf das engste miteinander verbunden. – Wenn Sie Gelegenheit haben, mit Sch. zu sprechen, so hören Sie doch und tun Sie, was Sie den Umständen angemessen finden, edle Freundin! Ihrer Freundschaft und Weltklugheit bleibt es überlassen, welchen Gebrauch Sie von meinen Mitteilungen machen wollen. Von Preußen will ich nichts gewinnen als ein menschliches Leben, die Gelegenheit, Gutes zu tun und von meinen Kenntnissen und natürlichen Gaben Gebrauch machen zu können. Nicht Eigennutz, nicht Ehrsucht bestimmen mich zu diesem Tausch; nur meine Seele will ich retten, nur nicht vermodern will ich hier, nur nicht verderben lassen, was Gott in meine Seele gelegt hat oder was ich mir selbst durch das freiwillige Opfer der Blütenjahre meines Lebens im Schweiße meines Angesichts erworben habe. Soviel weiß ich im voraus, daß ich mich in politische Angelegenheiten durchaus nicht mehr einmischen, sondern dort lediglich meinem nächsten Berufe und (in den Stunden der Muße) den Wissenschaften und der Freundschaft leben werde.

Wenn ich an Sie, verehrte Elise, schreibe, steht vor meinem Geiste immer Tiedge neben Ihnen. Daher, mein Tiedge, ist es ebenso, als stünde ich leibhaft im Goldnen Löwen vor Elise und Ihnen und redete gemeinschaftlich zu Ihnen. Aber was macht „Robert und Ännchen"? Daß ich es nur früher bekomme, ehe es im Buchladen ist! Ich sehne mich darnach, zu lesen und recht bedachtsam zu genießen, was schon beim flüchtigen Hören so sehr mich ergötzt hat. Für mich *allein* werde ich es lesen, mit der Andacht wehmütiger Erinnerungen. *Hier* ist keine Seele, die ein Herz hätte für solche Gefühle. Aber wenn ich einsam, Ihr Büchelchen in der Hand, auf meinem Sofa liege, wird ein Geist neben mich sich stellen – der Geist einer entfernten, lange Jahre hindurch mir treu verbundenen Freundin, mit der ich sonst, als ich noch glücklich war, jede Freude des Herzens teilte, die –

Lieben Freunde, schenkt mir ein Almosen, schickt mir bald einige Zeilen!

Bamberg, 21. Oktober 1815

In den Kreis von Besuchenden, welche Sie beide, hochverehrte Freunde, umlagert, trete auch ich mit den Hundert-Meilen-Stiefeln, womit die Seele ihre Reisen zu machen pflegt, noch heute freundlich, herzlich grüßend ein und küsse Ihnen, edle Elise, die Hand und schüttle und drücke die Ihrige, lieber Dichter Brausekopf, wenn ich nicht gar diesen lieben Brausekopf zu brüderlichem Kuß, der Etikette zum Trotz, bei den Ohren fasse und einen Lärm ohnegleichen in dem Zimmer anfange. Doch ich vergesse, daß ich nur als Geist bei Ihnen bin, der heute nicht einmal als Gespenst vor Ihnen erscheint, sondern sich erst in den schwarz auf weiß gefleckten Briefkörper kleiden muß, um dann, in ein schmutziges Felleisen gebannt, auf den Rücken eines Pferdegerippes geschnallt, ohne alle Meilenstiefeln, ganz langsamen Schrittes, höchstens in kurzem Trott seinem weiten Ziele entgegenzuwandern. – Daß doch die Poesie nur im Kopf und alle Welt da draußen so erschrecklich prosaisch ist! In meinem Gehirn ist heute ein ganzer Freudenhimmel aufgegangen; denn wenn ich mich nicht sehr irre, so naht der Tag meiner Erlösung aus schwerem Joch, der Rettung aus meiner Verfolger Klauen, der Auferstehung zu neuer würdiger Tätigkeit, der Wiedergeburt zu einem neuen *menschlichen* Leben. Ein Brief des H. Minister v. Sch., den ich heute erhalten habe, bringt mir von Seite des Fürsten zwar noch keine offizielle, förmliche Entscheidung (diese wird erst nach dessen Rückkehr erfolgen); allein ich habe so viel daraus gelesen, daß ich auf diese amtliche Entscheidung mit Zuversicht hoffen kann. Mit dieser Hoffnung im Herzen werde ich mich durch die Wellen, in denen ich schwimme und welche mich zu begraben drohen, kopfoben mutig hindurchkämpfen; selbst durch den schmutzigen Morast der allerelendesten Gemeinheit, in den ich schon durch äußere Veranstaltung fast bis an den Hals versunken bin, werde ich mich durcharbeiten. Die Leute, die hier Gewalt haben, müssen mich für weit wichtiger halten, als ich mir selbst erscheine; mit so viel lärmender Armseligkeit rührt sich ihr Haß, ihre Vorsicht, ihre List. Sie müssen wahrscheinlich durch Öffnung eines Briefs, den ich an einen Freund zu M. geschrieben (ich hatte die Unvorsichtigkeit, ihn unter der wahren Adresse gehen zu lassen), alles, was mit mir vorgeht, erfahren haben. Und nun glauben Sie gar nicht, wie mancherlei einander ganz widersprechende Mittel zu gleicher Zeit in Spiel gesetzt werden, gehässige und freundliche, versteckte Drohungen und versteckte Anerbietungen, um meine Schritte zu bannen. Bald wird mir ein Pasquill in das Haus geschickt, bald werde ich von oben mit der größten Auszeichnung durch Belobungsdekrete, zuvorkommende Versicherungen *besonderer* Gnade behandelt. Alle meine Schritte werden bewacht, zum Glück, daß nichts zu beobachten noch zu hören ist; denn ich lebe von aller Gesellschaft zurückgezogen. Da man mir nicht unmittelbar, weder mit Anerbietungen noch mit Drohungen, beikommen kann (weil ich, wie natürlich, noch ganz still sitze), so sucht man durch Zwischenpersonen und Umwege das zweckmäßig Erachtete mir zu Ohren zu bringen.

Welche Stimmung in unserm Süden gegen den Norden herrscht, wenigstens durch die Umtriebe der Alemannisten-Bande herrschend werden soll, darüber wird Ihnen folgende Stelle aus dem Briefe eines Freundes in M. keinen Zweifel übriglassen. „Die Erbitterung gegen Preußen (schreibt mein Freund) geht vom höchsten bis zum geringsten Pöbel bis zur Wut. Aus hundert Beispielen nur dieses eine, das kleinste. Eine preußische Offiziersfrau, eine sehr gebildete, artige Dame, wollte bei mir sich einmieten (denn ich hatte 3–4 Zimmer leerstehen). Der Verordnung gemäß machte ich davon Anzeige bei der Polizei, erhielt aber den Bescheid, diese Dame sei zweideutig, und den Rat, sie ja nicht in das Haus zu nehmen, schon *deswegen* nicht, weil sie eine preußische Offiziersfrau sei und mir dieses jetzt in der Beurteilung doppelt nachteilig sein werde. Gestern erhielt sie, obgleich man durchaus nichts Nachteiliges von ihr weiß, den Befehl, die Stadt zu verlassen."

Das Fest des 18. Oktober wurde im ganzen Bamberger Lande, besonders in hiesiger Stadt, auf das feierlichste, mit allgemeiner Teilnahme aller Stände begangen, und zwar 3 Tage lang. Um den bösen Anschuldigungen der Alemannisten-Bande auszuweichen, wurde, nach meinem Vorschlag, das Interesse des *bayerischen* Vaterlandes mit der Teilnahme an dem *gemeinsamen* Vaterlande *Deutschland* in der Idee des Festes verschmolzen und diese so ausgeführt, daß das Oktoberfest zugleich den Charakter eines *bayerischen Nationalfestes* annahm. Es wurde daher angekündigt als Fest der Rettung Deutschlands durch die „Schlachten bei Leipzig, *Hanau* und *Waterloo*". In dem großen Harmonie-Saale, wo alle Stände sich am 18. zu einem großen Mittagsmahl versammelt hatten, waren die Bildnisse unsres geliebten Königshauses sowie die Wappen der Alliierten mit Lorbeern und Eichenlaub geschmückt; zwölf der am schwersten verwundeten bayerischen Soldaten saßen an einem Ehrenplatz in unserer Mitte und wurden (nebst 25 andern Armen) bewirtet; dann wurde ein Lied zur Ehre des Hauses Wittelsbach gesungen und mehrmals unter allgemeinem Jauchzen wiederholt. Abends wurde auf dem Feuerberg ein großes Feuerwerk abgebrannt. Am Schluß desselben stieg unter dem Donner einer Batterie russischen Geschützes der kolossale Namenszug unsres Königs mit der bayerischen Krone flammend aus der dunklen Nacht, und endlich entzündete sich ein 30 Fuß hoher Scheiterhaufen, der über den ganzen Berg in einem Augenblick des Tages Helle ergoß. Die zauberische feenartige Pracht dieser Beleuchtung geht über alle Beschreibung. Am 19. war Volksball. Obgleich eine Masse von mehreren Tausenden, worunter natürlich auch viel Pöbel, an diesen Festlichkeiten teilgenommen hatte, so ist doch keine einzige Unordnung, keine einzige Unanständigkeit vorgefallen; es war, als hätte die Größe des Gedankens an die gerettete Freiheit selbst in der gemeinsten Seele sich der schlechten Gefühle bemeistert.

Haben Sie schon die Schrift des Geh. R. Schmalz gelesen? Es ist nicht auszusprechen, wie sehr tief die Wunde ist, welche dieses Flugblatt der guten Sache zugefügt hat. Ich bin gewiß kein Freund politischer Vereine. Nie war ich in irgendeiner geheimen Gesellschaft, und jedem Antrag dazu würde ich immer standhaft ausweichen. Der Zweck sei anfangs noch so unschuldig, immer sind solche Gesellschaften ein gefährliches Werkzeug, dessen sich leicht entweder ein Tollkopf oder ein Bösewicht bemächtigen kann. Bloß im Zustand allgemeiner Knechtschaft sind sie als Rettungsmittel gegen einen auswärtigen Feind der Unabhängigkeit und Freiheit des Staats zu entschuldigen; unter jeder andern Voraussetzung sind sie rechtswidrig, gefährlich und können von keiner Regierung, die ihre Pflichten und Rechte kennt, geduldet werden. Aber daß Schmalz *so* gesprochen hat, daß jeder rechtliche Mann, dem ein bittres Wort gegen einen ungerechten despotischen Minister entfallen ist, der einmal von deutscher Einigkeit gesprochen, seinen Wunsch nach einer gesetzmäßigen Ordnung der Dinge, nach Anerkennung von Rechten der Nation geäußert hat, als Aufrührer, Hochverräter und Majestätsbeleidiger verfolgt werden kann, daß Schmalz gerade *diese* Zeit zu solcher Rede an die Fürsten gewählt hat, das ist schändlich, fluchwürdig.

Indem ich diesen Brief überlese, sehe ich, wie er von den Hochtönen der Freude immer tiefer bis zu den tiefsten Tönen des Ernstes herabgesunken ist.

Edle Freunde, lebt wohl, hochverehrt und innigst verehrt von

F.

[1]*An Tiedge und Elise von der Recke*

Bamberg, den 31. Oktober 1815

Ihr Schreiben vom 23., 24. dieses ist mir gestern richtig zugekommen und hat den dichten Kranz der Freude, welcher jetzt meine Stirnfalten bedeckt, mit frischen duftenden Blumen noch herrlicher geschmückt. Daß ich frei werde und bald an Ihrer Seite mich wiederfinden soll, ist für mich ausgemachte Sache. Ihre Briefe würden jeden Zweifel gehoben haben, wenn seit S.s Brief noch ein Zweifel übrig wäre. Durch diese feste Überzeugung gehoben, schreite ich wie ein Riese über die Köpfe der Herren von Lilliput und die Nadeln, die sie als Pfeile von ihren Bogen schießen, erreichen mich entweder nicht oder reizen höchstens die äußerste Fläche der dicken Haut. Schon bin ich ganz mit den Vorbereitungen zu dem letzten entscheidenden Schritte beschäftigt; meine wichtigsten Papiere werden in Ordnung und Sicherheit gebracht, und nach einigen Wochen reise ich unter schicklichem Vorwande nach München, um dort einige wichtige Geldsachen zu – (verzweifelt!, da ist nun die Periode so angefangen, daß sie mit keinem deutschen Worte schließen kann; verzeihen Sie! Verdammen Sie nicht! Ich wage es darauf, und schreibe:) zu arrangieren. Zeigen Sie nun aber ja diese Zeilen keinem neuen deutschen Manne! denn sonst bin ich auf ewig verdammt; denn diese begeisterten Seelen, die in „Klangsäle" gehen, um sich am „Klangwerk" zu ergötzen und die „Tiefgeige" und das „Hochholz" und den

[1] *Im Original A und B beginnt hier der zweite Band mit neu anfangender Paginierung.*

„Tiefknüppel" und das „Schmetterhorn" im „Einklangswettstreite" zu hören, die eher verhungerten, ehe sie ein Hachis, ein Frikassee, ein Paar Schweinskotelettes oder einen *einmarinierten* Hecht verzehrten, und lieber ein altdeutsches Bärenfell um die Lenden würfen, ehe sie ein Paar verruchte „Pantalons" und einen verdammten „Frack" anzögen, diese großen Helden der Deutschheit würden im voraus die Steine zurechtlegen, mit denen meine deutsche Ehre gleich bei meinem Einzug in B. zu Tod gesteinigt werden sollte. – Man weiß wirklich nicht, ob man über das tolldumme Zeug lachen oder weinen soll. Aber tolldumm ist es gewiß, und wenn es zugleich mit Verfolgungssucht, politischer Patrioten-Riecherei und Pfaffentum und religiösem Verfinsterniseifer sich verkuppelt, zugleich boshaft dumm, dumm aber immer und unter jeder Voraussetzung, weil all dieses Treiben, schade es auch vorübergehend, am Ende doch sein Ziel nicht erreicht, nach den Gesetzen der Natur und des Menschengeistes nicht erreichen kann. Die Judenverfolgung liegt ganz im Geiste des Christentums – *dieser* Leute, und nur das ist zu verwundern, daß sie nicht, wie bei den Kreuzzügen im 11. und 12. Jahrhundert, so bei dem Kreuzzuge gegen die ungläubigen Franzosen, ein wenig Judenmord im Vorbeigehen gepredigt und geübt haben. Durch das Kreuz wurden ja bekanntlich alle die Wunder bei Leipzig und Schönebund verrichtet, und der starke Glaube kennt die Duldung nicht, die nur in dem faulen, weibisch-weichlichen Glauben, in der laulichen Gemütsstimmung, welche selbst in der Bibel als ein Greuel vor dem Herrn verabscheut wird, ihre einzige Quelle hat. – Das Zeugnis, das Sie, edle Freundin, für Schmalz ablegen, hat mich ein wenig mit ihm ausgesöhnt, doch mehr mit seiner Absicht als mit seiner Tat. Er wollte Preußen nützen und hat ganz Deutschland und der gerechten Sache, die jeder edle Mann liebend in seinem Herzen trägt, wenigstens so wie der Bär in der Fabel, der seinen Freund mit einem Stein aus dem Schlummer weckt, tödlich geschadet. Auch ist mir die Frage zu beantworten schwer, warum diese Schrift ihrem Verfasser von dem Könige von Württemberg den Zivilverdienst-Orden erworben hat, warum ein Flugblatt, das bloß auf eine nur Preußen geltende politische Intrige berechnet sein sollte, an die süddeutschen Höfe gesendet worden ist. Daß überhaupt solche Dinge wohl zu einer *Anzeige* bei der betreffenden *Staatsbehörde* zum Zweck polizeilicher oder gerichtlicher Einschreitungen, niemals aber zu öffentlichen Verhandlungen vor dem großen Publikum geeignet sind, daß hiedurch dem Staate selbst, dem genützt werden soll, wesentlich geschadet wird, weil es den verborgenen Schaden zu öffentlichem Skandal an das Licht zieht und nur die Parteien aufweckt, aufreizt oder auch gar noch nicht vorhandene Parteien erst selbst erschafft, darüber war ich nie im Zweifel. – Ihr Urteil über Arndts Schriften ist auch das meinige; seine Wahrheiten sind gar zu sehr auf das äußerste gestellt und sind dadurch mit der Unwahrheit manchmal in nahe Verwandtschaft gekommen; seine kräftige, gediegene Sprache hat zuviel von dem Feuer des Hasses und Zorns, zieht daher die Wahrheit in die niedrige Region persönlicher Leidenschaftlichkeit herab und beleidigt, statt zu versöhnen. Arndt und Görres (die man im Süden als *preußische* Schriftsteller betrachtet) sind vorzügliche Mitursache des Hasses, den man in Süddeutschland gegen die Preußen trägt.

Sie wollen, edle Freundin, etwas von unserer Pasquillen-Literatur. Hier ist ein Stückchen. Damit Sie nicht nötig haben, Ihre Seelen durch das Lesen des ganzen elenden, schmutzigen Dinges zu beflecken, habe ich einige der vorzüglichsten Stellen angestrichen. Der Verfasser ist, wie gar nicht zu zweifeln, der Prof. Schultheß.

Nicht die Freundschaft hat mich zu meinem Urteil über Ihr Tagebuch bestochen. Wie ich urteilen auch andere, die noch zuständigere Richter in Sachen des Geschmackes sind als ich. Hier wird es, sowenig man sonst hier zu lesen gewohnt ist, viel und mit großer Teilnahme gelesen. Eben finde ich in dem Morgenblatte die Anzeige des dritten Bands, von welchem gesagt wird, daß er unter allen der interessanteste sei. Mit sehr viel Freude sehe ich Ihrem entlarvten Cagliostro, fürtreffliche Elise, und Ihrem Ännchen entgegen, mein guter Tiedge! Indem ich dieses schreibe, sitzt ein Frauenzimmer mir gegenüber, das gestern Ihr Echo mit der innigsten Teilnahme mit mir gelesen hat. Es ist meine Freundin, von der ich Ihnen schon geschrieben habe und welche mich vorgestern durch ihren überraschenden Besuch unendlich glücklich gemacht hat. Sie wird mir und den Meinigen drei Wochen lang diese Wüste in Elysium verwandeln.

Sie sind also nur *leidlich* wohl? – Würde auf Erden den Besten das Beste zuteil, so würden Sie nicht so kleinlaut von dem Geringsten sprechen, dessen der Mensch zu einem bescheidenen Glück bedarf.

Mit ganzer Seele der Ihrige

An Tiedge und Elise

Bamberg, den 21. November 1815

Wenn nicht die Bescheidenheit meine Neigung ein wenig in Ordnung gehalten hätte, so würden Sie schon längst wieder Briefe von mir gelesen haben. Denn ich lebe so ganz mit meiner Seele schon bei Ihnen, habe mich so ganz mit allen meinen Gefühlen von hier abgelöst, bin so sehr gewohnt, Sie, edle Elise, als meine geliebte Mutter, Sie, Tiedge, als meinen Bruder zu betrachten, und fühle mich in diesem Verhältnis schon so einheimisch, so alt, daß ich fast gar nichts denke und empfinde, nichts hoffe oder befürchte, was ich nicht sogleich auf Sie bezöge; so daß mir auf der Stelle unwillkürlich die Finger nach der Feder zucken. Bei der unbeschreiblich drückenden Geschäftslosigkeit, zu welcher ich hier verdammt bin, in einer Lage, die dem Sitze zwischen zwei Stühlen gleicht, ist solche Sucht, teilnehmende Freunde mit Briefen heimzusuchen, wenigstens begreiflich, wenn sie gleich, um verzeihlich zu sein, große Nachsicht und Güte voraussetzt. Was mich zunächst zu diesem Briefe bestimmt, ist folgendes: F. Hg. ist, wie ich aus den Zeitungen weiß, noch nicht zurück, und daher wird sich die förmliche Vokation noch gewiß verzögern. Nach dem mir zugekommenen Schreiben des Min. S. und nach dem, was ich aus Ihren lieben Briefen vom 23., 24. Okt. gelesen, darf ich die Sache selbst für entschieden annehmen, wenngleich noch die *juristische* Gewißheit fehlt. Zwar ist ein solches Verhältnis einer juristischen Seele, wie die meine, noch immer sehr bedenklich und ängstlich; indessen muß der Mensch sehr oft nach Wahrscheinlichkeit und moralischer Gewißheit seine Handlungen bestimmen und handelt oft sehr unklug, wenn er erst Brief und Siegel abwarten will. Um, wenn die förmliche Vokation ergangen ist, sogleich meine Dimission nehmen zu können (welches sogar meine persönliche Sicherheit fordert), muß ich schon im voraus vieles vorbereitet haben, und um dieses vorbereiten zu können, muß ich schon in mancher Hinsicht so handeln, als wäre es *gewiß*, daß ich weggehen werde. So muß ich z. B. nach München, um wegen eines dort anliegenden kleinen Kapitals, worin mein ganzes mir erworbenes Vermögen besteht, entscheidende Vorkehrungen zu treffen und dergl. Bei diesem nicht zu vermeidenden Aufenthalt in München wird man nicht ermangeln, mancherlei Anmutungen an mich zu tun, manche verfängliche Frage an mich zu stellen, wobei ich in nicht geringe Verlegenheit kommen werde. Je weniger ich mit mir selbst über den Ausgang des im Werk Begriffenen im Streit liege, desto leichter werde ich den Verlegenheiten entgehen, weil ich wenigstens weiß, wohin ich ausbeugen und hinlenken soll. In dieser Beziehung ersuche ich Sie, mir entweder selbst oder durch eine andere sichere Person, womöglich mit umgehender Post, zu schreiben: *ob seit Ihrem letzten Schreiben sich nichts in B. ereignet hat, was die moralische Gewißheit meiner Berufung* (unter den von mir gemachten Bedingungen) *vermindert oder aufhebt.* In unserer schwankenden Welt kann man von heute kaum sicher bis auf morgen zählen; jene Frage legt daher die Klugheit meiner Besonnenheit vor. Sollten Sie mir einen Umstand melden, der die Hoffnung wieder in Zweifel stellte, so würde ich jeden, auch nur vorbereitenden, Schritt unterlassen, wodurch denn aber freilich die Schwierigkeiten sich immer mehr häufen. Denn je länger sich die Entscheidung verzögert, desto mehr ist zu fürchten, daß von seiten meiner Regierung, die meinen Mißmut kennt und mich nicht gern über die Grenze lassen wird, irgendetwas geschieht, was mich in Ketten legt, die zwar nicht unzerbrechlich, aber doch nur mit Mühe zu lösen sein werden.

Die Parteien zu B. treten, wie ich aus öffentlichen Blättern ersehen, immer offener, kühner gegeneinander in das Feld. Bei uns gibt es keine Parteien; alles liegt in tiefem Frieden begraben; die Stimmen, welche laut werden, tönen nur von *einer* Seite.

Vielleicht ist der diesjährige Damen-Almanach von Fouqué Ihrer Aufmerksamkeit entgangen; ich mache Sie darauf aufmerksam; er ist ein merkwürdiges, aber betrübendes Zeichen der Zeit. Schmolke, Kubach sind aus ihrem Grabe auferstanden und reden und singen (wiewohl matter als in ihren ersten Lebenstagen) zu der neuen Damenwelt. Eine Erzählung „*Der ewige Jude*" macht anschaulich, wie das Leben ein Elend und das Sterben die höchste Seligkeit des Lebens ist. Ein gottbegeisterter Sänger des Liedes „*Kampf und Gewährung*" (S. 279) weint folgende Verse:

„Ihr nichtigen Gedanken,
Hinweg, hinweg von mir!
Ihr dürren *Epheuranken*,
O, ihr *zerdrückt* mich schier:
Ihr sollt den süßen Glauben
Mir nimmer, nimmer rauben.

An deinen Busen schließe
Mich, Theosophia,
Daß Gottes Lebensküsse
Ich fühle fern und nah.
Hinweg ihr Weltgedanken,
Ihr dürren Epheuranken!"

Ein anderer Gesang, betitelt: „*Schmerzverklärung*", schließt mit folgenden Zeilen:

„Einer kam vom Himmelsthron,
Ließ sein Blut und gab sein Leben,
Gottes Sohn
Will uns seinen Frieden geben.
Schmerz der Sünde, Höllenpein
Wird nun Leid aus Liebesgluten;
Was sich *liebend* will verbluten,
Schläft an Christi Wunden ein."

Ein Weihnachtslied (S. 98) könnte Steine zum Mitsingen bewegen; denn

„Vom Himmel fliegt der Engel Schar
und künd't uns fröhliches neues Jahr.
Sie bringt uns süßen heiligen Christ;
Ihr lieben Engelein, seid gegrüßt etc."

Freimund R. beschließt seine Legende von der heiligen Barbara mit folgender erhabener Zueignung an den Herausgeber (S. 347):

„Nun geschwinde mit dem Zweig, und gehe,
Muse Barbara, hin zu meinem *Truchseß*,
Der gleich alles will haben, was nur immer
Im poetischen Gärtchen hier mir aufwächst.
Sei nur vor dem Empfang bei ihm nicht bange!
Freilich ist er ein Protestant, doch gerne,
Dem poetischen Kleid zu Liebe, läßt er
Auch katholische Heilige sich gefallen."

Das ist doch einmal Poesie! So recht einfach und einfältig, und in Kindlichkeit erhaben und in Demut groß! Oh, wie weit seid Ihr, armer Tiedge, von solchen Höhen noch entfernt! Doch zum Trost sei Ihnen gesagt, daß es noch gar viele gibt, die lieber mit Ihnen durch schöne duftende Blumenauen gehen, als auf dem kalten, dürren, neblichen Gipfel *dieses* Pindus frieren, schmachten und nach Luft schnappen. Ich habe diesen Morgen Ihre Elegien gelesen und habe nicht Worte, um Ihnen den Dank für den Geistes- und Herzensgenuß, den sie mir gewährt, würdig auszudrücken.

Vorgestern war unser Kronprinz hier. Mein ältester Sohn Anselm verfertigte (auf Befehl seiner Schulvorgesetzten) ein kleines Gedicht bei dieser Gelegenheit, das ich Ihnen hier beilege, um Sie zu bitten, mir Ihr Urteil darüber zu sagen, ob Sie glauben, daß dieser Knabe Genie zur Dichtkunst habe. Ein Vater ist ein parteiischer Richter. Ich bemerke übrigens: Mein Sohn ist noch nicht 16 Jahre alt, und er hat dieses Gedicht in zwei Stunden hingegossen; nichts ist, weder von mir, noch von einem Lehrer, verbessert; Anlage und Ausführung ist *durchaus* sein eigen.

Daß Sie sich beide wohl befinden, ist meine frohe Hoffnung. Mit meiner Hand geht es jetzt so ziemlich. Übrigens bin ich, besonders heute, übellaunig und, sozusagen, dumm, was Sie diesem lahmen, linkischen Brief ungesagt werden abgemerkt haben. Mit unveränderter Liebe der

Ihrige

An dieselben

Bamberg, den 11. Dezember 1815

Hier empfangen Sie, meine hochverehrte, innigst geliebte Mutter und Freundin, den Brief an S. und einen Brief an Sie, der nichts enthält, was Sie nicht schon wüßten, der aber das Zerstreute für seinen Zweck zusammenstellt und alles hinwegläßt, was nur unter uns ohne Anstoß und Mißdeutung geschrieben werden kann. Ich habe ganz aus dem Herzen und mit der Achtung, welche ich mir selbst schuldig bin, übrigens, wie ich wenigstens glaube, ganz zweckmäßig gesprochen. Es ist mir ein wahrhaft unangenehmes Gefühl, Sie und meinen Tiedge mit meiner Person und ihren Angelegenheiten so sehr belästigen und beunruhigen zu müssen.

Daß Sie, mein lieber Tiedge, sich so wohl befinden, macht mir eine wahre Herzensfreude; aber daß Elisa nicht dasselbe von sich sagt und, ohne zu klagen, aus einzelnen Worten mich erraten läßt, wie wenig diese Engelsseele Ursache hat, mit ihrer Gesundheit, zufrieden zu sein, das ist wieder so von dem Wermut, den das Menschenschicksal fast in jeden Freudenbecher mischt, damit er nicht allzu angenehm munde und man sich ja nicht darin berausche.

Für Gervasi, für ihn selbst und für alles, was er überbrachte, danke ich mit aller Aufrichtigkeit und Wärme. Gervasi brachte einen schönen Abend bei mir ganz allein zu und mußte mir sehr viel von Berlin und ebensoviel von Ihnen beiden erzählen. Sie beide hätten unerkannt, in einen Wolkenschleier verhüllt, in unserer Mitte schweben sollen, um gerührt Zeugen zu sein von den heiligen Opfern womit von der Verehrung, der Freundschaft und Liebe das Andenken der zwei edlen Abwesenden gefeiert wurde. Über Berlin glaube ich durch G. und durch das, was ich sonst schriftlich, gedruckt und geschrieben erfahren habe, so ziemlich auf dem reinen zu sein, so weit wenigstens, um zu wissen, daß man dort sehr vorsichtig gehen muß, um nicht auf dem Glatteise zu fallen. Dafür fürchte ich mich übrigens ganz und gar nicht. In politische Händel werde ich mich ein für allemal nicht mischen, werde treu und eifrig meinem amtlichen Berufe leben, bloß in diesem

Beruf pflichtmäßig das Rechte üben und das Wahre bekennen, meine Nebenstunden bloß den ernsten Wissenschaften und – mein Vertrauen bloß den erprobten Freunden, d. i. niemandem als Elisen und Tiedgen, schenken und allenfalls noch denjenigen, die von Ihnen als erprobte Menschen mir zugeführt werden.

Ihre Schrift über Cagliostro und Stark* habe ich sogleich mit der größten Teilnahme zu meiner innigsten Freude durchgelesen, und diese Schriften würden meine Hochachtung gegen Sie noch vermehrt haben, wenn die Verehrung, die ich für Sie fühle, noch einer Steigerung fähig gewesen wäre. Das Ungeheuer des Irrtums, das über Sie gekommen war, hatte Ihr eigenes *edles* Herz geboren, aber nur einem sehr gesunden, äußerst kräftigen *Verstande* konnte es gelingen, die Schlange, die schon in vielfachen Windungen ihn umstrickt und zusammengeschnürt hatte, wieder von sich abzustreifen und dann zu erwürgen. Cagliostro und sein Bruder Stark haben überdies, zumal in Verbindung mit den in Ihrem lieben Brief enthaltenen Tatsachen, mich auf manche Erscheinungen der Gegenwart, nach einer gewissen Richtung hin, ganz besonders aufmerksam gemacht. Gleich nach Durchlesung Ihres Buches fing ich einen für Sie bestimmten Aufsatz an, um mehreres höchst Auffallende, was Sie wahrscheinlich noch nicht wissen, weil es sich in meiner Nähe ereignet hat, zu erzählen und aus diesen und tausend andern weltkundigen Tatsachen durch Zusammenstellung und Verknüpfung einige Schlüsse zu ziehen. Aber ich war, nachdem ich schon zwei Seiten begeistert geschrieben hatte, durch die Armseligkeiten meiner persönlichen Schicksale unterbrochen und konnte seitdem nicht wieder den freudigen Mut gewinnen, um fortzufahren. Es kommen vielleicht bald bessere Zeiten für mich und vielleicht die Zeit, wo ich nicht mehr der Feder zur geistigen Mitteilung bedarf.

Der Beifall, den Sie und Tiedge den jugendlichen Versuchen meines ältesten Sohnes schenkten, war mir als Vater sehr erfreulich; die Ermahnungen und Warnungen,

* „Nachricht von des berüchtigten Cagliostro Aufenthalt in Mitau und von dessen dortigen magischen Operationen", Berlin 1787. „Etwas über des H. Oberhofpredigers J. A. Stark Verteidigungsschrift", Berlin 1788.

die Sie mit Ihrem günstigen Urteile verbinden, waren, da sie meine ihm stets wiederholten Lehren bestätigen, bestärken, eindringlicher machen, mir um meines Sohnes willen äußerst willkommen. Ich las ihm alles, mit meinen Kommentarien begleitet, vor. Übrigens hoffe ich, daß er nie auf die Abwege der neuesten Lieder- und Leiermänner geraten soll; dafür wird ihn meine Aufsicht[1] und der ihm sehr lieb gewordene Umgang mit den großen Meistern der alten und neuen Welt bewahren. Von den Griechen sind Homer (den er schon im zehnten Jahre in der Ursprache gelesen) und nun Sophokles, von den Römern Virgil, Horaz und Tacitus, von den Deutschen Bürger, Schiller und (mit gehöriger Auswahl) Goethe seine täglich abwechselnde Lieblingsbeschäftigung. Den Sänger der „Urania" verehrt er in dessen Elegien und Liedern. Für die „Urania" selbst und für Klopstocks größere Werke ist seine Zeit noch nicht da; seinem heitern, jugendlichen Gemüt fehlt noch das Bedürfnis und die Tiefe höherer Gefühle, welche ihn an diesen Werken festhalten könnten.

Das Gedicht von Boguslawsky (wie kommt dieser slawische Name zu den deutschen Musen?) ist gut gedacht und kräftig gesagt. Doch, scheint mir, ist die letzte Strophe ein wenig zu stark, um ganz dichterisch zu sein. Was die Muse sagt, muß entweder schön sein oder erhaben; aber das *duftende* Armesünder-Fleisch des Hoch-Verbrechers dünkt mir weder das eine zu sein noch das andere.

Ich hätte noch gewaltig viel auf dem Herzen und im Kopf, was ich schreiben möchte. Aber die hier beiliegenden Briefe haben mir nur noch eine Stunde bis zum Abgang der Post übriggelassen.

NS. In den beiliegenden Briefen dringe ich (um von meiner Seite nichts zu erschweren) bloß auf eine – vorläufig mündliche – Erklärung. Sie könnten vielleicht (falls es die Umstände gestatten und Sie es rätlich finden) um schriftliche und vielleicht auch schon um alsbaldige *formelle* definitive Erklärung im Namen Ihres Freundes bitten. Wie der arme Sünder dem Gerichtstag, so harre ich dem nächsten Brief entgegen; denn ich weiß nicht mehr, wo aus noch ein.

[1] *Im Original A und B Druckfehler:* Ansicht *Hier berichtigt nach dem Verzeichnis der Errata in B.*

An Elise von der Recke

Bamberg, den 11. Dezember 1815

Dieses Mal, meine edle, innigst geliebte Freundin, muß ich im voraus für den Inhalt dieses Briefes um Verzeihung bitten, da er Sie mit gar nichts unterhalten wird als mit meiner eigenen, mir selbst sehr widerlichen Person und mit ihrer noch weit widerlicheren Lage, die fürwahr alles übertrifft, was ich meinem an dergleichen Sachen sonst äußerst reichen Leben jemals zu erfahren Gelegenheit hatte. Wer, wie neulich Gervasi, mich in einem breit in Gold gestickten Rocke und in meinem in reizender Gegend liegenden Garten-Palais sieht und dabei weiß, daß ich 8000 Fl. zu verzehren und fast nichts zu tun habe, könnte sich versucht fühlen, in mir einen Überglücklichen zu beneiden. Aber dieser würde vergessen, daß die Schmach, ein unnützes Leben zu führen, der unwürdige Schlaf auf weichen Polstern bei dem wachen Gefühl der besten Kraft, der unbefriedigte Durst nach dem Genuß eines nützlich tätigen Wirkens, das Bewußtsein, den Zweck und die Bestimmung seines Lebens verloren zu haben, daß, mit einem Worte, das Gefühl des geistigen Todes für die bessern Menschen (unter welche ich mich zu zählen einiges Recht zu haben glaube) dem Gefühl des Unglücklichen ähnelt, der, lebendig begraben, in seinem Sarg unter der Erde erwacht ist. Doch, *das* wissen Sie; das ist die alte, lange Klage, womit ich schon so oft Sie ermüdet habe; sie lief mir wieder ganz unwillkürlich aus dem Herzen in die Feder, die ich ergriff, um für eine andere, nicht minder stechende Pein Ihre tätige Teilnahme aufzufordern. – Die formelle Unentschiedenheit meines Schicksals hinsichtlich meines Bleibens oder Nichtbleibens in Bayern, die Ungewißheit, *wann* ich die förmliche Berufung nach dem Lande meiner Hoffnung erhalten werde, die stets sich erneuernde *Notwendigkeit*, zu handeln, bei der immer fortdauernden *Unmöglichkeit* zu entscheidendem Handeln, haben mich nun schon lange auf gefährlichem Glatteise erhalten, auf welchem ich, rechts und links hin- und hergestoßen, in steter Gefahr schwebte, mir den Kopf zu zerschellen, und von welchem ich, wenn ich nicht sehr bald auf sicherem

Boden fußen kann, aller Balancierkünste ungeachtet, auf der einen oder andern Seite in einen mir schrecklichen Abgrund gleiten muß. Sie, edle Freundin, wissen aus früheren Briefen, daß man teils durch die Kundschaftereien des Grafen von Luxburg, teils (wenigstens ist mir dies sehr wahrscheinlich) aus erbrochenen Briefen, welche ich mit einem Freunde zu München zutrauungsvoll, aber ebendarum unvorsichtig, gewechselt habe, alles, was vorgehe, entweder erraten oder gar erfahren hat. Welch einem ebenso widerlichen als gefährlichen Spiel ich nun seitdem ununterbrochen zum Gegenstand diene, ist Ihnen zum Teil ebenfalls bekannt, muß Ihnen aber, da Sie den wunderlich seltsamen Boden nicht kennen, auf dem ich noch stehe höchst unbegreiflich sein. Bedrückt von dem Haß, der meine Nähe fürchtet, und von der Furcht, die sich um meine, mich zugleich in Freiheit setzende Entfernung ängstiget, kann ich mich seit Monaten nur mit einem geängsteten Wilde vergleichen, das, wohin es sich wenden mag, hier mit dem gezogenen Gewehr, dort mit einer Schlinge, dort mit lockendem, aber vergiftetem Futter bedroht wird. Das erste Signal gab in ihrem letzten Hefte die berüchtigte Monatsschrift „Allemannia", wo ich (bei Gelegenheit meiner kleinen bayerisch-patriotischen Schrift: „Was sollen wir?") ganz offenherzig angeklagt bin, daß ich im Jahre 1813/14 (als ich für Deutschland und meines Königs Sache in mutiger Selbstaufopferung mit dem Schwert des Geistes gegen den Feind der Menschheit schlug) nicht als Bayer, sondern als Borusso-Bavarus, nicht als bayerischer Patriot für Bayerns Wohl, sondern als *preußischer* Anhänger für geheime preußische Zwecke geschrieben habe. Als ich wegen dieser kläglich hingelegten, niederträchtig frechen Beschuldigungen oder Verdächtigungen bei dem geeigneten Ministerium Genugtuung forderte, wurde ich gegen die (NB. anonymen) Verfasser (die NB. unmittelbar unter höherer Aufsicht schrieben) auf den *Justizweg* verwiesen. Kaum war dies geschehen, so kamen Reskripte auf Reskripte, wo mit Haaren die Gelegenheit herbeigezogen wurde, um wegen der geringfügigsten Aufträge, die mir erteilt, wegen der armseligst unbedeutenden Arbeiten, die von mir geliefert wurden, mich des „*besondern* fortgesetzten allerhöchsten *Zutrauens*" oder „des *ausgezeichneten* Wohlwollens" mit Ausdrücken zu versichern, die mich schamrot machen würden, wenn ich sie abschreiben sollte. Dazu kamen nun und kommen noch andere Kunstgriffe. Bald muß ein zufällig durch Bamberg reisender Staatsmann sich um mein Befinden, meine Wünsche und meine Zufriedenheit freundschaftlichst erkundigen; bald wird an meinen Freunden in München gerüttelt, um von ihnen noch mehr zu erfahren oder um mir durch sie im Vorbeigehen den Wunsch zu Ohren kommen zu lassen, ich möge doch durch irgendeinen zuvorkommenden Schritt zum Unterhandeln Gelegenheit geben; bald werden mir Versprechungen versteckt hingeworfen; bald werden mir durch die zweite oder dritte Hand Drohungen und Warnungen zugebracht; bald sind es Briefe, bald mündliche Äußerungen, bald mittelbare, bald unmittelbare Versuchungen, welche meine Geduld ermüden und meinen zur Hinterlist eben nicht bearbeiteten Charakter ängstigen. Denken Sie sich, edle Freundin, in eine solche Lage! Entschlossen auf der einen Seite, ein Land zu verlassen, in dessen Boden ich als ganz fremde exotische Pflanze nimmer fest wurzeln noch gedeihen werde, verpflichtet auf der andern, nichts Gewagtes zu unternehmen, was ich nicht vor meiner großen, mir so teuern Familie als Gatte und Vater zu verantworten vermöchte, durch gegebenes Wort und durch nahe sichere Hoffnung auf einen schönen, würdigen Beruf außerstand gesetzt, Anträgen entgegenzukommen oder gemachte Anträge anzunehmen, und doch zugleich wegen mangelnder juridischer Gewißheit in die Lage gebannt, *nichts* bestimmt verneinen oder ablehnen zu können! Was das heißt; zwischen zwei Stühlen sitzen, wie das alte Sprichwort sagt, das habe ich jetzt gefühlt, fühle ich von Tag zu Tag mehr. Besser auf dem Boden hart aufsitzen als auf zwei wohlgepolsterten Stühlen, die neben einer Untiefe stehen und von denen der eine oder andere im nächsten Augenblicke auszurutschen droht.

Doch ohne Vergleichung weiterzusprechen: Je länger sich die Entscheidung verzieht, desto gefährlicher wird meine Lage. Eine neue Organisation rückt nahe heran, wenigstens in Beziehung auf die Justizstellen, und ich muß alle Tage erwarten, daß ich in den Fall komme, eine entscheidende Erklärung geben zu müssen. Es würde den Bau meiner schönsten Aussichten zertrümmern, wenn ich sie *für* Bayern geben müßte; denn von dieser Seite sind mir selbst Wohltaten, und was man gemeiniglich Glück oder Beförderung nennt, ebenso zuwider als das Unglück selbst. Denn um zu leben, bedarf ich eines würdigen, meine Kräfte vielfach beschäftigenden Berufs und zum Umgange – würdiger, gut erzogener, geistig gebildeter, wissenschaftlich unterrichteter, menschlich teilnehmender Menschen, und in meinem Amtsberufe erleuchteter, das Gute und Rechte erkennender und tätig wollender Vorgesetzten, wie die Männer sind, die an der Spitze des wiedergebornen Preußens stehen. *Was* indessen der Himmel mit mir vorhabe, ich darf nicht mehr zaudern; ich muß handeln, wenn ich mir nicht Vorwürfe machen oder wohl gar (wenn etwa die Notwendigkeit mich übereilte) [mich] dem Vorwurfe aussetzen soll, ein gegebenes heiliges Ehrenwort gebrochen zu haben.

Ihr edler, herrlicher Freund, edle Freundin, der Mann von hohem Geist und ebenso hohem Biedersinn, der durch seine zuvorkommenden Äußerungen gnädigen Wohlwollens meinen alten Wunsch nach dem kräftig erstandenen Norden zuerst wieder lebendigwerden ließ, Herr Minister von Schuckmann, hat mein Schicksal in seinen Händen. Haben Sie die Freundschaft für mich, den anliegenden Brief demselben zukommen zu lassen und meine Bitte um Entscheidung gütigst zu unterstützen.

Selbst für den Fall, daß die *förmliche Ausfertigung* noch sich verzögern sollte, wünsche ich wenigstens im voraus so gestellt zu werden, daß ich mit Zuversicht einige *vorbereitende* Anstalten treffen kann, welche nicht *verschoben* werden können, wenn ich demnächst mit *Sicherheit* mein förmliches Entlassungsgesuch eingeben und gehörig betreiben soll. Herr v. Schuckmann ist so wahr und bieder, und mein Zutrauen zu demselben ist so unbegrenzt und achtungsvoll hingebend, daß die bloß mündliche Versicherung dieses edlen trefflichen Staatsmanns, es sei an der baldigen offiziellen Vokation unter den von mir vorgelegten Voraussetzungen nicht zu zweifeln, mir genügend sein wird, um die *Voranstalten* und ökonomischen Arrangements, die meinem förmlichen Entlassungsgesuch *vorangehen* müssen, wenn ich gegen Gewalt oder List mich sicherstellen will, mit ruhigem Bewußtsein gefahrlos zu treffen.

Haben Sie die Güte und Freundschaft, mich baldigst zu beruhigen. Aber zweifelhafte oder entfernte, wenngleich für diesen Fall noch so sichere Hoffnungen können mir nicht diese Beruhigung geben, sondern nur *Gewißheit der nahen Erfüllung* oder nahen *Vereitlung* meines schönsten Hoffens. Die ebenso zweideutige als gefährliche Rolle, die ich seither gespielt, ist meiner Denkungsart und meinen Gefühlen ebenso widersprechend, als sie meiner Unbehilflichkeit schwerfällt. Es kann einem ehrlichen Manne wohl ziemen, den Staat, in dem er nicht mehr nach Kräften wirken zu können glaubt, zu verlassen; aber der *Zwischenzustand*, wo man gegen den einen Staat noch die heilige Eidespflicht trägt, während man durch Unterhandlung mit einem andern an dieser Eidespflicht rüttelt, wo man noch lange untätig des einen Brot verzehrt, während das Herz, die Hoffnung, die Erwartung dem andern zugewendet ist – dieser Zustand des Überganges hat, zumal wenn er lange dauert, etwas, vielmehr vieles an sich, was der *Treulosigkeit* sehr nahe verwandt ist und daher selbst mein moralisches Gefühl beleidigt. Der Ruf der unbestechlichsten Treue und Redlichkeit hat acht Jahre lang mein öffentliches Leben geehrt; ich wünsche in Bayern diesen Ruf nicht durch die letzte Periode zu vermindern.

Ich schäme mich dieses langen Briefs, worin jede Zeile nichts wiedergibt als: ich, ich, ich und wieder ich. Alle meine künftigen sollen zum Ersatz desto sparsamer mit diesem fatalen Worte sein, das niemand anderem, zumal jetzt, widerlicher sein kann als mir selbst. Denn etwas Gutes, Erhebendes, Erfreuliches, Menschliches weiß ich durchaus nicht in dieser Zeit von mir zu rühmen. Ich bin ein zweibeiniges Tier, das, von einem reichen Herrn an einer goldenen Krippe gefüttert, ißt und trinkt und schläft und sich nur dadurch von den vierfüßigen Tieren unterscheidet, daß es wöchentlich ein paarmal seinen Namen unter viele Papiere setzt und – einen bessern Zustand vermißt und hofft. Herzliche Grüße, edle Freundin, an meinen geliebten Sänger

von Ihrem etc.

An dieselbe

Bamberg, den 2. Januar 1816

Den Dank für alle Freundschaft und Liebe, welche Sie, innigst verehrte Freunde, mir durch Wort und Tat ununterbrochen beweisen, muß ich wohl in meinem Herzen behalten. Er läßt sich nicht so aussprechen, wie ich ihn fühle, und noch weniger vermag ich es Ihnen zu vergelten. Die innige Teilnahme an meinem Schicksal, die bedächtige Sorgfalt, womit Ihre Freundschaft über mich wacht, die gewissenhafte Pünktlichkeit, womit Sie sich meiner Wünsche annehmen – diese Wunder in unserer Welt des Eigennutzes, des Kaltsinns und der Hinterlist haben mich innigst gerührt. Und wenn ich mir noch hinzudachte, daß Sie, meine hochverehrte edle Freundin, Ihre umständlichen Briefe vielleicht in Augenblicken körperlicher Leiden niedergeschrieben und Worte, die mich beruhigten, erhoben, erfreuten, mit eignen Schmerzen bezahlt haben! – Je lebendiger aber seit den ersten Tagen unserer Bekanntschaft die Überzeugung in mir steht, daß Elise und Tiedge die Seelen, die wunderseltenen Menschenseelen sind, deren mein nach Freundschaft schmachtendes Gemüt zu seinem Glücke bedarf, desto empfindlicher traf mich die erschütternde Nachricht, daß Sie beide wahrscheinlich B. verlassen werden. Mit dieser Nachricht ist meine freudige Hoffnung auf einmal ihres schönsten Schmucks beraubt, und ich sehe nun in der bevorstehenden Versetzung nach Berlin weiter nicht viel mehr als den Tausch eines größeren unerträglichen Übels mit einem kleineren erträglichen. Was mich nach Preußen zog, war nicht nur das Öffentliche [1], ein würdiges Ziel des amtlichen Wirkens, sondern auch das stille Glück des freundschaftlichen Umgangs mit gleichgestimmten, edlen Seelen; jenes forderte mein Geist, aber dieses mein Herz, und die Bedürfnisse des letzten sind in mir fast noch inniger als die Bedürfnisse des ersten. Der Blick auf Preußen ist zumal jetzt nichts weniger als erfreulich. Dieses Gären, diese Parteiungen, dieses gegen-

[1] *Im Original A und B Druckfehler:* offentliche *Hier berichtigt nach dem Verzeichnis der Errata in B.*

seitige Verfolgen, Anklagen, Verdächtigen, diese gegeneinander aufgeregten Kräfte und Leidenschaften, die (was Gott verhüte!) vielleicht früher oder später von den Worten zur feindlichen Tat übergehen! In einer fremden Welt als Fremder auftreten ist immer unbehaglich und unheimlich; in ein Chaos gärender Elemente als ein fremdartiges Drittes geworfen werden ist mehr als dieses. Aber ich hatte ja Sie beide dort zu finden! Durch Sie erschien mir Berlin wie ein neues Vaterland, wie eine mir schon vertraute Heimat! Durch Sie konnte bald auch das Fremde mir bekannt werden! Sie, hoffte ich, sollten durch Ihre Erfahrungen mich unterstützen, mit dem Stern Ihres ruhig-heitern Geistes mir auf dunklen Wegen leuchten! Ihnen beiden hoffte ich mich hinzugeben mit aller Offenheit, um stets Rat, Belehrung, Ermunterung oder Abmahnung von der Freundschaft und weisen Vorsicht zurückzuempfangen! Das ist nun alles dahin, wenn Sie B. verlassen, und ich erfahre diesmal wieder, was ich schon so oft schmerzlich empfunden, daß man auf nichts hoffen soll, ohne zum voraus mit Resignation sich die Brust gewaffnet zu haben. Was mir die Nachricht von Ihrer baldigen Abreise aus B. noch empfindlicher macht, ist, daß ich schwerlich Sie in Karlsbad sehen werde, denn so notwendig für mich der Gebrauch eines Bades ist, so haben doch die Ärzte für meine Krankheitsumstände (Gicht und Rheumatismus) das Karlsbad nun nicht für zuträglich gefunden, sondern Wiesbaden mir angeraten. Indessen muß ich es auf die eine oder andere Weise so einzuleiten suchen, daß ich Sie beide irgendwo noch spreche, wozu mit der Zeit der Rat kommen wird.

Was meine Berliner Angelengeheit betrifft, so ist, nachdem ich Ihre und des M. v. S. Briefe nochmals wiederholt durchgelesen, alle Umstände genau erwogen, alle Gründe und Gegengründe tagelang teils bei mir selbst gegeneinandergehalten, teils mit meiner Freundin kalt und ruhig mehrmals von allen Seiten besprochen habe, folgendes Resultat in mir reif geworden. Ich gehe von den Voraussetzungen aus, daß einerseits mein Entschluß, B. zu verlassen, unwandelbar feststeht, andererseits durchaus keine Gründe vorhanden sind, aus der bloßen Verzögerung auf eine Vereitlung zu schließen. Für jeden, selbst den äußersten Fall glaube ich auf Hülfe und Aufnahme von seiten der preuß. Regierung hoffen zu können. Da ich handeln muß, so ist es besser, nach dem Wahrscheinlichsten mich zu bestimmen, als nach grundlosen Unwahrscheinlichkeiten und äußerst entfernten Möglichkeiten das Handeln mit noch größerer Gefahr zu unterlassen. Als hätte ich das nicht-offizielle *Ja* bereits erhalten, werde ich daher so handeln, als könne das offizielle nicht lange mehr ausbleiben. Daher reise ich am Ende dieser Woche unter sehr glaubwürdigem Vorwande nach München, besorge meine Angelegenheiten für den Fall meiner nahen Entlassung, weiche den Versuchungen und Anfragen so gut als möglich aus und lehne Anträge, wenn man sich damit andrängt, mit Festigkeit ab, ohne gerade die Ursache hiervon schon bestimmt auszusprechen. Meine Peiniger fürchten mich so sehr, als sie mich hassen; das ist schon ein großer Schutz. Ihre Briefe unter der bekannten Adresse werden mir auch in M. sicher zukommen.

Die öffentlichen Weltangelegenheiten werden immer wunderlicher, trüber. Für Bayern sind die Irrungen in Preußen ein wahrer Wundbalsam. Man jauchzt und klatscht schadenfroh in die Hände. Denn in der Entfernung sehen die Dinge schlimmer aus, als sie vielleicht in der Nähe sind. Man glaubt hier, in Preußen einen Staat zu sehen, der in Fieberzuckungen liegt, den Parteien durchstürmen, welche erst sich zerfleischen, um dann über den Staat selbst herzufallen. Daß die Regierung selbst öffentlich für die Schmalzsche Anklage Partei nimmt, scheint mir und andern nicht ganz der Weisheit gemäß, schon darum nicht, weil sie dadurch ein Bekenntnis von Schwäche vor den Augen der Welt ablegt. Wo solche Verbrechen in einem Staate bestehen, da müssen nicht Schriftstellerfedern, sondern Henkerschwerter in Bewegung sein. Über Hochverrat hat nicht das Publikum zu richten, sondern das Blutgericht, und ehe man dem Ankläger zur Belohnung einen Orden anhängt, müssen die Leichname der Angeklagten auf dem Rade liegen oder am Galgen hängen. – Schleiermachers Schrift ist gewaltig schneidend und hin und wieder scharf treffend; aber im ganzen bewegt sich der Mann etwas ungelenk, seine Sprache ist düster, es fehlt an Raschheit, Klarheit, munterer Offenheit und hat mir so etwas von jesuitischer Tücke daraus hervorgeschienen. Eine andere Broschüre, „Die deutschen Rot- und Schwarzmäntler", ist viel naiver für die Schmalziade, aber würdig, von einem rasenden Allemannisten verfaßt zu sein. Kaum kann ich glauben, daß sie, wie ich in einer Zeitung gelesen, von einem namhaften preuß. Stabsoffizier herrühren soll. *Solche* Gesinnungen, solche ehrliche, plumpe Frechheit, solche Leerheit und Geistesarmut bei hochmütiger Anmaßung, etwas zu gelten, waren mir bis dahin bloß in herrlichen Allemannen-Lande vorgekommen.

Auch im Badischen fängt es sehr zu gären an. Das Kapitel von Landständen will dem Souverän der badischen Nation durchaus nicht einleuchten, was zu folgender, ganz gewaltig auffallender Schrift, wovon mir vor einer Stunde 3 Exemplare mit der Post zugekommen sind, Veranlassung gegeben hat. Sie hat den Titel: „Badische Aktenstücke, wie man im Badischen den legalen Wunsch für Beschleunigung einer landständischen Regierungsverfassung durch Illegalitäten gegen unbescholtene, rechtlich patriotische Bürger zu Heidelberg und deren erbetenen Rechtskonsulenten, den Justizrat und Professor Martin daselbst, zu unterdrücken und gehässig zu machen angefangen hat". Daß Pfaffen und Jesuiten im geheimen Bunde wirksam sind, das glaube ich; aber auch davon bin ich aus Gründen überzeugt, daß zu Paris die Fürsten Europas sich gegen ihre Völker verschworen haben. Ein großes Unglück wird über Europa kommen; alle Zeichen verkünden es jedem, der Augen hat, zu sehen. Die Geschichte, die Erfahrung aller Zeiten müßte lügen, wenn es anders käme. Überall liegen Pulvervorräte offen umher, und unsere Fürsten stehen darneben und schlagen Feuer. Es ist eine große Armseligkeit unter den Menschen. Es wäre so leicht, jetzt viel Herrliches zu gründen, und statt dessen säet man Unruhe, Mißvergnügen, Mißtrauen und Haß! Menschenweisheit und Menschengüte soll (dies scheint allgemeines Gesetz, nach welchem die Menschengeschichte sich bewegt) nicht das Gute und Edle schaffen. Was den Menschen Gutes kommt, das entsteht nicht nur *ohne* ihren Willen, sondern meistens *wider* ihren Willen. Das Gute, das sie mit Absicht schaffen wollen, verwandelt sich meistens in Schlechtes, Gemeines, Böses, und wo sie als Teufel Unkraut und Verderben säen, da wachsen edle Blüten und Früchte auf. So zwingt der Despotismus zur Freiheit, die Unterdrückung zur Selbständigkeit; aber freilich, was dazwischen liegt, sind Leichname und Brandstätten!

Hier in unserer Nähe zu Nürnberg hat sich eine große Begebenheit ereignet, die indessen sehr bald zu den alltäglichen Erscheinungen gehören wird. Dort lebt ein Professor Kanne, ein in seinem Fache berühmter Mann, ein gelehrter Schriftsteller über alte Sprachen und Mythologie des Orients. Dieser Mann wurde nun der besondern Gnade himmlischer Erleuchtung gewürdigt, also und dergestalt, daß ihm der Herr *Jesus leibhaft* erschienen ist, ihm eine *Flasche* von dem *Lebensquell* über sein Herz *ausgegossen* und sodann *leibhaft* (nicht etwa figürlich zu verstehen) seinen *Einzug in dieses Herz* gehalten hat. Dieses und vieles andere können Sie in des Professors „Kanne[s] Leben und aus dem Leben merkwürdiger und erweckter Christen aus der protestantischen Kirche", welches hier zu Bamberg bei Kunz erschienen ist, des Umständlicheren lesen.

Von der sauberen Geschichte, die unsere als Kontingent bei dem Bundesheer in Frankreich zurückgebliebenen Bayern angefangen haben, werden Sie bald in den Zeitungen lesen. Die französischen Blätter sind voll davon. In der „Gazette de Nancy", dem „Journal de Paris" etc. ist zu lesen ein strenger Tagesbefehl des bayerischen Generals La Motte (welcher Tagesbefehl von dem Präfekten zu Nancy ausgeschrieben und mit Zusätzen begleitet ist) gegen die *bayerischen* Krieger, welche sich unterstehen, in Frankreich Aufruhr gegen die gesetzmäßige (königliche) Regierung zu stiften, das Volk, besonders auf dem Lande, gegen die bestehende Ordnung der Dinge aufzuhetzen usw. Jeder Bayer, der sich solchen Verbrechens schuldig macht, soll sogleich vor ein Kriegsgericht gestellt und nach kurzem Prozeß gerichtet werden. Alle Obrigkeiten, Munizipalitäten, Gendarmen sind aufgefordert, wachsames Auge zu haben und jeden Verbrecher dieser Nation anzuzeigen usw. Ist das nicht erbaulich und für den Geist des bayerischen Heeres rühmlich? Zu welchen Erwartungen berechtigt dieses für die Zukunft?

Mein Anselm ist sehr durch das Andenken ermuntert, womit Sie beide ihn beehren.

Meine Freundin, Frau Rätin Brunner (so ist ihr Name), empfiehlt sich Ihrem freundschaftlichen Andenken. Ich begleite sie in dieser Woche zu den Ihrigen zurück.

Schenke der Himmel Ihnen beiden fortdauernde Gesundheit und mir – baldige Erlösung.

Von ganzem Herzen Ihr A.

An Elise von der Recke

München, den 25. Januar 1816

Ein heute abgehender preußischer Kurier, welcher durch die Freundschaft des Gesandten, Herrn von Küster, zu meiner Verfügung gestellt worden, ist eine zu günstige Gelegenheit, als daß ich ihn weglassen könnte, ohne ihm von hier aus wenigstens einen Gruß an meine beiden herrlichen Freunde im Norden mitgegeben zu haben.

Seit 14 Tagen bin ich hier wohnhaft in einem abgelegenen, aber reizenden Quartier der Vorstadt, unter dem Vorwand und mit der Miene eines Kranken, welcher hierher gekommen, um seinen ehemaligen Hausarzt für seinen gebrechlichen Leib zu gebrauchen. Dieser Vorwand diente dazu, meinem Hierherkommen ein unschuldiges, unverdächtiges Ansehen zu geben, und zugleich verschafft er mir den Vorteil, daß ich den Zudringlichen nach Belieben ausweichen kann. Besuche mache ich als Kranker nirgends, und wen ich meiner Privatgeschäfte wegen sprechen muß, wird zu dem Kranken beschieden. Für jeden gebetenen und ungebetenen Besucher ist alles so im voraus in Bereitschaft, daß er mich nie als einen Gesunden überraschen kann. Ein Tisch mit großen Arzneigläsern, Büchsen und Pflastern steht neben einem stets zusammengedrückten Bett, in das der Gesunde schnell hineinschlüpft, sobald ihn ein angemeldeter Besuch in Notstand versetzt, und eine Waschung mit Essig und Weingeist gibt seinem ohnehin magern, ausgedorrten Gesicht die graugelbe Erdfarbe eines Leichnams, so daß der eine sich entsetzt, der andere mit teilnehmendem Schmerz, der dritte mit der beruhigenden Überzeugung, daß Freund Hain ihn bald von den Besorgnissen wegen des unruhigen Feuerkopfs befreien werde, sein Bette verläßt. Wer mir mit Fragen und dergleichen Dingen in die Quere kommt, wird sogleich mit hohler, zitternder, matter Stimme gebeten, abzubrechen, weil entweder das Unangenehme des Gegenstandes zu nachteilig auf mein zerrüttetes Nervensystem einwirke, oder weil ich im Kopf oder auf der Brust zu schwach sei, um mich darauf einzulassen. Der Arzt fährt natürlicherweise täglich bei mir an, um – mit mir ein gutes Gläschen Schnaps zu trinken oder einen Fasanon mit Sauerkraut in echtem Rheinwein bei mir zu verdauen.

Bei alledem bringe ich manchen schönen Abend und manche halbe Nacht angenehm in großer, bunter Gesellschaft, bei Tanz und Musik, sausend, brausend zu und entschädige mich für die Unbequemlichkeiten des mir selbst auferlegten Krankheitszustandes. Sie werden nicht begreifen, wie dieses mit jenem vereinigt werden könne, wenn Sie nicht sich erinnern, daß jetzt die Zeit des Karnevals und was der Karneval in Süddeutschland ist. Als Hexe oder Käuzchen, als Teufel oder als Pilgrim vermummt, trage ich mein wahres Gesicht (denn dieses ist hier gerade dann am lästigsten maskiert, wenn keine Wachslarve darüber ist) unter Hunderten umher, schöpfe Atem, freue mich, scherze, necke und treibe mitunter als Narr pro forma die allerernsthaftesten Geschäfte mit Vertrauten. So wußte ich z. B. nicht, wie es anzufangen sei, meinen alten Freund, der mir jetzt besonders wichtig ist, den preußischen Gesandten, zu sprechen. Es war ebenso unmöglich, zu ihm zu gehen, als bedenklich, ihn durch ein Billet zu mir einzuladen; die Maske half. Zuerst suchte ich als Maske den Legationssekretär auf, der, ohne zu wissen, mit wem er zu tun habe, den Gesandten zur Stelle schaffen mußte. Dieser, anfangs geneckt, dann immer mehr nach dem Kern in der Narrenschale begierig, stets höher gespannt auf die diplomatischen Geheimnisse, welche so geheimnisvoller Mitteilung bedurften, endlich den Freund vermutend, dann unter freudiger Überraschung ihn erkennend, verschaffte mir einen der genußreichsten und für mich in jeder Hinsicht interessantesten Abende. Alles konnte unter der Maske gesagt, gefragt, verhandelt werden, was in dem geheimsten Kabinett ohne Maske nicht so sicher und unbeobachtet als hier unter dem größten Menschengewühl geschehen konnte. Er machte mir jedoch auch vorgestern seinen Besuch und gab mir die Versicherung, daß so, wie er die Verhältnisse kenne, an meiner Vokation gar nicht mehr zu zweifeln sei. Dabei gab er mir aber den Rat, die lächerlich-ernsthafte Rolle, die ich übernommen, einige Zeit noch fortzuspielen.

Sehr begierig bin ich auf Briefe von meiner verehrten Mama und meinem lieben Bruder in Berlin. Vor allem wünsche ich Beruhigung wegen der Besorgnis, daß Sie Berlin verlassen. Ich kann Ihnen nicht genug sagen, wie diese Nachricht mich beunruhigt hat. Wäre mir diese traurige Aussicht früher eröffnet worden, hätte ich so etwas nur ahnen können, ich würde nicht so geradezu mich für Berlin entschieden haben. Bei der lebendigen Überzeugung, daß jetzt überall der böse Geist regiert, würde ich vielleicht die gegenwärtigen, mir bekannten Übel den künftigen, die vielleicht noch ärger sind, vorgezogen haben, wenn ich nicht Ihre Freundschaft und Ihre Nähe als ein unschätzbares, jede andere Erwägung weit überwiegendes Gut in Rechnung gebracht hätte. Jetzt aber ist nun einmal der Würfel geworfen. Ich bin zu weit vorwärtsgegangen, als daß ich wieder zurückkönnte. Bayern habe ich verscherzt, und durch mein Ehrenwort bin ich an Preußen gebunden. Bleiben heißt nun, mich meinen Feinden zu willkürlichem Quälen ausliefern. – Ach, wenn Ihr Brief, den ich erwarte, das gesprochene Schreckenswort: Wir gehen! wieder zurücknähme.

Am politischen Himmel ziehen wilde Gewitter auf, die für Deutschland unsägliches Unglück verkünden. Österreich bestand seither auf Abtretung von Salzburg nebst dem Inn- und Hausruckviertel; Bayern wollte vor ausgemachter zweckmäßiger Entschädigung nichts herausgeben und droht der österreichischen Monarchie (3 Millionen gegen 30) mit Krieg. Mehrere unter öffentlichem Ansehen gegen Österreich errchienene Druckschriften sprachen in den kecksten Ausdrücken mit dem lächerlichsten Dünkel von den Bajonetten des kräftig edlen Bayernvolkes, an welchen der österreichische Übermut sich unfehlbar spießen werde. Die Sachen sollen endlich jetzt, wie man allgemein sich sagt, auf folgende Art ausgeglichen werden: Österreich nimmt das Obige, Bayern entschädigt sich dafür mit einem Teil von Württemberg, und Österreich verspricht Bayern Hilfe, um Württemberg zu freundnachbarlichem Arrangement zu bewegen. Württemberg fällt dann nötigenfalls mit bayerischer Hilfe über Baden her, welches auf das linke Rheinufer hinübergedrängt wird, um sich dort zu entschädigen. Alle übrigen kleinen Fürsten, Darmstadt, Nassau usw., sollen überdies ebenfalls verzehrt werden. Preußen soll ganz Sachsen erhalten, und der König von Sachsen als König eines neuen rheinischen Königreichs wiederauferstehen.

In München verkauft man Pasquille auf „Dr. Luther und seine Kathel [Katharina v. Bora]".

Briefe an mich, auf die ich sehnsuchtsvoll harre, um endlich der selbstgemachten Krankheit loszuwerden, wird Kunz, unter einer ihm bekannten sichern Adresse nach München, unfehlbar an mich befördern. – Gesundheit und Freude und alles Glück sei mit Ihnen! Ewig

Ihr Vulcanus

An dieselbe

München den 21. Februar 1816

Ihr Briefchen vom 10. dieses ist mir gestern richtig zugekommen, edle, innigst geliebte Freundin. Was Sie mir von dem Wohlwollen, von der tätig teilnehmenden Freundschaft des verehrten Hrn. v. Sch. schreiben, hat mich wahrhaft erhoben und entzückt, und die Gefühle und Ergebenheit, die ich für denselben in der Seele trage, von neuem bestärkt. Die Achtung eines verehrungswerten Mannes ist ein großer Schatz, nicht nur, weil das Bewußtsein solchen Besitzes uns den Schmutz der gemeinen Alltäglichkeit und alltäglichen Schlechtigkeit erträglich macht, sondern auch, weil wir dadurch ermutigt werden, die gleichsam vorausbezahlte Belohnung zu verdienen und die gute Meinung durch gute Tat zu rechtfertigen. Seien Sie, fürtreffliche Freundin, die Vermittlerin meiner Gesinnungen bei Sr. Exzellenz. Ich bin nicht imstande, die Gefühle inniger Dankbarkeit, die mich bei Lesung Ihres Schreibens ergriffen, würdig auszusprechen. So schön die Aussicht ist, die mir von neuem sich öffnet, so sehe ich doch mit stillem Gemüt in die Zukunft, ohne Hoffnung, aber auch ohne Furcht. Was mir die Vorsehung bietet, werde ich nehmen, übrigens aber nichts erwarten, auf nichts rechnen, auf nichts Künftiges ungeduldig harren und mich mit der Gegenwart so gut vertragen, als es gehen will. Ich habe mich in solche Gemütsfassung gesetzt, als sei ich bestimmt, ein für allemal auf dem Platz zu beharren, auf dem ich stehe, und richte mich äußerlich und innerlich so ein, daß mir die unbequeme Lage, selbst wenn ich sie ewig haben müßte, wenigstens nicht eine ewige Folter sei. Aber um dieses über mich und über die Umstände zu vermögen, habe ich der falschen, schön lächelnden Dirne, von der man sagt, daß sie in Pandorens Büchse sitzen geblieben, der Hoffnung, und meinen Liebeleien mit ihr derb den Abschied gegeben. Sie verdient bei weitem die Loblieder nicht, womit unsere Dichter sie verherrlicht; sie gehört mit der Unzufriedenheit in *eine* Sippschaft und hat, alles wohlberechnet, vielleicht schon ebenso viele Verzweifelnde gemacht als die Furie der Verzweiflung selbst. Die eiserne Notwendigkeit ist freilich hart, eben weil sie eisern ist, aber sie führt zugleich etwas Abstumpfendes, Besänftigendes mit sich. Wer, zu ewiger Gefangenschaft verdammt, jahrelang nichts sieht als seinen Kerker und den Widerschein der Sonnenstrahlen, die oben an die Decke fallen, richtet sich doch zuletzt heimatlich ein, schnitzt sich, wie Latude, aus seinem Lagerstroh eine Pfeife, zähmt sich eine Spinne zur Freundin und sieht in dem Fratzengesicht seines Schließers am Ende nichts als ein Alltagsgesicht. Aber man gebe ihm die Aussicht in die weite, schöne, freie Natur, und unten stehe ein Freund und winke ihm freundlich hinab und zeige hin auf die Stadt in die Ferne, wo seine andern Lieben wohnen, dann erst wird er recht fühlen, wo er ist, wird, ungeduldig an seinen Ketten zerrend, sich verwunden und, wenn ihm etwas hitziges Blut, wie einem Gewissen, in den Adern siedet, seinen Kopf verzweifelnd an die Mauer stoßen. Seitdem ich der Hoffnung Lebewohl gesagt, bin ich mit mir selbst im reinen, und ohne mit dem Schlechten mich je zu versöhnen, nehme ich es mit verachtender Gleichgültigkeit so auf, wie man einen schlechten Gesellschafter, wie ein gescheuter Mann eine widerliche, belfernde Ehehälfte erträgt, von der ihn auch nur der Tod erlöst. – Meinen Widersachern habe ich einen argen Streich gespielt. Durch eine wohlberechnete, mit Kühnheit ausgeführte Schwenkung habe ich sie dahin gebracht, daß sie zu jeder Kapitulation willig sind. Gewissen armen Sündern ließ ich wie von ohngefähr eine Zauberkette sehen, die sie am Fuß nachschleppen und deren Ring ich in meiner Hand halte, und ein von der Gerechtigkeit und Wahrheit geweihtes Richtschwert, das, mit kühnem Arme geschwungen, sein Ziel nicht verfehlt. Mit diesen Zauberwaffen wäre ich jetzt imstand, Geister zu bannen, welche goldene Schätze bewachen; ich begnüge mich, die boshaften Plagegeister damit zu beschwören und mir vorderhand die *Ruhe* zu sichern, deren ich bedarf, um die Muße nützlich zu verwenden, die mir vom Himmel geschenkt worden ist. Ich weiß wohl, gewisse Leute sind erst dann am meisten zu fürchten, wenn sie gezittert haben. Aber es ist bei mir nur die Wahl zwischen Zuneigung und Furcht; jene werde ich nie von jenen Menschen gewinnen, weil sie nur durch Schlechtigkeit verdient werden kann; also bleibt die Furcht allein übrig, welche der Rechtlichkeit, wenn diese mit ein klein wenig Verstand sich verbindet, immer zur Seite steht.

Ich werde mich noch mehrere Wochen hier aufhalten. Mein Hauptgeschäft und meine höchste Lust ist die Benutzung der hiesigen unendlich reichen Bibliothek, die ich zu Bamberg am schmerzlichsten vermisse. Ich treibe hier überhaupt vielerlei und vieles, exzerpiere aus den Gesetzen der barbarischen Germanen, vergleiche Handschriften aus den Zeiten Karls des Großen, studiere Staatswirtschaft und Nationalökonomie, arbeite einzelnes zu meinem deutschen *esprit des lois* [Geist der Gesetze] mit begeisterter Liebe aus, kurz ich suche (nach dem spanischen Sprichwort: Jeder Mensch ist seiner eigenen Taten Sohn) mich selbst aus meinen eignen Taten gleichsam wiederzugebären und das Leben, das mir andere genommen haben, aus mir selbst heraus wiederzugewinnen.

Was sich in Berlin mich Betreffendes ereignet, wird Ihre Freundschaft unter der bekannten, ganz sichern Adresse mir bald zu wissen tun.

Mit herzlichen Empfehlungen an meinen Tiedge von

Ihrem F.

An dieselbe und Tiedge

München, den 22. Februar 1816

Ich bin recht froh, meine geliebten Freunde, daß der mitteilbare Brief zu Ende ist; denn obgleich von mir in einem solchen Briefe nichts gesagt wird, was nicht wahr ist, so muß man doch manches Wahre verschweigen, anderes nicht so sagen, wie es in die Gedanken kommt. Man ist daher beständig gleichsam sich selbst zum Gedankenhüter bestellt und hat ungefähr dieselben ängstlich schraubenden (?) Empfindungen, wie wenn man einer[1] Geliebten gegenüber mitten in einer steifen Gesellschaft sich befindet.

Den in Rätseln geschriebenen Brief, edle Freundin, habe ich vollkommen verstanden. Aber wenn Sie meine Gründe hören, so werden Sie es billigen, daß ich Ihren gütigen Rat nicht befolgt habe. Erstlich habe ich, um meine Ruhe nicht einzubüßen, mir es fest in den Kopf gesetzt, daß die Sache ein für allemal abgetan sei, und ich suche daher (um Ihr Gleichnis, lieber Tiedge, fortzusetzen) den Schutt und die Trümmer, die das eingestürzte Gebäude meiner Hoffnungen zurückgelassen hat, ganz von dem Boden hinwegzuräumen, so daß man kaum sehen kann, wo seine Stätte gewesen ist. Nichts mehr von andern, alles von mir selbst zu erwarten, nichts zu tun, um mein Schicksal zu verändern, sondern nur mir es erträglich zu machen, um diese Gedanken dreht sich jetzt meine ganze denkende und empfindende Seele. Überdies erlaubt es mir meine Ehre, wenn Sie wollen: mein Stolz, nicht, mich um eine

[1] *Im Original A und B Druckfehler:* einem *Hier berichtigt nach dem Verzeichnis der Errata in B.*

Stelle zu bewerben. Eine angebotene durfte ich wohl anzunehmen mich bereit erklären, auch, als man mich lange zwischen zwei Stühlen gesetzt, in ängstigender Ungewißheit ließ, auf Entscheidung dringen. Aber ich glaube Preußen nützlicher sein zu können, als Preußen nach den vorgelegten Bedingungen mir es werden kann. Daher ist es schicklich, daß ich, statt selbst zu suchen, mich suchen lasse – zumal nach dem, was vorgefallen ist und was selbst nach den Äußerungen des Gesandten H. v. K. kaum entschuldigt werden kann. Endlich aber würde ich mir, wenn ich einen andern Weg einschlüge, für den Fall, daß ich zum Ziele käme, gleich von Anfang ein übles Spiel in B. machen, und zwar aus einem doppelten Grunde; 1. weil mir H. v. S. nie verzeihen würde, daß ich durch andere mehr vermocht hätte als durch ihn; 2. weil man mich sogleich als einen Eingedrungenen betrachten würde, welcher seinen Ruf mehr der Gnade und dem Mitleid und seiner Beharrlichkeit im Betreiben seiner Absichten als seinem Verdienst zu danken habe. Als Fremder mitten unter Eifersüchtigen, Neidischen, durch meine Berufung vielleicht Gekränkten muß ich, um nur gehörig zu wirken (von meiner Lebensruhe will ich noch gar nicht sprechen), mit Selbstvertrauen und in achtunggebietender Stellung auftreten können.

Aus dem, was Sie, edle Freundin, mir in Ihren herrlichen Briefen vom 8. und 10. dieses über H. v. S. schreiben, nehme ich so viel ab, daß er früherhin mich und meine Lage vielleicht nicht richtig aufgefaßt hat. Er glaubte entweder, daß meinem Mißvergnügen in B. irgendein Verschulden, meinem Verlangen, wegzukommen, irgendein geheimes bedenkliches Etwas zum Grunde liege oder daß meine Lage so ganz und gar verzweifelt sei, daß ich als Schiffbrüchiger das erste beste Brett zur Rettung erfassen werde. Im ersten Falle hielt er mich für einen schlechten, wenigstens zweideutigen Gewinn, im letztern hoffte er, daß die Ware unter ihrem Preise werde verkauft werden, wie es bei Bankerotten der Fall zu sein pflegt. Er mag als Minister nach solchen Voraussetzungen recht gehabt haben, wenn er für die Sache entweder (was leicht möglich ist) gar nichts tat oder wenig tat. Mein Brief mag ihm die Überzeugung gegeben haben, daß seine Rechnung falsch war und daß man nach dem *einen* Maßstabe (an welchem die Menschen gewöhnlich von kalten Staatsmännern gemessen werden) doch nicht alle Menschen messen dürfe. So erkläre ich mir alles; ich weiß nicht, ob ich recht habe, aber der Schein ist für mich. Was nun geschieht, erwarte ich mit der äußersten Ruhe und Kälte, ich schlage mir alles aus dem Sinn und werde übrigens vom Schicksal nehmen, was es mir zuvorkommend bringt. – Mit meinen Widersachern habe ich mich auf einen solchen Fuß gesetzt, daß sie lange froh sein werden, wenn ich sie in Ruhe lasse. Ich könnte haben, *was* ich wollte; ich will nichts, als daß sie mich fürchten und aus Furcht mich in Ruhe lassen. Das, hoffe ich, ist mir gelungen, und dieses immer fester zu gründen, so daß ich friedlich zu meinen Studien heimkehren kann, ist eine nicht unwesentliche Mitursache meines langen Verweilens in der Hauptstadt. Ich spiele (mit der nötigen Umsicht) die Rolle eines schwer beleidigten, tief gekränkten, dabei trotzigen, unbeugsamen Menschen, welcher gekommen ist, sein Recht zu suchen und dasselbe bis auf das äußerste geltend zu machen. Dabei lasse ich Waffen blicken, welche armen Sündern schrecklich sind. Hätte ich früher so gehandelt, vielleicht hätte ich dann viele Unruhe und viele Schmerzen mir erspart.

In der politischen Welt herrscht große Stille. Mit unsern Abtretungen und Entschädigungen wird es friedlich auf das reine kommen. Die Abtretung Salzburgs ist entschieden, und die Räumung wird schon vorbereitet. Die Allemannisten sind endlich verstummt und mit allgemeiner Verachtung selbst in Bayern in den Morast zurückgekehrt, aus dem sie hervorgekrochen sind. – Von dem prophetischen Bauern, der Süddeutschland wahrsagend durchwandert (er heißt Adam Müller – eine wunderbare Namensverwandtschaft mit einem ähnlichen Narren anderer Art, doch gleichen Geistes), werden Sie gelesen haben. – Die *heilige* Allianz – was sie wohl auf Sie beide für einen Eindruck gemacht haben mag, möchte ich wohl wissen.

Leben Sie wohl, Elise! Leben Sie wohl, Tiedge!

An dieselbe

München, den 26. März 1816

Edle Freundin! Das Böse ist stärker als das Gute. Die Hölle siegt, doch nur über mein Schicksal, nicht über mich. – Da meine Feinde nichts durch offene Unterdrückung gegen mich vermochten, so haben sie unter der Maske, als wollten sie meine ausgezeichneten Verdienste *belohnen*, mich *ehren* und *erheben*, nun ihr Spiel gewonnen. In wenigen Wochen sollen die Provinzen Salzburg, samt dem Inn- und Hausruckviertel, an den Kaiser von Österreich abgetreten werden. Um mich unter schicklichem Vorwand an Österreich zu überliefern, wurde ich durch das in Abschrift beiliegende Reskript zum *General-Kommissar*, d. i., in der preußischen Terminologie zu reden, zum Oberpräsidenten, dieser Provinzen ernannt. Die Stelle trägt 12000 Gulden ein. Aber da ich mit meinen acht Kindern *protestantischer* Religion bin und in dieser Eigenschaft einen so hohen Posten bei Österreich nimmermehr behalten würde, da ich (ein Gelehrter und Rechtsmann) nie ein Dorf administriert habe und nach allen meinen geistigen Eigenschaften durchaus nicht imstande bin, einer großen Provinz im Verwaltungsfache vorzustehen, so ist, abgesehen von tausend andern Gründen, diese meine Erhebung nichts anderes als – eine Entsetzung und Auslieferung. Ich habe meinem Könige ehrerbietige, aber mit fester Entschlossenheit ausgesprochene Gegenvorstellungen gemacht. Sie werden nichts fruchten, und da mir die Wahl alsdann nur gelassen ist, entweder mich bei dem finstern Österreich in das Unglück zu stürzen oder ohne alle Anstellung Bayern zu verlassen, um in dem übrigen deutschen Vaterlande die Ehre meines Namens geltend zu machen, so werde ich den letzten Teil der Wahl mit entschlossenem Mute ergreifen. Wer von seinen *mächtigen Feinden*, selbst in dem Augenblicke, *wo sie ihn verderben wollen*, noch *so hochgeehrt* werden muß (wie ich geehrt worden bin), hat die kräftigste Urkunde seines Werts in den Händen und wird im deutschen Vaterlande Rettung finden. Wer sich selbst nicht in der Not verläßt, wird auch von Gott nicht verlassen. Wie Marius auf den Trümmern von Karthago, sitze ich auf den Trümmern meines Glücks, aber nicht als ein Marius, sondern als ein rechtschaffener Mann im Gefühl seiner Tugend. Ich habe mich nie freier und, sozusagen, glücklicher gefühlt als jetzt, wo ich ganz allein auf meine eigne Kraft gestellt bin. – Setzen Sie H. v. Schuckmann, meinen edlen Gönner und Freund, von allem in Kenntnis und fragen Sie nochmals, ob es denn in dem edlen Preußen für einen verfolgten deutschen Mann, der sehr nützliche Kenntnisse und Talente besitzt, gar kein Plätzchen gebe, auf welchem er dem preußischen Staate, *ohne wesentlichen Nachteil für seine Familie*, in einem seinen Kenntnissen und Talenten angemessenen Wirkungskreise dienen könne.

Ich gehe, sobald sich zeigt, daß mein Unglück unabänderlich beschlossen ist, einstweilen mit meinen Kindern zu meinem Vater nach Frankfurt a. M., um dort eine neue Versorgung in einem andern deutschen Staate zu erwirken. Wenn alle andern Auswege versperrt sein sollten, so gehe ich als Professor nach Göttingen.

Diese Zeilen, die wichtigsten, die ich je geschrieben, schreibe ich krank in meinem Bette. Denn, das ist das Höchste der Bosheit, daß meine Feinde, da sie mich krank wissen (was ich schon seit 3 Wochen bin), von mir verlangen, ich solle *unverzüglich*, und ohne zuvor die Meinigen gesehen und meine häuslichen Geschäfte in Ordnung gebracht zu haben, die Verwaltung der Provinz übernehmen. Ich bin und bleibe bis in den Tod

Ihr Freund A. v. F.

An dieselbe

Frankfurt a. M. 1816

So lange habe ich mich Ihnen nicht mitgeteilt, so vieles habe ich nachzuholen, für so viel Schönes, Herrliches habe ich zu danken, so vieles liegt auf meinem Herzen und in meinem Kopfe, daß ich kaum weiß, wo ich anfangen soll, und schwerlich *ein* gewöhnlicher Brief alles zu umfassen vermag. Von München aus bekamen Sie zuletzt einen ziemlich im allgemeinen schwebenden Brief, zu Frankfurt oder

Wiesbaden wollte ich Ihnen bald einen zweiten nachsenden, der freier von der Brust spräche. Aber da fiel mir wieder die Feder bei dem Gedanken aus der Hand, daß, solange Sie in den böhmischen Bädern sich aufhielten, wenigstens eine einfache Briefpost-Spionen-Linie, die böhmische nämlich, zwischen mir und Ihnen aufgerichtet stehe; folglich wurde beschlossen, so lange zu warten, bis ich Sie auf dem Landsitze zu Löbichau oder anderswo in Sicherheit wüßte. Nebenbei hatte auch mein, besonders durch den Genuß der Wiesbader Wassernymphe, äußerst angegriffener Körper und meine durch Leiden und Besorgnisse, durch Hofkabalen und häusliches Unglück verstimmte, oft zerrissene und zermalmte Seele auf mein Nichtschreiben keinen unbedeutenden Einfluß. Ihre Briefe sind mir zwar, wie ich glaube, insgesamt zugekommen. Indessen begegnete ihnen manches qui[d] pro quo [Mißgeschick]. Ein Brief wurde durch ein Versehen auf der Adresse zu meinem bitteren Ärger von unrechter Hand geöffnet; das naive Ännchen und der herzige Robert schliefen einen ganzen Monat entfernt von mir zu Bamberg und wurden erst, als ich nach Wiesbaden ging, meine lieblich unterhaltenden Begleiter; und die geistreichen Herzensergießungen einer schönen Seele, Elisens Gedichte, erreichten mich erst gestern, nachdem sie einen lagen Weg von Bamberg nach Wiesbaden und (weil ich von da schon abgereist war) von Wiesbaden nach Frankfurt zurück gemacht hatten. Das Glück, Ihre edle erhabene Schwester kennenzulernen, und das Vergnügen, die gute liebe Frau von Piattoli wiederzusehen, wurde mir nicht zuteil. Hier in Frankfurt gab ich Auftrag, mir sogleich zu melden, wann die Frau Herzogin würde angekommen sein. Aber wahrscheinlich wurde hier bloß umgespannt, denn ich habe leider noch nichts erfahren.

Ihrer gütigen Einladung, edle Elise, vermag ich nicht zu folgen. Dieses Jahr, das an Entbehrungen und Unglück so überschwenglich reich, an Freude so karg für mich gewesen ist, versagt mir auch den Trost, Sie und meinen Tiedge wiederzusehen, und mich durch Geistes- und Herzensgenuß vom Vergangenen zu erholen, für das nächstkommende Künftige zu ermuntern und zu stärken. Kein Brief, keine Reihe von Briefen bietet Raum genug, um

Ihnen auch nur den kleinsten Teil des vielen, was Ihrer beider Teilnahme in den mannigfaltigsten Beziehungen erregen würde, in einigermaßen bedeutenden Zügen vor die Seele zu bringen. Was man auch von Briefen rühmen mag, sie sind nur ein sehr kärglicher Ersatz für die Wohltat mündlichen Seelenergusses; hier geht alles unmittelbar von Herz zu Herzen, von Geist zum Geiste; auf dem Papiere muß die Seele erst einen steifen ungelenken Körper annehmen, sich dann einsargen und begraben lassen, um in der Entfernung als wesenloser Schatten vor unsern Geliebten zu erscheinen. – Von meiner letzten Geschichte, welche, zumal in Bauern, überall die größte Sensation, und zwar zu meinem Vorteile, erregt hat, kennen Sie nur den rohesten Umriß; erst durch die Ausführung, durch das nur durch Erzählung mündlicher Rede mitteilbar, vielfach verschlungene Gewebe kleiner und großer Umstände wird diese Begebenheit zu einem Staatsroman, der an Belehrung so reich ist als in Unterhaltung und oft in das unglaublich Seltsame, Wunderbare sich verliert. Ein einziger Mann, zu dessen Untergang ein ganzes Komplott mächtiger Feinde verschworen ist, gegen den sein guter, aber bübisch hintergangener König und zwei eng verbundene Minister und eine ganze Rotte von Helfern und Helfershelfern das Schwert der Vernichtung schwingen, trägt, obgleich anfangs fast ganz verlassen, bloß auf seine eigene Kraft gestellt, durch eisernen Entschluß, womit er alles auf das Spiel setzt, und durch ruhige, von Freundes Rat gehaltene Besonnenheit, womit er zu rechter Zeit bald Trotz, bald Nachgiebigkeit beweist und die Jäger in ihre eigenen Schlingen lockt, den vollständigsten Sieg wenigstens über die Hauptabsicht seiner Feinde, ihnen zum allgemeinen Spott, ihm selbst zur Achtung, davon – dieses ist das Hauptthema jenes merkwürdigen Romans, dessen Spiel aber freilich wieder einen guten Teil meiner Gesundheit, meiner Kraft und Zeit mich gekostet hat. *Dreimal* war durch feierlich ausgefertigte Dekrete ausgesprochen, daß es, meiner Gegenvorstellungen ungeachtet, bei der Versetzung nach Salzburg sein unabänderliches Bewenden behalte; und doch mußte, nachdem ich eine Hauptmine hatte springen lassen, fünf Tage nach dem letzten Dekrete, das unabänderliche Bewenden sich ändernd zum Entgegengesetzten wenden; eine Stafette mußte von München nach Salzburg die Nachricht tragen, daß „gewisse außerordentliche, seit meiner Ernennung zum Generalgouverneur eingetretene Umstände Se. Königl. Majestät bewogen hätten, mich des Antritts dieser Stelle in Gnaden zu entheben". Eine andere, meinen Wünschen und Eigenschaften entsprechende Anstellung habe ich, seit ich der mir aufgedrungenen Exzellenz losgeworden, noch nicht erhalten. Der letzte öffentliche Akt bestand darin, daß ich zur Wiederherstellung meiner Gesundheit unbestimmten Urlaub erhielt mit dem Anhang, daß über meine Anstellung nach meiner Rückkehr entschieden werden solle. Nach 14 Tagen, obgleich nichts weniger als gesund, kehre ich denn von hier nach München zurück, um entweder einen neuen Kampf zu bestehen oder (wenn durch mein Benehmen den Herren die Lust zum Kämpfen vergangen sein sollte, wie ich hoffe und vermute) die Früchte eines rühmlichen Friedens zu genießen. Manche feindselige Versuche habe ich zwar von den innerlich ergrimmten Herzen schlechter Menschen allerdings noch zu besorgen. Allein dermalen beruhige ich mich gegen diese Besorgnisse durch folgende zwei Umstände: 1. Mehrerer Maximen meiner ebenso edlen als welterfahrenen Mutter Elisa eingedenk, übte ich mich während des großen Kampfes in Ausübung der Klugheit, ich arbeitete dahin, und es gelang mir, zwei meiner ersten Feinde in Hinsicht meiner voneinander zu trennen, und den Mr. Ms. durch eine geschickt angelegte Maske mir so geneigt zu machen, wie dieser Mensch überhaupt Menschen geneigt sein kann. 2. Für den Fall, daß man noch einmal über mich herstürmen sollte, habe ich einen sichern Rückhalt mir gewonnen. Der Großherzog von Weimar hat, sobald er ohne mein Zutun meine Schicksale in Bayern erfahren, frei, aus eigener Bestimmung mir sein liebes, durch Freiheit und Recht geheiligtes Ländchen als Schutzort angeboten und mich als Geheimer Rat und Kanzler der Universität Jena berufen. Über eine freilich bedeutende Nebenbestimmung sind wir bis jetzt noch etwas verschiedener Meinung. Bei meinen vielen Kindern brauche ich selbst zu Jena einen Gehalt von 3000 Rtlrn., was dem Großherzog bei den dortigen Verhältnissen sehr groß vorkommt. Da wir indessen bloß um 500 Rtlr. noch voneinander abweichen und viele wichtige Personen den edlen Fürsten um meine Berufung gleichsam bestürmen, so soll sich, hoffe ich, auch dieses Hindernis heben. Und wenn auch nicht, so verlasse ich sogar unter *allen* Umständen das Land der Finsternis und des verfolgenden Hasses, um die noch übrigen Tage meines Lebens, lehrend und schreibend, in dem Schoße der Wissenschaften zu verleben. In dem Zeitraum von einigen Monaten wird es vollkommen entschieden sein, ob ich im Lande der Barbaren, des geistigen Todes fortleben oder im Großherzogtum Weimar zu neuem geistigen Leben an demselben Orte, an welchem die Wiege meines ersten Glückes stand, frisch wiederauferstehen soll. – Gegen Preußen habe ich (verzeiht mir, edle Seelen!) aus Gründen sehr argen Widerwillen gefaßt. Erstlich Min. Sch. hat nicht nur nichts für meine Berufung getan, sondern (wie ich beinahe als Gewißheit annehmen darf) dieselbe hintertrieben. Als er mir zu Karlsbad den ersten Antrag machte, kannte er nur den Kriminalisten Feuerbach; erst in Berlin lernte er den ganzen F. kennen und fand da in den politischen Grundsätzen des Mannes eine Person, von welcher sein Aristokratismus, der im Despotismus seine Stütze sucht, wunderbar und zum Schrecken überrascht wurde. Zum andern habe ich gewisse Tatsachen, welche mich bestimmt schließen lassen, daß von der preußischen Regierung aus die bayerische Kenntnis von meinen Unterhandlungen mit Berlin und ihrem Mißlingen erhalten hat. Endlich kann ich nicht bergen, daß die hohe Achtung gegen die preußische Regierung und meine begründete Erwartung dessen, was von ihr ausgehen werde, sich bei mir in nichts aufgelöst oder in das Entgegengesetzte verkehrt hat. Alle Achtung gegen den hohen Edelsinn des preußischen Volkes. Aber seine Regierung legt eine so kleine, armselige Politik in dem Innern wie im Äußern an den Tag, daß sie in der öffentlichen Meinung alles Zutrauen verloren hat und im ganzen Deutschland keine einzige jetzt so sehr verabscheut und so entsetzlich tief verachtet wird als die preußische. Es wird Ihnen schmerzlich sein, dieses zu lesen, wie mir, es zu schreiben. Aber es ist so; wer in Frankfurt gelebt und Ohren und Augen offen hat, kann über Deutschlands dermalige Stimmung urteilen. In den neuerworbenen preußischen Provinzen ist es noch ärger: Haß und verachtender Spott sind in allen Herzen und ergießen sich von jedem Munde. Die Kurzsichtigkeit, die keines Verhältnisses schont und alles in *eine* enge, armselige Form zu pressen sucht, die Anmaßlichkeit einer schlechten Beamten-Armee, die in das Land eingefallen ist und sich durch lächerliche Unwissenheit oder Ungelenkheit zum Gespötte macht, der unselige Gedanke, aus Mißtrauen alle Eingebornen, auch die würdigsten, zu verdrängen und die höchsten wie die niedrigsten Stellen bis auf Schreiber-, Boten- und Pedellendienste herab mit Fremden, noch dazu großenteils mit Leuten zu besetzen, die man aus dem eigentlichen Preußen wegschickt, weil sie dort für zu schlecht gehalten werden – diese Tatsachen haben die neuen Untertanen ihrer Regierung abwendig gemacht, so daß Sehnsucht und Hoffnung auf eine Änderung der Dinge laut in allem Tun und Reden sich ausspricht. In unsern überrheinischen Provinzen ist es ganz anders, da wird unsere Regierung angebetet; denn sie handelt in ganz entgegengesetztem Sinne. Die obersten Posten ausgenommen, werden alle mit Einheimischen besetzt; alles, was die Revolution Gutes gegründet hat, dessen sehr viel ist, wird schonend erhalten, und überhaupt wird so wenig als möglich regiert. Diese Regierungsweise verdanken unsere Überrheiner den richtigen Ansichten ihres Gouverneurs, Geh. Rates von Zwackh, und – nicht sowohl der Weisheit des Ministerii als der Gleichgültigkeit gegen eine Provinz, die man doch nicht zu behalten hofft. Das Nichtstun zur rechten Zeit ist in Regierungssachen oft weit besser als das Tun, und daher kann eine Untugend, wie Trägheit und Gleichgültigkeit, mitunter wohltätiger sein als eine übel angewendete Tugend. – Das Spiel, das Preußen mit dem Bundestage treibt, wäre allein schon hinreichend gewesen, die Gemüter von dieser Regierung mißtrauisch abzuziehen. Erst wurde lange gar kein Gesandter geschickt; dann kam einer, der seine Instruktion erwartete und nicht bekam; endlich kam ein instruierter Gesandter, von Hänlein, der sogleich mit einer Schikane hervorrückte, welche hinter dem Rücken der übrigen Bundesglieder mit Österreich gespielt werden sollte, welches letztere, ehrlich oder klug genug, sogleich das ganze Gesandtschaftspersonal davon in Kenntnis setzte. Hiervon war die Folge, daß Preußen in der Person seines Gesandten allgemein die tiefste Mortifikation erleiden mußte. Preußen suchte nun die erlittene Schmach durch ein Mittel von sich abzuwenden, das diese Schmach fast noch vergrößert. Die Schuld ward auf Hänlein gewälzt und dieser an demselben Tage, wo er von Kassel nach Frankfurt wieder zurückkam, um der Eröffnung des Bundestages beizuwohnen, wieder abberufen. Man lacht nun allgemein über die Schwäche, desavouieren zu wollen, was nicht desavouiert werden kann, weil es notorisch ist, daß *derselbe* Antrag, den Hänlein hier beim Grafen Br. einleitete, bereits zu derselben Zeit von F. Hg. unmittelbar zu Wien bei F. Metternich gemacht worden war. Der Bundestag wird nun schwerlich vor zwei Monaten eröffnet werden. Humboldt ist zwar einstweilen, bis Graf Golz ankommt, bevollmächtigt; allein mit Hdt. mag man nichts gern zu tun haben; er ist wegen seiner Kälte, seiner Sarkasmen und – seiner macchiavellistischen Grundsätze, deren er nicht einmal Hehl hat, ziemlich allgemein gefürchtet und gehaßt. Unterderhand wird aber doch vieles gearbeitet, besprochen und vorbereitet. An Österreich lehnt sich jetzt alles, selbst das nördliche Deutschland an. – Ich bitte wegen dieser politischen Dinge nicht um Verzeihung; denn an diesen Sachen, als an allgemeinmenschlichen Angelegenheiten, nimmt Ihre Seele teil. Erfreuliches bietet sich jetzt fast nirgends dar, wenigstens nicht in den großen Verhältnissen.

Meinen Dank, meinen innigen Dank für Ihre Gedichte, edle Elise, wird Ihnen im stillen jeden Tag mein Herz sagen, wenn es, erwärmt und erquickt von den zarten Gefühlen und schönen Gesinnungen Ihrer hohen, klaren Seele, dem Göttlichen sich näher fühlt. Einzelne zerstreute Blümchen hatten schon früher mich erfreut; aber der ganze reiche Blumenstrauß, den Ihr Gemüt in den Gärten der ewigen Liebe gebrochen, und Ihre Freundeshand als Zeichen gütiger Erinnerung mir geschenkt, er soll nie von mir sich trennen. Elisa, die irdische, ist weit von mir, aber ihr Geist und ihr Herz sind mir nun stets in ihren Liedern nahe. Und Dein guter Robert und Dein liebes Ännchen, herrlicher Freund, singen mir nun auch täglich einige ihrer Liedchen vor und entzücken mich zu dem Edlen hin, der sie diese Lieder gelehrt hat, und versetzen mich aus trüber Gegenwart in die schöne Zeit, die nicht mehr ist, vielleicht nimmer wiederkehrt. Oh, Freunde, wie reich fühle ich mich, wenn ich Eurer Achtung und Liebe mir bewußt werde; aber auch wie arm, wie arm, wenn ich nach den Gestalten, womit sich in Augenblicken des höhern Lebens meine Einbildungskraft Euch vergegenwärtigt, rasch die Hand ausstrecke und dann aus dem Traum erwache.

Ihre Fragen, das Wiesbad betreffend, beantworte ich Ihnen nächstens umständlich. Jetzt nur so viel im allgemeinen, daß fast alles ganz anders ist als im Karlsbad. Die Quelle ist äußerst angreifend, durchdringend. Ich wurde elender, als ich zuvor war; durch Nachkur und Arzneien habe ich schon meine Kräfte etwas wieder bekommen; mein Hauptübel an der Hand ist noch zur Zeit wenig gebessert.

An den Kollegienrat v. Faber

München, Januar 1817

Noch kann ich den schönen Abend nicht vergessen, der mir das Glück brachte, Sie zu erkennen und (so schien es mir) auch von Ihnen erkannt zu werden. Leider war dem Anfang das Ende zu nahe, und jene Stunden nahmen wieder mit sich fort, was sie gegeben hatten. Was sie mir übrigließen, ist allein die schmerzlich angenehme Erinnerung an den Mann, dem sich augenblicklich meine Seele mit aller Liebe und Achtung zugewendet hat. Diesen Gefühlen und dem Zutrauen, das solche Gefühle zu begleiten pflegt, mögen Ew. Hochw. es zu schreiben wenn ich Sie mit einer literarischen Angelegenheit zu beschweren mir erlaube.

Schon sehr lange arbeite ich an einer Weltgeschichte oder, bescheidener, an „Darstellungen und Ideen zu einer Weltgeschichte der Gesetzgebung". Wahrscheinlich werde ich, wenn die Umstände mich ferner begünstigen, imstande sein, nach Verlauf eines Jahres mit den ersten

Bänden aufzutreten, welche Mittelasien, Hindustan, Hinterindien, China und die Inseln des Indischen Ozeans, vornehmlich Sumatra, umfassen. Über China bin ich so ziemlich im Besitz aller Quellen, welche überhaupt einem Europäer zugänglich sind; die einzige, die mir bisher nicht zugänglich, auch nicht einmal aus einer Beschreibung näher bekannt geworden, ist in Rußland. Ich fand nämlich in einem Bücherverzeichnis folgendes Werk angeführt: „Codex Legum Chinensium", Petropoli 1778. T. I, II, 8.* Allein dies ist auch alles, was ich davon weiß und gesehen habe. Könnten und wollten wohl Sie so gütig sein, mir hierüber nähere Nachrichten zu geben oder zu verschaffen? Wahrscheinlich ist das Werk auf Veranlassung der großen Kaiserin wegen des russisch-chinesischen Handels zu Kiachta verfaßt worden. Ist dem so wirklich? In welcher Sprache ist es geschrieben? Welches chinesische Gesetzgebungswerk liegt demselben zugrunde? Ist es etwa eine Übersetzung desselben Kodex, welcher vor einigen Jahren unter dem Titel: Ta-Tsing-Leu-Lée von Staunton in das Englische, von . . . aus dem Englischen in das Französische übersetzt wurde? Oder was ist es sonst? Wenn dasselbe in einer einem Deutschen zugänglichen Sprache geschrieben ist, so wäre mir sehr erwünscht, wenn ich dasselbe (versteht sich gegen Vergütung der Kosten) in Besitz erhalten könnte. Ist es aber, wie wahrscheinlich, in russischer Sprache verfaßt, wäre es nicht vielleicht möglich, mir eine deutsche oder französische Übersetzung wenigstens der Hauptrubriken seines Inhalts, der Abschnitte, Titel und Kapitel zu verschaffen, um wenigstens hiernach vergleichend über den Charakter des Werks urteilen zu können?

An den Minister des Auswärtigen Grafen v. Rechberg

München, den 11. März 1817

Als ich im vorigen Jahre aus Frankfurt hierher zurückgekehrt war, ergriff ich die Feder, um verschiedene Gedanken, welche das Sehen, Hören und Beobachten während

* Befindet sich auf der Königl. Bibliothek zu Stuttgart, wie F. in seinen späteren Notizen über China bemerkt.

meines dortigen Aufenthaltes in mir angeregt hatte, durch schriftliche Darstellung mir selbst zu einiger Klarheit zu entwickeln. Ich sprach mit der Feder bloß zu mir selbst; an Mitteilung konnte ich nicht zu denken wagen; auf irgendeine Teilnahme durfte ich nicht hoffen. Daher wurde das meiste nur mit einigen Hauptzügen hingeworfen; was auszuführen angefangen wurde, blieb unvollendet, unbeendigt, ungefeilt. Das Gespräch, dessen Ew. Exzell. am verwichenen Sonntage mich gewürdigt haben, erinnert mich an einige ebenfalls in jener Zeit von mir flüchtig beschriebene Blätter über einen zu errichtenden Fürstenbund. In der Hoffnung auf schonende Beurteilung des noch ganz rohen Versuchs eines politischen Dilettanten, über einen politischen Gegenstand höchster Wichtigkeit, wage ich es, jenen angefangenen, ungefeilten Aufsatz Ew. Exz. vorzulegen, nicht, als glaubte ich, darin irgendetwas zu sagen, was Ew. Exz. durch seine Neuheit oder Wahrheit wichtig sein könnte, sondern weil es meinem Herzen Bedürfnis ist, einer edlen, dem Vaterland rein ergebenen Seele mich über dasjenige mitzuteilen, was mir teuer ist, weil es dem Vaterlande gilt.

Über die Notwendigkeit eines zu errichtenden deutschen Fürstenbundes

I

Was ist der jetzige Deutsche Bund für die Sicherheit der kleineren deutschen Staaten?

Daß der jetzige sogenannte Deutsche Bund nicht viel mehr als ein leerer Name sei und niemals zu wahrem Leben gedeihen könne, drängt sich jedem unbefangenen Gemüt als klare Überzeugung auf. Einer Verbindung nicht nur ungleichartiger, sondern einander abstoßender, widerstreitender Teile, einem Verein weniger Übermächtiger mit vielen unter sich getrennten Mindermächtigen oder Schwachen fehlt es am wesentlichsten Element jedes Bundes; an einem die Teilnehmer umschlingenden, einigenden Bande. Nur durch gemeinsames, allen Teilnehmern gleiches Interesse kann ein Völkerbund geknüpft und festgehalten werden. Staaten von unverhältnismäßig verschiedener Kraft und Größe, wo die einen als Selbstmacht für sich bestehen können, während die übrigen nur in Verbindung mit andern sich zu behaupten vermögen, wo jene mit ihren Einzelkräften ebenso stark, wo nicht stärker, sind als die übrigen kleineren mit vereinigter Kraft zusammengenommen, solche Staaten sind als Teile eines gemeinsamen, noch dazu auf die Bedingung rechtlicher *Gleichheit* eingegangenen Staatenbundes ganz und gar untauglich. Schon die zu große Verschiedenheit der Macht bringt Entgegensetzung der Interessen mit sich. Die Kleineren wollen von dem Bunde Sicherheit und Schutz, die Übermächtigen aber bedürfen hierzu des Bundes nicht, und weil sie durch uneigennützige Teilnahme den Schwächern mehr leisten müssen, als sie jemals hoffen dürften von diesen zurückzuempfangen, so ist ganz natürlich, daß die kleinen Staaten von den großen Mächten nur sehr kalte Teilnahme an den Bundeszwecken erwarten dürfen. Was hingegen der Starke in einem Bunde mit den Schwächern hauptsächlich sucht, ist Verwendung der Kräfte dieser Schwächern zu seinen besondern Zwecken, wozu die Form des Bundes immer sehr bequem als Veranlassung, Werkzeug oder Deckmantel dienlich ist. Sich selbst die Vorteile des Bundes zuzueigenen, die Lasten und Nachteile den übrigen zu überlassen, bleibt, nach Beschaffenheit der menschlichen Natur, ewig das gesellschaftliche Prinzip eines Löwenvereins. Gegenseitiges Vertrauen unter Verbündeten ist da unmöglich, wo der eine Teil seine Pflichten trägt und erfüllt, weil er zu schwach ist, sie zu verletzen, der andere hingegen Stärke genug hat, nur so viel zu leisten, als ihm selbst beliebt, und sich ganz loszusagen, sobald er dabei seine Rechnung findet. In dem Deutschen Bund sind überdies zwei gradezu feindselige, auf die Zerstörung aller übrigen hinstrebende Elemente gemischt. Er ist ein Bund zwischen einem Haien und einem Sägefisch auf der einen Seite, mit einigen Lachsen und Makrelen und vielen Gründlingen auf der andern, also ein Bund von Geschöpfen, von denen der eine Teil den Instinkt hat, den andern zu speisen, während der andere Teil den ebenso natürlichen Instinkt hat, sich nicht speisen zu lassen. Österreich und Preußen, obgleich sonst einander entgegengesetzt, haben (wie die Geschichte laut verkündet, wie es durch die geographische Lage und die politischen Verhältnisse dieser Staaten sogar als Gesetz der Notwendigkeit, wenigstens als Regel augenscheinlichen Vorteils, ihnen aufgedrungen ist) die gemeinsame, nur in dem Gegenstand und der Richtung verschiedene Strebung, sich durch Unterwerfung der Zwischenstaaten unmittelbar nahezukommen, um nach begründeter Doppelherrschaft um die Alleinherrschaft zu ringen. Wie früh oder wie spät, mit wie viel oder mit wie wenigem Glück dieses Ziel angestrebt werden mag, darauf kommt es jetzt nicht an. Aber Preußens Politik kann um seiner Selbsterhaltung willen die Unterwerfung des nördlichen Deutschlands nie aus den Augen verlieren, während Österreich das südliche Deutschland, dem es seit Jahrhunderten schon unablässig nachtrachtet, ebensowenig jemals aus den Augen verlieren wird. Österreich und Preußen sind demnach, jedes an seiner Stelle, die natürlichen Feinde – nicht gerade Deutschlands, aber der Freiheit und Selbständigkeit der kleinern deutschen Staaten und Völker. Ein Bündnis kleinerer bedrohter Staaten mit den größeren bedrohenden ist aber gerade soviel als ein Vertrag, wodurch ich meinen erklärten unversöhnlichen Todfeind in meine Wohnung und als meinen Tisch- und Bettgenossen aufnehme. Ob der Deutsche Bund Sicherheit gegen *auswärtige* Feinde gewähre? Diese Frage (selbst wenn sie bejaht werden könnte) hat so lange keinen Wert, als auf die andere Frage, ob durch ihn für die minder mächtigen Staaten gegen *innere* Feinde sichere Gewährschaft geleistet sei, mit einem entschiedenen Nein geantwortet werden muß. Wenn Österreich dem preußischen Staat einiges oder alles in Beziehung auf Norddeutschland nachzusehen geneigt werden sollte und Preußen ähnliche Gunst an Österreich in Beziehung auf Süddeutschland erwiderte, könnte der jetzige Deutsche Bund *als solcher* gegen Österreich und Preußen die auserwählten Opfer schützen?

Manche finden gegen diese ängstigende Frage eine etwas zu schnelle Beruhigung, wenn sie sich und andern sagen, es habe damit noch keine Not und überhaupt sei das Schicksal Deutschlands an die höhere Politik der großen europäischen

Mächte, besonders Englands und Rußlands, geknüpft. Ohne ihre Mitwirkung oder Zulassung sei kein Wagstück von Preußen oder Österreich zu besorgen, und es sei ebensowohl Rußlands als Englands Interesse, über die Selbständigkeit der mittleren und kleineren Staaten Deutschlands zu wachen.

Allein diese Bemerkung sagt eigentlich nichts andres als: die Schwächern hätten nichts Besseres zu tun, denn die Hände in den Schoß zu legen und abzuwarten, was allenfalls an der Themse oder der Newa über ihr Sein oder Nichtsein gedacht oder gewollt werden möge. Es ist schon vorauszuberechnen, was, je nach Gestalt und Veränderung der Umstände, besonders Rußland in Beziehung auf Deutschland seinem Interesse gemäß finden mag. Die Teilung Polens war ganz gewiß dem wohlverstandenen höheren Staatsinteresse der Teilenden selbst zuwider; und doch wurde Polen geteilt. Und wenn dem russischen Reich einige wesentliche Vorteile gegen das türkische gegönnt würden, so möchte wohl die Heilige Allianz kein großes Hindernis sein, dem österreichischen Kaiser einige Schritte bis zum Inn oder zum Lech oder vielleicht auch noch weiter zu gönnen.

II

Von Bayern insbesondere. Allianzen. Süddeutscher, norddeutscher Bund

Wenn also der Deutsche Bund keine Sicherheit gegen Österreich und Preußen gewährt und gleichwohl etwas zur Gründung dieser Sicherheit getan werden muß, was kann, was *soll* für diesen Zweck getan werden? – Ich fasse bei dieser Frage vorzüglich Bayern ins Auge, als den Staat, der mich zunächst angeht.

Für sich selbst, bloß auf seine Einzelkräfte gestützt, kann sich Bayern ein für alle Male nicht behaupten. Der Gedanke, als eine europäische Macht bestehen zu wollen, findet beim flüchtigsten Blick auf die Landkarte seine Widerlegung. Nur in *Verbindung* mit andern Staaten, durch *Allianzen* oder *Bundesvereine*, kann Bayern seine Selbständigkeit behaupten, nur als Haupt oder als Glied eines

Bundes kann dasselbe würdig, groß und einflußreich bestehen.

Aber wo hat Bayern seine Verbündeten zu suchen?

Es sind nur zwei Hauptfälle möglich, entweder:

I. Bayern schließt sich einem anderen *selbstmächtigen* Staat an, verbindet sich mit einer europäischen Macht, oder

II. Bayern verbindet sich mit andern *deutschen Staaten zweiten und dritten Rangs* und wird (was alsdann sein natürlicher Beruf ist) selbst das Haupt eines Bundesvereins.

Es ist wohl schon aus ganz allgemeinen Gründen einleuchtend, daß, wenn alle übrigen Umstände gleich gedacht werden, in der Wahl zwischen dem ersten oder letzten die Entscheidung dem letzten zufallen müsse. Es ist immer besser, der erste als der zweite sein, weil man dort seiner Beschlüsse Meister ist, während man hier immer mehr oder weniger von dem ersten abhängig wird. Ein Verbündeter leistet uns nur so viel, als wir ihm entgegen zu leisten fähig sind, ist uns nur in dem Maße nützlich, als wir selbst ihm wichtig sind; eine große Macht ist aber immer für die kleine weit wichtiger, als die kleine der großen es sein kann. Daher sind Bündnisse eines mächtigen Staates mit einem unverhältnismäßig schwächern meistens nur *Gnaden*bündnisse, welche diesen in das Verhältnis eines *Schützlings* bringen, dem weit mehr zugemutet wird, als er selbst dem Schutzherrn zumuten darf. Freilich, wenn der minder mächtige Staat als *Vorland* zwischen zwei in ihren politischen Interessen *getrennten* großen Mächten hingestellt ist, dann ist die Besonderheit dieses Verhältnisses der schwächern Mittelmacht günstig. Ihr Bündnis wird von beiden Teilen gesucht; ihr Beitritt auf die eine oder andre Seite legt in die Wagschale des einen oder des andern ein bedeutendes Gewicht; sie ist daher ein wichtiger Bundesgenosse und steht durch ihre geographisch-politische Lage in dem Falle, selbst mit dem sonst übermächtigen Nachbarn als ein Gleicher mit Gleichen unterhandeln zu können. In diesem Verhältnisse befand sich Bayern, solange Frankreich und Österreich in feindlichem Wettstreit mächtig einander gegenüberstanden. In dem Augenblicke aber, wo Frankreich fiel, ging dieser Vorteil für Bayern verloren; er würde aus gleichem Grunde auch dann verlorengegangen sein, wenn Österreich gefallen wäre und Frankreich nur innerhalb seiner alten Grenzen noch mächtig daştände. Was kann nun also Bayern für sich allein in den gegenwärtig veränderten Umständen einer europäischen Macht für Vorteile bieten, um sich ihr als Bundesgenosse wichtig zu machen und dadurch ihre treue Mitwirkung für seine Zwecke dauernd zu gewinnen?

Und wo wäre denn die europäische Macht, deren Bündnis von Bayern mit Vorteil gesucht werden könnte? Nicht *Österreich*; denn gerade gegen Österreich bedarf man des Schutzes. Nicht *Preußen*; denn Preußen hat kein Interesse, Bayern gegen Österreich zu schützen, sobald Österreich sich durch Norddeutschland mit Preußen abfindet. Nicht *Frankreich*; denn dieses hat noch lange mit sich selbst zu tun, ehe es wieder mit andern sich zu schaffen geben kann; auch würde dadurch Bayern die öffentliche Meinung gegen sich empören und weit mehr verlieren als gewinnen. *England* ist keine bedeutende Landmacht und hat überdies keinen Grund zu einem besondern Interesse an Bayern, dessen Erhaltung und Größe; bloß das *allgemeine* Interesse, das England an der Erhaltung des bestehenden Zustandes in Deutschland überhaupt nehmen mag, kommt auch Bayern indirekt zugute. Das letzte gilt nicht minder, ja mit verdoppelter Stärke von dem weit entlegenen Kontinental-Kolosse, *Rußland*, welchem Bayern als Bayern gewiß noch unwichtiger erscheint, als dasselbe dem englischen Interesse erscheinen mag.

Alle diese Erwägungen dürften also wohl für die zweite Alternative, nämlich für *einen Bund mit andern deutschen Staaten zweiten und dritten Rangs, kräftig entscheiden.*

Dahin schien sich auch in den neuesten Zeiten die Politik des bayerischen Kabinetts wirklich zu neigen. Aber es scheint zugleich, als habe man nur *Süddeutschland* in den Blick gefaßt und bloß von einem *süddeutschen Bunde* Heil und Hilfe erwartet. Dieser würde nächst Bayern die Staaten von Württemberg, Baden und Hessen-Darmstadt umfassen. Und es möchte nicht sehr viel gegen einen solchen Plan zu erinnern sein, wenn Süddeutschland dieselben günstigen geographischen und politischen Verhältnisse für sich hätte wie *Norddeutschland*.

Ein zum Schutz gegen Preußen errichteter *norddeutscher*

Bund würde folgende große Vorteile für sich haben: 1. Er würde die Küsten der Nord- und Ostsee und noch überdies die Mündung der zwei großen Hauptflüsse Deutschlands (der Elbe und Weser) beherrschen; 2. er würde auf drei mächtige auswärtige Staaten als natürliche Bundesgenossen ganz oder zum Teil zählen dürfen, durch Luxemburg auf die Niederlande, durch Hannover auf England, durch Holstein auf Dänemark; endlich würde 3. der norddeutsche Bund seinen natürlichen Gegner, nämlich Preußen, in zwei Hälften spalten und die preußische Rheinprovinz dem Hauptlande größtenteils unnütz machen.

Wie ganz anders jener *süddeutsche* Bund! Dieser ist 1. an ein bloßes Binnenland gefesselt, das sich nirgends an die See anlehnt und keinen einzigen Hauptfluß eigentlich beherrscht; das überdies 2. von seinem in sich abgerundeten natürlichen Feind, dem österreichischen Staat, von den italienischen Alpen bis hinauf zum Fichtelgebirg durch einen großen Halbkreis umschlossen ist; 3. ein süddeutscher Bund steht als solcher ganz für sich allein; er hat keinen einzigen mit ihm natürlich verwandten auswärtigen Staat in der Nähe oder Ferne und kann endlich 4. wegen seiner politischen Unbedeutenheit (die aus den Gründen 1–3 unzweideutig hervorgehen dürfte) auch auf die Erwerbung keines bedeutenden Bundesgenossen rechnen.

III

Fürstenbund

Und *warum* denn nur ein norddeutscher und ein süddeutscher Bund? Warum nicht ein *alle deutsche Mächte zweiten und dritten Ranges umfassender Fürstenbund*?

Der angebliche Widerstreit zwischen Nord- und Süddeutschland ist nirgends zu finden als in den Köpfen einiger weniger süddeutscher Parteigänger, welche aus unreinen Absichten oder ärmlich beschränkten Einsichten über das Ding, das nichts ist, ein Gelärm erhoben haben, das nur Verachtung oder Mitleid verdienen konnte. Deutsche, deutscher Charakter und deutsche Sitten sind im Norden wie im Süden; Boden und Klima sind nicht viel anders in

Bayern als an der Ostsee; und die Religionsverschiedenheit ist schon lange nicht mehr mit Religionshaß einerlei. Der Norddeutsche erkennt und fühlt dieses wie der Süddeutsche; jener streckt freudig seinem Bruder im deutschen Süden die deutsche Hand entgegen. In allen hellen Köpfen des nördlichen Deutschlands lebt schon seit längerer Zeit nur *ein* Gedanke: der Gedanke an die Notwendigkeit, sich mit Süddeutschland eng zu verbrüdern, um in einem deutschen *Fürstenbund* einen gemeinsam schützenden Wall gegen Österreich und Preußen aufzurichten. Ich lebte im Juli und August dieses Jahres (1816) zu Frankfurt mit vielen der ersten deutschen Männer in mehr oder weniger vertrautem Verhältnis; meine unbefangene Stellung und das Zutrauen in meine Gesinnungen öffneten mir lecht die Gemüter; und was ich erfuhr, sah und hörte, war immer der Wunsch, daß es doch möglich sein möchte, Bayern zu vertrauen, Bayern von seinem wahren Interesse zu überzeugen, um unter seinem Primate Deutschland (mit Ausschluß von Österreich und Preußen) zu einem dauernden Bündnisse zu vereinigen.

Ein solcher Fürstenbund würde alle wesentlichen Eigenschaften eines kräftigen Bündnisses in sich vereinigen, ohne auch nur einen der unheilbaren Mängel, an welchen der jetzige Deutsche Bund unvermeidlich zugrunde gehen muß, mit dieser unreifen Frühgeburt zu teilen. Denn

1. wenn *gemeinsames, ungeteiltes* Interesse einen Bund stark und dauernd macht, so wäre es gewiß dieser Fürstenbund; denn alle Teilnehmer (nur nach verschiedenen Richtungen hin) stehen in einer gemeinsamen Gefahr, haben einer wie der andere das Interesse, diese Gefahr abzuwehren, bedürfen zu diesem Zweck einer des andern Hilfe und Beistand, vereinten Rat und gemeinsame Tat.

2. Die in einen Fürstenbund zu vereinenden Mächte sind freilich ebenfalls an Einzelmacht sehr verschieden. Zwischen dem Königreich Bayern und dem Fürstentum Anhalt oder der Stadt Bremen ist der Abstand statistisch größer als der zwischen Bayern und Österreich. Allein der Unterschied eines Bündnisses der mittlern, kleinen und kleinsten Staaten mit Österreich und Preußen und eines Bündnisses zwischen jenen allein mit Ausschluß von Österreich und Preußen ist wesentlich dieser: Dort sind

selbstmächtige Staaten (welche sich um den Bund als solchen wenig zu kümmern haben) mit *nicht selbstmächtigen* verbunden; hier aber reichen lauter solche Staaten sich die Hand, von denen keiner für sich, jeder nur durch und mit den übrigen bestehen kann. Das Fürstentum Anhalt kann, sich selbst überlassen, ebensowenig gegen Preußen bestehen als das Königreich Bayern mit gleicher Voraussetzung gegen Österreich. Alle sind daher, obgleich statistisch an Quadratmeilen und Menschenzahl ungleich, gleichwohl in Beziehung auf das Bedürfnis eines Bundes *politisch* gleich stark und gleich schwach.

Die Nachteile, welche sonst den Bund der Mächtigen mit den Schwachen begleiten, sind daher in diesem Falle wenigstens größtenteils gehoben. Von Bayern als Bundeshaupt wird (solange Österreich und Preußen stehen) kein anderer Genosse des Fürstenbundes Eroberungs- und Unterdrückungspläne befürchten, und daher wird man auch dessen Einfluß, den seine Stellung ihm geben muß, leicht und neidlos ertragen.

3. Dieser deutsche Fürstenbund, welcher von dem Rheine und den Tiroler Alpen bis zur Nord- und Ostsee sich erstreckt, drängt sich einerseits wie ein Keil zwischen den Osten und Westen des preußischen Staats, neutralisiert das rheinische Preußen, umschließt überdies von Mecklenburg bis nach Sachsen in engem Halbkreis die preußische Mark und entzieht also durch sein bloßes Dasein der preußischen Monarchie einen großen Teil ihrer politischen Bedeutenheit; andererseits hingegen nimmt derselbe Österreich von mehreren Punkten den Vorteil seiner geographischen Lage, indem er nicht nur gegen Italien vom Rhein bis an die Salzach Stirne bietet, sondern auch, durch Sachsen und Bayern, Böhmen und Österreich in die Flanke nimmt. Bayern insbesondere, sobald die Kräfte des übrigen Deutschlands mit den seinigen vereinigt sind, springt dadurch gleichsam aus dem Halbkreise heraus, durch den es von Österreich dermalen umfangen wird.

4. Ein Fürstenbund, als großer, von Norden nach Süden sich ausdehnender Verein von wenigstens 10 Millionen, in sich selbst schon stark und Ehrfurcht gebietend, tritt als Macht neben Österreich und Preußen in die Reihe der europäischen Staaten und wird durch seine politische

Bedeutenheit auswärtige Mächte sich zur Bundesgenossenschaft oder als Garanten seiner Selbständigkeit gewinnen.

5. Dieser Fürstenbund hat eben darin einen bedeutenden politischen Vorzug, daß er aus kleineren Staaten zusammengesetzt ist, deren Regierungen, ihrem Volke näher gestellt, bei weitem nicht so viel Ursache haben, sich vor liberalen Ideen, vor gesetzmäßiger Freiheit der Völker und gerechter Beschränkung der obersten Gewalt zu scheuen als die großen Mächte. In den meisten jener Staaten sind landständische Verfassungen entweder bereits eingeführt oder wenigstens vorbereitet. Der Fürstenbund gewinnt dadurch über Österreich und Preußen durch inneres kräftiges Leben und durch das achtungsvolle Zutrauen, welches die Gerechtigkeit überall findet, ein geistiges Übergewicht, das, zumal in unsern Tagen, bei weitem mehr bedeutet als die Zahl der Quadratmeilen und der menschlichen Leiber, die auf diesen Quadratmeilen gefüttert werden. Wie nun? Wenn zwischen Österreich und Preußen ein Staatenbund sich hinlagerte, der das freundlich große Bild freier und durch Freiheit beglückender Verfassungen jenen Völkern als Gegenstand der Sehnsucht, ihren Regierungen als Medusenhaupt stets vor die Augen hielte! Böhmen hat die Schlacht auf dem weißen Berge, seine freie eigne Königskrone und seine ehemals würdigen Landtage noch nicht vergessen. Wie wenn einmal von Österreich her die Not hereinbrechen wollte und der Fürstenbund die Böhmen an ihre alten Zeiten lebhaft mahnte und sie zur rechten Zeit erinnerte, daß auch noch für das selbständige Königreich Böhmen Raum genug im Bunde übrig sei? – Und jenes Preußen mit seinem Westfalen und seiner rheinischen Mark, wo Preußenhaß und Preußenverachtung nach dem französischen Herrn zurückseufzt, mit seinem halben Sachsen, das nach seiner andern, noch blutenden Hälfte sich sehnt, mit seinem polnischen Anteil, der die polnische Teilung nie vergißt, ja mit seinen alten Staaten selbst, in welchen die von der Regierung in der Angst aufgeregten, dann aus mißtrauischer Furcht nicht befriedigten Gemüter schon jetzt den Beweis geben, was es heißt, Geister beschwören, wenn man (wie Goethes Zauberlehrling) das Zauberwort vergessen hat, womit man sie wieder zur Ruhe beschwört? –

An den Kronprinzen von Bayern

München, den 5. Februar 1817

Seit dem Jahre 1808 hatte ich als wirklich frequentierender Geheimer Rat, vorzüglich durch Arbeiten für bürgerliche und peinliche Gesetzgebung, als Mitglied der Justiz-Sektion gedient und meines allergnädigsten Königs belohnende Huld mir erhalten, als im Jahre 1814 meine Laufbahn schmerzlich unterbrochen wurde.

In den verhängnisvollen Jahren 1813 und 1814 hatte ich, aus freiem Antriebe meines eignen Herzens, gewagt, die Sache des gemeinsamen Vaterlandes – die Sache meines Königs – durch Schreiben, Reden und Handeln, soviel an mir lag, zu fördern; durch mehrere öffentliche Schriften die Nation, an deren Abkühlung unterderhand von Bösgesinnten gearbeitet wurde, in dem Feuer ihrer edlen Begeisterung zu stärken und auf verschiedene Weise durch Tat und eignes Beispiel meinen Worten die beste Kraft zu geben. Nachdem die Siege unserer Helden gegen den äußern Feind entschieden hatten, wagte ich es, auf die innern Gefahren die Blicke zu lenken. In einer auch auf dem Wiener Kongresse geltend gewordenen Schrift „Über deutsche Freiheit" unterstand ich mich, die Wahrheit kräftig auszusprechen, daß eine ständische Verfassung das einzige Mittel sei, um Fürsten und Völker aus dem Unglück der Zeiten zu retten, den ganz gesunkenen Staatskredit dauernd wiederaufzurichten, die nun geretteten Throne gegen die Gefahr künftiger Revolutionen zu sichern und einen äußerlich und innerlich festen Rechtszustand zu gründen. – Da wurde ich, wenige Wochen nach dem Erscheinen dieser Schrift, im Juni 1814, also im sechsten Jahre meines Geheime-Rats-Dienstes, folglich bereits als *ständiger* Geheimer Rat, aus diesem hohen Kollegium plötzlich entfernt und, jedoch mit Vorbehalt meines Ranges und vollen Gehaltes, nebst der Belobung „ausgezeichneter Verdienste um den Staat überhaupt und dessen Gesetzgebung insbesondere" als Präsident nach Bamberg an ein Appellationsgericht versetzt – das schon mit seinem Präsidenten versehen war.

Mit einem Präsidenten-Titel ohne Präsidenten-Amt in dem Zwischenzustande von Anstellung und Quieszenz, halb in einer Ehrenstelle, halb in der Verbannung, innerlich gefoltert von den Qualen der Geschäftsuntätigkeit, äußerlich bedrückt durch unausgesetzte Demütigungen und Kränkungen von seite[n] solcher Menschen, die einen in Ungnade Gefallenen als einen Rechtlosen betrachten, an welchem alles erlaubt sei, lebte ich zu Bamberg anderthalb Jahre lang die unglücklichsten Tage meines Lebens. Aber dieser Zustand sollte nur in einem noch unglücklicheren sein Ende finden.

So unerwartet, als ich im Jahre 1814 aus dem Geheime-Rats-Kollegium nach Bamberg verwiesen worden, wurde ich im März des Jahres 1816 – als man schon den Eilboten aus Verona wegen Übergabe der salzburgischen etc. Lande erwartete – zum *General-Kommissär* des *Salzachkreises* ernannt, um zugleich mit dem Lande an Österreich überlassen zu werden. Nach verschiedenen fruchtlosen Gegenvorstellungen wurde ich zuletzt von meinem gerechten Könige insoweit begnadigt, daß ich von der Übernahme jener Stelle dispensiert und mir und meinen acht Kindern (worunter fünf geborne Bayern) in dem erworbenen Indigenatsrechte das Glück gerettet wurde, Bayern ferner angehören zu dürfen. Der Gerechtigkeit und Gnade meines Königs verdanke ich es zugleich, daß meine Besoldung, mein einziges Vermögen, mir und meiner zahlreichen Familie ungeschmälert erhalten worden ist.

Allein der bessere Mensch braucht mehr als eine Besoldung, die er müßig verzehrt. – Seit jener Zeit bin ich noch immer Wirklicher Geheimer Rat – ohne wirkliches Amt; ziehe ich die Besoldung wie ein Wirklicher Geheimer Rat – ohne den Dienst zu leisten, für welchen ich sie verzehre; lebe ich – ein Mann in seiner besten Kraft, dessen Tüchtigkeit von der Welt anerkannt, dessen Rechtlichkeit noch von niemand (als etwa insgeheim) verdächtigt worden ist – als ein besoldeter Müßiggänger, der 7000 Gulden ohne Amtsgeschäft verzehrt, wiewohl die Stelle im Geheimen Rate, welcher ich durch meinen Dienstcharakter wie durch meine Wissenschaft und vieljährigen Diensterfahrungen angehöre, seit meiner Versetzung *erledigt* geblieben ist.

Wenn ich bisher für die Entfernung von meinen Berufsgeschäften in der Unannehmlichkeit der bestandenen Dienstverhältnisse einen Trostgrund finden konnte, so ist auch dieser nun verschwunden, seitdem der Anfang einer schönen Zeit erschienen ist. Pflicht und Ehre gebieten mir jetzt, dem Staate die Kräfte wieder anzubieten, die nur zu lange schon ungenützt geruht haben, und daher das sehnsuchtsvolle Verlangen nach meinem ehemaligen, noch *erledigten* Platz in der Justiz-Sektion des Geheimen Rates, von welchem ich noch den Rang, die Würde und den Titel führe und dessen Besoldung ich seit dem Juni 1814 nutzlos verzehrte, nicht mehr schweigend in meiner Brust zu verschließen.

Es ist mehr als bloße Vermutung, wenn ich glaube, daß ich angeblich wegen geheimer Verbindungen mit dem Auslande, als Tugendbündler oder etwas sonst dergleichen, verdächtigt worden bin. Und wahr ist es: Ich gehöre zu einem Tugendbunde; nur nicht zu demjenigen, der geschriebener Statuten, wörtlicher Verabredungen, gesprochener Eidesformeln bedarf; sondern zu dem allgemeinen, unsichtbaren, heiligen Bündnisse, in welchem alle besseren Menschen aller Zeiten und Völker durch Gleichheit der Gesinnungen, in edlem Denken und redlichem Wollen für alle Ewigkeit vereinigt sind. Lastet aber ein *anderer* Verdacht auf mir als der Verdacht *dieses* Bündnisses, so hoffe ich, daß die Gunst der Zeit mir wenigstens die Gelegenheit und das Recht nicht versagen wird, mich dagegen persönlich zu rechtfertigen, damit, was bisher nur insgeheim gegen mich gewirkt hat, in dem Lichte der Öffentlichkeit als dasjenige erscheine – was es *ist*.

An Tiedge und Elise von der Recke

München, den 21. März 1817

Edle Freunde! Zwar habe ich noch keine Antwort auf meinen vor einigen Wochen geschriebenen Brief. Allein ich habe Ihnen eine gewisse angenehme Neuigkeit zu erzählen und eine meinem Herzen sehr naheliegende Bitte vorzutragen. Meine Kämpfe sind ausgekämpft, und ein ehrenvoller, friedlicher, den politischen Stürmen und Treiben entrückter Wirkungskreis ist gewonnen. Ich bin, unter

Beibehaltung meines Titels als Wirklicher Geheimer Rat, zum ersten Präsidenten des Appellationsgerichts für den Rezat-Kreis zu Ansbach ernannt worden. Zugleich hatte der gute König die Gnade, für meine beiden ältesten Söhne, Anselm und Karl, aus Rücksicht ihrer ausgezeichneten Talente und Kenntnisse, die Sorge eines Vaters zu übernehmen; für ihre ganze Universitätszeit ist diesen meinen Kindern die jährliche Summe von 16000 Gulden aus der Kabinettskasse angewiesen worden. Alle Nahrungssorgen, alle Bekümmernisse um die Bildung so edler Naturgaben sind daher nun auch meinem Herzen entnommen. Aber eins fehlt noch wesentlich zu meinem Glück: die Seligkeit der Freundschaft, der Himmel in Ihrer Nähe, edle Elise, in der Deinigen, edler Sänger. Ohne Umschweife frage ich daher: ob Sie, ohne dadurch ein schweres Opfer zu bringen, Ihren Aufenthalt nach vollendeter Badezeit neben mir in dem schönen Ansbach nehmen wollen und können? Ansbach ist ein schöner, lieblicher Ort, die Gegend ist reizend, das Klima ist sehr mild und äußerst gesund, das Land fruchtbar und sehr wohlfeil; die ganze Provinz, welcher ich als Chef der Justiz vorzustehen habe, ist (wenige Landgerichte ausgenommen) protestantisch, und überall herrscht feine, norddeutsche Bildung; Sie werden glauben, in Preußen zu leben, aber in einem *südlichen* Preußen. So glänzend und geräuschvoll kann freilich dieses Städtchen nicht sein als Berlin; aber im übrigen ist, wie ich fest überzeugt bin, für die äußern Annehmlichkeiten des Lebens nichts zu verlieren, vielleicht noch zu gewinnen. Die Verhältnisse zu Berlin, soweit ich sie aus den Zeitungsnachrichten und andern Erscheinungen zu beurteilen vermag, scheinen mir überdies von der Art, daß es Ihnen angenehm und wenigstens geistig interessant sein dürfte, jenem Treiben einmal, wenn auch nur für einige Zeit, aus der Ferne zuzusehen. Zudem gibt es bei uns doch ebenfalls viel Merkwürdiges zu sehen und zu beobachten; und ich werde Ihnen dabei als wohlerfahrener Cicerone dienen. Vieles, was Geist und Herz gleich mächtig anspricht, kann ich Ihnen mitteilen, was Sie von niemand sonst erfahren können, was Ihnen auch kein Brief mitteilen kann und womit ich mir zutraue, Sie, ein ganzes halbes Jahr wenigstens, unterhalten zu können. Und von allem diesem abgesehen, ist (zumal in unseren teils wilden, teils gemein egoistischen Zeiten) ein Herz, das rein der Menschheit angehört und so rein und treu und innig seine Freunde liebt – ein solches Herz (wie ich weiß, daß in meinem Busen schlägt) ist für Seelen wie Sie gewiß doch auch etwas wert. Und wenn es nun sogar gilt, dieses Herz zu beglücken durch Befriedigung seines heiligsten Bedürfnisses und durch dieses Glück das ganze Gemüt eines lang vom Schicksal gebeugten Menschen wieder zu erfrischen, mit neuer Lebenswärme zu erquicken, durch verjüngten Glauben an das Edle in der menschlichen Natur ihm selbst und seiner edlen Bestimmung zurückzugeben! Komme ich nach Ansbach, so stehe ich mit meinem Herzen wieder allein in einer mir fremden Welt; vielleicht finde ich dort auch einen wahren Freund, aber ein solcher kann nur nach langem vorsichtigen Suchen gefunden werden. Von meiner Frau bin ich getrennt; bin getrennt von meinen Töchtern; trenne mich jetzt von meinen beiden lieben ältesten Söhnen; muß mich endlich losreißen von meiner edlen Freundin. Bloß meine drei jüngsten Söhne werden noch bei dem Vater bleiben. Also ich werde allein dastehen; und nach Freundschaft lechzen und allein stehen. Allein! Elise, Tiedge, es kann niemand auf der Welt sein, der Sie inniger, treuer liebte als ich; und dieser Freund ruft Ihnen klagend mit Tränen in den Augen zu: Gott hat mir nun alle Mittel zum Glück gegeben; allein ich kann sie nicht gebrauchen, nicht genießen; denn ich stehe allein, allein in der weiten, öden Welt.

Da von der Entscheidung meiner Frage das Glück meines Lebens abhängt, so bitte ich dringend um baldige Antwort.

Mit ganzer Seele Ihr

A. v. F.

An Smidt in Bremen

München, April 1817

Ich benutze noch den letzten Tag meines hiesigen Aufenthalts, lieber, verehrungswürdiger Freund, um Ihnen über eine Angelegenheit ein vertrauliches Wort zu sagen, welche ich mit vielen der Besten in Bayern gemein habe und wofür ich Ihre Teilnahme und tätige Verwendung anspreche. – Daß die neue Ministerialveränderung vom 2. Febr. manchen schreibfertigen Fingern viel zu tun geben werde, war zu erwarten; aber alle Erwartung übertraf die rohe Gemeinheit, womit die Parteisucht jene Gelegenheit ergriff, um nicht nur die Person des abgegangenen Ministers zu verlästern, sondern auch in dieser Person die Majestät des Königs selbst und die Ehre des bayerischen Volks vor den Augen der ganzen Welt zu besudeln. Über den Minister in Amt und Macht mag jeder sich frei und laut aussprechen, der dazu Mut und Beruf in sich findet; dadurch wird Gutes befördert, Übles abgewendet. Aber wozu es heilsam sein könne, einen Mächtigen, nachdem derselbe schon von dem öffentlichen Schauplatz in die Ruhe des Privatlebens zurückgetreten, hinterher durch Klatschereien und Schmähungen zu begreifen, das ist nicht wohl einzusehen. Die Publizität ist in diesem Falle meistens bloß das gemeine Werkzeug gemeiner Seelen, welche für die demütigende Empfindung der Niederträchtigkeit, womit sie selbst vielleicht kurz zuvor noch umhergekrochen sind, durch feige Rache zu sich entschädigen suchen, oder das Organ bösartiger Parteigänger, welche Leidenschaften aufregen und erhitzen möchten, um, wenn alles vor Leidenschaft hübsch blind geworden ist, in der dunklen Verworrenheit ihre Beute zu erhaschen. Ich muß mich auf diese allgemeine Bemerkung hier beschränken; wiewohl ich auch viel Besonderes als Nutzanwendung zu sagen wüßte. Der Minister Montgelas wurde von unserm König mit allen Ehren, mit der höchsten Auszeichnung entlassen; das Edikt vom 2. Febr. spricht das deutlich aus, und alle höchsten und hohen Kollegien der Hauptstadt machten demselben ihre Aufwartung. Wie ist es nun möglich, diesen Mann (der überdies für Bayern viel Großes geleistet hat) als einen verworfenen, verächtlichen armen Sünder in so vielen Zeitungsblättern zu brandmarken, ohne zugleich über den König Gedanken zu erwecken, die ich nicht auszusprechen wage? Wenn man so spricht, als habe Bayern 19 Jahre lang unter der Tyrannei von Montgelas geschmachtet, als habe Max Joseph erst seit dem 2. Febr. 1817 angefangen, einen Willen zu haben und gerecht zu regieren, und dergleichen Armseligkeiten mehr, ist dadurch nicht der König öffentlicht beleidigt, die Nation selbst beschimpft? Wenn man endlich sogar häusliche Verhältnisse, worüber nur der gemeinste Pöbel klatschen mag, mit in die öffentliche Beurteilung des abgetretenen Staatsmannes zieht, so muß jedes nicht ganz rohe Gemüt sich empört vor solchem Beginnen abwenden. Ich habe nie einer Partei angehört und die Grundsätze, zu welchen ich mich bekannt habe, waren denen des Ministers M. schroff entgegengesetzt; ich habe dieses mehr als zwei Jahre lang auf das schmerzlichste gebüßt, und die neue Veränderung hat mir für meine Person sehr bedeutenden Nutzen gebracht. Aber über meiner Person vergesse ich nie die Sache.* Auch dem Feinde Gerechtigkeit! Diese will man aber jetzt ganz und gar gegen Montgelas vergessen; und darüber vergißt man zugleich in der größten Verblendung die Ehrfurcht, die man einem König, die Achtung, die man einer Nation, die Rücksicht, die man sich selber schuldig ist. Was ist widerlicher als das jauchzende Iah'n des auf dem gefallenen Löwen umhertrampelnden Esels?

Daß ich vor Ihnen, lieber, herrlicher Smidt, dieses alles äußere, veranlassen mich einige Artikel in der Bremer und der Hambruger Zeitung, welche jenes Gassenliedchen von neuem anstimmen und welche hier, eben aus dem von mir entwickelten Gesichtspunkte, von vielen der Edelsten und Besten und den widrigsten Empfindungen vernommen worden sind. Bei Ihren edlen Gesinnungen darf ich nicht erst fragen, was Sie zu solchem Unfug denken. Daß der Redakteur der Bremer Zeitung dieses Blatt nicht als das Sprachrohr des Parteigeistes und gemeiner Rachsucht gebrauchen lasse, dabei sind Sie um Ihrer Vaterstadt und um des guten Rufes dieser Zeitung willen unmittelbar interessiert. Man würde auch sehr irren, wenn man glaubte, daß der bayerischen Nation mit Schmähungen auf den Minister gedient sei; sie fühlt nur zu gut die Herabwürdigung, die ihr König und sie selbst dadurch erleidet. Wenn daher von Norden her unablässig solche Stimmen in das Land hereinschallen, so kann dieses zu nichts dienen, als den Gegensatz zwischen Nord und Süd durch bittere Empfindungen von neuem zu schärfen. Geben

* Dieser Satz ist defekt im Manuskript.

Sie daher doch dem Redakteur Ihrer Zeitung den geeigneten Wink; verwenden Sie zugleich deshalb nachdrücklich Ihren Einfluß bei H. Senator Gries hinsichtlich der Hamburger Zeitung, und wo Sie sonst können und wollen. Ich bitte um nichts, als daß Sie *meinen Namen* nicht nennen, bei niemand; *was* Ihnen aber aus Bayern deshalb geschrieben worden, dessen brauchen Sie nicht Hehl zu haben.

An Elise von der Recke

Ansbach, den 21. Juli 1817

Zuvörderst meinen innigen Dank, edle Freundin, für die Güte, womit Sie meine Bitte wegen Bezahlung der 30 Rtlr. 20 Gr. erfüllt haben. Die beifolgende Anweisung lautet Ihrem Willen gemäß bloß auf 25 Rtlr. 20 Gr., da ich das übrige an Cruickshank bezahlen werde.

Daß ich mit dieser Wechselsache einen Brief an Elise und Tiedge anfange, mögen Sie auf die Rechnung meines Grundsatzes schreiben, Geschäfte vor allem andern zu erledigen und dem Herzen nichts zu gönnen, ehe nicht der strengen Pflicht genügt worden ist. Das Herz hätte vor allem andern seinen Schmerz darüber auszusprechen, daß die nahe, schöne Hoffnung, Sie beide, wenn auch nur kurze Zeit, wiederzusehen, so ganz unerwartet vereitelt worden ist. Der Unmut hierüber, meine Bitterkeit über solche Äffereien, womit das Schicksal unschuldige Menschenfreuden oft zu stören beliebt, waren weit mehr Ursache meines langen Nichtschreibens als meine Geschäfte und meine böse Hand. Ich bin überzeugt, Sie hätten nicht bloß Freude gegeben, sondern gewiß auch von vielen Seiten empfangen. Und wer weiß, was Sie und Tiedge beschlossen hätten, hätten Sie nur einige Wochen in unserm lieblichen Tal unter diesen freundlichen Menschen gelebt! Als ich zuerst las, daß es nun einmal nicht so sein könne, raunte mir die Neigung freundlich in die Seele: Reise du nach Löbichau! Allein da kamen erst die Geschäfte und machten ihre Einwendungen; und als ich schon mit diesen Einwendungen ernsthaft zu streiten anfangen wollte, nicht ohne alle

Hoffnung, die Neigungen der Freundschaft mit den Forderungen der Pflicht in Eintracht zu bringen, da trat ein finsterer Geist, ohngefähr in der Gestalt, wie man den Despotismus malen könnte, gegen mich über und zeigte mir die hohen Mauern des weiten Gefängnisses, in welchem ich eingeschlossen lebe und über welche niemand hinauskommt, es habe denn erst der Kerkermeister die Tore geöffnet. Löbichau liegt jenseits der b. Grenze, welche noch bis auf diesen Augenblick für jeden Untertan geschlossen ist, so daß, wer ohne besondere Erlaubnis darüber hinausgeht, seiner Staatsämter und aller seiner bürgerlichen Rechte verlustig wird. Und wenn mein Vater auf der Grenze jenseits mit dem Tode ringt und ich diesseits eine halbe Stunde entfernt davon lebte, ich darf nicht hierüber, ihm als Sohn die Augen zuzudrücken – ohne (wenn man mich nach der Strenge der Gesetze behandeln will) als Übertreter mit schweren Strafen die Missetat zu büßen. Der Gedanke hieran, und daß die Freundschaft allein schwerlich als ein hinreichender Grund zur Erteilung einer Reiseerlaubnis in das Ausland höhern Orts würde aufgenommen werden, trat also auch auf jenem Auswege, den ich auszuspähen suchte, mit feindlicher Gewalt mir entgegen.

Erst vor einigen Tagen erhielt ich von Ihnen das Geschenk, das Sie unserem Cr. und mir bestimmt hatten, den 4. Teil Ihrer Reise. Cr. muß den köstlichen Genuß, den Sie mir in diesem Werke in vollem Maße gewährt haben, so lange, bis ich ihn wiedersehe oder seinen Aufenthalt weiß, entbehren. Ich bin Ihnen sehr dankbar; alles hat mich unendlich interessiert; vieles hat mich tief gerührt, in mehrerem habe ich die Meisterschaft in der Darstellung, welche sich ihrer selbst nicht bewußt ist, wahrhaft bewundert. Mir war bei manchen Partien, als wäre ich auf derselben Reise Ihnen zur Seite und sähe, was Sie sahen, und sähe es mit meinen eigenen Augen und fühlte alles in dem eignen Herzen mit Ihnen. Es steht alles, auch das Äußere, so lebendig da, spricht so seelenvoll wie ein Geist zum Geiste, und doch – haben Sie nichts mit der Feder gemalt. Aber eben das ist es! Unsere Naturpinsler, Matthison und seinesgleichen, wenn sie als Dichter oder Beschreiber eine Gegend darstellen wollen, meinen nichts Besseres zu tun, als die Stücke, die dazu gehören, einzeln zu kopieren und, da die Kopie nur mit Buchstaben in schwarzer Tinte auf weißes Papier geschehen kann, durch eingeschwärzte, grelle Empfindungsbilder den toten Bergen, Tälern, Fluren, Wiesen, Häusern, Ruinen usw. lebendige Anschaulichkeit zu geben. Es ist eine wahre Not, die Not zu sehen, in der sich so ein Maler abmartert. Was er *im ganzen* wahrnimmt, zerbröckelt er in Stückchen, damit man sich nun erst das Ganze wieder daraus zusammensetze; was in *einem Augenblick*, auf einmal Großes und Herrliches wahrgenommen wird, zählt ein solcher Klecks-Maler, wie ein Krämer die Pfennige, hübsch langsam *nacheinander* hin. Jede Naturmalerei wird in dieser Manier bloß eine bombastisch sich aufblähende Topographie; ein Wasserfall, von so einer Feder gemalt, friert mit den ersten Zeilen in einen starren Eisklumpen zusammen. Äußere Gegenstände, Landschaften Naturerscheinungen können (wenn die Feder, nicht der Pinsel, als Organ der Mitteilung gewählt ist) nur dann auch in der Darstellung lebendig bleiben und ähnliche Anschauungen und gleiche Empfindungen erwecken, wenn sie – aus dem *Spiegel der Seele* des Betrachters (aber der Spiegel muß rein geschliffen und ohne Flecken sein!) herausgemalt sind, d. h., wenn der Betrachter, nicht, was er gesehen, sondern was er bei dem Gesehenen gefühlt, empfunden, gedacht, mit dem innern Sinne, in der Seele und im Gemüte wahrgenommen hat, innig und warm wiedergibt. Und darin sind Sie Meisterin! Aber das ist eine Kunst, die man nur dann ausüben kann, wenn man sich der Kunst nicht bewußt ist; sie wohnt nicht im Kopf, sondern im Gemüt. Ihre drei Unterredungen mit dem Papst, und wie Sie schon damals den Charakter dieses merkwürdigen Mannes so wahr auseinandergelegt haben, das hat mich wahrhaft ergötzt. Überhaupt weht durch das Ganze ein prophetischer Geist, der jeden Verständigen überzeugen könnte, daß man mit Verstand Künftiges, wenn es schon im Kommen ist, voraussehen und -sagen kann, ohne daß man deswegen mit dem ††† im höllischen Bunde zu stehen braucht. Es ist jetzt (meines geringen Dafürhaltens) das große und, wie es scheint, unheilbare Grundübel unserer Zeit, daß solche Verstandspropheten, gleich der Kassandra, wenigstens bei denen keinen Glauben finden, welche dazu berufen sind, das vorausgesehene und schon sichtbare Unheil abzuwenden. Wie viel, wie unendlich viel hätte ich Ihnen bloß über diesen Punkt zu erzählen. Und wie viel über vieles andere!

Da der Feuerbach selbst nicht bei Ihnen einkehren kann, so flattert hiermit einer von seinen kleinen Geistern zu Ihnen hin. So klein das Dingelchen ist, so wunderlich hat es gewirkt. Wenn Sie alle Beziehungen, Verhältnisse, Anspielungen wissen könnten, so würden Sie sich wundern, daß ein gewisser Mut dazu gehörte, so ein paar Worte über und für die Gerechtigkeit bei dem Antritt eines hohen Richteramtes zu sprechen!!

Weil das Ihnen, meine liebsten Lieben, Freude machen wird, sage ich Ihnen, daß ich (wie es nur ein Mensch, wie insbesondere ich Elender es sein kann) noch immer recht glücklich bin. Die Vorsehung hat mich *schwer* geprüft; aber sie scheint mich nun für den Bestand in der Probe zu belohnen. Wünsche wurden mir vereitelt, die vielleicht mein Verderben mir bereitet hätten. Meine Feinde mußten das Äußerste an mir versuchen – um auf dem Harnisch vor meiner Brust ihren Köcher voll giftiger Pfeile auszuleeren und zu erfahren, daß nichts mehr über mich zu gewinnen sei. Ich wirkte sonst auf einen Umkreis von vierthalb Millionen Seelen, jetzt nur auf einen Bezirk von einer halben Million; aber dort wirkte ich unsicher, bloß auf die äußerste Oberfläche hin und in ewigem unentschiedenem Kampfes des Guten mit dem Bösen; hier bin ich Herr meiner Taten, wirke besser, weil ich freier wirke, wirke eindringender, weil der Gegenstand enger beisammenliegt. Es gibt freilich viel Mechanismus bei meiner Arbeit: Ordnung, strenge Pünktlichkeit sind das erste; aber auch das Seelenlose bekommt eine Seele durch den Gedanken, daß das Nützliche im Großen immer nur aus dem Kleinen hervorgeht und daß die rechtliche *Form* (welche vor dem grobsinnlichen Auge so starr und widerlich dasteht) nur ein heiliger Tempel ist, in welchem die Gerechtigkeit wohnt, und daß jene Mauern sie beschützen. Mit den Pflichten meines schönen Berufs verbinde ich so eng als möglich die gesellschaftlichen Genüsse. Zurückgezogen von dem Umgang der schalen, faden – eleganten Welt lebe ich, wie ein Vater unter seinen Kindern, geachtet und geliebt, mit den Männern, mit welchen mein Amt mich am nächsten verbindet. Unter den 20 Männern, die als Vizepräsidenten, Direktoren oder Räte meiner Leitung zunächst untergeben sind, befinden sich 16 durchaus brave Leute, und unter diesen 16 mehrere ganz vortreffliche Seelen. – Nun habe ich Euch mit mir Freude gemacht; nun hoffe ich aber auch, wenn es des Himmels Wille ist, Freude an Ihnen zu erfahren, meine teure Elise, und an Dir, mein lieber Sänger Tiedge. Sie, Elise, haben zufrieden die Sprudel-Nymphe verlassen. Aber mein Tiedge? Und sein Schnupfen? Schreiben Sie darüber und über anderes, was mich nahe angeht, recht bald.

An dieselbe

Ansbach, den 5. August 1817

Recht sehr böse war ich mir selbst, edle Freundin, daß ich durch mein, übrigens nicht böslich verschuldetes, Stillschweigen Sie veranlaßt habe, den Inhalt zweier Briefe nochmals zu wiederholen. Dieses muß ich mir um so mehr zum Vorwurf machen, da Sie, wie ich leider aus Ihrem Briefe vom 26. Juli ersehe, sich schmerzlich krank befinden. Diese Nachricht schmerzt mich tief; könnte ich doch bei Ihnen, Sie bei mir sein, um Ihnen durch freundschaftliche Fürsorge, in Gemeinschaft mit dem guten Tiedge, den Kampf Ihrer edlen Seele mit den Leiden des Körpers zu erleichtern. Aber kaum bedürfen Sie von außen eines Beistandes, den Sie in sich selbst und in dem großen Freunde dort oben finden. Es gibt einen Heroismus des Handelns und einen des Duldens; und der letzte fordert, genaugenommen, eine größere Stärke, einen höhern Edelmut der Seele als der erste. Jener findet Reiz und Ermunterung in der beifälligen Anerkennung anderer und wird durch Kränze belohnt, welche die Welt erteilt; dieser ist bloß auf seine eigne Kraft gestellt, seine höchsten Taten haben keinen andern Beobachter als die eigne innerste Seele, und seine Telohnung ist der Sternenkranz, womit die Religion die Bugend schmückt.

Einen Brief, welcher laut Postscheins von mir am 22. Juli

abgegeben worden, werden Sie hoffentlich erhalten haben. Er enthält einen Wechsel und ist begleitet von einer kleinen Rede, die ich bei dem Antritt meines Amtes gehalten habe. Auf diesen Brief kann ich mich nur im allgemeinen beziehen; den gegenwärtigen betrachten Sie nur als einen Anhang zu jenem. Die Fragen, welche Sie mir zur Beantwortung vorlegen, hatte ich schon am 22. Juli zur Beantwortung unter der Feder, noch ehe sie getan waren; aber das Blatt war schon gefüllt, und so versparte ich diese Gegenstände auf einen folgenden.

Das Reformationsfest wird bei uns wahrscheinlich – nicht, oder nur ganz im Stillen, gefeiert werden. Die Provinzialkonsistorien haben deshalb schon vor langer Zeit und dann wiederholt bei der allerhöchsten Stelle nachgefragt; aber noch bis diese Stunde – keine Antwort erhalten. Bösgesinnte behaupten, dieses sei eine Folge der Unterdrückungs-Maximen und habe überdies seinen Grund in der seltsamen Stellung der protestantischen geistlichen Behörden zu den katholischen. Der protestantische Kultus hat nämlich bei uns kein selbständiges Oberkonsistorium; dieses ist Teil einer sogenannten Ministerial-Sektion; diese hat einen katholischen Chef, und das Ministerium, von welchem die Sektion einen Teil ausmacht, ist ebenfalls katholisch. Auch in dem Staatsrate von mehreren 20 Mitgliedern ist dermalen nur ein einziger Protestant. Indessen sind die liberalen Ideen bei uns so sehr herrschend und haben alle Teile der Regierungsorgane so kräftig durchdrungen, daß auch das Zurückhalten der äußerlichen Erscheinung des Protestantismus nur aus diesen liberalen Ideen erklärt werden darf. Da nämlich, kraft liberaler Grundsätze, alle Religionsteile einander gleich sind, da der Staat als solcher gar keinen Unterschied der Religion anerkennt, so folgt, daß der Protestantismus seinen Gegensatz wider den Katholizismus nicht äußerlich kundgeben darf, wie es der Fall sein würde, wenn er sein Fest feiern wollte; dadurch würde er als Sekte (welches Wort auf den Protestantismus angewendet und mit Recht verabscheut zu werden pflegt) seinen Triumph über den Katholizismus feiern. Dieses könnte nicht geschehen, ohne den katholischen Teil (der doch auch zum Staate gehört) zu kränken, bittere Empfindungen zu erwecken und die Religionsunterschiede von neuem in Erinnerung zu bringen, welche durch Fürsorge unserer weisen, aufgeklärten Männer, wo nicht verschwunden, doch außer aller Wirksamkeit gekommen sind. Hieraus können Sie abnehmen, wie hell das Licht der Aufklärung in unserm südlichen Deutschland leuchtet! Es ist eine wahre Freude, unter den Strahlen dieser Sonne zu wandeln, die zwar eine kalte Sonne ist, aber doch hell macht! – Der Pöschelianismus drohte ein anderes Licht anzuzünden – mit einer verzehrenden Brand- und Mordfackel, welche aber (wie es das Ansehen hat) plötzlich wieder ausgegangen ist. Diese Sekte, welche in dem Innviertel und in dem Salzburgischen ihren Ursprung hat, hatte auch in den nördlichen Teilen Bayerns (namentlich im Würzburgischen) kräftige Wurzeln gefaßt, die ihre Sprößlinge und Nebenwurzeln fast durch das ganze übrige Bayern ausdehnten. Es wurden blutige Opfer gebracht, und noch größere waren im Werke. Die Hauptrollen im Würzburgischen hatten übernommen als Propheten und geistliche Oberhäupter: 1. ein Lustmädchen aus Ansbach, welche den neuen Heiland unter ihrem Herzen trägt; 2. ein angeblich von Gott selbst eingeweihter Kardinal (seines Ursprungs, wie man sagt, ein Bauersmann). Das Allerheiligste stand in einem Hause in der Main-Vorstadt zu Würzburg. Da lag unter einem prächtigen Altar von Mahagoniholz in einem prächtigen Sarg der Kardinal und sprach den Gläubigen Orakel; neben ihm weissagte, in seidene, phantastisch aufgeschmückte Gewänder gekleidet, die Prophetin. Blutige Menschenopfer, Auflösung aller bürgerlichen Ordnung, gleiche Verteilung, vielmehr Gemeinschaft des Eigentums u. dgl. gehören zu den Glaubensartikeln. Sehr viele, weltliche und nicht weltliche Personen (auch katholische Geistliche) waren zum neuen Glauben bekehrt. Am verwichenen Fronleichnamsfeste sollte zu Würzburg der neue Glaube sich offenbaren – durch Ermordung aller Juden, aller nicht pöschelianisch eingeweihten Geistlichen usw. Es kam indessen nicht zum Ausbruch. Die Häupter und Hauptteilnehmer sitzen auf der Festung zu Würzburg gefangen; von ihren Aussagen hat noch wenig verlautet. Merkwürdig ist, daß von der Sekte viel durch Geld operiert wurde und daß unter den Gefangenen sich ein gewisser Franzose *Henry* befindet, den ich sehr gut kenne, ein abgefeimter, feiner Schurke, der zu Jena katholischer Pfarrer war, im Jahr 1806 für Napoleon den Spion machte, nach der Jenaer Schlacht den Legions-Orden erhielt usw. Aus allem scheint es mir unbezweifelt, daß Fanatismus und die Politik einer gewissen Partei zusammengewirkt haben; jener war nur ein von dieser ausersehenes Werkzeug, um, unterstützt vom Hunger und der Verzweiflung der großen Masse, die Welt in Brand zu stecken und dann auf den Trümmern zu herrschen. Der unschuldigste von allen ist wohl der Stifter der Sekte selbst, namens Pöschel. Dieser war sonst ein sehr heller, gut denkender, sanft und menschlich fühlender katholischer Geistlicher. Er war es, der den Buchhändler Palm zum Tode vorbereitete und auf der Richtstätte Zeuge der Unmenschlichkeit war, womit Palm qualvoll ermordet wurde. Die Briefe, welche Pöschel damals an die Gattin des Ermordeten geschrieben hat und welche ich gelesen habe, sind voll Empfindung und sind Beweise eines guten Herzens, einer echt christlichen Gesinnung und eines aufgeklärten Geistes. Allein seit jener Schreckensszene war Pöschel in Schwermut und von da in die schwärmerische Verrücktheit versunken, welche ihn zum Haupt einer tigerartigen Sekte gemacht hat. Es ist, als wären aus dem Blute des unschuldig Ermordeten die Rachegeister aufgestiegen, um den ersten besten als Werkzeug der Strafe an dem feigen Geschlechte zu gebrauchen. – Seit der Gefangennehmung der Häupter hört man nichts mehr von den Gliedern. Indessen wenn man diese und mehrere andere Zeichen der Zeit betrachtet, muß man sich – von Schauer ergriffen fühlen. Von dem Glauben an ein Besserwerden, von der Hoffnung auf den Sieg des Rechts und des Guten habe ich kein Fünkchen mehr in mir. Mit Europa wird es bald aus sein. Mit Blut und Tränen wurde gesäet: Blut und Tränen wird man ernten. Das neue, bessere Leben wird erst dann wiederkommen, wenn der Tod überstanden ist. Jetzt liegt erst Europa auf seinem Sterbebette; die Totengräber warten schon auf sein Hinscheiden; sie stehen in Heerscharen im Norden aus dem Moder und der Verwesung kommt, aber vielleicht nach einem Jahrtausend, das junge Leben eines wiedergebornen Geschlechtes. Als Jüngling tritt Amerika auf die Weltbühne. Und das ist, wie die Geschichte lehrt, das allgemeine Gesetz, daß Völker wie einzelne ihre Lebensstufen durchwandern. Auf das Greisenalter folgt der Tod; und *unser* Europa ist schon lange über das Mannesalter hinaus, hat graue Haare und schleppt sich matt an den Krücken; es ist überdies kindisch geworden, wie man in jedem Zeitungsblatte lesen und (noch mehr als man in Zeitungsblättern liest) mit eigenen Augen wahrnehmen kann.

Ich muß schließen; mein Amt fordert mich. Von ganzer Seele ewig etc.

An dieselbe

Ansbach, den 5. November 1817

Wenn ich mir aufzeichnete, wann ich Briefe absende, so würde ich gewiß wissen, was ich jetzt nur als höchste Wahrscheinlichkeit annehmen kann: daß von neuem ein Brief an Sie, meine edle Freundin verlorengegangen oder unterschlagen worden ist; denn Ihr Schreiben d. d. Berlin 13. Okt., welches mir vor wenigen Tagen zugekommen, spricht noch von Ihrer Erwartung, welche Sie lange gehegt, mich in Löbichau zu sehen; und doch weiß ich ganz gewiß, daß ich Ihnen einen weitläufigen Brief nach Löbichau geschrieben, worin unter anderm auch darüber sehr vieles gesagt ist, warum es mir, wenigstens für dieses Jahr, unmöglich sei, meinen Aufenthaltsort zu verlassen, und daß ich mir das Glück, mit Ihnen und Tiedge wieder meine Seele zu teilen, bis zum nächsten Jahr versagen müsse. Wenn Sie diesen mit vielen hierauf sich beziehenden Gründen ausgestatteten Brief erhalten hätten, so weiß ich gewiß, daß Sie von der Unmöglichkeit meines Kommens so fest überzeugt worden wären, daß auch nicht die kleinste Hoffnung auf mein Erscheinen bei Ihnen hätte Platz finden können. Kaum kann ich glauben, daß das alte System der Brieferbrechung auch noch jenen Brief betroffen habe; vielleicht ist nur Unordnung und Liederlichkeit, die ich besonders den Postämtern in den kleinen souveränen Reichen zutraue, schuld daran. – So kurz auch Ihr Brieflein aus Berlin ist, so war es doch für mich sehr bedeutend und erfreuend, weil es mir von Ihrem und Ihres und meines lieben Tiedge Wohl- oder Besserbefinden Erfreuliches bringt. Zwar sprechen Sie bloß von leidlichem Befinden, und dieses leidige „*leidlich*" möchte ich gern aus dem Brief weghaben; aber dieses leidige „*leidlich*" ist doch noch immer etwas sehr Gutes gegen das sehr Schlimme, was mich Ihre früheren Briefe, besonders aus Karlsbad, besorgen ließen. Auch ich habe zwar noch immer mit meiner alten Gebrechlichkeit zu tun, und sie wird mich auch nie mehr ganz verlassen. Aber doch führt dieser lästige Gast, der mich sonst gar zu unbarmherzig marterte, seit ich in Ansbach lebe, sich fast säuberlich auf; seine Anwesenheit läßt er zwar, besonders bei Witterungsveränderungen, sehr deutlich merken; doch bin ich ihn gewohnt, und solange er es nicht gar zu arg macht, will ich mich gern mit ihm vertragen. Jeder Mensch muß mit irgendetwas die Freuden, die ihm zugezählt werden, bezahlen. Ich habe deren (im Vergleich gegen die vielen geistigen, sittlichen, politischen, physischen Leiden der nächstvorhergegangenen Jahre) so viele, daß ich undankbar gegen die Vorsehung sein würde, wenn ich über das eine Übelchen murren wollte. Ich habe wieder einen frischen Geist, ein ruhiges Gemüt, ein frohes Herz: Was will ich mehr? Der Himmel scheint mir jetzt wieder vergüten zu wollen, was ich Unerträgliches ertragen habe. Der Rückblick auf die Gefahren, denen ich entronnen bin, auf die rauhen, finstern, an Abgründen vorbeiführenden Todeswege, über die mich die Vorsehung glücklich hinübergeführt hat, verschönert noch mehr das heitere, schöne Ländchen der Ruhe, das ich kämpfend mir gewonnen habe. Mit jedem Tage gewinne ich an Zufriedenheit und Glück, und meine äußere Lage läßt mir nichts zu wünschen übrig. In der Stadt und in meiner ganzen Provinz habe ich ungeteilte Verehrung und Liebe, meine Kollegen und meine Untergebenen sind durch Freundschaft und Ergebenheit mir zugetan, und meine Feinde sind entweder versöhnt oder werden durch die allgemeine Meinung der großen Provinz, der ich als erster Beschützer der Gerechtigkeit vorstehe, in achtender Entfernung gehalten. Erst in dieser Woche wurde mir die größte Genugtuung. Der

Justizminister Gr. R., mit dem ich, wie Sie wissen, die gefährlichsten Kämpfe bestanden hatte, bereiste die Provinzen, um den Zustand der Justizverwaltung zu untersuchen. Er kam unerwartet hier an und durfte (zumal ich erst vor wenigen Monaten an die Spitze eines so großen, vielfach verwickelten Geschäftes gestellt war) erwarten, daß er manches zu tadeln finden werde. Allein die schnelle Rechenschaft, die ich ihm geben konnte, die Resultate dieser Rechenschaft, die Einrichtungen, die ich getroffen, der Geist, den ich in meinem Gerichtshofe neu belebt habe, die einhelligen Stimmen der Vornehmen wie der Geringen überwanden sein Gemüt so ganz, daß er vor dem versammelten Gerichtshofe und in Berichten an den König erklärte, der Zustand, welchen ich in so kurzer Zeit geschaffen, übertreffe seine höchsten Erwartungen. Mir selbst machte er verschiedene Fragen über allenfallsige geheime Wünsche, die er bereit wäre, auf das kräftigste bei dem Könige zu unterstützen, sobald ich sie äußern würde. Ich hielt es aber der Klugheit gemäß zu erklären, daß mir durchaus nichts zu bitten oder zu wünschen übriggeblieben sei; mein einziger Wunsch sei, daß mir der König diese gegenwärtige Lage und meinen Wirkungskreis unverändert erhalten möge. Und dieses kommt auch aus meinem Herzen; denn in die Hauptstadt und das wilde Gewühl des Hoflebens und in das bodenlose Meer der Kabale mag ich nun und nimmermehr. Da verdirbt man an Geist und Herz und Leib. Was hinter den vergoldeten Herrlichkeiten zu finden ist, das habe ich erfahren. Die schönsten, frischesten Tage meines Lebens sind dort verschleudert worden; die übrigen will ich sparsam mir erhalten und in ruhiger, ungestörter Wirksamkeit genießen. Und diese Wirksamkeit ist doppelt: einmal für das Leben durch mein Amt, sodann für die Wissenschaft durch meinen gelehrten Beruf. So groß auch mein amtlicher Wirkungskreis ist, so habe ich doch durch Einfachheit und pünktliche Ordnung die Maschine so gestellt, daß sie nur zu rechter Zeit aufgezogen zu werden braucht, um gleichsam von selbst zu gehen, und ich dadurch noch manche Stunden herrlicher Muße für meine geistigen Arbeiten gewinne, die nun um so besser vonstatten gehen und um so schönere Genüsse mir bereiten, je mehr ich sie nur als Erholungen von den Arbeiten des Berufs betrachten darf. Ich habe sonst lange und viele Briefe voll Seufzer und jammernden Klagen Ihnen geschrieben; darum werden Sie es gern mir verzeihen, wenn ich einmal in Beschreibung meiner glücklichen Lage weitschweifig gewesen bin. Sie nehmen teil an mir, so innig und warm, daß Sie mein Glück als einen Teil des Ihrigen betrachten.

Die Erlaubnis zur Feier der Reformation kam zwar spät, aber doch kam sie. Und das Fest wurde im ganzen Königreiche von allen protestantischen Gemeinden begangen, 3 Tage hintereinander, vom 31. Okt. bis zum 2. Nov. In unserer Stadt und Provinz (die großenteils aus protestantischen Gebietsteilen besteht) zeigte sich allgemein die lebendigste Teilnahme an der großen Begebenheit und an dem großen Manne, der vor dreihundert Jahren dem Geiste Freiheit und Licht zurückgegeben hat. Alle Schriften über Luthers Leben werden überall auf das begierigste aufgekauft und gelesen; auch ein sehr zweckmäßiges Werk: „Luthers Weisheit" (Auszüge aus Luthers Schriften enthaltend) erlebte in wenigen Wochen mehrere Auflagen. Das sind Verwahrungsmittel gegen die Geistes- und Herzensfäulnis, welche wie der Krebs um sich zu greifen droht.

Von politischen Dingen weiß ich nichts; lohnt sich auch der Mühe nicht, viel davon zu wissen. Wohin alles unaufhaltsam geht, weiß jeder, der kalt beobachtend auf die Lage der Welt hinblickt und in dem alten Buch der Geschichte gelesen hat. Von dem Ziel wohin alles eilt, wendet aber gern der bessere Mensch seine Augen hinweg, solange es ihm noch die Zeit vergönnt.

Unsern Tiedge grüße ich nicht; denn er weiß ja, daß ich zugleich an ihn geschrieben habe.

An dieselbe

Ansbach, den 14. Dezember 1817

Was Ihr liebes kleines Briefchen mir von Ihrem Übelbefinden sagt, hat die freudigen Hoffnungen, die der frühere Brief in mir erregt hatte, wieder auf das schmerzlichste verkümmert. Es ist doch wirklich arg, daß man auf dieser – besten Welt sich bei jeder Gelegenheit und in allen Beziehungen und Bedeutungen Schillers Wort: „Dies ist das Los des Schönen auf der Erde!" zu wiederholen genötigt ist. Gegen diese immer wiederkehrenden Betrachtungen gibt es kein anderes Trostmittel, als daß das Sand- und Steinhäufchen, auf dem wir herumkriechen, nur ein Sonnen-Stäubchen unter Millionen Sonnen ist und wir das Wort für die tausend und tausend Rätsel hier unten, dort oben erwarten dürfen.

Wenn es nur irgend möglich, sehe ich Sie, edle Freundin, und Dich, mein Bruder Tiedge, im nächsten Jahr. Wir haben uns alle viel, unendlich viel zu sagen, was sich nun einmal in unsern Zeiten nicht mehr schreiben läßt. Briefe haben aufgehört, das Vereinigungsmittel entfernter Geister und Herzen zu sein. Daß auch Sie dieses wohl erwägen, sehe ich nur zu deutlich aus dem Inhalt Ihrer Schreiben, vielmehr aus dem, was diese Schreiben – nicht schreiben. Ein Bad werde ich schwerlich besuchen; diese Heilmittel haben mein Zutrauen verloren. Auf Pyrmont (das mir vor 8 Jahren große Dienste getan) hätte ich zwar große Hoffnung; allein die weite Entfernung und die Teurung des Orts fordern einen Aufwand, den ich mir in diesen Zeiten, wo auch der Wohlhabende nicht ganz sorgenfrei leben kann, bei meiner großen nun herangewachsenen Familie zu bestreiten nicht wagen darf. Ich habe mir Löbichau als den Ort ausersehen, wo ich mir und der schönsten, edelsten Freundschaft, die mich je auf dieser Welt beglückt, nächstes Jahr einige Wochen leben werde. Ob Sie und Tiedge mich dann noch Vesuv nennen werden, zweifle ich. Seit längerer Zeit wirft dieser Vesuv weder Flammen noch Rauch, und in der Asche seines Kraters ist schon mancherlei Grün von Gräsern, jungen Stauden usw. angeflogen. Aber freilich ist so einem alten Herrn, der es in den Eingeweiden hat, nicht zu trauen; ehe man sich's versieht, entzündet sich vielleicht der insgeheim aufgesammelte Stoff, und der alte Spektakel ist wieder da. – Einem solchen ruhenden Vesuv gleicht unsere jetzige stille, ruhige Zeit. Unter grauem Himmel liegt eine schwüle, stille Luft; der Gipfel brennt nicht; aber die Tiere am Fuße des Berges tun so ängstlich, ihre Seelen sehen in der Tiefe den kochenden, gärenden Pfuhl; bald wird unter Donnern die Erde beben, und glühende Eisenströme werden Felder, Städte und Menschen verzehren.

Noch immer gibt mir das Schicksal Beweise, daß es sich mit mir versöhnt hat. Eins muß ich Ihnen erzählen, weil es einen rührenden Zug in dem Charakter meines guten Königs bewährt. Ich war noch zu München ein nicht unbedeutendes Kapital bei dem Bankier Seeligmann (jetzt Baron Eichthal) schuldig. Kaum war neulich der Minister aus Ansbach zurück, so schickt er mir – meinen Schuldschein mit dem Bemerken, der König habe zufällig von einem Papier erfahren, das ich in München mitzunehmen unterlassen, er mache mir damit zum Zeichen seiner Gnade hier ein kleines Geschenk. Mit umgehender Post schrieb ich, wie natürlich, einige Worte des innigsten Dankes meinem guten Vater Max. Und dieser, um jenem großmütigen Geschenk erst seinen höchsten Wert zu geben, antwortete mir gestern auf meine Danksagung mit folgendem Handbillet:

„Mein lieber Staatsrat, Präsident v. F.! Ich habe Ihr Schreiben vom 4. dieses erhalten. Sie können versichert sein, daß es mir zum besonderen Vergnügen gereicht hat, Ihnen einen wiederholten Beweis meiner Gnade geben zu können. Sehr erfreulich war mir der Bericht welchen ich durch den Minister Grafen Reigersberg nach seiner Zurückkunft von Ansbach über Ihre Geschäftsverrichtungen in Ihrer Provinz erhielt. Ich bin überzeigt, daß Sie durch fortgesetzten Eifer und Tätigkeit für meinen Dienst sich immer neue Ansprüche auf die wohlwollenden Gesinnungen erwerben werden, womit ich bin

Ihr Ihnen wohlgewogner König *Max Joseph*."

So etwas belohnt, ermuntert, erhebt!

Das Exemplar des IV. Bandes Ihrer Reise ist hier in Ansbach bei Männern und Frauen in beständigem Umlauf. Jedermann liebt und verehrt die edle Elisa! Oh, Sie können mit heiterm Auge auf den Weg Ihres Lebens zurücksehen; wie ein guter Engel von oben haben Sie unter den Sterblichen gewandelt.

Gebe Gott Ihnen, edle Elise, und Dir, mein Bruder Tiedge, ein recht glückliches neues Jahr!

Ewig Ihr etc. etc.

An Tiedge

Ansbach, den 21. Januar 1818

Mein lieber Tiedge!

Ich schreibe unmittelbar an Dich, um es zu versuchen, ob ich nicht, wenn ich unmittelbar an Dich selbst mein Wort richte, auch von Dir selbst eins wieder zurückbekomme. Vor allem möchte ich wissen, wie unsre Freundin, die edle Elisa, mit ihrer Gesundheit in Vernehmen steht, wie Du selbst, mein edler Sänger, mit der Deinigen, was in dieser Hinsicht das neue Jahr Ihnen beiden Gutes gebracht oder verheißen hat. Da ich ziemlich lange hierüber aus Berlin nichts erfahren, so liegen diese Fragen mir sehr nahe am Herzen. Mit dem, was meine kleine Persönlichkeit unmittelbar angeht, habe ich Ursache, noch immer sehr zufrieden zu sein. Aber ich weiß nicht, ob Sie etwas schon von dem ungeheuer großen, alle menschliche Denkbarkeit beinahe übersteigenden Unglück erfahren haben, von dem unser Land betroffen worden ist und das nicht nur fast alle dessen Bewohner (worunter auch ich und viele tausend und tausend der bessern und besten) mit Entsetzen und Jammer geschlagen hat, sondern auch die ganze zivilisierte Welt in und außer Deutschland mit Schrecken erfüllen muß. Von Erdbränden durch Erdbeben verschütteten Städten, von Erdfällen, die ganze Landstrecken verschlingen, hat man schon viel gehört und gelitten. Bei uns hat ein ganz neues, noch nie erhörtes Naturwunder sich ereignet. Am hellen Mittag der Geisterwelt hat die Hölle ihren Rachen geöffnet, und auf einmal sieben volle Jahrhunderte verschlungen, so daß das heutige Jahr nicht mehr 1818 sondern 1073 ist, wo Papst Gregor VII. wieder als Statthalter Christi uns regiert. Leibhaft ist er aus seiner Verwesung wiederauferstanden, das blutige Kirchenschwert in der einen, den Bannstrahl in der andern Hand, sein Fuß auf eines Königs Nacken, umqualmt von schwarzem Höllenbrudel, der in dichten Wolken über das Land sich lagert und die Sonne verfinstert und worin viele Tausend Teufelslarven in Mönchskutten und Bischofsmützen auf und nieder weben und durch ein gellendes

Hohngelächter über Menschheit und alle menschliche Weisheit, Wissenschaft und Tugend die Sinne betäuben. Dieses gräßliche Zauberspiel, dessen geheime wirkende Kräfte allein noch unbekannt sind, steht vor aller Augen und wird Tod über die Welt und Pestilenz über alle Geister bringen, wenn nicht ein mächtigerer Zauberer, ausgerüstet mit den himmlischen Kräften des Lichtgottes, das Werk der Hölle wieder zerstört. Ob ich in diesen Bildern die Züge übertrieben oder die Farben zu grell aufgetragen habe, das überlasse ich mit ruhiger Zuversicht Ihrem eignen Gefühl, wenn Sie mit einiger Aufmerksamkeit die große Urkunde, die wir in das Archiv der Zeitgeschichte niedergelegt – das Konkordat zwischen Pius VII. und Bayern – gelesen haben. Aus dieser Urkunde ist deutlich folgendes herauszulesen: 1. daß die katholische Geistlichkeit unter der Oberherrschaft des Papstes künftig in Bayern einen eng geschlossenen Staat im Staate bildet; 2. daß, um diesen geistlichen Staat mächtig und reich zu machen, der weltliche mit seinem ganze Volk in Bettelarmut versinken soll, denn die *ersten* Auslagen zur Gründung des neuen geistlichen Reichs kosten, gering gerechnet, 28 Millionen an Kapitalien und liegenden Gründen; 3. daß, damit Gregorius redivivus [der wiedererstandene Gregor] im ganzen Staate über Fürst und Volk frei verfügen möge, sich die Krone ihrer wesentlichsten Majesätsrechte entäußert und sogar das allein noch schützende placetum regium [königliche Erlaubnis der Bekanntmachung päpstlicher und bischöflicher Verfügungen] aufgegeben hat; 4. daß, um auch alle Geister dem neuen Höllenreiche zu unterwerfen, neue ***Mönchsorden*** zum ***Unterricht der Jugend*** errichtet und alle ***Schulen und Universitäten*** der ***Aufsicht***, alle in Bayern ***erscheinenden*** oder ***nach Bayern eingeführten Bücher der Zensur*** der Bischöfe untergeben werden wollen!!; 5. daß alle Protestanten und protestantischen Kirchen, kraft des Art. 1, aller ihrer Rechte, aller Religions- und Gewissensfreiheiten verlustig erklärt und die Religionsedikte zwar nicht ausdrücklich, aber implicite, doch unzweifelhaft, für aufgehoben erklärt sind. – Durch welche Kabale diese Höllentat verübt worden, ist noch nicht klar; man beschuldigt den Kronprinzen. Der Eindruck dieser Erscheinung ist bei Katholiken und Protestanten beinahe gleich; ein Schrei des Entsetzens geht durch das ganze Land; die Urheber selbst zittern vor ihrer eignen Tat. Daß große, unerhörte Dinge aus so etwas entstehen müssen, ist klar; nur das Was liegt im Dunkel der unglückschwangern Zukunft verborgen. Noch hat man das *ratifizierte* Konkordat nicht publiziert und als Staatsgesetz erhoben; man erwartet dazu die Ankunft des päpstlichen Nuntius, der das neue Reich der Finsternis organisieren soll. Bei der Publikation sollen, wie verlautet, einige beruhigende Worte für die Protestanten angehängt werden; aber wenn der Wolf die Zähne gewetzt hat und dann den Schafen predigt, sie möchten ja ruhig sein und sich nicht fürchten, so weiß man, was solche Predigt zu bedeuten hat. Das Entsetzlichste ist, daß die protestantische Kirche in Bayern gar keine Verfassung hat, daß alle protestantischen Kirchen- und Schulangelegenheiten von den *Katholiken* geleitet werden, daß das prot. Generalkonsistorium einen katholischen Vorstand hat und unter dem ganz katholischen Ministerium des Innern steht, daß in den Provinzialkonsistorien *katholische* Räte mit *votieren* und *katholische Vorstände* es in ihrer Macht haben, die Beschlüsse zu verändern, zu unterdrücken usw. Die Unterdrückung der Protestanten ist daher schon vollbracht, noch ehe sie ausgesprochen war. Da es nicht einmal für die Protestanten ein gesetzliches Organ gibt, durch welches sie ihre Bitten und Beschwerden vor den guten König selbst bringen könnten, so ist die Lage doppelt verzweiflungsvoll. Indessen höre ich, daß die Geistlichkeit, jeder einzeln (?), sich an den König als obersten Bischof der protestantischen Kirche wenden wird, um die mit so viel Blut erkauften Rechte und eine sichere, gegen den Papismus schützende Kirchenverfassung zu reklamieren. Auch rechnet man sehr darauf, daß dieser Vorfall den Protestanten außer Bayern nicht gleichgültig sein könne und daß man uns mit allen Waffen des Geistes von außen her unterstützen werde; man rechnet insbesondere auf die Sachsen und Preußen. Bringe Du, lieber Tiedge, und Sie, edle Elise, diese heilige Angelegenheit zur größten Publizität in Ihrem Kreise, suchen Sie alle kräftigen Männer von Geist und Herz dafür zu erwärmen und tragen Sie das Ihrige bei, daß die Sache in Druckschriften, Journalen, Zeitungen etc. so viel und so laut als möglich besprochen werde. Schweigen heißt die Unterdrückung mit befördern; nicht bloß wir erliegen, sondern in unserm Unglück ist zugleich Gefahr für alle Protestanten, für alle denkenden Menschen, für alle so teuer bezahlten, so mühsam errungenen Schätze der Menschheit. Meine Gemütsruhe, mein wissenschaftlicher Friede ist dahin; denn ich kann, ich darf bei dieser Angelegenheit des Lebens nicht gleichgültig bleiben; könnte ich es, so wäre ich Elisens Freundschaft, so wäre ich der Deinigen, edler Sänger, nicht wert. Es liegt im Gang der Menschengeschichte, daß das Gute mit dem Bösen ewig kämpfe; nie wird das erste vollendet siegen[1], aber auch nie das letzte. Am Bösen müssen die edlern Kräfte sich üben; darum läßt Gott zuweilen die Hölle los, um das Göttliche auf Erden nur desto schöner zu verherrlichen. Und je greller und schneller der Teufel sein Reich gründet, desto näher und gewisser ist dessen Fall. In dem Äußersten jeden Übels liegt zugleich die Ursache seines schnellen Untergangs; die höchste Krisis einer hitzigen Krankheit entscheidet schnell entweder Heilung oder – freilich auch Tod; aber mit dem Tod ist doch auch das Übel gestorben. Ich verzweifle daher nicht; ich vertraue auf Gott und auf meine Zeit, die (durch solche Erscheinungen aus manchen faselnden Träumen aufgeweckt) mit ihren im ganzen noch frischen, hellen Augen und ihrem noch nicht ganz verphilosophierten gesunden Verstand dahin sehen und dahin ihre Kräfte wenden wird, wo die Gefahr am größten und die Hilfe am nötigsten ist.

Glauben Sie, dieser Brief könne vorgelesen werden, *ohne dessen Verfasser kenntlich zu machen*, so tun Sie es. Wirken Sie, wie Sie wollen und soweit Sie können und bei wem Sie es gut finden.

Indem ich da schrieb, brachte man mir Ihren Brief, edle Elise, vom 8. Januar und das beiliegende angenehme Geschenk des würdigen Friedländer. Meine Fragen am Anfang dieses Briefs in betreff Ihrer Gesundheit und der Deinigen, guter Tiedge, sind darin zur Zufriedenheit, wenigstens zur Beruhigung beantwortet. Wie wunderbar

[1] *Im Original A und B Druckfehler:* sein *Hier berichtigt nach dem Verzeichnis der Errata in B.*

und wahr treffen Ihre prophetischen Worte: „Nie bedurfte eine Zeit weisere Fürsten als die unsre, nie war edle Denkfreiheit mehr in Gefahr als jetzt!“ mit dem, was ich als geschehene Tat erzählt habe, zusammen. Aber nicht bloß Denkfreiheit ist in Gefahr, sondern alles, alles: der Friede der Völker, die Sicherheit der Throne, das Glück und das Leben aller einzelnen, die edelsten Besitztümer aller Geister, die Hoffnungen aller Bessern? Wilde Kriege, in welchen Politik ihre Gifte mischt und politischer Fanatismus mit religiöser Wut um die Wette morden und brennen und Europa in eine Wüstenei umkehren, diese entsetzlichen Aussichten, bei welchem der Genius der Menschheit weint, sind eröffnet, wenn nicht Gott die Kräfte aller bessern Menschen unterstützt und mit Weisheit die Fürsten erleuchtet. – Über das, was Sie mir über Judentum und dessen Verhältnis zu den Christen sagen, habe ich in diesem Augenblicke gar keine Gedanken. Meine Seele ist so voll von dem wiedererstandenen und mit Verderben drohenden Papsttum, alle meine Gefühle, alle Kräfte meines Geistes und Herzens sind so ganz auf diesen einen großen Gegenstand gerichtet, daß ich jetzt für nichts anderes Sinn habe. Selbst meine Geschäfte werden nur lässig oder mürrisch getan. Wenn unter den Füßen der Boden sinkt und über dem Haupt das Haus in Flammen steht, denkt und sinnt man bloß auf Rettung.

Ich bitte mir bald, bald wieder zu antworten und mir irgendetwas zu sagen, was mich stärken kann. Ich bedarf jetzt der Nähe und Mitteilung solcher Geister wie die Ihrigen. Es läßt sich ja vieles sagen, was der Freund versteht und dem Dritten ein unverdächtiges Rätsel bleibt.

An Elise von der Recke

Ansbach, den 12. Februar 1818

Lange habe ich keinen Brief mit so viel Sehnsucht und Bangigkeit erwartet als Ihren vom 4. Febr. Ich fürchtete, es möchte ein böses Schicksal meinen Brief vom 21. Jan. betroffen haben; aber er ist, wie ich nun sehe, zu rechter Zeit und am rechten Orte eingetroffen. Nur leider, daß er Sie, meine edle Elise, nicht so angetroffen hat, wie Sie sein würden, wenn die innigen Wünsche der Freundschaft so vieler Seelen, die Ihnen ganz ergeben sind, über den Himmel etwas vermöchten. Die Jahreszeit, die sich wenigstens hier sehr heiter und mild ankündigt, wird hoffentlich das Beste tun und machen, daß ich Sie zum mindesten weit zufriedener mit Ihrem körperlichen Wohlbefinden wiedersehe, als Sie jetzt sind. Wenn ich da vom Wiedersehen schrieb, so geschah dies nicht mehr mit jener vollen Zuversicht, mit der ich vor einiger Zeit davon gesprochen habe; denn schon mischen sich Besorgnisse ein, die mir die Umstände nahelegen und mich lebhaft daran erinnern, daß der Mensch nichts auch nur auf die allernächste Zukunft mit einiger Zuversicht vorausberechnen und eigentlich nichts für gewiß halten soll, als was jetzt leibhaft gegenwärtig vor ihm steht.

Der Eindruck, den (wie Sie mir schreiben) das Konkordat bei Ihnen gemacht hat, ist ganz den Empfindungen gleich, die es auch bei uns (mit wenigen oder nicht zu beachtenden Ausnahmen) allgemein erregt hat. Ratifiziert ist dasselbe allerdings, unwiderruflich abgeschlossen; aber daß dasselbe noch nicht offiziell in dem Gesetzblatte bekanntgemacht worden ist, mag in den weisen Besorgnissen unseres sehr erleuchteten Ministerii seinen Grund haben, in den Schwierigkeiten, die sich bei der bereits begonnenen Ausführung zeigen, in einzelnen empörenden Ausbrüchen des neu sich erhebenden Pfaffengeistes und in dem allgemeinen Geschrei, das sich gegen die Anmaßungen des Papstes, die in jenem Konkordate ausgesprochen sind, erhoben hat. Das ganze protestantische Bayern insbesondere ist, wie ich vernommen, dadurch in eine große Gärung gesetzt worden, welche sich auf würdige Weise und in bescheiden gesetzlicher Ordnung, jedoch sehr mutig kundgegeben hat. Aus fast allen protestantischen Provinzen und Orten, von dem Bodensee bis zum Fichtelgebirge, sind (wie ich bin versichert worden) von den Generaldekanen, Dekanen, Pfarrern, Schulinspektoren, Munizipalitäten usw. unzählige Adressen an des guten, gerechten Königs Majestät erlassen worden; es sind Bitten um Recht oder bittende Forderungen, die zu gerecht sind, um ihres Zweckes zu verfehlen. Alle diese aus so verschiedenen Gegenden eingelaufenen Petitionen sollen auf folgende Punkte hinauslaufen; daß die Gleichheit der Rechte beider Kirchen von neuem feierlich ausgesprochen werde, daß den Protestanten ein von dem Einfluß katholischer Vorstände oder Mitglieder gereinigtes Oberkonsistorium bewilligt werde, das, mit den ihm untergeordneten und ebenfalls von katholischen Chefs unabhängigen Provinzialkonsistorien, alle Kirchen- und Schulangelegenheiten leite und das gesamte Kirchen- und Schul*vermögen* verwalte; auch wurde gedrungen auf Erhaltung und gehörige Dotierung der protestantischen Landesuniversität Erlangen usw. Die Regierung ist zu gerecht und zu weise, um nicht durch Bewilligung dieser bescheidenen Bitten ihre protestantischen Untertanen über die Besorgnisse, die das Konkordat erregen muß, zu beruhigen. Welche Beruhigung man den katholischen Untertanen, die den Priesterdruck fürchten, gewähren wird, muß die Zeit lehren. Unter den katholischen Geistlichen zeichnet sich bei uns besonders ein zum Priester geweihter und zum Bischof designierter Prinz Hohenloh aus, welcher viel Einfluß über die Gemüter gewinnt, das Bekehrungsgeschäft eifrig und mit Glück betreibt und unter anderm auch damit sich beschäftigt, Teufel auszutreiben usw. Auch ein junger hoffnungsvoller Sohn des ehemaligen Geheimen Rats v. Schenk ist, vom Prinzen Hohenloh bekehrt, unter andern gläubig zur katholischen Kirche übergetreten. – Die Besorgnisse Ihres Freundes aus Köln, lieber Tiedge, teile ich nicht. Preußen wird sich hüten vor einem solchen Konkordat. Vestigia terrent [Die Spuren schrecken]! Indessen hat mir im Gegenteil Cruickshank geschrieben, er habe zu Frankfurt allgemein vernommen, der Papst, im stolzen Triumph über den gewonnenen Sieg, habe erklärt, daß er nunmehr den protestantischen Fürsten – kein Konkordat *bewilligen*, sondern seine Kirche schon selbst einzurichten wissen werde! – Was aus den Elementen der Hexensuppe, welche Torheit und Schlechtigkeit zusammengerührt und an das Feuer gestellt, herauskochen wird, weiß Gott besser als eine sterbliche Seele.

Daß ich Friedländers Rede in meinem letzten Briefe nur obenhin berührte, werden Sie, edle Elise, nicht meinem Mangel an Teilnahme und Achtung für diesen würdigen

Nachfolger Mendelsohns, sondern allein dem Umstande beimessen, daß ich damals, mit einem ganz andern, äußerst wichtigen und dringenden Gegenstände, der meine tätigsten Kräfte in Anspruch nahm, pflichtmäßig beschäftigt, meine Aufmerksamkeit nicht teilen konnte, noch durfte. Das neue Schriftchen Friedländers, das ich nun aufmerksam und mit vielem Vergnügen gelesen, hat die Achtung, die ich schon durch die frühere Mitteilung für diesen trefflichen Mann gefaßt hatte, noch um vieles vermehrt. In *dem* Sinne und Geist wie Friedländer kann jeder Gebildete ein Jude sein. Allein mit diesem Geist, diesen Ansichten und Gesinnungen hat Friedländer aufgehört Jude zu sein; und es sollte mir gar nicht schwerfallen, Friedländer aus den positiven Grundsätzen seiner Religion zu beweisen, daß er (nicht in der Form, aber der Tat nach) ein Apostat ist, den seine Glaubensgenossen mit eben dem Recht in den Bann tun können wie die Katholiken einen Katholiken, der behaupten wollte, daß die wahre Erkenntnis Gottes mit der Vernunft allein aus der Bibel zu schöpfen sei. Daß viele Juden, besonders bei Ihnen, fähig sind, einen Friedländer zu fassen, ohne ihn zu verfolgen, daß diese vernünftige Bildung des Geistes und Herzens die Israeliten den Christen genähert hat, beweist den – Verfall des eigentlichen Judentums, der es möglich machen wird, daß einst jede Scheidewand, welche sie noch im bürgerlichen Leben von uns trennt, niederfalle. Aber der Jude als solcher, d. i., solange er Jude bleibt, steht notwendig in einem Gegensatz mit jeder andern nichtjüdischen *Nation*, welcher Gegensatz sich durchaus nicht anders vermitteln läßt, als daß der eine oder der andere Teil seine Eigentümlichkeit aufgebe. Nicht die Religion ist es, welche hier zunächst in Betracht kommt; diese Religion ist es auch gar nicht, die z. B. in Frankfurt die bekannte Opposition veranlaßt hat. Aber die Juden sind eine *eigene Nation*, welche durch ihre Religionsgesetze sich von jeder andern Nation, unter der sie lebt, ausschließt und nirgendwo anders als in Judäa ihr eigentliches Vaterland anerkennt; die überdies durch ihr eigentümliches, religiös begründetes Nationalinteresse, unter sich eine eng verbundene Korporation bildet, welche, mit dem allgemeinen Bürgertum ganz unverträglich, alle Vorteile auf sich hinüberzuleiten weiß, ohne etwas davon an die übrigen zurückzugeben. Solange nicht durch *Zerstörung dieser Nationalität* der Juden (die ohne Zerstörung der strengen Formen ihrer positiven Religion unmöglich ist) die Aufnahme derselben zu gleichen bürgerlichen Rechten *vorbereitet* ist, so lange ist die Mitteilung dieser Rechtsgleichheit dem Ganzen verderblich. Man wende nicht ein, der Druck der Christen hat die Juden zu dem gemacht, was sie sind; dieser Druck hat freilich noch mehr an den Juden verdorben; aber die Juden mit allen den wesentlichen Eigentümlichkeiten, die wir heutzutage an ihnen wahrnehmen, waren zu allen Zeiten dieselben. Bei den alten Griechen und Römern waren die Juden so angesehen wie heutzutage; und sie sind es noch jetzt ebenso in Asien und Afrika wie bei uns. Und dieses kommt nur daher, weil die Juden zu allen Zeiten Juden waren und als solche überall Juden sind, d. h. eine in sich geschlossene, von allen anderen Nationen sich ausschließende, hierdurch allen sich entgegensetzende *Nation*. Was zu Frankfurt gegen die Juden geschieht, ist nicht als Religionsverfolgung anzusehen, sondern nur als Abwehr der Gefahren, die den christlichen Einwohnern, ihren Rechten und ihrem ganzen Wohlstande bevorstehen, sobald diese fremde, einem christlichen Gemeinwesen feindselige, in geistiger Roheit hinbrütende Masse (ich denke an *eigentliche* Juden und an die *Frankfurter!*) auf einmal in Bausch und Bogen in die Ausübung des vollen Umfangs bürgerlicher Rechte gesetzt würde. Und der ehemalige Großherzog von Frankfurt hat nicht bloß den *damals* in Frankfurt lebenden Judenfamilien das Bürgerrecht verkauft, sondern jeder auswärtige Betteljude soll nach des Großherzogs Verordnung, Frankfurter Bürger sein, sobald er nur eine Frankfürter Jüdin geheiratet hat! Durch nichts wird dem Guten so sehr wehe getan als durch die Extreme. Meine Meinung über die bürgerliche Verbesserung der Juden ist in folgenden zwei Punkten eingeschlossen: 1. Diejenigen Bekenner des israelitischen Glaubens sollten unbedenklich in den vollen Genuß bürgerlicher Rechte gesetzt werden, welche durch Ablegung ihrer nationellen Vorurteile und durch geistige Bildung sich dessen würdig bezeugt haben; 2. der Staat soll (z. B. durch Schulunterricht, durch Erteilung des Rechts zu mehreren bürgerlichen Gewerben) den Juden so viel möglich Gelegenheit geben, sich diese Würdigkeit zu erwerben. Also: allmählich, aber nicht auf einmal und nicht einem *jeden*, dem Unwürdigen wie dem Würdigen!

Für die Mitteilung der Blätter bin ich doppelt dankbar, einmal wegen Schinks Briefen, die so trefflich und wahr das Tagebuch Elisens würdigen, sodann wegen der verdienten Züchtigung, die Hr. v. Dittmar dem geckenhaft eitlen Mephistopheles unter den Rechtsgelehrten* hat angedeihen lassen. Zu bessern ist übrigens dieser arge Schelm nicht mehr; mit diesen Lastern würde er den besten Teil seines Witzes einbüßen, durch den er mehr als durch sein Wissen sich geltend zu machen gewußt hat; seine beste Kraft ist, wie bei der Klapperschlange, in der Rassel und in dem Giftzahn.

Ich bin mit unveränderter Freundschaft und Anhänglichkeit wie immer

der Ihrige

23. Februar 1818

Aus Zerstreuung in Geschäften von mancherlei Art ruhte obiger Brief, ohne unter sein Kuvert zu kommen, und würde vielleicht noch länger geruht haben, wenn nicht Ihr Briefchen vom 17. Febr. nebst Beilage (wofür ich *sehr* danke) mich meiner Pflicht erinnerte, einen geschriebenen Brief auch auf die Post zu geben. Daß Sie, edle Elise, und daß Du, trefflicher Freund, einer bessern Gesundheit sich erfreuen, hat mir wahrhaft einen Stein von der Seele gewälzt.

In Ansehung des Konkordats kann ich Ihnen (da seit dem 12. vieles sich entwickelt hat) folgendes nachträglich melden: Es ist 1. dasselbe nichts weniger als *aufgehoben;* was auch bei einem feierlich ratifizierten Vertrag, zumal mit einem Papst, keine so leichte Sache ist. Dagegen verlautet, 2. daß man sich gern wieder loswinden möchte, daß man *zögern* wird, dasselbe zum Staatsgesetz zu erheben, daß auch verschiedene auswärtige Mächte, unter

* Es ist Hugo in Göttingen gemeint.

andern sogar Österreich, sich in starken Noten gegen diesen alle Staaten gleich bedrohenden Vertrag erklärt haben sollen usw. Gewiß ist aber, 3. daß dasselbe dermalen noch nicht aufgehoben, sondern nur (wie Sie mit Recht befürchten) bloß *aufgeschoben* ist, und zugleich *gewiß*, 4. daß dasselbe, sobald es als *Staatsgesetz* promulgiert wird, einen Anhang zum Vorteil der Protestanten erhalten soll.

Ihre Ansichten über die großen Tendenzen unserer Zeit teile ich vollkommen. Es geht offenbar ein Plan durch die Welt: durch *Verwirrung* der Köpfe Finsternis in die Seelen zu bringen und in der Finsternis den Völkern das Netz über die verwirrten, schwindelnden, im Dunkel taumelnden Köpfe zu werfen. Die Belehrungen der Geschichte sind für diejenigen, die alles dieses machen, ganz und gar verloren. Das Schicksal der Welt in die Hand von Bösewichtern und Dummköpfen gelegt. Die letzten verstehen jene Lehren nicht, die ersten wollen sie nicht brauchen; denn diese rechnen nur auf sich und die kurze Spanne *ihres* Daseins; daher sagen sie in ihren Herzen: Die Folgen der Warnung treffen *uns* nicht mehr, après nous le deluge [nach uns die Sintflut]! Die Kanaille nach uns mag sehen, wie sie aus dem Brande sich rettet, den wir angeschürt haben, um an dem Feuerchen unsere Äpfel zu braten.

F.

An H. Direktor v. d. Becke

Ansbach, den 13. März 1819

Ew. Hochwohlgeboren sage ich zuvörderst meinen verbindlichen Dank für Ihr schätzbares Schreiben vom 5. d. M., wiewohl mir dasselbe wegen unseres v. Spies gar schwer auf die Seele fiel. Ich habe ihn oft genug vor der Münchener Luft gewarnt – Luft im allerweitesten Verstand genommen; die Luft im engern Sinne des Worts scheint es zuerst über sich genommen zu haben, mich an Spies zum Propheten zu machen. Heute geht ein von mir (am 8. März) verfaßter, von dem Direktorio mitunterzeichneter Bericht* nach Hof ab, welcher zwar zunächst nur durch ein einziges Ministerial-Reskriptlein veranlaßt ist (dasselbe datiert vom 1. d. M.), sich aber über einen sehr interessanten Gegenstand, die heillosen und doch so leicht heilbaren Gebrechen unseres bloß auf Vielschreiberei und Wenigtun eingerichteten Justizverwaltung, in der mir eigentümlichen Weise, verbreitet. Er ist bloß die flüchtige Arbeit einer sehr kurzen Zeit und im Stil ziemlich vernachlässigt; aber am Gewicht der Sache soll ihm hoffentlich nichts abgehen. Ew. Hochw. erlaube ich mir darum aufmerksam zu machen, weil ich nicht weiß, ob auch dieser Bericht Ihnen mitgeteilt werden wird. Übrigens sind Abschriften desselben quoad passus concernentes [soweit die einschlägigen Stellen reichen] (nämlich mit Weglassung dessen, was im Eingange steht) an Se. Königl. Hoheit den Kronprinzen und an Präsidenten resp. Mitglieder beider Kammern gesendet worden.

Wohl reiste ich selbst sehr gern zu Vater Rhein, um dort die Jury zu sehen und zu hören, über die ich lange Zeit so mancherlei gelesen und gedacht habe.** Wer weiß, ob da nicht das Wunder der Bekehrung an mir sich offenbarte? Sehr gern, und wahrlich mit jauchzendem Triumph wollte ich dann laut in das deutsche Vaterland rufen, so laut als ich nur zu rufen vermag: Bei mir war der Irrtum, dort ist die Wahrheit, und der Wahrheit wollte ich den Sieg verschaffen. Aber ich zweifle so sehr an der Möglichkeit dieser Bekehrung, daß ich, der die res angusta domi [engen Verhältnisse daheim] nur zu empfindlich spürt, keine Lust habe, an jene Möglichkeit 1000 Fl. zu wagen. Bis jetzt gründet sich meine Überzeugung auf eine über diesen Gegenstand ziemlich detaillierte Kenntnis der Gesetze,

* „Die Anordnungen betreffend, durch welche die unnötigen, die Justiz verzögernden, den Staatsschatz belastenden, die Untertanen bedrückenden Schreibereien bei den Justizstellen sehr leicht beseitigt werden können."

** F. hatte dem Herrn v. d. B. seine 1819 erschienene „Erklärung in Ansehung der Geschwornen Gerichte" überschickt, worauf dieser, ein enthusiastischer Verehrer der Schwurgerichte, den Wunsch äußerte, F. möchte doch einmal an den Rhein kommen, um sich dieselben anzusehen.

der Geschäfte und der Gerichtsannalen sowie auf die Erfahrungskenntnisse geistreicher Engländer und Franzosen, und ich gestehe, daß ich lange gegen meine eigene Bekehrung mißtrauisch sein würde, wenn das Sehen und Hören mir auf einmal dieses Fundament meiner Überzeugung umwürfe. Das Streben der bayerischen Justiz, öffentlich zu werden, führt mir übrigens das Bild eines Menschen vor die Seele, dessen Hemde und Strümpfe von der übelsten Beschaffenheit sind, während er sich einen goldgestickten Rock aus Paris verschreibt. Denn mir scheint, an der Justiz sei zuerst vieles andere, was dringender nottut, schleunig zu bessern, ehe man ihr die allerdings schöne Zierde der Öffentlichkeit zu verschaffen sich bemüht. Auch wird mir bei der großen Schnelligkeit, womit man so viele sogenannte Freiheits-Institute, eines schnell nach dem andern, organisiert, etwas bänglich zumute, denn ich fürchte, ich fürchte, daß Roß läuft mit seinem Reiter davon – doch ich komme hier auf einen Gegenstand der viel zu groß ist für einen so kleinen Brief.

Die Bemerkungen zur Rechtfertigung des Antrags auf Einführung der Öffentlichkeit des gerichtlichen Verfahrens (wahrscheinlich sind Ew. Hochw. der Verfasser) habe ich mit großem Interesse gelesen. Daß der Antrag, wenn er an die zweite Kammer gebracht wird, *hier* mit überwiegender Stimmenmehrheit durchgeht, zweifle ich nicht, wenn man es nicht etwa bedenklich findet, über die Frage: *ob?* getrennt von der Frage: *wie?* abzustimmen.

Über das den Ständen vorgelegte Hypothekenprojekt schlage ich, schlagen alle Geschäftsmänner von Geist, Kenntnis und *Erfahrung* die Hände über den Kopf zusammen.* Bei manchen Dingen, z. B. der *gesetzlichen* Hypothek der Fabrikanten und Großhändler, dann für (incredibile dictu [unglaublich zu sagen]) verfallene Wechsel usw. wollen manche Leute gar nicht ihren Augen trauen. Bei uns weiß man sehr gut, was zu einer Hypothekenordnung gehört, wie Hypotheken geführt werden, was in dem Gesetz stehen und nicht stehen muß, wenn

* F. hatte selbst „Einige prüfende Blicke" auf dieses Projekt der Hypothekenordnung am 24. Febr. dem Fürsten Wrede und einigen Deputierten übersandt.

nicht durch das Hypothekengesetz Unheil, Verwirrung und der *Sturz alles Kredits* herbeigeführt werden soll. Die in allen diesen Punkten erfahrensten Geschäftsmänner, v. Leonrod, Knappe, Brater usw., alle ohne Ausnahme, behaupten, es habe der Verfasser des Hypothekengesetzes, das übrigens aus allen Ecken zusammengestoppelt ist, von allen jenen Dingen nichts verstanden. Es mag daher der H. Verfasser sich darauf gefaßt machen, daß er vor ein strenges Gericht gezogen werden wird. Es wird ein arger Lärm werden.

*Untertänige Vorstellung und Bitte der gefangenen Gerechtigkeit an eine hohe Ständeversammlung zu Y.**

Ansbach, März 1819

Hohe Ständeversammlung! Durch die Mauerritzen des Gefängnisses, in welchem ich – einst eine gefeierte Göttin, nun eine arme verachtete Magd – in tiefem Elend, bei magerer Kost und schwerer Zuchthausarbeit schon seit Jahren schmachte und schanze, dringen die Laute der frohen Botschaft in mein Ohr, daß man sich bei einer hohen Ständeversammlung meines Zwang- und Notstandes erinnert und auf meine Erlösung von Jammer, Schmach und Knechtschaft angetragen habe.

Ich benutze die wenigen Stunden der Nacht, welche die über hiesige Zwangsarbeitsanstalt wachende Hausordnung den Sträflingen zur stärkenden Ruhe gönnt, um meinen Freunden in der Not für die geschenkte Hoffnung – und wäre es auch nur Hoffnung! – meinen Dank einstweilen mit zitternder Hand zu schreiben. Jawohl: mit zitternder Hand! Wie sollte die Hand nicht zittern, die schon seit Jahren tagaus, tagein, vom ersten Hahnenschrei bis zu der Sonne letztem Strahl zur Frone mit ihrer Feder geackert hat? Auch ist mein Kopf von dem Papierstaube so dumpf und eingenommen und mein Herz von der Behandlung meines Rückens zur Ermunterung meiner

* Wurde abschriftlich einigen Deputierten mitgeteilt.

Schreibefinger so ermattet, daß eine hohe Versammlung die Tat mit dem guten Willen entschuldigen wird, wenn sie in meinen Gedanken Licht und Ordnung, in dem Ausdrucke meiner Empfindungen Wärme und Tiefe vermissen sollte.

Was aus dem armen Menschen in der Knechtschaft wird, das hat man schon oft gesehen. Was in der Knechtschaft selbst eine Göttin werden kann, davon gebe ich zuerst das jammervolle, herzzerschneidende Exempel. Daß der Thron, von dem ich sonst über Götter und Menschen richtete, eine Arme-Sünder-Bank geworden, der göttliche Leib, den sonst ein Herrschermantel schmückte, mit Hadern und selbst das nicht einmal zur Notdurft bedeckt ist, daß ich, statt wie sonst mit dem Geiste zu herrschen, jetzt bloß mit dem Leibe fröne, daß ich statt des Schwerts und des Szepters nun die Gänsefeder führe, wie meine Unglücksgenossen in den Arbeitshäusern zu N. und N. den Wollenschlegel oder die Marmorsäge, dieses und anderes sind nur die Äußerlichkeiten meines Schicksals, die aber auf mein innerstes Wesen so tief eingewirkt haben, daß ich es mit meinem kleinen Restchen von Seele gar nicht darzustellen imstande bin. Oh, meine Herren, die meisten von Ihnen kennen meinen Jammer nur von weitem Hörensagen. Wenn Sie erst selbst mich sähen! Kaum noch wie im Traume erinnere ich mich meiner vormaligen Göttlichkeit. Das frische, warme Götterblut ist vertrocknet, das Haupt mit dem freien, hellen Herrscherauge, vor dem sonst der Olympos sich beugte, senkt sich zitternd zum Staube; mein ganzes Wesen ist eine dürre, runzelige, ausdruckslose Gestalt, die von nichts als von den noch dürreren Quartals- und Jahrestabellen meines, übrigens für seinen Beruf vortrefflichen, Inspektors übertroffen werden kann.

Daß man mich vor längerer Zeit entthront und gefangengesetzt und mir Fußschellen angelegt hat, das will ich den Menschen großmütig verzeihen, weil ich weiß, daß niemand daran schuld ist als meine Erbfeindin, die schwarze Göttin Polizei, die mir allein dafür Rede stehen soll, wenn ich einst wieder zu Ehren und Würden werde gekommen sein. Auch daß mich mein Inspektor immer so lästerlich zerarbeitet und traktiert, daß ich leiblich halb vermodert und geistig ganz ausgeweidet bin, auch das ertrage ich mit schweigender Geduld. Denn er tut, nach bestem Vermögen, nur seines Amtes Schuldigkeit, wie er denn überhaupt in diesem seinem Fache einer der vollkommensten Männer ist.

Was mich aber seither in der Seele am tiefsten kränkte, war und ist das Betragen des größten Teils meiner Priester und Oberpriester. Leben sie nicht von den Opferstöcken auf meinem Altare? Tragen sie nicht von mir zum Lehn ihre Würden und ihre Ehre? Doch haben sie mich verlassen, gleichsam als wäre ich nur so ein Mensch, den man menschlich, ohne sich zu schämen, in seinem Unglück verlassen darf. Sie kannten meine Not, und sie halfen nicht; sie wußten meinen Jammer und sprachen kein Wort zu meiner Rettung; sie stürzten sogar in Trümmer mein hehres Bild und stellten an dessen Platz ein Ding, das sie Justiz nannten, gleichsam als schämte sich ihre Sprache des heiligen Namens Gerechtigkeit. Um endlich auch das Sprichwort wahrzumachen: „Wer das Unglück hat, darf für den Spott nicht sorgen", sprachen sie noch obendrein höhnend von mir, ich die Jammervolle befände mich noch so ziemlich wohl, ich die Gefangene sei sogar *unabhängig* und *frei*.* „Unabhängig und frei". Vater Zeus, so tief ließest du sinken deine erstgeborene Tochter, daß sie diesen Spott noch tragen muß! Aber Sie, hohe Ständeversammlung lassen Sie sich in Ihren edlen Entschließungen nicht durch jene Reden irremachen und glauben Sie fest, man spricht nur von meiner Freiheit, um meine Gefangenschaft zu verlängern. Sollten Sie aber im geringsten eine Neigung in sich verspüren, jene Justiz für die Gerechtigkeit und mich, die Gefangene, für frei zu halten, so berufe ich mich im voraus auf Augenschein, entweder durch einen Kreis- und

* Wenige Wochen vor Abfassung dieser untertänigen Vorstellung hatte F. bei seinem Gerichte eine „Verwahrung" zu Protokoll gegeben wegen einer durch Akteneinsendung, welche das Justizministerium „nach der, obgleich sehr bedenklichen und die Freiheit des Richteramtes bedeutend gefährdenden, gleichwohl noch bestehenden Einrichtung, von Oberaufsichts wegen jeden Augenblick Prozeßakten von uns abzufordern" befohlen hatte, eingetretenen Hemmung der Justiz bei Vollstreckung eines rechtskräftigen Erkenntnisses.

Stadtgerichtsphysikus, der die Folgen der Unabhängigkeit an meinem Rücken sowie an den Arm- und Fußgelenken untersuche, oder auch durch einige vereidete Bauverständige, die beurteilen mögen, ob das Schloß, das ich bewohnen muß, für die Freiheit und Unabhängigkeit bewohnbar sei. Bewegen kann ich mich freilich in meinem ziemlich geräumigen, übrigens stockfinstern Saale von einem Ende zum andern und in die Runde herum, wie mir es beliebt; die Kette, die ich trage, ist nach der Größe des Saales abgemessen, weil ich sonst meine Strafarbeit nicht verrichten könnte und ich ohne die gehörige Motion zu gar nichts, selbst nicht zu dieser Arbeit mehr, taugen würde. Aber erstlich ist gleich in der nächsten Etage über meinem Kopfe die Stube der Wächter, die durch Bodenfensterchen alles, was ich tue und nicht tue, jedes schlimme und jedes gute Gesicht das ich mache, beobachten und sich alles hinter die Ohren schreiben, bis die Zeit kommt, wo mir der Lohn dafür durch den Inspektor auf den Rücken geschrieben werden kann. Das zweite und schlimmere sind an der Tür die Wächter meiner Erbfeindin, die jeden nach Belieben abhalten, der zu mir will, oder nach Belieben den wieder hinausführen, der zu mir hineingekommen ist. Diese Wächter erkennen durchaus nichts für mein Eigentum an; sie lassen mir, was sie mir eben gönnen wollen, und nehmen sich, was sie sich selbst lieber gönnen. Glaube ich einmal, etwas recht fest als das Meine zu haben, unvermutet kommt dann so einer von den Türhütern, welcher – entweder aus Staatsgrundsätzen oder weil die Sache aus einem Staatsvertrage komme oder weil ein Kompetenzkonflikt vorliege oder weil die Sache der Maut-, Malz-, Post-, Kultur-, Finanz-Polizei gehöre – mir kecklich diese und jene und jede Sache unter den Händen hinwegnimmt, um sie den eben genannten Abgöttern und Nebengötzen (in welche der heidnische Aberglaube meine göttliche Einheit zerspaltet) als Trank- und Speiseopfer darzubringen.

Das Wenige, was mir Kette, Wächter und Türhüter an Freiheit übriggelassen haben, wird mir endlich noch durch meinen Inspektor genommen oder verkümmert. So tief ich auch in meinem Selbstgefühl gesunken bin, so hängt mir doch noch immer manches von meiner angebornen

Natur an, z. B. die Neigung, wenigstens das, was ich noch machen darf, fein ordentlich, *recht* und *gerecht* zu machen, und daher die zuweilen ganz unwiderstehliche Lust, mich zuvor über die Arbeit besinnen zu wollen, ehe ich Hand ans Werk lege. Aber diese Lust und jene Neigung gelten meinem auf Emsigkeit bedachten Inspektor als leidige Unarten, die mir notwendig abgewöhnt werden müssen, wenn aus mir etwas Rechtes werden solle. Zu der Gerechtigkeits*pflege*, sagt er immer, sei es nicht mehr Zeit; die Gerechtigkeit dürfe nicht mehr *gepflegt* werden, und ebensowenig dürfe sie selbst sich *pflegen*; arbeiten solle sie, nicht sich gütlich tun im sinnenden Denken, während die Finger feierten; tausend Stücke Handarbeit müßten wenigstens täglich geliefert werden, damit in seiner von ihm zu fertigenden erschöpfenden Jahrestabelle an den erforderlichen 365000 Stücken auch nicht ein einziges Nummerchen fehle. Da steht denn nun also der Inspektor vom grauenden Morgen bis zur sinkenden Nacht hinter mir und mahnt mich und schilt mich und treibt mich und fährt, sobald er nicht die Feder kratzen oder das Papier knattern hört, unbarmherzig über meinen Rücken her, ohne meiner Seufzer, meiner Tränen, meines blutigen Schweißes sich zu erbarmen. Bei der Eile meiner Finger begegnet mir es denn, daß meistens nur schlechte Stümperarbeit unter meinen Händen hervorgeht, daß ich in der Angst meines Herzens oft das geradeste Recht krumm mache und das stärkste zerbreche. Mein Inspektor macht sich zwar nichts daraus, weil doch jedes Stück, selbst das zerbrochene, für eine Nummer gilt; dagegen aber fühle ich selbst es immer wie einen schneidenden Gewissensdolch in meinem Busen, wenn ich sehe, daß ich – ich, die Gerechtigkeit – selbst aus dem Unrecht ein Recht, aus dem Recht ein Unrecht gemacht habe, und dann wenigstens darunter schreiben möchte: von Zwangs wegen! und doch immer – oh, Schmach und Jammer! – in verbissenem Gram und Zorn mein heiliges „von Rechts wegen!“ darunter setzen muß.

Sehen Sie, hochansehnliche Versammlung, das ist so ungefähr ein schwaches Bild der Freiheit und Unabhängigkeit, die gewisse Leute, welche ich Ihnen nicht nennen mag, an mir zu rühmen wissen. So sehr ich Ihnen für die mir geschenkte Hoffnung auf den Tag der lang entbehrten goldnen Freiheit zu innigstem Danke mich verpflichtet fühle, so sehr (um es aufrichtig zu gestehen) bin ich erschrocken, als ich vernommen habe, daß viele von Ihnen damit umgehen, zur Besserung und Wiederherstellung meines Wesens mich vor allen Dingen *öffentlich* zu machen.

Was das Öffentlichsein an und für sich betrifft, so bin ich zwar, wie Sie leicht sich denken können, demselben nichts weniger als abgeneigt, vielmehr liebe ich, als eine von Natur ehrliche, rechtliche, gerade Frau, gar sehr das helle Licht und fühle mich in dem Dunkeln immer grauenhaft bewegt. Auch lebe ich der festen Hoffnung, daß das Licht und die frische, freie Luft zu meiner gänzlichen Genesung und zur Stärkung der wiedererlangten Gesundheit dereinstens die ersprießlichsten Dienste leisten werde[n]. Aber, meine Herren, ich bitte Sie vor allen Dingen, meinen dermaligen jämmerlichen Geistes- und Körperzustand wohl zu erwägen, ehe Sie mich dem Luftzuge der Öffentlichkeit bloßstellen. Wenn auch (weil es gar nichts mehr an mir zu verderben gibt) der Luftzug mir eben nicht schaden sollte, so wird er mir doch auch gewiß nichts helfen, weil ich noch nie gehört habe, daß ein Patient bloß durch die Luft und dadurch, daß jedermann seinen Zustand ansehen und sein Ächzen und Stöhnen mit anhören darf, geheilt worden sei. Senden Sie mir vor allen Dingen einige gelehrte, wohlerfahrene Ärzte, welche mich von innen heraus gründlich heilen, die durch mancherlei alten Gesetz-Unrat verstopften ersten Wege reinigen und meine in der Gefangenenstube durch unzählige schädliche Influenzen abgeschwächten Kopfnerven stärken. Und dann, hochansehnliche Versammlung, belieben Sie, sich aus dem Obengesagten zu erinnern, wie so ganz kläglich mein ganzes äußeres Ansehen ist und daß ich so, wie ich jetzt bin, durchaus keine Ehre davon haben würde, von der ganzen Welt gesehen und betrachtet zu werden. Das hat noch meine Gefangenschaft Gutes an sich, daß sie wenigstens meine Schande verbirgt. Jetzt bekommt mich doch niemand zu sehen als mein Inspektor, der da meint, ich sähe noch immer gut genug aus; und was die andern Leute in der Welt betrifft, so haben sie Ursache, zu glauben, daß es wenigstens nicht so ganz arg mit mir aussehen müsse, weil man doch immer noch so viele Karren und Wagen voll gelieferter Arbeit aus meiner Stube herausführe. Solchergestalt genieße ich wenigstens des Trostes, mich noch zur Zeit bloß vor mir selber schämen zu müssen. Sollte ich sogar nun auch dieses letzten Trostes, und zwar von meinen eigenen Freunden, beraubt werden? Würden Sie sich nicht sträuben, meine gnädigen Herren, wenn man Ihnen zumutete, ohne Strümpfe und Beinkleider sich vor den Galerien zu produzieren? Nun, und ich, eine züchtige Frau, sollte so, wie ich bin (Sie verstehen mich, wenn sie an Obiges sich zu erinnern belieben), vor Herren und Damen und Gassenjungen mich präsentieren! – Glauben Sie mir es doch ja auf das Wort: Ich muß erst ganz neu, von Kopf bis zu Fuß, eingekleidet werden, ehe ich mich nur einigermaßen mit Ehren darf sehen lassen. Mit den Prachtkleidern, dem königlichen Purpurmantel und der hell strahlenden Krone mag es einstweilen noch anstehen. Aber nur vorerst das Allernotdürftigste, so viel nur, als die Sittlichkeit und der gemeinste Anstand erfordern!

Endlich erlaube ich mir, Ihnen zu hoher Erwägung untertänig anheimzustellen, ob es nicht vor allen Dingen notwendig sein dürfte, mich, ehe ich noch öffentlich werde, aus dem in dieser grausenden Einöde auf himmelhohen Felsen erbauten baufälligen Schlosse der unerreichbaren Appellationsburg herabzuholen und mich wieder unter meinen lieben Menschen auf der gesegneten Erde in den Städten, Flecken und Dörfern wohnen zu lassen, so daß jeder mich finden könne, der mich sucht und braucht? Jetzt findet mich niemand als nach einer halben Ewigkeit, nachdem er sich auf den immer wieder hinabgleitenden Vexiertreppen meiner Burg seine Füße mattgetreten und wundgestoßen und noch obendrein seine kleine oder große Geldbörse in die Hände meiner Wärter und Wächter ausgeleert hat. Und wenn er mich denn endlich gefunden, was hat er an mir, die – –. Kurz, meine Herren, vor allem Erlösung aus diesem unzugänglichen Felsenneste! Wobei ich aber auch bitte, sich sogleich nach tüchtigen Baumeistern umzusehen für meine neuen zu errichtenden Wohnungen, damit es mir da nicht etwa durch das Dach regne oder das auf Sand Gebaute zu bald über meinem Kopf zusammenfalle.

Wenn Sie übrigens – doch der Hahn schreit, die Riegel knarren, die Schlüssel rasseln – es kommt der Inspektor, und ich gehe an mein Tagewerk.

Einer hohen Versammlung

tief untertänige Gerechtigkeit

P.S. Soeben sendet man mir die Nachricht zu, mein eigner Inspektor sei für meine Öffentlichkeit eingenommen. Das ist mir nicht unwahrscheinlich. Da er merkt, daß man von der kranken, gefangenen Gerechtigkeit spricht, so ist nichts sicherer, als glauben zu machen, der Mangel an meiner Öffentlichkeit trage daran allein die Schuld. Auch hofft er, daß ich, so oder so, ihm denn doch nicht entgehe. Jetzt, denkt er, schanzt sie heimlich; ändert sich's, so muß sie nur öffentlich schanzen.

Einige historische Notizen zum Bericht vom 8. März 1819

(Nach der Erzählung des Fürsten Wrede)

Dieser zwar nicht gedruckte, aber vielfach verbreitete und höchsten und hohen Personen mitgeteilte Bericht verfehlte nicht seine Wirkung.

Der Justizminister mit seiner Verschmitztheit kam in der Angst seines Herzens schnell zuvor, rannte zu Sr. Majestät, Fürsten Wrede und anderwärts umher und verkündete die ihm zuteil gewordene unerwartete Freude über einen von dem Direktorio des Appellationsgerichts zu Ansbach erstatteten, ganz vortrefflichen Bericht, der die *von ihm selbst* (?) längst gehegten Überzeugungen und Grundsätze mit der lobenswertesten Freimütigkeit ausgesprochen und im einzelnen durchgeführt habe.

Es wurde nun von Sr. Majestät eine außerordentliche Staatsratssitzung zusammenberufen, in welcher dieser Bericht – eigentlich das durchgeführte Zeugnis der absoluten Unfähigkeit dieses Justizministers – vollständig verlesen und alsdann unter Beistimmung des Justizministers (!!) beschlossen wurde, diesen Bericht bei einstweiliger Verbesserung der drückendsten Justizgebrechen zur Norm zu nehmen. Staatsrat Gönner ward von dem König unmittelbar der Befehl erteilt, binnen 8 Tagen einen Entwurf zur einstweiligen Verbesserung der bayerischen Prozeßordnung vorzulegen, um denselben an die Stände zu bringen.

Diese Prozeßordnung und das – übrigens nur im Geiste dieses Ministers gedachte – Reskript vom 22. Juni 1819* sind die Früchte jener Arbeit, welche also doch in mancher Hinsicht die Mühe belohnt.

An Tiedge und Elise von der Recke

Ansbach, den 27. März 1819

Willkommen, willkommen, Ihr lieben, herzlich lieben Freunde, nach so langer Trennung! Ihr kommt in kein Leichenhaus der Freundschaft; sondern es ist alles noch frisch und lebendig darin, und auf dem heiligen Altar des Herzens brennt noch warm und hell die Flamme der Liebe für die hochverehrte Elise und den herrlichen, guten Tiedge. Wie es aber wohl gekommen sein mag, daß ich abzusterben schien? Ja, wenn ich nur so auf einmal mein ganzes Wesen und Weben und Leben auf das Papier hinstellen könnte, wenn ich nicht des lahmen Werkzeugs einer Feder bedürfte, dann wäre bald die rechte Antwort gegeben, und dann würden gewiß Elise und Tiedge mit Freuden sich sagen, ihr Feuerbach habe nie mehr für sie gelebt als in der Zeit, wo er für sie sterbend oder tot zu sein schien; denn man lebt ja für Sie beide – nicht wahr? –, wenn man so recht für das Gute lebt und wirkt oder, was auf unserer Welt leider gleichbedeutend ist, wider das Böse kämpft und dem Bösen den Sieg abgewinnt. Das ist nun freilich, sollte man denken, gar wohl möglich, ohne daß man das Schreiben an seine Freunde unterläßt; und das ist wohl wahr. Nur bei mir und meiner widerspenstigen, seltsamen Natur ist es nicht wahr. Sobald irgendetwas meine Seele entzündet hat, bin ich so ganz von der Flamme ergriffen, daß ich nicht Ruhe für etwas anderes finde;

* „Vorschläge, die unnötigen Schreibereien bei den Justizstellen zu beseitigen, betreffend."

am wenigsten vermag ich es mitten im Handeln, das Handeln zu beschreiben, wozu man doch aufgefordert ist, wenn man an so geliebte Freunde schreibt. Zu lebhaft von dem Gegenstand des Wirkens ergriffen, um von dem Vergangenen, Gegenwärtigen und Künftigen zu reden, zumal wenn jeder Augenblick das Tun und das Denken für das nächste Tun in Anspruch nimmt, schreibe ich denn gewöhnlich lieber gar nicht, um – nichts schreiben zu müssen, weder was meinen Gegenstand betrifft, noch was ihn nicht betrifft. Denn das eine ist mir dann so peinlich als das andere. Ich muß stark geschüttelt werden, man muß mich z. B. bei der Ehre der Freundschaft anfassen, etwas sich merken lassen von einem besorgten Freundschaftstod u. dgl., bis ich mich selbst wiederfinde, wie es mir, ich danke Ihnen herzlich, heute widerfahren ist. Aber das ist noch nicht meine ganze Rechtfertigung. Nachdem ich mir (und dieses ist schon einige Monate her) meines Nichtschreibens an Elise und Tiedge einmal recht lebhaft bewußt geworden war, beschloß ich, nicht bloß mit einem simplen Briefe vor Ihnen zu erscheinen, sondern auch etwas bringen und weihen wollte ich: Einen herrlich prangenden, köstlich duftenden Blumenstrauß, den ich in den Stunden meiner Muße an den Ufern des *Ganges* gebrochen, wo er seit zweitausend Jahren geblüht, war ich entschlossen, zusammenzubinden und auf den Altar der Freundschaft niederzulegen. Um nicht poetisch von Poesien zu reden, ich habe die *„Gita-Govinda"*, eine überaus liebliche episch-lyrisch-dramatische Idylle, des indischen Dichters Jajadeva, metrisch übersetzt; das Werkchen braucht nur ganz durchgefeilt, mit Einleitung, Anmerkungen und einem erklärenden Wörterverzeichnis versehen zu werden, um in dem Drucke mit Ehren erscheinen zu können. Dieses Werkchen meiner Ruhestunden sollte Ihnen, Elise, und Dir, Tiedge, gewidmet und, in schönen Maroquin gebunden, nach Berlin gesendet werden, um meinem verspäteten Briefschreiben das Wort bei Ihnen zu reden. Aber leider, der Sturm des Lebens trieb mich immer wieder aus meinem poetischen Gärtchen heraus, und mit dem Blumenstrauß, den der Brief überbringen sollte, wurde immer auch der Brief von Woche zu Woche hinausgeschoben und würde wahrscheinlich noch jetzt verschoben sein, wenn Sie nicht so freundlich mahnend mir entgegengekommen wären.

Wenn Sie fragen: Was hast du aber außer deiner „Gita-Govinda“ und deinem Präsidenten-Geschäfte so Großes zu tun gehabt?, so antworte ich: Vieles, was ich eigentlich nicht zu tun gehabt hätte, was ich mir aber selbst zu tun gemacht habe, was mir *sehr* viele Leute nicht danken werden, was aber eben darum sehr gut war, was als Werk nicht einmal meinen Namen trägt, wofür aber ich den fröhlichen Dank in meinem Herzen trage. Nie habe ich mehr in das Große gewirkt, als ich – von hier aus – unerkannt gewirkt habe. Und nie hätte ich geglaubt, wie groß die Macht eines Mannes von einigem öffentlichen Ansehen ist, sobald er nur so viel Resignation hat, sich hinter den Kulissen zu halten und andere, auf die sein Geist im stillen eingewirkt, handeln zu lassen. So ist es z. B. buchstäblich wahr: Der Mann, der das bayerische Konkordat mit dem Papst zerrissen, der das Religions-Edikt, das protestantische Oberkonsistorium, die nun bestehenden, von den Regierungen unabhängigen Provinzialkonsistorien geschaffen, die protestantische Universität Erlangen gerettet hat, dieser Mann ist kein anderer als – Vesuvius. Aber nicht speiend, flammend, tobend hat er dies bewirkt, sondern ganz aus tiefer Stille heraus, durch ein etwas kühnes, gefährliches, aber wohlberechnetes Manöver, dessen Operationslinie vom Bodensee bis über das Fichtelgebirge hinausreichte und das ganz allein von Vesuv geleitet war. Vielleicht ist schon das hier Angedeutete zuviel für einen Brief. Aber, wenn ich reden könnte und nicht schreiben müßte! – Unsere Ständeversammlung macht mir jetzt auch viel zu schaffen; ich bin immer dort, auch abwesend. Die Besten haben sich an mich angeschlossen und holen von mir Rat; manches, was in München gesprochen wird, wurde erst hier in Ansbach geschrieben. Einige unruhige Köpfe verderben manches; aber gleichwohl wird kerngesunder Samen auf einem fruchtbaren Felde gedeihen. Vieles geschieht, wovon nichts in den öffentlichen Verhandlungen erscheint, die aus manchen, zum Teil verzeihlichen Gründen nicht immer ganz erbaulich sind. Die neue Freiheit in Bayern ist ein Kindlein, dem man zwar die Arme freigelassen hat, das aber die Nähe und Ferne der Gegenstände mit seinen des Lichtes ungewohnten Augen noch nicht recht unterscheiden kann, das noch tappend hin und her fühlt und seine Füße nur sehr ungeschickt gebraucht. Aber das Kindlein ist kerngesund und bringt ein frisches, munteres Herz in die Welt. Unser guter, herrlicher König ist manchmal über die Unarten seines Knäbleins unwillig; aber doch erträgt er sie, weil er einsieht, daß zu stille Kinder nichts taugen, wenn sie groß werden, und weil er wohl weiß, daß die kindliche Liebe gegen den guten Vater alle Unarten desselben reich vergilt. – Es ist in sehr vieler Beziehung jetzt eine große Freude, Bayern anzugehören; der Himmel ist heiter, die Lüfte wehen frisch, die Sümpfe sind bewegt, und die Nachteulen fliehen in die Finsternis. Kein Land ist wohl jetzt in Europa (England allein ausgenommen), wo freier gesprochen, freier geschrieben, offener gehandelt würde, als hier in Bayern. Man sollte nicht glauben, was *ein* großes Königswort, wie unsere Verfassung, in kurzer Zeit für Dinge tun kann. Erst mit dieser Verfassung hat sich unser König Ansbach und Bayreuth, Würzburg, Bamberg usw. erobert. Jetzt sollte man einmal kommen und uns zumuten, eine andere Farbe als blau und weiß zu tragen! Die Freiheit macht groß und stark! Viele von denen, welche die neue Verfassung mit hervorrufen halfen, bereuen nun ihr eigenes Werk. Sie hatten es bloß auf ein Spiel abgesehen; und sie finden nun zu ihrem großen Verdruß, daß ein solches Spiel bald bitterer Ernst geworden ist. Die meisten wissen sich gar nicht mehr zu finden. Sie, die vorher von ihrem Ruhebette aus mit einem car tel est notre plaisir [denn solches ist unser Belieben, Wille] alles abmachten, müssen sich nun hofmeistern und Wahrheiten sagen lassen; es wird ihnen zugemutet, vernünftig und gerecht zu sein; sie müssen überzeugen, ehe ihr Wille zum Befehle wird; sie müssen es sogar geschehen lassen, daß man ihnen vor der Tribüne ins Angesicht von Verantwortlichkeit spricht: lauter unerhörte und unerträgliche Dinge. Die Hof-, vielmehr Adelspartei sucht jede solche freimütige Äußerung als Jakobinismus zu bezeichnen und sucht auch dem König alles verleiden zu machen. Aber es ist schon zuviel geschehen, als daß man rückwärtsgehen könnte.

Ich bin noch immer so glücklich, als ein Mensch und ich in specie [besonders] es sein kann. Ich habe mich in Ansbach angesiedelt und mir ein schönes, niedliches Haus gekauft, worin ich mich würdig und nicht ohne Geschmack eingerichtet habe. Meine Gesundheit war nie so gut als in diesem Winter; meine Hand ist zwar nicht geheilt, doch selten schmerzhaft. Möchte ich doch Ähnliches in Ihren Briefen lesen. Mein ältester Sohn, Anselm, der Dichter, hat die Jurisprudenz verlassen und studiert – Theologie! Er ist ein äußerst geistreicher junger Mann, der mir viel schöne Hoffnungen macht, mein zweiter, Karl, beschäftigt sich bloß mit Mathematik.

Das Glück, Sie beide zu sehen, muß ich mir auch diesen Sommer mit blutendem Herzen versagen. Mein Hauskauf, meine neue Hauseinrichtung, meine studierenden Söhne etc. haben meiner Kasse so zugesetzt, daß ich allen Gedanken an das Reisen entsagen und noch manches andere auf längere Zeit mir versagen muß. Wie groß, wie entsetzlich schmerzhaft jene Entsagung für mich ist, vermag ich Ihnen nicht zu beschreiben. Außer meinem eigenen Haus gibt es hier für mich keine Menschenseele, der sich meine Seele in ihrem ganzen Umfange mitteilen könnte. Die Ansbacher Bildung ist nichts als Lackierung, hinter der gar nichts ist. Wie würde mir sein in Ihrer Nähe, wenn ich – Geist den Geistern, Herz den Herzen – wieder einmal mich mitteilen könnte! Aber dieser Himmel ist mir verschlossen, und ich will nicht hadern mit Gott, der Großes an mir getan, der mich durch tausend Gefahren wunderbar hindurchgeführt und mir das Glück eines ruhigen und gleichwohl einflußreichen, segensvollen Wirkungskreises geschenkt hat und – was alles dieses noch verherrlicht – mir Freunde geschenkt hat wie Elise und Tiedge.

Wenn ich auch nicht zu den pünktlichen Korrespondenten gehöre, so seien Sie beide gleichwohl versichert, daß ich niemals aufhören werde zu sein der Ihrige bis in den Tod.

Vesuvius

An seinen Sohn Anselm

Ansbach, den 17. April 1819

Es tut mir leid, lieber Sohn, daß Du schon von mir weggegangen, noch leider, daß ich mit Dir über Gegenstände zu sprechen angefangen, worüber man entweder ganz sich aussprechen oder gar nicht sprechen sollte; vor allem aber ist mir schmerzlich die Besorgnis, Du mögest mit wunder Seele von mir gegangen sein, weil Du mich vielleicht mißverstanden hast. – Daß Du kräftig vorgeschritten auf dem Wege der Wahrheit, daß Du schon herrliche Schätze des Geistes Dir gesammelt, daß Dein Herz erfüllt ist von dem Göttlichen, Guten, daß *ein* großer Gedanke Deine Seele ergriffen hat, der das Ziel Deines Forschens, Strebens und Handelns geworden ist, dieses, lieber Sohn, hat mich mit der innigsten Freude erfüllt, und an diesen Schätzen des Geistes und Herzens Dir irgend das mindeste verkümmern zu wollen, davon war ich weit entfernt. Aber als ich wahrnahm, daß Deine Überzeugungen zugleich als heftige Leidenschaften in Deiner Seele brennen, daß fremde Meinungen Dir als Feindinnen erscheinen, gegen die Dein Zorn sich ereifert, da wurde ich wieder sehr besorgt um Dich. Denn dieses ist eine Stimmung, die, sobald man ihr nachgibt, zu harter Unduldsamkeit und zum Fanatismus führt, welche, der milden Christusreligion so ganz zuwider, den Geist geboren hat, durch den das Christentum selbst von den Christen zerstört worden ist. Nur diesen, Deinen eigenen Herzensfeinden trat ich entgegen, als ich Dir gegenüber Meinungen in Schutz nahm, die nicht die Deinigen sind. Man muß lernen, man muß sich gewöhnen, allen Gedanken, auch wenn sie nicht die unserigen sind, mit Ruhe in das Auge zu sehen. Die Wahrheit, nämlich diejenige, die wir erkannt haben oder an die wir glauben, soll freilich das Herz *erwärmen*; aber wo sie zur Flamme geworden, da zerstört sie und hüllt den Geist in Rauch und Dampf – und ist dann die Wahrheit nicht mehr, weil sie nun das Licht versteckt. – Die Seele des Menschen bedarf einer Stütze, woran sie sich hält, eines festen Punktes, von dem sie aus- und auf den sie hingeht; sonst ist sie eine Federflocke, die da umherweht in den Lüften, aus denen sie am Ende herabfällt in den Kot, wo sie mit Füßen getreten wird. Eine solche Stütze hast Du gefunden in der christlichen Religion, gewiß der herrlichsten und göttlichsten von allen, durch welche die Gottheit sich dem armen Menschengeschlechte offenbart hat. Aber vergiß nie, daß die Religion, die *Christus* gelehrt hat, nicht die Religion der Christen ist – die Kirchengeschichte wird Dir dieses recht klar beweisen –, daß Du also Ursache hast, besonders vorsichtig zu sein bei allem, was Dir die Christen von der Religion Christi sagen. Er selbst spricht: *„Suchet und forschet in der Schrift!"* An diese halte Dich, aber suche in ihr ja nicht bloß das, was Dir schon im voraus von andern gegeben ist; forsche in ihr mit freiem eigenen Geist, denn dieser eigene Geist ist es, an den sich der Christus wendet, wenn er sagt: Suchet und forscht! Wenn Du *diesem* Forschen alle Kräfte Deines Herzens und Geistes zugewendet, wenn Du hiedurch Deine Überzeugungen geläutert und befestigt hast, dann wirst Du vielleicht auch noch für eine andere Überzeugung Raum finden, die von der christlichen Religion durchaus *nichts hinwegnimmt*, vielmehr diese selbst noch verherrlicht. Es ist dies die Überzeugung, daß Gott, den alle Zungen aller Weisen aller Zeiten aller Völker preisen, sich nicht bloß bei den Juden, nicht bloß durch Christus, sondern auch andern Völkern, jedem auf seine Weise, so, wie es dessen bedurfte und fähig war, offenbart hat und auch künftig von Zeit zu Zeit sich offenbaren wird. Über das *Alter* und die Zeitfolge der göttlichen Offenbarungen forscht die *Geschichte*. Wo sich Gott *am herrlichsten* offenbaret habe, darüber entscheidet die *Vernunft* und das *Gemüt*. Man sollte eigentlich gar nicht fragen: Welche Religion ist die *wahre?*, sondern: Welche ist die beste? Und hierauf ist wohl die richtigste Antwort: diejenige, in welcher der Mensch am besten seine Beruhigung und die stärksten Beweggründe zu den edelsten Taten findet. Nach diesem Kriterium muß man immer, so groß und rein auch die metaphysische Vorstellung der heiligen Bücher der Hindus von der Gottheit ist, für die christliche Religion, nämlich für das, was Jesus gelehrt hat, sich entscheiden. – In wenigen Worten habe ich Dir hier zusammengedrängt, was ich denke und was meiner theologischen Kontroverse mit Dir zugrunde lag. Es mögen diese Gedanken dereinst, wenn wir uns wiedersehen – was nächste Pfingsten geschehen muß –, gelegentlich weiter gesponnen werden. Daß Du ihnen selbst schon jetzt weiter nachhängst, ist vorderhand nicht gut. Studiere nur fleißig mit gründlichem Ernst Deine Bibel; laß sie Dir alles in allem sein; Du irrst nicht, wenn Du glaubst, sie sei ein göttliches Buch; Deinen Geist wird sie erleuchten, Dein Herz erwärmen, Deinen Willen in allem Guten stärken. Nur hüte Dich, daß nicht Deine Überzeugung sich in ein flammendes Schwert des Geistes verwandle, und laß dem Sokrates, Zoroaster, Confutsé, Menu, Manco-Kapak und andern Männern Gottes, deren sich die Vorsehung bediente, um das Menschengeschlecht zu veredeln und ihm das Göttliche zu bringen – laß ihnen ja noch ein Plätzchen in dem Himmel übrig! Lebe wohl! Dich leite der Geist der Erkenntnis und der Tugend! Dann bin und bleibe ich mit väterlicher Liebe Dein treuer Vater

A.

An Tiedge und Elise

Ansbach, 11. Juli 1819

Aus Ihrem und Tiedges Briefe, worin Sie mir die Veränderung Ihres Wohnortes meldeten, habe ich Ihnen beiden unter der Adresse Nicolais geschrieben, und zwar sogleich nach dem Empfang. Daß ich seitdem keine Nachricht von Ihnen erhalten, macht mich teils um Sie, teils um diesen Brief besorgt, in welchem ich, der wiederhergestellten Sicherheit des Postgeheimnisses vertrauend, über sehr vieles mich verbreitet habe, was man nur der Freundschaft vertraut. Ich bitte recht sehr, mich sobald als möglich zu beruhigen.*

* „Wir haben leider", schreibt darauf Tiedge an F. vom 2. Aug., „den letzten Brief, auf den sich Ihr allerneuster bezieht, nicht erhalten . . . Die Heiligkeit des Postvertrauens scheint nicht mehr geachtet zu werden."

Die Aussichten auf das Öffentliche in der Gegenwart und Zukunft sind gewiß Ihnen nicht erfreulicher als mir. Immer näher und näher rückt der Ausbruch des Ungewitters, welches die geistige und sittliche Entartung der Völker auf der einen und die Torheit der Regierenden auf der andern Seite längst vorbereitet hat. Ein finsterer Geist des Irrtums, der Verblendung, des Wahnsinns hat Gute und Schlechte ergriffen und reißt die Welt (ich wollte sagen: Europa und zunächst Deutschland) in unvermeidlichen Untergang. Die blutigen Taten unserer Jünglinge, und zwar – schauderhaft! – der besten, sind furchtbare Zeichen der Zeit! – Unsere Ständeversammlung nimmt ein erbärmliches Ende. Mehrere, auf die ich viel vertraute, wurden aus Selbstsucht der gemeinsamen Sache ungetreu und wurden, einige durch Gewinn bestochen, andere durch Furcht bezwungen, zu Verrätern der Nation. Die letzte Stütze der Hoffnung auf bessere Zeiten durch friedliche Reformen ist gefallen und mag wohl schwerlich wiederaufgerichtet werden.

Um von meiner Person zu sprechen, müßte ich sehr viel Unangenehmes erzählen. Ich bin wieder sehr kränklich und wurde von vielem häuslichen Unglück betroffen. Dahin gehört nur beispielsweise, daß mein Sohn Anselm in eine Gemütskrankheit verfallen ist, die mich genötigt hat, ihn von der Universität zu mir zu nehmen. Ärztliche Hilfe, sorgsame Pflege und liebevolle Behandlung haben ihn jedoch schon auf den Weg der Besserung geführt und geben mir Hoffnung zu dessen baldiger Wiederherstellung.

Mit meiner äußeren Lage bin ich fortwährend sehr zufrieden: An der Spitze eines trefflichen, hochachtbaren Gerichtshofes kämpfe ich mit Erfolg für das Gute und Gerechte gegen Eigenmacht, Willkür und Tyrannei der Mächtigen, die schon oft an uns beschämt zuschanden geworden sind.

Meine „Gita-Govinda" ist ganz zum Druck fertig. Aber ich fürchte mich noch zur Zeit, sie herauszugeben, weil (soweit sind wir in Bayern mit der geistigen Kultur) ich den Vorwurf befürchten muß, daß ich meiner Würde als Präsident durch die Herausgabe dieses Gedichts vergebe. Ein Gedicht, einen Roman drucken lassen heißt bei Hofe dort ohngefähr ebensoviel, als für Geld als Schauspieler vor dem Publikum auftreten.

N. S. Der Großherzog von Sachsen-Weimar hat mir vor einem Monat die unerwartete Freude gemacht, mich zum Kommandeur seines Hausordens der Wachsamkeit oder des Weißen Falken zu ernennen.*

An Elise von der Recke und Tiedge

Ansbach, 26. September 1819

Nach meinem ersten Erwachen unter den Meinigen *hier* ist mein erster Gedanke an die Meinigen *dort*, mein erstes Wort der Gruß der Freundschaft an alle die hohen, herrlichen Lieben, die ich dort wiedergesehen oder zuerst gefunden habe und denen ich mich auch hier – obgleich durch Zeit und Raum getrennt – so nahe fühle, als wären sie mit mir in meine Wohnung eingezogen. Oh, noch weit näher, nicht *neben* mir, nicht *bei* mir wohnen sie, sondern *in* mir – da hier in den heiligsten Tiefen meiner Seele, wo ich sie empfinde und sehe und mit ihnen rede und mir ihrer Gegenwart gewisser bewußt bin als alles dessen, was nur den sinnlichen Augen gegenwärtig ist. Darum, weine ich nicht mehr Tränen des Schmerzes; was in diesem Augenblick mir über die Wange rinnt, ist nur eine Träne der liebenden Freundschaft und des Dankes, der aus dem Herzen hervor nach Worten greift und keine findet. Es ist dieses nicht etwa der Dank für die gütige Aufnahme, für bewiesenes Wohlwollen, für genossene Freuden (denn hierin habe ich nichts vor allen andern voraus, die gewürdigt wurden, in Löbichau zu wohnen), sondern der Dank für die unvergänglichen Schätze des Geistes und Herzens, die ich in dem Reiche hoher Menschlichkeit dort mir gewonnen habe, um sie, gebe Gott!, nie wieder zu verlieren. Der Mensch bedarf, um nicht im Leben zu verzweifeln, nicht bloß seinen Gott, sondern auch schützender Engel, die ihn beraten und schirmen, die ihn halten und heben, wenn seine Kräfte sinken, seine Schritte wanken, wenn er

* „In Anerkennung der Verdienste F.s um das Kriminalrecht in wissenschaftlicher und legislativer Hinsicht."

in der einsamen Wüste hier unten keine Bahn mehr vor sich sieht. Diese Engel sind dem bessern Menschen die Geister liebender edler Freunde, die er über sich erblickt an Tugend und Reinheit des Gemüts, die er liebend in sein eignes Herz aufnimmt, deren verklärtes Bild ihn überallhin begleiten, denen er still in sich selbst seine Schmerzen klagt, die er bei sich befragt, wenn er zweifelt, die er überall als geheime, vertraute Zeugen seiner innersten Gedanken und Gefühle, all seines Hoffens und Fürchtens, seiner Freuden und seiner Leiden, sich in Liebe nahe fühlt. Wie glücklich Ihr Feuerbach! Elisa, Dorothea* und – denn auch *sie* darf ich so nennen – Pauline** heißen die freundlichen hellen Sterne, die am Himmel meines Lebens aufgegangen sind, die hinfort mir leuchten, wenn es dunkel wird auf meinen Wegen, zu denen ich liebend freudig aufblicken werde bis – dahin, wo das Licht aller Sterne und Sonnen im ewigen Lichte zerfließt.

Von meiner Reise weiß ich nichts Ihnen zu erzählen, weil ich selbst eigentlich immer nur unverändert an *einem* Orte, in Ihrer Mitte, war. Der Wagen schleppte den Leib mit sich fort, mein treuer Johann versorgte ihn mit Speise und Trank; ich selber dachte und sah vor mir nur Löbichau und die Himmlischen, unter welchen ich dort gewandelt bin. Bei Tage sah ich in den ziehenden Wolkenbildern nur die Gestalten meiner Lieben, bei den Sternen in der Nacht hatte ich nur den einzigen Gedanken, daß sie nach Löbichau blicken. In der ersten Nacht hatte ich eine auffallende Erscheinung, welche Sie den bekannten Nicolaischen Visionen sicher an die Seite setzen mögen. Von Schmerz ermattet, war ich in meinen Tränen eingeschlafen und fand mich träumend bald im Salon, wo die Gesellschaft sehr zahlreich, ich mit ihr, fröhlich auf und nieder wogte. Es war der lebhafteste und seligste Traum, dessen ich mich je erinnere; alles stand leibhaft in seinen bestimmtesten Einzelheiten vor mir, doch was mich befremdete, war, daß ich in dem fröhlichen Menschengewühl keinen Laut vernahm, alles nur schweigend vor mir vorüber- und mit

* Herzogin von Kurland, Schwester der Elise.

** Tochter der Herzogin von Kurland, Fürstin von Hohenzollern.

mir auf und ab ging. Ach, es ist nur ein Traum, dachte ich träumend. Aber auf einmal höre ich Klavier und Gesang, nicht, wie man im Traume hört, sondern ganz laut, deutlich, wie von außen her mit leiblichen Ohren. Es ist kein Traum! In der jauchzenden Freude dieses zweiten Traumgedankens schrecke ich auf zum Wachen und höre, zu meinem Entsetzen, nichts als das Rasseln der Räder meines Wagens. So saß ich eine Weile in stummem Schmerz, als ich endlich durch eine starke Hellung vor dem linken Fenster meines Wagens nach dieser Seite mit den Blicken hingezogen wurde. Ich sehe hinaus und sehe – den hellerleuchteten Salon vor mir, wie ich ihn träumend gesehen; aber alles still und leer, nur eine weibliche Figur, weiß gekleidet, sitzt in der Mitte des Saales, den Rücken mir zugekehrt, doch mit seitwärts gewendetem Gesicht; es war Ihr Paulchen. Wachst du? Träumst du? Mit diesem Gedanken wende ich zuerst mich ab, reibe mir die Augen, rücke dann näher an das Wunderfenster, mit dem Entschluß, recht aufmerksam zu beobachten; ich war durchaus nicht geneigt, mich selbst zu täuschen, und der Nicolaischen Visionen war ich mir in der Erinnerung ganz klar bewußt So gewaffnet und des Wachens mir ebenso bewußt, wie ich in diesem Augenblicke es bin, blicke ich nun von neuem mit weit offenen Augen hin und sehe ganz dasselbe: Paulchen noch an demselben Orte, in derselben Stellung, unbeweglich; jeden Zug ihres lieben Gesichts konnte ich deutlich erkennen. Unverwandt hielt ich meinen Blick darauf gerichtet; ich hoffte noch Bewegung oder sonst irgendeine Veränderung wahrzunehmen; aber umsonst, das Bild, das, lebend und in jedem Zuge Leben aussprechend, vor mir saß, blieb eine bewegungslose Bildsäule. So ohngefähr fünf Minuten lang; denn, wie auf einen Zauberschlag, war Licht und Salon und Paulchen verschwunden, und ich starrte hinaus in die dunkle schwarze Regennacht.

Dorothea und Pauline sollen es, zumal wenn schönes Wetter die Fahrt begünstigt, nicht bereuen, über Nürnberg und Ansbach zu reisen. Zu Nürnberg habe ich einstweilen in dem Gasthofe „Zum bayerischen Hof" die Gäste angemeldet und die nötigen Zimmer besorgt. Zu einem Déjeunér [Frühstück] in Ansbach wird es auf jeden Fall zu spät; denn wenn auch Dorothea um 8 Uhr von Nürnberg abfährt und nur eine Stunde sich zu Kloster Heilsbronn, wo die Kirchengemälde besehen werden, aufhält, so kann sie doch nicht viel eher als um 3 Uhr nachmittags hier eintreffen. Daher bitte ich Sie liebe Mama, unser aller Titania zu ersuchen, daß sie ihren Freund würdige, in seinem Hause, welches dadurch zu einem Tempel geweiht wird, ihr Mittagsmahl einzunehmen. Daß die Estafette mir noch denselben Abend, wo Titania zu Bayreuth eintrifft, nach Ansbach geschickt werde, bitte ich gelegentlich wiederholt in Erinnerung zu bringen. Denn (unter uns gesagt) ich habe das Plänchen, meine Göttinnen nicht erst in Nürnberg zu erwarten, sondern eine oder einige Stationen vorwärts auf der Landstraße einzuholen.

Ewig über Grab und Tod hinaus

Ihr F.

An dieselben

Ansbach, 8. November 1819

Ihren Brief, edle Elise, Deinen Brief, mein geliebter Tiedge, und Paulchens Brief, alle in *einer* Stunde unter *einem* Kuvert – es war beinahe zu viel Freude auf einmal! So reich kann ich heute nicht vergelten, als ich empfangen habe. Meine Arbeiten haben sich sehr gehäuft, und in meinem Kopfe, wie in vielen tausenden, wirbeln Gedanken und Neuigkeiten, die man nicht niederschreiben mag und die gleichwohl der Seele den Raum für alles andere versperren. Die Zeit mit ihrem zischenden Schlangenhaupt ist furchtbar, und dieses Ungeheuer kreist, um noch ein scheußlicheres Scheusal zu gebären. Es würde mir unerträglich sein, aus Rücksicht auf Briefgefahren schweigen zu müssen, wenn ich nicht voraussetzen dürfte, daß Sie die Zeichen der Zeit ebenso deuten werden als ich. Und wer hat die Geschichte gelesen, wer hat über den Menschen gedacht, wer ist noch seines Verstandesgebrauchs mächtig, dem nicht die Zukunft mit ebenso leserlichen Buchstaben wie die Vergangenheit vor den Augen stünde? In Bayern und Württemberg erschallt aus jedem Munde das eine:

„Für König und Vaterland! Für des Königs Thron und unser Recht!" Alles harrt mit heißem Verlangen der Zeit, wo unsern Königen der Tatbeweis gegeben werden kann, wie fest ihre Throne auf der Freiheit ihrer Völker ruhen. Diejenigen, die in ihrer Unbesonnenheit diesen Beweis uns abnötigen, werden zu spät bereuen, daß sie dem Heiligsten, was die Besten im Herzen tragen, so mutwillig Hohn zu sprechen wagten. Aber du armes, armes deutsches Vaterland! Die Zeit ist vielleicht nicht fern, wo auf deinen Feldern die Rosse des Asiaten weiden! – Unser Ministerium ist für die Erhaltung der Souveränität des Königreichs und unserer freien Verfassung. Die Bundesbeschlüsse sind bei uns publiziert, jedoch bei der Publikation allen Staatsbeamten zur Pflicht gemacht worden, nichts daran zu beobachten, was mit des Königs ouveränität, mit der Verfassung des Staats und den Gesetzen des Landes unverträglich sei. An die Untersuchungskommission zu Mainz wird von Bayern niemand ausgeliefert. Auch wissen wir, da wir einen gerechten König und eine freie Verfassung haben, durchaus nichts von politischen Umtrieben. Ein einziger Student ist wegen Teilnahme an der Studentenverschwörung einigermaßen in Verdacht, und über diesen werden wir selbst zu richten wissen. – Die Schrift des Görres, die ich übrigens ihres offenbar übertriebenen Tones wegen, und weil der Jesuitenknecht an mehreren Orten klar hindurchschaut, nicht billigen kann, ist bei uns, wenigstens im Rezatkreise, nicht in Beschlag genommen. Überhaupt fühlen wir uns und denken und reden so frei, als wäre noch nichts in der Welt gegen die Freiheit geschehen. Bloß an der Gärung der Gemüter, an der Erbitterung der Herzen merkt man, was vorgegangen und was man befürchtet.

Ihre und Tiedges und Paulchens Nachrichten von Anselm waren Balsam für mein Herz. – Die förmliche Erlaubnis, daß sich Anselm bei Ihnen aufhalten darf, habe ich erhalten.

Dem Engel Paulchen möchte ich so gern schreiben. Aber ich weiß die Adresse nicht. Ihr herrliches Briefchen sagt mir bloß, daß sie über Schlesien nach Böhmen reise; aber wohin, das ist die Frage, die ich mir mit nächstem zu beantworten bitte. Daß meine Vision nichts war als eine

Vision, die sich leichter wie ein gewöhnlicher Traum erklären läßt, zumal in einem Kopf wie der meinige, das wird – so Gott will – die Tat beweisen. Wir alle werden Paulchen wiedersehen.

An seinen Vater

Ansbach, den 23. Dezember 1819

Daß Sie, mein lieber Vater, in diesem Jahre sich wohlbefunden haben, weiß ich zu meiner nicht geringen Freude, in welcher ich erst neuerlich durch den Justizkommissar Hoffmann, dem ich aufgetragen, Sie zu besuchen, bestärkt worden bin. Ich kann Ihnen daher zum neuen Jahr nur den innig gefühlten Wunsch aussprechen, daß das frohe Gefühl der Gesundheit und Heiterkeit des Geistes auch im folgenden und noch in einer langen Reihe der künftigen Sie begleiten möge.

In meinen öffentlichen Verhältnissen und meiner davon abhängenden Zufriedenheit hat sich in diesem Jahre nichts mit mir geändert. Mein Leben fließt in dieser Beziehung so still und ungetrübt dahin wie in keiner andern frühern Periode, und ich darf insofern wohl sagen, daß mir ein beneidenswertes Los geworden ist, welches ich, da der Ehrendurst gelöscht ist, mit keinem andern mehr vertauschen werde. Bei allem dem wirke ich von diesem meinem Standpunkt aus mehr, mit weit größerer Sicherheit des Erfolgs und mit größerer Belohnung meines eignen Innern als sonst. Und bei allem dem ist mir noch die wissenschaftliche Behaglichkeit zuteil geworden, die ich in solchem Grade auf keinem andern Platze genießen könnte. Seitdem die Gerichtsmaschine, an deren Spitze ich stehe, ordentlich eingerichtet ist, geht sie von selbst ihren Gang und macht dem Präsidenten keine andere Mühe, als sie dann und wann aufzuziehen und zu wachen, daß sie nicht ins Stocken gerate. Die Unabhängigkeit, die mit meiner Amtswürde verbunden ist, mache ich mir im allerhöchsten Grade zunutz und lebe daher, wie es meiner Laune am bequemsten und meinen Beschäftigungen am förderlichsten ist, von dem Gesindel der großen Welt entfernt. Bloß durch mein Amt setze ich mich mit den Menschen außer meinem Hause in Berührung. Die Ruhe des häuslichen Lebens hat, mit der Friedlichkeit meiner öffentlichen Verhältnisse verbunden, selbst auf meine körperliche Gesundheit den wohltätigsten Einfluß geäußert. Die Kinder, die ich noch bei mir habe, machen mich in jeder Beziehung des Lebens froh. Sie sind ein Muster des Fleißes, der Ordnung und Sittlichkeit und geben mir schöne Hoffnung für die Zukunft. Mein *Karl*, welchen ich ebenfalls zu den Gegenständen meiner Vaterfreude zähle, studiert jetzt in Freiburg, wohin er einem ausgezeichneten Lehrer der Mathematik auf meinen Rat gefolgt ist. Die Juristerei, vor welcher ich allen meinen Kindern ein Grauen beigebracht habe, hat auch er schon längst aufgegeben. Sein Studium ist bloß Mathematik in ihrem weitesten Umfang und seine Neigung, nach vollendeten Studien als Ingenieur unter das Militär zu gehen, um dann womöglich im Generalstabe sein Glück zu machen. Indessen ist seine Richtung so höchst wissenschaftlich, und seine Talente sind so entschieden für die Erweiterung der Wissenschaft selbst gemacht, daß vielleicht auch noch die Neigung, bloß der Wissenschaft zu leben, über ihn die Oberhand gewinnt und er sich den Lehrstuhl wählt. Doch bleibt ihm die Wahl seiner künftigen Lebensbestimmung billig selbst überlassen. Bei seinen ausgezeichneten mathematischen Talenten, bei seinem mutigen, fest entschlossenen Charakter, verbunden mit einem schönen, kräftigen Äussern, wird es ihm, zumal wenn Krieg werden sollte, nicht fehlen, sein Glück zu machen. Mein *Anselm* hat mich in großen Kummer gesetzt, der erst jetzt wieder etwas durch Hoffnung gemildet ist. Durch übermäßiges und übel geleitetes Studium fiel er in eine schwere Gemütskrankheit; erst nahm ich ihn zu mir hieher, und da er sich hier nicht bessern wollte, war ich genötigt, das einzige zu versuchen, was zu seiner Heilung mir gründliche Hoffnung versprach. Ich reiste mit ihm zu meiner Freundin, der edlen Gräfin von der Recke, und ihrem und meinem Freunde Tiedge nach Löbichau in Sachsen, dem Sommeraufenthalt der Herzogin von Kurland. Die edle von der Recke nahm nun Anselm mit sich nach Dresden, wo sie, die ausgezeichnet ist durch Geist und alle Vorzüge des Gemüts, unterstützt durch Umgebungen, die ihr ähnlich sind, als Mutter den Kranken in geistige und körperliche Pflege genommen hat. Die Briefe meiner Freunde und seine eignen sind zwar noch nicht ganz erfreuend, doch so, daß sie meine Hoffnung wieder aufgerichtet haben. – Zu Löbichau brachte ich den schönsten Teil des Sommers zu, in einem wahren Feen-Aufenthalt, an dem zwar glänzenden, aber geistreichen, menschlichen, in jeder Hinsicht liebenswürdigen Hofe der verwitweten Herzogin von Kurland, an welchem zugleich viele der ausgezeichnetsten Gelehrten sich eingefunden hatten. Auf ihrer Heimreise nach Paris hatte ich die Freude, die edle Herzogin nebst ihrer Tochter, der regierenden Fürstin von Hohenzollern, und ihren übrigen nächsten Umgebungen in meinem Hause zu bewirten. Mein Haus ist mir jetzt um Vieles lieber geworden, seitdem selbst diese Frauen meine Wohnung und ihre Einrichtung schön gefunden haben.

Über politische Angelegenheiten ist nicht wohl zu schreiben, obgleich von Bayern aus immer noch das Beste zu schreiben wäre. Indessen erhalte ich soeben einen Brief, nach welchem zu befürchten ist, daß von Osten aus schwarze Gewitterwolken herbeiziehen.

Ich wiederhole meine besten Wünsche und verbleibe Ihr treuer Sohn

A.

An dieselbe

Ansbach, den 18. Januar 1820

Ich habe mich recht lange nach Briefen von Ihnen oder Tiedge gesehnt, und diese Sehnsucht war zugleich mit großer Besorgnis wegen Ihrer Gesundheit verbunden, bis der junge Schottländer, der vor einigen Tagen mich heimgesucht, mir die Versicherung gab, daß er Sie, edle Freundin, im besten Wohlsein verlassen habe. Er muß indessen das körperliche Befinden nur nach Ihrem geistigen Wohlsein, nach der freudigen Heiterkeit des Gemüts, die selbst im Leiden Sie fast nie verläßt, bemessen haben, da meines Anselms Nachrichten und Ihr eigener Brief, den ich soeben erhalte, jene frohe Botschaft eben nicht bestätigen. Wäre er in dieser letzten Beziehung mehr erfreuend, so würde er für mich ein wahres Evangelium, die Verkündung himmlisch erfreuender Nachrichten sein. Von dieser Art ist wenigstens, was Sie mir von meinem Anselm melden, der Ihrer Mutterpflege, Ihrer Liebe, Ihrem Geist und Herzen, Ihrem durch Taten der Religion belehrenden Beispiele, wie ich nun zu hoffen alle Ursache habe, die Rettung seines Geistes, die Veredlung seines Gemüts, die Bildung seiner Sitten dereinst wird verdanken können. Ich würde die Gefühle, die mich durchdringen bei dem Gedanken an alles das große, über alle mögliche Vergeltung hinausreichende Gute, das Sie meinem armen, lieben Sohne erweisen – diese Gefühle würde ich zu entehren glauben, wenn ich nur versuchen wollte, Ihnen dieselben auszudrücken. Anselms Befangenheit in dem System der christlichen Dogmatik macht mir unter der Voraussetzung, daß er in diesem System *denkt* und er sich noch übrigens durch gründliches Studium der alten Sprachen zum Selbstsehen und Selbstforschen vorbereitet, geringen Kummer. Nur das Nichtdenken, das Hinbrüten in dem Dunkel schwärmender Gefühle, die gänzliche Entsagung auf den Gebrauch eigener Kräfte, um in gläubiger Geistesfaulheit die Erleuchtung von oben zu erwarten, dies ist die eigentliche Geistespest, die man jetzt auszubreiten sucht und an welcher auch dieser unglückliche, irregeleitete Jüngling so schwer darniederlag. Ein System, sei es theologisch oder philosophisch, ist immer etwas, woran der Geist seine Waffen schärft, mit denen er dann späterhin das Werkzeug als ein Spielzeug der bloßen Übung selbst zerstört. Ich ging in den Ketten der Kantischen Philosophie, wie Anselm, wenn er auch, aus dem Mystizismus sich wiedergefunden, in den Banden der Dogmatik eine Weile noch einhergehen mag. Die Bande eines Gedankensystems, welches auch dessen Inhalt sein mag, erschlaffen nicht, sondern machen stark, ordnen und regeln den Geist, geben ihm Haltung und Richtung. Daß Anselm seine Meinungen verteidigt, mit Scharfsinn dafür kämpft, beweist mir, daß es schon mit ihm vom Fühlen und Empfinden zum Denken gekommen, daß er auf dem Wege der Wahrheit ist. Er wird freilich noch einen großen, schweren Kampf zu bestehen haben. Nichts ist gerade einem edlen Gemüt schmerzlicher, als Irrtümer, die seinen heiligsten Gefühlen teuer geworden sind, aus dem Herzen zu reißen. Wenn auf einmal die Anker reißen, an denen die Seele ihr Schiffchen gegen die Wogen und Brandungen befestigt hat, dann kämpft sie in Angst mit dem wütenden Orkan und geht unter, wenn sie nicht beizeiten noch einen Hafen findet, in welchem sie sich bergen und für ihren verlornen Scheinbesitz einen wirklichen Ersatz gewinnen kann. Möge das weiche Gemüt meines Anselm zum Bewußtsein der Wahrheit erwachen, wenn noch in Elise sein schützender, ratender, helfender Engel ihm zur Seite steht!

Ich hätte es so gern gelesen, wenn Sie von Ihrer Hierherreise im nächsten Sommer etwas erwähnt hätten. Es ist nicht übertrieben, wenn ich Ihnen sage, daß sie fast unser tägliches Hausgespräch ist, bei dem wir oft stundenlang uns ergötzen. Können Sie nach Karlsbad reisen, so müssen Sie auch nach Ansbach. Die Straße ist nicht schlimm; Sie reisen ja bequem, und der Weg ist nicht lang, wenn man liebenden Freunden entgegengeht. An Wartung, Pflege und Bequemlichkeit soll es weder Ihnen noch meinem Tiedge fehlen. Zerstreuende, gesellige Freuden kann ich freilich nicht viel versprechen: Menschen, Eurer Pairschaft würdig, findet Ihr Lieben – außer meinem Hause schwerlich. Doch soll es, zumal wenn die nötigen Visiten abgetan sind, keine Langeweile für Sie geben. Ich will mich zusammennehmen, daß alle eigentlichen Geistesarbeiten vollendet sind bis zu Eurer Ankunft, damit ich dann mit ungeteilter Seele ganz um Euch beide leben kann.

Von Dorothea und Gräfin Chassepot habe ich wieder seit einigen Tagen liebe Briefe. Für die erste habe ich zu meiner größten Freude einen Schatz entdeckt, den sie mir für sie zu erwerben den Auftrag gegeben hat – herrliche Glasmalereien von A. Dürer oder wenigstens aus dessen Schule. Was Sie mir von Pauline schreiben, freut mich um so mehr, als es zugleich den Gläubigen beweisen mag, daß Visionen – Visionen sind.

In politicis ist alles noch beim Guten; von den Dingen, die etwa kommen möchten, weiß man schlechterdings nichts; auch fürchtet man nichts Böses für unsre Verfassung, die ohne große Gefahren nicht angetastet werden kann. Unser König weiß wohl, daß er auf sein Volk sich verlassen darf, und das Volk hofft und wünscht, der König möge ihm das Äußerste zutrauen, wenn es gelten sollte, den Thron und mit diesem die neue Freiheit aufrechtzuerhalten. Wer den Fürsten vorlügt, Freiheit und Volksrechte seien den Thronen gefährlich, komme nur nach Bayern, höre und sehe und bekenne sich dann als Lügner. Sonst war hier noch eine große Anhänglichkeit an Preußen; diese ist so ganz und gar erloschen, daß man nur noch mit Spott, Verachtung oder Indignation von Preußen spricht, wogegen man sich des Namens „Bayer" schon gern als einer Ehrenbezeichnung bedient. Die Vorsehung muß einen sehr entscheidenden Plan vorbereiten, da sie so viele, die doch Augen haben, am hellen Tage mit Blindheit schlägt. Denn verkehrtere Dinge sind vielleicht noch nie unter dem Namen „Weisheit" getan worden, als heutzutage geschehen. Man meint, das Tageslicht sei Brand, rennt toll umher in Angst und Not, greift kindisch nach der Sonne, um diese in eine Polizeitasche zu stecken, oder nimmt in der Verwirrung, in der Not des Löschens statt Wassertonnen brennende Kerzen, die man nach aufgetürmten Pulverfässern schleudert. Die Stille, die man haben wollte, ist wohl eingetreten; der Gescheute geht einem rasenden Stier aus dem Wege. Wenn nur nicht die Stille weit gefährlicher wäre als der Lärm! – Was Sie übrigens von *Görres* und seinen Absichten sagen, ist mir aus der Seele geschrieben, er ist allerdings ein Aufwiegler, der selbst das Papsttum und alle Scheußlichkeit der Pfafferei zu Hilfe ruft, wenn es ihm dient, den Pöbel zum Sturm gegen die Throne zu reizen.

An seinen Sohn Anselm

Ansbach, den 23. April 1820

Es vermehrte nicht wenig die Leiden meiner mehrmonatlichen schweren Krankheit, daß sie mich geistig und körperlich unfähig machte, meinen teuersten Freunden auf dieser Welt, Elise und Tiedgen, und Dir, mein innigst geliebter Anselm, Nachricht von mir zu geben, wenigstens auf eine solche Art, daß Euch die Nachricht nicht noch mehr als mein völliges Stillschweigen beunruhigt hätte. Die ersten schwachen Kräfte meiner wiederkehrenden Gesundheit gehören jenen Freunden und Dir, mein guter Sohn. Denn daß Du ganz meiner väterlichen Liebe würdig bist, daß ich von Dir wieder das Beste erwarten, auf Dich wieder freudige Hoffnungen bauen darf, dieses beweist mir die Innigkeit, womit die edelsten Menschen, die mir je auf dem Wege des Lebens begegnet sind, Dich lieben, und daß ein Jüngling wie Naumann, in welchem die Höhe klarer Geistesbildung sich so schön mit der Tiefe eines reichen Gemütes vereinigt, Dir Freund ist in einem Sinne, in welchem dies heilige Wort nur noch von sehr wenigen Edlen auf dieser Welt verstanden wird. Den Guten ist nur der Gute verwandt, und wer von edlen Seelen geliebt wird, muß vieles in sich tragen, woran sie ihn als ihresgleichen erkennen. Ist irgendetwas fähig, Deinen gesunkenen Mut durch freudiges Selbstvertrauen, durch wiedererwachende bescheidene Zufriedenheit mit Dir selbst wieder aufzurichten, Dich von der entsetzlichsten aller Seelenkrankheiten, dem Abscheu vor dem eigenen Selbst, dem Mißtrauen und der verachtenden Gleichgültigkeit gegen die eigene sittliche Kraft – und von dem nagenden, bis zur Verzweiflung peinigenden Wurm im heiligsten Innern des Herzens selbst –, zu befreien, so muß der Gedanke an die Liebe und Freundschaft dieser Menschen, die nur durch ihre Gestalt dieser Welt, übrigens einer andern höhern Ordnung der Wesen angehören, Dir Deinen eigenen Wert verbürgen, so zuversichtlich, als sendete Dir Gott selbst einen Engel aus seinen Himmeln herab, um Dir zuzurufen: Engel lieben Dich, und Du bist noch vermessen genug, an Dir selbst zu verzweifeln! Die Jugend unserer Zeit leidet an Übermut, Du, mein lieber Sohn, an Kleinmut; jener ist so verderblich wie dieser, nur hat dieser vor jenem noch das voraus, daß er denjenigen selbst, der von ihm besessen wird, im tiefsten Innern unglücklich und nach außen hin zu allem würdigen Streben, Wirken und Handeln untüchtig macht. Zweifelnd und zagend nur sprichst Du mir in Deinem Briefe die Hoffnung aus, daß denn doch wohl noch vielleicht etwas Tüchtiges in seiner Art aus Dir werden könne. Oh, mein lieber Sohn, warum noch zweifeln? Du darfst nur wollen, und Du wirst sein, was Du werden willst. Bescheidenes Selbstvertrauen und ernstliches Wollen geben den Mut, und der Mut gibt die Kraft, und die Kraft wird Tat. Du kommst mir seither immer vor wie ein junger kräftiger Adler, der mit Sehnsucht seine Blicke nach der Sonne richtet, aber die mächtigen Flügel nicht zu heben wagt und traurig wehklagend auf seinem Hirste unbeweglich festsitzt – weil eine böse Fee (deren Namen ich nicht nennen will, wiewohl ich sie nennen könnte) ihren Zauberbann an ihm geübt, daß er sich für ein Käuzchen hält, das nur in Höhlen umherkriechen könne und nicht den Flug zur Sonne wagen dürfe. Sobald einmal der Adler sich selbst wird erkannt haben, wird der Zauberbann sich lösen.

Deinem Plan, Theologie fortzustudieren, habe ich nur insofern nachgegeben, als man einer traurigen Notwendigkeit, an der man nichts mehr ändern zu können glaubt, widerwillig nachgibt. Was aber nun zu tun, wenn auch die Theologie aufgegeben ist? Nichts ist leichter, als da zu wählen, wo außer einem nichts anderes mehr zu wählen bleibt. Und das eine, was Dir noch zu wählen übrig ist, ist gerade dasjenige, was Du, als noch zwischen vielem die Wahl freistand, zwar nicht mit klar gedachter Absicht, aber mit innigster Neigung bereits ergriffen hattest und wobei ich Dich, wenn einem menschlichen Verstande die Allwissenheit beiwohnte, auch mit allen Kräften hätte festhalten sollen. Daß Du Deine Anlagen, daß Du den Beruf, für den die Natur Dich bestimmt hat, verkanntest, daß Du ein anderer werden wolltest, als Du bist und werden kannst, dieses (und leider gestehe ich, daß ich hieran selbst mitschuldig bin), dieses ist allein die Hauptursache aller der Verirrungen, in welche Deine Seele sich verloren hat. Aber der Vorsehung vereitelt kein menschliches Wollen und Klügeln den Plan; was der Mensch dagegen unternimmt, dient nur dazu, ihn desto sicherer und gewisser zur Ausführung zu bringen. So leitet diese Vorsehung auch Dich, nach langen Umwegen und schmerzlichen Erfahrungen, wieder auf den Weg zurück, auf den sie seit Deiner frühesten Jugend Dich gestellt. In den frühesten Neigungen des jugendlichen Geistes verkündigt die Natur am sichersten entschiedene vorherrschende Anlagen, die ihn auf das Ziel hinweisen, das er verfolgen, dem er mit allen Kräften nachstreben soll, um seinerseits die Lebensbestimmungen zu erreichen, zu welcher er auf diese Welt gerufen ist. Die Liebe, womit Du als Knabe die Alten, besonders ihre Dichter, umfaßtest, Deine Leidenschaft für alles Schöne im Reiche der Gedanken und Empfindungen, Deine Lust und Freude an den Mysterien und Rätseln auf den Trümmern der untergegangenen Welt, Deine dichterischen Versuche, die, obgleich Versuche, für Deinen Geist und Dein Gemüt so entschieden vorteilhaftes Zeugnis geben, Dein Eifer, womit Du, obgleich in nicht ganz zweckmäßiger Richtung, für die Mythologie gesammelt, in den Urkunden der Urwelt z. B. den Zend-Avesta, gelesen, die Ruinen des alten Landes der Ägypter durchwandert und manches davon so sinnvoll gedeutet hast, alles dieses und vieles andere beweist mir, daß die Frage, wozu Du Dich bestimmen sollst, in den Worten ihre Auflösung findet: dazu, wozu Deine frühesten Anlagen und Neigungen Dich bestimmt haben, nämlich zu Philologie, Archäologie und schönen Wissenschaften. Daß Du in eine Krankheit fallen mußtest, welche Dich nach Dresden geführt hat, daß alles dieses Veranlassung gegeben hat, Dich von neuem mit den Alten zu beschäftigen und den Schlüssel, der in die Heiligtümer der alten Welt einführt, die alten Sprachen, wieder vorzunehmen, daß Du da zum Lehrer und Führer einen Mann wie Rektor Gröbel finden mußtest, ist ein nicht leicht mißzuverstehender Wink der Vorsehung, daß Du dahin, von wo Du ausgegangen, wieder zurückkehren und aus den Spielen Deiner heitern Jugend das ernste Geschäft Deines Lebens machen sollst. Diese Studien hängen überdies mit eben derjenigen Neigung, welche, mißverstanden, Dich zur Theologie geführt hat, innigst zusammen. Du wünschtest zu lehren und durch Lehren die Menschen zu bessern; dazu vorzüglich wähltest Du die Theologie. Dieses edle Streben findet in derjenigen Bestimmung, zu welcher Dich jene Studien vorbereiten, einen ebenso sichern Anhaltspunkt, einen ebenso würdigen Gegenstand und darf sich bei diesem einer gewisseren Belohnung durch segensreichen Erfolg erfreuen. Jene Studien weisen Dir nämlich demnächst das Geschäft eines *Erziehers*, späterhin den Beruf eines *Lehrers* zu Deiner Lebensbestimmung an; da säest Du denn in das Feld der unverdorbenen Jugendseelen den Samen alles Guten, Schönen und Großen aus, und die Ernte wird mit reichen Früchten Deinen Fleiß belohnen. Gott wird ja Deinem königlichen Vater, Max Joseph, noch ein Jahr Leben gönnen. (Möge er, der Gute, aber noch lange, lange leben!) Von ihm unterstützt, würde ich Dich dann im nächsten Herbst nach *Heidelberg* schicken, um da, neben einigen andern Dir sehr nötigen allgemeinen Wissenschaften, unter *Creutzer* (dem berühmten Verfasser der „Symbolik", welcher auch ein philologisches Seminarium hat) und unter den jüngern *Vossen* Archäologie und Philologie in ihrem ganzen Umfange gründlich zu betreiben. Daß dieses der Weg ist, der allem unbestimmten Umherschweifen auf einmal seine bestimmte Richtung anweist und auf welchem Du die Eintracht mit Dir selbst, die innere Zufriedenheit, die Freude eines Dir angemessenen Wirkens und endlich auch ein bescheidenes äußeres Glück finden wirst, dieses weiß ich ganz gewiß, und alles hängt nur davon ab, daß Du den Winken der Vorsehung und dem wohlüberlegten Rat Deines Dich so innig liebenden und in allen solchen Dingen mit Einsicht und Erfahrung gerüsteten Vaters Dich mit Vertrauen und Ernst ergibst. Solltest Du auch selbst noch nicht ganz klar hierin sein, sollte Deine durch dieses oder jenes hin und her gezogene Seele auch noch anfangs schwanken oder zweifeln, so darfst Du nur *einen* Gedanken denken und immer wieder denken – und Dein Schwanken wird zum Stehen, Dein Zweifel zur Entscheidung kommen. Dieser *eine* Gedanke ist, daß *nichts anderes mehr übrigbleibt*. Begeistert Dich noch nicht der Gegenstand Deiner Studien, so wird die *Notwendigkeit*, das *Unvermeidliche* Dir die Stelle der begeisternden Muse vertreten. Der Mensch darf, wenn es der ernsten Bestimmung seines Lebens gilt, nicht bloß seine Lust befragen. Man kommt in keinerlei Studien zu etwas Rechtem, wenn man nicht auch dasjenige, was mißbehagt, was durch Trockenheit und scheinbare Unbedeutenheit uns abschreckt, mit dem Gedanken an das freudige Ziel beharrlichen Mutes überwindet. Nur durch Arbeit (und diese ist unser Los) kann ein geistiger Besitztum unser werden; und Arbeit *als* Arbeit schmeckt niemals oder selten süß; aber was wir haben, wenn die Arbeit getan, der Weg zurückgelegt, das Ziel erreicht ist, das ist lauter Freude und erquickender Genuß. Wie der Gedanke an Pflicht und Notwendigkeit selbst gegen innere Neigung zu begeistern vermag, wie man, selbst in einem unserer Lust gar nicht zusagenden Fache, ausgezeichnet werden kann, wenn man nur ernstlich will und es sich etwas Mühe kosten läßt, wenn man nicht bloß dem Gelüsten nachgeht, sondern vor allem auch durch die ernste Pflicht sich führen läßt, die bald freundlich uns lächelt und für unseren Schweiß uns lohnt, dafür kann ich Dir mein eignes Beispiel nennen. Die Jurisprudenz war mir von meiner frühesten Jugend an in der Seele zuwider, und auch noch jetzt bin ich von ihr als Wissenschaft angezogen. Auf Geschichte und besonders Philosophie war ausschließend meine Liebe gerichtet; meine ganze erste Universitätszeit (gewiß 4 Jahre) war allein diesen Lieblingen, die meine ganze Seele erfüllten, gewidmet; ich dachte nichts als sie, glaubte nicht leben zu können ohne sie; ich hatte schon den philosophischen Doktorgrad genommen, um als Lehrer der Philosophie aufzutreten. Aber siehe, da wurde ich mit Deiner Mutter bekannt; ich kam in den Fall, mich ihr verpflichtet zu erkennen; es galt, ein Fach zu ergreifen, das schneller als die Philosophie Amt und Einnahme bringe – um *Deine Mutter und Dich ernähren zu können*. Da wandte ich mich mit raschem, aber festem Entschluß von meiner geliebten Philosophie zur abstoßenden Jurisprudenz; sie wurde mir bald minder unangenehm, weil ich einmal wußte, daß ich sie liebgewinnen *müsse*; und so gelang es meiner Unverdrossenheit, meinem durch die bloße Pflicht begeisterten Mut – bei verhältnismäßig beschränkten Talenten –, daß ich schon nach zwei Jahren den Lehrstuhl besteigen, meine Zwangs-, Not- und Brotwissenschaft durch Schriften bereichern und so einen Standpunkt fassen konnte, von welchem aus ich rasch zu Ruhm und äußerm Glück mich emporgeschwungen und von der Mitwelt das laute Zeugnis gewonnen habe, daß mein Leben der Menschheit nützlich gewesen ist. Was wäre aus mir geworden, wenn ich bloß der Lust und der Laune nachgegangen wäre, wenn jedes Hindernis mich erschreckt und mutlos gemacht, wenn ich dann die Hände in den Schoß gelegt und geweint und gewinselt und auf Gottes Hilfe von außen her gewartet hätte? Gottes Hilfe kommt von der eigenen Kraft und Tat, zu welcher er uns aufruft durch die innere Stimme, in welcher er stets gegenwärtig sich uns offenbart: – durch die heilige Stimme des *Gewissens* und der *Pflicht*. Oh, Sohn, es ist eine große Sache um einen *guten Willen*; er tut Wunder; mit ihm kann man Berge versetzen; mit dem Glauben an die Kraft dieses guten Willens wird man selbst zu allem Guten stark; ohne ihn ist nichts zu vollbringen.

An Tiegde und Elise von der Recke

Ansbach, den 18. April 1820

Mit Sehnsucht erwarte ich Briefe, um besonders über Ihre und Tiedges Gesundheitsumstände erfreulichere Nachrichten zu erhalten, als die bisherigen gewesen sind. Mein Befinden ist besser, ich bin im Zustand der Rekonvaleszenz, welcher nahe an die vollkommene Gesundheit grenzt. Die schöne, warme Sonne, die ich in vollem Maße in meinem herrlichen Garten genieße, hat mir unendlich wohlgetan. Indessen muß ich noch um vieles kräftiger und gesunder werden, wenn ich es wagen soll, nach Löbichau zu reisen. Eine Person, wie ich jetzt noch bin, würde Ihnen und mir wenig Ehre und Freude machen. Andere Hindernisse, welche jetzt noch dieser meinem Herzen so naheliegenden Reise sich entgegenzusetzen scheinen, werden vielleicht bis zum Julius verschwunden sein. Was ich zu Löbichau selbst befürchte, ist, daß vielleicht durch die Begebenheiten der Zeit die Parteileidenschaften in dem Grade gewachsen sind, in welchem sie den freien, stillen Verkehr der Geister und Herzen beengen oder ganz unmöglich machen. Was im vorigen Jahre nur noch in ziemlicher Ferne stand und schon damals so lebhaft manche Gemüter bewegte, daß man behutsam zurückweichen mußte, um nicht mit ergriffen und in unzarte Kämpfe mit fortgerissen zu werden – wie muß es nicht eben jene Gemüter durchzucken, da es so nahegerückt ist und in furchtbarer Riesengestalt denen vor Augen steht, die ohne Grimm kaum den Gedanken an die bloße Möglichkeit zu ertragen vermochten! Daß irgendjemand von diesen sich bekehren werde, darauf ist nicht zu hoffen, so sichtbar auch die Wahrheit ihnen erscheinen mag. Sie haben Ohren und hören nicht, haben Augen und sehen nicht, und wenn sie sehen und hören, so wollen sie nicht. *Die Geschichte lehrt, daß Revolutionen hauptsächlich immer von denjenigen gemacht wurden, welche sie zu verhindern suchten.* Aber eben diese Leute sind es auch, für welche es ebensowenig eine Gegenwart als eine Geschichte gibt. Diese ist ihnen immer eine Kassandra, die ihnen nicht mehr als jede andere Lügenprophetin gilt.

Viele Grüße meinem Anselm. Meinem Tiedge darf ich keinen Gruß besonders sagen, da er in jedem Brief an Elise immer selbst mit angeredet ist. Elise und Tiedge sind mir eine geistige Zweieinigkeit, welche bei mir selbst in Gedanken kaum eine Sonderung möglich macht.

Ewig Ihr A. v. F.

An Elise von der Recke

Ansbach, den 25. Mai 1820

Ich bin nicht imstande, meine Freude über die guten Nachrichten auszudrücken, welche Anselm zuerst über Ihr und Tiedges Wohlbefinden mir gegeben hat und nun auch wiederholt von Ihnen selbst bestätigt worden sind. Diese Sprudelgöttin, welcher ich für meine Person wenig Gutes nachzurühmen weiß, bewährt sich Ihnen beiden mit fortdauernder Gunst als heilbringende Göttin der Gesundheit und des Lebens. Möge sie noch viele Jahre Ihr Leben verlängern und Ihre Leiden, wenn sie nicht ganz mehr zu heben sind, wenigstens lindern! – Mit meiner Gesundheit bin ich ebenfalls wieder (mit Ausnahme meiner gerade jetzt sehr schmerzhaften Hand) wohl zufrieden. Schon seit einem Monat bewohne ich einen sehr schönen Garten (der Prinzengarten genannt), wo die reine, heitere Luft äußerst wohltätig auf Geist und Körper gewirkt hat. Seit vielen Jahren erinnere ich mich nicht, mit so viel Lust, Liebe und produktiver Kraft gearbeitet zu haben als seit einigen

Wochen, und daher hoffe ich, daß das Werk, mit dessen Ausarbeitung ich mich diesen Sommer beschäftige, das beste von allen sein wird, die ich bisher geschrieben habe und allenfalls noch zustande bringen werde. Es wird gewaltiges Aufsehen machen, da dasselbe mit der großen Wiedergeburt, nach welcher der mächtige Geist der Zeiten ringt, in der unmittelbarsten Verbindung steht und ganz im Geiste dieses Geistes, hoffentlich auch selbst nicht ohne Geist, geschrieben ist. Dasselbe beweist die Notwendigkeit der öffentlichen und mündlichen Gerechtigkeitspflege durch Geschichte, Philosophie und Erfahrung und deckt die Greuel auf, die unter der jetzt bestehenden Form begangen werden oder begangen werden können. Bis gegen das Ende des nächsten Monats hoffe ich so weit damit gekommen zu sein, daß ich einen Ruhepunkt werde machen dürfen und müssen, um meine lieben Engel in Löbichau zu sehen. Denn dieses wird alsdann, so ist es wenigstens beschlossen, gewiß geschehen, wenn nicht besondere Umstände mich daran verhindern. Nach Steben, wie mir anfangs geraten worden, gehe ich nicht; das Bad soll zwar kräftig, übrigens aber der Ort selbst von allen Annehmlichkeiten der Natur und des Lebens, ja von allen nötigen Bequemlichkeiten ganz entblößt sein. Ich gebrauche daher hier in meinem Garten Pyrmonter Wasser und künstliche Stahlbäder; nach beendigter Kur gehe ich dann geradewegs – wenn nicht etwa jenes fatale Wenn dazwischen tritt – nach Löbichau zu Elise, Dorothea, Pauline, Tiedge, um hier einige Wochen meine Seele im erquickenden Sonnenlichte edler Geister und liebender Freunde zu stärken und von da meinen durch Elise geretteten lieben Anselm mit mir zu nehmen. Wie sehr mich alles freut, was mir über diesen guten Verirrten Tröstliches von Ihnen geschrieben worden, brauche ich nicht erst zu sagen. Ist gleich mein Herz noch nicht ganz frei von Besorgnissen um ihn, so ist es wenigstens um sehr vieles leichter geworden und hat wieder für die besten Hoffnungen Raum gewonnen. Er kommt, so Gott will, vielleicht auch auf seiner exzentrischen Bahn, doch auch noch zu einem rechten Ziel. Daß er den Mut gehabt hat, sich mehrmals zu dem hohen, stolzen Musengott zu wagen, beweist mir, daß er in Elisens Schule auch etwas äußere Weltsitte gelernt hat, woran es ihm so sehr gebrach; und daß Goethe sich, nach einer langen Unterredung mit ihm, so herablassend gegen ihn benommen, daß der Schüchterne sich ermuntert fühlen konnte, ihm zum zweiten Mal zu nahen, zeigt, daß er selbst Goethe nicht ganz uninteressant gewesen sein muß. Man sollte denken, eine solche Erfahrung müsse auf diese ihrer eigenen Kraft mißtrauende Seele einen für immer ermunternden Eindruck gemacht haben. Doch ist selbst eben der Brief, worin er mir von seiner Unterhaltung mit Goethe schreibt, voll sichtbarer Spuren schwermütiger Beklommenheit und wehmüter Gefühle.

Daß ich noch unendlich vieles Ihnen mitzuteilen hätte, versteht sich. Aber wir leben ja in der Hoffnung des baldigen Wiedersehens.

An Direktor Weiller in München

Löbichau, den 14. Juli 1820

Mit diesem Schreiben habe ich mich gegen Sie, verehrter Mann, eines Auftrages zu entledigen, wiewohl eine Angelegenheit, die man zugleich in eigenem Namen führt und wobei wir nicht minder als der Beauftragende unsere eigene Person auf das allerinnigste beteiligt fühlen, nicht so ganz eigentlich ein Auftrag genannt werden kann.

Auf dem Schlosse zu Löbichau, dem herrlichen Sommerpalais meiner hohen Freundin Dorothea, verwitwete Herzogin von Kurland, pflegt sich in den Sommermonaten um diese durch Geist und Gemüt ebenso erhabene als liebenswürdige Fürstin und um ihre edle, allverehrte Schwester, Elisa, Gräfin von der Recke, nebst den Personen der herzoglichen Familie ein Kreis liebender und geliebter Freunde zu versammeln. Daß ich unter den Freunden dieser himmlischen Seelen nicht den untersten Platz einnehme und daß es mir darum vergönnt ist, während der Zeit meiner Geschäftsruhe in diesem Himmel der wahrsten Freundschaft und reinsten Menschlichkeit mir meines höhern Seins wieder lebendiger bewußt zu werden, gehört zu den höchsten Vergünstigungen, welche ein gütiges

Geschick mir zugewendet hat. Wie man aber den Göttern immer mit den besten Geschenken liebend naht, so bringt auch gern ein jeder, welcher so glücklich ist, jenen sichtbaren Himmlischen nahen zu dürfen, irgendetwas Erfreuliches entweder von dem Seinen oder von Fremden, womöglich immer das Herrlichste, als Freundesgabe dar. Und so nahm ich, als ich mich anschickte, von Ansbach hierher zu reisen, Ihre Rede *über die religiöse Aufgabe unserer Zeit* mit mir – zwei Bogen, welche an innerem Gehalt und kräftiger Wirksamkeit nach außen viele Zentnerlasten unserer literarischen Meßwaren aufwiegen – nicht bloß ein herrliches, durch Reichtum und Wahrheit der Gedanken, durch Tiefe und Innigkeit hochreligiöser Gefühle und durch hinreißende Kraft echt männlicher Beredsamkeit ausgezeichnetes Werk des wissenschaftlichen Geistes, sondern zugleich eine *große Tat*, eine höchst denkwürdige, in ihren Folgen nicht auszurechnende *Begebenheit*, wie sie nur ausgehen kann von einem Manne, in welchem der lautere Geist beseligender Wahrheit, der hohe Geist der Kraft und des Mutes wohnt. Ich wußte wohl, daß meinen Freundinnen nicht leicht eine merkwürdige Erscheinung entgeht, welche nur irgendein Interesse der Menschheit berührt; ich bedachte aber zugleich, daß bei der Abgeschiedenheit, die noch immer in vielen Beziehungen den Süden von dem Norden scheidet, und da die Frau Herzogin größtenteils zu Paris lebt, dennoch vielleicht gerade diese Ihre Schrift hier noch eine Neuigkeit sein könnte. Und wenn auch nicht dieses, so kehrt man gern mehr als einmal zu einem solchen Denkmal der Zeit betrachtend wieder zurück. Also begleitete mich Ihre Schrift, und bereits in den ersten Stunden meiner Ankunft in dem Elfenreiche Titaniens (so heißt in unserer Sprache die Herzogin Dorothea) war zuerst bei Elisen, dann bei Dorotheen, hierauf bei diesem und jenem unserer Freunde von Weiller und dessen weltgeschichtlicher Rede die Sprache. Es war eine Freude für mich, von allen Seiten zu vernehmen, daß man von dieser Erscheinung noch nichts vernommen habe. Denn nun wußte ich im voraus, welch ein herrliches Freudenfest ich und nur ich zu bereiten imstande sei.

Es war gestern früh, als die beiden Engel, welche auf der Erde mit menschlichen Zungen Dorothea und Elisa genannt werden, dann der unsterbliche Sänger des „Urania“, Tiedge, ferner der edle Körner aus Berlin (Vater des für das Vaterland gefallenen Dichters), endlich der wackere Professor Hasse aus Dresden mit mir in Elisens Kabinett zufällig zusammentrafen. Das Gespräch lenkte sich bald auf Sie, ich holte Ihre Rede und las und – wie soll ich nun beschreiben, was durchaus nicht zu beschreiben ist? Diese jubelnde Freude, die bei unzähligen Stellen mich unterbrach, dieses Aufjauchzen des Beifalls, dieses Händedrücken, diese Umarmungen, diese Tränen – nicht Tränen der sogenannten Empfindsamkeit, sondern Tränen des Entzückens über dieses glänzende Erscheinen der heiligsten Wahrheit in einer so trüben Zeit, Tränen der lächelnden Hoffnung auf den Sieg des Lichtes der reinen Christuslehre über die Finsternis der Hölle, Tränen freudiger Hochachtung für den herrlichen Mann, der mit so kräftigem Geist, mit so hohem Mut, in so kräftigen Donnerworten für die Wahrheit Zeugnis gegeben hat! Alles Lob unserer Zeitungen, die höchsten Orden, welche unsere Fürsten zu verschenken haben, selbst die Lorbeerkrone, die einst auf dem Kapitol die Stirne geweihter Sänger schmückte, alles dieses würde, wenn Sie als unsichtbarer Geist ein Zeuge dieses Schauspiels gewesen wären, Ihnen gegen diese freie Huldigung der edelsten Geister nur als nichtswürdige Belohnung erschienen sein. Als die Vorlesung beendigt war und noch die Freudentränen in aller Augen glänzten, ward wie aus einem Munde beschlossen, dem verehrten Weiller für das hohe Seelenfest zu danken, welches er hier durch meinen Mund bereitet hatte.

Mein Auftrag ist daher, die Einladung meiner verehrten Freundinnen, der durchlauchtigsten Herzogin Dorothea und ihrer edlen Schwester Elise, nach Löbichau durch mein Fürwort zu unterstützen. In dieser Hinsicht versichere ich Sie, daß Sie bereits hier einheimisch sind und daß der Hof meiner Herzogin mit keinem andern Hof als etwa mit dem eines Mediceers oder eines Este von Ferrara verglichen werden kann, an welchem man nicht mit Rang und Stand, sondern nur mit eigenem Verdienst und persönlichem Werte bezahlt und an welchem die gemütlichste Freiheit keine andere Schranke kennt als die allgemeine – der Pflicht und des sittlichen Anstandes.

Dorothea und Elise werden bis zu dem 15. Okt. in dem schönen Löbichau verweilen. Ich selbst werde nicht mehr das Vergnügen haben, Ihnen, wenn Sie nach drei Wochen hier ankommen, meine Hochachtung persönlich bezeugen zu können.

An Elise von der Recke

Ansbach, den 10. September 1820

Als ich eben mit meinem Briefe an Titania-Dorothea beschäftigt war, von welchem ich zu einem Brief an Sie, edle Mutter Elise, übergehen wollte, erhielt ich Ihren Brief nebst Beilagen. Um ihnen ganz so zu schreiben, wie ich möchte, dazu fehlt es mir äußerlich an Muße, innerlich an Ruhe. Daß ich mit Geschäftsarbeiten mehr als je überladen bin, ist eine Folge meiner Abwesenheit, während welcher sich vieles zusammengedrängt hat, was nun erledigt und in Ordnung gebracht werden muß. Hierzu kommt, daß gewisse Leute meine Abwesenheit benutzt haben, um auf einen wesentlichen Teil unserer Verfassung bei hiesigem Gerichtshofe einen, womöglich glücklichen, Sturm zu wagen. Meine Kollegen hielten den Tag der entscheidenden Schlacht weislich bis zu meiner Rückkunft hin, und kaum war ich angekommen, so mußte ich an die Spitze treten, wo alle Gefahren fast ganz allein auf meine Brust zielten. Es galt eigentlich zuletzt die Frage, ob ich meineidig in feiger Unterwürfigkeit die Gerechtigkeit verraten oder für die Gerechtigkeit mit Ehren fallen wolle. Man wußte dem gerechtesten Könige meine rein pflichtmäßige Beharrlichkeit auf meinen heiligen, beschwornen Amtspflichten als einen starrsinnigen Ungehorsam gegen die Befehle der Majestät auszulegen, und ich war nahe daran, mich in demselben Falle zu befinden, in welchem, bei Gelegenheit der Müller-Arnoldschen Rechtssache, der Präsident der Neumärkischen Regierung, Graf von Finkenstein, zu Friedrich dem Großen sagte: „Ew. Majestät, ich habe nötigenfalls gelernt, auch schwarzes Brot zu essen!" Als es bereits auf das Äußerste gekommen war, gab mir Gott einen Gedanken, durch welchen ich klug der Schlinge, deren Knoten eben zugeschnürt werden sollten, meinen Hals entzog und zugleich, unter einer andern Form, wenigstens die heilige Sache rettete. Es ist dieses indessen nur Waffenstillstand; vor zwei Jahren, wo die Stände wieder zusammengekommen, bekomme ich keinen Frieden und schwebe in steter Gefahr. Der Chef einer Justizstelle in einem Staate, dessen Verfassung noch nicht tief gewurzelt hat, muß, wenn er rechtschaffen sein will, solche Gefahren erwarten; er soll ein Fels sein, gegen welchen die Wellen der willkürlichen Macht stets anwogen und an welchem diese immer sich brechen. Ich habe oft an Dich gedacht, lieber Tiedge, was Du über unsere Verfassungen gesprochen, und ich werde noch oft daran denken müssen.

Über unseren Weiller wird Ihnen unsere verehrte Dorothea mehreres mitteilen. Hier trage ich Ihnen noch einiges nach, was ich von Stiller erfahren habe. In München gehen beinahe monatlich Familien zur protestantischen Kirche über. Sechs Familien sind Stillern bekannt, die zwar noch selbst zur katholischen Kirche sich halten, aber ihre Kinder protestantisch erziehen lassen. In einer Gegend auf dem Lande in Bayern haben katholische, protestantische und wiedertäuferische Familien, die nahe beisammen wohnen, sich vereinigt und die Regierung gebeten, ihnen einen protestantischen Geistlichen zu geben. Bei Dillingen, wo Lindel vorzüglich gewirkt hat, sollen einige Hundert Familien sein, welche die Absicht haben, nach Petersburg auszuwandern, um ihrem verehrten Lehrer zu folgen. Was in Bayern die Fortschritte der Wahrheit und des Lichts auf dem Lande sehr befördert, ist die außerordentliche Dummheit und Roheit vieler Landgeistlichen. Dieselben Ursachen, welche hauptsächlich Luthers Reformation herbeiführten und dann unterstützten, wirken auch hier zusammen und werden dasselbe Ergebnis zur Folge haben. Von Weillers Rede, die er nächsten Monat am Jahrestag der Akademie der Wissenschaften halten wird, erwarte ich sehr viel. Daß unsere Briefe nicht wenig dazu beigetragen haben, das heilige Feuer der Begeisterung in seiner Brust zu schüren, davon bin ich fest überzeugt. So gute Menschen beisammen sind, da ist Gottes Geist am mächtigsten. Die Stunden, in welchen Ihr Kabinett zu Löbichau ein

Tempel, jedes Herz ein Altar der Andacht und der reinsten Begeisterung für das Höchste und Heiligste war, diese Stunden vergesse ich nimmer; schönere sind mir in meinem Leben nicht geworden und werden mir nicht mehr werden.

Mein Vater, der beinahe zwanzig Jahre sich von aller Welt zurückgezogen hatte und wie ein Einsiedler auf seinem Landhaus lebte, hat in seinem Alter die Grille bekommen, sich wieder mit den Menschen und ihrem Treiben abzugeben. Er ließ sich zum Vizepräsidenten des gesetzgebenden Körpers seiner Vaterstadt wählen. Hat er Ihnen noch nicht geschrieben? Es sollte mich gar nicht wundern, wenn Sie mir mit Nein antworteten. Er gehört zu den gar seltsamen und wunderlichen Heiligen, die außer sich keinen Maßstab haben, nach welchem sie gemessen werden könnten.

Ewig Ihr F.

An dieselbe

Ansbach, den 25. Dezember 1820

Mein letzter Brief an Sie, innigst geliebte und höchst verehrte Freundin, war kaum einige Tage von hier abgegangen, so erhielt ich Ihr wertes Schreiben vom 4. Dez.

Der Auszug aus Friedländers Brief hat mich ungemein erfreut, und ich habe ihn unserm Weiller sogleich überschickt, um ihm ebenfalls eine recht unerwartete Freude damit zu machen. Solche Erscheinungen erheitern die trübe Nacht der Gegenwart, in welcher die Finsternis über Plänen der Hölle brütet. Indessen bin ich auf das innigste überzeugt, daß der Basilisk, welcher ausgebrütet werden soll, bei weitem nicht stark genug sein wird, um die Sonne zu verschlingen; mit ihr kämpfend, wird er sie eine Weile verfinstern und dann von seinem eigenen Gifte platzen. Welche Erscheinung die Aufhebung der Klöster in Spanien und Neapel! Welches Bekenntnis eigener Schwäche das Stillschweigen des Papstes zu Weillers kühner Unternehmung! Dann die kecken, nur die eigene Herzensbangigkeit verratenden Schritte gegen die in tausend und tausend Exemplaren unter den Katholiken verbreiteten „Stunden der Andacht"! Endlich, wenn man sieht (wie ich es mehrfältig zu beobachten Gelegenheit gehabt habe und worüber ich mit Anekdoten ganze Briefe füllen könnte), mit welcher respektvollen Ängstlichkeit die Pfaffen vor der Publizität sich scheuen, wie sie sich vor der öffentlichen Meinung weiß zu machen und, was sie im Finstern getrieben, zu verdecken suchen, damit ja nichts davon laut werde und sie nicht genötigt seien, vor dem gefürchteten Richterstuhle der Öffentlichkeit sich verantworten zu müssen! Und was sind alle die Bemühungen der Adam Müller, Schlegel und Konsorten anders als ebensoviele augenscheinliche Beweise, daß die Finsterlinge zu eben der Vernunft, welche sie unterjochen wollen, ihre Zuflucht zu nehmen genötigt sind? Mit der Dummheit allein, das sehen sie ein, kommen sie nicht mehr fort; darum versuchen sie ein Bündnis der Dummheit mit dem Geist, um womöglich durch Verstand den Menschen um den Verstand zu betrügen.* Zu besorgen ist daher für das große Ganze gewiß nichts. Aber Wachsamkeit ist nötig; und widerlich, ekelhaft ist es, in einer Zeit zu leben, wo alle die häßlichen Schlangen und Gewürme aus ihren Löchern hervorgekrochen sind, um alle Wege mit ihrem Schleime zu besudeln. – Haben Sie den Damen-Almanach für das Jahr 1821 gelesen? Da hat Jean Paul seinen Aufenthalt zu Löbichau beschrieben. Von Tücke merkt man wenig, nur bei Schink ist ganz leise angedeutet, als hätte man die Krönungsfeier desselben allenfalls auch für Ironie nehmen können. Unserer Titania und Elisens und dgl. erwähnt er so, wie es sich ziemt, mit Ehrfurcht; einige Stellen zu Titaniens Lob haben mich entzückt. Daß er mich als Kanzler bei dem Krönungsfeste förmlich mit Namen genannt hat, tut zwar mir nichts. Aber es ist

* Ähnlich wie F. spricht sich hierüber Weiller in seiner Rede von 1819 „über die religiöse Aufgabe unserer Zeit" aus: „Mit bloßer unbedingter Autorität wird jetzt nichts mehr ausgerichtet. Man bedarf überall der Gründe, selbst um grundlosen Behauptungen Eingang zu verschaffen ... Sonst huldigte man dem Ungereimten aus herkömmlicher Resignation auf Vernunft; jetzt huldigt man ihm aus Respekt für die erst gemachte Entdeckung, daß eben das Ungereimte das wahrhaft Vernünftige sei."

doch wahrlich, zum mindesten gesprochen, ein hoher Grad von Indiskretion, einen Mann, der in hoher Amtswürde steht und einmal in einem traulichen Familienkreis sich zum Kurzweil hergegeben hat, vor dem ganzen deutschen Publikum mit Namen und Amtstitel als den lustigen Rat in jenem Familienscherz zu bezeichnen. Und das tut eben der Jean Paul, welcher, als unsere geselligen Scherze bloß für die Teilnehmer des Festes gedruckt werden sollten, eine so zärtliche Besorgnis darüber geäußert hat, es möchten die Namen vor das Publikum kommen! – So lange freute ich mich mit Sehnsucht auf die Büsten! Und nun scheint es, als hätte ich mich umsonst gefreut. Wenn Sie selbst nochmals mahnten, so gäbe vielleicht Schadow sich ernstliche Mühe, die Modelle zu suchen. Ich trage zwar Elisens und Tiedges Bild in meinem Herzen und brauche nichts Äußeres, was mich an sie erinnere oder nur die Züge auffrische. Aber ich brauche Bilder von meinen verehrten Lieben aus demselben Bedürfnis, aus welchem der fromme Heide seine Götter außer sich darstellt, um ihnen auch äußere Ehrfurcht und Liebe bezeigen zu können. Ein eigenes schönes Kabinett, das ich das Kapellchen der Freundschaft nenne und worin schon Dorotheens Bildnis verehrt wird, wäre für diese Büsten bestimmt. Die Wand ist himmelblauer Grund, mit goldenen Sternen besäet; links und rechts neben jedem Bilde Wandleuchter in Form von goldenen Apolloleyern mit silbernen Saiten. An Festtagen, Geburtstagen etc. würden diese Büsten mit Kränzen geschmückt, und ich und jeder meiner Freunde beugten dann vor denselben ihre Knie und sängen Lieder. Sehen Sie doch, liebe, edle Elise, ob Sie nicht Rat schaffen können.

Die erste Hälfte meines Werkes über die Öffentlichkeit und Mündlichkeit der Gerechtigkeitspflege ist schon zum Druck abgegangen. Die andere liegt beinahe ganz fertig schon in der Abschrift vor mir. Es wird stark werden, vielleicht 30 Bogen. Das Ding ist entsetzlich gelehrt. Und das ist vielleicht die Ursache, daß es nicht gefallen wird. Heutzutage liest man am liebsten Broschüren. Zu gründlichen Werken hat das Publikum keine Geduld mehr. Allein, will das Publikum künftig über diesen Gegenstand mitzusprechen sich erlauben – wie es bisher nur blind darüber geschwatzt hat –, so wird es sich einmal die Geduld nehmen müssen, dieses mein Buch zu lesen und zu studieren.

Zu Weihnachten und Neujahr wünsche ich weder Ihnen noch Tiedge Glück; ich wünsche dieses aus dem innersten Grund meines Herzens das ganze Jahr hindurch, jeden Monat, jede Woche, jeden Tag, jede Stunde.

An dieselbe

In Eile München, den 26. Februar 1821

München? Ja, wie meine Elise, wie mein Tiedge schon am Postzeichen wird gesehen haben. Aber warum? Seit wann? Wozu? Auf alles dieses kann ich nur eine halbe, und nicht einmal diese, sondern nur $^{1}/_{100}$ Antwort geben; und eigentlich schreibe ich bloß, um meinen Engeln zu melden, daß sie sich nicht betrüben noch ängstigen sollen, wenn sie lange Zeit entweder gar keine Briefe oder nur selten einige ganz kurze, abgebrochene Zeilen von mir erhalten. Denn ich bin wieder auf offenem Meer und segle mit gutem und starkem Wind – ich weiß selbst nicht, wohin er zuletzt mich tragen wird. Ich komme mir vor wie jener Prophet (ich glaube Habakuk), den ein Engel bei den Haaren faßte und ihn durch die Luft nolens volens irgendwohin schleppte, wo er sein Prophetenamt verrichten sollte. – Seit Jahren habe ich mich von allen eigentlichen Staatsgeschäften entferntgehalten, habe alle deshalb mir gemachten Zumutungen abgelehnt, konnte selbst durch die dringendsten Bitten und Beredungen meiner Freunde nicht bewogen werden, auch nur auf einige Tage nach München zu gehen. Ich wollte in stiller, ehrenvoller Zurückgezogenheit lediglich meinen Wissenschaften leben – und die Welt laufen lassen, wie sie eben läuft. Siehe aber, da ereignete sich am Ende vorigen Monats ein kleiner, mir höchst unangenehmer Vorfall; einige meiner Untergebenen, unter diesen ein Mitvorstand des mir untergebenen Gerichtshofs, widersetzten sich auf sehr respektwidrige Art meinen Anordnungen; ich wurde davon so angegriffen, daß mich das Fieber packte und ich ins Bett mußte. Vom *Bette aus* endigte ich einen Brief an Dorothea, um ihr zu ihrem Geburtstage (am 3. Febr.) Glück zu wünschen. Gleich nachdem dieser Brief auf die Post gegeben war (am 29. Jan.), ereignete sich ein zweiter Vorfall, welcher mich von der Notwendigkeit überzeugte, es koste, was es wolle, nach München zu reisen und die allerhöchste Autorität zu Hilfe zu rufen. Kaum war der Entschluß gefaßt, so fühlte ich mich wie neu belebt. Mein Arzt, welcher sich anfangs widersetzte, gab endlich der Überzeugung nach, daß mein Körper nicht bloß mit den gewöhnlichen Mitteln aus den Apothekerbüchsen zu heilen und demselben überhaupt nicht bloß auf physischem, sondern mehr noch auf psychologischem Wege beizukommen sei. Zwei Tage nachher saß ich in Begleitung meines dritten Sohnes, Eduard, im Wagen; ich ward auf der Reise ganz gesund, und mein Geist weissagte mir voraus, was geschehen würde. Am 3. d. M. kam ich zu München an; der nächste Zweck meiner Reise war in den ersten Tagen erreicht, aber ich fand auch sehr bald, was ich nicht gesucht hatte – wieder nach dem Muster eines andern alten Propheten, von welchem die Schrift sagt, daß er ausgegangen sei, einen Esel zu suchen und dafür ein Königreich gefunden habe. – Mehr kann ich nicht darüber sagen als dieses: daß ich, beglückt durch das persönliche Vertrauen meines hochverehrten Königs und seiner ersten Minister, für einige Monate (nicht zu diplomatischen, sondern zu legislativen Zwecken der wichtigsten Art) mich nach – *Paris* begebe. Ich reise ohne öffentlichen Charakter; und öffentlich darf mehr nicht von meiner Reise verlauten, als daß ich, um von Geschäften auszuruhen, nach Frankreich gehe. Im Mai reise ich wieder hierher zurück, wo ich über wichtige Gegenstände der Gesetzgebung, welche zugleich Deutschland im ganzen interessieren, meine Anträge und Pläne vorlegen werde. An meinem Amte ist vorderhand *nichts verändert*; ich habe mir, aus guten Gründen, meinen Präsidentenstuhl zu Ansbach vorbehalten. Denn sobald die See wider mein Schiffchen stürmt, steuere ich wieder in meinen Hafen zurück. Aber daß Gott mich bestimmt hat, noch viel Gutes zu wirken, vielleicht sogar Großes, das sehe ich deutlich an der wunderbaren Wendung meines

Schicksals. – Am 5. April längstens reise ich von hier durch unsern Rheinkreis, wo ich mich acht Tage wenigstens aufhalte, nach Frankreich ab.

Gottes Segen mit Euch allen, Ihr guten Engel meines Lebens! Euer Geist wird mich begleiten. Bittet Gott, daß er mir nur Gesundheit schenke; für das Übrige sorgt schon mein eigner Geist. Ewig mit Verehrung, Liebe, Dankbarkeit der treue

Anselmus

*An den Minister v. Zentner**

Paris, den 11. Mai 1821

Ew. Exzellenz

werden, nach meinem letzten Scnreiben zu urteilen, eher meine eigene Person als einen Brief von mir erwarten. Mein Entschluß, Paris schon in den ersten Tagen dieses Monats zu verlassen, welcher mehr in dem Gefühl der Mutlosigkeit, der Erschöpfung und des Verdrusses als in dem Bewußtsein, mir selbst schon genuggetan zu haben, seinen Grund hatte, wurde nach wenigen Tagen der Ruhe und Sammlung, auf die freundschaftlich ernste Erinnerung einiger Personen, deren Worte mir von großem Gewicht ist, gegen den Entschluß aufgegeben, nicht eher von hier abzugehen, bis ich dem allerhöchsten Auftrag und dem, was ich meiner Ehre schuldig bin, im weitesten Umfange des Worts Genüge geleistet habe. Es mußte besonders die Bemerkung, daß man mich beschuldigen würde, den allerhöchsten Auftrag in einem seiner wichtigsten Punkte unerfüllt gelassen zu haben, wenn ich Paris verließe, ohne das Höchste gesehen und beobachtet, ohne den Sitzungen der Cour des Pairs, welche die große Militärverschwörung vom August 1820 richtet, beigewohnt zu haben, für mich von dem entscheidendsten Gewichte

* Dieser Brief wurde nicht abgeschickt.

sein. Seit dem 7. bin ich täglich von morgens 10 Uhr bis abends 5 Uhr (ohne vom Platze weichen zu können) in der Pairskammer, wo sich meiner Beobachtung ein Schauspiel darbietet, welches an Erhabenheit und Pomp sowie an Mannigfaltigkeit der Szenen, an Wichtigkeit der politischen Beziehungen, an Reichtum der Talente, welche sich in ihrem höchsten Glanze zu zeigen suchen, alles übertrifft, was ich erwarten konnte, alles auf *einem* Punkte in höchster Vollkommenheit vereinigt, was ich bisher gleichsam nur im kleinen und zerstreut zu beobachten Gelegenheit hatte. 164 edle Pairs täglich vor mir zu Gericht, und 29 Angeklagte, 29 Advokaten, 4 königliche General-Prokuratoren und General-Advokaten, 182 Zeugen (unter welchen auch Marschall Marmont, Herzog von Ragusa, selbst Pair des Reiches) stehen diesem höchsten Gerichtshofe des europäischen Kontinents gegenüber. Der Zweck der Verschwörung war, die königliche Familie zu ermorden, den jungen Napoleon, zu dessen Entführung schon Anstalten getroffen waren, zum Kaiser auszurufen und unsern Prinzen Eugen zum Regenten zu ernennen usw. Die Angeklagten, die auf der Anklagebank sitzen, sind bloß *untergeordnete* Werkzeuge: Fünf Werkzeuge höherer Bedeutung, unter welchen besonders Nantil, dem gewaltige Summen zu Gebote standen, haben sich geflüchtet; die Hauptpersonen, deren Kopf und Wille die Maschinen unsichtbar in Bewegung brachten, sitzen hier auf ganz andern Stühlen als auf der Anklagebank. Ich habe konfidentiell mehrere (nur unter den Pairs verteilte) Hauptakten zum Gebrauch erhalten, um mich über das Ganze zu informieren und auf die Sitzungen vorzubereiten. So evident die Sache an sich und so gewiß es ist, daß diese Verschwörung (wie aus Bekenntnissen hervorgeht) mit der erst vor einigen Monaten zur Reife gekommenen Turiner und Grenobler Insurrektion im genauesten Zusammenhange stand, so vermute ich doch – und einige hohe Personen sprachen mir dieses sogar schon wie eine Gewißheit aus –, daß nichts herauskommt, daß das ganze Drama mit einem lächerlichen, kläglichen Ausgange schließen wird, wenn man nicht vielleicht genötigt ist, etwas zu tun – pour sauver les apparences (um das Ansehen zu retten]. – Den ganzen Tag, entweder vor und nach der

Sitzung mit den mir mitgeteilten Aktenstücken oder in der Sitzung selbst mit Sehen und Hören beschäftigt, kann ich nur einen Teil der Nacht dazu verwenden, Ew. Exzellenz nur mit wenigen Worten flüchtig die Gegenstände meiner Beschäftigungen seit meinem letzten Briefe zu bezeichnen. Meine Ernte war außerordentlich reich. Unter vielen merkwürdigen Prozessen, welche im Palais de Justice verhandelt werden, wohnte ich dem überaus wichtigen, wegen seiner geheimen Veranlassung, seines Gegenstandes und seiner politischen Folgen, die das gegebene Präjudiz herbeiführen muß, in die neuesten Tendenzen der Zeit eng verflochtenen Prozesse des H. v. Bergasse bei, betreffend sein Werk „Essai sur la propriété", welches die heftigsten und geistreichsten Angriffe gegen die Besitzer der Nationalgüter enthält und weshalb v. Bergasse (dem Scheine nach) angeklagt wurde, sich einer Verletzung des Art. 9 der Charte schuldig gemacht zu haben. Er wurde (wie ich vorauswußte) von der Jury à l'unanimité des voix [dem Geschworenenkollegium einstimmig] freigesprochen! – Einen großen Teil der vorigen Wochen brachte ich auf dem Platze des Pantheon und der Sorbonne, d. h. auf der Universität, zu, wo ich mehreren Vorlesungen beiwohnte und die lehrreichsten Unterhaltungen mit Professor Blondeau, Baveau und Berriat-St.-Prix hatte, teils über den Zustand des Rechtsstudiums in Frankreich, teils über die Gebräuche und Mißbräuche des französischen Justizwesens. Ich knüpfte mit diesen Männern Verhältnisse, welche länger dauern werden als mein hiesiger Aufenthalt. – Von da warf ich mich (was ich lange vermieden hatte) in die Verhältnisse des höhern Staatslebens, um, was ich bisher nur von unten heraus betrachtet hatte, auch aus der Höhe von oben herab zu schauen. Von dem Augenblicke an, wo ich hervortrat, kommt mir alles mit einer Gefälligkeit und Bereitwilligkeit entgegen, die mich oft in Verlegenheit setzt, weil ich nicht selten in den Fall komme, abwehren zu müssen. Die Freundschaft bereitete mir das Fest einer nähern Bekanntschaft in engerem Zirkel mit La Fayette, Benjamin Constant und Manuel. Von Herren der Pairskammer besuche ich abwechselnd jeden Abend den H. Fürsten Talleyrand, Herzog von Dalberg, Marquis de Boisgelin und den alten ehrwürdigen Ex-Senator Grafen Rigal. Auch den Deputierten der Stadt Straßburg, v. Türkheim, darf ich nicht mit Stillschweigen übergehen. Durch diese und andere Männer erhalte ich Mitteilungen, welche durchaus nicht, wenigstens nicht vollständig, vor das Publikum kommen. So liegen hier vor mir zwei (bloß als Handschrift gedruckte) Quartanten, den Verschwörungsprozeß betreffend, ferner über das jetzt von der Deputiertenkammer verhandelte Projekt eines Gesetzes, welches den merkwürdigen Artikel 331 des Code d'instruction criminelle abändern soll, alle (ebenfalls bloß als Handschrift gedruckten) Vorträge, opinions [Meinungen] etc., welche sowohl in der Pairs- als Deputiertenkammer vorgekommen sind; dann die handschriftlich gedruckten Reglements der Pairs- sowie der Deputiertenkammer usw. Was ich in meinem Kopfe mit mir forttrage und zum Teil von der Art ist, daß es keinem Briefe anvertraut werden darf, ist noch wichtiger als jenes. Eine ganz auffallende, mich beinahe erschreckende Bemerkung hatte ich zu machen Gelegenheit, nämlich: Mehrere bedeutende Personen, mit denen ich nie in irgendeiner mittel- oder unmittelbaren Berührung gestanden habe, die von mir höchstens etwas von meinem literarischen Rufe konnten erfahren haben, taten Fragen an mich oder machten Äußerungen, welche voraussetzten, daß sie mit den Einzelheiten meiner Verhältnisse, Schicksale usw. bekannt seien; und als ich darüber ihnen meine Verwunderung zu erkennen gab, wurde mir durch ein Kompliment, das meinem Namen gemacht wurde, das Recht zum Weiterfragen benommen. Einige Mal war ich in der Deputiertenkammer, wo ich nichts merkwürdiger fand als die höhnende Insolenz, womit die rechte Seite die linke behandelte. Gewisse neue Begebenheiten haben einer unverbesserlichen Partei nun vollends den Kopf verwirrt, so daß sie in wildem Taumel sich dem Abgrunde entgegenstürzt, der sich ihren durch Leidenschaft verblendeten Augen verbirgt. Die Minister selbst sollen über den Unfug der rechten Seite jetzt bedenklich geworden sein. Bei den Festen am 1., 2., 3. Mai, wo ich mich am 2. in den Champs Elysées unter dem Volke umhertrieb und am Abende dem Balle beiwohnte, welchen die Stadt Paris der königlichen Familie auf dem Hotel de Ville gab, war eine seltene Eigenheit zu beobachten: Aller mâts de cocagne [Klettermaste][1], Musikchöre, Gaukler- und Schauspieler-Buden, Wein-, Fleisch-, Brot- und Bonbons-Austeilungen ungeachtet, trieb sich das Volk auf dem Champs Elysées mit einer Art trübsinniger Gleichgültigkeit umher; bei der Revue der Truppen empfing der König nur hier und da ein sehr dünnes Vivat; in den Freitheatern wurden die Anspielungen auf die Taufe des Herzogs von Bordeaux großtenteils entweder mit Gleichgültigkeit aufgenommen oder gar ausgezischt usw. Überhaupt aber herrscht ein großes Schweigen unter diesem sonst so lebhaften Volke: Jedermann hält mit seiner Meinung zurück, wenn ihm nicht der Mann schon durch die seinige bezeichnet ist; nur in den großen Soirées treiben sich Menschen verschiedener Parteien durcheinander; außerdem hat jede ihre eigenen Gesellschaften, ihre eigenen Zirkel, ihre eigenen Kaffeehäuser usw., wo sie frei ihre Meinungen verhandelt. Am freimütigsten und gesprächigsten ist jetzt der Franzos nur unter vier Augen. – Unter den Großen des Reichs hat (wie der Verschwörungsprozeß allein schon deutlich zeigt) das jetzige Gouvernement manche unversöhnliche Feinde; unter dem, besonders hier sehr zahlreichen, Pöbel haben viele wegen eingestellter Bauten u. dergl. verloren; den Besitzern der Nationalgüter bangt es vor den Ansprüchen der Emigranten; alle Begüterte des Mittelstandes wollen zwar Ruhe, fürchten aber für diese Ruhe am meisten von den fortgesetzten Angriffen auf die Verfassung und die Freiheiten, die mit so vielem Blute erkauft worden sind, und haben eben darum mehrere in ihrer Mitte, welche geneigt sind, selbst durch Aufopferung eines Teils ihres Vermögens diejenigen zu unterstützen, welche den Mut haben, eine neue Ordnung der Dinge herbeizuführen. Für die Verschwörung vom August 1820 hatte ein einziges Privathaus 500000 Franken hergegeben. Während so im Innern die Leidenschaften des Parteigeistes, unbefriedigter Ehrgeiz, alte Erinnerungen neue Hoffnungen etc. durcheinandergären, ist die Regierung schwach, unentschlossen, schwankend und unter dem entschiedenen Einflusse einiger auswärtiger Höfe.

[1] *Im Original A und B Druckfehler:* cocogne. *Hier berichtigt nach dem Verzeichnis der Errata in B.*

Daß auf das Militär keine Rechnung zu machen ist, zeigt der gegenwärtige Prozeß; weshalb viele mit Bedauern diesem Prozeß zusehen, dessen Resultat die Wunden nicht heilt, die er zur Schau stellt. Zu Paris war die ganze Nordlegion, ein großer Teil des zweiten Garde-Regiments, ein Teil der Gensdarmerie mit im Komplott; die Garnisonen zu Vincennes, Grenoble, Lyon usw. ebenfalls. – Nach der Lage der Dinge werden die öffentlichen Verhandlungen dieses Prozesses bis in den Monat August, vielleicht auch noch länger, auf jeden Fall viel länger dauern als mein hiesiger Aufenthalt, den ich nicht über den Mai ausdehnen werde. – Nach meiner Rückkehr werde ich allerwenigstens einen Monat brauchen, ehe ich meinen Rapport zu Ende gebracht habe, hinsichtlich welches ich, bei der Masse der Gegenstände und der Menge meiner Materialien und Beobachtungen, weit eher über dasjenige, was ich *nicht* sagen, als worüber ich mich verbreiten soll, in Verlegenheit bin. Habe ich gegen den Staat meine Pflicht erfüllt, so werde ich auch der *Welt* in einer besondern Schrift über meinen Aufenthalt zu Paris eine sehr feierliche Rechenschaft ablegen. Hier wird denn auch sehr vieles seinen Platz finden, was in einem Gutachten ein hors d'œuvre [eine Vorspeise] sein würde. Wie manche Schwierigkeiten, welche die Konstitution und gewisse Privilegien in den Weg legen, zu überwinden seien, darüber bin ich noch nicht durchaus mit mir im reinen.

Den 12. Mai 1821

Bis dahin hatte ich gestern geschrieben, als ich Ew. Exzellenz hochverehrliches Schreiben vom 29. April erhielt. Ew. Exzellenz sage ich meinen tiefsten Dank für die wohlwollenden Gesinnungen, welche Hochdieselben mir auch bei dieser Gelegenheit zu erkennen geben. Indessen muß ich aufrichtig gestehen, daß eine Stelle, diejenige, welche das mir nötige Geld betrifft, mich nicht wenig betroffen gemacht und Empfindungen und Gedanken in mir erregt hat, welche ich für Täuschungen meiner gereizten Empfindlichkeit halten muß, um nicht zu erliegen. Obgleich ich, wie Ew. Exzellenz bekannt ist, nur wegen öffentlicher Geschäfte, in öffentlichem Auftrag, zu hohen öffentlichen Zwecken, nur in ermüdenden Arbeiten, die fast mich aufzehren, nicht zur Lust oder Freude hier bin und nur unter der Voraussetzung mich hierher begeben konnte, wenn mir die Kosten bezahlt würden, sehe ich mich in die Lage eines Supplikanten gesetzt, um die nötigen Mittel zur Subsistenz, wie sie meinem Stande gemäß, in und zur Rückreise zu erhalten. Schon vor längerer Zeit habe ich an Herrn von Ringel geschrieben und denselben benachrichtigt, daß ich genötigt gewesen sei, Geld auf meinen Privatkredit aufzunehmen. Ich habe, nachdem schon lange 200 Louisdor nicht – aufgezehrt, sondern für das Notwendigste, was Bedürfnis und Anstand forderten, ausgegeben sind, mir von H. Bankier Schätzler eine Anweisung auf 200 Louisdor geben lassen, welche höchst notdürftig zureichen, um noch in einem schlechten Quartier, bei magerer Kost, aber mit Equipage und Lohnbedienten, unter diesem Pariser Raubgesindel (was fast alle sind, die einem Fremden etwas zu leisten haben) bis zum Ende dieses Monats zu leben und dann auf dem geradesten Wege zurückzukehren. Dem Aufenthalte in den Rheinprovinzen (so sehr ich ihn auch für nützlich, gewissermaßen notwendig halte) muß ich wegen Beschränktheit der Mittel und um nicht in Gefahr zu kommen, der Unverschämtheit im Fordern, verdächtig zu werden, ganz entsagen.* – Die Bücher, welche ich gekauft habe, werde ich nach gemachtem Gebrauch der königlichen Bibliothek ausliefern. – Nach London zu gehen war mir nie in den Sinn gekommen; ich verstehe nicht, englisch zu sprechen, noch verstehe ich das englisch Gesprochene; ich würde daher in London wie ein Taubstummer umhergehen. Auch teile ich in anderer Hinsicht vollkommen die Ansichten Ew. Exzellenz.

* Auf seiner Hinreise nach Paris hatte sich jedoch F. ungefähr 14 Tage in Zweibrücken aufgehalten.

An die Herzogin von Kurland

Ansbach, den 21. Juli 1821

Von Paris über Brüssel und Köln, wo ich wieder nur arbeitete, hieher zurückgekehrt, konnte ich nicht einmal ausruhen, mußte ich aus dem Wagen an den Arbeitstisch, den ich seit 4 Wochen nicht verlassen habe, wo ich ein Gutachten von mehr als 80 Bogen zu schreiben hatte, die ich übermorgen in Person nach München tragen muß. Ist es mir gleich unmöglich, den Bedürfnissen meines bessern Teils durch einen eigentlichen Brief Genüge zu tun, so mögen diese Zeilen wenigstens meine Fürsprecher sein, welche mich bei Ew. Durchlaucht entschuldigen, daß ich meinen Dank für die viele Gnade und das hohe Wohlwollen, womit Sie mich auch zu Paris beglückt haben, so spät und so ungenügend ausspreche. Meine dankbare Seele hat Ew. Durchlaucht auf allen Wegen still begleitet, und meine schönsten Augenblicke waren, wenn ich in seltenen Stunden der Ruhe mich geistig in den heiligen Kreis versetzt glaubte, welchen Dorothea und Elisa schmücken. Ew. Durchlaucht bin ich so frei, mein neustes Werk als ein geringes Opfer der reinsten Verehrung darzubringen. In der Einbildung, daß ich durch dieses Buch gewissermaßen in persönliche Gemeinschaft mit Löbichau komme, liegt für mich ein sehr beglückender Gedanke.

Von der abscheulichen Geschichte, welche der angeblichen Verschwörung vom 19. August 1820 zugrunde liegt und sich noch vor meinen Augen zu voller Klarheit entwickelt hat, werden Ew. Durchl. bereits durch die Zeitungen und noch mehr durch andere Nachrichten in vollkommene Kenntnis gesetzt worden sein. Daß an der ganzen Sache nichts war als der – *Versuch* des Pavillon Marsan, eine Verschwörung zustande zu bringen, um neue Vorwände gegen die Verfassung und die Personen zu finden, welche für die Verfassung als liberal gesinnte stehen, dieses ist gewisser als das Gewisseste. Nantil, der Hauptprovokateur, war von der police confidentielle [Geheimpolizei] bezahlt, stand in ihrem besondern Schutz, nahm, von ihr begünstigt, die Flucht, verließ mit französischen Pässen Frankreich und hat vielleicht sogar in der

Nacht vom 19., 20. August (wo die Verhaftungen zu Paris geschahen) in – den Tuilerien geschlafen. Über das Gewebe der Kabalen, welche jener Prozeß an den Tag legte, ließe allein ein ganzes Buch sich schreiben. Aber die Ultras haben sich dadurch ein böses Spiel bereitet. Solche Wege führen nur zu einem bösen Ende. – Wie in Frankreich, so auch in den Niederlanden und in Rheinpreußen herrscht nichts als große Unzufriedenheit, welche im stillen unter sich brütet. – In Bayern werden in größter Schnelligkeit viele Truppen konskribiert. Wie allgemein verlautet, erwartet unser guter König den Besuch des Kaisers von Österreich zu Tegernsee (einem königl. Landgut). Es werden daraus große Schlüsse gezogen. Außer den politischen Wundern gibt es auch *geistliche*, deren besonderer Schauplatz jetzt unser Franken ist. Ich werde darüber das Wichtigste nebst Beilagen in dem Brief an Mutter Elise niederlegen und mache E. D. auf die Beilagen aufmerksam, welche gelesen zu werden verdienen. Sie sind authentisch.

Sollten Ew. Durchl. so glücklich sein, sich in der Mitte des geliebten Dreigestirns zu befinden, so bitte ich um die Gnade, mein Andenken zu erneuern. Wann werde ich wieder so glücklich sein, mir ganz anzugehören, um alsdann wieder ganz anzugehören den edler Geistern, deren heiliges Andenken ich stets in treuem Herzen bewahre!

Im Gefühl tiefster Verehrung und innigster Freundschaft usw.

An Elise von der Recke

Ansbach, den 30. Juli 1821

Bei meiner lieben verehrten Mutter Elise bedarf ich keiner Entschuldigung wegen meines langen Nichtschreibens. Unsere hochverehrte Dorothea war zum Teil Zeugin der Ursachen, welche es mir zur Notwendigkeit machten. Meine Zeit, mein Geist gehören seit lange einem großen Geschäft, das, wenn der Himmel ihm Gedeihen gibt, meinem Vaterland zum Segen wird. Daß ich mit meinem Gemüte stets meinen edlen Geliebten in der Ferne nahe bin, werden Sie daran zweifeln? Während man um mich her packt, schreibe ich diese Zeilen, die mehr nicht sein können als Zeichen, welche bloß die Versicherung andeuten, daß ich Ihrer und meines Tiedge stets in Liebe gedenke. Ich reise morgen wieder nach München ab, wo ich mich vielleicht nur wenige Tage, vielleicht aber auch länger aufhalte. Elise und Tiedge werden mich unterdessen mit einem Briefchen erfreuen, das mich über Ihr Befinden beruhigt. – Ich habe mir für Sie mit vieler Mühe anliegende Predigten des berühmten Lindl verschafft. Sie sind nicht ganz in Weillers Sinn, aber doch für diesen Kreis höchst interessant. – In den Zeitungen werden Sie die Wundertaten unsres H. Fürsten Hohenlohe gelesen haben. Es ist dieses ein plumper Jesuitenstreich, welcher gewiß ein übles Ende nimmt. Eine der Haupttendenzen ist, gewisse hohe Personen zum katholischen Glauben zu führen und eine hohe Person, welche bereits dieses Glaubens ist, von allen protestantischen Umgebungen zu entfernen. Man sagt sich allgemein, unser verehrter Kronprinz habe sich ebenfalls der Wunderkur unterworfen und behaupte, durch sie das Gehör wiedererlangt zu haben. Die Kronprinzessin, entzückt über den Erfolg habe dem Wundertäter das Kreuz auf seiner Brust geküßt. – Zu Bamberg und Würzburg waren die Protestanten um ihre Sicherheit besorgt; so sehr war der katholische Pöbel durch die Wunder fanatisiert, womit Fürst Hohenlohe die alleinseligmachende Kraft des katholischen Glaubens bewies. Seit einiger Zeit ist es wieder etwas still geworden. Viele Protestanten zogen dem Wundertäter nach, um von ihm geheilt zu werden.

Mein zweiter Sohn Karl ist bei mir und begleitet mich nach München. Mein Anselm ist ganz in seine Studien versunken und so fleißig, daß ich beinahe um seine Gesundheit fürchte. Er ist fortwährend ein abgesagter Feind des Mystizismus und hat seinen Standpunkt gefunden. Ewig

Ihr F.

An Elise von der Recke

Ansbach, den 26. August 1821

Von meiner kurzen Reise nach München in den Hafen meines stillen Ansbach zurückgekehrt, eile ich, meiner verehrten Mutter Elise zu antworten, ehe wieder der Sturm mich faßt und mich in den Wellen der Geschäfte untertaucht. Mit tiefer Trauer hat Ihr Brief vom 19. Aug. nicht nur mich, sondern mein ganzes Haus erfüllt. Als ich von Paris abreiste, erfuhr ich durch die Gräfin Chassepot die Wiedergenesung Ihrer durchlauchtigen Schwester. Und in voriger Woche, als ich in München mit Parthei zusammentraf, vernahm ich zwar, daß unser aller Engel wieder rückfällig geworden, doch auch jetzt wieder auf dem Wege vollkommner Wiedergenesung sich befinde und durchaus nichts mehr zu besorgen sei. Eine sehr erschütternde Überraschung bereitete mir Ihr letzter Brief, den ich gleich nach dem Tag meiner fröhlichen Rückkehr in mein liebes Häuschen empfing. Dorothea noch immer krank, schwer krank! Ich bitte Sie, mir doch ja von Zeit zu Zeit Nachricht zu geben. Worauf ich hoffe, sehr stark hoffe, ist die frische Jugendkraft, welche diese außerordentliche Frau bis jetzt gleichsam über das Gesetz der Natur, daß das Alter alt mache, erhoben hat. Die Vorsehung erhalte sie noch lange dem dichten Kreise edler Menschen, von denen sie geliebt, verehrt und angebetet wird! Mit banger Sehnsucht erwarten wir hier von Ihnen die Nachricht, daß unsere betenden Wünsche sich erfüllen.

Unsern Weiller, der eine schwere Krankheit kaum überstanden hat und sehr langsam der vollen Genesung entgegengeht – ich fürchte, die Welt besitzt nicht mehr lange diesen Helden der Wahrheit –, habe ich mehrmals gesprochen und ihn aufgefordert, Ihnen zu schreiben. Er ist, gleich allen bessern Menschen, über die Schandtaten des Buben Hohenlohe empört. Auch die Mehrheit der katholischen Geistlichkeit, Orthodoxe und Aufgeklärte, sind entrüstet. Von dem Vikariate zu Bamberg wurde er dem päpstlichen Nuntius und von diesem, welcher sich stark gegen ihn erklärte, bei dem Papste verklagt. Auch vom gemeinen Volk *Alt*bayerns habe ich selbst mehrere gesprochen, welche ihn der Gaukelei beschuldigen und seine Taten für Gotteslästerung erklären. Es würde (da bald der Wundertäter wie alle seinesgleichen enden wird) gar nicht der Mühe wert sein, sich viel um ihn zu bekümmern, wenn nicht der Kronprinz mit verflochten wäre, welcher den Hohenlohe in seinen *besondern* Schutz genommen hat und nach jeder Gaukelei immer der erste ist, welcher Mirakel ruft.* Unser guter König ist tief betrübt über die Verirrung seines Sohnes. „Mehr als 20 Jahre", sagte jener unter anderm, „habe ich gearbeitet, mein Volk von den Pfaffen loszumachen; und nun am Rande des Grabes muß ich sehen, wie mein eigner Sohn alles zu zerstören sucht, was ich gebaut habe." Der bekannte Brief des Kronprinzen wurde von allen Gesandtschaften an ihre Höfe geschickt. Zu Wien haben sich, gegen alles Vermuten, die großen Faiseurs [Macher], Metternich usw., gegen den Wundermann erklärt, und es ist an alle Zensoren der Befehl ergangen, zu verhindern, daß in Zeitungen oder andern Schriften die vorgeblichen Wunder ausgerufen werden. Von dem Bistum Fulda erhielt Hohenlohe den Befehl, sich nicht mit seinen Wundern herüberzuwagen. Der angebliche Anfall auf des Prinzen Leben ist – rein *erlogen*, und diese Lüge ist ein schändliches Bubenstück. Ein gewisser Obrist Hofnaas, ein derber Soldat mit hellem Kopf, wagte es, dem Kronprinzen in das Angesicht wegen Hohenlohe die Wahrheit zu sagen und diesen einen Scharlatan zu nennen. Um nun den Namen Hofnaas verhaßt und zugleich den Prinzen, als sei er in Gefahr, Märtyrer zu werden, desto interessanter zu machen, wurde von den Anhängern des bösen Buben ausgesprengt, ein Student namens Hofnaas habe den Prinzen ermorden wollen. Wenn ich H. öfters einen bösen Buben nenne, so gab ich ihm nur das Prädikat, das ihm immer sein eigner *Bruder*, der regierende Fürst, zu geben pflegt, dem man seinen Namen nicht nennen darf, ohne daß er in die Worte ausbricht: „Nenne man mir doch nicht mehr den Namen dieses schlechten Kerls, der von jeher ein Schlingel war

* Außer dem K. sind auch fast alle Junker und Junkersfrauen anbetende Verehrer des H. und bilden um ihn einen schützenden Kreis. Sie wissen wohl, warum.

und es immer bleiben wird und allen seinen Verwandten Schande macht." Was nämlich von diesem Wundermann allgemein bekannt ist, besteht in folgendem: Er ist 1. ein Mensch, der nichts gelernt hat; 2. er ist in Beziehung auf Geschlechtsgenuß ein grundliederlicher Mensch, der Mädchen verführt, Kinder abzutreiben versucht hat und sich nicht scheut, in vertrauten Kreisen selbst mit seiner Liederlichkeit zu prahlen. An der Tafel des Grafen L., der mir dieses selbst sagte, erzählte unter anderem H., daß er gerade zu Rom (verzeihen Sie der Unanständigkeit um der Wahrheit willen) seine Junggesellenschaft verloren habe. Eben jetzt lebt er zu Bamberg mit einer bigotten schönen Frau im vertrautesten Umgange. Überdies ist er 3. ein Schuldenmacher, und zwar von der schlechtesten Art. In München darf er sich deshalb nicht wohl blicken lassen, wo er selbst armen *Dienstboten* ihr Erspartes abgeborgt hat. Sehr viel ist er unter andern auch dem G. R. v. Utzschneider schuldig, dem er, als jener ihn dringend mahnte (vor einem Jahr ungefähr), antwortete, er möge doch ja noch einige Zeit lang Geduld mit ihm haben, weil ihm ein einträgliches *Bistum* nicht fehlen könne, wodurch er in den Stand werde gesetzt werden, alle seine Gläubiger zu befriedigen. Diese Tatsachen zeichnen den Mann und erklären seine Taten. – Noch muß ich Ihnen schreiben, daß am verwichenen Montag unserm König ein Memoire von zwei Ärzten vorgelegt worden ist. Diese haben (zu großem Verdruß des Kronprinzen) den angeblichen Wundern zu Brückenau und in den Umgegenden nachgeforscht und tatsächlich erwiesen, daß die allermeisten Kranken krank geblieben, mehrere schlimmer geworden, einige aus Verzweiflung, daß sie nicht den *rechten* Glauben hätten, gestorben oder wahnsinnig geworden, einige angeblich geheilte entweder schon wieder gesund gewesen oder durch die Macht der Einbildungskraft in den Zustand der Besserung versetzt worden seien. – Daß solche Sachen geschehen, bei hellem Tageslicht geschehen, ist sichtbar nur ein kleiner Teil des großen Plans der Vorsehung. Dies sind Taten des Geistes der Finsternis, womit er sich selber schlägt; es sind die Vorboten der Stunden des Gerichts und der Verzweiflung, wann er sich knirschend in den finstern Abgrund stürzt.

An meinem Anselm habe ich große Freude, wie an

meinem Karl, der in allen mathematischen Wissenschaften große Fortschritte gemacht hat. Begeistert von den Begebenheiten Griechenlands, hat Karl Lust, seine Kenntnisse, als Offizier des Generalstabs, den griechischen Fürsten anzubieten. Ich hielt als Vater mich verpflichtet, über die Lage der Dinge genaue Erkundigungen einzuziehen; fallen diese günstig aus, so gebe ich ihm zu diesem Vorhaben meinen väterlichen Segen.

Der König hat mich zum wirklichen Staatsrate in außerordentlichen Diensten ernannt, wodurch mir als Chef eines obersten Provinzialkollegii der Titel „Exzellenz" gesetzlich beigelegt worden ist.

Gott walte über Dorothea!

Ihr A. v. F.

An dieselbe

Ansbach, den 12. September 1821

Viele keinen Aufschub leidende Arbeiten und überdies die trübste Gemütsstimmung sind schuld, daß ich so spät die Briefe meiner verehrten, innigst geliebten Mutter Elisa beantworte. Die Briefe, welche Sie mir mitzuteilen so gütig waren, sende ich hiemit zurück, nachdem ich mir von denselben (mit Ausnahme des an die Herzogin Dino) eine Abschrift genommen habe. Der Tag, wo ich dieses alles von Ihnen empfing, war für mich ein wehmütiger Festtag, eine heilige Totenfeier, die ich mit aller Andacht des Herzens, unter vielen Tränen in stiller Einsamkeit beging. Alles wurde mir so gegenwärtig, alles, auch das Kleinste, war mir so wichtig, daß ich zwei- und mehrmal das Mitgeteilte durchlas und es immer zum ersten Male zu lesen glaubte. Seit ich Dorothea nicht mehr unter den Lebenden weiß, fühle ich in meinem eignen Leben eine Lücke, die sich nicht mehr ausfüllen läßt. Elisa und Tiedge, und was zu ihnen gehört, bildeten gleichsam den Mittelpunkt meines innersten Daseins, meines höheren und besseren Lebens. Eine dieser Personen dachte ich mir nie ohne die andere, sie bildeten gleichsam für mich nur ein einziges Wesen; jetzt kann ich nicht mehr an Elise denken, nicht mehr an Tiedge, ohne zugleich des ewig unersetzlichen Verlustes erinnert zu werden, den Sie und ich beklagen und den wir nie ganz verschmerzen. – Dorothea zu Paris hat durch ihre wahrhaft schöne Handlung den Geist ihrer Mutter versöhnt; sie ist erst jetzt ganz würdig, einen Namen zu tragen, unter welchem so viele Edle einen Engel voll himmlischer Güte verehrt haben. – Dieser Engel des Lichts ist in seine Heimat zurückgekehrt, als ihr die Erde, auf welche die schon halb untergegangene Sonne der Wahrheit nur noch ihre letzten Strahlen wirft, um den Schatten der Nacht Platz zu machen, wenig Erfreuendes mehr zu bieten hatte. Sie sollte nicht mehr erleben, was wir noch erleben werden; die entschiedene Herrschaft des Aberglaubens, des Pfaffentrugs und der Unvernunft. Denn (wir wollen uns nicht täuschen mit Hoffnungen, für welche uns die Zeichen der Zeit keine Bürgschaft bieten) der Geist der Finsternis triumphiert und darf für Jahrzehnte wenigstens seines Siegs sich freuen. Alles spricht dafür. In und außer Bayern, in und außer Deutschland ist alles, was Macht hat, treu und fest im großen Bunde mit der Hölle, deren Geister nicht einmal einer Maske mehr zu bedürfen glauben. v. Hallers Brief haben Sie wohl gelesen und was er von den vielen Tausenden sagt, die bald in den Schoß der Kirche zurückkehren würden. Das preußische Konkordat kennen Sie wohl ebenfalls. Unser bayerisches Konkordat ist bereits in Ausführung gekommen, und dabei wurden die Katholiken von dem Konstitutions-*Eid, soweit* er ihrem Gewissen entgegen sein könne (d. i., soweit die Konstitution Gewissensfreiheit und Religionsgleichheit den Protestanten zusichert), dispensiert. Die in dem Konkordat versprochenen neuen Klöster sind, wie man fürchtet, den Vätern der Gesellschaft Jesu, die nun auch in Österreich förmlich wiederhergestellt sind, vorbehalten. Hohenlohe treibt sein Wesen fort, ohne sich an obrigkeitliche Verbote zu kehren, nur nicht mehr auf offner Straße. Viele Vornehme, nicht nur aus Deutschland, sondern auch aus andern Ländern, ziehen nach Bamberg, um dort durch die Wunderkraft des Gebets und des alleinseligmachenden Glaubens gesund zu werden. H. steht unter besonderer Protektion unsres Kronprinzen, und es ist Ton aller Vornehmen, aller Herren und Damen des alten Adels und aller derer, welche sich der *auf*gehenden Gnadensonne zuwenden, die Wunder Hohenlohes zu glauben und zu verkündigen. Hornthal wurde bei der diesjährigen Bürgermeisterwahl zu Bamberg übergangen; er war früher in Gefahr, persönlich mißhandelt zu werden; der Bamberger Pöbel ist gegen ihn ebenso ergrimmt als der Adel. Man sagt sich auch schon als beinahe gewiß, daß Hornthal werde verhindert werden, bei der nächstbevorstehenden Ständeversammlung als Deputierter zu erscheinen. Um dieses zu bewirken, wird man ihm pro forma [der Form halber] einen Kriminalprozeß an den Hals werfen. Im Politischen und Konstitutionellen wird es bei uns ebenso zurückgehen wie im Religiösen. Der Zweck, um dessentwillen ich im Eifer meines guten Glaubens ein Jahr aufgeopfert und meine Gesundheit zu Paris in Gefahr gesetzt habe, ist für jetzt und lange Zeit vereitelt. Zwischen dem März d. J. und jetzt sind Weltbegebenheiten vorgefallen, welche die Gründung oder Ausbildung liberaler Institutionen nach der Meinung vieler ganz und gar überflüssig gemacht haben.

In den Beilagen der „Allgemeinen Zeitung“ war ein schöner Aufsatz über das Leben unsrer Seligen. Wer mag diesen Aufsatz verfertigt haben? Ich vermute: Körner. Wird nicht auch Tiedge der Vortrefflichen ein öffentliches Denkmal setzen?

Auf Leben und Sterben Ihr und Tiedges Freund.

An dieselbe

Ansbach, den 19. März 1822

Von mancherlei häuslichen Geschäften bedrängt, beeile ich mich, Sie, verehrte edle Freundin, wegen Ihrer Besorgnisse mit wenigen Worten zu beruhigen. Es ist an allem nichts Wahres; das Ganze beruht auf einem leeren Gerücht, das schon vor einem Jahre in Bayern verbreitet war und das nun erst im Auslande laut wird. Den Ansatz zu jenem Gerüchte gab wohl der Umstand, daß die über den Tod ihres geliebtesten Kindes untröstliche Mutter durch den Zuspruch eines würdigen katholischen Geistlichen die Beruhigung erhielt, welche ihr die frostigen Reden ihres protestantischen Hofpredigers nicht gewährt hatten. Dies geschah im Februar oder März des verflossenen Jahres. Gleich darauf wurde allgemein gesagt, die treffliche, allgemein verehrte Königin werde zu der Kirche, die ihrem tiefbekümmerten Gemüte einen Tröster gesendet, als zur alleinseligmachenden Kirche übergehen. Die Reise der Königin wurde damit in Verbindung gebracht, und in München wurde damals allgemein behauptet, dieselbe werde bei der nächsten Fronleichnamsprozession öffentlich erscheinen. Diejenigen, welche den festen Charakter unsrer Königin und die Gesinnungen unsres guten, den Römlingen nichts weniger als geneigten Königs näher kennen, bezweifelten gleich anfangs die Wahrheit der Sache und erklärten sie für einen vor dem Sieg voreilig ausposaunten Triumph der Pfaffen. Und so war es. Jetzt, wo man erst in Dresden das Märchen zu verbreiten anfängt, spricht in Bayern kein Mensch mehr davon. Daß auch auf unsre Kronprinzessin durch die nachdrücklichsten Einwirkungen mehrmals Stürme versucht worden sind, um sie in den großen Schafstall zu locken oder zu jagen, ist nicht zu bezweifeln. Aber auch sie hält mutig stand und wird schwerlich je erliegen. Nichtsdestoweniger bin ich überzeugt, daß die protestantische Kirche in naher Gefahr des Untergangs steht, größtenteils durch Schuld ihrer eignen Glaubensgenossen. Auf der einen Seite Einheit, Kraft, Konsequenz, ein seines Zweckes und seiner Mittel sich klar bewußter Wille, auf der andern Zerstreuung, Uneinigkeit, Lauheit, Kälte, Schwäche, Halbheit und Erbärmlichkeit in jedem Sinne des Worts. Dieses hat niemand so sehr zu erfahren Gelegenheit gehabt als ich in der neuesten Zeit. Was ich Ihnen in meinem letzten Schreiben ankündigte*,

* Dieses „letzte Schreiben" ist nicht vorhanden. Was aber F. in demselben ankündigte, ist die von ihm verfaßte Darstellung der „Religionsbeschwerden der Protestanten in Bayern im Jahre 1822", abgedruckt in seinen „Kleinen Schriften vermischten Inhalts". Die protestantischen Stände

ist, der Hauptsache nach, an der Nichtswürdigkeit der protestantischen Deputierten bei dem gegenwärtigen Landtag gescheitert. Aller Warnungen ungeachtet, ließen sie sich von den Katholiken umgarnen und so arg hinter das Licht führen, daß sie sich von ihnen verleiten ließen, Schritte zu tun, welche vollends Spott und Hohn auf die protestantische Kirche bringen und den Triumph der römischen Kurie vollenden müssen. Unter den vorzüglichsten Männern der ersten Städte des Reichs ist hierüber nur Bestürzung und Grimm, alles wird nach einiger Zeit, mit wichtigen Aktenstücken begleitet, im Druck erscheinen, damit wenigstens die Nachwelt erfahre, daß nicht alle an der Schuld eines nichtswürdigen Zeitalters teilhaben.

Seit vier Wochen bin ich mit meiner Gattin wieder vereinigt und habe bis auf Anselm, der in einigen Wochen von Heidelberg zurückkehrt, alle meine Kinder um mich. Meine Kinder weiblichen Geschlechts sind die liebenswürdigsten Geschöpfe, welche mir meine Tage erheitern. Aber doch wird es noch lange dauern, bis meine Wunden heilen. Noch blicke ich täglich und stündlich mit heißer Sehnsucht, unter Tränen der Freundschaft und Liebe, meiner himmlischen Freundin in die Ewigkeit nach.* Doch füge ich mich in Gottes heiligen Willen, der am

weigerten sich, wie F. in seinen Notizen des Kalenders von 1822 bemerkt, diese Beschwerdeschrift zu unterzeichnen. Es sei besser, sagten sie, wenn die Beschwerde von außen an die Kammer käme; unterschrieben die Stände, so entstehe itio in partes [die Aufsplitterung in Parteien], es könne solch ein Schritt die Auflösung der Kammer zur Folge haben. „Es erscheint unterdessen", bemerkt weiter F., „ein Beruhigungsreskript vom 21. Januar. Gleiche Beruhigung versucht die Rede vom Throne. Es erscheinen die Adressen der I. und II. Kammer, welche den Passus der Thronrede so erwidern, daß darin die deutliche Erklärung liegt, man sei durch die königl. Zusicherung beruhigt. Hiedurch ist alles abgetan. Jeder Schritt von außen erschiene nur als unbefugte Anmaßung unruhiger Köpfe. Wer kann noch von Gefahren der Kirche sprechen, wenn die Volksvertreter erklären: Alles sei nun beigelegt und beseitigt? Ich für meinen Teil nehme nicht mehr teil."

* Seine Freundin Brunner, welche am 12. November 1821 zu München gestorben war.

besten weiß, was uns frommt, der alles dieses so gefügt hat, um mich allen meinen Kindern wiederzugeben und dadurch Zwecke zu erreichen, die noch den sterblichen Augen im dunkeln liegen. – Mein zweiter Sohn, Karl, hat ein kleines, aber treffliches mathematisches Werkchen geschrieben, das, nach dem Urteile der sachverständigsten Männer, durch einen Reichtum neuer Wahrheiten die Wissenschaft weiterfördert und welches noch diesen Sommer in Druck erscheinen wird. Ich werde Ihnen alsdann einige Exemplare davon zuschicken, mit der Bitte, bei Männern davon Gebrauch zu machen, welche auf Anstellung von Universitätslehrern mittelbar oder unmittelbar Einfluß haben. In Bayern, wo man der wissenschaftlichen Männer soviel als möglich loszuwerden sucht, ist für ihn, zumal den Protestanten und den Sohn eines Mannes, von dem man weiß, daß er an der Spitze der Oppositionspartei gegen die römischen Finsterlinge steht, wenig Aussicht auf eine seinen Kenntnissen angemessene Stelle. – Aus den Zügen Ihrer Hand glaube ich zu lesen, daß Sie, unendlich verehrte edle Freundin, sich wieder wohl befinden. Daß ich dieses auch von meinem lieben, edlen, herrlichen Bruder Tiedge hoffen darf, sagt mir Ihr Stillschweigen über ihn.

An dieselbe

Ansbach, den 14. Mai 1822

Bereits vorgestern hatte ich einen Brief nach Dresden angefangen, der keine andre Absicht hatte, als sich nach Ihrem Befinden, verehrte Elise, zu erkundigen, weil Ihr ungewöhnlich langes Stillschweigen mich nicht wenig beängstigte. Ich danke Gott, daß ich nicht im Falle bin, jenen Brief fortsetzen zu müssen, und daß ich einen neuen anfangen kann, welcher Ihnen den Empfang Ihres Schreibens vom 10. dieses Mts. meldet. Könnte ich doch auch von Freuden Meldung tun, die Ihr Brief mir gebracht habe. Zwar hat er mich wegen Ihrer Gesundheit beruhigt – denn selbst die Art, wie Sie von Ihrer Krankheit schreiben, gilt mir als unzweideutiges Zeichen des wiederkehrenden, ich will nicht sagen: Wohl-, doch Besserseins –, aber es ist mir genug, daß Sie sich leidend, noch sehr leidend fühlen –, und was mir so recht mein Innerstes zerrissen hat, ist, daß Elisa am Abend Ihres in liebendem Wohltun vollbrachten Lebens noch genötigt sein soll, sich zu beschränken, sich bis zur Entsagung ihres Karlsbader Heilbrunnens zu beschränken. – Gleichsam als wäre es so recht darauf angelegt, alles aus seinen Fugen zu treiben, muß jetzt der Segen der Natur den Menschen zum Fluch werden, der Reichtum der Natur den Menschen Armut bringen. Was Sie trifft, fällt jetzt im Norden wie im Süden auf alle, welche von den Früchten ihres Landes oder von der Rente ihrer Fabrikate ihr Einkommen beziehen. Die Wohlfeilheit, die, bei beschränktem Absatz, den Überfluß begleitet, ist die Quelle des Übels, welches allgemein empfunden wird. So kann es auf keinen Fall noch lange blieben, und auch in dieser Beziehung hofft man auf den Krieg, weil derselbe die Erhöhung der Getreidepreise zur Folge haben muß.

Die Lektion, welche Sie meinem Anselm über die Ursache seines langen Nichtschreibens und dann über die Art seines Schreibens lesen, ist wohlverdient. Doch litt auch ich sonst an derselben Krankheit, wie denn überhaupt Anselm, in seinen Anlagen wie in seinen Tugenden und Fehlern, seinem Vater sprechend ähnlich ist. Jener Fehler, der wie Ziererei aussieht, hat übrigens auch eine sehr edle Quelle; die Scheu der Ehrfurcht und Hochachtung. Wie man den Göttern immer das Beste als Opfer wählt, so möchte man hochverehrten Personen auch nur gute Gedanken in der schönsten Form darbringen.

Die Schriften*, nach welchen Sie fragen, sind zwar gedruckt, dürfen aber noch nicht, vielleicht nie ausgegeben werden. Es sind heillose Dinge begegnet, worüber ich tagelang Ihnen erzählen, aber auch nicht eine halbe Seite schreiben könnte, weil Briefe heutzutage ihre Geheimnisse ausplaudern. An allem sind die Protestanten selbst schuld mit ihrer ärmlichen Erbärmlichkeit, Lauheit und Feigheit, vor allem die Geistlichen mit ihrem ins Unbegreifliche gehenden Unverstand. Jetzt gehen unter andern auch unsre

* Die Religionsbeschwerden.

bayerischen Protestanten-Pfaffen damit um, durch Einführung der kalvinischen Presbyterien eine geistliche Seelenherrschaft zu gründen und die Kirche in ein großes Zucht- und Korrektionshaus zu verwandeln. Durch den Ernst, womit sich mehrere, zu denen auch ich gehöre, sich gegen das Unternehmen aufgelehnt haben, ist zwar noch zur Zeit die Ausführung des saubern Plans verschoben, aber, wenn sich das Ministerium nicht in das Mittel schlägt, nicht aufgegeben. List und Pfaffenränke bieten sie auf, um es durchzusetzen. Kommt die Sache zur Ausführung, so ist eine Spaltung in der protestantischen Kirche Bayerns die nächste Folge. Viele der ausgezeichnetsten Männer, fast lauter Staatsdiener, sind fest entschlossen, bei der seit Jahrhunderten bestandenen, mit der evangelischen Freiheit ganz allein verträglichen evangelisch-lutherischen Kirchenverfassung zu beharren und sich dem weltlichen Kirchenregiment, welches sich durch geistliche Polizeispione in das Innere der Familie drängen, durch Zwang und Bann Lehrmeinungen aufzwingen und in die Kirche nötigen will, ein für allemal nicht zu unterwerfen. Es sind schon viele heftige Schriften, für und wider, über diese Angelegenheit in Bayern erschienen. – Von dem vornehmen Poeten, dessen Sie erwähnen, ist nichts Gutes zu erwarten. Faselei und Pfafferei, das ist sein Ganzes. Wehe uns, wenn die Zeit kommt, wo er seine poetische Schreibfeder aus der Hand legen wird, um sie mit einem andern Instrument zu vertauschen!

Körperlich bin ich jetzt sehr gesund; nur die Wunde im Herzen – diese will nicht heilen, heilt auch schwerlich in meinem Leben. Alle die Meinigen tragen mir Grüße an die verehrte Elise und den verehrten Tiedge auf.

An dieselbe

Ansbach, den 29. Juni 1822

In der angenehmen Hoffnung, daß die Versicherung Naumanns von Wiederherstellung Ihrer Gesundheit, edle, hochverehrte Mutter Elise, bereits in Erfüllung gegangen sein werde, ergreife ich die Feder. Ich schrieb darum nicht früher, weil ich die Entwickelung einiger Begebenheiten, von welchen besonders eine Ihren Geist sehr nahe angeht, noch abwarten wollte, um wenigstens die allernächsten Resultate, mit den wichtigsten Belegen versehen, Ihnen mitteilen zu können. Was mehrere der ersten und angesehensten Männer in den Städten Nürnberg, Ansbach, Bayreuth, Erlangen, Regensburg, Augsburg unternommen hatten, um auf gesetzlichem Wege die protestantische Kirche gegen die überhandnehmenden Attentate der katholischen Kirche, vielmehr der papistisch-jesuitischen Pläne, in Sicherheit zu setzen, ist, wie ich Ihnen bereits gemeldet habe, aus Mangel an Unterstützung des geradezu entgegenwirkenden protestantischen Oberkonsistoriums zu München und an der Elendigkeit der geistlichen Vertreter der protestantischen Kirche beim Landtage gescheitert. Statt gegen die Verfolgungspläne und die Herrschaft des Papsttums männlich zu wirken und kräftig zusammenzustehen, haben vielmehr die Geistlichen unserer Kirche die gegenwärtige Zeit für schicklich gehalten, ihrerseits in der Kirche selbst ein aristokratisch vervielfältigtes Papsttum, durch Einführung der zuerst von dem herrschsüchtigen Calvin für die Reformierten gegebenen *Presbyterialverfassung*, für sich zu gründen. Schon im vorigen Jahre sollten dazu die Gemüter bearbeitet und vorbereitet werden. Unter den hierzu dienlichen Schriften ist eine unter Lit. A. hier beiliegende Schrift des Dekan *Lehmus* zu Ansbach wegen ihrer offenen, rückhaltlosen Ehrlichkeit, womit sie das, was werden solle, ausspricht, besonders ausgezeichnet. Ich habe Ihnen die merkwürdigsten Stellen eingebogen und bezeichnet. Die Sache machte bald sehr großes Aufsehen. Der echte Geist des Protestantismus begann sich zu regen. Es erschienen mehrere Gegenschriften, denen es nicht von seiten der Geistlichkeit an heftigen oder sanften, bittern oder bittersüßen Replikschriften usw. fehlte. Unter den *anti*presbyterialischen Broschüren sind die unter Lit. B. C. D. beiliegenden, wovon zwei den Appellationsrat Seyffert zum Verfasser haben, die unter C. vom Regierungsrat Bezold verfaßt ist. Ich meinesteils tat durch mündliche Besprechungen alles, was ich vermochte, um die sich selbst verblendende geistliche Herrschsucht zu warnen, über das Unausführbare, Gefährliche, dem Geist und Wesen sowie dem Buchstaben des Protestantismus Widersprechende eines solchen Unternehmens die Verirrten zu belehren; ich bat, ich drohte, ich zeigte, daß ein solches Attentat gegen die christliche und evangelische Freiheit den entschiedensten Widerstand von seite aller Aufgeklärten, selbst des gemeinen Volkes, zur Folge haben müsse und, wo nicht Kirchenspaltung und Zerrüttung, doch gar leicht die Erklärung der Gemeinden herbeiführen könne, sie könnten presbyterialisch-kalvinische Lehrer nicht als ihre Geistlichen mehr anerkennen usw. Allein der geistliche Stolz verstockte sich jetzt nur um so mehr, und es wurde auf Befehl des Oberkonsistorii vom hiesigen Konsistorium die unter Lit. E. beiliegende Weisung, die Wahl und Einführung der Presbyterien betreffend, bekanntgemacht. Sogleich erhob sich dagegen in echt protestantischem Geiste die allgemeine Stimme höchster Indignation gegen diesen dreisten Eingriff in die alte Kirchenverfassung und in die persönliche Freiheit der protestantischen Glaubensgenossen. Schon zwei Tage nach der Bekanntmachung jener Verordnung unterzeichneten, ich an der Spitze des Unternehmens, nahe an 200 Familien hiesiger Stadt, alle hohe und niedere Staatsbeamte, der Adel, die vornehmsten Bürger die unter Lit. F. beiliegende Protestation, welche bei dem hiesigen Konsistorium übergeben und Sr. Königl. Majestät mitgeteilt wurde. Sogleich schloß sich auch der hiesige Stadtmagistrat in einer besondern (noch nicht gedruckten) Protestation sowie die Bürgerschaft in Masse mittelst besonderer Akzessions-Urkunden an. Während dieses in hiesiger Stadt geschah, wurden auch in andern Städten des Königreichs die Sachen zu demselben Ziel geleitet. Namentlich haben bereits die Städte Nürnberg, Augsburg, Rothenburg, Nördlingen usw. ihre Protestationen, ähnlich den unserigen, übergeben. Die Protestation der Nürnberger liegt unter Lit. G. bei. Die Unterschriften, 1100 an der Zahl, welche Sie darunter lesen, kamen bloß in 3 Fragen zustande, und noch immer drängen die Bürger sich auf das Rathaus, um in besondern Beitrittsurkunden ihre Namen einzuschreiben und ihre christliche Freiheit gegen die beabsichtigte geistliche Herrschaft zu wahren. Wenn alle Akten geschlossen sind, werden sie, zusammen gedruckt und mit einer besondern Einleitung begleitet, dem großen Publikum mitgeteilt werden. Einen großen Eindruck auf Gebildete und Ungebildete machte, zum Schrecken und zur Demütigung unserer Pfaffen, die kleine Schrift „*Worte Dr. M. Luthers etc.*", welche in einem einzigen Tage schnell von mir zusammengetragen wurde und welche ich Ihnen, edle Elise, unter Lit. H. ebenfalls hier beilege. Die ganze Begebenheit ist in jeder Beziehung eine höchst merkwürdige und nicht unerfreuliche Erscheinung unserer Zeit, welche für ganz Deutschland sehr bedeutend ist und es daher wohl verdient, daß auswärtige Blätter darauf Rücksicht nehmen. Vielleicht daß unser Tiedge sich damit befaßt, unter Zugrundelegung der Tatsachen, welche dieser Brief erzählt und die Aktenstücke enthalten, in gelesenen Zeitschriften etwas dem größern Publikum darüber mitzuteilen. Oder auch Hasse oder Böttiger oder wer sonst. Mein Name darf natürlich nicht genannt werden. Die Geistlichkeit, die so schmählich ihre Pläne scheitern sehen mußte, schleicht betrübt, gedemütigt, aber heimlich lästernd umher. Sie suchten unterderhand Gegenadressen zusammenzubringen, was denn eine offenbare Kirchenspaltung und wahrscheinlich unruhige Volksbewegungen zur Folge gehabt haben würde, aber – sie bekamen selbst von dem gemeinsten Pöbel keine Unterschriften. Die Päpstler nehmen an der ganzen Begebenheit ein großes Ärgernis; sie sagen, dieser Aufstand gegen die Anordnungen unsrer Geistlichkeit sei für sie selbst ein böses, gefährliches Beispiel. Und sie haben recht; sie haben besonders Ursache, die Macht des protestantischen Geistes, welcher sich so laut und allgemein im ganzen Volk der Protestanten ausgesprochen hat, zu scheuen und zu fürchten. Mit einer in den Banden des Presbyterianismus festgehaltenen protestantischen Kirche, die zu protestieren aufgehört hätte, würden die Jesuitenkünste leicht fertig geworden sein, nicht aber mit diesem lebendigen, kräftigen Geist, der bei uns in allem Volke wieder wach geworden ist. – Von Weiller haben Sie jetzt gewiß selbst Nachricht. Er hat seine kleinen Schriften herauszugeben angefangen, welche er gewiß auch Ihnen wie mir geschickt hat. – Ich bitte Sie, mir bald von sich und Ihrem Befinden und von meinem Tiedge Nachricht zu geben. Möge ich Gutes und Erfreuliches vernehmen!

An dieselbe

Ansbach, den 13. Juli 1822

Ja wirklich, ich lebe noch, edle Freundin, und hatte seit vielen Monaten auch nicht die allermindeste Anwandlung, die als eine Anmeldung des großen, allgemeinen Menschenfreundes, der alle Wunden heilt und alle Schmerzen stillt, hätte betrachtet werden können. Vielmehr bin ich seit meiner Reise nach Paris so gesund und kräftig, daß sich jedermann über mein frisches Aussehn wundert, und so war denn auch nicht die entfernteste Veranlassung zu jener Nachricht vorhanden. Wäre ich abergläubisch, so könnte ich bei meiner ohnehin schwermütigen Stimmung zu glauben versucht werden, es sei dieses Gerücht nur eine vorausgehende Ahnung des Kommenden. Wahrscheinlicher ist mir jedoch, daß diese Erfindung eines müßigen Kopfes nur eines von den vielen Stückchen ist, die mir seit einiger Zeit gespielt werden. Seit ich in meiner Schrift über Öffentlichkeit und Mündlichkeit der Rechtspflege mit der Fackel der Wissenschaft zwischen die unsinnigen, unwissenden oder Böses wollenden Parteien getreten bin, die sich jetzt miteinander im finstern balgen, seit ich es demnach, wie ich vorauswußte und meinen Freunden hier voraussagte, mit beiden Teilen verdorben habe, bin ich, in und außer Bayern, mündlich und schriftlich, in gelehrten und nicht gelehrten Blättern, die Zielscheibe, an welcher sich Mutwille und Bosheit auf verschiedene Weise übt. Nicht genug, daß es jetzt auf einmal Mode werden will, mir alles Verdienst, allen Geist und alle Wissenschaft abzusprechen, rückt man bald hier, bald da in öffentliche Blätter die unverschämtesten Notizen über meine Person ein, an welchen auch nicht ein wahres Wort ist und welche entweder darauf berechnet sind, mich herabzusetzen, oder auch nur, mich – womöglich – zu ärgern. Ich müßte jetzt fast täglich mit Widerlegung oder Berichtigung solcher Klatschartikel mich abgeben, wenn ich es nicht meiner Würde für angemessener hielte, auf die Buben, die jetzt mit Kot nach mir werfen, nicht zu achten und still vorwärtszugehen. Wahrscheinlich ist die Nachricht von meinem Tode auch durch irgendeinen Zeitungsartikel verbreitet worden. Was man damit bezweckte, ist gar nicht abzusehen. Aber welcher ehrliche Mann ist erfinderisch genug, um die Pläne der Schurken auszugrübeln? Das Schriftchen „Worte des Dr. M. Luther" müssen Sie nach seinem *Zwecke* beurteilen. Es hatte bloß zur Absicht, das *Volk* für die christliche Freiheit und gegen die herrschsüchtigen lutherischen Pfaffen durch die Überzeugung zu gewinnen, daß kirchlicher Sittenzwang der Lehre Luthers und dem Prinzip der Reformation entgegen sei. Die große Masse läßt sich nicht durch Vernunftgründe, sondern nur durch Autorität bestimmen. Damit aber die Äußerungen Luthers über kirchlichen Sittenzwang (der nur im Kalvinismus seine Wurzel hat) gehörig begründet würden, mußten sie in den Zusammenhang gestellt werden, den sie in Luthers Gedankensystem haben. Jede *äußere* Handlung der *Sittlichkeit* oder *Religion* ist nach Luther bloße verdammte Werkheiligkeit, sobald sie nicht aus einem innern *sittlich-religiösen* Prinzip hervorgeht. Und dieses ist eine ewige Wahrheit. Seiner Idee von der christlichen Freiheit liegt nichts anderes zum Grunde als die sittliche Freiheit selbst, ohne welche es keine Tugend gibt und kein Laster. In der *Art*, wie sich Luther das sittlich-religiöse Prinzip denkt, aus welchem gute Handlungen hervorgehen müssen, können wir freilich nicht mit ihm gleich denken. Denn er denkt dabei bloß an den Glauben an den Versöhnungstod Christi, welcher, wie er annimmt, das Gemüt heilige, reinige und zu Werken echter Frömmigkeit tüchtig mache. Diese Vorstellung gehörig zu berichtigen lag ganz außer dem Zweck dieser Volksschrift, die nur dem Volke zeigen sollte, daß die Pfaffen, welche durch ein Sittengericht à la Calvin herrschen wollen, gegen die ersten Grundsätze der Reformation sich auflehnen und nicht den Namen lutherischer Kirchenlehrer verdienen. Diesen Zweck hat sie denn auch vollständig erreicht, und das Nest voll kleiner Päpstlein, das der in unsere Kirche sich eindrängende Geist des Papismus ausgeheckt hat, wurde auf einmal zerstört. Die gründlichste Ausführung hätte nicht das gewirkt, was diese wenigen Worte des Helden. Alles hat sich in Masse gegen die neue Hierarchie erklärt, und das Oberkonsistorium, das den saubern

Plan auf den Vortrag eines kalvinischen Mitglieds, des Oberkonsistorialrats Heinz, ausgesonnen hat, steht jetzt, gleichsam verlassen von seiner eigenen Kirche, beschämt und ohnmächtig da. – Ihre Freude, als Pappermann Ihnen meine Depeschen brachte, konnte nicht größer sein als die meinige, da ich wieder einen Brief von Ihrer eigenen Hand erblickte, besonders da ich las, was Sie mir von Ihrer Besserung und meines lieben, himmlischen Tiedge Wohlbefinden melden. Gott gebe, daß es noch lange so bleibe! Unbeschreiblich ist meine Sehnsucht nach Ihnen beiden. Aber ich muß meinen besten Wünschen entsagen. Eine Reise nach Dresden erlauben mir weder meine Geschäfte noch Finanzen.

An dieselbe

Ansbach, den 23. November 1822

Die Ursache meines langen Stillschweigens, verehrte Mutter Elise, ist ein dreiwöchentlicher Aufenthalt zu München, wohin mancherlei Veranlassungen mich geführt hatten und von wo ich, nebst Anselm und Karl, erst vorgestern wieder zurückgekommen bin. Über die Beobachtungen und Betrachtungen, welche ich dort zu machen Gelegenheit hatte, könnte ich ein kleines Büchlein schreiben. Ich muß mich, da mancherlei Arbeiten und Geschäfte auf mich eindrängen, bloß darauf beschränken, Ihnen zu sagen, daß ich Sie und Tiedge (was übrigens, da es sich von selbst versteht, eigentlich auch ungesagt hätte bleiben können) immer unendlich liebe, daß ich zu München den Feierlichkeiten der Vermählung unserer herrlichen Pr. Amalie und Ihrem Prinzen beigewohnt habe und daß ich vom König und von der Königin mit besonderer Gnade aufgenommen worden bin. Mit der überaus liebenswürdigen Königin hatte ich nicht nur Gelegenheit, mehrmals zu sprechen, sondern auch einmal nach der Kabinettstafel (zu welcher ich eingeladen war und wo ich neben der Braut Amalia zu sitzen die Ehre hatte) mich sehr lange zu unterhalten. Ein Hauptgegenstand dieses Gesprächs und eines der folgenden war *Dorothea* und *Elise*, über welche beide ich meiner verehrten Landesmutter Langes und Breites, durch eine Menge Verhältnisse hindurch, erzählen mußte. Die Gedächtnisrede des Präs. Göpp sowie den erquickenden und erhebenden Hymnus des Sängers der „Urania", „Ostermorgen", kannte die Königin noch nicht, ich mußte ihr versprechen, beides aus Ansbach zu schicken, was vor einigen Stunden geschehen ist. Tiedges Gedicht sendete ich mit den nötigen Emendationen, welche Pappermanns Manuskript notwendig machte, in schöner Abschrift; aber Göpps Trauerrede hat nun Ihr Feuerbach nicht mehr, der über diesen Verlust untröstlich sein würde, wenn er nicht zuversichtlich voraussetzte, daß ihm Elise durch Übersendung eines andern Exemplars bald wieder diesen Verlust zu ersetzen die Güte haben werde. Begierig zeigte sich auch Carolina, Tiedges Biographie Dorotheens zu erhalten. Ich ersuche Sie daher, nicht nur mir ein Exemplar zu senden, sondern auch ein anderes, mit einem an die Königin gerichteten, von Tiedge oder Elisa verfaßten Schreiben zukommen zu lassen. Dieses Exemplar nebst Schreiben würde ich dann der herrlichen Königin übersenden, weil ich weiß, daß ich dadurch mich in ihrer mir so teuern Gunst befestige, woran mir viel gelegen ist. Den Aufsatz, welchen ich Ihnen für Tiedges Biographie versprach, bin ich leider durch wichtige und mannigfaltige Arbeiten zu liefern außerstand gesetzt worden. Über die protestantischen Angelegenheiten habe ich weder mit dem Könige noch der Königin zu sprechen Gelegenheit gehabt, da man wohl ein von so hohen Personen angeknüpftes Gespräch unterhalten, aber nicht anknüpfen darf. Übrigens zeigten sich die Pfaffen (nämlich unsere protestantischen) über meinen guten Empfang bei Hofe und besonders über die Gnade und Herablassung der Königin gegen mich sehr betroffen. Auch sprach ich mit sehr bedeutenden Staatsmännern über die heillosen Geschichten mit aller Offenheit und fand überall mit den meinigen übereinstimmende Ansichten; sie erklärten mir unter anderem geradezu, die bewußte Annahme der protest. Bischofswürde* sei durch

* Siehe hierüber F.s Schrift „Über die obersten Episkopalrechte der protestantischen Kirche" in dessen „Kleinen Schriften", S. 252.

ein – untergeschobenes, von einem protest. geistlichen Oberbeamten, unserer Kirche erschwerliches, in keinem Ministerio vorgetragenes, von keinem Minister mitunterzeichnetes – Reskript erwirkt. Niemand will übrigens dieses Reskript nunmehr gemacht haben, jeder leugnet und lügt sich davon los, da man wegen Mißbrauchs des heiligen Namens der Majestät und wegen Verrat an den Rechten der Kirche schlimme Folgen und Verantwortung fürchtet. Unser angebeteter König – Gott erhalte ihm noch lange sein uns teures Leben! – hat in seiner edlen Seele kein anderes Gefühl gegen uns Protestanten wie gegen seine übrigen Untertanen – kein anderes als das der Liebe und des Wohlwollens. Darum war jener Mißbrauch seines Namens, doppelt strafbar. Ein Glück, daß der beabsichtigte Zweck, nämlich durch eine vorgeschobene heilige Person niederzuschmettern und dann den hierarchischen Thron aufzubauen, eigentlich ganz und gar mißlungen ist. Diejenigen Städte, welche protestiert haben, sind bei ihrer Protestation geblieben; andere, welche noch nicht protestiert hatten, sind, nachdem das Reskript schon publiziert war, mit ihren Protestationen nachgekommen; viele Dörfer und Kuralgemeinden, welche durch Furcht oder List vermocht worden waren, Presbyter zu wählen, haben ihre Wahlen widerrufen; an einigen Orten endlich, wo sie noch bestehen, sind schon so lächerlich oder skandalöse Auftritte vorgefallen, daß man bald genötigt sein wird, sie von Konsistoriums wegen wieder aufzuheben. Wir Ansbacher, als die ersten neuen Protestanten des 19. Jahrhunderts, dürfen uns daher wohl Glück wünschen, etwas recht Schlimmes, wenigstens im ganzen Umfange(?), verhindert zu haben. Nächstens erscheint von mir, jedoch anonym, ein ganz ruhig gehaltenes, *geschichtlich-juristisches* Werkchen über die Episkopalrechte der protestantischen Kirche unter katholischen Landesherren. Es werden Ihnen davon, gleich nach dessen Erscheinen, einige Exemplare von Nürnberg aus zukommen. Sorgen Sie dann für baldige Anzeige in den gelesensten Blättern. Hasse, den lieben, herrlichen Hasse, an dessen schweren häuslichen Leiden ich den innigsten Anteil nehme, möchte ich küssen und drücken für seinen trefflichen Aufsatz, der seine gute Wirkung nicht verfehlt hat. Es ist alles darin so wahr und klar und dabei so ruhig und gemäßigt, daß die Wahrheit nicht erbittern, sondern nur beschämen kann. – Von unserm Weiller kann ich Ihnen die erfreulichste Nachricht geben. Er ist wieder so gesund, kräftig, heiter, lebensfroh und wirksam, als hätte er sich zum Vierziger verjüngt, lebt und wirkt unangefochten, wenngleich die katholischen Pfaffen über ihn die Zähne knirschen, ist hochgeachtet von seinen zahlreichen Schülern und gibt nach einiger Zeit ein gewiß sehr entscheidendes Werk, „Echte Grundlage des Katholizismus" (Sie begreifen: im *Weiller*schen Sinne), heraus. Daß wir viel über Elisa miteinander gesprochen haben, können Sie sich denken. Er ist Ihnen – und wie könnte es anders sein? – mit ganzer Seele zugetan. Gern folgte ich, liebe Elise, Ihrer Einladung nach Karlsbad. Aber die Seele blutet mir, indem ich sagen muß: Es ist unmöglich! Ich kann Elise und Tiedge nicht sehen! Ein kleiner und doch sehr gewichtiger Umstand: viele Kinder und wenig Geld, entscheidet über diesen Teil meines Geschicks.

An den Staatsminister v. Zentner

Ansbach, den 21. Dezember 1822

Ew. Exz. habe ich die Ehre mein neulich gegebenes Wort durch Übersendung des anliegenden *„Grundrisses eines Planes zur Verbesserung der Gerichtsverfassung und des gerichtlichen Verfahrens nach dem Prinzip der Öffentlichkeit und Mündlichkeit"* nebst Beilage hiermit zu lösen, was schon früher hätte geschehen können, wenn nicht ordentliche und außerordentliche Sitzungen, nebst vielen andern Plackereien eines Präsidentenamtes, meine Zeit teils hinweggenommen, teils allzusehr zersplittert hätten. Die *„Allgemeinen Vorbemerkungen"* glaubte ich um so weniger umgehen zu können, als dieselben, weit entfernt, etwas Dissertationsartiges an sich zu tragen, lediglich aus der lebendigen Gerichtserfahrung geschöpft und teils zur Erläuterung, teils zur Begründung der Sache unumgänglich notwendig sind. Der *„Grundriß"* selbst umfaßt, wie sich

Ew. Exz. überzeugen werden, alle wesentlichen Hauptbestimmungen nicht nur der *Gerichtsverfassung*, sondern auch die Grundlagen und Elemente des ganzen *gerichtlichen Verfahrens* in allen seinen Hauptteilen des *Zivilprozesses* wie des *Strafprozesses*, beider nach allen ihren Hauptgattungen in allen ihren Hauptstadien und in allen Instanzen. Da ich mit dem eigentlichen Zwecke, welchem diese Arbeit dienen soll, nicht bekannt bin, so hatte ich mir eigentlich nur selbst meine Aufgabe zu setzen, und ich bestimmte sie dahin: den Hauptinhalt eines künftigen Organisations-Edikts und der künftigen Gesetzbücher über das Zivil- und Strafverfahren höchstens in 30 und etlichen Paragraphen dergestalt zusammenzudrängen, daß gleichwohl alles noch anschaulich gleichsam in die Sinne falle. Ich kann mich des Geständnisses nicht erwehren, daß weit mehr das pikierende Interesse an dem Wagnis eines solchen Kunststückes als der Gedanke an einen *Erfolg* der Arbeit mir soviel Lust und Freude gab, als nötig war, um einige Wochen dabei auszudauern; denn von vielem *andern* abgesehen, so ist unsere Zeit mit sich selbst in so wunderliche Gegensätze gespalten, die tongebenden Parteien in ihr wissen so *gut* oder so *schlecht*, was sie eigentlich wollen, die eine strebt so weit vorwärts, die andere so weit rückwärts, daß, wer parteilos unbefangenen Sinnes sich auf der Linie der Wahrheit hält, für diese *seine* Zeit verloren ist. Daher werden denn auch meine nur aus besonderer Verehrung gegen Ew. Exz. ausgearbeiteten Vorschläge, die auf der einen Seite Öffentlichkeit und Mündlichkeit wollen, auf der andern Seite nichts von avoués [Anwälten], notaires [Notaren], huissiers [Gerichtsdienern], juges de paix [Friedensrichtern], procureurs du Roi [Staatsanwälten], Cour de Cassation [Kassationshof] usw., ja sogar nichts von der Jury und andern Herrlichkeiten wissen, allenfalls bei Ew. Exz. und noch einigen wenigen andern Männern im ganzen Billigung finden, von der Mehrheit gestickter und ungestickter Röcke aber hier als Faselei eines höchst exzentrisch liberalen, dort als dürftiges Machwerk eines höchst beschränkten illiberalen Kopfes wie billig aufgenommen werden.

Übrigens dringt mir meine Pflicht als Familienvater die Bitte ab, daß Ew. Exz. durch diese neuen Mitteilungen sich veranlaßt sehen möchten, die Großmut des Staats doch auch einmal für einen Mann in Anspruch zu nehmen, der unter allen seinen Standesgenossen der einzige ist, welcher für so manches, was er außer den Grenzen gewöhnlicher Amtsverrichtungen für den Staat, wenigstens nach dem Urteile des gerechteren Auslandes, Rühmliches geleistet und vollbacht hat, bisher nur mit Kränkungen, Zurücksetzungen, Verfolgungen bezahlt wurde. Solche (wenigstens das Selbstbewußtsein erhebende) Erfahrungen haben zwar auch ihre eignen Freuden; doch nehmen diese ein Ende, wenn einmal die Not das Eis des Stolzes gebrochen hat. Daß ich in Paris nicht zur Lust gelebt, sondern unter den peinvollsten Anstrengungen mit äußerster Gefahr für meine Gesundheit bloß dem Zwecke meiner Sendung Zeit und Kräfte geopfert habe, dafür könnte ich, wenn auch das *Geleistete* keine Anerkennung findet, auf lebendige Zeugen mich berufen, denen meine „kindische" Pflichtbeflissenheit sehr oft entweder zum Gegenstand des Spottes oder ernster Mahnungen gedient hat. Daß ich überdies – soviel auch die Reise gekostet hat – noch bedeutenden Schaden gehabt habe, versichere ich auf Ehre und Gewissen. Ich vertraue ganz den edlen und gerechten Gesinnungen Ew. Exz.

An den Staatsrat v. Hartmann

Ansbach, den 22. Dezember 1822

Ew. Hochw. nehme ich mir die Freiheit zu melden, daß der versprochene Plan zur künftigen Verbesserung der Gerichtsverfassung und des gerichtlichen Verfahrens nebst einem kurzen, die Hauptsache motivierenden Vortrage an S. des H. Minister von Zentner Exz. am heutigen abgegangen ist. Unstreitig werden Sie die Sache mitgeteilt erhalten, und es wird mir zur großen Ehre gereichen, wenn meine Ideen und die Art, wie ich sie hier zusammenfaßte, die Beistimmung eines Mannes von so tiefen Einsichten und anerkanntem Scharfblick erhalten sollten. Daß jene Gedanken wenigstens nicht erst von gestern und nicht aus toten Begriffen zusammengesponnen, sondern aus lebendiger Erfahrung und klarer Anschauung des Wirklichen entsprungen sind, wird ihre Gestalt und sichere Haltung verraten. In Einzelheiten durfte nicht eingegangen werden, um nicht dadurch das Ganze zu verderben; aber aus richtig aufgefaßten Elementen entwickelt sich das einzelne von selbst.

Der Gedanke an den Erfolg dieser Arbeit hätte mich übrigens, aufrichtig gestanden, auch nicht eine Stunde lang dafür begeistern können. So, wie die Verhältnisse dermalen in und außer Bayern stehen, bei den verworrenen Ansichten und widerstreitenden Absichten der Parteien und bei so manchen andern bekannten Umständen, bleibt mir kaum die kleinste Hoffnung, daß etwas Gedeihliches vollbacht werden könne, mögen auch die wenigen Männer von Geist und Kraft, welche dermalen oben stehen, sich noch deutlich und klar des Zieles bewußt sein, nach welchem hinzusteuern ist, um vor dem Sturme den sichern Hafen zu gewinnen.

Diese in mir habituell gewordenen Betrachtungen und die wiederholten, ebenso bittern als erbitternden Erfahrungen, welche ich wenigstens an meiner Person über das Kapitel von der Großmut des Staats in Belohnung des Verdienstes zu sammeln Gelegenheit hatte, mußten mich endlich zu Vorsätzen bringen, infolge welcher ich mich schon seit lange von aller Teilnahme an den höhern Angelegenheiten des Staates zurückziehen zu müssen glaubte, teils um nicht Zeit und Kraft an unerreichbare Zwecke zu verlieren, teils auch, um nicht bloß fremde Felder zu bearbeiten, von denen andere ihre Scheunen füllten, während man mir mit Steinwürfen vor den Kopf den höflichsten Dank bezahlte. Nur meine besondere Verehrung für H. v. Zentner, dessen wohlwollenden Gesinnungen ich von früheren Zeiten her so vieles und neuerdings auch die Gelegenheit verdanke, im Auslande meine Kenntnis in mannigfaltigen Anschauungen zu erweitern, konnte so viel Macht über mich haben, um jenem Vorsatze auf einige Zeit untreu zu werden. Die Äußerungen dieses von uns allen so hochverehrten Mannes, welche Ew. Hochw. mir mitzuteilen die Gewogenheit hatten, und die Zusicherung Ihres vermittelnden Wortes verbürgen auch mir zugleich wenigstens diesmal eine würdige Anerkennung von seite des Staates, deren ich als Familienvater mit 8 Kindern nicht nur gar sehr bedarf, sondern auf welche ich auch einen gerechten Anspruch zu haben glaube.

Ansprüche auf eine Gratifikation wegen außerordentlicher Dienstleistungen *

Ansbach, 1823

Gratifikationen sind zwar lediglich von der Allerhl. Königl. Gnade abhängend und ausfließend; doch aber ist in der auf Sr. Königl. Majestät Allerhöchsten Befehl von dem Staatsministerium der Finanzen am 18. Jan. 1818 erlassenen und in dem Regierungs-Intelligenzblatt, St. IV., 1818, abgedruckten Verordnung aus der Dienstpragmatik vom 1. Jan. 1805 und aus der Allerhöchsten Verordnung vom 23. April 1806 wiederholt bestimmt: „Grafitikationen sollen als außerordentliche Ermunterungen und Belohnungen außerordentlicher Dienste, Verdienste und Opfer aktiver Staatsdiener statthaben." Diese Allerhöchste Bestimmung erachte ich für anwendbar auf mich, und zwar aus folgenden Gründen:

I

Auf Sr. Königl. Majestät Allerhöchsten Kabinettsbefehl machte ich im Jahre 1821 eine Reise nach Paris, um d· Institutionen des französischen Reichs hinsichtlich der Rechtspflege zu beobachten. Ich vollzog diesen, auf Allerhöchstes Vertrauen gegründeten ehrenvollen Auftrag mit der strengsten Gewissenhaftigkeit. Kaum in Paris angekommen, machte ich auf dem mühseligen Wege des Umherfahrens in den weiten Räumen dieser Stadt die zuvörderst nötige Bekanntschaft mit den wichtigsten Staatspersonen und mit den angesehensten Richtern und Anwälten; besuchte sodann täglich die Gerichte – Ober-

* Ein nur in Abschrift vorhandenes Gesuch, von dem aber teils der Kürze wegen, teils deswegen, weil es höchstwahrscheinlich im Schreibpult liegengeblieben ist – wenigstens findet sich keine Notiz darüber, ob es abgesandt und was darauf erwidert wurde –, die Formalitäten eines Gesuchs so viel als möglich weggelassen worden sind. Ebenso wurde alles gestrichen, was schon aus frühern Mitteilungen, namentlich den „Tatsachen" von 1813, hinreichend bekannt ist.

und Untergerichte – und wohnte den öffentlichen Gerichtssitzungen bei, bekämpfend die Anstrengungen, welche unausgesetzte Teilnahme an öffentlichen Verhandlungen, in einer fremden Stadt und im störenden Geräusch der Volksmenge gepflogen, mit sich führt, nicht scheuend die unvermeidlichen und mir nur allzu merkbar gewordenen nachteiligen Einflüsse, welche die gänzlich veränderte Lebensweise, der fremde Himmelsstrich und die unausgesetzte, immer nur auf *einen* Gegenstand gerichtete Spannung der Seelenkräfte für einen eben nicht robusten Körper zur notwendigen Folge hatten.

Zurückgekehrt von diesen täglichen Geschäftsreisen in der Stadt Paris, nach einem die Möglichkeit jeder Erholung ausschließenden sechs- bis achtstündigen Aufenthalt in den Gerichtssälen, lag es mir nun ob, in die Zirkel zu eilen, deren Besuche mir mein Verhältnis und der besondere Zweck meiner Sendung zur Pflicht machten, um dort zu verweilen bis in die Stunden der Mitternacht. Nur eine kärgliche Frist blieb dem stärkenden Schlummer vergönnt, um am frühen Morgen das am vorigen Tage und Abende im Gedächtnis Bewahrte zu Papier zu bringen und zum wieder bevorstehenden Tagewerk planmäßig mich vorbereiten zu können. In solcher für Geist und Körper gleich erschöpfenden Lebensweise verweilte ich 65 Tage in Paris und – nachdem ich auch in Sr. Königl. Majestät Rheinstaaten die nötigen Erfahrungen eingezogen hatte – kehrte ich schon nach drei Monaten hierher zurück. Nun erst lag mir es ob, die gesammelten Erfahrungen vollends zu ordnen, weil ich mir dazu in Paris selbst die Zeit nicht gönnen wollte, um die Dauer meines Aufenthalts möglichst abzukürzen, und an dieses Geschäft schloß sich das weitere an, das über die Ausübung der Rechtspflege in Frankreich aufgefaßte Bild in den Sr. Königl. Majestät erstatteten Berichten, mit Beifügung meines Urteils, darzustellen; in der Tat eine Arbeit, die einer unbefangenen Beurteilung würdig sein mochte und welche – ich darf es sagen – auch das Glück hatte, von einsichtsvollen Staatsmännern mit Beifall angesehen zu werden.

Ich gedenke nicht umständlicher des mannigfaltigen Aufwandes, der mit einer solchen Reise, mit einem Aufenthalt in der französischen Königsstadt, in dem Charakter, den ich bekleidete, und zu dem Zwecke, den ich vor mir hatte, notwendig verbunden ist. Ich kehrte heim mit einigen Gulden, Überrest des empfangenen Kostenvorschusses, und Se. Königl. Majestät empfingen diesen Rest mit genauer Berechnung aus getreuen Händen zurück. Uneigennützig, wie ich immer war im Dienste des Staates, war ich es auch hier. – Getrost kann ich der allergnädigsten Würdigung dieses Geschäfts und dem allerhöchsten Anerkenntnis, daß alle zur Begründung einer Gratifikation erforderlichen Bedingungen vorhanden seien, entgegensehen, wenn ich mir selbst die Frage aufwerfe, ob es nicht als eine *außerordentliche Dienstleistung* zu betrachten sein sollte, wenn der Präsident eines Appellationsgerichts einen solchen allerhöchsten, die Rechtsinstitute eines fremden Staates in ihrem weiten Umfange betreffenden Auftrag, einen Auftrag, welcher im Grunde eine allgemeine Justizvisitation in sich enthielt, in dem Zeitraume von zwei Monaten vollzog, die Resultate desselben nachher zusammenstellte und mit seinem Gutachten begleitete; ob es nicht ein besonderes *Verdienst* sein sollte, durch alles dieses für einen höchst wichtigen Zweig der Legislation im Staate gearbeitet und der weiteren Beratung hierüber eine geebnete Bahn eröffnet zu haben; ob es nicht als ein *Opfer* zu betrachten sein sollte, mit höchster Anstrengung aller so vielseitig in Anspruch genommenen Geistes- und Körperkräfte und ohne allen pekuniären Gewinn ein solches Geschäft vollzogen zu haben.

II

Im vorigen Jahre geruhten Se. Königl. Majestät mir die Abfassung eines Plans zur Verbesserung der Gerichtsverfassung in Bayern zu übertragen. Ich legte am 22. Dez. v. J. meine Arbeit vor.*

Es steht mir nicht zu, die mannigfaltigen Schwierigkeiten aufzuzählen, welche mit der Entwerfung eines solchen Plans verbunden sind, aber es bedarf der Aufzählung derselben auch nicht. Es kommt mir nicht zu, über den Wert meiner Arbeit zu sprechen. Aber es muß ihr zur Ehre

* Folgt der Titel. Siehe die Briefe von 1822.

gereichen, daß sie der Kommission zur Revision der Gerichtsverfassung und des Judiziarkodex vorgelegt und zu den Beratungen dieser Kommission die Grundlage geworden ist.

Auch hier habe ich es gewagt, mir die Frage aufzuwerfen, ob es nicht eine *außerordentliche Dienstleistung* sein sollte, den Plan zur Verbesserung der Gerichtsverfassung eines Staates nach einem darin bis jetzt noch nicht ins Leben getretenen Prinzip verfaßt zu haben – eine Arbeit, die nicht in dem Wirkungskreise des Präsidenten liegt und unter den fortdauernden Geschäften des letzteren geleistet wurde; ob es nicht ein besonderes *Verdienst* sein sollte, einer beratenden Legislativkommission für den Staat die Grundlage zu ihren Arbeiten geliefert zu haben – eine Grundlage, ohne deren Dasein die Kommission gar nicht hätte einberufen werden können und welche immer die Grundlage bleiben wird, selbst wenn ihr das Glück nicht zuteil werden sollte, den unumschränkten Beifall dieser Kommission zu erlangen; ob es nicht als ein *Opfer* zu betrachten sein sollte, wenn ein Staatsdiener seine von dem Dienst ihm bleibenden Mußestunden, die er als Schriftsteller fruchtbringend benützen kann, unbenützt läßt für sich und die Seinigen, vielmehr solche dem Staate widmet für einen hochwichtigen Zweck; ob endlich nicht derjenige, dessen Geistesprodukte zur Grundlage der Arbeiten anderer dienen, nicht auch zunächst und zuvörderst einer Belohnung dafür entgegensehen dürfe.

Nur allein die lebendigste Überzeugung in mir, daß sowohl in Ansehung jener Geschäftsreise und der Berichterstattung hierüber als auch hinsichtlich dieser weitern Bearbeitung eines legislativen Gegenstandes die mir selbst von mir vorgelegten Fragen in aller Rücksicht bejahend zu beantworten seien, konnte mich zu der gegenwärtigen Vorstellung vermögen und flößt mir die zuversichtliche Hoffnung ein, daß Se. Majestät den allegierten Paragraphen der Allerhöchsten Verordnung vom 18. Jan. 1818 auf beide vorliegende Gegenstände in allen seinen Bedingungen für anwendbar erkennen werden. Und dennoch möchten noch andere Motive im Rückblick auf meine frühern Leistungen für den Staat und auf das, was mir für diese geworden ist, für mein Gesuch vorhanden sein, Motive, welche – so ungern sie auch von mir angeregt werden – dennoch hier angeführt werden müssen, um nicht auf halbem Wege stehenzubleiben, und um so mehr, als zuweilen nur erst veränderte Umstände ein unterstützendes Anerkenntnis gerechter Ansprüche herbeizuführen vermögen. Und so habe ich denn noch folgendes anzuführen:

1. Als der Kleinschrodsche Entwurf zu einem peinlichen Gesetzbuch für die kurpfalz-bayerischen Staaten erschienen war, geruhten Se. Majestät in landesväterlicher Huld sachkundige Männer zu einer Kritik über denselben öffentlich zu veranlassen und für die gelungensten Arbeiten Prämien auszusetzen. Auch ich, damals Professor zu Kiel, unterzog mich diesem Geschäft, und die Folge hiervon war meine in drei Teilen erschienene Kritik des gedachten Entwurfs. Mir aber ward, ohnerachtet diese meine eigene Kritik schon im J. 1804 im Druck erschienen und auch in den bayerischen Staaten nicht unbekannt war, die Möglichkeit abgeschnitten, als Preisbewerber aufzutreten, denn mir selbst wurde, nachdem ich bald darauf, 1805, zum Geh. Ministerial-Justiz- und Polizei-Departement als Mitglied ernannt worden, der Auftrag zuteil, „die eingekommenen Kritiken zu würdigen und den besten derselben die bestimmten Preise zuzuerkennen". Ich tat es pflichtschuldigst und mit sich von selbst verstehender Umgehung meiner eigenen Arbeit, über welche die Gelehrten im In- und Auslande bereits vorteilhaft gerichtet hatten, und so ward ich in die sonderbare Lage versetzt: geringeren Arbeiten die Preise zuerkennen zu müssen, während ich von der meinigen diejenige notwendige Meinung hegte, ohne welche ich es nimmermehr gewagt haben würde, die von mir selbst entworfene Kritik dem öffentlichen Urteil auszusetzen. So mußte mein eigenes Interesse notwendigerweise der Dienstpflicht weichen, so wurde ein Preis, der, wenn ich dem öffentlichen Urteil trauen darf, mir selbst gebührt hätte, andern zuteil.

Ich übergehe hierbei, ohne weitere Ausführung, daß ich es war, der, als noch der „Codex juris crim. bav." vom Jahre 1751 Gesetzeskraft hatte, die Beiziehung von Gerichtszeugen zu den Verhören, die Verteidigung der Angeklagten vor dem Erkenntnisse, die Korreferate beim Vortrage, die Rechtsmittel der weitern Verteidigung gegen das Strafurteil veranlaßte, und daß ich es war, der die Verordnung über die Abschaffung der Folter und über das gegen leugnende Inquisiten zu beobachtende Verfahren redigierte.

2. Im Jahre 1808 war ich Mitglied der damaligen Organisations-Kommission, zu derselben Zeit aber auch Mitglied der Gesetzgebungs-Kommission, und in letzterer Eigenschaft und auf besondern allerhöchsten Befehl hatte ich auch den Code Napoléon für das Königreich zu redigieren. Ich tat es pflichtschuldigst mit derjenigen Anstrengung, welche das intensiv und extensiv gleich große Geschäft notwendig mit sich führte. Durch dieses gleichzeitige Geschäft in der Gesetz-Kommission wurde ich notwendigerweise abgehalten, den letzten Sitzungen der Organisations-Kommission beizuwohnen. Alle Mitglieder der letztern empfingen für diese außerordentliche Dienstleistung eine Gratifikation; ich nicht.

3. Schon im Jahre 1804 ward mir der ehrenvolle Auftrag der Ausarbeitung eines neuen Entwurfs zu einem Strafgesetzbuch zuteil. Schon als Professor zu Kiel widmete ich mich dieser wichtigen Arbeit. Ich gedenke nicht umständlicher der vielseitigen Anstrengungen, welche eine Arbeit solcher Art erheischt, nicht der Mühseligkeiten, welche damit verbunden waren, daß ich – mit regelmäßiger Beibehaltung meines gewöhnlichen Geschäftspensums im Justiz-Departement – über meinen Entwurf zuerst in der für Zivil- und Strafgesetzgebung besonders zusammengesetzten Kommission, sodann in den vereinigten Geh.-Rats-Sektionen der Justiz und des Innern, endlich in dem Geh.-Rats-Plenum unter Sr. Majestät allerhöchst eigenem Vorsitze Vortrag zu erstatten, die mir entgegengesetzten Zweifel und Einwürfe nach meinen Einsichten zu beseitigen und zu widerlegen und sodann die also täglich erneuten Anstrengungen, statt mich von denselben erholen zu können, am Schlusse jeden Tages auch damit zu beschließen hatte, daß ich – in meine Wohnung erschöpft zurückgekehrt – nun noch die gefaßten Sitzungsbeschlüsse nicht nur redigierte, sondern auch noch für den folgenden Tag mich vorbereitete. Aber ich kann und muß es hier, ohne Schamröte, erwähnen, daß durch diesen meinen zum Gesetz erhobenen Entwurf der Staat, dem ich zu dienen die Ehre habe, in dem wichtigsten Zweige der Legislation nicht

nur gesetzgebend für sich, sondern auch gesetzgebend für andere Staaten und selbst für Staaten außer Deutschland aufgetreten ist. Die unbefangene Stimme, zumal des Auslands, erkannte in dem Erscheinen dieses Gesetzbuchs nicht bloß eine Verbesserung des bayerischen Gerichtswesens, sondern einen bedeutenden Fortschritt der Gesetzgebung überhaupt.

Legislative Arbeiten können nur als außerordentliche Dienstleistungen betrachtet werden und werden allenthalben besonders und ausgezeichnet belohnt. Mir ward für das Strafgesetzbuch des Königreichs, das fremden Staaten zum Muster dient, eine Remuneration von fünfhundert Dukaten. Anders lautet freilich die öffentliche Stimme, welche, sei sie auch, wie kaum zu bezweifeln, eine unlautere und nur gegen meine Person gerichtete, sich auszusprechen für gut fand. Denn sowohl mündlich als gedruckt in Zeitschriften, und neuerlich erst im „Hesperus", erscholl das Gerücht, es seien mir für jene Arbeit 30000 Gulden gezahlt worden.

4. Schon im J. 1812 verfaßte ich aus allerhöchstem Auftrag den Entwurf eines Staatsvertrags über die gegenseitigen Gerichtsverhältnisse zwischen den Kronen Bayern und Württemberg. Die Unterhandlungen von seite der allerhöchsten Höfe verzogen sich bis zum Jahre 1821. In diesem Jahre wurde er von beiderseitigen allerhöchst Bevollmächtigten vollzogen und in dem Regierungs- und Intelligenzblatt von 1821, Stück 33, nach allerhöchster Ratifikation bekanntgemacht. Derselbe ist, mit einigen wenigen Abänderungen, wörtlich so als Staatsvertrag sanktioniert worden, wie der Plan dazu in meiner „Themis", S. 305, unter dem Titel „Entwurf eines Staatsvertrags über die gegenseitigen Gerichtsverhältnisse zweier benachbarter Staaten", schon im Jahre 1812 abgedruckt worden ist. Es ist herkömmlich, daß die bei solchen Staatsverträgen wesentlich tätigen Staatsdiener mit Dekorationen und andern Belohnungen erfreut werden; hier wurden sie wenigstens nicht dem Verfasser zuteil. Mehrere Fälle ähnlicher Art könnten von mir noch angeführt werden, da andere ernteten, wo ich säete. Doch schon das bisher Erwähnte dürfte genügend dartun, daß mir auch noch bei andern als denjenigen Dienstleistungen, welche mich zu

dieser Vorstellung zunächst veranlassen, obschon sie nicht mindere außerordentliche und mit Aufopferungen von meiner Seite verbundene Dienstleistungen in höchst wichtigen legislativen Angelegenheiten waren, besondere Belohnungen nicht zuteil geworden sind.

An Herrn Kriminalrat Hitzig in Berlin

Ansbach, den 17. Januar 1823

Ziemlich spät erstatte ich Ew. Wohlgb. meinen Dank für die wohlwollenden Gesinnungen, welche Sie mir in Ihrem gefälligen Schreiben ausdrücken, und für die gütige Mitteilung der bewußten Anzeige, die mich sehr erfreut hat. Unserer Elisa, die es mit dem Briefschreiben und Briefbeantworten genau nimmt, hatte ich schon früher Gelegenheit, für die höchst interessante Bekanntschaft zu danken, welche sie mir in Ihnen verschafft hat. Nun klagte ich ihr zugleich, wie karg mir von Ihnen das Vergnügen Ihrer Unterhaltung zugemessen worden sei und daß Sie mir nur wie ein Geist in der Nacht erschienen sind, um alsbald wieder zu verschwinden. – Ein Gegenstand unseres damaligen Abendgesprächs hat mich seitdem fortwährend beschäftigt, nämlich der Fonksche Prozeß, der nicht nur eine abscheuliche Ungerechtigkeit an einem rein unschuldigen Menschen, sondern auch die gründliche Erbärmlichkeit der französischen Geschwornengerichte und der französischen Kriminalprozedur an das Tageslicht gefördert hat. Ich darf behaupten, alles über jenen Prozeß studiert zu haben, was nur des Lesens wert war. Indessen steht die Überzeugung von Fonks Unschuld so fest und klar vor meiner Seele, daß, wenn mir zugemutet würde, jene Unschuld sogar de veritate [als Wahrheit] zu beschwören, ich keinen Augenblick Anstand nähme, die Finger zum Schwur aufzuheben. Das Toulouser Parlament ist durch Calas berüchtigt; doch ist sein Urteil noch ein Muster richterlicher Weisheit gegen das Verdikt der Trierer Geschwornen.* Calas hatte wenigstens Verdachtsgründe gegen sich,

* Es haben übrigens bei diesem Prozesse die Juristen und Ärzte ebensogroße Böcke gemacht als die Geschwornen.

und der Tatbestand war unbezweifelt. Aber ob Cönen gemordet worden ist oder sich selbst in den Rhein gestürzt und die Wunden erst im Wasser von den Eisschollen bekommen hat,ist zumal während der Assisenverhandlungen auf das äußerste zweifelhaft geworden. Und *wenn* Cönen gemordet wurde, so hat wenigstens Fonk nicht nur keinen einzigen eigentlichen Verdachtsgrund *gegen* sich, sondern auch noch zum Überfluß direkte, entscheidende Beweise der Unschuld *für sich*. Denn daß Hammachers im Geheimnis drückender Gefangenschaft abgelegtes, bald nachher zurückgenommenes, in den öffentlichen Verhören, sowohl bei seinem eigenen als im Fonkschen Prozesse, standhaft und feierlich für ausstudiert erklärtes Geständnis, das an sich selbst schon sich als ein unzusammenhängendes Wundermärchen darstellt, überdies durch keinen einzigen Umstand unterstützt, in mehreren wesentlichen Punkten als unwahr erwiesen ist, nicht einmal Verdacht, geschweige einen Beweis begründen könne, muß auch demjenigen einleuchten, der sogar die Begebenheit im Kümpchen mit dem Räuber Hilchers und die vertraulichen, durch Weinflaschen vermittelten Unterhaltungen im Arresthause zu Köln und so vieles andere gar nicht in Anschlag bringen will. Wer eines Mordes für schuldig gehalten werden soll, muß wenigstens ein Interesse an Begehung einer solchen Tat gehabt haben; aber der Grund, auf welchen man im Anfang den Verdacht eines solchen Interesses gegen Fonk aufführte, ist nach dreimaliger Untersuchung seiner Handelsbücher so ganz gewichen, daß davon auch nicht mehr das Allergeringste übriggeblieben ist. Wem man einen Mord schuld geben will, dem muß man allerwenigstens mit einiger Wahrscheinlichkeit nachweisen, daß er ihn habe begehen *können*, d. h., daß ihm der Ermordete ohngefähr um die Zeit der Tat nahe gewesen sei; allein dafür liegt so wenig ein Umstand vor, daß es auch nicht der kühnsten Kombinationsgabe gelingen mag, zu erklären, was doch wohl den mit

„Man muß", schreibt Benzenberg, selbst ein, aber nicht weniger als für die Schwurgerichte eingenommener, Geschworner, in betreff dieses Prozesses an F., „man muß den Juristen wie den Geschwornen ein richtiges Kontokurrent über die sämtlichen Dummheiten stellen, die sie begangen haben."

Fonk gespannten, noch dazu stolzen, übrigens ehrlichen, und dem Interesse seines Herrn leidenschaftlich ergebenen Cönen veranlaßt haben könne, am 9. nachts nach 10 Uhr mit Hahnenbein aus dem Gasthause wegzugehen, um sich – zu Fonk zu schleichen? Zudem in Fonks Haus keine Spur des begangenen Mords – der angebliche Ort der Tat ein Platz, wo das Hausgesinde leicht den Vorfall hätte anhören können –, dann das Zeugnis dieses Hausgesindes, daß am Abend des 9. niemand mehr in das Haus gekommen sei und Fonk um die angebliche Zeit der Tat sich zu Bett begeben habe; ferner durchaus keine Übereinstimmung der vorgefundenen Kopfwunden mit dem vorgeblichen Werkzeuge und der Art, wie es zur Vollbringung des Mordes soll gebraucht worden sein; endlich der ausgezeichnet gute Ruf Fonks vor der Tat und dessen Benehmen nach der Tat. Was die Krefelder Kaufleute, Hr. v. Sand und der Polizeikommissär über Fonks Verlegenheit und dgl. aussagen, mag ganz wahr sein. Aber welcher rechtschaffene Familienvater wird gleichmütig bleiben, wenn er gewahr wird, daß ihn das Publikum schuldlos einer Mordtat bezüchtigt und das Jägerkorps der französischen police judiciaire [Kriminalpolizei] schon ganze Kuppeln seiner Spür- und Fanghunde gegen ihn losgelassen hat? Dagegen hat man noch niemals gehört und gelesen – wäre auch psychologisch ganz unerklärbar –, daß ein des Mordes sich bewußter Verbrecher, der wegen dieser Tat schon zweimal verhaftet und zweimal der Haft wieder entlassen war, nun – nachdem es endlich recht ernst wird, sein Mitschuldiger bereits verurteilt ist und ihm keine Hoffnung mehr übrigbleibt, dem förmlichen Kriminalprozesse zu entgehen – sich zum dritten Male in das Gefängnis werfen läßt und seinen Kopf dem Urteil von 12 Geschwornen zur Disposition stellt, statt mit aller Bequemlichkeit, unterstützt von einem reichen Schwiegervater, in ein kaum ein paar Meilen entferntes fremdes Land, wo er Freunde und Handelsgenossen findet, seine Person in Sicherheit zu bringen. Unter hundert *Unschuldigen*, die sich mit Fonk in ähnlichem Falle befunden und die Vexationen [Plagen] des französischen Gerichts- und Polizeiwesens jahrelang, wie er, empfunden hätten, würden 99 entwichen sein. Und was jeder Vernünftige in ähnlichem Falle seinem unschuldigen Freunde als das Sicherste anraten würde, das –

hat der eines Mordes sich *bewußte* Fonk für seine Sicherheit *nicht* getan. – Und so bietet das ganze, nur auf Täuschung der Unwissenden berechnete Gebäude Fonkscher Verdachtsgründe auch nicht eine einzige, noch so kleine Seite dar, welche vor dem, gleichviel ob gelehrten oder ungelehrten, aber wenigstens gesunden und unbefangenen Verstande die Probe aushielte. Ist Fonk schuldig, so gibt es auf dieser Welt keine Wahrheit, so ist alle Gewißheit Täuschung und selbst die Erfahrung Betrug.

Aber – fragen Sie wohl – wozu dieses alles? So fest jene Ansicht von Fonks Unschuld schon lange in meiner Überzeugung begründet ist, so hatte ich doch entscheidende Gründe, mich nicht öffentlich zu äußern. Teils erlaubten es mir nicht meine Amtsverhältnisse, teils hielt ich es für überflüssig, weil ich nicht eitel genug bin, zu meinen, meine Überzeugung könne bei einer Sache von Bedeutung sein, über welche sich bereits so viele ausgezeichnete Männer gründlich ausgesprochen haben und welche zu Berlin in die sichern Hände einsichtsvoller und Gerechtigkeit liebender Staatsmänner gelegt ist. Nichtsdestoweniger wurde ich seither und werde ich noch jetzt mündlich und schriftlich, von Bekannten und Unbekannten, aus der Nähe und Ferne angegangen, mich über die Fonksche Sache auszusprechen. Man nimmt vielfältig mein Gewissen in Anspruch und hält mir vor, es sei bei einer Angelegenheit, wo Leben und Ehre eines Unschuldigen auf dem Spiele steht, heilige Pflicht eines jeden, welchem sein Vaterland Einsichten zutraue, dem Recht und der Wahrheit mit seinem Namen offenes Zeugnis zu geben. Wiewohl ich durch diese und andere Gründe von meinem Entschluß: vor ganz beendigter Sache nichts über dieselbe drucken zu lassen, nicht abzubringen war, so mußte ich gleichwohl in diesen Tagen versprechen, wenigstens nach Berlin zu schreiben und mich schriftlich zu meiner Überzeugung von Fonks Unschuld zu bekennen. Dieses tue ich denn hiermit und ermächtige Sie, von diesem Briefe, wo Sie es für gut finden, nur nicht in öffentlichen Blättern, Gebrauch zu machen. Ich versichere Ew. Wohlgeb. hiermit auf Ehre und Gewissen, daß eine lächerlich dünkelhafte Einbildung, als könne mein Name oder meine in ein paar Worten dargelegte Meinung auch nur das allermindeste auf Fonks Schicksal einwirken, nicht den allerentferntesten Anteil an diesem Briefe hat. Ich bin vielmehr der lebendigen Überzeugung, daß er – soweit er Fonk betrifft, ebensogut hätte ungeschrieben bleiben können. Männer von größerer Erfahrung und tieferer Einsicht, als ich mir zutrauen darf, denen überdies die Akten in größerer Vollständigkeit vor Augen liegen als mir, werden besser und gründlicher das Wahre erkennen als ich. Nur darum hielt ich mich verpflichtet, meine Überzeugung in diesem Briefe niederzulegen, um den menschenfreundlichen Männern, welche, vielleicht in übertriebenem Eifer, mir immerfort meine Pflicht und mein Gewissen vorhalten, genugzutun und um mich vor denselben gegen den Vorwurf zu sichern, als wolle ich nur so lange ein vornehmes Stillschweigen beobachten, bis – gar nichts mehr zu riskieren sei.

Haben Sie die Güte, mich Herrn von Kamptz gelegentlich zu empfehlen und demselben für die wohlwollende Anzeige meines – von weißen und roten Jakobinern gleich hart angefochtenen Werkes über Öffentlichkeit etc. zu danken. Jene schreien, ich verlange zuviel, diese, ich fordere zuwenig; eben daraus aber ziehe ich für mich den tröstlichen Schluß, daß ich, wenigstens in der Hauptsache, das Rechte getroffen habe und meine Lehre jene Parteien überleben wird. Mit der Herausgabe der Resultate meiner Pariser Beobachtungen werde ich noch so lange zurückhalten, bis das heutzutage tongebende Gesindel sich ein wenig verlaufen hat.

Daß Tiedge einen gefährlichen Krankheitsanfall gehabt hat, werden Sie bereits erfahren haben.

Genehmigen Sie die Versicherung aufrichtiger Hochachtung, mit welcher ich die Ehre habe zu verharren als Ew. Wohlgeboren ganz Ergebener.

An Elisa v. d. Recke

Ansbach, Winter 1823

Es treibt mich wahre Sehnsucht, wieder einmal mit meiner verehrten Mutter Elisa selbst zu sprechen, so gut man durch die Feder in der Hand sprechen kann. Daß Sie und mein Tiedge sich wohl befinden, so gut man in diesem entsetzlichen Winter sich befinden kann, hoffe ich zu Gott. Ich war bis auf die letzten 14 Tage mit meinem Körper ziemlich zufrieden; allein desto weniger mit meinem Gemüt und meinem Kopf. Gemütliche Unbehaglichkeit, ängstigende Schwermut, Geistestrockenheit, Herzenskälte und Herzensbitterkeit, veranlaßt und genährt durch mancherlei Unannehmlichkeiten, haben mir mein Leben sehr verbittert und drücken noch jetzt auf mich. Mißmutig über die armselige Gegenwart, besorgt um die gräßliche Zukunft, irrte meine Seele planlos, ohne Anhalt und Richtung, umher, mit nichts beschäftigt als mit den Gegenständen ihres Grames. Unfruchtbarer, nutzloser habe ich lange keinen Winter zugebracht als den gegenwärtigen. Das magere Ding „Über die *Episkopalrechte etc.*" ist für nichts zu rechnen. Geistigen Wert hat es nicht, Erfolg ebensowenig, außer daß es mehrern zum Vorwand gedient hat, mich als einen gefährlichen Mann, welcher unter den Protestanten den Religionsfanatismus aufzuregen suche, die Rechte der königl. Gewalt antaste usw., womöglich verdächtig zu machen. In der *protestantischen* Stadt Rothenburg belegte ein *protestantischer* Polizei-Kommissär jene Schrift mit Beschlag und trug bei der Kreisregierung in Ansbach darauf an, daß sie – *konfisziert* werde. Die Regierung ging zwar auf diesen Vorschlag nicht ein und erteilte den Befehl, den Verkauf der Schrift freizugeben. Der Referent in Zensursachen aber – ein Katholik –, der Vizepräsident Freiherr v. Mulzer, machte, während er die Freigebung der Schrift begutachtete, gleichwohl eine solche alles verdrehende Beschreibung von dem Inhalte und der Tendenz derselben, daß sein Vortrag offenbar darauf berechnet war, einen seinem ausdrücklichen Antrage entgegengesetzten Beschluß der Regierung zu erwirken und ein Dokument zu den Akten zu bringen welches den Verfasser (den man *nicht zu kennen* vorgab als ein der geheimen Polizei-Surveillance [-Aufsicht] würdiges Subjekt darstellt. Zu offenbaren Schritten gegen mich haben es unsre Pfaffen noch nicht bringen können. Aber daß es ihnen gelungen ist, heimlich wieder bei Hof ein recht dickes Kabalengewebe wider mich zustande zu bringen, habe ich zu glauben mehrfache Veranlassung. Ihren

Plan zur Errichtung einer Priesterherrschaft durch Presbyterien haben die bösen Buben zwar einstweilen aufschieben müssen; weit erntfernt jedoch, ihn aufzugeben, arbeiten sie im stillen nur desto hartnäckiger darauf hin. Noch immer erscheinen von Zeit zu Zeit neue, das Presbyterium empfehlende Schriften. Durch Reskript vom 21. Dez. v. J. ist zwar die Presbyterial-Sache bis auf die künftige Generalsynode ausgesetzt, und die Absicht des Ministerii war dabei offenbar, unter dem Scheine eines Aufschubs, die Sache selbst zu unterdrücken. Denn solche Generalsynoden kosten schweres Geld; noch ist gar nicht gesetzlich bestimmt, in welcher Art solche Synoden statthaben sollen: ob bloß Geistliche dabei sein sollen oder auch Weltliche. Welche Weltliche? Wie sie gewählt werden sollen usw.? Die Regierung hat es daher in ihrer Gewalt, diese Gen.-Syn. so lange, als sie will, zu verschieben und mithin die Presbyterial-Sache ad Calendas Graecas (wie der Lateiner zu sagen pflegt) zu vertagen. Allein die Zudringlichkeit der lutherischen Pfaffen, welche sich, was die Zusammenberufung von Synoden betrifft, auf ein königl. konstitutionelles Edikt berufen können, wird mächtiger sein als die ausweichende Ministerialklugheit; unablässig wird im stillen daran gearbeitet, die Hindernisse, welche einer Gen.-Synode entgegenstehen, zu beseitigen und die Notwendigkeit dieses Concilii den Ministern und andern einzureden. Synoden und Presbyterien sind wesentlich verbundene Teile des einen großen Ganzen priesterlicher Herrschaft, wie sie von unsern hochwürdigen Herrn ausersonnen worden ist. Jene sollen die *gesetzgebende* und in oberster Instanz *richtende*, diese die *aufsehende* und *vollziehende* Kirchengewalt haben. Was die Synode beschließt, soll, ohne daß es weiter der Einwilligung der Kirchenmitglieder bedürfte, unter bloßem Vorbehalt der *oberst*bischöflichen Bestätigung, die Kirche und ihre Mitglieder binden. Beschließt die Synode Presbyterien, so sind sie gesetzlich eingeführt; erklärt sie diejenigen, welche sich der Presbyterial-Einrichtung widersetzen oder widersetzt haben, für Ketzer, so sind sie von Rechts wegen von der Kirche ausgeschlossen. Ein gewisser Pfarrer B. in meiner Nähe, Bruder eines hiesigen, zwar geschickten, aber auch mystischen Professors am Gymnasium, scheut sich nicht (wie mir versichert wurde) schon jetzt seinen Reden für das Presbyterium durch drohende Hinweisung auf die bevorstehende Generalsynode Nachdruck zu geben, welche unfehlbar alle diejenigen, welche gegen die Presbyterien protestiert, mit dem Bannfluche belegen und von der Kirche ausschließen werde. – Lange Zeit hofften die Protestanten in Bayern auf einen bessern Zustand der Dinge, sobald der kränkliche, in jeder Beziehung schwache Präsident des Ober-Konsistorii, Freiherr von Seckendorf, durch den Tod oder durch Quieszierung einer Stelle entledigt sein werde, welcher er in keiner Hinsicht gewachsen ist. Es wurde als allgemein bekannt angenommen, daß alsdann meine Wenigkeit an die Spitze des protestantischen Kirchentums in Bayern treten werde, und Groß und Klein (mit Ausnahme unsrer Pfaffen) waren der gutmütigen, mir schmeichelhaften Meinung, ich sei ganz der rechte Mann, um zu retten und zu helfen und zu gründen. Wirklich würde ich, wiewohl ungern (da mit solcher Veränderung nichts weiter als Unruhe und Verdruß und höchstens etwas Dank nicht einmal bei der Mitwelt, sondern erst bei der Nachwelt zu erwerben gewesen sein würde), um jener guten Meinung willen, aus Liebe zur Sache, solch einer Last mich unterzogen haben. Allein gerade der Umstand, daß ich für tüchtig gehalten werde, macht mich untüchtig.

In den ersten Tagen des April reist unsere Königl. Familie nach Dresden ab. Versäumen Sie ja nicht, der guten Königin aufzuwarten. Da Sie, edle Elise, von vielen Dingen in Bayern, soweit sie wenigstens das Kirchentum betreffen, durch mich weit besser unterrichtet worden sind, als vielleicht die mit Hofschranzen und Hofpfaffen umringte gute Königin nicht ist, und da Sie, als unbefangene Fremde, gewiß geneigteres Gehör und stärkern, mehr entgegenkommenden Glauben finden als Einheimische, so ist vielleicht manches Wort, das Sie sagen, ein Samenkorn, das aufgeht und gute Früchte bringt. Wenn Sie auch gelegentlich Ihres Freundes Feuerbach und seiner Familie mit freundschaftlichem Wohlwollen gedenken wollten, so würden Sie mir vielleicht dadurch einen guten Dienst erweisen. Wo heimliche und offene Feinde gehört werden, muß man sich der Gelegenheit freuen, die es auch einmal der Freundschaft gestattet, sich hörbar zu machen. – Vielleicht ist es Ihnen wichtig, wenn ich Ihnen nebenbei noch die Notiz mitteile, daß der Hofprediger *Schmidt* bei der Königin *nicht* sehr hoch angeschrieben ist; dann, daß der Oberkonsistorialrat *Stiller*, der sich uns bei Gelegenheit der Weillerschen Reden so liberal erwiesen und Weillers Porträt nach Löbichau geschickt hat, auch nichts weiter ist als ein Erzpfaffe. Er hat bei Gelegenheit des Presbyterialstreits sich als ein fanatischer Presbyterianer bewiesen und überdies durch Lügen und Ränke der schlechtesten Art dahin gewirkt, daß das Oberkonsistorium sich so furios bewiesen und für sein Beginnen (?) die Kirche einem Katholiken, als Oberbischof, unterworfen hat. Machen Sie, edle Elise, der Königin so klar als möglich, was in unsern Tagen der Krypto-Katholizismus ist, wie weit er seine Herrschaft verbreitet hat, welcher Mittel er sich bedient und wie der Presbyterialismus, mit allem, was daran hängt, durchaus nichts anderes ist als der Geistes- und Gewissensfreiheit vernichtende, den echten Protestantismus mit der Wurzel ausrottende Affe des römischen Katholizismus selbst. Dies alles mit Ihrem Geist durch Ihren Mund gesprochen, wirkt vielleicht mehr, als eine ganze Bibliothek voll der treffendsten Beweise nicht zu wirken vermag. – –

19. März [1824]

Bis dahin hatte ich geschrieben, als ich Ihr liebes Briefchen vom 7. d. M. nebst Beilage erhielt, Daß Sie nicht viel kränker sind als gewöhnlich, muß uns leider noch als freudige Nachricht gelten. Aus dem Karlsbad hoffen wir bessere zu erhalten. Die Einlage werde ich nächstens an Weiller besorgen. Für das Geschenk mit des edlen Friedländers neuestem Werkchen, das ich demnächst in meinen Nutzen verwenden werde, danke ich herzlichst. Seltsam, dasselbe war kaum angekommen, als ein Kandidat des hiesigen Rabbiner-Amtes, ein im Geiste Friedländers gebildeter Jude, hoher Verehrer Ihres Freundes, meine Protektion gegen die Kabalen eines talmudisch-gläubigen Schullehrers bei hiesiger Juden-Gemeinde anrief. Ich machte ihn sogleich mit Friedländers neuester Schrift bekannt, auf welche er sehr begierig war. Wir haben hier mehrere Juden dieser Art, denen ich mehrmals schon äußerte, ihr Glaube sei echteres Christentum als dasjenige, welches Katholiken und Lutheraner bekennen. Aber was würde die gute Hohenzollern sagen, wenn sie den Namen der Mama in der Vorrede zu dem Buche Friedländers zu Gesicht bekäme?! Sie erinnern sich doch noch des heftigen Streites aus ähnlichem Anlaß zu Löbichau nach dem Frühstück .– Sie mahnen mich an mein Versprechen hinsichtlich der Biographie unserer verklärten Dorothea. Leider bin ich schon sehr lange nicht in der gemütlichen Stimmung, deren ich bedürfte, um etwas zu sagen, was der Hochgefeierten würdig wäre. Überhaupt habe ich auch noch nicht Fassung genug, um mit Ruhe und Freude auf die Vergangenheit zurückzublicken. – Alle sowohl in Ihrem letzten Briefe als in frühern angeführten Schriften Tzschirners usw. habe ich mit Entzücken gelesen. Auch sind sie überhaupt in Süddeutschland sehr gelesen; aber sie fruchten nichts; man unterhält sich mit ihnen, lobt sie lau oder warm, legt sie dann auf die Seite, vergißt sie und tut wie zuvor oder vielmehr: tut wie zuvor – nichts. An diesem Lutheraner-Geschlecht ist Hopfen und Malz verloren. – Wir, die beiden Anselme, küssen im Geiste Mama und den edlen, lieben Bruder Tiedge, dessen Schrift ich mit Sehnsucht entgegensehe. Dem lieben, trefflichen Hasse meines Herzens Grüße!

Ihr Anselmus senior

An seinen Sohn Eduard

Ansbach, den 14. Juli 1824

Gern, mein lieber Eduard, schrieb' ich Dir etwas umständlicher als Antwort auf Deinen letzten Brief, aus dem ich ersehen, daß Du bereits sehr gut Deine Zeit angewendet, viele Kollegia absolviert hast und mit Ernst auf dem Wege zu Deinem Ziele vorwärtsschreitest. Allein ich trage jetzt so schwer an den Lasten der Arbeiten und Leiden; mein

Legen ist, durch das Unheil, das Karl* über sich und uns alle gebracht hat, so geplackt und geplagt, so zerrissen und zersplittert, daß ich kaum mich so weit sammeln kann, um nur das Allernotwendigste Dir zu schreiben. Und dieses besteht darin, daß Du mir, womöglich mit umgehender Post, ein akademisches Zeugnis darüber einsendest, daß Du Deine Studien auf der Göttinger Universität auch in gegenwärtigem Semester wieder fortsetzest. Die Kasse hat bereits, weil dieses Zeugnis über den ordentlichen Wiederanfang Deiner Studien noch nicht eingetroffen ist, die Zahlungen an mich eingestellt. Ich muß Dich also auf das allerdringendste auffordern, sogleich dieses Zeugnis Dir zu verschaffen und mir zukommen zu lassen. Wird damit gezögert oder ist das Zeugnis nicht in der gehörigen Form, so riskiere ich, daß man diesen Vorwand ergreift, um Dir das Stipendium ganz einzuziehen. Was man nur immer dem Namen Feuerbach anhaben kann, das tut man jetzt, und Dein Bruder Karl, der nie des Vaters Lehren hörte, hat, zum Dank für des Vaters Sorgen und Wohltaten, das Seinige getan, wenigstens durch Unvorsichtigkeit und Leichtsinn, um den Feinden jenes Namens, wo nicht einen Triumph, doch Vorwand zu Verdächtigungen und offnen oder versteckten Verfolgungen zu gewähren. Auch *Du* bist verdächtig gemacht, auch *Dir* forscht man nach, auch *Dich* belauert und bewacht die Polizei. Ich müßte auch für Dich zittern, wüßte ich nicht, daß Du ein Leben führst, welches, bloß dem heiligen wissenschaftlichen Beruf geweiht, Dich nicht nur von jedem unerlaubten Schritt, sondern auch von jedem scheinbaren *Verdacht* eines solchen entfernt hält. Ich beschwöre Dich bei allem, was einem Menschen heilig sein kann, bei Deines Vaters Leben, bei Deinem eignen Glück, laß Dich durch nichts von dem Wege der Tugend, der strengsten Regelmäßigkeit und der ängstlichsten Vorsicht abführen! Jede Gemeinschaft mit irgendeinem, vielleicht Dir selbst unbekannten Mitglied einer verbotenen Gesellschaft, jeder, wenn auch unschuldige, doch irgendeiner schlimmen

* Er war im Mai [am 13. Mai] 1824 wegen „demagogische[r] Umtriebe" in Erlangen, als Professor der Mathematik am dortigen Gymnasium, verhaftet und nach München in den neuen Turm abgeliefert worden.

Deutung ausgesetzte Schritt, jedes unbedachtsam gesprochene Wort könnte Dich – so sind nun einmal die Zeiten – um das ganze Glück Deines Lebens bringen.

Dein treuer Vater

An Elise von der Recke

Ansbach, den 6. August 1824

Sehr leid tut es mir, aus Ihrem Brief erfahren zu müssen, daß Sie Ihrer Gliederschmerzen wegen zum zweiten Male in diesem Jahre nach Karlsbad wallfahren müssen. Es verpflichtet mich dieser Umstand, Ihnen, wenn auch nur mit Wenigem, Ihre Briefe zu beantworten, damit Sie noch vor dem 12. dieses Nachricht von mir erhalten können, denn mit Böhmen und der Böhmischen Briefpolizei mag ich ein für allemal in keine Berührung kommen. Zuvörderst meinen herzlichen Dank für die „Betrachtungen usw.", welche ich mit inniger Rührung und wahrer Erbauung gelesen habe. Dem Anselm habe ich sogleich das ihm bestimmte Exemplar zugestellt. Was Sie von Anselms Hinneigung zum Mystizismus gehört haben, muß offenbar auf einem Mißverstand beruhen. Ich glaube dagegen versichern zu dürfen, daß auch nicht mehr ein Tropfen von dem schwarzen Blut, das, wenn es zum Kopfe steigt, die mystische Verrücktheit bildet, in Anselms Adern fließt. – Was Karl betrifft, so muß [ich] Sie ja bitten, an kein Verbrechen oder Vergehen des Unglücklichen zu denken. Er ist nebst vielen andern ausgezeichneten jungen Männern nur ein Opfer *gewisser politisch-diplomatischer Intrigen*, die, wenn nicht von Jesuiten geleitet, doch, in jesuitischem Geiste ersonnen, auf ganz andere Zwecke als die vorgegebenen berechnet sind. Ich kann mich nicht deutlicher erklären, denn die Briefe sind nirgends sicher. Es gehen Dinge in der Welt vor, von welchen Sie, edle Elise, in Ihrem hohen Geiste nichts ahnen. Sie sind geneigt, alles den Jesuiten in schwarzer Kalotte beizumessen! Ach, die jetzt am weitesten verbreitete und aufs engste zusammenhängende Jesuitenkongregation trägt Ordenssterne, Kammerherrnschlüssel usw. und hat die schwarzen Loyalisten bloß zu treuen Genossen und Mitarbeitern. Beide brauchen einander; jene bedürfen zu ihrer Macht noch den Glauben, diese bedürfen zu ihrem Glauben die Macht, welche sie einstweilen von jenen borgen. Jene verlangen alte Vorrechte, diese machen ihnen wieder die alte Zeit, worin sie etwas gegolten haben. Jene fürchten die Geister und treten daher den Leibern, worin sie wohnen, mit Gefängnis und Entehrung, vielleicht bald mit dem Henkerbeil entgegen; diese dressieren die Geister zu Schafseelen, die gar nicht einmal zu fürchten sind. Beide haben das gemeinsame Interesse, daß alles Hohe in den Staub herabgezogen, alles, was über die platte Gemeinheit des Alltäglichen hinausreicht – Genie, Geist und Wissenschaft und die Tugend, die um keinen Preis sich verkaufen will –, als Antrieb zu Verbrechen, wo nicht schon als das Verbrechen selbst allgemein verdächtig und verhaßt gemacht werde. Dazu fehlt es der Gewalt an Vorwänden nicht; und hat man es mit Lämmern zu tun, so haben die an der Quelle trinkenden Wölfe gewonnen Spiel, wenn sie sagen, die ganz unten stehenden hätten ihnen das Wasser getrübt. Daß unsere deutschen Universitäten aufhören müssen, gilt an vielen Orten bereits als ausgemachte Sache. Man geht damit um, sie in Spezialschulen aufzulösen und diese womöglich in Klosterschulen umzuschaffen. Wir sind eifrig bemüht, England in allem dem nachzuahmen, was es Schlechtes hat. Die langweilige, das Herz erkältende, steife Etiketten-Liturgie der englischen Episkopalkirche, die Einrichtungen der sogenannten Universitäten zu Oxford, Edinburgh, wo man nach Umständen 20jährigen Jünglingen noch mit Ruten den S[alva] V[enia] [mit Verlaub] H[intern] streicht usw., sind bei uns Gegenstände der Bewunderung und Nachahmung. Das übrige freilich läßt man den Engländern gern. – A. Müllers Schrift kenne ich aus sehr weitläufigen Auszügen. Sie ist schön, geistreich, größtenteils wahr. Aber wozu nützen solche Schriften in einer *solchen* Zeit? Sie halten nichts auf, bessern nichts; sie geben den Gleichgesinnten einige Augenblicke Genuß, machen den Andersdenkenden, welche dagegen Verbote auswirken (wie es mit Müller in Bayern geschehen), auf einige Augenblicke Verdruß; und das ist alles. – Mögen Sie alle Ihre Leiden und Schmerzen nach Karlsbad tragen, um sie dort zu lassen!

An den Minister von Zentner

Ansbach, den 27. August 1824

Ew Exz. fühle ich mich zu innigem Dank verpflichtet für den Beweis gnädigen Zutrauens, womit Hochdieselben mich beehrt haben. Eine Gelegenheit, dem Staate mit meinen geringen Kräften zu dienen, habe ich von jeher nur wie eine Gunst des Glücks aufgenommen. Mit Beiseitesetzung aller bereits unternommenen Privatarbeiten werde ich daher unverweilt mich jenem öffentlichen Geschäft* unterziehen und mich demselben mit ungeteilten Kräften widmen, um so gut als möglich und sobald als möglich den mir sehr schmeichelhaften Wünschen Ew. Exz. zu entsprechen. Die Bemerkung darf ich dabei nicht unterdrücken, daß ich durchaus noch nichts zu Papier gebracht habe, indem ich seither bloß mit der Ausführung weitaussehender literarischer Pläne, die dem Gebiete der speziellen Gesetzgebung Bayerns sehr ferne liegen, meine Muße beschäftigt habe. Indessen werde ich nicht säumen, den Aufträgen Ew. Exz. zu entsprechen. Dabei dürfen Hochdieselben mit der vollkommensten Zuversicht darauf rechnen, daß niemand eine größere Unbefangenheit und eine strengere Unparteilichkeit zu dieser Arbeit mitbringen kann als gerade ich. Das bayerische Strafgesetzbuch ist meinem persönlichen Interesse so fremd geworden, als hätte ich zu keinem Buchstaben desselben meine Feder geführt; die Eigenliebe, welche gerade bei diesem Werke die allereindringlichsten Mortifikationen bestanden hat, kann mich gegen die mancherlei Unvollkommenheiten desselben im einzelnen nicht verblenden, und oft genug habe ich auf meiner langen schriftstellerischen Laufbahn öffentlich den Beweis gegeben, daß ich meine eigenen Irrtümer ebensowenig als fremde schone. Daß indessen die Strafgesetzgebung überhaupt in dem bayerischen Strafgesetzbuche einen bedeutenden Fortschritt gemacht habe, daß die Prinzipien, welche ihm zur Grundlage dienen, haltbar, der Plan, nach welchem es entworfen,

* Der Revision des Strafgesetzbuchs von 1813.

und die Schärfe der Methode, womit derselbe ausgeführt worden, im ganzen musterhaft seien, darüber haben die vielen Staaten in und außer Deutschland, welchen Bayern durch dieses Werk gesetzgebend geworden ist, von mehreren Schweizer Kantonen bis nach Dänemark und Schweden, ein sehr unverdächtiges und ehrenvolles Zeugnis gegeben. Der vor einigen Monaten erschienene Entwurf für das Königreich Hannover ist, gleich dem Weimarischen, nicht mehr als eine verbesserte Ausgabe des bayerischen Strafgesetzbuches, und der demnächst erscheinende Entwurf für Württemberg hat ebenfalls durchaus die bayerische Gesetzgebung zur Grundlage. Der untertänigst Unterzeichnete wird daher auch dem gnädigen Auftrage Ew. Exz. nur um so vollständiger zu genügen glauben, wenn er zugleich die Verbesserungen der Entwürfe auswärtiger Staaten, die das bayerische Gesetzbuch zum Grunde gelegt haben, mit in den Kreis seiner Beobachtungen zieht.

An den Justizminister v. Zentner

Ansbach, den 20. Oktober 1824

Ew. Exz. werden mir gern vor Ihrem eignen Bewußtsein das Zeugnis geben, daß ich Hochdieselben mit Privatbriefen zu behelligen nicht in meiner Gewohnheit habe. Wenn aber Ew. Exz. den anliegenden Aufsatz des Durchlesens zu würdigen geruhen wollen – als um welche Gnade ich Hochdieselben ehrfurchtsvoll ersuche –, so werde ich darüber, daß ich von jener Maxime diesmal eine Ausnahme mir erlaubte, hinreichend gerechtfertigt sein. Der Fall ist kraß genug, und ich nehme mir darum die Freiheit, den anliegenden Aufsatz Ew. Exz. vorläufig außeroffiziell zur Kenntnis zu bringen, damit Hochdieselben Veranlassung finden, mir diejenigen Winke zu geben oder geben zu lassen, welche mir in meiner Handlungsweise zur Leitung dienen können, damit nichts voreilig geschehe, was gegen die Absichten und Ansichten Ew. Exz. verstößt. Daß die Sache auf sich beruhen bleibe, werden Hochdieselben mir gewiß nicht zumuten. Gegen Privatleute, Gelehrte oder Staatsbeamte Hochverratsbeschuldigungen öffentlich insinuieren mag freilich von mancher Seite für weniger bedeutend gehalten werden als z. B. die etwas mehr als unhöfliche Anspielung, welche sich Ch. Freih. v. Aretin S. 80 seiner Schrift auf die „hohen Ohren" höchster Personen erlaubt hat. Allein wenn Beleidigungen der letzten Art schwerer in das diplomatische Gewicht fallen, so sind jene Insinuationen wenigstens juristisch gewichtiger und für den Angefallenen um ein bedeutendes gefährlicher als jene. – Seit Jahren lebe ich in dieser Provinz still und zurückgezogen nur meinem amtlichen Beruf und meinen Wissenschaften. Ich reizte niemand durch Kränkungen irgendeiner Art und beobachtete seit langen Jahren tiefes Stillschweigen über alle die fortgesetzten Verfolgungen, die ich in Bayern schon erlitten habe. Mit *meinem* Ehrgeiz trete ich keinem andern Ehrgeizigen in den Weg, indem ich seither nur noch nach derjenigen Ehre strebe, die mir dann erst zuteil werden kann, wenn ich selbst nicht mehr bin. Arm kam ich nach Bayern, arm bin ich in Bayern geblieben, und sogar die Belohnungen, die ich durch jahrelang fortgesetzte, dem bayerischen Staate höchst rühmlich gewordene Arbeiten *mir* verdient hatte, sind andern zuteil geworden. Dennoch vermochte alles dieses den wilden Haß nicht zu versöhnen, welchen die grimme Bosheit des Neides gegen mich entzündet hat, und kein Jahr verging beinahe, ohne mir neue Beweise gebracht zu haben, daß *der* Name, der anderswo überall geachtet wird, gerade nur in *dem* Lande geächtet ist, in welchem er, wo nicht in Dankbarkeit, doch in mehr als einem Denkmal fortzuleben hoffen darf. Doch meine Gefühle wollen zu sprechen anfangen, und ich breche ab, um nur noch die wahrhaft aufrichtige Versicherung jener innigsten Verehrung auszusprechen, mit welcher ich usw.

Die neueste Schrift des Freiherrn Christoph von Aretin und eine gegen die in Bayern sogenannten norddeutschen oder protestantischen Gelehrten gerichtete Beschuldigung begangenen oder versuchten Hochverrats betreffend

Ansbach, den 20. Oktober 1824

Das neueste literarische Produkt des Königl. bayerischen Appellationsgerichtspräsidenten *Johann Christoph Freiherrn von Aretin*

„Wie darf man in den deutschen Bundesstaaten über politische Gegenstände schreiben?", Altenburg 1824, setzt mich in die unangenehme Notwendigkeit, ernste und nützliche Arbeiten zu unterbrechen, um eine in jener Schrift offen niedergelegte, jedermann verständliche Anklage, vielmehr Delation, welche auf nichts Geringeres als – begangenen oder wenigstens versuchten *Hochverrat* gerichtet ist, einer schriftlichen Erörterung zu würdigen.

Ehe ich den unmittelbaren Gegenstand dieses Promemoria berühre, ist es nötig, an eine frühere, in Deutschland allgemein bekannte gehässige Begebenheit zu erinnern, welche in Bayern unter mancherlei Gestalten ununterbrochen einige Jahre lang fortspielte und erst gegen Ostern 1811, auf meine Veranlassung, mit der Verhaftung eines Professors und mehrerer als Werkzeuge gebrauchter jungen Männer* – jedoch nur einstweilen – ihr Ende erreichte.

In frischem Andenken und in zahlreichen Schriften, Flugblättern, Journalen, gedruckten und ungedruckten Pasquillen und Schmähschriften sowie in gerichtlichen Akten ist noch die Geschichte der Verfolgung aufbewahrt, welche mit dem Jahre 1810 gegen die *protestantischen auswärtigen Gelehrten in Bayern* oder, wie sie damals noch

* Einige dieser Menschen, z. B. ein gewisser *Amann*, sind in diesem Augenblick die tätigsten Mitarbeiter der *„Eos"*, in welcher sie ihr Geschäft, die protestantischen Gelehrten unterderhand durch allerhand Insinuationen als staatsgefährliche Menschen zu bezeichnen, im Sinne der veränderten *neuesten* Zeit forttreiben.

genannt werden durften, gegen die *„norddeutschen“* Gelehrten in Bayern ausgebrochen ist, in welcher Verfolgung bekanntlich der nunmehrige Präsident eines hohen Gerichtshofes, *Freiherr Christoph von Aretin*, die Rolle eines Vorfechters gespielt hat und durch welche die protestantischen Gelehrten Bayerns (meine Person mit inbegriffen) in die Gefahr gesetzt wurden, entweder vor ein französisches Kriegsgericht gezogen oder von einem fanatisierten Pöbel niedergemacht zu werden.

Den ersten, zwar noch geheimen, aber sehr ernstlich gemeinten, Angriff erfuhr ich an meiner eigenen Person im April des Jahres 1809, zu der Zeit, als soeben ein Korps österreichischer Truppen, welches unter Jellatzich vor den Toren Münchens gelegen hatte, nach der Schlacht bei Eckmühl wieder abgezogen war. Am Tage dieses Rückzugs, wo das Volk der Hauptstadt, sowohl hierduch als durch das verbreitete Gerücht von der Annäherung eines Korps Tiroler Insurgenten, in großer Aufregung sich befand, gingen Menschen – wer, von wem angestiftet, wurde mir nie bekannt – in den Wirtshäusern Münchens umher, um hier die unsinnige Behauptung zu verbreiten, daß mehrere Proklamationen österreichischer Heerführer, namentlich eine anonyme, worin das bayerische Heer zum Abfall von seinem Souverän aufgefordert wurde, von niemand anderem verfaßt seien als – von mir, dem damaligen Geheimen Rate von Feuerbach. Ein Hauptzeuge dieser Schandtat, zu dem ich mich auf der Stelle begab, um Schutz und vor allem andern die Beschlagnahme meiner Papiere zu verlangen, liegt bereits im Grabe – der würdige Staatsminister *von Hompesch*, damals Gouverneur der Hauptstadt. Aber noch zwei Zeugen leben: der Baron *von Stransky*[1] und der Landgerichts-Assessor *Maurer*.

Ich bin weit entfernt, den Präsidenten Freiherrn von Aretin gerade dieser Tat oder irgendeiner Teilnahme an derselben zu beschuldigen. Allein sie steht in sehr naher Zeit- und sehr inniger Sachverbindung mit den weit dreisteren Angriffen, welche um dieselbe Zeit gegen alle

[1] *Im Original A und B Druckfehler:* Strangky *Hier berichtigt nach dem Verzeichnis der Errata in B.*

der protestantischen Religion zugetanen, vom Ausland nach Bayern berufenen Gelehrten losbrachen, zu welchen Angriffen sich der Freiherr Christoph von Aretin schon damals, wenigstens großenteils, mit seinem wahren Namen bekannte und deren er sich nunmehr (1824) sogar im ganzen als eines seinen bayerischen Patriotismus und seine Anhänglichkeit an den Königsthron bekundenden Heldenwerks feierlich vor ganz Deutschland berühmt – als einer Tat berühmt, wodurch er den Thron der Wittelsbacher gegen *„innere, nicht eingeborne Feinde"* gestützt und verteidigt habe!

Bald nach jenen Wirtshaus-Operationen wurde eine ziemlich umständliche Schmähschrift als Manuskript zu München von Haus zu Haus, von Hand zu Hand umhergeboten, worin – mit sehr deutlicher Bezeichnung Jacobis, Schlichtegrolls, Jacobs', meiner Person und anderer – die nach Bayern berufenen, auswärtigen Gelehrten insgesamt hochverräterischer Pläne gegen den Rheinischen Bund beschuldigt wurden und in welcher selbst der höchsten Person des Kronprinzen, als eines Beschützers der Verschwornen, nicht undeutlich erwähnt war. Jene Schmähschrift, von wem sie auch verfaßt sein mochte, war nichts anderes als nur eine Individualisierung der generellen, aber bestimmten Beschuldigungen, welche der Freiherr *Christoph von Aretin* in seiner merkwürdigen Druckschrift *„Die Pläne Napoleons und seiner Gegner"* umständlich ausgeführt hatte und deren Hauptinhalt, soweit ich dessen mich noch erinnere, darin bestand, zu zeigen, daß die *Protestanten* – auch in der damaligen Sprachweise „die Norddeutschen" genannt –, in Verbindung mit dem alten Geburtsadel und – quale portentum [wie ungeheuerlich] – in *Verbindung* mit dem *Papste*, Napoleons Hauptfeinde seien, von welchen der Protektor den Umsturz des Rheinischen Bundes zu befürchten habe. Ein Quartalblatt, welches Freiherr von Aretin zur Karnevalszeit in der Hauptstadt ausfliegen ließ, war nur die offene Kriegserklärung gegen die in *München* lebenden sogenannten *„norddeutschen Gelehrten"* im *besondern*. Diese Schrift ward das Signal zu einem fast täglich, in gleichem Sinn, erneuerten und wohlorganisierten Angriff auf die Ehre, den guten Namen und die bürgerliche Existenz jener nur ihrem Amt oder den Wissenschaften friedlich lebender Männer. Pasquillantische Rezensionen über *nicht existierende* Bücher – Broschüren, welche zweckmäßig auf das Volk berechnet waren – Schmähschriften, welche an den Straßenecken oder an Schnellgalgen oder, um die Schuljugend gegen Thiersch und Jacobs aufzuwiegeln, im Schulgebäude angeheftet wurden – Pasquille, welche man schriftlich umherbot (wie z. B. ein auf meinen Namen *fingierter* Briefwechsel mit Geheimen Rat von Sämmering), Drohbriefe, welche als Billette den Bedrohten in das Haus gesendet wurden – fielen, dicht wie Schneeflocken, über norddeutsche Akademiker in München und über mich als ihren Freund und Berater her. Und diese Schriften zielten nicht bloß darauf, ihren sittlichen Charakter zu beflecken oder sie zum Gegenstande allgemeinen Gespötts und allgemeiner Volksverachtung herabzuwürdigen, sondern sie zugleich als *Staatsfeinde* und als *Verräter* gegen Napoleon und den Rheinischen Bund zu bezeichnen. Tätliche Insultierungen, welche uns selbst im Innern unserer Wohnungen beunruhigten und von welchen einige – wie z. B. die Auftritte, welche in dem Hause des Präsidenten Jacobi und dem meinigen – selbst mit unmittelbarer Gefahr einer gewaltsamen Mißhandlung durch den Pöbel verbunden, auch darauf berechnet waren, wechselten mit jenen schriftlichen Taten ab. Ein eigenes Journal, „*Der Morgenbote*", als dessen Herausgeber der Freiherr Christoph von Aretin allgemein bezeichnet wurde, war ganz besonders dazu gewidmet, alle jene Herabwürdigungen und Delationen, welche lange Zeit nur ein Münchner Ortsinteresse hatten, in weiteren Kreisen zu verbreiten und, womöglich, dem Weltherrscher, welcher damals noch zu Wien sein Hauptquartier hatte (wohin auch zur Zeit des erscheinenden „Morgenboten" Freiherr von Aretin eine Reise unternahm), zu Ohren zu bringen, damit dieser zu gewaltsamen Maßregeln gegen uns veranlaßt werde. Einige Winke von oben und die Worte Napoleons: „Man soll die Protestanten nicht schmähen; ich habe in Frankreich mehr als eine Million sehr treuer protestantischer Untertanen", sollen die Fortsetzung des „Morgenboten" verhindert haben.

Indessen wurde – man sagt: auf ausdrücklichen Antrag der französischen Regierung und weil es gelungen, den damaligen Großherzog von Berg durch einen seiner Staatsräte bedenklich zu machen – zu München eine Generaluntersuchung wegen jenes angeblichen Verrats der sogenannten norddeutschen Gelehrten eingeleitet und geführt. Sie hatte indessen zum Resultat, daß Se. Königl. Majestät in dem *Regierungsblatte* die Erklärung einrücken ließen, man habe nach angestellter Untersuchung die gegen mehrere angesehene Staatsbeamte und Gelehrte verbreiteten Beschuldigungen unwahr befunden. Freiherr von Aretin wurde hierauf sogleich als Direktor des Appellationsgerichts nach Neuburg – befördert.

Lange Zeit beobachtete Freiherr von Aretin, soviel wenigstens bekannt ist, in jener Beziehung die äußere Ruhe, welche auch niemand ihm zu stören Lust hatte. Erst seit seiner Beförderung nach Amberg brachen seine fixen Ideen, oder vielmehr seine fixen Antipathien, gegen die norddeutschen Gelehrten von neuem in allerhand Gestalten los. Viele seitdem gegen meine Person gerichtete bloß gemeine Schmähungen, Lästerungen und Ausfälle, für welche er sich sogar in ausländische Blätter und Journale den Weg zu bahnen wußte, habe ich bisher in jeder Beziehung immer nur mit stiller Verachtung beantwortet.

Eine im vorigen Jahre, 1823, erschienene anonyme Schmähschrift (libellus-famosus [verleumderische Schrift] im strengsten juristischen Sinn), welcher der quieszierte Vizepräsident Freiherr *von Weinbach* (ein enger Vertrauter des Freiherrn von Aretin) späterhin seinen Namen zu leihen sich nicht geschämt hat, trat dem von neuem ins Auge gefaßten Ziele mit entschiedeneren Schritten entgegen. Diese Schrift, „*Beleuchtung der Akademie der Wissenschaften in München*", ohne Druckort 1823, versuchte zum ersten Mal wieder, nach langer Unterbrechung, die Verfolgung der norddeutschen Gelehrten, worunter *meine Person* namentlich mit aufgeführt ist, in demselben Tone, mit denselben Waffen und niederträchtigen Mitteln gerade da wieder fortzusetzen, wo sie im Jahre 1811 geendigt hatte. In diesem Pasquill, das auch *als solches* von der Allerhöchsten Regierung behandelt wurde, welches unter anderm „dem müßigen und losen, geldhungerigen Gesindel" den guten Rat gibt „„*das milde bayerische Klima*" doch endlich zu verlassen, und welches dem „nordischen"

Akademiker Yelin (einem geborenen Franken) anrät, „aus dem *reichen Kanaan* Bayern, das den Nordmännern nicht mehr günstig sei", in seine „*Steppen*" (Frankenland) zurückzukehren – in diesem Pasquill ist ganz besonders meine Person an jenen Pranger gestellt, welchen Freiherr von Aretin den „norddeutschen Gelehrten" in dem Jahre 1810/11 sinnreich zusammengezimmert hatte. In diesem Pasquill – welches übrigens, im Vorbeigehen sei es gesagt, den unwiderlegbaren *Beweis* enthält, daß dem Pasquillanten die *Akten des Geheimen Staatsministerii der Justiz zu Gebote gestanden sind* –, ist nicht nur der oben schon erwähnte, pasquillantisch erfundene Briefwechsel zwischen von Sämmering und mir, welcher im Jahre 1811 in den Wirtshäusern geschrieben umhergeboten wurde, sondern auch eine Reihe von Stellen – *angeblich* aus meinen Schriften gezogen – abgedruckt, von denen ich keine je geschrieben habe und welche mich als einen ebenso verbrannten Kopf als niederträchtigen, schmutzig-unflätigen Menschen darstellen sollen.

Ich überließ, allen an mich ergangenen Aufforderungen zuwider, auch diese Schmähschriften ihrer eigenen Schande und las sie selbst mehreren meiner Herren Räte vor.

Allein gebietet gegen solche Schandschriften der eigene Stolz die Verachtung, so erlaubt die Selbsterhaltung das Schweigen nicht, wenn eine mit affektierter Mäßigung geschriebene, in ruhigem Stil manches Wahre und Beifallswerte verkündende, sogar edle Grundsätze zur Schau tragende, Abscheu gegen „geheime Delatoren" unverhohlen aussprechende Schrift, welche noch dazu den Namen *des Präsidenten von einem hohen Gerichtshofe* an der Stirne trägt – wenn eine *solche* in öffentlichem Druck erschienene Schrift von *Hochverrätern* spricht und *dabei mit Fingern* auf die Personen deutet, die sie gedacht und genannt haben will. Dieses tat Freiherr Christoph von Aretin, der jetzt unter der *liberalen* Flagge segelt, seit die dreifarbige mit Napoleons Adler ihren Respekt verloren hat.

Der Beweis jener Beschuldigung, welche ich hiemit dem Freiherrn von Aretin zu machen gedrungen bin, wird nach obigen geschichtlichen Vorerinnerungen sehr im kurzen zu führen sein.

Der Dr. Pfeilschifter hatte in seinem „*Staatsmann*",

Bd. III, Heft 2, das „konstitutionelle Staatsrecht" des Freiherrn *von Aretin* übel mitgenommen und unter andern demselben den nicht unversteckten Vorwurf gemacht, durch seine Grundsätze würden die *Throne untergraben*. Freiherr von Aretin ereifert sich S. 84 mit Recht gegen diese Beschuldigung. „Es ist", sagte er, „eine *Schändlichkeit*, mich als einen Staatsverbrecher zu bezeichnen, der mit Eiden spielt und gegen *seinen Landesfürsten Meineid* übt." Aber wie rechtfertigt sich nun Freiherr von Aretin gegen jene Anklage? Dadurch, daß er gegen andere rechtliche Männer sich einer noch bei weitem größeren, bei weitem mehr direkten Beschuldigung erdreistet, als diejenige ist, die ihn bewog, dem Dr. Pfeilschifter eine „Schändlichkeit" auf den Kopf zu geben. Als Antwort auf jene Pfeilschiftersche Beschuldigung, die gleichwohl nur gegen die *Theorie*, nicht gegen die Person des Freiherrn von Aretin gerichtet war, preist dieser seine in ganz Bayern berühmten patriotischen Qualitäten und gedenkt seiner zur Erhaltung und zum Schutze des Thrones der Wittelsbacher begangenen Taten in folgenden Worten:

„Er (Dr. Pfeilschifter) trete auf und zeihe mich einer einzigen Handlung, einer einzigen Schrift, durch welche ich die Sache der Monarchie angegriffen hätte. Er gehe nach Bayern, *hundert Tatsachen* für eine wird man ihm erzählen zum Beleg meiner *Treue und Anhänglichkeit an das Vaterland* sowie meiner echt bayerischen Fürstenliebe, in welcher selbst die härtesten ministeriellen Verfolgungen mich nie wankend machen konnten. War ich etwa meineidig in den vielen *in meinem Vaterlande wohlbekannten Fällen*, in welchen ich mit Gefahr meines Lebens und Vermögens *die Sache Wittelsbachs* gegen äußere und *innere* (aber gottlob *nicht eingeborne*) *Feinde verfocht?* Oder war ich es vielleicht damals, als meine Gegner, die mich *denunziert* hatten, durch Verehrung jenes von Babo so hochgefeierten Otto von Wittelsbach junge Männer zum *Meuchelmorde* aufgereizt zu haben, die Beschämung erlitten, daß selbst ihre Verleumdung beitragen mußte, meine loyalen Gesinnungen in das hellste Licht zu setzen?"

Wer sind die „*inneren, gottlob nicht eingebornen Feinde*" (perduelles, Hochverräter), gegen welche der Freiherr von

Aretin die *Sache Wittelsbachs* verteidigt haben will? Wie heißen die Männer, die er mit jenen Worten bezeichnet? Welche andere wären gemeint als diejenigen, die er seit dem Jahre 1810, in Schriften mit und ohne seinen Namen, als Feinde des bayerischen Volks, als Hochverräter des Staats öffentlich bezeichnet und verfolgt und seitdem zu verfolgen nicht aufgehört hat? Hat man außer jenen von Hrn. von Aretin so betitelten und bei jeder Gelegenheit in dieser Beziehung immer wieder genannten *„norddeutschen Gelehrten"* jemals noch von andern, *in Bayern nicht gebornen innern* Staats- und Thronfeinden gehört, gegen welche dieser Freiherr von Aretin, wie er sich berühmt, in einen *Kampf*, und zwar in einen *offenen, öffentlichen Kampf*, verwickelt gewesen wäre? Welches sind jene im Vaterlande dieses Freiherrn *„wohlbekannten Fälle"*, auf welche er sich so ohne alle Umstände, mit der festesten Zuversicht, es werde jedermann die Sache sogleich mit Händen greifen, beziehen kann? Welche könnten denn anders gemeint sein als diejenigen, die er noch zu allem Überfluß dadurch näher bezeichnet, daß er sie mit dem auf Professor Thiersch versuchten Mordanschlag in unmittelbare Verbindung setzt, und wodurch er nebenbei auch noch eben jene norddeutschen Gelehrten, jene "innern, gottlob nicht eingebornen, Feinde der Sache Wittelsbachs", einer gegen ihn (den Freiherrn von Aretin) boshafterweise gerichteten *falschen Denunziation auf Meuchelmord* beschuldigen kann? Oder gibt es einen andern, irgendeinem Menschen in Bayern, geschweige *jedermann bekannten* Fall, in welchem Freiherr von Aretin sich als Verfolger von Hochverrätern signalisiert hätte, außer eben jenem weltkundig gewordenen Falle, in welchem er die von seinem Könige nach Bayern berufenen Gelehrten zuerst durch *eigne Erfindung* zu Hochverrätern kreierte, um nachher als Hochverrats-Angeber an ihnen seinen bayerischen Patriotismus auslassen und bewähren zu können?

Als im Jahre 1796 die französischen Republikaner unter Moreau Süddeutschland überschwemmt hatten, als damals viele, welche sich jetzt sehr ungern dessen noch erinnern, über die Errichtung *süddeutscher Republiken* sehr ernste und laute Träume hatten, als damals der heilige Thron der ehrwürdigen Wittelsbacher in seinen Grundfesten wankte, als damals der aus seiner Hauptstadt entflohene letzte Wittelsbach pfälzischer Linie von süddeutschen Jakobinern mit Schmäh- und Lästerschriften verfolgt wurde, hat etwa damals schon der Freiherr Christoph von Aretin für die Sache Wittelsbachs sich erhoben und gegen die perduelles [inneren Feinde] mit dem Schwerte der Faust oder des Geistes gestritten? Es ist von *dieser* Art aus jener Zeit bisher nichts verlautet, wenigstens nichts, worauf sich Freiherr von Aretin als auf einen in ganz Bayern *wohlbekannten Fall* ganz ohne weiteres berufen könnte.

Wenn sich also Freiherr von Aretin in *diesem* Falle nicht befunden hat, von welchem *andern* hat er denn geredet? Kein Mensch weiß von einem andern, kein Fall ist in und außer Bayern so bekannt, in keinem Falle hat Freiherr von Aretin sich mit seinem sogenannten bayerischen Patriotismus so sehr hervorgetan und hervorzutun fortdauernd bemüht als im berüchtigten Falle der Verfolgung der „auswärtigen norddeutschen Gelehrten" Bayerns, welche er nun aus Verleumdeten in Verbrecher, aus Verfolgten in Verfolger umdeutet, die er anfangs (1808)*, noch etwas leise auftretend, bloß als Feinde „des bayerischen Wissens und des bayerischen Verdienstes" bezeichnete, um, wenn durch solche und ähnliche Vorarbeiten die Gemüter des Volkes gehörig vorbereitet wären, dieselben späterhin sogar als Volks- und Staatsfeinde bezeichnen, sie den Mächtigen zur Verbannung und noch Ärgerem rekommandieren und zuletzt – wenn die Nebel der Zeit diese Begebenheiten ein wenig ins Dunkele zurückgestellt haben würden – auch noch solcher Taten sich berühmen und unter dieser Form in einer veränderten Zeit, unter anders geformter Maske, die Verfolgung von neuem fortsetzen zu können.

Mehrere würdige Männer, auf welche Freiherr von Aretin nun im Jahre 1824 mit seiner dreisten Beschuldigung zielt, den hochehrwürdigen Präsidenten Jacobi, den rechtschaffenen Schlichtegroll und andere, deckt schon das Grab; der Dolch der Lästerreden, das Gift der Delatoren berührt *sie* nicht mehr.

* Im „Prodromus des literarischen Handbuchs über bayerische Geschichte und Statistik", München 1808, S. 20.

Wer aber von den Bezeichneten – ich gehöre auch zu ihnen und rechne es mir zur Ehre – sich noch im Leben befindet, der ist berechtigt, dem Freiherrn *Christoph von Aretin*, Präsidenten des Appellationsgerichts für den Regenkreis, zwischen folgendem *Trilemma* die Wahl zu geben:

entweder er *benennt* diejenigen „*innern, gottlob nicht eingebornen Feinde*", gegen welche er die *Sache Wittelsbachs* verfochten hat, und macht diese Beschuldigung *gerichtlich* wahr,

oder er erklärt, daß er die nach Bayern berufenen, von ihm so genannten norddeutschen Gelehrten, wenigstens meine Person, unter jener Beschuldigung *nicht mitbegriffen* hat*,

oder endlich, er hat in dem Wunsche, womit er S. 99 seine neueste Schrift beschließt: daß „das *verpestete Geschlecht der Delatoren* aus den Gauen Deutschlands verschwinden möge", sein *eignes Urteil* gesprochen, und die Folgen geben sich dann von selbst.

Was andere tun, die von gleichem Angriffe betroffen sind, wie ein anderer bayerischer Untertan, von welchem Freiherr von Aretin weiß, daß er in den Kabinetten übel angeschrieben sei, und welchen er in mehr als einer Stelle handgreiflich als einen Widersacher des monarchischen Prinzips bezeichnet, seine Rekommandation aufnehmen könne, in welchem Lichte den „*Höherstehenden*, die nicht selbst *lesen können*, sondern sich nur *berichten lassen*", welche Freiherr von Aretin S. 80 mit „*hohen* Ohren" begabt, solche Äußerungen eines bayerischen Appellationsgerichts-Präsidenten erscheinen dürfen, dieses und anderes berührt nicht unmittelbar meine Person. Ich führe aus meine eigne Sache.

An Elise v. der Recke

Ansbach, den 4. März 1825

Hochverehrte, ewig und innig geliebte Freundin! Ihren Brief erhielt ich zu München, wo ich vier Wochen mich aufhielt, um mit meinem lieben, herrlichen Sohne Karl zu

* Dies erklärte in der Tat der Freiherr Chr. v. Aretin.

leben, den mir Gott wunderbar gerettet hat. Seit einigen Tagen bin ich wieder hier, und was könnte ich Wichtigeres tun, als die geliebten, um mich besorgten Freunde zu beruhigen? Wohl habe ich noch nie so lange geschwiegen; aber noch nie, so weit ich auf mein vergangenes Leben zurückblickte, hat auch die Vorsehung so lang, so schwer, so vielfältig und ununterbrochen meine Seele mit den empfindlichsten Leiden heimgesucht und auf die Probe gestellt, was sie zu tragen vermöge, als im vorigen Jahr seit dem Monat März bis in den Anfang des gegenwärtigen der Fall gewesen ist. Kein Tag verging ohne Qual, keine Woche ohne neues Unglück, und wenn sich dann und wann mein zerrissenes Herz im Übermaß der Schmerzen tröstend gesagt hatte: „*Mehr* kann nicht kommen, *denn* mehr kann keine menschliche Seele tragen, dein zürnendes Schicksal ist nun gewiß versöhnt!", da brach von irgendeiner Seite, woher ich es am allerwenigsten erwartete, ein neues, noch stärkeres Ungewitter zermalmend auf mich ein. Und so ging es fort in immer gesteigerter Macht und Größe, und immer stand ich und hielt männlich aus, bis im Dezember vorigen Jahres und im Jänner des gegenwärtigen zwei der entsetzlichen Ereignisse, die ein Vaterherz treffen können, alle Kraft meiner Seele brachen. Daß ich mich wiedergefunden habe, daß nicht mein Haupt schneeweiß geworden, daß noch ein Haar auf meinem Kopfe ist, muß ich als Beweis einer unverwüstlich starken Natur betrachten. Mitten im heißesten Kampfe mit allen Freveln und Tücken, deren Menschen fähig sind, unter brennenden Herzwunden, die Menschenbosheit mir zuzufügen nicht müde wurde, sah ich im Geiste meine Elise und unsern geliebten Tiedge ermunternd, tröstend mir zur Seite. Wenn es zuweilen so zumute ward, als wolle mich aller Mut verlassen, da war mir, als hörte ich Euch beide heiter-ernsten Angesichts mir zurufen: Verlaß dich selber nicht und vertraue Gott! „Aber warum hat F. seinen Freunden sich in so langer Zeit nicht mitgeteilt?" Weil es ihm stets eine Unmöglichkeit ist, während das Unglück ihn am Scheitel gefaßt hat und schlagend und dräuend an ihm sich abarbeitet, zugleich mit der Feder in der Hand die Gestalt und das Wesen des feindlichen Dämons, wie er sich jetzt gebärdet, wohin er jetzt eben zielt, wie und wo er soeben verwundet hat, zu beschreiben. „Aber warum nicht durch andere, durch Anselm z. B., sich mitteilen?" Weil dann eine Unglücksbotschaft nach der anderen, eine immer ärger als die andere, zu Ihnen gekommen wäre, weil ich meinen geliebten, mit innigster Liebe mir anhängenden Freunden den Gram und die ängstigenden Sorgen um den unglücklichen Freund und seine Lieben gern ersparen wollte und weil ich von Tag zu Tage, von Woche zu Woche, von Monat zu Monat nicht bloß hoffte, sondern zu erwarten das *Recht* hatte, daß ich mit erleichtertem und versöhntem Herzen Ihnen würde schreiben können: Nun endlich habe ich überwunden und zu leiden aufgehört! Noch kann ich dieses nicht ganz; es ist zwar die größte Gefahr bestanden, und der Sturm ruht jetzt; aber ob er nicht bloß *aus*ruht, um von neuem loszubrechen, das ist noch ungewiß. Das Unglück, das uns die Natur bereiten kann, ist bestimmt, durch Zahl und Maß begrenzt; die Übel, welche der Menschen Witz ersinnt, sind unerschöpflich und unergründlich wie der schwarze Abgrund menschlicher Bosheit. Doch bin ich jetzt in der Fassung, um Elisen zu schreiben, und hätte ich sie nicht, ich müßte sie zu gewinnen mich bemühen, um das Verlangen meiner Freunde zu stillen. Erwarten Sie aber ja nicht, daß ich auch nur in kurzen Summarien alles das oder nur das Hauptsächlichste von allem demjenigen, was ich seit dem März 1824 erfahren und ertragen, nachholend in diesem Briefe zusammenfasse. Die Geschichte dieses Jahres wird künftig entweder der Inhalt eines nicht ganz kleinen Buches werden oder, wenn ich dazu noch Zeit finde, in meiner Lebensbeschreibung einige der interessantesten und weitläufigsten Hauptstücke ausfüllen. Zudem ist gerade das Allerbedeutendste an unglückliche Verhältnisse geknüpft, welche zu berühren dermalen noch bedenklich sein würde. Briefe haben aufgehört, den vertraulichen Austausch der Gedanken und Gefühle zwischen geliebten Freunden und Verwandten zu vermitteln. Licht heißt nun Finsternis, Finsternis Licht, Wahrheit Lüge, Tugend Verbrechen, und die Zeiten nahen schon mit starken Schritten, wo man den Sohn, den Vater wegen der Tränen anklagt, die er bei der Leiche eines unschuldig geopferten edlen Vaters oder Sohnes geweint.

Also vorderhand nur einiges wenige aus vielen; von jenem wenigen mögen Sie schließen auf das übrige viele, wovon ich nichts schreibe. – Vor ungefähr vier Monaten erhielt ich nach langen Leiden endlich die frohe Nachricht, das königl. Kreis- und Stadtgericht zu München habe mit Einhelligkeit der Stimmen ausgesprochen und diese seine Erklärung in einem umständlichen Vortrage gerechtfertigt, daß gegen keinen der gefangenen 20 Jünglinge irgendein Verbrechen oder Vergehen vorliege, welches deren Verhaftung oder Untersuchung rechtfertigen könne. „Nun endlich", dachte ich, „ist auch dein unschuldiger, edler Karl, gerechtfertigt, bald wieder in deinen Armen! Nun kannst du bald deiner Elise wieder Freudiges verkünden!" Es sollte anders kommen. Jene Nachricht hatte vollkommen ihren Grund, aber ich folgerte zu schnell und zu sehr bloß nach dem strengen Recht. Das Kreisgericht fand es nicht für angemessen, seiner rechtlichen Überzeugung Folge zu geben und die übrigen jungen Männer, nebst meinem Karl, dem noch ganz *eigentümliche* Momente zur Seite stehen, in Freiheit zu entlassen. Es ließ alle im Kerker und sendete die Akten an das Appellationsgericht in München zur Entscheidung. Von Woche zu Woche suchte man nun meine Ungeduld von München aus durch die Versicherung zu beruhigen, daß demnächst die Entschließung erfolgen werde, die der Sache ein Ende mache. Aber vergebens, Karls Arrest blieb noch immer so streng, daß er weder von Vater oder Mutter Briefe erhalten noch Briefe an dieselben schreiben durfte. Am ersten Weihnachtsfeste erhielt ich endlich zum Christgeschenk folgende Nachrichten. – Schon seit einigen Monaten hatte sich in dem Unglücklichen eine Gemüts- und Geisteskrankheit zu entwickeln angefangen, welche man aber gar nicht beachtete. Eine körperliche Disposition zu Kongestionen nach dem Kopfe, gekränktes Ehr- und Rechtsgefühl, Gram und Erbitterung, verbunden mit ununterbrochener geistiger Anstrengung bei tiefer, tödlicher Einsamkeit – er hat in seinem Kerker ein System der analytischen Geometrie beinahe ganz vollendet –, wirkten mit vereinter Gewalt auf die Zerstörung dieser kräftigen Seele. In seiner Zerrüttung hatte er sich die Überzeugung aufgeredet, die Gewalt bedürfe seines Todes, um mit ihm zu begraben, was sie nicht verantworten könne; er sei von mehreren Seiten, durch Richter und Ärzte, aufgefordert, sich selbst zu entleiben und durch seinen Tod den übrigen Jünglingen, die nur seinetwegen noch im Kerker schmachteten, die Freiheit wiederzugeben. Es war dieses eine Phantasie, die aber nicht der reine Wahnsinn geboren, sondern welche sich sein Verstand aus verschiedenen Tatsachen – irrigerweise – zusammenkombiniert und welche zuletzt bei seiner überreizten Stimmung die Gewalt und Stärke einer fixen Idee gewonnen hatte. Die geistige Zerrüttung Karls war nicht nur im ganzen Gefangenhause bekannt, sondern auch aktenmäßig; allein gewohnt, nur Leiber einzusperren, unfähig, zu begreifen, wessen eine kräftige und dabei tief verwundete, in ihrem Innersten zerrüttete Seele fähig sei, überließ man ihn bloß seines Leibes pflegend, ganz ihm selbst, ohne Aufsicht, ohne geistige Heilmittel, ohne Gesellschaft. Als bloßer Staatsgefangener durfte er ungehindert über Rasiermesser, Federmesser, Scheren zu jedem beliebigen Zweck verfügen; man ließ ihm dieses alles, als schon der Gerichtsarzt über ihn das Gutachten gegeben hatte, daß er an den Grenzen des Wahnsinns stehe. Den 21. Dez., am Abend desselben Tages, wo Anselm Abschied von ihm genommen hatte, forderte er und erhielt ein Fußbad. Nach ungefähr einer Viertelstunde geht der Wärter hinauf, um das Wasser wieder abzuholen, und findet meinen Karl auf dem Boden ausgestreckt im Blute schwimmend, ohne Zeichen des Lebens. Er hatte sich mit seinem Federmesser an beiden Füßen die Ader geöffnet; dann setzte er sich, während er sein Leben ausströmen ließ, im Angesicht des Todes, an seinen Schreibtisch nieder, um noch von den Seinigen Abschied zu nehmen, stürzte aber bald von Ohnmacht ergriffen zur Erde. Er hatte ungefähr 18 Unzen Blut verloren, als ihn der Gefangenwärter fand. Man brachte ihn bald wieder in das Leben und versetzte ihn aus dem Gefängnis in das allgemeine Krankenhaus, wo er, auf besondere Anordnung des Justizministers, schöne Zimmer mit allen Bequemlichkeiten bekam und sich – scheinbar – bald wieder erholte. Soweit gingen meine Nachrichten am Christtage. – Ich schrieb sogleich nach München und machte die Behörden darauf aufmerksam, daß, sowohl nach allgemeinen psychologischen

Erfahrungen als nach meiner besondern Kenntnis von dem Geiste und Charakter meines Sohnes, dem Anscheine von Besserung nicht zu trauen und die Gefahr bei weitem nicht vorüber sei; seine Ruhe und Stille sei nur eine Folge des Blutverlustes; sein Geist brüte fort und werde zu vollenden suchen, was er einmal begonnen. In einer Entfernung von 25 Meilen sah ich richtiger, als die Herren in unmittelbarer Nähe sehen wollten, oder sehen konnten. Man heilte die Wunden seiner Füße, gab ihm Arzneien zu trinken und pflegte wieder sogleich seines Körpers, ohne auf die kranke, zerrüttete Seele in diesem Körper die mindeste Rücksicht zu nehmen. Am 9. Jänner schrieb mir das Gericht als Antwort auf mein besorgliches Schreiben, ich dürfe meines Sohnes wegen ganz beruhigt sein, und schon am 10. geschah die zweite Tat. Er bewohnte die zweite Etage des sehr hohen Krankenhauses, wo er sehr bald wahrnehmen mußte, daß die großen, unvergitterten Fenster, welche bis auf den Boden reichen, ihm einen bequemen Ausgang aus dem Leben zeigten. Er fand, wie er mir neulich selbst erzählte, in dem Umstande, daß man ihn, der kaum wieder zum Leben zurückgekehrt, ohne männliche Aufsicht bei unverwahrten Fenstern lasse, nicht bloß eine neue Bestätigung seiner eingewurzelten Vorstellung, daß man seines Untergangs bedürfe, sondern auch eine, zwar stillschweigende, doch deutliche Aufforderung, nunmehr auf diesem Wege zu vollbringen, was die Voreiligkeit des Gefangenwärters vereitelt habe. Gedacht, getan! Er reißt den Verband ab, öffnet, woran den Unbewachten niemand hindern konnte, die Fensterflügel und springt in die Tiefe hinab, wo, zumal nach der Art seines Sprunges, er dem Tode unvermeidlich würde in die Arme gestürzt sein, wenn nicht die Vorsehung fast durch ein Wunder ihn zum zweiten Male beinahe ganz unversehrt erhalten hätte. Er kam mit gleichen Füßen auf den Boden, aber in einen tiefen Schneehaufen, den der Wind unter dem Fenster zusammengeweht hatte. Man trug ihn bewußtlos in sein Bett zurück, er erwachte im Wahnsinn. – Ein aus drei der vorzüglichsten Ärzte zusammengesetztes collegium medicum, welches auf *meine* Veranstaltung und Kosten über ihn gehalten wurde, tat nun den einhelligen Ausspruch, daß dieser Gemütskranke sogleich jeder Haft zu entlassen und der Pflege der Seinigen oder liebender und geliebter Freunde zu übergeben sei, wenn er noch geheilt und gerettet werden solle. Höchst ungern und mit seltsamen Umständlichkeiten fügte man sich diesem Ausspruche; aber man fügte sich. – Der ärztlichen Hilfe und vor allem der unermüdeten Sorgfalt des würdigen Thiersch und seiner edlen Gattin, welche den heldenmütigen Entschluß gefaßt hatten, den körperlich kranken Irrsinnigen, dem soeben der zweite Versuch des Selbstmordes mißlungen war, zu liebender Pflege in ihr Haus zu nehmen, gelang es schon nach einigen Wochen, diesen herrlichen Geist den Seinigen und der Welt zu retten. Sobald Karl so weit hergestellt war, daß er, nach dem Ausspruch der Ärzte, das Wiedersehen des Vaters ohne Gefahr ertragen konnte, eilte ich zu ihm. Dieses Wiedersehen war für Vater und Sohn gleich erschütternd. Kaum erkannte ich ihn wieder: totenbleich, abgezehrt, die Gesichtszüge entstellt: der Blick noch irr und wild, die Füße geschwollen und die rechte Hüfte lahm; mühselig nur vermochte er sich an Krücken fortzuschleppen. Meine vierwöchentliche Anwesenheit zu M. wirkte aber äußerst wohltätig auf ihn; seine geistige und körperliche Gesundheit besserte sich fast zusehends von Tag zu Tag. Ich verließ ihn so wohl aussehend, wie er kaum früher gewesen; vor allem war sein Geist wieder vollkommen zur Ordnung und Klarheit zurückgekehrt; kleine Exkursionen abgerechnet, arbeitete er, zu seiner Erheiterung, an der Vollendung seines Werkes vom Morgen bis gegen Abend; nur seine trübe Stimmung und Menschenscheu haben ihn noch nicht verlassen; Groll und Ingrimm lauern in seinem Herzen, und ein Zittern überfällt ihn, sobald er einem ihm nicht ganz bekannten und befreundeten Menschengesicht begegnet. Soviel von meinem Karl, der so lange in München bleibt, bis das Urteil ergangen ist, welches, wenn es von der Gerechtigkeit, nicht von der Diplomatie diktiert wird, keinen andern Inhalt haben kann, als was das Kreisgericht schon ausgesprochen hat. Anselm verließ, als Karl, jenem unbewußt, sich die Adern öffnete, München mit einer sehr guten Anstellung als Professor am Gymnasium zu Speyer. Er konnte aber seine Stelle noch nicht antreten. Auch *er* war mit Mühe der Verfolgung entgangen. Gram und Erbitterung und das Entsetzen über das Unglück seines Bruders warfen ihn auf das Krankenlager. Doch ich mag in dem Unglücks- und Jammergemälde nicht fortfahren. Sie werden an dem Obigen genug haben, um wenigstens ungefähr zu erfahren, wie es bisher mit mir stand – auch genug, um sich zu überzeugen, wie ich nunmehr sogar das Äußerste mit Gelassenheit zu ertragen endlich gelernt habe. Das Leben ist eine sehr gute Schule; nur ist leider die Zucht gar zu streng. Nirgendwohin zieht mich mein Herz so sehr mit aller seiner Macht als diesen Sommer zu Elisen und Tiedge, um mein erstarrtes Gemüt wieder zu erwärmen, meinen ermatteten Geist wieder zu stärken und aufzurichten und durch unbefangene, offene Mitteilung – wie sie jetzt nur in unmittelbarem, mündlichem Verkehr noch möglich ist – von Ihnen zu vernehmen und Ihnen zu vernehmen zu geben, was zwar eine traurige Unterhaltung gewähren, aber der beklemmten Brust für lange Zeit Erleichterung verschaffen würde. Doch es muß dieses ein Wunsch bleiben; wenigstens sehe ich jetzt noch nicht entfernt, wie es mir möglich werden sollte, ihn zu befriedigen. Gott erhalte mir noch lange Mutter Elise und Vater Tiedge und wenigstens die Hoffnung, daß wir uns noch einmal auf dieser Welt wiedersehen! – Grüßen Sie mir herzlich den trefflichen lieben Hasse. Ich habe ihm vor mehreren Monaten schon mein neuestes Werk, *„Darstellung der Gerichtsverfassung und des gerichtlichen Verfahrens Frankreichs“*, übersendet, aber noch keine Nachricht von ihm erhalten, daß er es empfangen hat. Am Rhein und in Frankreich macht dieses Werk großes Aufsehen. Die ersten Männer dort, welche das ganze französische Wesen genau aus Erfahrung kennen, unter andern der berühmte Daniels zu Köln, haben mir das Zeugnis gegeben, daß mein Gemälde bis auf die kleinsten Züge die Wahrheit mit einer Treue und übersichtlichen Klarheit darstelle, welche durchaus nichts zu wünschen übriglasse, und man müsse staunen, wie eine solche Riesenarbeit, nach so verhältnismäßig kurzem Aufenthalte in Frankreich, einem Ausländer zumal, habe gelingen können. – Beinahe hätte ich etwas übersehen, was übersehen zu haben Ihr Herz mir kaum verziehen haben würde. Ich habe während meines Aufenthalts zu München den herrlichen Weiller gesprochen und Unterredungen mit ihm gehabt, welche tiefen Eindruck auf mich gemacht haben. Körperlich ist er wohl und so kräftig, wie ich ihn bei meinem vorletzten Aufenthalte zu München nicht gesehen habe. Aber sein Gemüt leidet an schmerzlichen tiefen Wunden und mit trübem, finster ernstem Sinn blickt er in die Gegenwart und Zukunft. „Die Lust am Leben", sagte er mir unter anderem, „ist mir ganz verloren; denn man hat mir das einzige genommen, war mir das Leben wert machte: die Möglichkeit, Gutes zu wirken." Er wurde als Direktor zur Akademie der W. befördert, nur um ihn vom Lehramte zu entfernen; er bat, als akademisches Mitglied wenigstens Vorlesungen über empirische Psychologie halten zu dürfen; es wurde ihm verweigert, und damit er auch keine Zeit zum Schreiben übrigbehalte, hat man ihn mit so vielen, seines Geistes unwürdigen Handwerksarbeiten und Skribenten-Schreibereien überladen, daß ihm – wenn auch noch Zeit übrigbliebe – Lust und Mut und Kraft zu einem Flug in höhere Regionen wohl vergehen muß.

Mit innigster Verehrung und Liebe drücke ich im Geiste Mutter Elise und Vater Tiedge an meine Brust. Ewig wie in den Jahren 1819 und 20

Ihr Freund F.

An dieselbe

Ansbach, den 15. Mai 1825

Endlich, endlich, meine hochverehrte, innigstgeliebte Freundin, kann ich Ihnen schreiben, weil ich endlich, endlich einmal eine frohe, Ihrem Herzen wohltuende Nachricht melden kann. Indessen nur mit wenigen Zeilen kann ich mich diesmal abfinden; ich bin durch zu mancherlei Empfindungen bewegt und von zu mancherlei Geschäften bedrängt, zu welchen eben jene Nachricht mir Veranlassung gibt. Gestern wurde mir die zuverlässige Kunde, daß *sämtliche* wegen der bekannten Geschichte zu München verhaftete Jünglinge wegen Mangels an dem Tatbestande eines Verbrechens oder Vergehens *wieder freigelassen* sind, folglich auch mein armer, guter Karl bald wieder in der Mitte der Seinigen ist. DieseFreude wird aber durch mehrere empörende Nebenumstände verbittert. Alle, nachdem sie volle 14 Monate wie Mörder und Räuber behandelt, von Gefängnis zu Gefängnis geschleppt und (obgleich nicht in Anklagestand versetzt, und ohne daß ihnen auch nur der Gegenstand der Anschuldigung bekannt gemacht worden wäre) wie förmliche Inquisiten durch unzählige Verhöre gemartert, ihrer Ehre beraubt, an Geist, Gemüt und Leib mehr oder weniger zu Krüppeln gemacht worden sind, wurden – ohne alles Urteil über ihre Person, ohne förmliches Rechtserkenntnis über ihre Schuld oder Unschuld – in Freiheit wieder nach Hause geschickt, wogegen ich meines Ortes die geeigneten Rechtswege einschlagen werde. Indessen freue ich mich wenigstens, daß Karl seinen Verfolgern entzogen und gerettet ist. Viele Eltern haben diese Freude nicht. Einer der herrlichsten unter den gefangenen Jünglingen, der edle Sohn trefflicher Eltern, namens Plank (naher Verwandter des Hofrat Plank zu Göttingen), erlag dem Nervenfieber und wurde durch den Tod in Freiheit gesetzt; auf dem Kirchhof zu München liegt seine Leiche. Drei andere liegen am Kerkerfieber im Spital; fast alle verlassen krank ihre Kerker. Das sind nun so unsere schönen Zeiten, die Vorgänger noch größerer Herrlichkeiten.

Sobald ich ruhiger und geschäftsfrei geworden bin, erhalten Sie mehr von Ihrem in Leiden geprüften F.

An dieselbe

Ansbach, den 16. Oktober 1825

Ihr langes, tiefes Stillschweigen, edle Freundin, ist mir ein Zeichen schlimmer Vorbedeutung. Daß Elisa nicht etwa wegen meines bisherigen Nichtschreibens das Wiedervergeltungsrecht ausüben wolle, darf ich als gewiß voraussetzen. Denn es war mir die reinste Unmöglichkeit, irgendetwas anderes zu verrichten als meine Amtspflicht und die alle meine Zeit in Anspruch nehmende Ausarbeitung der

9. Auflage meines „Lehrbuchs des peinlichen Rechts", mit welcher zwei Setzer zu gleicher Zeit beschäftigt waren. Endlich war ich so abgestumpft, daß ich, um nur wieder arbeitsfähig zu werden, am verwichenen Montag schnell aufpacken ließ, um mich einige Tage in Würzburg zu erholen. Ich nahm Karl mit; ich genoß einige Tage die Annehmlichkeiten des Herbstes in dem Traubenlande Frankens; doch mußte ich bald wegen eines heftigen Katarrhs das Zimmer, zum Teil auch das Bett hüten. Eben besserte es sich mit mir, und ich hoffte noch wenigstens 8 Tage in den schönen Umgegenden Würzburgs die Traubenkur zu gebrauchen, als ich vorgestern, wie ich eben zu Würzburg noch am Mittagstisch saß, von der Nachricht betroffen wurde, daß unser guter König Maximilian Joseph in der Nacht am 13. seine irdische Form mit der himmlischen vertauscht habe. Am 12. war sein Namenstag; er besuchte heiter und gesund das Theater, wo ihn, wie gewöhnlich, der Jubel seiner Bürger empfing; hierauf begab er sich zu einem Ball bei dem russischen Gesandten, welcher zu des Königs Namensfest gegeben wurde; nach 9 Uhr fuhr er nach Nymphenburg zurück und legte sich um 11 Uhr zu Bette, um – nicht mehr wieder aufzustehen. Der König pflegte sehr früh aufzustehen; schon um 6 Uhr in der Frühe gab er gewöhnlich Audienzen. Diesmal klingelte der König nicht zur gewöhnlichen Zeit; man wartete vergebens auf das gewöhnliche Zeichen; endlich wagte sich der Kammerdiener in das Schlafgemach und findet den König röchelnd; wenige Minuten nachher gab er seinen Geist auf.

Die Bestürzung ist allgemein, denn seine Persönlichkeit ward über alles geliebt wie er es verdiente. Er war der beste Mensch in seinem ganzen Volke; an Herz und Gesinnung der Heinrich IV. der Bayern. Leider erstreckte sich sein Wohlwollen auch auf viele, die es nicht verdienten und die Nachsicht, die ihnen zuteil wurde, schändlich mißbrauchten, um im Namen des besten Königs seinem Volke manches Böse zu tun, viel Gutes zu hintertreiben. Besonders wurde dieses in den letzten Jahren allgemein fühlbar. Doch hatte alles dieses nicht den mindesten Einfluß auf die Ehrfurcht und Liebe, womit alle Herzen dem besten Menschen auf einem Königsthron huldigten. Die Menschen, die seinen Namen mißbrauchten, haben auch mir in den letzten Zeiten wehe genug getan. Allein ihm selbst folgt darum gleichwohl meine Liebe über das Grab hinaus. Er war lange Zeit persönlich mein Beschützer gegen meine Feinde; in mehreren gefahrvollen Krisen war nur er mein Retter; auch hat er mir als Familienvater manches Gute erwiesen. Jährlich hatte ich aus seiner Schatulle 1600 Fl. als Studienbeitrag für meine Söhne; diese mir so wesentliche Hilfe wird nun auch aufhören.

Auf die Nachricht von dem Tode des Königs mußte ich sogleich auf meinen Posten zurück. Ich fuhr in der Nacht von Würzburg hinweg und kam gestern wieder hier an. Da der Strudel der Begebenheiten, welche nun sich drängen werden, mich voraussehen läßt, daß ich bald noch weniger Zeit haben werde als bisher, so beeile ich mich, Sie, meine teuerste, edelste Freundin, hiervon im voraus in Kenntnis zu setzen und Sie zu bitten, mir sobald als möglich über Ihr und Tiedges Befinden Nachricht zu geben oder geben zu lassen.

Ewig der Ihrige.

An Se. Maj. den König Ludwig von Bayern

Ansbach, den 16. Nov. 1825

Als in den Jahren 1813 und 1814 der alleruntertänigst Unterzeichnete durch seine bekannten, auch des belohnenden Beifalls Ew. Königl. Majestät gewürdigten Schriften für Deutschlands Befreiung von der Fremden Joch und für Gründung innerer Freiheit durch ständische Verfassungen sich die Ehre der Verfolgung erworben hatte und derselbe, als des Tugendbundes verdächtig, am 21. Juni 1814 unter dem Titel einer Beförderung plötzlich nach Bamberg versetzt wurde, geruhten des Höchstseligen Königs Maximilian Joseph Majestät denselben, unmittelbar vor seiner Abreise, noch einer Audienz zu würdigen. Der menschenfreundliche Monarch, bemüht, die Härte jener Staatsmaßregel durch Beweise persönlichen Wohlwollens zu mildern, entließ zuletzt den alleruntertänigst Unterzeichneten, ohne mindeste Veranlassung von seite des letztern, mit den Worten:

„Gehen Sie nun getröstet! Ich werde der Vater Ihrer Kinder sein. Sobald einer Ihrer Söhne studiert, gehört er mein!"

Im Jahre 1817, wo meine beiden ältesten Söhne für die Universität herangereift waren, geruhten des Höchstseligen Königs Majestät sich jener Worte in Gnaden zu erinnern. Zugleich mit dem Dekrete, welches mich zum Präsidenten des hiesigen Gerichtshofes ernannte, wurde ich, ohne meine Veranlassung, durch das in Abschrift beiliegende Schreiben des damaligen Justizministers, Grafen Reigersberg, aufgefordert, nunmehr von der Gnade Sr. Majestät in Beziehung auf meine Kinder Gebrauch zu machen.

Für jeden auf Universität studierenden Sohn wurde demzufolge dem alleruntertänigst Unterzeichneten ein jährliches Kabinetts-Stipendium von 800 Fl. ausgesetzt.

Im Genusse dieses Studienbeitrags befanden sich bis zum Tode ihres großen Wohltäters meine beiden Söhne Ludwig und Eduard, von welchen erster dermalen zu Berlin die Gottesgelahrtheit, letzter zu Erlangen die Rechtswissenschaft studiert. Daß sich beide Jünglinge durch Fähigkeiten, Fleiß und Sitte stets der Allerhöchsten Gnade würdig bezeigt haben, beweisen die bei der Kabinetts-Kasse befindlichen halbjährigen Zeugnisse.

Wenn nun der alleruntertänigst Unterzeichnete sich der Bitte unterfängt:

daß Ew. Königl. Majestät in Gnaden geruhen möchten, jenen beiden Söhnen, welche bald ihre Studien vollendet haben, die Wohltat des Höchstseligen Königs, Maximilian Joseph Majestät, zu bestätigen oder zu erneuen,

so glaubt derselbe, diese nur von harter Notwendigkeit abgedrungene alleruntertänigste Bitte gegen den Schein der Unbescheidenheit durch folgende Gründe rechtfertigen zu dürfen.

Der alleruntertänigst Unterzeichnete ist Vater von *acht* bereits erwachsenen Kindern, von welchen bis jetzt nur das älteste notdürftige Versorgung erhalten hat.

Er brachte kein Vermögen in den Staatsdienst, er hat keines in demselben erworben, weder auf unerlaubten noch auf erlaubten Wegen, weder mit Unrecht noch durch Gunst. Häusliche Unfälle, langjährige Krankheiten, mehrmalige, bedeutender Umzugskosten ungeachtet verderbliche Versetzungen von einem Orte zum andern haben es selbst der gewissenhaftesten Sparsamkeit unmöglich gemacht, seiner Familie häuslichen Wohlstand zu gründen. Kaum vermögend, bei so großer, von vielfältigem Unglück heimgesuchter Familie in einer Provinz die äußere Würde seines Ranges und Standes zu behaupten, gelang es ihm nur mit vielen Sorgen, sich bis jetzt von Schulden frei und seinen ehrlichen Namen von jedem Verdachte rein zu erhalten.

Seine seit dem Jahre 1806 dem Staate gelieferten Werke im Fache der bürgerlichen und peinlichen Gesetzgebung gaben ihm Ansprüche auf belohnende Anerkennung des Staats. Für das Gesetzbuch des bayerischen Strafrechts – ein Werk mehr als zehnjähriger Anstrengungen, durch welches Bayern in und außer Deutschland selbst für fremde Völker gesetzgebend geworden ist – war ihm eine namhafte Belohnung bereits im Jahre 1808 zugesichert. Im Anfang des Jahres 1813, als gedachtes Strafgesetzbuch bereits zur Allerhöchsten Unterschrift vorlag, sollte jene Zusage in Erfüllung gehen. Allein die Not des Staates, Preußen damals feindlich vor den Toren Bayerns, erlaubten ihm zu dieser Zeit keine Belohnungen anzunehmen. Durch das abschriftlich hier beiliegende Schreiben vom 7. April 1813 an den damaligen Justizminister Grafen Reigersberg brachte er alle seine Ansprüche dem Vaterland zum Opfer und bat nur, daß sein Verdienst seinen Kindern möge zugut gerechnet werden. Dennoch erhielt er zuletzt, bei seiner Versetzung nach Bamberg, als Belohnung des Staats für jenes Geisteswerk die Summe von – 500 Dukaten, die er annehmen mußte, weil Ablehnung Beleidigung gewesen wäre.*

Daß er auch seit dieser Zeit nicht ermüdete, außerhalb der Grenzen seiner Berufspflichten sich dem Staate in nützlichen und rühmlichen Diensten zu opfern, wie er

* Randbemerkung F.s im Konzept dieses Gesuchs: „Das Stipendium für meine Söhne war also nichts anderes als ein Surrogat des Kapitals, das ich als Gratifikation erhalten haben würde und in minimo [wenigstens], nach dem Maßstabe, wie die Gratifikationen damals andern Geh. Räten und Referendären gegeben wurden, 20–30000 Gulden würde betragen haben."

auch noch seit dem Jahre 1814, selbst aus seinem Verbannungsorte Bamberg, durch zahlreiche, ihm abgeforderte Gutachten und Gesetzvorschläge* an den schwierigsten Arbeiten der Staatsverwaltung teilgenommen wie er im Jahre 1821 auf seiner Reise nach Paris den Allerhöchsten Auftrag erfüllt; wie er bis zum Jahre 1823, auf Allerhöchsten Befehl, durch weitläufige Gutachten und eingesendete Pläne für Verbesserung der Gerechtigkeitspflege und Gesetzgebung des Vaterlands gewirkt, für alles dieses wird Ew. Königl. Majestät Staatsministerium der Justiz aktenmäßiges Zeugnis geben.

Die Wohltat, welche die persönliche Gnade des Höchstseligen Königs durch Verleihung jenes Kabinettsstipendiums seinen Kindern zu erzeigen geruhte, vertrat seither alle Belohnungen, auf welche er, selbst nach bestehenden Verordnungen, Anspruch machen durfte.

Ew. Königl. Majestät werden nunmehr in Allerhöchstdero angestammter Gerechtigkeit und Milde, nach den angeführten Tatsachen, zu ermessen geruhen, ob der alleruntertänigst Unterzeichnete bei Gewährung obiger, in allertiefster Ehrfurcht vorgetragenen Bitte würdig sei oder nicht.

Wie auch die Entscheidung fallen möge**, so werde ich, im Vertrauen auf Gottes Hilfe, in allertiefster Ehrfurcht leben und sterben als etc.

* Die Gutachten Fs. aus Bamberg waren unter andern: 1. Gutachten: „die Revision der Bestimmungen des Strafgesetzbuchs über die ausgezeichneten Diebstähle betreffend", 2. Gutachten: „den Übergang von einer niedern Strafgattung zu einer höhern wegen Rückfalls betreffend", 3. Gutachten: „die Bestrafung der gewerbsmäßigen Begünstigung nach T. I. Art. 85 betreffend", 4. Gutachten: „verschiedene Anfragen über Stellen des Maximil. Strafgesetzb. betreffend", 5. Gutachten: „die Aufhebung erstrichterlicher Straferkenntnisse aus dem Grunde wesentl. Ersetzungen betreffend".

** Sie fiel abschlägig aus.

An seinen Sohn Eduard

Ansbach, den 17. November 1825

Da Du ein Glossarium zu haben wünschest, so sende ich Dir das meinige, das ich sobald nicht brauchen werde, jedoch sub lege remissionis [unter der Bedingung der Rückgabe], und daß Du es sauber haltest.

Fast alle jetzt umlaufende Gerüchte sind aus der Luft gegriffen. Von den Dingen, welche der König vorhat, erfährt man eher nichts, als bis sie schon getan sind. Eine Gesetzkommission – wunderlich genug zusammengesetzt – ist bereits im Arbeiten begriffen; an was, weiß ich nicht. Zentner bleibt gewiß Justizminister, und das Oberappellationsgericht wird schwerlich nach Nürnberg kommen. Solche Versetzungen machen große Unkosten, welche unser König vor allem andern vermeidet. Auch liegt Nürnberg beinahe so weit aus dem Mittelpunkt Bayerns wie München. Was diese Gerüchte betrifft, soweit sie meine Person angehen, so erkenne ich darin eine ehrende Anerkennung der öffentlichen Meinung. Allein man bedenkt nicht, daß die mir zugedachten Ehrenstellen mit einem sehr wesentlichen Defekt meiner Person unvereinbarlich sind – zwar nicht nach dem Gesetz, doch nach der Praxis –, nämlich Dein Vater ist Protestant. Der Justizminister-Posten hat übrigens alle Reize verloren, und ich würde aus mehreren Gründen solche Ernennung wie ein Todesurteil betrachten. Ich habe keinen andern Wunsch mehr, als den Rest meines mühseligen, kummervollen Lebens in Ruhe zu verbringen, Euch Kinder ehrlich, nicht glänzend zu versorgen und dann in dem Herrn zu entschlafen.

Bei Einführung der Öffentlichkeit und Mündlichkeit der Rechtspflege befürchte ich nichts so sehr als – die Übereilung und das Zutappen ungeschickter Hände, die vielleicht alles verderben.

Soeben erhalte ich Briefe aus München. Die niedergesetzte Gesetzkommission ist in Verzweiflung. Und man sollizitiert bei mir um eine Gabe, ihr aus der Not zu helfen. Allein ich habe nichts zu verschenken.

Noch ist nichts entschieden, ob Euer Kabinettsstipendium fortgezahlt wird oder nicht. Gestern habe ich bei Sr. Majestät um Bestätigung der Wohltat des höchstseligen Königs in einer sehr motivierten Vorstellung gebeten.

Lebe wohl, lieber Eduard; mache Dich so tüchtig, als Du nur werden kannst, und sei überzeugt, daß – sehr harte, schwere Zeiten kommen, aus denen man sich nur durch Geschicklichkeit und Wissenschaft wird notdürftig retten können.

*An Herrn Ministerialrat v. Spies**

Ansbach, den 23. November 1825

Verehrtester Freund!

Auf Ihren Brief sine die et Consule [ohne Datum], welchen ich verwichenen Sonntag erhalten habe, beeile ich mich folgendes zu erwidern.

Das, infolge hohen Ministerialauftrags vom 4. August 1824, von mir revidierte und resp. umgearbeitete Strafgesetzbuch war, wie Sie durch eigene Ansicht sich überzeugt haben, bereits am Schlusse v. J. so weit gediehen, daß es nur noch der Ausarbeitung einiger wenigen Kapitel und der letzten Feile des Ganzen bedurfte, um nach Verlauf von höchstens 3 Monaten vollendet vorgelegt zu werden. Während meines Aufenthalts zu München im Anfange gegenwärtigen Jahres gaben mir jedoch verschiedene mündliche Äußerungen Sr. Exzellenz des Herrn Justizministers die Überzeugung, daß ich, als Mann von Ehre, den am 4. August 1824 mir erteilten Auftrag, welchen ich nicht anders denn als einen *öffentlichen* Auftrag betrachten konnte, als *zurückgenommen* betrachten müsse. Was, unter mehreren andern, für jene Überzeugung ganz besonders entscheidend wirkte, war nichts Geringeres als der Rat, welchen mir Se. Exzellenz erteilten: Ich möge um mein demnächst einzugebendes förmliches Gesuch um

* Ein ostensibler Brief.

Gratifikation (für die, außer meiner Dienstpflicht, im Auftrag des Herrn Ministers bereits *gelieferten* und vom Staate *benutzten* Gutachten und Gesetzvorschläge, die Verbesserung der Gerichtsverfassung und des gerichtlichen Verfahrens betreffend), ich möge, sage ich, um *dieses* Gesuch gehörig zu unterstützen, auch das mit anführen, daß ich jetzt von neuem mit einer Revision des Strafges.-B. v. 1813 beschäftiget sei, „möge aber des mir *gewordenen Auftrags nicht erwähnen*, sondern die Sache so stellen, *als wenn ich diese Revision* ganz aus *eigener Bewegung* als eine *Privatarbeit* übernommen habe". Sie mögen sich selbst sagen, Freund, wie ich solche Äußerungen deuten, was mein tief gekränktes Ehrgefühl dabei empfinden mußte! Fest entschlossen, meiner verdienten, mir nach bestehenden Verordnungen gebührenden und wiederholt verliehenen – nun aber durch eine *solche Zumutung bedingten* – Gratifikation zu entsagen, aber auch nunmehr ebenso fest überzeugt, daß meine Person, außer den Grenzen ihres amtlichen Berufes, sich dem bayrischen Staate nicht mehr mit Ehren nützlich zu beweisen vermöge, war es nach meiner Rückkunft zu Ansbach mein erstes Geschäft, meinen Arbeitstisch von dem ganzen noch aufgeschichteten Strafgesetzgebungs-Revisionsapparat zu reinigen, mehrere auf jene nun wertlos gewordene Arbeit bezügliche Papiere zu vernichten, die übrigen zerstreut unter einen Plunder vieles andern ebenso nutzlos verschriebenen Papiers zu werfen. Der Entwurf, welchen Sie gesehen, ist daher *längst nicht mehr vorhanden*, und seit dieser Zeit, d. i. seit beinahe einem Jahre, ist mir das Strafgesetzbuch v. 1813 in jeder andern als rein richterlichen Beziehung völlig fremd geworden.

Wäre aber auch derselbe noch vorhanden* und könnte ich noch den Mut haben, mich mit solchen Arbeiten zu befassen, so würde ich (in der Überzeugung, daß systematische umfassende Geisteswerke, welche nicht als

* Gleichwohl ist noch ein solcher[1] vorhanden und selbst eine Abschrift davon nach dem Tode F.s, von seinem Sohn Eduard 1833 dem Ministerium auf dessen Verlagen zur Einsicht übersendet worden.

[1] Gleichwohl . . . solcher: Er ist noch *So im Original A und B. Hier verändert nach dem Verzeichnis der Errata in B.*

Geschäfte der Dienstpflicht gefordert werden können, zu dem Privateigentum ihres Urhebers gehören, mich nicht verpflichtet halten können, denselben, zu beliebigem Gebrauch unterderhand, auszuliefern und fremder Diskretion preiszugeben.

Welche Personen ganz allein das Allerhöchste Vertrauen Sr. Königl. Majestät im Fache der Gesetzgebung des Königreichs besitzen, von *welcher* Männer Einsicht und Erfahrung Allerhöchstdieselben alle Teile der Gesetzgebung erwarten, ist durch die Kabinettsordre, die Gesetzkommission betreff., ausgesprochen. Ein selbst von des Höchstseligen Königs Majestät unter höchsteigener Namensunterschrift zur Revision des Strafges.-B. mir erteilter Auftrag würde daher nicht bloß durch den Tod *erloschen*, sondern auch nunmehr durch gedachte Allerhöchste Kabinettsordre ausdrücklich als zurückgenommen zu betrachten sein. Ich sehe aber durchaus keinen Grund, warum ich unberufen mich in Geschäfte – öffentlich eindrängen oder heimlich einschleichen sollte, welche anderen übertragen sind, welche mich, da sie nicht meines Amtes sind, auch nichts angehen und, muß ich hinzusetzen, denen ich nicht mehr, weder mit Lust zugetan, noch mit meinen Kräften gewachsen bin.

Mein durch mehrjährige ununterbrochene Seelenleiden angegriffener Körper ist so sehr zerrüttet und geschwächt, daß er langandauernde anstrengende Geistesarbeiten nicht mehr verträgt. Nur durch Ruhe vermag ich noch den schlechten Überrest meines verkümmerten Lebens zu fristen. Überdies hat jeder Mensch *seine* Zeit; ich hatte die *meinige*; andere haben jetzt die *ihrige*. An dem Ulysses-Bogen der Gesetzgebung, mit welchem ich zwar nicht jedes, doch manches Ziel getroffen, werden jetzt rüstigere Arme und bessere Schützen sich versuchen.

Empfehlen Sie mich, verehrter Freund, Sr. Exzellenz zu fortdauernder Wohlgewogenheit, und seien Sie von den fortdauernden, unwandelbaren Gesinnungen der Hochachtung und Freundschaft überzeugt, womit ich verharre als

der Ihrige.

An Herrn v. Spies

Ansbach, den 25. November 1825

Sie werden, teuerster Freund, meinen Brief erhalten haben. Was ich darin niedergelegt, ist nicht bloß eine Meinung von heute und gestern, sondern unerschütterlicher, aus reifen mehrmonatlichen Überlegungen hervorgegangener, durch die betrübenden Erscheinungen der neuesten Zeit bestärkter und in dem Innersten meines Gemüts, festgewurzelter Entschluß. Wenn es auch möglich wäre, von allem dem abzusehen, was ich in meinem früheren Schreiben ausgeführt, wenn ich alle mir zugefügten Kränkungen vergessen und verzeihen, wenn ich meine eigene Natur so weit verleugnen könnte, um meine Arbeiten der Prüfung und Entscheidung von Menschen zu unterwerfen, die an Talent und Vorbildung viel zu tief stehen, als daß ich sie nur für würdig halten könnte, meine Schüler zu werden, so blieben noch immer eine Menge anderer Erwägungen gleichschweren Gehaltes übrig, von denen manche wohl auch für Sie entscheidend genug sein möchten, um das ganze Wesen *für sich selbst* sein heilloses Spiel ausspielen zu lassen. Daß mit Vernunft Kenntnis, Erfahrung hier auf keine Weise irgendetwas ausgerichtet werden könne, ist so gewiß als die Unmöglichkeit, einem Blinden die Verschiedenheit der Farben begreiflich zu machen. Wenn ein Bauherr Tagelöhnerjungen, die sich bisher nur mit dem Steintragen und Kalkrühren beschäftigt haben, zusammenberiefe, um ihm den Plan zu seinem Hause zu entwerfen, welcher Baumeister würde sich wohl dazu hergeben, seine Risse den Handlangerjungen zur Prüfung zu überlassen? Er wird sie machen lassen; der Herr sieht entweder noch beizeiten ein, mit wem er es zu tun hatte, oder, wenn er es nicht beizeiten einsieht, so stürzt der Bau, noch ehe er bis zum Dach heraufgewachsen ist, den Jungen selbst über dem Kopfe zusammen. Zwar fliegen beim Zusammenstürzen auch vielen anderen ehrlichen Leuten die Steine vor die Stirne. Allein dieses ist auch in dem Falle unvermeidlich, wenn der unterrichtete Meister den Jungens mit seinen Ideen und Kenntnissen aushelfen will. Denn das müßte mit einem

Wunder zugehen, wenn nicht die Jungens, sobald sie ein Meisterpatent in Händen haben, sich wenigstens für ebenso geschickt als wie jeden andern ehrlichen Meister halten sollten. Ihre unverständigen Gedanken verhunzen daher des Meisters Plan zu ihrem eignen Handlangerjungens-Plan, und wenn denn darnach das Werk in Ausführung kommt und die Ruinen des zusammengestürzten Baues Leichen gemacht haben und nun der Bauherr sie wegen Schäden und Kosten vor Gericht ziehen will, dann stehen auf einmal die Jungen als Jungen da und sprechen: „Ach, lieber Herr, das alles haben wir ja nicht getan; sondern der ganz vortreffliche Baumeister X, Y, Z, der uns zu Hilfe gekommen ist und der es besser hätte verstehen sollen als wir." – Es ist, nach meiner innigsten, auf viele Beobachtungen gegründeten Überzeugung, ein großer Irrtum der besseren Gemüter, wenn sie glauben, selbst bei einem unheilbaren Übel müsse man dasselbe soviel als nur möglich zu mildern, in seinen Folgen zu beschränken sich bemühen. Dieses führt nur zu Palliativen, welche den Krebsschaden mit Pflastern zudecken, ohne ihn zu heben, und nur die Krankheit verlängern, aber den Tod nicht abwenden. Wir können uns nicht verhehlen, daß wir, wenn auch nicht (was wenigstens noch nicht ganz entschieden) am Herzkrebs, doch an einer sehr schweren, höchst schmerzlichen Krankheit hitzig-galliger Natur darniederliegen: Wer es mit uns wahrhaft gut meint, wird daher die Paroxysmen nicht zu hindern, sondern vielmehr die Krisis zu beschleunigen suchen, welche über Tod oder Leben und Gesundheit entscheidet. Große Übel hören nicht eher auf, als bis sie ihr Höchstes erreicht, in ihrem Äußersten sich selbst erschöpft und abgetötet haben. Fährt ein alter Rumpelkasten von Kutsche mit toll gewordenen Gäulen von einem jähen Berg herab dem Abgrunde zu, so springt niemand in die Kutsche, um die Zügel zu fassen; wer darin ist, sucht so schnell als möglich herauszukommen, und wenn die Schindmähren den Hals gebrochen haben und der Rumpelkasten in Stücken gegangen ist, nun, so baut man eine neue Kutsche und spannt neue Pferde davor, ohne daß es jemandem zum Vorwurfe gereichen kann, der, statt helfen zu wollen, sauve qui peut [rette sich, wer kann] gerufen hat.

Daß der Gönnersche Entwurf von 1822 begutachtet und angenommen werden wird, ist mir *mehr als wahrscheinlich*. Dieses zu verhindern oder zu erschweren habe ich gar kein Interesse; vielmehr gestehe ich Ihnen, mein verehrter Freund, daß ich der Publikation desselben als meinem höchsten Triumph entgegensehe. Eben weil noch *das* meiner Ehre fehlte, blieb ich mäuschenstill, während die Kommission von 1820/21 an ihrem Exzerzitium arbeitete; eben darum rührte ich weder Mund noch Feder, weder amtlich noch außeramtlich, weder in Briefen noch auf zur Presse bestimmtem Papier, als das Machwerk nun endlich erschienen war. Ich kann die Briefe aufweisen, mittelts welcher die *Stübel*, die *Martin*, die *Grolmann* u. a. mir zürnend die Frage vorlegten, warum ich doch zu diesem Unfug schweige. Aber ich schwieg, und ich wußte wohl, warum. Das verkannte Wahre und Rechte kommt erst dann zu seinen rechten Ehren, wenn der Unverstand einmal in recht klaren Exempeln sich selbst dargestellt und die Menge durch empfindliche, grell ins Auge stechende Erfahrungen Lehren empfangen hat, an die sie nicht glaubt, solange sie ihr nur in der Allgemeinheit, wenn auch noch so eindringlich, gepredigt werden. Hätte ich gegen jenen Entwurf gewirkt – das Beste, das Gründlichste und Einleuchtendste würde ohnehin durch die einzige Gegenbemerkung der Faktion: „Hört einmal da diesen Orator pro domo sua [Redner für die eigene Sache]!" alles Gewicht verloren haben. Also: Alles gehen zu lassen, wie es gehe, und dafür zu sorgen, daß auf keine Weise *meine* Zeit mit der Zeit der neuen Legislatoren vermengt werden könne, daß dereinst durch eine recht sichtbare, breite Grenzmarke die Epoche meines Wirkens von der Epoche ihres Wirkens geschieden sei, dies war es allein, was ich wollte. Der Auftrag des Herrn Ministers vom 7. Aug. 1824 hatte, wie ich annahm, die Verhältnisse und mit diesen meinen Willen geändert. Jetzt rief die Pflicht, und ich folgte; jetzt gab es für mich einen anderen, schöneren Weg der Ehre, und ich nahm alle meine Kräfte zusammen, um dem Staate womöglich etwas Ausgezeichnetes, Unvergängliches zu leisten, ihm ein Ehrendenkmal zu erbauen vor Europa, mir selbst ein Denkzeichen von der gerecht vergeltenden Nachwelt. Ich hatte mich in nichts so sehr geirrt, als –

daß die Verhältnisse geändert seien. Der Herr Minister hat mich im *Anfange* d. Js. ziemlich unsanft aus meinem Traume aufgerüttelt, und was ich am *Schlusse* eben dieses Js. in der Wirklichkeit vor mir stehen sehe, ist noch bei weitem mehr als alles Frühere. Stillschweigen, Nichtstun, alles Gehenlassen, *damit die Tat vollbracht werde*, so schnell und so grell als möglich, das allein ist jetzt wieder, und mehr als je, nicht bloß das Gebot meiner Ehre, sondern auch des Patriotismus. Denn erst alsdann kommt man wieder zum Guten, wenn das Übel sich in seinen gräßlichen Folgen gezeigt, wenn es verheert und zerstört und unter den Trümmern, die es gemacht, sich selbst begraben hat. Und Sie, mein verehrungswürdiger Freund, wollen dem allen entgegen[zu]wirken suchen? Der Strom, den Sie aufhalten wollen, ist eine wilde, von einer steilen Höhe herabstürzende Gebirgsflut, die man nicht dämmen kann, sondern die, nachdem sie ein wenig Verheerung gemacht, sich selbst verlaufen und im Sande – denn tief ist sie nicht – versiegen muß. Sie mögen tun und versuchen, was Sie wollen; dennoch werden Sie, mit dem besten Willen und mit dem Aufwand der edelsten Kräfte, die Annahme des Entwurfs von 1822, welche mit der Schande und dem Unglücke des Staates ganz gleichbedeutend ist, durchaus nicht abzuwenden vermögen. Das einzige, was Sie bewirken werden, ist: – daß man Sie als einen hinter den Kulissen hervorwirkenden *Feind des Guten* heimlich verschwärzt, daß man Ihnen die Verzögerung des nicht genug zu beeilenden Vortrefflichen auf den Kopf gibt und daß Sie – wenn die unverständige oder bezahlte Menge beim ersten Erscheinen des gräßlichen Bastards demütig den kommandierten Jubelruf erschallen läßt – Ihre verschwendete Zeit und Mühe und obendrein viel Verdruß und Undank zu beklagen haben. Also mein freundschaftlicher Rat: manum de tabula [die Hand vom Tisch], welches jetzt vielmehr besser so ausgedrückt wird: Fallen Sie dem Rumpelkasten, mit welchem einige blinde, kollernde Karrengäule dem Abgrunde zurennen, nicht in die Räder, sondern springen Sie auf die Seite!

Daß unsere vier Solone ihre Aufgabe, binnen Jahresfrist Bayern mit ihren Gesetzen zu beschenken, zu lösen nicht ermangeln werden, ist mir gewiß. Sie haben ja auch leichte und schon getane Arbeit. Sie haben ja 1. das meisterliche Doppelwerk: Entwurf etc. 1822.* Der ist schon fix und fertig. Zu diesem schreibt 2. in seinem Winkel, gegen gute Bezahlung, der Hr. v. Gönner ein *Strafprozeß-Gesetzbuch*, das ebenso vortrefflich sein wird als jener erste Teil; dann bedarf es 3. *einer Zivilprozeß-Ordnung*. Diese haben wir auch schon vor uns in dem Schmidtleinschen Entwurf von 1825**, welcher seinen Kameraden von 1822 ebensowenig beschämt, als er von diesem beschämt wird. Und was endlich 4. das bürgerliche *Gesetzbuch* betrifft, nun, da haben wir ja den Codex Maxim. des seligen Baron Kreitmayer, der mit wenigen Federstrichen – dem z. B. einige Stellen, die Ketzer betreffend etc., etc., ausgestrichen, andere eingeflickt werden – aus einem Codex Maxim. sogleich in einen Codex Ludovicianus umgeschaffen werden kann. – So wird im kurzen der Grundsatz der Verfassung: Einheit der Gesetzgebung, vollzogen sein.

Meine Winterarbeit ist, da ich für produktive Arbeiten weder aufgelegt noch gesund genug bin, die Ausarbeitung der *wahren* (äußern und innern) Geschichte des bayer. Gesetzbuchs von 1813 (mit Urkunden belegt) und die Darstellung seiner *wahren* Motive (soweit diese für das große Publikum Interesse haben) aus meinen älteren, sogleich bei der Redaktion niedergeschriebenen Papieren. Hoffentlich wird es schon künftige Herbstmesse im Druck erscheinen können. Die Zeit ist nun endlich da, um allen Lügen und Betrügereien, die auf meine Kosten gemacht

* Über den zweiten Teil dieses Entwurfs, den Polizeistrafkodex, findet sich unter den Manuskripten F.s eine mit köstlichem Humor geschriebene kritische Abhandlung, „Über Polizeistrafgesetzgebung überhaupt und den II. Teil eines Entwurfs des Strafgesetzbuches München 1822". Man vgl. hiezu in F.s Lehrbuch des Peinl. Rechts (elfte Ausgabe) den Schlußsatz der Nota b. zu § 22.

** Eine ausführliche Prüfung des „Entwurfs einer Prozeßordnung in bürgerlichen Rechtsstreitigkeiten von 1825" hatte F. zum Gegenstande einer für den Druck bestimmten literarischen Arbeit gemacht, hernach aber, als das Justizministerium ein Urteil über jenen Entwurf von dem Präsidium des A[pellations]-G[erichts]-R[ates] von Ansbach verlangt hatte, diese Arbeit zu einem amtlichen Vortrag benutzt und dem Ministerium vorgelegt.

worden, die Maske abzuziehen, die Schande, die andern gehört, von der Ehre oder Schande, die mir gebührt, durch eine gewissenhafte separatio feudi ab allodio [Trennung des Lehens vom freien Erbgut] gehörig abzusondern und die Unverschämtheiten, womit man lang genug, durch meine scheinbare Passivität ermutigt, die Welt hintergangen hat, an dem ihr gebührenden Pranger öffentlich auszustellen. Bloß die Tatsachen werden reden und vernichten.

Hier und anderwärts herrscht eine große Bestürzung, besonders auch unter allen Protestanten. Die Entfernung Seckendorfs und Kochs aus dem Staatsrat wird, in Verbindung mit einer andern Geschichte, wie ein Ächtungs-Erkenntnis der protestantischen Glaubensgenossen betrachtet; und die Katholiken zeigen schon einen Übermut, wie ihn nur eine siegende Partei über eine unterliegende sich erlauben kann. Mit meinen Ohren mußte ich hören, wie Appellationsrat v. P. von *„gedemütigten lutherischen Pfaffen"* sprach. Im Kasino sagte der kathol. Kaplan Hotzelt ganz öffentlich, nun werde es nicht lange mehr anstehen, so werde der kathol. Gottesdienst in unserer Stiftskirche gehalten werden; diese sei nur ein Appertinenz des Schlosses, worüber nach Belieben verfügt werden könne. Das sind gute Aussichten! Auch schöne Aussichten für einen lutherischen Vater mit fünf lutherischen Söhnen! Die Vorsehung weiß am besten, wozu dieses alles gut ist.

Dieses auf Ihr Schreiben vom 22. d. Mts. – Hochachtungsvoll und mit inniger wahrer Freundschaft

der Ihrige

An H. Buchhändler Heyer in Gießen

Ansbach, den 10. Oktober 1826

Sie nehmen, wie Sie mir schreiben, aus Furcht vor den Möllerschen Erben Anstand, die *zweite Auflage der „Kriminalrechtsfälle"* oder auch nur die Fortsetzung derselben zu übernehmen.

Einen rechtlichen Grund zu diesem Anstande sehe ich,

meines Ortes, nicht ein. Denn so eigen auch die Jurisprudenz und das Judicium Ihrer Herren Richter in Gießen sein mag, so wird doch bei ihnen wohl so viel feststehen, daß aus einem Kontrakt nur zwischen den Kontrahenten und resp. deren Erben Rechte und Verbindlichkeiten hervorgehen, nicht aber gegen *dritte* Personen Verbindlichkeiten begründet werden, daß also, wenn die Möllerschen Erben Ansprüche zu machen Lust haben sollten, diese nimmermehr *gegen Sie*, sondern nur gegen *mich* und *vor meinem Gerichtsstande* geltend gemacht werden könnten, Sie also ganz ruhig die Gefahr mir überlassen dürften, die mich übrigens gar nicht anficht.

Auf keinen Fall bin ich übrigens gesonnen, meine Geistesarbeiten in den Bann eines vor den Gießener Gerichten schwebenden Konkursprozesses und dgl. gefangen zu geben oder sie von Erbschaftsverhandlungen bestricken zu lassen und es von diesen abhängig zu machen, welchem Lumpen ich anheimfallen soll. Am wenigsten aber habe ich Lust, das viele Interessante und Neue, was ich dem Publikum zu bieten habe, demselben länger vorzuenthalten. Um jedoch, bei den mir von Ihnen geäußerten Anständen, nicht in den Fall gesetzt zu werden, meine Arbeiten einem andern Verleger übertragen zu müssen, so habe ich mich entschlossen, die Besorgung und Herausgabe einer *neuen Auflage der „Kriminalrechtsfälle"* ganz und gar fallenzulassen, um diese neue Ausgabe einem jeden preiszugeben, welcher sie zu besorgen oder zu übernehmen Lust hat und dabei noch seine Rechnung zu finden glaubt.

Dagegen werde ich folgendes Werk bis nächste Ostermesse erscheinen lassen: *„Aktenmäßige Darstellung merkwürdiger Verbrechen. Beiträge zur Rechts- und Menschenkunde."*

Dieses Werk, welches aus 2 bis 3 Bändchen, jedes zu ohngefähr 25 Bogen, bestehen soll, unterscheidet sich von den „Kriminalrechtsfällen" auf folgende Weise, worüber die *Vorrede* noch umständlicher Auskunft geben wird. Die „Kriminalrechtsfälle" bestanden bloß aus meinen *Geheimrats*-Referaten, mithin aus bloß amtlichen Arbeiten; die *„Aktenmäßige Darstellung etc., etc."* besteht teils aus neuen, noch ungedruckten *amtlich* bearbeiteten Rechtsfällen, teils aber, und zwar vorzüglich, aus freien, bloß für das Publikum bearbeiteten Rechtsfällen, welche entweder bei meinem Gerichtshofe vorgekommen sind oder welche ich zu diesem Zweck mir von andern Gerichtshöfen habe zusenden lassen. Diese neuen Rechtsfälle, welche zu verschiedenen Zeiten con amore [mit Hingabe] bearbeitet wurden, übertreffen an allgemeinem und besonderem wissenschaftlichen Interesse viele der interessantesten in den „Kriminalrechtsfällen" und betragen zusammen ohngefähr 30 Druckbogen. *Unter diese* Rechtsfälle werden aus den „Kriminalrechtsfällen", in verbesserter Gestalt, *bloß diejenigen* Fälle aufgenommen, welche einen ganz vorzüglichen, bleibenden wissenschaftlichen Wert haben, wogegen alle diejenigen, welche, nach genauerer Prüfung, mir nicht vom ersten Range zu sein scheinen, ganz hinweggelassen werden. Auch ist die Anordnung der Teile von den „Kriminalrechtsfällen" verschieden. Diese waren überdies bloß auf praktische Darstellung der Psychologie der *Leidenschaften* berechnet; die aktenmäßige Darstellung ging zugleich auf Darstellung der *Gemütskrankheiten*, in strafrechtlicher Beziehung. Jenen lag im ganzen gar kein Plan zum Grunde; sie enthalten eben eine Reihe verschiedenartiger Fälle; dieses Werk hat zur Haupttendenz, die ganze Lehre von der Zurechnung in praktischen Fällen anschaulich zu erörtern. Einen der neuen Rechtsfälle: „*Anna Marg. Zwanziger*, die deutsche Brinvilliers", wünschte ich, wegen des weiterverbreiteten Provinzial-Interesses, das diese ungeheure Verbrecherin im Bayreuther und Ansbacher Lande erregt hat, auch besonders abdrucken zu lassen, wenn nicht der Herr Verleger glaubt, daß ein besonderer Abdruck dem Absatze des Ganzen schaden könnte.

Der Zweck dieses Briefes ist nun, Sie, mein lieber Freund, zu fragen, ob Sie, statt der neuen Auflage der „Kriminalrechtsfälle", dieses neue Werk, welches unter dem Titel „*Aktenmäßige Darstellung* etc." erscheinen soll, unter denselben Bedingungen, welche zwischen uns hinsichtlich der „Kriminalrechtsfälle" verabredet waren, in Verlag nehmen und dies zur nächsten Ostermesse im Druck herausgeben wollen. Ich ersuche Sie, mir hierauf baldige gefällige Antwort zu erteilen.

Das „Handbuch über mein Lehrbuch" verrede ich nicht;

verspreche Ihnen, daß, wenn wir über die Bedingungen einig werden, niemand als Sie den Verlag bekommen soll. Allein eine Verbindlichkeit übernehme ich auf keinen Fall, und nicht eher werde ich jemandem den Verlag antragen, als bis die Arbeit daliegt. Meine Berufsgeschäfte, die mir von Zeit zu Zeit übertragenen außerordentlichen Geschäfte, dann meine Laune und Bequemlichkeit erlauben mir nicht, mich auf irgendeine Weise durch einen Verlagskontrakt abhängig zu machen. Daß Sie zu rechtlich sind, um von Verlagskontrakten zur Schikane Gebrauch zu machen, daran zweifle ich keinen Augenblick. Aber der bloße Gedanke, daß ich von Ihnen gemahnt werden könnte, würde mir alle Lust und Freude an der Arbeit nehmen und mir es psychologisch unmöglich machen, – – zu tun, was ich sonst getan haben würde.

Mit den bekannten Gesinnungen etc.

An Elise von der Recke

Ansbach, den 1. Juli 1827

Ihr langersehnter, lieber Brief, Elisa, hat mich von großen unbestimmten Ängsten und Besorgnissen befreit, die einen nicht geringen Teil der großen Summe von Leiden jeder Art und Gattung ausmachten, womit ich seit meinem letzten Schreiben an Sie heimgesucht worden bin. Was mag es doch sein, fragte ich mehr als einmal des Tags, daß Elise und Tiedge seit so unendlich langer Zeit durchaus nichts von sich vernehmen lassen? Daß selbst Emma keine Nachricht gibt? Sind sie krank, sehr krank, beide oder eins von beiden? Dann würde doch Emma geschrieben haben. Sind sie ungehalten auf dich, hast du durch irgendetwas, was du getan oder geäußert, das Beste verloren, was du noch besitzest – Elisens Achtung, Tiedges Freundschaft? Ich wußte zwar hierauf mir keine verständige Antwort zu geben, aber meine ohnehin aufgeregte, krankhafte Phantasie zerarbeitete sich mit allerhand Möglichkeiten, die, so toll und unglaublich sie auch sein mochten, sich mir dennoch zuweilen bald als Wahrscheinlichkeiten, bald als gewisse Wahrheiten aufdrangen. Das Verständigste wäre gewesen, Ihnen selbst meine Besorgnisse mitzuteilen, welche Sie dann alsbald würden zur Ruhe gebracht haben. Allein zu diesem Ende hätte ich selbst schreiben und, wenn ich einmal schrieb, auch von mir und meinem Zustande, d. h. von meinem Unglück, erzählen müssen, in welchem ich noch so sehr befangen war, das mein Herz mit so vielen Wunden zerrissen, mein Gemüt so zerstört hatte, daß es mir unmöglich war, mit der Feder in der Hand auf mich selbst einen beobachtenden Blick zu heften und sozusagen mitten im Sturm diesen Sturm zu beschreiben. Jetzt ruht er wieder ein wenig, und durch einzelne Stellen meines wolkenumzogenen Lebenshimmels blickt wieder hie und da ein freundliches Sternchen hindurch, so daß ich wieder so viel Ruhe und Geistesfreiheit gewonnen habe, als unumgänglich nötig ist, der edelsten Dulderin, deren Beispiel mich so oft schon aufgerichtet hat, in ganz kurzen Summarien meine Leidensgeschichte während der jüngst vergangenen Zeit mitzuteilen. Gleich in den ersten Tagen des Februars wurde ich von einem schweren Gemütsleiden, von der tiefsten Schwermut, verbunden mit unleidlichen körperlichen Beängstigungen, befallen, welche mir alle Lust und Kraft zu jeder geistigen Beschäftigung, zu allem Denken, Schreiben, Lesen, ja selbst Reden, benahmen. Meine Freunde wie mein Arzt waren darin einig, daß eine Reise durchaus notwendig sei, und zwar an einen Ort, wo mein Geist und Herz, welche hier in Ansbach der allernotdürftigsten Nahrung entbehren müssen, wieder auf längere Zeit gedeihliche Nahrung fänden. Welcher Ort dazu ausersehen war, bedarf keiner nähern Bestimmung. Schon wollte ich an Sie schreiben lassen, um festzusetzen, ob die Zusammenkunft mit Ihnen und Tiedge zu Dresden oder Karlsbad stattfinden solle. Da erschien der vierte März; ich war eben vom Tische aufgestanden; man überreichte mir zwei Briefe; ich öffne sie; der eine aus Frankfurt bringt mir die Nachricht, daß mein Vater den 1. März zu Frankfurt gestorben, der andere aus Hof, daß Karl in Wahnsinn verfallen sei und von Polizeidienern bewacht werden müsse, und an einem und demselben Tage reisten meine beiden Söhne, Eduard und Ludwig, zu ihrem unglücklichen Bruder, ich – mit welchen Empfindungen und Qualen! – in das Sterbhaus meines Vaters. Wie nun eine Not der andern folgte, eine Schreckensnachricht die andere überbot, wie sich alle meine Lebensverhältnisse plötzlich so verwirrten, daß ich oft an Rat und Hilfe verzweifelte und den kleinen Überrest meiner gebrochenen Seelenkräfte zusammennehmen mußte, um mich selbst gegen Wahnsinn zu schützen, dieses alles Ihnen umständlicher zu erzählen, werden Sie mich gern entheben. Karl wurde zu einem Seelenarzt nach Erlangen gebracht, wo er in einem Monat so weit hergestellt wurde, daß ich ihn zu mir hieher nehmen konnte. Äußerungen des Irreseins zeigen sich nicht mehr. Indessen ist er noch bei weitem nicht ganz wiederhergestellt. Was mein Vaterherz gelitten, dafür gibt es keine Worte! Bei der Leiche eines geliebten Sohnes stehen mag entsetzlich sein; aber in dem geliebten Sohn einen herrlichen, für seine Wissenschaft großen Geist untergehen, ihn geistig sterben, ihn geistig gemordet zu wissen – das ist noch unendlich mehr. Auffallend ist es, daß ich, der an Geist und Körper krank von dem Unglück betroffen wurde, *in* demselben meine Gesundheit und das Gefühl neuer, frischer Kräfte wiedergewonnen habe. Die Feuertaufe des empfindlichsten Mißgeschicks wurde so gleichsam für mich zu einem Bad im Styx, aus welchem ich nicht bloß an der Ferse, sondern durchaus gestählt hervorgegangen bin. Alle oben erzählten und anderen Ereignisse haben übrigens den schönen Plan meiner Reise nach Dresden oder Karlsbad vereitelt. Es bleibt mir daher für diesen Sommer nichts übrig als die Hoffnung, recht oft Briefe von Ihnen zu erhalten. Am erfreulichsten werden diejenigen sein, welche über Ihr und unseres lieben Tiedge Besserbefinden mir beruhigende Kunde geben. Wie das Ereignis mit der Herzogin von Sagan Sie geschmerzt haben mag, kann ich mir leicht denken; mir kam es durchaus nicht unerwartet. Alle Töchter unserer verklärten Dorothea waren schon längst der Tat und der Gesinnung nach Katholiken; es fehlte nur die Form. Daß auch die Hohenzollern und Azarenza ihrer Schwester gefolgt oder vorangegangen seien, kann ich kaum bezweifeln. Als ich einst, während meines Aufenthalts zu Löbichau, unter dem Betthimmel der Sagan ein Kruzifix und eine Madonna hängen sah, da hatte ich schon genug. Die katholische

Kirche hat übrigens durchaus nicht Urasche, bei solchen Anlässen laute Triumphgesänge anzustimmen; und daß sie von so ganz unbedeutenden Erscheinungen so gar großes Aufhebens macht, ist, so wie ihre Proselytenmacherei, nur ein unwillkürlich abgelegtes Bekenntnis, wie sehr sie ihre innere Schwäche fühlt. Was ist doch der Übertritt von ein paar kranken oder altersschwachen Poeten, von ein paar Phantasten und Kunstjüngerlein, von einem verschuldeten Fürstenhaus und ein paar bejahrten Sünderinnen gegen den Abfall ganzer Dorfgemeinden in Süddeutschland und gegen die eine große, in ihren Folgen noch lange nicht ausgelaufene Begebenheit in der katholischen Kirche Schlesiens? Mitten in der katholischen Kirche hat der Protestantismus seinen Sitz, greift da weit um sich her und zwingt ebendadurch den Ultramontanismus in seiner Verzweiflung zu jenem kleinen Krieg außer den Grenzen seiner eigenen Kirche, durch welchen er von außen wiedergewinnen will, was er mehr und mehr in seinem Innern verliert. Aller päpstlichen, erzbischöflichen und bischöflichen Verbote ungeachtet, gibt es unter gebildeten Katholiken Süddeutschlands wenige Familien, in welchen nicht Bibeln, die „Stunden der Andacht", sogar Reinhards Predigten zu finden wären und mit Andacht gelesen würden. Unzähligen Katholiken ist das schändliche Gaukelspiel, welches die Finsterlinge mit ihrer Religion treiben, ein Ärgernis, dessen sie sich selbst schämen. Man sucht neue Klöster zu errichten, aber niemand findet sich, der noch so viel frommen Eifer hätte, sie zu dotieren, wenige, die von fern Lust bezeigen, sie mit ihren Personen zu bevölkern. Die Apostel der Finsternis sogar, zu welchem Äußersten sind sie nicht getrieben! Denn gewiß ist es das Äußerste – weil es für sie selbst und ihren Zweck das Gefährlichste ist –, daß sie, um die Menschen um ihre Vernunft zu bringen, zum Verstande selbst ihre Zuflucht nehmen müssen. Denn all ihr Geschreib geht doch nur in dem Bestreben auf, durch Vernünftelei, falsche Gelehrsamkeit und Philosophie die Vernunft zu überzeugen, daß die Unvernunft allein die rechte Vernunft sei. Unser König, wie stark auch der Schein gegen ihn sein möge, ist (wenigstens nicht wissentlich) durchaus kein Schutzherr einer über ihre Grenzen hinausschreitenden Hierarchie oder Begünstiger irgendeines auf allgemeine Verfinsterung oder auf Unterdrückung des Protestantismus angelegten Planes. Mehr als einmal hat er schon der katholischen Geistlichkeit, wo sie etwas Ungebührliches wagte, gar derb auf die Finger geklopft und sie in ihre Schranken zurückgewiesen. Aber nicht bloß solche an sich erhebliche Einzelheiten, sondern das allgemeine Naturgesetz, das sich in der Geschichte aller Zeiten offenbart, muß uns für die Wahrheit der Überzeugung bürgen, daß für das Fortschreiten des menschlichen Geschlechtes im Licht von allen Unternehmungen der Nachtmenschen im ganzen durchaus nichts zu fürchten, vielmehr alles zu hoffen sei, weil all ihr Tun und Treiben, womit sie den Strom zu dämmen suchen, der aus zahllosen kleinen Bächlein seit Jahrhunderten zusammengeflossen und seit der Reformation zu einem gewaltigen Flusse angewachsen ist, zu nichts anderm dienen kann, als durch die ihm entgegengesetzte Hemmung dessen Kräfte zusammenzudrängen und ihn bis zu der Höhe aufzustauchen, deren er bedarf, um über seine Ufer zu treten, die Dämme zu zerreißen und die unbesonnenen kecken Menschlein, die ihm zu trotzen wagten, in seinen Wellen zu begraben. Immer bedient sich die Vorsehung der Feinde des Guten, um das Gute zu befördern und zur Herrschaft zu bringen. Dafür gibt die Entstehung des Christentums sowie die Geschichte der Reformation unverwerfliches Zeugnis, nicht zu gedenken der Geschichte der Befreiung der Niederlande, der englischen Verfassung usw. usw. Also getrosten Mutes, Elisa!

An dieselbe

Ansbach, den 1. Januar 1828

Keinen Neujahrswunsch, verehrte Mutter Elise, edler Tiedge! Mein ganzes Leben, jeder Tag des ganzen Jahres ist nur *ein* fortgesetzter Wunsch des liebenden Herzens für Sie. Auch Sie, Elise, haben, wie Ihr abwesender Freund, eine böse, unglückliche Zeit mit Gottes Hilfe glücklich bestanden; was Sie um einen geliebten Bruder gelitten, litt ich um einen unglücklichen Sohn, und ehe noch das Jahr zu Ende war, konnten wir beide der Vorsehung danken, daß sie das Unglück wieder zum besten gewendet hatte. – Wenn mich nur dieses Jahr das böse Glück nicht um die so lang gehegte, so oft getäuschte Hoffnung, Sie beide wiederzusehen, von neuem betrügt! Was an mir liegt, soll gewiß geschehen, um sie zu erfüllen, entweder in Karlsbad oder in Dresden! Denn Briefe sind ein gar zu jämmerliches Surrogat der geistigen Mitteilung. Die meinigen wenigstens dürfen für weiter nichts gelten als für bloße Zeichen des Fortlebens und der freundschaftlichen Erinnerung. Je mehr ich Ihnen beiden mitzuteilen hätte, desto einsilbiger, trockner, leerer sind diese meine Briefe. Durch die Umstände genötigt, das meiste, was ich zu schreiben hätte und gelesen zu werden am meisten wert wäre, zu verschweigen, fühle ich mich aus Ärger und Verdruß auch bei dem wenigen unaufgelegt, was man dem Papier anvertrauen darf. Vier Wochen lang könnte ich Ihnen erzählen, und Sie würden nicht müde werden, den fast unglaublichen Dingen zuzuhören, und Sie würden um so mehr erstaunen, da Sie, wie ich voraussetzen muß, sich gewisse Personen, Sachen und Verhältnisse ganz anders vorstellen, als sie sind. Der glänzende Nebel der Mystifikation, den die Kunst den Augen in der Ferne vorgemacht hat, wird zwar bald genug verschwinden; doch nicht so bald, als ich es meinen Freunden gegenüber wünsche.

In unserm Staate ist eine gewaltige Regsamkeit, deren Ende nicht wohl abzusehen ist. Leidenschaften stehen gegen Leidenschaften, die sich einander gegenseitig erhitzen. Die wenigsten Projekte, welche an unsern Landtag gebracht sind, werden durchgehen; sie sind aber auch darnach. Die ganze erste Kammer steht in der entschiedensten Opposition mit der Regierung. Die Finsterlinge stehen als Faktion [Meute, Parteiung] mit ganz offenem Visier auf dem Tummelplatz, der vorzüglich die Universität München geworden ist. Diese Faktion ist ihrer Sache so gewiß, daß sie es, wie Sie wissen werden, unverhohlen drucken lassen konnte, es sei diese Universität dazu bestimmt, endlich die große Aufgabe zu lösen: die Wissenschaften wieder in den Dienst der Kirche zurückzubringen.

Zu diesem Ende wurde, unter andern, der berüchtigte ehemalige Jakobiner, nunmehrige *Jesuit Görres* nach München berufen, damit er die Geschichte doziere. Sobald er angekommen war, wurden dem würdigen Hofrat *Mannert*, einem Protestanten, seine Vorlesungen über die Weltgeschichte, bayerische Geschichte etc. *verboten*. Der Jesuit hatte denn auch anfangs einen großen Zulauf; aber – ein Zeichen der Zeit! – die Jugend merkte nur zu bald, daß ihr da etwas ganz anderes als die Geschichte zu hören gegeben werde, und niemand besucht mehr seine Vorlesungen, außer diejenigen, welche sie besuchen *müssen* – die katholische Theologie Studierenden. Die Universalgeschichte wird von Görres in zwei große Epochen geteilt; von dem ersten Sündenfall bis zu dem zweiten, nämlich bis zum Jahre 1517 (der lutherischen Reform), und von dem zweiten Sündenfall bis auf die neuesten Zeiten. Alles übrige ist in demselben Sinne und Geiste. – Aus Wien wurde *Hormayer* (der österreichische Plutarch, und derselbe, welcher 1809 Tirol gegen uns insurgieren ließ) nach München berufen (wo er sich jetzt befindet), um – die *bayerische Geschichte* zu schreiben, *weil* in Bayern kein hierzu tauglicher *Katholik* vorhanden sei und nicht gestattet werden dürfe, daß bayerische Geschichte von einem *Protestanten* geschrieben werde. – Auf den Gymnasien darf bei uns die Geschichte nur noch bis zum Jahre 1517 gelehrt werden. – Auch ist ausgesprochen, wie ebenfalls zu lesen, daß die Universität München künftig von allen protestantischen Lehrern gereinigt werden müsse, und wenn man mit Schelling und Schubert eine Ausnahme mache, so sei dieses damit hinreichend gerechtfertigt, daß beide Männer, obgleich dem formellen äußern Bekenntnis nach Protestanten, doch nach ihrer Gesinnung und dem Geist ihrer Lehre mit den Rechtgläubigen auf gleichen Zweck hinarbeiten. Dieses sind Tatsachen, nichts als Tatsachen; doch bei weitem noch nicht die interessantesten unter den vielen andern, die nicht mitteilbar sind.

An dieselbe

Ansbach, den 20. September 1828

Wie könnte ich mich wegen meines langen, langen Stillschweigens entschuldigen, wenn nicht Ihre gütige Nachsicht, verehrte Mutter Elise, und die Deinige, edler Vater Tiedge, mir verzeihend entgegenkäme? Wenn ich auch noch so umständlich auseinandersetzte, wie ich in Arbeiten, Verdrießlichkeiten, Mißstimmungen, Krankheiten und andern dergleichen Hindernissen befangen gewesen, so wäre dieses alles noch keine genügende Rechtfertigung gegen den Verdacht, daß ich denn doch hätte schreiben können, wenn meine Freunde mir in den Sinn gekommen wären. Daß es aber hieran nicht gelegen, daß ich an unvergänglicher Liebe und Treue von keinem Ihrer Freunde mich übertreffen lasse, daß ich in allen Lagen und Verhältnissen meines Lebens mich vor allen Ihnen nahe fühle, Ihnen – Elise und Dir – als immer mir gegenwärtigen Schutzgeistern mich in Freud und Leid geistig mitteilte, von niemand öfter spreche, von niemand lieber höre als von Ihnen, das kann nur mein Herz Ihnen beteuern, und das können nur diejenigen mit bezeugen, welche mir täglich nahe sind. – Die Begebenheiten in Bayern berühren mich nur wenig. Ich gehöre zu den vielen – nicht den letzten an Einsicht und Besonnenheit –, welche, zurückgezogen soweit als möglich, dem bedenklichen Lauf der Dinge zusehen, die nun einmal nicht zu ändern sind. Daß ich mich über diese Sachen, also gerade diejenigen, welche zu schreiben mich am meisten interessieren würde und welche von Ihnen gelesen zu werden vor allen andern verdienten, mich durchaus nicht so äußern darf, wie ich wohl möchte, dieses ist eine der Hauptursachen, die mir schon seit lange alles Briefschreiben verleiden. – H. v. Schenk, der Verfasser des „Belisar", ehemals Protestant, aber vor längerer Zeit schon durch Hohenlohe zum rechten Glauben bekehrt, bisher Direktor des Obersten Schul- und Kirchenrats, wurde vor einigen Wochen – auch Minister des Innern. Es befremdet dieses um so mehr, da er, ein noch sehr junger Mann, niemals im Fache der

Administration gedient hat; er war erst Stadtgerichtsrat, hierauf Sekretär beim Justizministerium. Der gegenwärtige Geh. Kabinettssekretär Sr. Maj., namens Grandauer, vor einiger Zeit noch Landrichter, ist einer der tätigsten, eifrigsten Mitarbeiter an dem „Staatsmann" des berühmten – Pfeilschifter. Und dergleichen mehr könnte ich schreiben. Doch lieber zu dem armen Nürnberger Findling, dem guten *Kaspar Hauser*, an dem ich fortwährend amtlich und außeramtlich den innigsten Anteil nehme. Manches ist bei dieser noch nie erhörten Begebenheit ein Rätsel, wird es auch wohl vielleicht, aller vereinten Bemühungen der Gerichts- und Polizeibehörden ungeachtet, immer bleiben; wenigstens waren bisher alle Versuche, dem Ort der Greueltat und ihrem Urheber auf die Spur zu kommen, ohne allen Erfolg. Aber das ist unbezweifelt: Die Tat ist geschehen, und in K. H. sehen wir einen 17–18jährigen Wundermenschen, wie ihn die Welt noch nie gesehen, einen Menschen, der, seit seiner frühesten Kindheit gleichsam begraben, zuerst vor ungefähr 6 Monaten zum ersten Mal die Sonne gesehen und die Erfahrung gemacht hat, daß es außer ihm und dem Ungeheuer, das ihn mit Wasser und Brot aufftütterte, noch andere Menschen auf dieser Erde gibt. Er konnte, als man ihn zuerst in Nürnberg traf, nur wenige Worte sprechen, und hatte von den alltäglichsten Erscheinungen der Natur, nicht die allermindeste Vorstellung, wie er denn z. B. in die Flamme der Lichter griff, die Nähe oder Entfernung der Gegenstände nicht zu unterscheiden wußte, Belebtes und Unbelebtes miteinander verwechselte, vielmehr diesen Unterschied ebensowenig als die Verschiedenheit der Geschlechter kannte usw. Nur mit großer Mühe konnte er vor sich hintappen, und zwar die Hände, aber die Finger einzeln nur höchst unbehilflich, gebrauchen. Das Sonnenlicht verletzt ihn; der Geruch der zartesten Blumen, z. B. der Rose, war ihm nicht nur höchst widerlich, sondern machte ihm auch große Schmerzen. Als er zuerst die Regimentsmusik aus der Ferne hörte, war er vor Entzücken außer sich; in der Nähe war sie ihm schmerzlich. Er konnte nur Wasser und Brot genießen; jedes andere Getränk, selbst Milch, und das kleinste bißchen Fleisch erregten ihm nicht bloß Ekel und Grausen, sondern auch Fieber. Auch noch jetzt genießt er weder Fleisch noch Gemüse noch Obst. Als ich ihn vor zwei Monaten in Nürnberg besuchte, hatte er noch nicht den Mond noch den Sternenhimmel gesehen, wußte nicht, was der Winter sei, konnte nicht begreifen und wollte nicht glauben, daß er jemals kleiner gewesen, als er jetzt ist, und hatte – was auch noch jetzt der Fall – durchaus keinen Sinn für die Schönheit einer Landschaft und der Natur überhaupt. Einzelne Blumen gefielen ihm, z. B. die Rose, wie er denn überhaupt die rote Farbe allen andern vorzieht, aber nächst Schwarz war ihm alles Grün zuwider, und er freute sich daher sehr auf den Winter, als ich ihm sagte, dann werde er diese Landschaft vor seinem Fenster nicht mehr grün, aber sehr oft und lange ganz weiß sehen, wie da die Wände seines Zimmers. Was das heißt: Pflanzen wachsen, hat er vor noch nicht langer Zeit erst dadurch gelernt, daß man Bohnen und andere Samen ihn in die Töpfe setzen ließ und dann auf ihre Entwicklung aufmerksam machte; vorher betrachtete er alle Pflanzen als menschliche Kunstprodukte und wunderte sich, wie es doch möglich sei, daß die Menschen so viele Blumen machten, so viele Blätter auf den Bäumen ausschnitten, und wozu? – Kaspar ist übrigens ein Mensch von den herrlichsten Naturanlagen, begabt mit der schnellsten Fassungskraft und einem bewundernswürdigen Gedächtnisse. Seinen Durst nach Wissen, um alles das nachzuholen, „wovon ihm der, bei dem er gewesen", nichts gesagt, äußert er immer auf eine wahrhaft rührende Weise. Was er nur immer sieht, davon will er die Erklärung, und hängt diese von Begriffen ab, die ihm noch fremd sind, so sagt er traurig: „Auch das noch lernen! Auch davon hat der, bei dem ich gewesen, mir nichts gesagt." Seine Fortschritte sind außerordentlich; wozu andere Monate oder Jahre brauchen, lernt er in Tagen. Gegenwärtig ist er schon so weit, daß kaum noch interessante psychologische Betrachtungen an ihm zu machen sind. Er spricht schon vollkommen verständlich und zusammenhängend, nur konstruiert er oft noch die Sätze wie ein Kind; seine Handschrift ist fest, beinahe schön, und vor einigen Tagen erhielt meine älteste Tochter, die ihn zu Nürnberg besucht und dann beschenkt hatte, einen recht artigen Brief von ihm. Ganz für sich selbst fing er zu zeichnen an und machte darin bald ebenfalls bewundernswürdige Fortschritte. Sieht er eine Kunst oder Fertigkeit üben, die ihn interessiert, sogleich will er sie lernen, läßt sich zeigen, wie man es macht, ahmt es in einem oder einigen Tagen schon bis zu einer gewissen Vollkommenheit nach, gibt es aber, sobald er es gelernt hat, wieder auf. Überhaupt ist es merkwürdig, daß ihn nicht sowohl die Gegenstände des Lernens interessieren als das Lernen selbst, das seine einzige Leidenschaft ist. Was kaum erklärbar, ist die erstaunliche Liebe zur Reinlichkeit und Ordnung, die er gleich nach seinem Erscheinen in Nürnberg äußerte, obgleich sein Leib mit einer Haut von vieljährigem Schmutz überzogen war. Alle die unzähligen Dinge, womit ihn die Nürnberger beschenkt hatten, Spielsachen, Kleidungsstücke usw., standen in seinem Zimmerchen auf das schönste symmetrisch geordnet da, als ich ihn besuchte; jedes Papierchen, das auf dem Boden lag, war ihm zuwider und wurde sorgfältig aufgehoben; an seinen oder eines andern Kleidern bemerkte er jeden Schmutzfleck, jedes Stäubchen. Die Nürnberger haben ihn mit allem Nötigen, sogar mit vielem Überflüssigen, mit neumodischen Fracks, Westen usw., versehen, und nun glaubt man in ihm, wenn er ausgeht, einen halben petit-maître [jungen Herrn] vor sich zu haben. – In sittlicher Beziehung ist Kaspar Hauser eine lebendige Widerlegung des Lehrsatzes von der Erbsünde. Die reinste Unschuld und Herzensgüte zeigte sich in allem seinen Tun und Reden, obgleich er von Recht und Unrecht, Gut und Bös nicht die allermindeste Vorstellung hatte. Vor Menschen hatte er durchaus keine Furcht oder nur Schüchternheit; alle waren ihm *gut*, und alle hielt er für *schön*. Als ich ihm unter anderm meinen Unwillen gegen den Bösewicht äußerte, der ihn so lange gefangengehalten, wies er mich strafend zurecht: Der, bei dem er gewesen, sei nicht bös, sondern sein Vater – so nannte er damals, als ich ihn besuchte, jeden Menschen, dessen Aufsicht er übergeben war, – der ihm zu essen und trinken gegeben. Erst seit ungefähr zwei Monaten scheint es ihm klar geworden zu sein, daß er der Gegenstand einer Missetat gewesen, und äußert seitdem die größte Furcht bei dem bloßen Gedanken an die Möglichkeit, seinem Kerkermeister wieder in die Hände zu fallen. Von Leidenschaften oder üblen Neigungen hat sich, außer der nunmehr erwachten Eitelkeit, noch nichts in ihm geäußert. – Daß die Idee von Gott dem Menschen nicht angeboren ist, sondern nur von außen, entweder durch die Betrachtung der Natur oder durch Unterricht, in uns kommt, zeigt sich an unserm Kaspar ebenfalls ganz deutlich. Wie es in diesem Augenblick in dieser Hinsicht mit ihm steht, weiß ich zwar nicht; aber vor nicht langer Zeit ließ sich noch nichts wahrnehmen, woraus sich hätte schließen lassen, daß er von Gott, von einem ersten Urheber der Natur, irgendeine Vorstellung in sich habe. Die Dogmatik und die Geistlichkeit hat man, glücklicherweise, bis jetzt noch von ihm entfernt zu halten gewußt. Das Aussehen Kaspars ist gesund; indessen waren seine Nerven infolge der gewaltigen Eindrücke von der unendlichen Masse neuer Dinge, die auf einmal ununterbrochen durch alle Sinne auf ihn eindrangen, äußerst reizbar, so daß man für sein Leben einigermaßen besorgt sein konnte. Jetzt ist er durch sorgsame Pflege und die zarte, anständige Behandlung seines Pflegevaters und Erziehers, des Professor Daumer, dem er übergeben worden, außer Gefahr gestellt. Seit einiger Zeit zeigen sich an ihm die merkwürdigsten physiologischen Erscheinungen; er sieht, ohne Kakerlak zu sein, bei finsterer Nacht ebensogut als bei Tag, unterscheidet auf weite Entfernung die Gegenstände durch den bloßen Geruch usw. Seine Physiognomie hat nichts Ausgezeichnetes, und besonders wenn er spricht, gerät die ganze linke Hälfte seines Gesichts in unangenehme Zuckungen; gleichwohl übt seine Gesichtsbildung durch die in ihr ausgeprägte Unschuld und Herzensgüte einen unwiderstehlichen Zauber. Wer ihm naht, gewinnt ihn sogleich lieb. Wer übrigens glauben wollte, Kaspar müsse sich in seiner dermaligen Lage, welche äußerlich durchaus nichts zu wünschen übrigläßt, besonders glücklich fühlen, würde sich sehr irren. Er freut sich wohl abwechselnd über viele einzelne Dinge, wenn sie seine Sinne angenehm berühren oder seinem Heißhunger im Lernen Befriedigung gewähren. Allein der Grundton seiner Gemütsstimmung ist eine stille Schwermut, die er, zumal jetzt, nicht selten in deutlichen Äußerungen zu erkennen gibt. – In der Geschichte seiner Gefangenhaltung und Transportierung nach Nürnberg ist manches unglaublich oder rätselhaft, gewiß auch manches unwahr. Diese Geschichte wurde ihm abgefragt zu einer Zeit, wo er fast noch gar keine Begriffe, keine Vorstellungen von der Natur und menschlichen Dingen, am wenigsten die gehörigen Worte dafür hatte, wo er also öfter in seinem verworrenen, dunkeln Kauderwelsch etwas ganz anderes sagte, als er sagen wollte, oder der Fragende Spielraum genug hatte, seine eigenen Gedanken, Meinungen und Hypothesen den ihm gegebenen Antworten unterzulegen. Außerdem aber habe ich Ursache zu glauben, daß der Barbar, in dessen Gewalt Hauser gewesen, ihm durch fürchterliche Drohungen über gewisse Punkte eine Lektion eingeprägt hat, welche hauptsächlich bezweckt, der Nachforschung nach dem Ort und dem Urheber der Tat den erforderlichen Leitfaden zu verstecken. Es ist wohl zu bemerken, daß Kaspar gegen alle Personen, denen er Achtung oder Dankbarkeit schuldig zu sein glaubt, den unbedingtesten Gehorsam zu leisten pflegt. Erst wenn Kaspars Verstand vollkommen entwickelt und mit den nötigen sittlichen Begriffen ausgerüstet ist, wenn die Vorstellung von dem Bösewicht, mit dem er sein Leben lang gleichsam nur *eine* Person ausmachte, allen Einfluß auf sein Gemüt verloren hat, und wenn er durch längere Erfahrung von der Überzeugung durchdrungen ist, daß er für immer unter einem Schutze steht, gegen welchen sein ehemaliger Herr nichts vermag, erst alsdann läßt sich hoffen, mehr und anderes von ihm zu erfahren, was vielleicht zum Ziele führt. – Von der äußersten Wichtigkeit wäre es, wenn man von Anfang ein umständliches Tagebuch über die vielen psychologischen und physiologischen Erscheinungen an Kaspar geführt hätte. Aber das fiel den Nürnberger Philistern nicht ein, ich selbst habe erst die Veranlassung gegeben, daß die Bruchstücke jener merkwürdigen Erfahrungen nachträglich gesammelt werden. Überhaupt behandelten diese Nürnberger unsern Kaspar monatelang bloß als einen Gegenstand der Neugier; sein Pflegevater war ein Gefangenwärter; wie ein fremdes Tier wurde er in Gesellschaften und Wirtshäusern zur Schau herumgeführt, war den ganzen Tag der Schaulust der Neugierigen preisgegeben, mußte an sich beständig experimentieren lassen, indem man ihm z. B. Wein und anderes dergleichen, wovon man wußte, daß es seine Natur nicht vertragen konnte, heimlich in sein Wasser goß, und er stand so in der nahen Gefahr, in kurzer Zeit geistig und körperlich zugrunde gerichtet zu werden. Daran, daß man diesen Unglücklichen der *Erziehung* eines gebildeten Mannes ausschließend übergeben müsse, war von dem Herrn Bürgermeister, der in seiner öffentlichen, übrigens ganz ungeeigneten, voreiligen Bekanntmachung soviel Humanität affektiert, gar nicht gedacht worden. Meine Reise nach Nürnberg gab erst der Sache eine andere Wendung, indem ich den ganzen Unfug, der mit Kaspar getrieben wurde, meinem würdigen Kollegen, dem Regierungspräsidenten Hrn. v. Mieg, anzeigte, diesen auf das Erforderliche aufmerksam machte und denselben veranlaßte, sogleich selbst nach N. zu reisen und sich mit eigenen Augen zu überzeugen. Hierauf erst wurde Kaspar dem Prof. Daumer übergeben, der ein sehr braver und einsichtsvoller Mann ist und so wie seine Familie ganz für diesen außerordentlichen Zögling lebt. Bald nach dem Eintritt in das friedliche Stilleben dieser Familie wurde Kaspar ernstlich krank, gewiß nur infolge der einfältigen, unbesonnenen Behandlung, die er, nach seiner Befreiung aus dem Kerker, zu Nürnberg zu erleiden hatte. Sobald sich etwas mit Kaspar ereignet, was von einiger Bedeutung ist, werde ich es Ihnen, sofern es mittelbar ist, sogleich zu schreiben nicht unterlassen.

Doch jetzt muß ich schließen, wenn ich mir nicht den Vorwurf zuziehen will, nicht nur, daß ich zu selten, sondern auch, wenn ich einmal zu schreiben anfange, allzuviel schreibe. Übrigens mit den alten Gesinnungen ewiger innigster Verehrung und Freundschaft

der Ihrige

An dieselbe

Ansbach, den 13. Oktober 1828

So gern ich Ihren und Tiedges Wünschen, unsern Kaspar betreffend, entsprechen möchte, so wenig wollen mir dieses, wenigstens dermalen schon, die Umstände gestatten.

Schon meine amtliche Stellung erlaubt es mir nicht, einen Gegenstand, wie dieser es ist, vor dem Publikum zur Sprache zu bringen, da derselbe zu den strafrechtlichen Sachen gehört, welche zu meiner Jurisdiktion ressortieren, und wir hierüber den Schleier des Geheimnisses festzuhalten leider die Verbindlichkeit haben. Hauser ist zwar zugleich ein rein psychologisches Phänomen; indessen würde es schwer, wo nicht unmöglich sein, in dieser Beziehung von ihm zu sprechen, ohne zugleich das an ihm begangene Verbrechen, die Art, wie er gefangengehalten und behandelt wurde usw., mit in die Betrachtung zu ziehen. Zudem habe ich der Neider und Feinde so viele, daß besonders ich alle Ursache habe, zumal bei solchen Dingen, mich hinter den Verschanzungen meines Amtes zu halten. Was aber die Hauptsache ist, so fehlt es mir ganz an den erforderlichen Materialien, um etwas Gediegenes, Befriedigendes zu liefern. Kaspar wurde in der ersten Zeit zwar von vielen Neugierigen gesehen, von manchen auch beobachtet, aber entweder nicht zusammenhängend oder nicht mit gehörigem Blick. Ein Tagebuch wurde gar nicht über ihn geführt; ich zuerst schlug Lärm darüber, daß man zu Nürnberg diese Erscheinung mit so brutaler Gleichgültigkeit behandle; dann war es aber größtenteils schon zu spät, wegen des raschen Ganges der geistigen Entwicklung dieses Menschen. Das einzige, was ich noch erwirken konnte, war, daß ich einzelne veranlaßte, dasjenige, was sie entweder selbst noch in ihrem Gedächtnisse hatten oder von andern glaubwürdigen Männern erführen, niederzuschreiben. An gehörige Zeitfolge, worauf doch so vieles ankommt, war nunmehr gar nicht zu denken. Was auf diese Weise bemerkt wurde, findet sich bereits in verschiedenen Zeitschriften, z. B. „Hesperus“ usw., gedruckt. Umständlicheres werden vielleicht noch die Prof. Daumer und Hermann (zu Nürnberg) über Kaspar bekannt machen. Aber ich fürchte, daß die Hegelsche Philosophie dabei allzu laut das Wort führen möge. Überhaupt gab mir bei diesem ganz einzigen Falle die Armseligkeit, Gemeinheit und selbst Inhumanität der meisten Menschen, von denen sich Besseres vermuten ließ, vielfache Gelegenheit zu Ärgernissen. Mein Brief, verehrte Freundin, wird nicht wohl mitteilbar sein, teils weil mein Name leicht mit ins Publikum gebracht werden könnte, teils weil er zu schlecht stilisiert und alles zu unordentlich, unzusammenhängend, wie es eben in die Feder kam, darin durcheinandergeworfen ist, als daß er nicht sogar vor den Augen so nachsichtiger Freunde, wie Sie und Tiedge, der Entschuldigung bedürfte. – Der vornehme und gemeine Pöbel verschiedener Orte hält unsern Kaspar für eines vor mehreren Jahren zu München verstorbenen, sehr reichen Grafen Sohn, welcher von einem andern sehr hochstehenden Grafen auf die Seite geschafft worden sei, um die Güter des ersten (in Betrag von einigen Millionen) an sein Haus zu bringen. In einem Artikel des „Hesperus" ist dieses sogar öffentlich gesagt und das gräfliche Haus, das sich solchen Verbrechens schuldig gemacht habe, so bezeichnet, daß dasselbe, in Bayern wenigstens, mit Händen zu greifen ist. Mir aber – soweit ich die Geschichte jener Erbschaft und die Verhältnisse des angeblichen Vaters kenne – erscheint die ganze Erzählung als eine schändliche Verleumdung, ausgestreut von einem Erbschaftsprätendenten, welcher über die Sukzession in die Güter jenes Grafen mit ihrem dermaligen Besitzer in einen merkwürdigen Prozeß verwickelt war, welcher, wie ich glaube, vor einiger Zeit durch Vergleich erledigt worden ist. – Wenn einige Zeit noch verflossen ist, wird man wohl allerdings unsern Kaspar in Begleitung eine Reise machen lassen. Dermalen ist dieses noch darum nicht wohl tunlich, weil er allzu große Furcht äußert, sobald man sich mit ihm weit von Nürnberg entfernt. Was Tiedge über das Wiedererkennen des Wächters durch bloßen Geruch äußert, ist mir sehr wahrscheinlich. Neulich machte man mit Kaspar einen Spaziergang vor die Stadt. Als er in eine gewisse Gegend kam, klagte er über einen entsetzlichen Gestank und bat, daß man mit ihm umkehren möge. Es war der noch sehr weit entfernte Kirchhof, der auf Kaspar diesen Eindruck gemacht hatte. Möge dieser Brief Sie, Verehrteste, bei besserer Gesundheit treffen, als der Ihrige Sie verlassen hat.

An Herrn v. Spies

Ansbach, den 27. Oktober 1828

Ihr gütiges Schreiben vom 21. Oktober d. J. setzt mich, wie Sie gewiß im voraus sich selbst schon werden gesagt haben, in schwere Verlegenheiten, aus welchen ich, wenigstens bis diesen Augenblick, mich noch nicht herauszufinden gewußt habe. Es bedarf wohl nicht erst der Versicherung, daß ich das Vertrauen, womit unseres Hrn. Justizministers Exzellenz mich zu beehren geneigt sind, nach seinem ganzen hohen Wert zu schätzen und auf das dankbarste zu verehren weiß. Wäre der Auftrag zur Abfassung des Bürgerlichen Gesetzbuches in der langen Reihe von Jahren seit 1814, während welcher man des Dienstes meiner besseren Kräfte nicht bedurfte, an mich ergangen so weiß ich, daß Pflicht und Ehre mir keinen Augenblick erlaubt haben würden, in meinem Entschlusse zu schwanken. In einem Alter hingegen, wo schon die Jahre ernstlich mahnen, mit dem noch kleinen Vorrat von Zeit und Kräften sparsam umzugehen, pflegt man bei großen Unternehmungen, zumal wenn deren Erfolge nicht klar vor Augen liegen, sich ängstlicher zu bedenken. Die an mich gestellte Frage, ob ich wohl jenes Werk zu unternehmen geneigt sei, heißt für mich nichts Geringeres als: ob ich fortan, nach geleisteter amtlicher Tagesarbeit, den besten Teil meines wenigen geistigen Vermögens, wie bisher geschehen, den Wissenschaften nützlich zuwenden oder an eine Arbeit hingeben soll, von welcher, so herkulisch sie ist, mit allem Grund befürchtet werden muß, daß sie vergeblich getan werde. – Ich rede in diesem Briefe vertraulich zu Ihnen als Freund und frage Sie, ob Sie so, wie die sachlichen und persönlichen Verhältnisse in Bayern stehen, es irgend für möglich halten, daß ein Werk wie ein Bürgerliches Gesetzbuch, und wäre es von einem Erzengel geschrieben, durch alle unsere Kommissionen, Sektionen, Deputationen und Kammern – selbst wenn jedes einzelne Mitglied derselben, wie ich zu glauben geneigt bin, solch ein Buch ebensogut zu schreiben imstande wäre wie derjenige, der es geschrieben hat – hindurchdringen könne, ohne – wenn es überhaupt den Durchgang gewinnt –

als ein zerlästertes, zerrissenes, verpfuschtes, sündliches Machwerk in die Welt zu treten, welches dem Lande zum Unglück, jedem, der seine Hand dabei im Spiel hatte, vor allem aber dem Sündenbock-Redakteur, zur Schande gereicht? Die Verfasser aller vorhandenen rühmlichen Gesetzgebungswerke besaßen zugleich die Macht oder wenigstens den Einfluß, dessen es bedurfte, um ihrem Werke die erforderliche Geltung zu verschaffen. Welcher einigermaßen ehrenwerte Baumeister wird aber auf *seine* Gefahr auch nur ein gemeines Wohnhaus, geschweige einen Palast, unter *der* Bedingung auszuführen unternehmen, daß das Gebäude, sobald es fertig geworden, von dem Maurer- und Zimmergesellen, im Verein mit den pastoribus loci [Seelenhirten des Orts] und mit einem Haufen Leute, wie man sie auf der Straße findet, geprüft, dann, je nachdem die majora [Mehrheiten] fallen, bald diese, bald jene Partie eingerissen, angebaut, eingeschoben oder eingeflickt und zuletzt, was noch immer das Beste bei der ganzen Operation bleibt, vom Giebel bis zum Boden zusammengeworfen werde? Um Großes zu unternehmen, dazu bedarf es des Mutes, und hierzu wenigstens der Hoffnung des Gelingens. Sooft ich auf mein legislatives Wirken in Bayern zurücksehe, dringt sich mir mit Schrecken oder Wehmut der Gedanke auf, daß ich größtenteils die Bestimmung meines Lebens verfehlt, daß ich den schönsten Teil meiner Jahre und meiner Kraft unter Verdruß und Mühseligkeiten, ohne Nutzen wie ohne Dank, an die mancherlei vergeblichen Versuche des bayerischen Staats, sich eine allgemeine Gesetzgebung zu schaffen, verschleudert habe. Vieles andern will ich nicht gedenken. Aber schon sind *zwei Entwürfe* zu einem bayerischen *Bürgerlichen* Gesetzbuche aus meiner Feder hervorgegangen: der eine in den Jahren 1808ff. nach der Grundlage des Code Napoléon; der andere (gemeinschaftlich mit Gönner, dem davon ein Drittel gehört) in den Jahren 1811ff. auf der Grundlage des Cod. Max. Und alle diese unsäglichen Anstrengungen kräftiger Lebensjahre, was haben sie gefördert? Sie sind – in Makulatur aufgegangen. Daß auch der dritte Entwurf kein besseres Schicksal haben werde, ist ein Gedanke, dessen sich schwerlich derjenige erwehren kann, dem die Erfahrung bereits so starke Lehren gegeben hat. Der übrigen, Ihnen selbst, verehrter Freund, nur zu wohl bekannten ältern und jüngern Erfahrungen will ich gar nicht erwähnen, da bei Handlungen der Pflicht, die sich selbst belohnen müssen, die Rücksicht auf der Menschen Dank oder Undank nicht mit in Berechnung kommen darf. Wenn ich nun alles übrige zusammenfasse, was mir so klar, als wäre es geschrieben oder schon geschehen, vor der Seele steht, so weiß ich in der Tat keinen vernünftigen Beweggrund zu finden, welcher mich bestimmen könnte, noch einmal die Last einer riesenhaften, gleichwohl, meiner Ansicht nach, erfolglosen, undankbaren Mühe über mich zu nehmen, es müßte denn *dieser* sein, um zu verhindern, daß nicht die Arbeit in andere dienstwillige, eilfertige Hände* gerate, welche sie als Gelegenheit und Mittel zu mancherlei anderen Nebenverrichtungen würden benutzen können. Aber noch zur Zeit weiß ich nicht, wozu ich mich entschließen soll. Es ist diese Angelegenheit zu wichtig, um sie auf der Stelle von mir abzulehnen; sie legt mir zu große Opfer auf, um mich, ohne reifere Überlegung, in dieselbe zu verwickeln. Des Hrn. Ministers Exzellenz muß ich daher ersuchen, mir zuvor noch Bedenkzeit zu gestatten.

Vorläufig aber erlaube ich mir schon jetzt eine Bemerkung, welche mir mit der Sache selbst in wesentlicher Beziehung zu stehen scheint. Nach den bisherigen Vorgängen zu schließen, hat derjenige, welcher dieser Arbeit sich unterzieht, zugleich vor allem die Verpflichtung zu übernehmen, *bis zu einer bestimmten Zeit das Werk fertig zu liefern.* Se. Exzellenz der Hr. Justizminister und Sie, verehrter Freund, und jeder, dem die Beschaffenheit der Sache nicht ganz fremd ist, wird mir gern zugestehen, daß die Abfassung eines Zivilgesetzbuches nicht zu derjenigen Gattung von Verrichtungen gehöre, welche auf *Zeitbestellung* gegeben oder übernommen werden können, und daß der Mann, der Stirn genug hätte, zu versprechen, er wolle und werde binnen soundso viel, vielleicht sogar eng bemessener Zeit ein Bürgerliches Gesetzbuch verfertigen – eben dadurch den klarsten Tatbeweis geben würde, daß er solcher Aufgabe ebenso unwürdig als dazu untüchtig sei. Nach der ungeteilten Überzeugung aller

* Ich meinte damals den Hrn. Häcker.

Zeiten ist ein Gesetzbuch, vor allem das bürgerliche, die wichtigste Unternehmung eines Staates und eines der höchsten, schwierigsten Probestücke des menschlichen Verstandes; will man ein solches Werk auch noch so *gering* taxieren, so wird man es doch wenigstens den *freien Geisteswerken* zuzählen müssen, bei welchen, weil sie immer des Beistandes der nicht immer günstigen Minerva bedürfen, sich nicht im voraus berechnen läßt, wieviel Stücke, Ellen usw. stündlich oder täglich daran gefertigt werden können. Zudem ist solche Arbeit, soll sie einigermaßen würdig getan werden, von so anstrengender Art, daß, wer sich zutraut, dabei ununterbrochen auszuhalten und sie gleichsam in *einem* Sitze zu verrichten, sich darunter entweder nur eine Fingerarbeit denken kann oder sich etwas mehr als menschliche Geisteskraft zutrauen muß, wie ich wenigstens sie nicht zu besitzen mich gern bescheide. Bei andauernder Gesundheit, heiterem Geist und leichtem Gemüt, wenn ich mir nebenbei meine Amtsgeschäfte in etwas erleichterte, überdies von der unumgänglich nötigen *Beihilfe* unterstützt würde, möchte ich wohl – soweit dieses voraus zu ermessen möglich ist – mir allerdings zutrauen, mit einem solchen Werke – vorausgesetzt, daß ich mir die Aufgabe nicht *allzu hoch* stellte, allenfalls in zwei Jahren, vielleicht in kürzerer Zeit zustande zu kommen. Allein man mache mir den doppelten und dreifachen Zeitraum zu einem *Muß*, so kenne ich meinen alten Kopf zu gut, um nicht zu wissen, daß er alsdann nicht in sechsfacher Zeit leisten wird, was er, sich selbst überlassen, in weniger als dem sechsten Teile derselben würde leisten können. Das Muß würde ich immer wie ein Schreckensgespenst, mit der Treibgeißel in der Hand, hinter meinem Rücken sehen; ein Aspekt, bei welchem einer Seele die Gedanken auszugehen pflegen, wenigstens der meinigen, welche Geistiges nur geistig zu betreiben fähig ist. Geradeso wie mir wird es aber auch gewiß, unter gleichen Voraussetzungen, einem jeden andern Manne gehen, vorausgesetzt, daß er *der* Mann ist, der so viel Geist, Kenntnisse und Fertigkeiten, und dabei so viel Gewissen besitzt, als man notdürftig braucht, um für eine Nation von 4 Millionen Menschen ein Zivilgesetzbuch zu schreiben.

Mit aller Offenheit und Unbefangenheit, welche Ihre

Freundschaft von mir zu fordern, berechtigt war, legte ich Ihnen hier die vorzüglichsten Zweifel, Bedenklichkeiten und Schwierigkeiten vor, welche ich teils in der Sache selbst, teils in meiner Person zu finden glaube; ich wünsche nichts so sehr, als daß es mir unter Ihrem Beistand gelingen möge, dieselben zu widerlegen oder wie immer zu beseitigen.

Ein köstliches, noch nie gesehenes Schauspiel wird übrigens *von Savigny* Deutschland geben, wenn *er* den Auftrag übernimmt, dem Kgr. Bayern ein Zivilgesetzbuch zu schreiben – eben der v. Savigny, der in seiner soeben neuaufgelegten bekannten Schrift das Beweisthema auszuführen übernommen hat, daß – alle eigentliche *Gesetzbücher*, welche je geschrieben worden sind und noch geschrieben werden mögen, nichts Besseres als der Tod des wahren, lebendigen Rechts seien, daß dieses Recht, solle es dem Lande wohlgehen, nur dem Volke und den sich selbst überlassenen Juristen zur freien Ausbildung überlassen werden müsse und daß nun einmal wenigstens *unsere Zeit* – unter welcher v. Savignys Bescheidenheit wahrscheinlich auch seine eigne Person mit begreift – zur Verfassung von Gesetzbüchern ganz und gar *untauglich* sei!

etc., etc.

An Herrn v. Spies

Ansbach, den 15. November 1828

Als ich in meinem Schreiben vom 27. Oktober einige meiner Zweifel an dem möglichen Gelingen eines Zivilgesetzbuchs für Bayern, nach den nun einmal bestehenden Verhältnissen, Ihnen darzulegen mir erlaubte, hatte ich die allerglücklichsten Voraussetzungen, welche den von mir zu übernehmenden Auftrag in seiner Ausführung begünstigen könnten, bereits mit in meine Berechnung aufgenommen. Daß mir nicht zugemutet werden könne, mein Werk, unmittelbar nach dessen Vollendung, gleichsam als einen partum expositum [ein ausgesetztes Neugeborenes] in die Welt hinauszustoßen, daß es mir werde gestattet sein, das Kind meiner Lust und meiner Schmerzen durch die seiner wartenden Gefahren, auf seiner langen, krummen Bahn schützend, kämpfend bis zu seinem letzten Ziele – wahrscheinlich seinem letzten Ende – zu begleiten, dieses war noch das Wenigste, was ich voraussetzte. Gleichwohl konnte ich, alles erwogen, keine anderen Ansichten gewinnen als diejenigen, für welche, wiewohl nur zum kleinsten Teil, mein vorhergehendes Schreiben Zeugnis gibt.

Se. Exzellenz hegen die Überzeugung, daß, „wenn für den Entwurf die öffentliche Stimme *bewährter* Männer mit *hohem* Beifall sich werde ausgesprochen haben", derselbe durch die Macht der allgemeinen Meinung und die Scheu vor derselben sich den Sieg werde erringen müssen. Allein ich erlaube mir hiegegen statt vieler anderen Bemerkungen nur eine einzige. Diese ist, daß jeder Entwurf zu einem Gesetzbuch, von wem auch immer derselbe verfaßt werden möge, eine Menge Seiten und Punkte darbieten werde, welche ihn als ein unvollkommenes Menschenwerk sogar dem gerechten Tadel bloßstellen müssen, daß Werke dieser Art, vor allem ein Zivilgesetzbuch, wären sie auch, wo möglich, noch vollkommener als die Vollkommenheit selbst, das sie in mancherlei Vorurteile und Interessen eingreifen, überdies wegen der vermeintlichen für den Verfasser damit verbundenen Ehre, den Neid und den Haß aufregen, ganz vorzüglich geeignet sind, bewährte wie unbewährte Männer und Männchen zum Angriffe herauszufordern, wo es denn bloß von dem Standpunkte abhängt – welchen auf dieser oder jener Seite, höher oder niedriger dem Angreifer willkürlich einzunehmen beliebt –, in welchem Licht das Werk der nicht urteilsfähigen Menge gezeigt werden soll. Wohl hatte Preußen für seinen Entwurf alle Welt zur freien *Prüfung* aufgefordert; hätte aber der *ungeteilte hohe Beifall* der zu damaliger Zeit für bewährt anerkannten Männer im voraus über dessen ganzes Schicksal entscheiden sollen – ich erinnere Sie einstweilen nur an *Schlossers* Briefe –, so wäre ganz gewiß das allgemeine Landrecht weder damals noch jemals zustande gekommen. Was von einem Entwurf billigerweise verlangt und erwartet werden kann, ist die Einheit und Richtigkeit der Prinzipien, die Übereinstimmung und folgerechte Durchführung der Grundsätze, der innere, logische Zusammenhang der Teile und endlich eine würdige, gediegene, kunstgerechte Form; seine *materielle*, zum Teil auch *formelle*, *Vollkommenheit* aber, durch welche er würdig und tüchtig wird, als *Gesetz* die Verhältnisse des gesamten bürgerlichen Lebens einer ganzen Nation zu ordnen, kann derselbe erst nach vielfertiger *Prüfung* durch andere gelehrte und erfahrene Männer gewinnen. Allein diese Prüfung (soll nicht das Mittel seinen Zweck zerstören) darf nicht in den Formen *kollegialer*, nach der *Mehrheit* gefaßter Beschlüsse sich geltend machen wollen. Dem Mann oder den Männern – wie z. B. Carmer, Suarez –, welchen man so viel Geschick und Redlichkeit zutraut, um den Entwurf zu verfassen, muß man zugleich, wenn aus der Sache etwas werden soll, so viel Einsicht, Unbefangenheit, Gewissenhaftigkeit und Ehrgefühl zutrauen, daß sie – wo es nicht zugleich auf hohe *politische* Fragen ankommt – von selbst jede Erinnerung, soweit sie taugt und paßt, redlich zu benutzen und hiernach gehörigen Orts zu streichen, zuzusetzen, zu ändern und umzuarbeiten wissen werden. Dieses sind nun aber freilich insgesamt Voraussetzungen, welche nach unserer Verfassung, nach unseren Staatseinrichtungen und nach den einmal bei uns herrschenden Ansichten nie zur Wirklichkeit gelangen können, und weshalb ich schon seit langer Zeit der Überzeugung lebe, daß es zwar ein großer Übelstand in Bayern sei, *kein* allgemeines Gesetzbuch zu haben, daß es aber ein bei weitem größeres Unglück sein würde, auf dem jetzt allein gangbaren Wege, wohl gar in galoppierender Eile – ein solches zu *bekommen*. Eine allgemeine *Gleichheit* würde wohl erzielt werden; doch nur – ich rede frei von der Brust – eine allgemeine Gleichheit der Konfusion, der Rechtsungewißheit und Rechtsverwirrung. – Meine Ansichten können irrig sein; aber wer sie nun einmal hat, wird kaum des freudigen Mutes genug in sich finden, um Hand an ein Werk zu legen, das er mit solchen Augen betrachtet. Von allem diesem abgesehen, so leben wir in einer Zeit, wo sich kein bürgerliches Gesetzbuch schreiben läßt, ohne rechts oder links an eine oder andere der im schroffsten Gegensatze einander gegenüberstehenden *Parteien*, welche nicht Bayern allein, sondern die Welt in zwei Hälften spalten, auf das feindlichste anzustoßen. Wollte ich, um *zeitgemäß* zu sein, gewisse durchgreifende, von allen Verständigen längst als wahr und heilsam anerkannte Ideen *aufopfern*, so müßte ich gegen mein Gewissen handeln, mich dem, wenigstens nach meiner Überzeugung, *Schlechten* dienstbar machen und meinen Namen entehren; wollte ich *jene Ideen* – wie ich müßte – meinem Werke *zum Grunde legen*, so würden sogleich ganze Heerschaaren von Fledermäusen, Nachteulen und Käuzchen, welche sich in unserer Zeit nicht etwa in Sümpfen und Felsritzen verstecken, sondern am hellen Tage umherfliegen, um mit ihrem Schwarme womöglich die Sonne zu verfinstern, wider das ganze Werk und gegen die Person des armen, bald von allem Beistand verlassenen Redakteurs unbarmherzig losstürmen. Auch meine persönliche Eigenschaft als Fremder – wofür ich, in Altbayern wenigstens, noch immer gelte, einer *andern* Eigenschaft nicht zu gedenken – würde schon für sich allein hinreichen, um bei den Kommissionen wie bei der Mehrheit der Stände eine Opposition aufzuregen, welche leicht der besten Sache den schlimmsten Ausgang bereiten könnte.

So sehe ich denn auf der einen Seite nichts als die höchste Ungewißheit – um nicht zu sagen: äußerste Unwahrscheinlichkeit – irgendeines erfreulichen Erfolgs, auf der andern hingegen nichts als eine desto entschiedenere Gewißheit der schwersten Opfer.

Das erste, nicht das kleinste dieser Opfer würde sein, daß ich dem besten Teil meines schönen, durch viele stille, darum nicht minder segensreiche Erfolge höchst belohnenden amtlichen Wirkungskreises für lange Zeit mich zu entziehen würde genötigt sein. Wieviel ein Justizpräsident, wenn ihm Kopf und Herz nicht ganz auf dem unrechten Platze stehen und wenn sich derselbe in die höheren, in der Hofratsordnung *nicht* genannten Pflichten seines Amtes hineingelebt hat, für das Gute und Rechte zu wirken vermag, dafür habe ich seit mehreren Jahren die volle erhebende Überzeugung, hierdurch aber und durch lange Gewohnheit eine so innige Anhänglichkeit an meinen amtlichen Beruf gewonnen, daß ich von ihm, in welchem ich die edelste Bestimmung meines Lebens gefunden, nicht ohne den größten Schmerz, selbst nicht ohne Vorwürfe meines Gewissens, mich auf lange unbestimmte Zeit würde loszusagen imstande sein.

Als ich vor nun beinahe 25 Jahren zum ersten Male von der bayerischen Regierung mit dem Auftrage zur Entwerfung eines Gesetzbuches beehrt wurde, faßte mein jugendlicher Ehrgeiz – Ihnen will ich es gern gestehen – den kecken Gedanken: für Bayern und, durch Bayern, vielleicht für Deutschland gesetzgebend in dem weitesten Umfange dieses Wortes zu werden. Von nun an war meine ganze Seele nach diesem Ziele hingewendet; alle meine theoretischen Studien, all mein Denken, Beobachten und Wirken hatte ausschließend diese Richtung genommen; selbst meine seitdem herausgegebenen literarischen Werke waren nur von dem legislativen Gesichtspunkte ausgegangen; und alles, was ich seit meiner Versetzung in das Ministerium und später in den Geheimen Rat erfuhr, alle die vielfältigen, entweder nur halb gediehenen oder ganz zunichte gemachten und dann wieder von vorne angefangenen und hierauf wieder vereitelten Versuche vermochten lange Jahre hindurch nichts über meinen Enthusiasmus für das Schoßkind meiner Jugendliebe, bis ich endlich einzusehen glaubte, daß die bayerische Gesetzgebung für mich nichts anders sei als der neckende Stein des Sisyphus, der, sooft man ihn mit unsäglicher Mühe bis zum Gipfel des Berges hinaufgeschoben, von da wieder in die Tiefe hinabrollt, um von hier aus aufs neue, mit gleichem Erfolg, wieder hinausgewälzt zu werden. – Jetzt, wo schon bald die Abenddämmerung meines Lebens hereinbricht, stellt sich mir die alte, noch immer reizende, längst aufgegebene Geliebte meines Herzens noch einmal lockend in den Weg. Sooft sie mich auch schon hintergangen und betrogen, so versagen mir gleichwohl meine eigenen Lippen den Dienst, wann sie das Nein aussprechen sollen, das mich auf ewig von ihr scheidet; denn ich habe sie zu innig und zu lang geliebt. Möge der Herr Justizminister selbst zwischen ihr und mir entscheiden und dann für mich, in meine Seele jenes Wort ihr sagen!

Mit den bekannten Gesinnungen unverändert und immer

der Ihrige

An H. v. Spies

Ansbach, den 30. November 1828

Verehrter Freund! Ihr letztes Schreiben vom 25. Nov. und Herrn von Miegs fortgesetzte Bemühungen haben endlich so viel über mich vermocht, daß ich der bewußten falschen Jugendgeliebten wenigstens nicht mehr ganz den Rücken zurückkehre und sogar den Wunsch in mir hege, daß es mir möglich gemacht werden möchte, mich mit ihr von neuem zu verbinden. Wie ernstlich dieses gemeint sei, mögen Sie aus folgendem entnehmen.

Hrn. v. Mieg, mit welchem ich das Glück habe in freundschaftlichem Verhältnisse zu stehen, habe ich gleich von Anfang an über diese für den Staat ebenso wichtige als für mich kritische Angelegenheit in das Vertrauen gezogen. Wie mit mir selbst, habe ich mit ihm überlegt. Er kennt alle meine Ansichten und ist zum allergrößten Teil damit einverstanden. Als ich ihm von Ihrem letzten Schreiben Mitteilung machte, äußerte er mir, seine Überzeugung sei nunmehr kürzlich folgende: Wenn ich nicht schlechterdings abgeneigt sei, den Antrag zu übernehmen, ja, selbst wenn ich für die Annahme desselben ganz entschieden wäre, so halte er es, abgesehen von meinen persönlichen Rücksichten, der Sache selbst wegen für schlechterdings notwendig, daß, statt des beschwerlichen, langsamen, immer nur zum kleinsten Teil ausreichenden Vehikels der Korrespondenz, der Weg mündlicher Besprechung eingeschlagen werde; hierauf möge ich unverzüglich in meinem Antwortschreiben bei Sr. Exzellenz den Antrag stellen. Auch ich bin lebhaft hiervon überzeugt. So unangenehm eine Reise in gegenwärtiger Jahreszeit, zumal nach München, für mich ist, so muß ich sie gleichwohl schon darum wünschen, um von der peinigenden Ungewißheit über die Bestimmung meiner nächsten Lebensjahre so bald als möglich erlöst zu werden. In einigen wenigen Tagen mündlicher Unterredung wird alles auf die eine oder andere Weise entschieden sein. Mit Briefen wird in einer so vielseitigen Angelegenheit nichts ausgerichtet, zumal wenn es darauf ankommt, dieselbe zu beschleunigen und ihr ein gedeihliches Ende vorzubereiten. Falls Se. Exzellenz meinen Antrag genehmigen, so habe ich weiter nichts mir zu bedingen als den billigen Ersatz der geringen Kosten meiner Reise und meines Aufenthalts zu München, aus welchem so schnell als möglich wieder hinwegzukommen ich selbst das allerdringendste Interesse habe.

Da ich, um aller Welt willen, nicht wünschen kann, daß Se. Majestät von mir als einem zur Abfassung des Zivilgesetzbuchs tauglichen oder dazu vorläufig ausersehenen Subjekt Notiz nehmen, und ich gleichwohl nicht umgehen könnte, mich Allerhöchstdenselben vorzustellen, so würde ich meine Anwesenheit zu München durch den Vorwand kolorieren können, daß ich dahin gereist sei, um Sr. Majestät für die Anstellung meines Sohnes Eduard als Professor der Rechtswissenschaft zu Erlangen persönlich meinen Dank zu sagen.

Sr. Exzellenz bitte ich meine ungeheuchelte Ehrfurcht und Ergebenheit zu versichern.

In Erwartung baldiger Antwort

der Ihrige

An H. v. Spies

Meine Schluß-Erklärung

Ansbach, den 6. Dezember 1828

Eine Anwandlung meines gewöhnlichen Herbstübels, welches mich diese Woche für einige Tage das Bett zu hüten nötigte, gab mir Zeit und Veranlassung, den Gegenstand unseres bisherigen Briefwechsels nochmals ruhig und reiflich zu erwägen, wo ich dann fand, daß ich mich selbst und alle Dinge neben und über mir vergessen haben mußte, als ich es, laut Inhalt meines Schreibens vom 30. Nov., noch für möglich hielt, daß die Hindernisse beseitigt werden könnten, welche der Übernahme und Ausführung des mir zugedachten ehrenvollen Auftrags in meiner Person entgegenstehen. Da ich ohnehin, nach der Erklärung meines Arztes, in gegenwärtiger Jahreszeit keine Reise zu unternehmen wagen darf, so beeile ich mich, ohne Ihre Antwort auf mein letztes Schreiben abzuwarten, meine Schlußerklärung sogleich schriftlich abzugeben. Sie besteht darin, daß ich, so gern ich auch sonst möchte, jenen Auftrag nicht übernehmen kann, ohne die Pflichten gegen mich und die Meinigen auf das gröblichste zu verletzen, und daß ich durch dessen Übernahme selbst einer Pflichtwidrigkeit gegen den Staat mich schuldig zu machen glauben müßte, weil ich, nach dem Zustande meiner Gesundheit, nicht mit einiger Zuversicht dafür bürgen könnte, daß ich überhaupt imstande sein werde, denselben auszuführen, wieviel weniger den hohen Forderungen zu genügen, die an denjenigen gemacht werden, welcher ihn zu übernehmen wagt. Bei meiner zärtlichen Körperbeschaffenheit, äußerster Nervenreizbarkeit, hypochondrischen Beschwerden und häufigen rheumatischen Anfällen – welches alles nötigenfalls mit ärztlichen Gutachten belegt werden kann – darf ich kein Unternehmen wagen, welches eine jahrelang fortgesetzte, ununterbrochene äußerste Anstrengung des Geistes und des Körpers fordert, wie die Riesenarbeit eines Bürgerlichen Gesetzbuches, welches zugleich mit einem unabsehbaren Gefolge bitterer Sorgen, Bekümmernisse, Verdrießlichkeiten und Ärgernisse begleitet ist, welches überdies wenn auch nur vorübergehend, doch auf mehrere Monate, meine Anwesenheit in München notwendig machen würde, dessen Klima, wie ich leider oft schon erfahren mußte und mir ebenfalls ärztlich bezeugt werden kann, meinem Körper schlechterdings feindselig und verderblich ist. Bei diesen Voraussetzungen ist denn die nahe Gefahr begründet, daß entweder das Unternehmen oder der Unternehmer oder beide zugleich zugrunde gehen. Ohne noch unzählige andere Gründe anzuführen, welche zum Teil allzu zarter Natur sind, als daß sie der Feder anvertraut werden dürften, wird der obige hinreichen, um mich vor Seiner Exzellenz zu rechtfertigen, wenn ich nunmehr mit fest entschiedenem Entschluß die Worte ausspreche: Ich *kann* nicht! Ich *darf* nicht!

Sr. Exzellenz versichern Sie meine ungeheuchelte tiefe Ehrfurcht und Ergebenheit. Die edlen Gesinnungen des Herrn Ministers sind mir zu wohl bekannt, als daß ich befürchten müßte, derselbe könne mir, um jener durch die

Umstände und Verhältnisse abgenötigten, mir selbst äußerst schmerzlichen Erklärung willen, das unschätzbare Wohlwollen entziehen, dessen mich erfreuen zu dürfen bisher einen wesentlichen Teil meines Glücks ausmachte.

Leben Sie wohl, verehrter Freund, schützen Sie Ihren Freund vor Gefahren! Zwang habe ich wohl nicht zu befürchten; dagegen bewahrt mich das Recht, und auf jeden Fall würde derselbe in meiner Person auf einen Mann treffen, der das Justum et tenacem propositi virum [der Vorsatz, ein gerechter und standhafter Mann zu sein] seines Horaz (Od. III. 3) nicht umsonst gelesen und auswendiggelernt hat. Seien Sie der Unwandelbarkeit jener Gesinnungen und Gefühle versichert, mit welchen ich ewig bleibe etc. etc.

An Elisa v. d. Recke

Ansbach, den 18. Juli 1829

Mit größerm Leid habe ich nie die Feder ergriffen, um Elisen zu schreiben, als in diesem Augenblick. Sie, die ich liebend verehre wie kein anderes sterbliches Wesen, ladet mich ein, nach langer Trennung, zum Fest des Wiedersehens, und – die Hand sträubt sich, es niederzuschreiben – ich muß *Nein* sagen und kann nicht einmal der geheimen Anklage, daß ich diese grausame Notwendigkeit durch eigne Schuld, durch mein noch immer nicht gezähmtes, wildes, stürmendes Wesen herbeigeführt habe, irgendeinen recht erheblichen Grund entgegensetzen. Vor wenigen Wochen erst bin ich nämlich nach *siebenwöchentlicher* Abwesenheit von einer großen Reise zurückgekehrt. Hören Sie in kurzem ihre Geschichte. Seit dem Frühling des vorigen Jahrs ergriff mich, nicht ohne eigne Schuld, ein tiefes Gemütsleiden, dessen ich, wäre eine Elisa oder Tiedge mir nahe gewesen, sehr bald würde Meister geworden sein, das aber, weil ich es unbedachtsam pflegte und mich ihm sorglos hingab, endlich als feindlich zerstörende Macht in meinem Innern wütete. Dieses allein wäre schon genug gewesen, um einen andern zugrunde zu richten. Bei mir vereinigten sich damit noch die höchsten geistigen Anstrengungen des Gelehrten, die Mühen, Arbeiten und Verdrießlichkeiten des Geschäftsmanns, die Sorgen und Bekümmernisse des Familienvaters. Schon im März dieses Jahrs fühlte ich meinen Körper wunderlich seltsam wie nie, und am 3. April sank ich im Gerichtshofe, bei voller Versammlung, von meinem Präsidentenstuhle herab. Vier volle Stunden lag ich in einem Zustand, der mit der Ohnmacht alles gemein hatte, nur nicht das erloschene Bewußtsein. Ich selbst und meine H. Räte glauben nicht anders, als daß ich vom Schlag getroffen worden; in der ganzen Stadt wurde ich schon tot- oder mindestens sterbend gesagt. Die alsbald herbeigerufenen Ärzte versicherten jedoch einstimmig, diese Krankheit habe durchaus weiter keine Folgen, sie sei nichts als die äußere Erscheinung meines überreizten Nervensystems, wie auch bald genug der Erfolg bewies. Nach wenigen Wochen war ich so weit hergestellt, daß schon der Arzt mit mir von einer notwendigen Erholungsreise sprechen konnte. Es bedurfte dieses Vorschlags nicht. Mit dem ersten Gefühl der Wiedergenesung war auch eine unwiderstehliche Reiselust, ein Heißhunger nach Veränderung und Zerstreuung ein – um mich so auszudrücken – beinahe tierischer Instinkt erwacht, der mich hinaus in das Weite, in das bunte Weltgewirre trieb. Meine eignen bessern Wünsche wiesen mich nach Dresden zu Elise und Tiedge. Allein ich wußte nicht, ob ich auch recht und gelegen kommen würde. Erst darum anfragen schien mir unbescheiden, die Antwort auf diese Fragen erwarten unerträglich für meine wilde Ungeduld. Mit dem ersten freundlichen Sonnenblicke des Mai (am 12.) eilte ich daher, ohne so eigentlich recht zu wissen, was ich wolle und suche, nach Frankfurt zu meiner Schwester, trieb mich hier in großen und kleinen Zirkeln eine Weile umher, fand aber diese Weile bald zu langweilig, reiste, noch unentschlossen, ob ich mich in einem der benachbarten Bäder niederlassen oder nach Holland oder nach Frankreich gehen wolle, nach Wiesbaden und setzte mich, nachdem ich hier einige Tage verweilt, zu Mainz auf das Dampfschiff „Friedrich Wilhelm“, anfangs nur mit dem Gedanken an eine kleine Rheinreise, auf der ich mich des weiteren besinnen wollte. Und nun fuhr ich erst bis Köln und, weil ich schon in Köln war, bis Niemwegen und, weil ich einmal schon hier war, auch noch bis Rotterdam; und wer einmal in Rotterdam ist, wer wird nicht, da Haag und Leyden und Haarlem und Amsterdam so nahe, gleichsam auf einem Klumpen beisammenliegen – auch noch ein wenig weiter vorwärtsgehen oder auch – da jetzt die Dampfboote den Reisenden in anderthalb Tagen von Rotterdam nach London führen – einen kleinen Abstecher nach Britanniens Kreideufern machen? Gegen das letzte machten mein Beutel und die Furcht vor der Seekrankheit und andres dergleichen allzu erhebliche Einwendungen, um nicht, gegen meine Herzenswünsche, das erste zu wählen. Und so durchzog ich denn einen guten Teil von Holland, begab mich von hier auf dem linken Rheinufer über Kleve nach Bonn, wo ich 8 Tage unter geistigem und leiblichem Saus und Braus verweilte, flog dann über Mainz nach Speyer zu meinem Anselm und seinem Engel Amalie, welche den Tod ihrer liebsten Schwester beweinte, und befinde mich wieder seit dem 4. d. Mon. in meinem Krähwinkel Ansbach. Der äußersten Anstrengungen der Reise ungeachtet trotz aller Nässe und der furchtbarsten Kälte, die ich in Holland getroffen, obgleich ich in tollem Übermut – vielmehr aus einer Art von grimmigem Unmut bei noch geschwächtem Körper – mich den schädlichsten Einflüssen des dortigen Klimas trotzdem bloßstellte und obgleich ich, nach fünftägigem Krankenlager zu Leyden, nur mit genauer Not, durch eilige Flucht der nahen Gefahr des sogenannten holländischen Fiebers entging, alles dessen ungeachtet, infolgedessen ich, nach den Prinzipien der Medizin unfehlbar hätte zugrunde gehen müssen, bin ich von Grund aus geheilt, mit frischen Lebenskräften, an Geist, Gemüt und Leib wie neugeboren zurückgekommen. *Dies* habe ich gewonnen; aber die Freuden des Wiedersehens sind, wenigstens für dieses Jahr, verloren. Unerhört wäre es, wenn ich, nachdem ich bereits einen siebenwöchentlichen Urlaub genossen, noch um einen zweiten in demselben Jahre nachzusuchen mich erkühnen wollte. Er würde mir – zumal unter Voraussetzung einer Notlüge – zwar nicht abgeschlagen, aber mit großem Unwillen, und nicht ohne daß man mir es nachtrage, bewilligt werden. Auch erlaubte es mir selbst mein Gewissen nicht, ihn zu nehmen. Der Gerichtshof, d. h. die Gerechtigkeitspflege über die mir anvertraute Provinz von mehr als 1/2 Millionen Seelen, bedarf gerade jetzt auf das dringendste meiner Gegenwart. Vieles ist wieder einzurichten, was schon während meiner siebenwöchentlichen Abwesenheit aus seinen Fugen gegangen ist. Meine beiden Stellvertreter sind – der eine krank und abwesend, der andere ein alter, schwächlicher Mann, welcher den Direktorialgeschäften nicht gewachsen ist. Wie könnte ich, unter solchen Voraussetzungen, auch nur das schlimme Beispiel, das ich als Vorgesetzter meinen Untergebenen durch nochmalige Entfernung von dem mir anvertrauten Amte geben würde, vor mir selbst, wieviel weniger vor andern verantworten? Und diesen und noch vielen andern Ursachen muß ich, mag auch noch so sehr das Herz mir schmerzlich bluten, die mütterlich gütige Einladung meiner ersten Freundin, meiner hochverehrten edlen Elise, mit einem traurigen: Ich kann nicht, ich darf nicht! beantworten. Ich darf nicht! Doch nur in diesem Jahre kann und darf ich nicht. Aber, so Gott will, im nächsten Jahre ruhe ich am Herzen meiner Elisa, schlinge ich meine Arme um meinen lieben, edlen Tiedge. Ich kann heute nicht mehr schreiben, die Stunde mahnt, die Gerichtssitzung wartet auf mich. Herzliches Lebewohl!

An seinen Sohn Friedrich in Erlangen

Ansbach, den 6. Juli 1829

Vorgestern, lieber Fritz, kam ich, *πολυτροπὸς ἀνήρ* [vielgereister Mann], aus Holland über Bonn und Speyer, wo ich Anselm und Amalie gesund und beruhigt gefunden und verlassen, zu meinen diis laribus [häuslichen Göttern] wieder zurück. Zu Bonn verweilte ich 8 Tage und vergaß nicht über den vielen alten und neuen Freunden und Bekannten und den mancherlei geistigen und leiblichen Genüssen, welche mich daselbst gleichsam zu erdrücken drohten, Deine indischen Angelegenheiten zu besorgen. Ich sprach *Schlegel* und seinen Hausgenossen und Gehilfen – wenn er nicht noch mehr ist als dies – Dr. *Lassen*, einen jungen Gelehrten, bekannt durch sein neuerlich herausgegebenes Werk über das *Pali*, welcher an Umfang und Tiefe der Kenntnis des Indischen keinem der Ersten dieses Faches nachsteht, gewiß auch manchen derselben, zumal an Genialität und Freiheit des Geistes übertrifft. Aus diesen Quellen schöpfte ich nun aber unmittelbar die gewisseste aller gewissen Tatsachen, daß es mit Deinem Projekt wegen des Gita-Gowinda – *nichts* ist. Denn, um es kurz zu machen, *Lassen* selbst ist mit der Herausgabe desselben beschäftigt. Von dem Gita-Gowinda gibt es nur eine zu Kalkutta erschienene Ausgabe, welche ich in Schlegels erstaunlich reicher indischer Bibliothek, wie vielleicht keine vollständigere selbst in Indien zu finden ist, mit eignen Augen gesehen habe. *Lassen* hat mehrere Handschriften verglichen, hat ferner die indischen Kommentatoren etc. extrahiert und wird uns nun eine Ausgabe liefern, wie sie, außer ihm, schwerlich jemand auf dem europäischen Kontinent zu geben imstande sein wird. *Lassen* hat überdies noch eine große Menge Handschriften von größern und kleinern indischen Werken, welche er, mit stupendem Fleiß, sich auf den Pariser und Londoner Bibliotheken zusammengeschrieben hat. Das meiste, was Schlegel ediert, ist der Hauptsache nach Lassens Arbeit, dem Schlegel selbst das Zeugnis gibt, daß er, was das Grammatische, die Beurteilung der Handschriften, die Kunst, sie zu lesen, etc. betrifft, ihn selbst wohl übertreffe. Ich habe Schlegel und Lassen für Deine Bestrebungen zu interessieren gewußt. Wie sehr dieses mir gelungen, mögen Dir die beiliegenden Bogen eines indischen Schauspiels beweisen, an welchem eben jetzt gedruckt wird und welche Dir Lassen zum Geschenke übersendet. Er setzte skoptisch hinzu, als er mir es übergab, das möge ein Weilchen Dich und Rückert beschäftigen, bis die übrigen Bogen fertig würden. Von Schlegel erscheint demnächst „Hitopadesa", ein dicker Band, herrlich gedruckt. Zum Trost für das gescheiterte Projekt mit dem Gita-Gowinda sagte mir *Lassen*, wenn Du die Lust zum Sanskrit behaltest und die nötigen Fortschritte gemacht habest, sei er, falls Du selbst nach Bonn kommest, erbötig, Dir ein und anderes noch *unediertes* kleines Stück zur kritischen Bearbeitung und Herausgabe zu überlassen. Überhaupt ist Bonn für das Indische so viel als London und

Paris. Männer wie die Genannten sind weder in London [wenn man da den Deutschen *Rosen* ausnimmt) noch in Paris zu finden, und zwei Menschenleben reichen nicht hin, um die Quellen auszuschöpfen, die in Schlegels und Lassens Bibliotheken fließen. Auch für andere orientalische Sprachen, besonders für das Arabische, in welchem Prof. *Freitag* sehr hoch steht – anderer Wissenschaften nicht zu gedenken –, ist Bonn jetzt mehr als mehrere deutsche Universitäten zusammengenommen. Ich habe daher große Lust, Dich dorthin zu senden; doch muß ich zuvor noch recht gründlich Dein Inneres sondern, wozu gelegentlich eine mündliche Besprechung dienen soll. – Schlegel und Lassen sind mit Rückerts „*Nalus und Damajanti*" sehr unzufrieden.

Eduard und Ludwig – was machen sie? Wie steht es mit ihren Auditorien? Lesen sie mit Beifall? Schreibe mir darüber sogleich, grüße sie auch beide herzlich und fordere sie auf, mir selbst demnächst Nachricht von sich zu geben!

Ich bin sehr wohl, heiter und froh zurückgekommen. Gleichwohl habe ich so viele Strapazen ausgestanden, habe zu Wasser und zu Land so viele Kälte, Nässe, Sturm, abwechselnd auch Hitze und andre einem scheinbar schwächlichen Körper feindliche Potenzen ertragen, daß ich nach medizinischen Grundsätzen von Rechts wegen entweder in Holland hätte begraben oder als Krüppel zurückgebracht werden müssen. Klar ist es mir, daß hauptsächlich die Einförmigkeit meines hiesigen Lebens, der Mangel an äußerer Anregung und geistiger wie leiblicher Bewegung meiner Natur entgegen ist und daher auch auf meinen Körper nachteilig einwirkt. – Hier lege ich Dir auch noch eine Bonner Dissertation bei, welche Dir nützlicher sein kann als mir.

Lebe wohl, Du, und Eduard und Ludwig, und laßt mich bald etwas von Euch hören.

An seinen Sohn Anselm

Ansbach, den 11. Februar 1829

Dein in der Geburt stehender „Apollo", welcher schon mit dem Kopf geboren war und mich als geistiges Enkelchen schon so erfreulich angeschrien hat, ist ja wieder ganz still geworden. Die Wehen sind doch nicht etwa ausgeblieben, die Geburt nicht wieder zurückgetreten? Dann könnte es Dir gehen wie jener Hofdame zu Versailles unter Ludwig XV., die, als sie eben im Gebären begriffen war, von einer plötzlich entstandenen nahen Feuersbrunst in Todesschreck versetzt wurde; sie gebar nicht, blieb noch 13 Jahre schwanger, bis sie endlich starb, wo sich denn bei der Leichenöffnung das Kind in ihrem Leibe ganz *versteinert* fand.

Wenn ich hoffen dürfte, daß Dein Manuskript noch diesen Sommer unter die Presse käme, so würde ich schon jetzt noch einiges, z. B. über Druck des Werks, Dedikation usw., mit Dir verhandeln. Aber damit hat es wohl keine Eile, und so will ich damit so lange noch warten, bis ich von Dir selbst weiß, daß es endlich damit an der Zeit ist.

Diese Woche habe ich auch ein großes Stück Arbeit glücklich zu Ende gebracht, den zweiten, ebenfalls 40 Bogen starken Band meiner „Rechtsfälle", welcher schon größtenteils gedruckt ist und im nächsten Monate ganz fertig aus der Presse kommen wird. Das Werk macht großes Aufsehen. In den „Berliner Jahrbüchern", unter andern, wird es als ein Buch dargestellt, worüber viele Bücher für verschiedene wissenschaftliche Fächer zu schreiben seien, seiner Form nach als ein Kunstwerk, zu dem man selbst den Kunstsinn mitbringen müsse, um es seiner würdig zu genießen usw. Der zweite Band wird mir wahrscheinlich starke Anfechtungen zuziehen, und zwar einerseits von den Medizinern, die ich an den Pranger stelle, andererseits von den katholischen Pfaffen, deren Bild ich in dem zweiten Rechtsfall, *Tartüffe als Mörder*, gegeben habe. Diesen Fall habe ich vorläufig in Hitzigs „Annalen" abdrucken lassen, von wo er bereits gewaltigen Eindruck gemacht hat. Vielleicht hast Du im „Mitternachtsblatt" gelesen, was Müllner darüber gesagt hat. Dein Freund, Kaplan Hotzelt, der nun hiesiger Stadtpfarrer werden wird, hatte, wie er an mehreren Orten geäußert, Lust, dagegen zu schreiben, fand aber doch endlich geratener, es bleiben zu lassen. Denn Tartüffe ist eine entsetzliche, rein aktenmäßige Tatsache, die ich ganz kalt, aber in meiner Manier erzähle, so daß jedem Leser die Haare zu Berge stehen. Tartüffe war ein katholischer Geistlicher bei Landshut, namens Riembauer, der unter dem Volke beinahe als Heiliger verehrt wurde und seiner Geliebten den Hals mit einem Rasiermesser abschnitt, dann ihre Schwester und Mutter wahrscheinlich durch Gift aus dem Wege räumte usw.

Lebe wohl, schicke „Apollo" in den Druck und erfreue hiermit Deinen treuen Vater.

An Herrn van Assen in Lenden

Professor und Ritter des holländischen Löwenordens

Ansbach, 1830

Dank Ihnen, verehrter Freund, für Ihr gütiges Schreiben, das mich im Geiste wieder lebhaft in die mir ewig unvergeßliche Zeit zurückversetzte, wo ich so glücklich war, mich so vieler unschätzbarer Beweise Ihrer Freundschaft zu erfreuen. Niemand kann so arg den Zweck einer Erholungsreise verfehlen, als es mir, durch Mißgunst des winterlichen Frühlings, zum Teil auch durch eigene Schuld, bei meiner vorjährigen Reise nach Holland, begegnet ist, welches ich nur betrat, um zu erkranken, das ich wieder verließ, ohne es anders als in eilendem Fluge gesehen zu haben. Nichtsdestoweniger gehört diese Reise zu den schönsten Erinnerungen meines Lebens. Die ganz eigentümlichen Reize Ihres herrlichen, freundlichen Landes, der Wohlstand, die ruhige Geschäftigkeit, der freundliche Ernst, die Redlichkeit und Rechtlichkeit seiner biederherzigen Bewohner, die entgegenkommende Güte und Gastlichkeit, welche mir, dem Fremden, in so reichem Maße zuteil geworden, vor allem Ihre Freundschaft, wodurch ich mich in meinem Krankenzimmer in der Sonne wie in meiner Heimat fühlte, alles dieses hat mich so tief ergriffen, daß ich an Holland nicht denken kann, ohne daß ich mich, wie durch eine Art von Heimweh, dahin wieder zurückgezogen fühle. Daß ich so vieles Herrliche in Ihrer schönen Vaterstadt nicht gesehen, daß mir die belehrende Unterhaltung mit so manchen ausgezeichneten Männern, namentlich auch mit dem trefflichen Steinwardt, versagt war, mit welchem ich, obgleich ich Java nicht gesehen, dennoch gar manche Berührungspunkte würde gefunden haben, dieses und anderes ist es, was ich kaum verschmerzen kann und weshalb nicht selten der Wunsch in mir mächtig wird, daß mir das Glück vergönnt sein möge, noch einmal vor meinem Ende mein liebes Holland wieder zu betreten.

Was nicht selten auf unangenehme Weise meine Erinnerungen an Ihr Vaterland weckt, sind die unseligen, ebenso unverständigen als boshaften Umtriebe der brabantischen jesuitisch-liberalen Faktionen, welche das schöne Niederland beunruhigen, den Nerv Ihrer Regierung lähmen und, indem sie im Übermaß der Freiheit deren noch immer nicht genug zu haben sich gebärden, nicht nur die gesetzlichen Rechte Ihrer Nation, sondern auch aller übrigen europäischen Völker in Gefahr bringen. Es kann über den Unfug, den jene Verblendeten oder Verruchten treiben, in Deutschland und bei allen besonnenen Männern nur *eine* Stimme sein. Manches, wie z. B. die viertägige Deliberation über eine von einem flüchtigen, verurteilten Ausländer eingereichte *Petition*, verrät auch nicht den mindesten publizistischen Takt und ist bis zur Lächerlichkeit albern. Ernsthafter an sich und ernsthafter gemeint ist das „point de redressement de griefs, point des subsides [keinerlei Behebung von Beschwerden, keinerlei Hilfsgelder]", das, in seiner vollen praktischen Bedeutung genommen, nicht weniger sagt als: Der König muß alles, was dem Volk, d. h. den Demagogen, beliebt. Hat jeder Untertan das Recht der Beschwerde, so hat andererseits die Staatsregierung das Wort, den Grund der Beschwerde zu prüfen und nach ihrer Weisheit und Gerechtigkeit die Petition zu bewilligen oder zu verwerfen. Die dem Staatsoberhaupt vorgelegte Alternative: entweder die Beschwerde zu bewilligen oder keine Subsidien zu erhalten, ist daher nichts Geringeres als ein Attentat gegen die unbestreitbaren Rechte der Regierung, indem diese durch die angedrohte Entziehung der Mittel, ohne welche keine Regierung bestehen kann, gezwungen werden soll, ohne weiteres zuzugestehen, was sie die rechtliche Befugnis hat, nach unbedingt freiem Ermessen entweder zuzugestehen oder zu verweigern. Reichsstände, welche auf solche Weise Beschwerden vor dem Throne zu vertreten sich erlauben, gleichen, wie mir scheint, so ziemlich jenem Bettler in Gellerts Fabeln, der, während er auf die Brust eines reichen Herrn den Degen zückt, ihn ganz untertänig um ein Almosen bittet. Da es nicht bloß wahre, sondern auch erträumte (?) und erlogene Beschwerden gibt und kein großer Scharfsinn dazu gehört, die tollsten oder kecksten Wünsche in den Schein von Beschwerden einzukleiden, so ist einleuchtend, daß in den Worten point de etc. [Punkt von usw.] die echte Zauberformel gefunden wäre, um – wenn sie nicht durch mächtigere Zauberworte unkräftig gemacht werden könnte – von der Regierung alles zu erlangen, was die Demagogen zu verlangen für gut fänden, solchergestalt aber auf die bequemste Weise die Staatsordnung umzukehren und das Staatsoberhaupt zum untertänigen Diener seiner Untertanen zu machen. Daß diese und ähnliche Dinge in Ihrem Vaterland ohne Ahndung versucht werden dürfen, daß sogar, wie Sie mir melden, ein Herr Demophile sich erdreisten durfte, Ihrem König in offener Druckschrift zu sagen: „Vous êtes, Sire, le premier de vos égaux, le premier Magistrat, c'est la loi qui vous a fait Roi [Ihr seid, Sire, der erste unter Euresgleichen, der erste Magistrat; es ist das Gesetz, das Euch zum König gemacht hat]“, dieses beweist einen Grad von Freiheit in den Niederlanden, welcher nicht weit mehr von der liberté et égalité [Freiheit und Gleichheit] der Jahre 1792–93 entfernt ist und bis zu welcher wir Deutsche uns noch zur Zeit weder in der Tat noch auch nur in Gedanken aufgeschwungen haben. Wenn daher Sie, mein verehrter Freund, befürchten, Ihre unruhigen, thronstürmenden Stiefbrüder in Brabant möchten, wenn sie deutsch lesen gelernt hätten, in unsern deutschen Schriften, sogar in unsers *Klübers „Öffentlichem Recht des deutschen Bundes“*, Waffen und Hilfstruppen für ihre politischen Expeditionen finden, so tun Sie uns, so tun Sie besonders unserm Klüber (verzeihen Sie mir, wenn ich es geradeheraus sage) großes Unrecht. Daß Klüber, wenn er von Verfassungen spricht, welche durch *Vertrag* entstanden seien, nicht an den sogenannten Urvertrag Rousseaus, nicht an Volkssouveränität, nicht an einen Regenten denke, welchen das

Volk, kraft der ihm allein eigentümlichen Volksmajestät, aus und mit sich selbst erzeugt, den es jure mandati [durch Mandatsrecht] zu seinem Verwalter und premier Magistrat bestellt, mit einem Worte, daß Klüber auch nicht von fern an irgendetwas denkt und denken kann, was mit jenem schönen Kompliment, das Herr Demophile Ihrem Könige gemacht, die mindeste Verwandtschaft hätte, dieses geht schon daraus hervor, daß Klüber die von Ihnen bemerkte Stelle zunächst auf Deutschland und auf *deutsche* Repräsentativverfassungen bezieht, welche infolge des Art. 13 der Deutschen Bundesakte von den deutschen Souveränen in ihren Staaten eingeführt worden sind. Denn daß unsere Könige von Bayern, Württemberg etc. nicht erst aus einem Vertrag mit ihren Völkern den Rechtstitel zu ihrer Krone zu suchen haben, fällt keinem Deutschen ein, außer im Traum oder in der Raserei, zu bezweifeln. Was Klüber sagt, ist so unverfänglich und so unbestreitbar richtig, daß auch der loyalste Monarchenfreund dagegen mit Grund nichts erinnern kann, und zwar um so weniger, da es nur auf geschichtlicher Tatsache beruht. Die Sache ist nämlich kurz diese. Wenn in einem Staate (wobei also schon das Vorhandensein eines Oberherrn angenommen werden muß) eine Verfassung eingeführt, z. B. die absolute Monarchie durch Stände u. dgl. beschränkt werden soll, auf welchem Wege, in welcher Art, unter welcher Form kann die neue Verfassung zustande kommen? Die Antwort des positiven, nicht räsonierenden Klüber ist hierauf: Die in Europa, besonders in Deutschland, bestehenden Repräsentativverfassungen wurden:

1. entweder *einseitig* (d. i., ohne vorher das Volk oder dessen Vertreter darum zu fragen) von dem Oberherrn den Untertanen gegeben, also wie jeder andere Regierungsakt behandelt und bloß durch eine Verordnung, Ordonnanz usw. eingeführt (constitution octroyée [verliehene Verfassung], oder

2. sie wurden mit *wechselseitiger Übereinstimmung* des *Souveräns* auf der einen und des *Volkes* (seiner *Repräsentanten*) auf der andern Seite zustande gebracht (*vertragsmäßige Verfassung*).

Von Verfassungsurkunden der letzten Art ist in Deutschland vorzüglich die *württembergische* merkwürdig. Diese wurde nämlich, wie auch in dem Proömio derselben angezeigt ist, zuerst im Entwurf einer Versammlung erwählter Volksvertreter vorgelegt, welche jenen Entwurf im ganzen und einzelnen prüften, über Änderungen, Zusätze usw. mit der Regierung verhandelten und auf solche Art, nachdem sich beide Teile gütlich vereinigt hatten, der Verfassungsurkunde vom 25. Sept. 1819 ihre Entstehung gaben. Der König, indem er die so entstandene Verfassung promulgierte, nannte sie daher auch selbst einen „*Vertrag*", indem er am Schlusse sagt: „Wir geloben hiemit" etc.

Daß nun auch die Verfassung des Königreichs der Niederlande, sowohl für Holland als für die ehemals französischen Niederlande, auf, wo nicht gleiche, doch ähnliche Art in das Leben gekommen, ist geschichtliche Tatsache. Und sofern Ihr hochherziger, echt liberaler König das Grondwet, durch welches er seine eigene souveräne Macht beschränken wollte, nicht einseitig und eigenmächtig seinem Volke *aufdrang*, sondern erst dessen *Beistimmung* einholte, ist allerdings der *vertragsmäßige* Ursprung jenes Grundgesetzes nicht zu leugnen. Wenn aber Ihre jesuitischen Liberalen im Süden daraus argumentieren, Ihr König sei folglich ein aus Volksgnade potentierter premier Magistrat, so lügen sie gegen die Geschichte wie gegen die gesunde Vernunft und machen sich wenigstens einer Albernheit, wenn nicht einer offenbaren Beleidigung der Majestät und des versuchten Hochverrats, schuldig.

Daß alles dieses in Niederlanden geschehen kann, gereicht der Großmut und ruhigen Haltung Ihrer Regierung zu großer Bewunderung. Gegen Hrn. v. Maanen hegte ich lange eine andere Meinung, als mir jetzt geworden. Seitdem ich seine Gegner auf diesem Wege wandeln sehe, verehre ich in ihm nur den standhaften Freund seines Königs und der gesetzlichen Ordnung, den justum et tenacem propositi virum, quem non civium ardor prava jubentium mente quatit solida [den gerechten und zäh an seinem Vorsatz festhaltenden Mann, den keine Aufgeregtheit seiner Mitbürger, die ihn krumme Sachen zu tun heißen, in seinem festen Sinn erschüttert]. Es gehört mit zu meinem holländischen Reiseunglück, daß es mir unmöglich wurde, demselben zu Brüssel persönlich die Huldigung der Ehrfurcht darbringen zu können.

Ihre neueste Schrift über den Art. 161 kann ich leider nicht zu lesen bekommen. In meiner Provinzialhauptstadt sind sogar deutsche Bücher schwer zu haben; ausländische, zumal politische, gar nicht. Überhaupt lebt man hier in einem wahren literarischen Sibirien.

Ihrer lieben Frau Gemahlin bitte ich meine Verehrung zu bezeugen. Dem würdigen Cock meine herzlichen Grüße und meinem Hausnachbar zu Leyden, meinem Äskulap v. Kowen, innigen Dank für seine heilsame ärztliche Pflege und so manche mir geschenkte Stunde geistreicher Unterhaltung. Die schöne, schweigsam in sich gekehrte Blondine, Ihr liebenswürdiges Nichtchen, setzt mich durch ihren heroischen Mut, in Bonn, fern von der Heimat, zurückzubleiben, in Erstaunen. Mag sie mit noch so großer Begeisterung für Schlegel, den *Gelehrten*, in die Heimat zurückkehren, so wird sie von Schlegel, dem alten Gecken und weibischen Zierbengel, gar manches Lustige zu erzählen wissen. Der gute Mackeldey, dessen beklagenswerte Taubheit gewiß auch Sie gerührt, hat mir viel Schönes von Ihnen geschrieben. Daran, daß Sie in meiner herrlichen Vaterstadt Frankfurt unsern Klüber nicht besuchten, haben Sie sehr unrecht getan. Er würde Sie ganz gewiß auf das beste aufgenommen, sich Ihrer Bekanntschaft sehr erfreut und Sie über Ihr niederländisches politisches Wesen und Unwesen wohl nach Herzenslust ausgefragt haben.

An Elise von der Recke

Ansbach, den 30. Mai 1829

Verehrte Elise! Elisens edle mütterliche Gesinnungen werden mich gewiß entschuldigen, wenn ich für eine mein väterliches Herz schmerzlich berührende Angelegenheit ihren gütigen Rat und Beistand in Anspruch nehme. Diese Angelegenheit betrifft meine unglückliche Helene. Sie wissen, daß diese, infolge der größten Ungleichheit des Geistes und Gemüts, von ihrem Gatten, dem Baron von Dobeneck, mit wechselseitiger Einwilligung geschieden worden ist. Sie reiste nach vollzogener Trennung zu ihrem Bruder nach Speyer, dessen Hauswesen sie vorstand, wurde aber daselbst, teils infolge der frühern heftigen Gemütsbewegungen, teils infolge des ihr feindlichen Klimas, an einem Nervenfieber krank, dessen Nachwirkungen nichts Geringeres als gänzliche Seelenzerrüttung und den jammervollsten geistigen Tod befürchten ließen. Die Seelenkranke nahm ich, sobald sie reisefähig war, in das väterliche Haus zurück, wo sie unter sorgfältiger geistiger und leiblicher Pflege endlich wieder zu vollkommener Gesundheit genesen ist. Aber je mehr sie ihrer frischen Lebenskräfte sich bewußt ist, desto unbehaglicher fühlt sie sich bei dem Mangel eines Wirkungskreises, dessen ihr lebendiger jugendlicher Geist bedarf. Ihr Wunsch ist, denselben irgendwo, am liebsten außer Bayern, in der Ferne wiederzufinden, entweder als Gesellschaftsdame oder auch, wenn es nicht anders sein könnte, als Gouvernante in einem angesehenen Hause. Zu ersterem würde sie noch mehr als zu letzterem geeignet seien. Sie besitzt in der Tat alles, was ein Frauenzimmer braucht, um einer Dame sich nützlich zu machen und das Leben zu verschönen. Sie selbst, verehrte Elise, kennen sie – sie wären imstande, bei Ihren großen und ausgebreiteten Bekanntschaften, ihr einen angemessenen Platz der eben bezeichneten Art irgendwo auszumitteln. Wo dieser Platz sich finde, ob in Dresden oder außer Dresden, in oder außer Deutschland, wäre ihr wie mir gleichgültig, wenn er nur anständig und dem Standpunkt ihrer Bildung angemessen ist. – Haben Sie die Güte, mir bald über den Empfang dieses Schreibens gefälligst Nachricht zukommen zu lassen. Einige Zeilen von Ihrer eigenen Hand würden mir die größte Freude machen, weil sie mir zugleich den augenscheinlichen Tatbeweis Ihres Wohlbefindens geben würden. Verschiedene Nachrichten, die mir von manchen Seiten zugekommen sind, lassen mich leider das Gegenteil befürchten. Werden Sie dieses Jahr Ihr Karlsbad wieder besuchen? Könnte ich es möglich machen, so würden Sie mich dort wiedersehen. Oft meine ich, nach dem Zug meiner Sehnsucht, es könnte nicht anders sein, aber meine vielen Kinder und das mancherlei häusliche Unglück lassen meine Kasse nie so zu Kräften kommen, daß ich ein solches Glück mir zu bereiten imstande wäre. Ich werde daher mich in den Gedanken fügen müssen, Mutter Elise und Vater Tiedge nicht mehr auf dieser Erde wiederzusehen und mich mit ihnen der großen Zeit zu erfreuen, die wir erlebt haben. Groß ist die Zeit gewiß, wie man auch sonst über sie denken mag. Daß Freiheit, Licht und Recht in siegreichem Kampfe stehen, macht sie auch zu einer herrlichen Zeit. Seit wenigen Monaten haben wir wieder Jahrtausende durchlebt, und in Polen sind die Tage von Thermopylä, Salamis, Marathon usw. aus der Zeiten Grab wiederauferstanden. Im Rate der Kabinette waren uns die Herrlichkeiten der löblichen Heiligen Allianz von neuem zugedacht; doch im Rat des Himmels war ein anderes beschlossen. Auch bei uns, im kleinen Bayerlande, haben die Mächte der Finsternis ihr höllisches Spiel verloren. Unsere braven Deputierten haben den verkappten Teufeln mit kräftiger Hand die Maske abgerissen und ihnen damit so gewaltig in das Gesicht geschlagen, daß sie, wenn auch nicht totgeschlagen, doch sich zu verkriechen gezwungen sind. Der Minister Schenk, Chef der Kongregation und Mitglied unserer Kamarilla, ist durch den Redesturm unserer Deputiertenkammer endlich von seinem Ministerstuhl herabgeweht worden; er mußte seine Entlassung nehmen und geht jetzt als Regierungspräsident von Regensburg zu seinen Brüdern, den Jesuiten, welche dort, wie in Augsburg, ihren Hauptsitz, wenigstens ihre Filiale haben. Wie unser protestantisches Oberkonsistorium bisher unter dem vom Protestantismus zum Katholizismus übergetretenen Jesuitenminister Schenk stand, so steht noch jetzt Präsident von Roth, ein katholizierender Erzmystiker, an der Spitze des Oberkonsistoriums. Nichtsdestoweniger wurde der bessere Geist in diesem Kollegium übermächtig, und infolgedessen geschah in diesen Tagen ein gewaltiger Schritt, der große Bewegung verursachen muß. Das Oberkonsistorium übergab nämlich der Ständeversammlung eine förmliche *Beschwerde wegen Verletzung verfassungsmäßiger Rechte der Protestanten und der protestantischen Kirche.* Wir sind noch anderer Begebenheiten gewärtigt, die vielleicht sehr schlimme Folgen haben könnten. So sollen z. B. viele Deputierte entschlossen sein, bei Prüfung des Budgets an der Zivilliste des Königs zu streichen und wenigstens eine

Million von den mehreren Millionen, die bisher in Backsteine verwandelt wurden oder für alte Statuen, hetrurische Scherben usw. nach Italien flogen, dem armen Volke zurückzubehalten. Da greift man nun aber an die allerempfindlichste Stelle des königlichen Herzens. Unser guter Tiedge war sonst, wie ich mich noch wohl erinnere, kein Freund von Konstitutionen. Wäre er in unserer Nähe, so würde er sich tatsächlich überzeugen, daß sie kein Spielwerk sind, daß sie eine Macht schaffen, welche die Gewalt in Schranken hält. Ohne Konstitution und Ständeversammlung wäre bei uns kein Pfennig mehr in der Tasche eines Bettlers sicher, und dem, der auch keinen Pfennig mehr in der Tasche hätte, würde die Haut über die Ohren gezogen, um sie als Leder auf den Markt zu bringen und dafür Paläste, Walhallas, Fossas Carolinas etc. aufzuführen. Ohne Konstitution wäre auch schon längst das Bayerland der Schauplatz blutiger Revolutionen geworden; auch solchen Blitzen dient eine Verfassung zum friedlichen Wetterableiter.

Mit den alten, ewig umwandelbaren Gesinnungen und Gefühlen etc.

An dieselbe

Ansbach, den 29. September 1831

Welch ein wunderbares Gewebe das Schicksal des Menschenlebens, verehrungswürdige Mama! Einzeln genommen lauter Zufälligkeiten, nichts als Zufälligkeiten, die sich gleichwohl so künstlich durcheinanderflechten, daß zuletzt ein Ganzes daraus wird, an dem die unsichtbare Hand eines höchst weisen Meisters keinen Augenblick zu verkennen ist! Wie doch alle Dissonanzen im großen Weltakkord so schön sich auflösen! Hätte ich mir träumen lassen, daß die Stürme und Ungewitter, die das Lebensschiffchen meiner Helene auf offener See wild umherwarfen, sie sobald dem Ort ihrer wahren Bestimmung zuführen würden? Doch freilich, die Stürme taten es nicht, sondern die Genien des himmlischen Wohlwollens, die in

Ihrer und Tiedges Person ratend und helfend ihr zur Seite standen. Helene hat die irländische Familie gewählt und wird nach einigen Tagen von hier abreisen. So, wie sie durch Ihren und Tiedges segensreichen Einfluß geworden ist, wird sie gewiß Ihrer Empfehlung Ehre machen. – Sie wird mit Fräulein de Gr., mit der sie übrigens nicht allzu sehr sympathisiert, die Reise machen, was mir zu einiger Beruhigung gereicht, da die de Gr. zum wenigsten für einen Dreiviertelsmann gelten kann, der nicht leicht in Verlegenheit kommt und, wenn er darin ist, sich resolut herauszuhelfen weiß. Seit 14 Tagen ist sie bei uns, wo es ihr sehr zu gefallen scheint, da wir es daran nicht fehlen lassen, ihr den hiesigen Aufenthalt so angenehm zu machen als möglich. Die Erfüllung meiner ritterlichen Ehrenpflichten kostet mich zwar eine gute Portion der Zeit, welche, sonst nur dem Denken, Lesen und Schreiben gewidmet, jetzt von Gesellschaften, Landpartien, Diners usw. hinweggenommen wird. Dafür habe ich in ihrer Person meine Menschenkenntnis nicht wenig bereichert und wenigstens die Ansbacher Langeweile nicht empfunden, ohne mit meinem Herzen – das sonst mit der Sensitiva, zu deutsch: „Kräutlein Rührmichnichtan", große Ähnlichkeit hat – in Gefahr zu kommen. So schön sie ist und so angenehm sie auch, besonders uns Männer, zu unterhalten weiß, so kam ich mir doch, ihr fast beständig zur Seite, nicht anders vor als wie ein Marmorbild neben einem Marmorbilde. Denn ihr fehlt es an dem, was allein dem weiblichen Geschlechte seine Zaubermacht über den bessern Teil von uns verleiht – an Gemüt, an Seele, an Herz und an jenem Blick, welcher, ausweichend, im Fliehen fesselt. Ich möchte sie weder zur Frau noch zur Geliebten.

Die Cholera steht nun so gut wie an unserer Grenze. In Wien rast dieser Würgengel aufs entsetzlichste, weit mehr, als man es in den Zeitungen liest. Sie befolgt daselbst ganz das Prinzip der absoluten Gleichheit vor ihrem Gesetze und würgt unter den Privilegierten ebenso unbarmherzig wie unter den Nicht-Privilegierten. Der hiesige Regierungspräsident v. Mieg hat von seiner Schwiegermutter, welche zu Wien begütert und ansässig ist, Briefe darüber, welche so arg sind, daß man sie nicht lesen kann, ohne daß sich die Haare sträuben. In meinem Hause sind schon alle Vorbereitungen getroffen, um die Bestie zu empfangen, ohne daß wir besondere Furcht vor ihr hätten. Für mich hat das Leben ohnehin nur noch wenig Wert; ich ertrage es aus Pflicht, ohne es zu lieben. Die Freuden, die es mir bieten konnte, habe ich alle genossen, was ich allenfalls von ihm noch fordern möchte, wird es mir nicht gewähren. Daß die Cholera unvermutet kommt und auf der Extrapost mir ihren Passagieren davonfährt, hat für denjenigen nichts Schreckliches, der seine Koffer schon gepackt hat und für jeden Augenblick reisefertig ist. Nach einer seit gestern hier verbreiteten Nachricht ist die böse Freundin bereits in der bayerischen Grenzstadt (gegen Österreich), Passau, eingetroffen. Diese Nachricht ist zwar noch nicht bestätigt, doch ist es mehr als wahrscheinlich, daß, wenn die Cholera, wie zu erwarten, von Österreich her zu uns kommt, sie ihre Eintrittsstation nirgends anderswo als zu Passau nehmen werde. Denn diese Stadt, feucht und niedrig, am Fuße der Festung Oberhaus und am Zusammenfluß von zwei großen Flüssen und einem Flüßchen gelegen, ist für diese am Delta des Ganges geborne und großgezogene Asiatin ein höchst willkommenes Absteigequartier.

Nächst der Cholera wird Warschaus Fall zu Dresden, wie überall, viel zum Reden geben. In Bayern und anderswo singt man aber noch immer: Polen ist noch nicht verloren! Warschau ist nur eine *Stadt*; die *Nation* ist in dem Heer und in seiner Nationalregierung; beide sind aber noch nicht unterworfen. Die Russen haben den Polen mit einem herrlichen Beispiel an Moskau vorgeleuchtet. Zünden die Patrioten Warschau an und fallen dann in der Stadt über die Russen her, während die polnische Armee gegen Warschau hin operiert, dann – dann! Der Phönix sterbender Freiheit wird nur in Flammen verjüngt wiedergeboren.

Möge mich nicht die Hoffnung trügen, Sie alle im nächsten Jahre zu Karlsbad wiederzusehen. Nur diese Hoffnung macht mir es möglich, mit einiger Ruhe auf das lange, lange Jahr hinauszublicken, das ich, getrennt von meinen Dresdner Lieben, hier zu durchwaten habe.

Jetzt und in alle Ewigkeit

Ihr treuer, ältester Sohn A.

An die verwitwete Königin Karoline von Bayern

Ansbach, den 27. Januar 1832

Ew. Königl. Majestät erlaubt sich der alleruntertänigst Unterzeichnete eine Schrift ehrfurchtsvollst zu überreichen, deren in ganz Europa vielbesprochener Gegenstand – Kaspar Hauser* – wegen des grauenhaften Schicksals dieses liebenswürdigen Jünglingskindes, wegen des geheimnisvollen Dunkels, das über dessen Stand und Herkunft verbreitet ist, und besonders auch wegen der in geistiger und sittlicher Hinsicht höchst merkwürdigen Persönlichkeit dieses im 16. oder 17. Jahre seines Lebens gleichsam aus einem Grabe erstandenen und nun erst zum geistigen Dasein erwachten Menschen die allgemeine Aufmerksamkeit und Teilnahme erregt hat. Das Rätsel seiner Herkunft stellt ihn der berühmten eisernen Maske zur Seite, und – soweit es möglich war, durch die Wolke des Geheimnisses hindurchzublicken – dürfte Kaspar auch in anderer Beziehung mit jener erst in den neuesten Zeiten entlarvten eisernen Maske nicht geringe Ähnlichkeit haben. Mehrere Umstände, welche keiner öffentlichen

* „K. Hauser. Beispiel eines Verbrechens am Seelenleben des Menschen", Ansbach 1832. Herr Geheimrat Mittermaier macht in seiner Ausgabe von F.s Lehrbuch, 1836, zu § 244 die Bemerkung: „Die Behauptung, daß es ein Verbrechen gegen die Gemütskräfte oder an dem Seelenleben gebe, wie F. in seiner Schrift ‚Kaspar Hauser' behauptet, ist *grundlos*, da ein solches Verbrechen gar keinen sichern Tatbestand haben würde und *da jene Fälle*, die wirklich strafbar sind, sich leicht unter andere Strafgesetze subsumieren lassen." Eine Bemerkung, die wahrlich selbst ein Verbrechen gegen die Geisteskräfte des Lesers ist, denn was sie zuerst durch „da" tadelsüchtig leugnet, gibt sie durch dasselbe, „da" gleich darauf selbst reumütig zu. Doch ich verweise, da ich kein Jurist bin, in betreff der Beschaffenheit dieser wie auch der übrigen Mittermaierschen Anmerkungen zu F.s Lehrbuch auf Wilh. Wolf, „Abhandlungen aus dem bürgerlichen Recht", Fulda 1841, S. 22–28, und Morstadts „Anmerkungen zu F.s Lehrbuch", S. 399, wenn anders diese bereits im Buchhandel erschienen sind.

Mitteilung fähig sind, geben nämlich Stoff zu der Vermutung, daß Kaspar, vermöge seines Geburtsstandes, nicht der Gegenstand eines bloß gemeinen, sondern eines *Majestäts*verbrechens sein möge. Zu diesen Vermutungsgründen gehört unter andern auch ein merkwürdiger Traum, welchen Kaspar vor einigen Jahren zu Nürnberg gehabt hat und welcher nichts anderes war als eine zu einem Traume sich gestaltende Erinnerung aus seiner ersten Kindheit, bezüglich auf den Moment und die Umstände seiner Entführung.

Genehmigen Ew. Königl. Majestät die Versicherung ewiger Treue und Devotion.

An den Hof- und Kabinettsprediger von Schmidt in München

Ansbach, Februar 1832

Auf Ew. Hochwürden verehrliches Schreiben vom 7. d. M. beeile ich mich ganz ergebenst folgendes zu erwidern.

Binnen hier und 14 Tagen wird der Gendarmerie-Lieutnant Hickel – um gewisse Spuren zu verfolgen – von neuem eine Untersuchungsreise antreten, welche ihn über München führt. Daselbst wird er durch Ew. Hochwürden Vermittlung bei Ihrer Königl. Majestät eine *Privat*audienz sich erbitten und Allerhöchstdenenselben alles dasjenige vorzutragen oder vorzulegen die Ehre haben, was zu vernehmen nicht ohne Interesse sein dürfte. Wie es bei vielen im Dunkel ausgebrüteten Missetaten der Fall ist, daß die schlauesten Verbrecher durch scheinbar ganz geringfügige Umstände, welche eben darum ihre Vorsicht nicht beachtet, an sich selbst zu Verrätern werden, so hat auch diesmal ein kleines Lichtfünkchen, welches ich aufgefaßt und nicht mehr aus den Augen gelassen hatte, durch Kombination mit vielen anderen zerstreuten Tatsachen eine Entdeckung herbeigeführt, für welche zwar nie ein *juridischer* Beweis möglich sein wird, welcher sich aber die moralische Überzeugung nicht leicht wird versagen können. Dasselbe Leuchtkäferchen, das in rabenschwarzer

Nacht von Kaspars Schicksal hervorschimmerte, warf zugleich einen matten Schein auf eine andere Seite hin, wo man lange Zeit gar nichts Unheimliches geargwohnt hatte. Es scheint nämlich, Kaspar habe einen jüngern Bruder gehabt, um dessen Leben und Tod „der Mann, bei dem Kaspar immer gewesen," ebenfalls Wissenschaft haben muß. Ein Stammbaum, welchen ich beilege, wird dieses den Augen versinnlichen. Das Vertrauen auf heiliges Königswort gewährt mir sichere Bürgschaft und Beruhigung gegen die Gefahren, welche unter anderer Voraussetzung Mitteilungen solcher Art unvermeidlich über mein Haupt zusammenhäufen würden.

Genehmigen Sie die Versicherung innigster Hochachtung etc.

Memoire über Kaspar Hauser *

Wer möchte wohl Kaspar Hauser sein?

Die Rechtsgelehrten haben bei der Entscheidung über Verbrechen einen *Beweis aus dem Zusammentreffen der Umstände*. Auch ich unternehme einen solchen, aus einer Reihe nebeneinandergestellter Vermutungsgründe zusammengesetzten Beweis, welcher freilich vor keinem Richterstuhle ein entscheidendes Gewicht haben würde, gleichwohl aber hinreichend sein dürfte, um eine sehr starke *menschliche Vermutung*, wo nicht vollständige *moralische Gewißheit* zu begründen.

Die lange Kette dieses Vermutungsbeweises bildet sich durch folgende Glieder, welche, so fein sie sind, fest ineinandergreifen.

I. Hinsichtlich des Standes desselben im allgemeinen

ergibt sich aus den zu den gerichtlichen Akten gekommenen oder sonst bewahrheiteten Umständen folgendes:

1. *Kaspar Hauser ist kein uneheliches, sondern ein ehe-*

* Der Königin Karoline von Bayern übersandt.

liches Kind. Denn wen auch *Kaspar,* wenn man sich ihn als uneheliches Kind denkt, zum Vater oder zur Mutter gehabt haben möge, so gab es, wenn es darauf ankam, die Paternität oder Maternität zu verheimlichen, weit leichtere, weniger grausame und bei weitem weniger für die Beteiligten gefährliche Mittel als die ungeheure Tat der vielleicht 16–17 Jahre lang fortgesetzten geheimen Gefangenhaltung und endlichen Aussetzung des Kindes. Je vornehmer eines der Eltern gewesen, desto leichter konnte das Kind auf andere Weise entfernt werden, ohne daß es hierzu einer solchen Tat bedurfte. Leute geringen Standes und geringer Mittel hatten noch weniger Ursache, auf so gefahrvolle, bedeutende Anstalten und Vorrichtungen erfordernde Weise ihr *uneheliches* Kind zu verheimlichen. Das Brot und Wasser, das Kaspar heimlich zugebracht wurde, hätte man ihn öffentlich dürfen verzehren lassen. Kurz, man denke sich Kaspar als *uneheliches* Kind vornehmer oder geringer, reicher oder armer Eltern, so steht das Mittel außer allem Verhältnis zu seinem Zweck. Ganz ohne Ursache, gleichsam bloß zum Scherz, übernimmt niemand die Last eines schweren Kapitalverbrechens, zumal wenn er dabei noch obendrein die qual- und angstvolle Mühe hat, dieses Kapitalverbrechen 16–17 Jahre lang sorgfältig *fortsetzen* zu müssen.

2. *Bei den an Kaspar begangenen Verbrechen sind Personen beteiligt, welche über große, außergewöhnliche Mittel zu gebieten haben.* Daß sowohl die Aussetzung Kaspars als auch der später an ihm verübte Mordversuch in einer Stadt wie Nürnberg am hellen Tage, gleichsam öffentlich geschehen konnte, dann aber alle Spuren des Täters auf einmal verschwanden, daß alle Nachforschungen, die seit nun beinahe drei Jahren mit dem rastlosen Eifer, geleitet vom vereinten Scharfsinn der erfahrensten Justiz- und Polizeimänner, nach allen Richtungen hin unternommen wurden, in der Art fruchtlos gewesen sind, daß kein juridisch geltend zu machender Umstand entdeckt werden konnte, welcher auf einen *bestimmten* Ort der Haupttat oder auf eine *bestimmte* Person geführt hätte, daß alle öffentlichen Aufforderungen, daß das große Interesse, welches fast alle Herzen in und außer Deutschland an dem Schicksale des unbekannten Unglücklichen

genommen haben, daß ein auf die Entdeckung ausreichender Spuren öffentlich ausgeschriebener Preis von 1000 Fl. keine einzige befriedigende Anzeige herbeigeführt hat – alles dieses wird nur daraus erklärbar, daß mächtige und sehr reiche Personen dabei beteiligt sind, welche über gemeine Hindernisse kühn hinwegzuschreiten die Mittel haben, welche durch Furcht, außerordentliche Vorteile und große Hoffnungen willige Werkzeuge in Bewegung zu setzen, Zungen zu fesseln und goldne Schlösser vor mehr als einen Mund zu legen die Macht besitzen.

3. *Kaspar* muß eine Person sein, *an dessen Leben oder Tod sich große Interessen knüpfen.* Dieses beweist unwidersprechlich der ebenso listig angelegte als keck ausgeführte Mordversuch. Das Ungeheure des Mittels nötigt jeden gesunden Verstand, auf einen mit dem Mittel in Verhältnis stehenden großen Zweck zu schließen. Wer hätte das Interesse haben können, an einem armen, von fremder Barmherzigkeit lebenden Findling den Tod auf dem Schafott zu wagen, wäre nicht an diesem Findlinge weit mehr gelegen, als an irgendeinem Findlinge gelegen sein konnte? Er muß eine Person sein, deren Leben, selbst bei der entfernten Gefahr, es könne einmal ihr Stand und wahrer Name entdeckt werden, die Existenz anderer, und zwar so hochbedeutender, Personen bedrohte, daß er, um jeden Preis, auf jede Gefahr hin, aus dem Wege geräumt werden mußte und daß zugleich Menschen gefunden werden konnten, die solch ein Wagstück unternahmen.

4. Nicht *Rache*, nicht *Haß* konnten Motive zur Einkerkerung, dann zur versuchten Ermordung dieses unschuldigen, harmlosen Menschen gewesen sein. Es bleibt kein anderer Beweggrund denkbar als der *Eigennutz*. Er wurde entfernt, damit anderen Vorteile zugewendet und für immer gesichert würden, welche von Rechts wegen nur ihm gebührten; er mußte verschwinden, damit andere ihn beerben, er sollte ermordet werden, damit jene in der Erbschaft sich behaupten konnten.

5. Er muß eine Person *hoher* Geburt, fürstlichen Standes sein. Dafür sprechen – seltsam genug, doch auf die überzeugendste Weise – merkwürdige Träume, die Kaspar zu Nürnberg gehabt hat, welche Träume nichts anderes gewesen sein können als *wiedererwachte Erinnerungen aus*

seiner früheren Jugend. Ich bemerke hierbei zuvörderst im allgemeinen, daß *Kaspar*, als er diese Träume hatte, noch auf sehr niedriger Stufe geistiger Entwickelung stand, nur noch sehr unvollkommen sich äußern konnte und Träume von wirklichen Erscheinungen und Erinnerungen noch nicht zu unterscheiden vermochte. Es ist ferner zu bemerken, daß von den Gegenständen und Szenen, welche Kaspar im Traume gesehen haben will, ihm zu Nürnberg nichts Ähnliches vorgekommen sein konnte. So hatte er z. B. folgenden Traum, welchen ich ihn selbst dieser Tage von neuem niederschreiben ließ.

„Den 15. Aug. 1828 hatte ich nachstehenden Traum. Es kam mir vor, als wäre ich in einem sehr großen, großen Hause. Da schlief ich in einem sehr kleinen Bette. Als ich aufstand, kleidete mich ein Frauenzimmer an. Nachdem ich angekleidet war, führte sie mich in ein anderes großes Zimmer, in welchem ich sehr schöne Kommode, Sessel und ein Sofa sah. Von da führte sie mich in ein anderes großes Zimmer, worin Kaffeetassen, Schüsseln und Teller waren, die wie Silber aussahen. Von diesem Zimmer aus führte sie mich in ein größeres Zimmer, in welchem sehr viele und sehr schön gebundene Bücher standen. Von diesem Zimmer aus führte sie mich einen langen Gang vor und über eine Treppe hinab. Nachdem wir die Treppe hinuntergegangen waren, gingen wir im Innern des Gebäudes einen Gang herum, an dessen Wand Porträts hingen. Aus den Bogen dieses Ganges konnte man in den Hof hinaussehen. Ehe wir den Gang ganz umgangen hatten, führte sie mich zu einem mitten im Hofe befindlichen Springbrunnen hin, an welchem ich eine sehr große Freude hatte. Von da führte sie mich wieder zu demselben Bogen, durch welchen wir zum Springbrunnen herausgegangen waren, hin, und dann kehrten wir auf dem Bogengange denselben Weg wieder zurück bis zur Treppe. Als wir zur Treppe kamen, sah ich ein Bildnis stehen, welches in Ritterkleidung ausgeschnitten oder ausgehauen war. Das Bildnis hatte auch ein Schwert in der linken Hand. Oben am Handgriff war ein Löwenkopf angebracht. Dieser Ritter stand auf einer viereckigen Säule, welche mit der Treppe verbunden und angemacht ist. Nachdem ich den Ritter eine Zeitlang angesehen hatte, führte mich das Frauenzimmer die Treppe hinauf, den langen Gang vor und wollte mit mir zu einer Türe hineingehen. Diese Tür war aber verschlossen. Sie klopfte an, allein man machte nicht auf. Darauf ging sie mit mir schnell zu einer andern Türe, und während sie dieselbe öffnen wollte, erwachte ich."

Das Haus in diesem Traum ist offenbar ein Schloß, ein *Palast*, der nach seiner äußern Beschaffenheit und innern Einteilung so genau beschrieben ist, daß ein Baukünstler einen Riß darnach entwerfen könnte. In der Reihe der Zimmer, welche *Kaspar* beschreibt, ist besonders das Bibliothekzimmer und das mit den Silberschränken bemerkenswert, welches letztere entweder eine Silberkammer oder ein fürstliches Tafelzimmer mit *Buffets* sein soll. Alles dergleichen hatte Kaspar, als er dieses träumte, nirgendwo in Nürnberg zu sehen Gelegenheit gehabt, Träume aber erfinden nichts und schaffen nichts, sie bilden und verarbeiten nur Stoffe, welche sie von außen empfangen haben. Das Schloß mit diesen Zimmern existiert daher gewiß irgendwo. Daß *Löwenköpfe* (oder *Löwen?*) in jenem Traumbilde öfters mit vorkommen, ist sehr bezeichnend.

Aus der Verbindung aller obigen Umstände geht nun zuvörderst die dringende Vermutung, ja die moralische Gewißheit hervor:

„Kaspar Hauser ist das eheliche Kind fürstlicher Eltern, welches hinweggeschafft worden ist, um andern, denen er im Wege stand, die Sukzession zu eröffnen."

II. Die Gefangenhaltung Kaspars insbesondere betreffend,

so stellt sich dieselbe, von einer Seite betrachtet, als das an dem Unglücklichen begangene *Hauptverbrechen*, derjenige, der ihn gefangen hielt und ernährte, als ein *Bösewicht* dar. Bei *diesem* Gesichtspunkte blieb *von Feuerbach* in seinem neuerlich erschienenen Werkchen *„Kaspar Hauser"* stehen, weil er dem Publikum hierüber nicht zu viel sagen durfte, um nicht noch mehr sagen zu müssen. Auf der S. 43, Anm. ** erlaubte er sich nur auf das Wahre, das hinter dem *Scheine* des dem Auge zunächst sich hervorkehrenden Verbrechens verborgen ist, *hinzudeuten* und die weiteren Schlüsse daraus dem Scharfsinn des Lesers zu überlassen. Die *ganze* Wahrheit, ohne Schminke und ohne teilweise Verhüllung, zeigt sich aber im folgenden:

1. *Kaspar* wurde freilich gefangengehalten und spärlich ernährt. Aber man hat auch Beispiele von Menschen, welche gefangengehalten wurden nicht in verbrecherischer, sondern in *wohltätiger* Absicht, nicht, um sie zu verderben, sondern um sie zu *retten*, ihr Leben gegen ihre Verfolger in Sicherheit zu bringen. Die Art und Weise, wie *Kaspar* gefangengehalten wurde, hat offenbar *diesen* Charakter.

Kaspars Verwahrungsort war ein kleines, gewölbtes Gemach, das sehr gesund *gewesen* sein muß, weil *Kaspar* sich nicht erinnert, jemals krank gewesen zu sein oder Schmerzen empfunden zu haben. Dieses Gemach war sehr *reinlich* gehalten; denn *Kaspar*, der außer seinem Wächter kein anderes lebendes Geschöpf kannte, hat nicht einmal mit einem lebenden Ungeziefer Bekanntschaft zu machen Gelegenheit gehabt. Keine Ratte, keine Maus, keine Spinne, keine Fliege ist ihm während seiner Haft jemals zu Gesicht gekommen. Auch an seinem *Körper* wurde er äußerst *reinlich* gehalten; er spürte nie Ungeziefer an sich es wurde ihm, während er schlief, die Wäsche gewechselt, es wurden ihm die Nägel beschnitten, wurde wahrscheinlich auch von Zeit zu Zeit gewaschen. *Kaspar* erinnert sich nicht, jemals lange Nägel gehabt oder irgendeinen Schmutz an seinem Körper oder an seinen Hemden, die immer blendend weiß und von nicht grober Leinwand gewesen, bemerkt zu haben. Er erhielt immer regelmäßig sein Brot und Wasser; das Brot aber bestand in einem sogenannten Kipf von gemischtem Mehl, mit Fenchel und Koriander bestreut, und war mit Einschnitten versehen, damit bequem die einzelnen Stückchen abgebrochen werden möchten. Es war sogar, soviel möglich, für einige *Beschäftigung* und *Unterhaltung* des Kindes gesorgt; zwei hölzerne Pferde und ein hölzerner Hund und seidene bunte Bänder waren ihm zum Spielzeug gegeben. Alles dieses beweist Sorgfalt, Milde, Menschlichkeit. Wäre die Absicht gewesen, den Unglücklichen für immer der Welt zu entziehen, warum hat ihn der Geheime, der ihn in seiner Gewalt hatte, nicht lieber ganz aus der Welt geschafft? Jener Unbekannte, der den *Kaspar* verborgen hielt, mischte zuweilen Opium unter das Wasser, damit er fest schlafe, wenn er gereinigt werde. Warum nicht einige Gran Opium mehr, damit er auf *ewig* einschlafe? In dem Kerker, in welchem der Lebende so lange verborgen war, konnte noch leichter der Tote verborgen liegen.

Aber warum so karge Kost? Warum nur Wasser und Brot? Höchstwahrscheinlich nur darum, weil derjenige, welcher den Unglücklichen verborgen hielt, ihn auf andere Weise nicht ernähren konnte, *ohne Aufsehen* zu erregen. Wasser und Brot konnte er unbemerkt bei Nacht seinem Gefangenen heimlich zutragen; nicht aber warme Speise.

Das Schicksal eines Mannes aus der Familie des Grafen Stanhope kann hiermit in Vergleichung gestellt werden. Es war, wie ich glaube, der Ur-Urgroßvater des Grafen Stanhope; dieser war von Cromwell geächtet und wurde, bis ihm die Flucht gelang, von seiner ihn zärtlich liebenden Tochter in einem Grabgewölbe verborgengehalten, wo sie ihn mit einzelnen Brocken, die sie beim Essen heimlich zu sich steckte, auf eigne Lebensgefahr kümmerlich ernährte.

Daß Kaspar für den *Mann*, *„bei dem er immer gewesen"*, noch immer eine große Zuneigung fühlt, mit Liebe und Dankbarkeit über ihn sich äußert, immer nur bittet, man möge diesen Mann, wenn man ihn entdecke, mit Strafe verschonen, ist ebenfalls ein Umstand, welcher, mit den obigen Tatsachen zusammengenommen, den sicheren Schluß begründet:

„Der Mann, der unsern Kaspar gefangenhielt, war sein Wohltäter, sein Retter; er hielt ihn gefangen, um ihn vor seinen Verfolgern, vor denen, die ihm nach dem Leben trachteten, zu verbergen."

2. Wenn in *Kaspars* Person aus irgendeiner hohen oder nur aus einer vornehmen, angesehenen Familie ein Kind *verschwunden* wäre, ohne daß man über dessen Tod oder Leben, und wie es hinweggekommen, etwas in Erfahrung bringen könne, so müßte längst offiziell bekannt sein, in welcher Familie dieses Unglück sich ereignet habe. Denn das *Verschwinden* eines Kindes ist eine offenkundige, aufsehenerregende Tatsache. Da nun aber seit Jahren, und unerachtet *Kaspars* Schicksal weltbekannt geworden,

nicht das mindeste von einer Familie bekannt geworden, aus welcher vor ungefähr 17–20 Jahren ein Kind heimlicherweise abhanden gekommen und verschwunden sei, so ist Kaspar nur unter den *Toten* zu suchen:

„Ein Kind wurde für tot ausgegeben, wird noch jetzt für tot gehalten, lebt aber noch in der Person des armen Kaspar."

Dieser Umstand, mit den vorhergehenden zusammengereiht, kombiniert sich zu folgender mutmaßlicher Geschichte:

„Das Kind, in dessen Person der nächste Erbe oder der ganze Mannsstamm seiner Familie erlöschen sollte, wurde heimlich beiseite geschafft, um nie wieder zu erscheinen. Um aber den Verdacht eines Verbrechens zu entfernen, wurde diesem Kinde, welches vielleicht, als es beseitigt wurde, gerade krank zu Bette gelegen hatte, ein anderes, bereits verstorbenes oder sterbendes Kind untergeschoben, dieses alsdann als tot ausgestellt und begraben und so Kaspar angeblich in die Totenliste gebracht."

War der *Arzt* des Kindes mit im Spiel, hatte *er* den Auftrag, das Kind umzubringen, fand er jedoch entweder in seinem Gewissen oder in seiner Klugheit Gründe, den Auftrag *scheinbar* zu vollziehen, aber das Kind heimlich beim Leben zu erhalten, so konnte dieser fromme Betrug auf das leichteste vollzogen werden.

Zwischen dem Zeitpunkte des *vorgespielten Todes* und der *Einkerkerung* Kaspars liegt übrigens, wie sehr wahrscheinlich, ein nicht unbeträchtlicher *Zwischenraum*. Mancherlei führt nämlich auf die dringende Vermutung, daß Kaspar, nachdem er zum Schein in Deutschland gestorben war, nach *Ungarn* geschafft worden ist, dort die ersten Kinderjahre in der *Freiheit* verlebt hat und erst *alsdann*, um ihn vor naher Todesgefahr zu retten, eingekerkert worden ist.

Was nun endlich

III. die Frage betrifft, in welche hohe Familie Kaspar gehören möge,

so ist nur *ein Haus* bekannt, auf welches nicht nur mehrere zusammentreffende allgemeine Verdachtsgründe hinweisen, sondern welches auch durch einen ganz besondern Umstand speziell bezeichnet ist, nämlich – die Feder sträubt sich, diesen Gedanken niederzuschreiben – das Haus B –.

Auf höchst auffallende Weise, gegen alle menschliche Vermutung erlosch auf einmal in seinem Mannesstamme das alte Haus der Z –, um einem bloß aus morganatischer Ehe entsprossenen Nebenzweige Platz zu machen!

Dieses Aussterben des Mannesstammes ereignet sich nicht etwa in einer *kinderlosen*, sondern – seltsam genug! – in einer mit Kindern *wohlgesegneten* Familie.

Was noch verdächtiger: *Zwei Söhne* waren geboren; aber diese beiden *Söhne* starben, und nur *sie* starben, während die Kinder *weiblichen* Geschlechts insgesamt bis auf den heutigen Tag noch in frischer Gesundheit blühen. Die Frau Gr– St– ist eine wahrhaft zweite Niobe, nur mit dem Unterschiede, daß Apollos tötendes Geschoß ohne Unterschied Söhne und Töchter traf, dort aber der Würgengel an allen Töchtern vorüberging und nur die Söhne erschlug.

Und nicht bloß seltsam, sondern einem Wunder ähnlich ist es, daß der Würgengel schon gleichsam an der *Wiege* beider Knaben steht und diese mitten aus der Reihe seiner Schwestern herausgreift. Zwischen den beiden Prinzessinnen L. und J. stirbt der erstgeborne Prinz N. N. am *16. Oktober 1812*, zwischen den Prinzessinnen J. und M. stirbt am *8. Mai 1817* der Prinz A. Diese Sterbefälle widerstreiten fürwahr jeder physiologischen Wahrscheinlichkeit. Wie wäre es erklärbar, daß eine Mutter demselben Vater lauter gesunde Töchter und als Söhne nur Sterblinge gebiert? In dieser ganzen Begebenheit scheint so viel System, so viel Berechnung hindurch, wie sie nicht dem Zufalle, sondern nur menschlichen Absichten und Plänen zuzutrauen ist. Oder man müßte glauben, die Vorsehung selbst habe einmal in den gewöhnlichen Lauf der Natur eingegriffen und Außerordentliches getan, um einen coup de politique [Streich der Politik] auszuführen.

Wer bei dem Aussterben des Mannesstammes in der Linie des Gr–C. das nächste, das unmittelbarste *Interesse* hatte, war unstreitig die *Mutter* des Herrn Grafen H. mit ihren Söhnen. Denn waren ihre Kinder aus morganatischer Ehe für sukzessionsfähig anerkannt und war der Mannsstamm im Hause des Gr–C. untergegangen, so mußte wohl nach kurzer Zeit die Sukzession an die H–sche Familie kommen.

Die Gräfin H. wird überdies als eine Dame bezeichnet, welche gegen die Gemahlin des Gr–C. tiefen Haß getragen, welche dabei von unbegrenztem Ehrgeiz und eines solchen Charakters sei, der sie um die Mittel zu ihren Zwecken wenig verlegen mache.

Nun aber komme ich zu einem Umstande, der an sich selbst so klein und unbedeutend ist, daß er sich lange Zeit der Aufmerksamkeit entzog, bis er durch Zusammenhaltung mit einigen genealogischen Tatsachen, nach welchen der Verfasser dieser Schrift lange vergebens gestrebt hatte – sie sind ihm erst vor einigen Wochen aus Frankfurt mitgeteilt worden –, seinen Verdacht bis zur moralischen Gewißheit steigerte.

In dem Briefe, welcher dem armen *Kaspar* bei seiner Aussetzung in die Hand gegeben worden ist, in Verbindung mit der Einlage zu jenem Briefe*, sind unter anderen folgende Angaben enthalten: es sei

1. *Kaspar* geboren am 30. *April* 1812;
2. er sei dem Unbekannten *gelegt* worden am 7. *Oktober* 1812.

Hiermit treffen nun, bis auf unbedeutende, leicht erklärbare Abweichungen, die verhängnisvollen Epochen der Geburt und des Todes beider Prinzen, besonders aber des erstgebornen N. N. wunderbar zusammen. Nämlich:

1. der Prinz N. N. ist geboren im Jahre 1812, gestorben im Jahre 1812. In *demselben* Jahre 1812 ist, nach jener Angabe, *Kaspar* geboren und auch in demselben Jahre 1812 angeblich als Findelkind dem Unbekannten *gelegt* worden (d. h. aus seiner Familie verschwunden und in die Gewalt des Unbekannten gekommen).

2. Selbst der *Monat des Todes* des Prinzen N. N. trifft mit dem *Monat* der angeblichen *Aussetzung* des Kindes *Kaspar* bei jenem Unbekannten überein. Der *Oktober* ist für beide verhängnisvoll; in diesem Monat *desselben* Jahres stirbt Prinz N. N. und wird *Kaspar* ausgesetzt. Nun ist zwar

3. nicht nur eine kleine Differenz in dem Monats-*Tag* –

* Vgl. *Feuerbachs* Schrift über Kaspar Hauser, S. 12–15.

dort der 16. Oktober, hier der 7. Oktober –, sondern auch eine Abweichung in den *Geburtstagen*, indem der Prinz am 29. *Sept.* geboren wurde, Kaspar aber am 30. *April* zur Welt gekommen sein soll. Allein jene Differenz zwischen dem 7. und 16. desselben Monats ist an sich höchst unbedeutend und leicht erklärbar; dagegen ist wieder

4. der 30. *April*, welcher dem *Kaspar* als Geburtstag beigelegt wird, von höchster Bedeutung. Dieser ist nämlich gerade der *Geburtstag* des zweiten Prinzen A.

Die Ursachen dieser Übereinstimmungen und Abweichungen sind nicht schwer zu erklären. Es ist leicht möglich, daß der Unbekannte, der von dem Geburts- und angeblichen Todesjahr Kaspars im allgemeinen gute Kenntnis hatte, in den einzelnen Datis sich im Irrtum befand, den Geburtstag des zweiten Prinzen (30. April) mit dem des ersten verwechselte und sich, während ihm der *Oktober* als Sterbmonat noch im treuen Gedächtnis lag, nur in dem Monatstag vergriff (statt des 16. Oktober der 7. – ein unbedeutender Unterschied von 8 bis 9 Tagen).

Indessen scheint mir die Abweichung ganz *absichtlich* aus guten Gründen geschehen zu sein.

Derjenige, der unsern *Kaspar* in Gewahrsam hatte, ihn nach Nürnberg brachte oder schaffte und den Brief nebst Beilage schrieb oder schreiben ließ, war höchstwahrscheinlich ein katholischer Geistlicher, vielleicht ein Klostergeistlicher. Diesem, der auch, wie die demselben mitgegebenen geistlichen Büchlein bekunden, für *Kaspars* Seelenheil besorgt war, mußte es eine große Verruchtheit dünken, den Unglücklichen ohne allen Ausweis über seine Geburt in die Welt zu stoßen. Wäre aber dieser Mann dem rechten Datum in allem vollkommen getreu geblieben, so mußte er mit Recht eine nur zu schnelle Entdeckung befürchten. Um daher in der Hauptsache bei der Wahrheit zu bleiben, ohne das Geheimnis zu verraten, mußte der Wahrheit etwas Lüge beigemischt werden, und so wurde denn, um auch so noch von der Wahrheit sowenig als möglich abzuweichen, bloß ein Datum im richtig angegebenen Monat (Oktober) um einige Tage zurückgeschoben und ihm nebenbei der 30. April aus dem Leben seines jüngern Bruders beigelegt.

Nicht unbedeutend ist es, daß nicht lange nach dem

Erscheinen Kaspars zu Nürnberg sich das Gerücht, und zwar von B– her, verbreitete: Kaspar sei ein für tot ausgegebener Prinz des B–schen Hauses, und zwar ein Sohn des Gr– S–; daß dieses Gerücht von Zeit zu Zeit wieder laut geworden ist, am lautesten aber in der neuesten Zeit, daß neuerlich unter der Form einer angeblichen Geistererscheinung, von welcher öffentliche Blätter erzählten, die Behauptung angedeutet wurde, die Familie H. besitze durch Usurpation den Thron, es sei noch ein echter Prinz am Leben, daß sogar erst vor einigen Tagen, aus einer *Stuttgarter* Zeitung, in einem *Augsburger* Blatt die Behauptung zu lesen war: „Kaspar Hauser" sei *„der mutmaßliche Prätendent von B–"*. Gerüchte sind freilich nur Gerüchte, sind aber darum nicht zu verachten; sie fließen oft aus sehr echten Quellen; sie haben, wo es geheimen Verbrechen gilt, häufig darin ihre Entstehung, daß der eine oder andere Mitwissende geplaudert hat, mit seinem Vertrauen zu freigebig gewesen oder sonst eine verräterische Unvorsichtigkeit begangen hat oder weil ein Mitschuldiger, um sein Gewissen zu erleichtern oder um sich wegen getäuschter Hoffnungen zu rächen und dgl., im stillen die Entdeckung der Wahrheit herbeizuführen sucht, ohne an sich selbst zum Verräter werden zu müssen usw.

Aus diesen Gründen zählen die Rechtsgelehrten auch Gerüchte (die famam publicam) zu den Anzeigungen (Indizien) von Verbrechen und deren Urhebern oder Teilnehmern.

An seinen Sohn Anselm

Ansbach, den 29. März 1832

Deinem Wunsch, wegen Deines „Apoll" mich in Bonn umzusehen, bin ich längst zuvorgekommen. Schon am 1. d. Mts. schrieb ich deshalb einen umständlichen Brief an meinen alten Freund, den Oberkonsistorialrat Augusti, der sich auch für Dich persönlich interessiert, da er Dich als Kind gekannt und sich schon damals viel mit Dir zu schaffen gemacht hat. Allein noch bis diese Stunde habe ich keine Antwort von ihm erhalten. Hieraus schließe ich denn, daß er sich Mühe gibt, einen Verleger zu finden, daß er aber noch keinen gefunden hat und nicht zu bald alle Hoffnung uns nehmen möchte. Aufrichtig gestanden: Ich habe für die Zeiten, wie sie jetzt sind, schon seit lange zu hoffen aufgehört. Kein vernünftiger Mann wird unter den gegenwärtigen Umständen sich in ein irgend bedeutendes Unternehmen einlassen mögen. Incedimus super ignes [wir schreiten über Feuerflammen hinweg] etc. Die Zeit liegt in schweren Geburtswehen, jeden Augenblick kann die entscheidende Stunde schlagen, und was sie zur Welt bringen wird, sind wilde, grimmig zerstörende Ungeheuer, unter denen Krieg – Völkerkrieg, Vertilgungskrieg – noch das mildeste sein wird. Niemand kann jetzt weiter sehen als von heute auf morgen. Für literarische Unternehmungen, für größere wissenschaftliche Werke stehen die Konstellationen am allerschlimmsten. Die Menschen sind zu sehr aufgeregt, all ihr Sinnen ist zu sehr nach außen hin gewendet, als daß sie – ich weiß es an mir selbst und andern – zu ernsten, langanhaltenden Betrachtungen, deren Gegenstand nicht in der Gegenwart liegt, Ruhe und Lust hätten. Man liest nicht mehr, als was man lesen muß oder was in den Kreis der Zeitereignisse gehört, oder höchstens dasjenige, womit man sich betäuben, zerstreuen und den Sinn für den Augenblick von den Greueln, welche schon sind und noch kommen werden, ablenken kann. Mut, Geduld, dies sind jetzt die ersten, die notwendigsten aller Tugenden für jeden, der in der Welt bestehen will; sie sind es auch, und zwar vor allen andern, für Dich. – Die Verhältnisse in Bayern haben sich so gestaltet, daß für das Talent – es müßte denn zur niederträchtigsten Hundeweise sich bequemen wollen und jeder Schlechtigkeit sich dienstbar zu erweisen geneigt sein – wenig oder gar keine Aussicht mehr ist. – Wer Dir gesagt oder geschrieben hat, daß ich mich fortdauernd wohlbefinde, muß sich sehr wenig um mich bekümmern; denn sonst müßte er wissen, daß ich seit zwei Monaten mein Zimmer, oft auch das Bett nicht verlassen habe, daß ich seitdem vielmal jeden Tag in Ohnmacht falle, daß ich in einem Zustand mich befinde, wo ich jeden Augenblick einen Nervenschlag befürchten muß – was ich mir nicht etwa bloß selbst einbilde, sondern auch die Ärzte mir eingestanden haben. Das Entsetzlichste für mich ist die gänzliche Abnahme meines Gedächtnisses; ich weiß mich der mir bekanntesten Namen und Sachen nicht mehr zu erinnern. Wissenschaftliches kann ich nicht mehr treiben, vermag keinen abstrakten Satz mehr zu denken und nur noch über die Dinge hinzustreifen. Mein „Kaspar Hauser" – den ich Dir hiemit für Deinen väterlichen Freund, den ehrwürdigen Seutter, übersende – zeigt davon nicht undeutliche Spuren. Ich mußte mich dabei fast aller Reflexionen enthalten und mich bloß auf Darstellung des Gegebenen beschränken. Doch war mein Zustand, als ich diese paar Bogen schrieb, erst noch im Werden. Zu diesem Büchlein brauchte ich nicht weniger als drei Monate, die Vorarbeiten nicht mitgerechnet.

An seinen Sohn Eduard

Ansbach, September 1832

Deine Bouteille Steinwein, lieber Eduard, hat mich sehr erfreut, und ich danke Dir auf das herzlichste dafür, und zwar, wie Du siehst, mit eigener Hand, die an diesen Zeilen ihre ersten Versuche macht. Morgen werde ich die ersten Tropfen dieses flüssigen Goldes genießen, sobald mir es der Arzt erlaubt, weil ich besorge, daß meine Nerven das Feuer des Steinweins noch nicht vertragen können. Im ganzen bin ich so ziemlich wiederhergestellt*; ich gehe zuweilen spazieren und kann wieder mit heiterm Kopf leichte Sachen lesen. Aber mein Gemüt ist sehr verstimmt und meine Hand beim Schreiben noch äußerst schwach; ich fürchte, daß ich sie niemals wieder wie sonst werde gebrauchen können. Wüßtest Du, wieviel Mühe und Pein mich diese Zeilen kosten, sie müßten einen seltenen Wert für Dich haben.

* F. hatte am 25. Juli 1832 einen ähnlichen Schlaganfall erlitten wie im Jahre 1829, einen, wie sein Hausarzt Dr. Albert angab, „nicht eigentlichen, sondern rheumatischen Schlaganfall."

Deine Freude über das Studium des französischen Rechts teile ich ganz. Jetzt wird Dir die Jurisprudenz, wie sie leider noch immer auf dem Katheder von den Schulfüchsen behandelt wird, sich als lebendes, beseeltes Wesen gestalten. War sie Dir bisher größtenteils nur eine trockene, unfruchtbare Masse für das Gedächtnis, so wird sie Dir jetzt als ein würdiges Kunstwerk des Verstandes, als ein Ausfluß der Vernunft sich darstellen. Wer nicht den esprit des lois [Geist der Gesetze] erkannt hat, verhält sich zu dem wahren Juristen als ein ausgeseelter Osteolog gegen einen geistreichen Physiologen wie Haller, Treviranus oder Tiedemann. Die historischen Juristen kommen mir nun vollends wie Leute vor, die die Knochen einer Mumie benagen und die Fasern am Mumienkasten zählen.

Heute erhielt ich von Campe die ersten Bogen von Anselms „Apollo". Es ist dies ein herrlicher, des Werkes ganz würdiger, äußerst eleganter Druck, welcher der Offizin ebensoviel Ehre macht wie das Werk seinem Verfasser, der nichts weiter zu schreiben braucht, um unsterblich zu sein. Man weiß nicht, ob man mehr das Genie oder die Gelehrsamkeit des Verfassers bewundern soll. Der Ruhm der Söhne wird bald den Namen des Vaters überstrahlen.

Dein treuer Vater v. F.

An Herrn Dr. Müller

Königl. sächsischen Minister des Kultus und öffentlichen Unterrichts

Ansbach, den 27. Oktober 1832

Ew. Exzellenz hochverehrliches Schreiben vom 19. dieses trifft mich leider in dem Anfang der Rekonvaleszenz von einer schweren und langwierigen Krankheit. Unfähig, mehr als meinen Namen notdürftig zu schreiben oder vielmehr zu malen, und gezwungen, mich einer fremden Hand zu bedienen, bin ich außerstand, mich über Hochdero ebenso wohlwollende als schmeichelhafte Anträge mit ausführlicher Umständlichkeit zu erklären, was ich für die Zeit meiner vollständigen Genesung vorzubehalten mir erlaube. Indessen legen mir Hochdero gütige Gesinnungen, welche ich mit tiefgefühltem Dank verehre, die Verpflichtung auf, Ew. Exzellenz so schleunig als möglich so viel zu erklären, als Sie zur Fassung weiterer amtlicher Beschlüsse bedürfen. Offenbar hat eine meiner gelegentlichen Äußerungen über den vorzüglichen Wert und die ausgebreitete, wohltätige Wirksamkeit eines ausgezeichneten akademischen Lehrers auf einer besuchten Universität vor dem, wenngleich noch so hochgestellten, Staats- und Geschäftsmann und der infolgedessen geäußerte Wunsch, daß ich nie möge verführt worden sein, meinen ehemaligen schönen und ausgebreiteten Wirkungskreis als akademischer Lehrer zu verlassen und in eine Bahn zu treten, auf welcher ich viele Jahre lang unter harten Kämpfen und mannigfach vergeblichen Arbeiten den besten Teil meines Lebens verloren habe, diese und ähnliche Äußerungen haben offenbar durch Mißverständnis die Meinung herbeigeführt, ich sei geneigt, mein Leben sozusagen wieder von vorne anzufangen. Allein meine seit dem Jahre 1817 eingenommene, in jeder Beziehung erfreuliche, ehrenvolle amtliche Stellung, meine Verpflichtungen gegen Bayern, meine sonstigen Verhältnisse, mein vorgerücktes Alter, meine seit einigen Jahren sehr gebrechliche Gesundheit machen mir eine Übersiedlung in ein neues Vaterland, besonders die Übernahme eines Berufs, dem ich seit nunmehr fast 30 Jahren fremd geworden bin, sowohl moralisch als physisch unmöglich.

Übrigens habe ich meinerseits alle Ursache, jenem Mißverständnisse dankbar zu sein, indem es mir die Gelegenheit verschafft, Ew. Exzellenz, die Gesinnungen meiner aufrichtigen Verehrung schriftlich auszudrücken, welche ich schon im vorigen Jahre zu Dresden, als im Kreise meiner verehrten Freundin, Gräfin von der Recke, alle in Jubel über Ihre Erhebung zum Minister des Kultus ausbrachen, von ganzem Herzen geteilt habe. Zu diesen Gesinnungen tiefgefühlter Verehrung mich fortwährend bekennend, habe ich die Ehre lebenslang zu verharren als etc.

An Herrn Dr. Breidenbach

Großherzogl. hessischen Hofgerichts-Advokaten in Darmstadt

Ansbach, den 21. Dezember 1832

Ew. Wohlgeboren bin ich sehr dankbar für das schmeichelhafte Zutrauen, womit Sie mich zu beehren die Güte haben, und wahrhaft freut mich die Beobachtung der würdigen Gesinnungen, welche sich laut Ihres gefälligen Schreibens vom 16. d. M. in den edlen Bestrebungen des dortigen Advokatenstandes offenbaren. Was Sie mir über den bunten Zustand Ihrer Gesetzgebung, über die unwürdige, naturwidrige Stellung des Advokatenstandes im Verhältnis zum Richteramt u. dgl. von dorther berichten, c'est tout comme chez nous [das ist alles wie bei uns], und fast in allen deutschen Fürstenstaaten wird es ebenso sein. Überall im deutschen Vaterland wie in vielen andern Punkten, so auch in diesem dieselben Übel, dieselben Bedürfnisse, dieselben Wünsche, vielleicht auch – dieselbe Ungeneigtheit, gerechte, zeitgemäße Wünsche zu erfüllen. Daß erst in dem Tageslicht der öffentlich-mündlichen Rechtspflege wie der Richter- so auch der Advokatenstand zu der *vollständigen* Würde gedeihen werde, welche ihm die Gerechtigkeit selbst angewiesen hat, scheint mir nicht zweifelhaft. Aber öffentliche oder geheime Rechtspflege – in keinem Fall ist es zulässig, daß derjenige, der dem Richter *gegen*überzustehen den Beruf hat, zugleich *unter* eben diesem Richter stehe. Der Advokat hat nicht bloß *vor* dem Richter, sondern auch *gegen* den Richter das Recht zu verteidigen; wie kann denn vernünftigerweise der Wächter zugleich der untertänige Diener des Bewachten sein? *Emanzipation des Advokatenstandes von der vormundschaftlichen Disziplinargewalt der Gerichte* ist ein Axiom, über welches sich gar nicht streiten läßt und das mit der *Rechtsverteidigung überhaupt*, so wie diese mit der *Freiheit* der Rechtsverteidigung, in eins zusammenfällt. Errichtung einer Advokatenkammer und alles übrige, was Sie in Ihrem Antrage schön auseinandergesetzt haben, ist davon die unausbleibliche Folge. Aber – um des Himmels willen – ein Kollegium von fünfzig Mitgliedern! Das wäre, meines

Erachtens, der Organismus der – *Auflösung*. Bei Kollegialkörpern gelten wenige Glieder immer weit mehr als viele. Was 9 Mitglieder Gutes leisten können, werden schon 20 ganz gewiß verderben, um wieviel mehr 30 und 40 und gar 50! Damit aber ein in *geringer* Zahl zusammengesetztes, mit Gewalt ausgerüstetes Kollegium nicht ausarte, damit es nicht zu einem aristokratischen Korpus zusammenwachsen, nicht durch allzu lang fortgesetzten Besitz ungeteilter Gewalt zum Gewaltmißbrauch sich verleitet fühlen oder auch nur Eifersucht erwecken möge, dazu ist das einfache Mittel gegeben, daß zu bestimmten Zeiten eine bestimmte Zahl (z. B. ein Drittel) der Mitglieder nach dem Los austrete und die Zahl der Austretenden durch neue Wahl wieder ergänzt werde. Die Ängstlichkeit, womit unsere Regierungen alles Gemeinsame, alles, was einem Zusammentreten, einer Vereinigung, einer Gesellschaft gleichsieht, besorglich beobachten und dahinter Gefährliches wittern, wird schwerlich einer sich jetzt neu bildenden Advokatenkammer vollkommene Selbständigkeit gestatten; sie wird darin auf die eine oder andere Weise entweder ihre *Hand* oder ihr *Auge* haben wollen. Läßt sich dieses, z. B. ein von der Regierung ernannter Präsident, nicht abwenden, so nehme man einstweilen, was man erlangen kann, und verschmähe nicht das *Gute* aus allzu eigensinnigem Streben nach dem *Besten*. Hat man nur erst jenes, so folgt das übrige von selbst nach; will man aber sogleich nur das Vollkommenste, so setzt man sich in Gefahr, das Schlechteste behalten zu müssen.

Dieses meine unvorgreiflichen Ansichten.

An seine Schwester Rebekka

Ansbach, den 5. Januar 1833

Liebe Schwester! So nenne ich Dich, möge Dein Herz diesem Wort des Herzens entgegenkommen! – Seit zwei Jahren bin ich krank und im Gefühle meiner täglich abnehmenden Kräfte. Auch Du bist krank, wie ich erst in diesen Tagen mit Schmerzen erfahren habe. Unter diesen

Umständen kann ich es nicht länger über mich gewinnen, Dir fernzustehen. Mißverständnisse und gereizte Empfindlichkeit haben nur zu lange uns getrennt gehalten; aber sie haben, wie ich nach meinem eigenen Gefühle urteile, die Bande noch nicht zerrissen, welche die Natur so eng um uns geschlungen hat – den leiblichen Bruder, die leibliche Schwester. Nimm hier die Bruderhand, die ich Dir zur Versöhnung biete. Verzeihe mir, was ich an Dir gefehlt, so wie auch ich dasjenige, was ich Dir als Unrecht beimaß, längst entschuldigt, vergeben und vergessen habe. Haß stand niemals zwischen Dir und mir, aber Leidenschaft und Irrtum; jene ist längst gestillt, dieser ist längst berichtigt; bezeigen wir uns daher wieder als das, was wir nie zu sein aufgehört haben – Schwester, Bruder.

Du siehst an den unsichern und ungleichen Zügen meiner schwachen, zitternden Hand, wie sehr ich noch leidend bin und wie sauere Arbeit mir jeder Buchstabe ist, den ich aufs Papier nicht schreibe, sondern male. Lasse mich, liebe Schwester, bald von Dir, Deinen Gesinnungen und Deiner – der Himmel gebe! – wiederhergestellten Gesundheit hören.

Lebe wohl und gedenke mit versöhntem Herzen Deines Dir wiedergeschenkten, Dich liebenden Bruders

A. v. F.

An seine Schwester

Ansbach, Februar 1833

Tausend Dank, liebe Schwester, für Deinen herzvollen Brief voll Liebe und Versöhnung. Die Gefühle, die er ausspricht, sagen mir, daß der Hand, die ich Dir bot, die Deinige willig entgegenkam und daß Dein Herz längst versöhnt war, ehe Du noch wissen konntest, daß ich Dir in Liebe wieder zugewendet sei. Mir ist, als könne ich jetzt freier atmen und als dürfe ich jetzt eher und sicherer auf meine Wiedergenesung hoffen, seitdem ich mit Dir und meinem Gewissen wieder ausgesöhnt bin. Könnte ich Dir, liebe Rebekka, jetzt schon persönlich ausdrücken, wie glücklich ich mich fühle, Dich wieder meine liebe Rebekka nennen zu dürfen! Mit Sehnsucht sehe ich dem Frühling entgegen, der mich meiner lieben, mir wiedergewonnenen Schwester entgegenführt. Marie wird Dir über unsern Plan umständlich schreiben, da meine noch immer sehr schwache Hand mir das Schreiben, besonders mit der Feder, nicht bloß beschwerlich, sondern auch peinlich macht. Seit zwei Jahren hatte ich nicht eine gesunde Stunde; im Juni des verwichenen Jahres wurde ich vom Schlage gerührt, der mir den rechten Arm und die Zunge lähmte. Beide Übel sind seitdem gemindert, doch bei weitem noch nicht gehoben. Eine Badekur gibt mir vielleicht meine Gesundheit wieder. Die Seligkeit, meine Schwester wiederzusehen und die Versöhnte an das versöhnte, liebende Herz zu drücken, wird vielleicht mehr als andere Mittel mir heilsam sein.

Mögen diese Zeilen Dich in vollkommener Gesundheit finden! Möge die Überzeugung Dich beleben, daß ich mit ganzer Seele bin Dein Dich liebender Bruder A.

An dieselbe

Ansbach, den 12. März 1833

Es ist in mir, liebe Schwester, ein Gefühl der Sehnsucht, wie Heimweh, das mich zu Dir hinzieht, das mich Tag und Nacht mit Gedanken an Frankfurt und an Dich beschäftigt und mich kaum die Zeit erwarten läßt, wo ich Dich, meine Liebe, und meine liebe Vaterstadt wiedersehen kann. Schon werden Zurüstungen zur Reise gemacht, und ich meine, indem ich mich damit beschäftige, den ziemlich langen, wenigstens für mich langen Zeitraum hinwegzutäuschen, der noch zwischen jetzt und dem Tag des Wiedersehens in der Mitte liegt. Einige Tage milden Wetters und heitern warmen Sonnenscheins äfften mich schon mit der Einbildung eines frühzeitigen Frühlings; aber siehe, da wurde ich bald durch Kälte, Schnee und Eis daran erinnert, daß ich wohltue, mich noch ein Weilchen in Geduld zu fügen. Es ist noch wie im Januar, ja noch ärger als im

Januar, wenigstens empfindlicher, weil wir an Besseres uns schon zu gewöhnen anfingen. Vor April werde ich dieses Ansbach und diese Stube nicht verlassen können, wo so vieles mich an so vieles erinnert, was ganz aus meiner Seele verschwinden muß, wenn ein Hoffen auf Wiedergenesung und auf noch einige frohe Lebenstage Raum in mir finden soll. Meine Körperkrankheit kam aus vielfachen Krankheiten des Gemüts, auf das mehr eingestürmt hat, als ich mit meinen schwachen Nerven vertragen konnte. Wenn wir beisammen sind, wollen wir die ganze Vergangenheit mit allen ihren Leiden und Sorgen hinter unserm Rücken lassen und von der Gegenwart das Beste nehmen, was sie uns bietet. Dein Brief sagt mir zwar, daß Du, mein Rebeckchen wieder zu Bette liegst, aber die geistige Frische und Lebendigkeit, die jede Deiner Zeilen durchdringt, bezeugt mir in Dir das Dasein jener vollen Kraft, welche auch den Körper aufrechthält. Dagegen bin ich, leiblich wie geistig, ein bleierner Vogel (?), der aus sich selbst sich nicht bewegen kann und, wo man ihn hinschiebt, liegenbleibt. Mit meinen Jugendfreunden und alten Bekannten werde ich mir in Frankfurt nicht viel zu schaffen machen. Das Reden fällt mir gar sehr beschwerlich, das Sprechen anderer, besonders wenn es etwas zu laut ist und mehrere Stimmen durcheinander sich hören lassen, betäubt mich; ich werde daher die schöne Natur meinen Umgang sein lassen und vor allen Dingen im heimischen Garten an Deiner Seite die wärmende Sonne genießen. Wäre doch diese Zeit schon da! Sonst fliegen mir Wochen und Monate, wie ein vom Bogen geschnellter Pfeil, vorüber; aber seit ich Dich wiedergefunden und mir Dein Wiedersehen bevorsteht, schleichen mir die Tage nur allzu langsam vorüber. Für meine sonstigen Reisen auf Liebesabenteuer habe ich dem Tag der Abreise nie mit größerer Ungeduld und Sehnsucht entgegengesehen als diesmal bei meiner vorhabenden Reise zu Dir, meine liebe, mir versöhnte und für ewig wiedergewonnene Schwester. Nichts wird uns wieder trennen als der alles lösende Tod, dem wir jetzt ruhiger, mit leichterem Herzen entgegensehen können.

An ebendieselbe

Ansbach, März 1833

Liebe Schwester! Das einzige, was ich jetzt denke, woran ich mich erfreue, womit ich mich aufrichte und worauf ich hoffe, das bist Du und daß ich Dich und mein Frankfurt wiedersehe und dort vielleicht auch einen Teil meiner verlornen Gesundheit wiederfinde. Sobald das erste Frühlingslüftchen weht – ich hoffe in den ersten Wochen des April – fliege ich zu Dir und von Dir zu den heilbringenden Quellen. Der Sitz meines Übels sind allein die Nerven; alles übrige an mir ist kerngesund, aber freilich Nerven sind die leibliche Seele des Menschen. Zu Frankfurt werde ich mich ganz dem Regime des Herrn Dr. Neufville unterwerfen. Aber am wesentlichsten wird die Freude an Dir, meine liebe, gute Schwester, und an Deiner Liebe die schon halb erstorbenen Lebensgeister neu beleben. Du wirst Dich wundern, liebe Rebekka, wo nicht erschrecken, wenn Du mich wiedersiehst, mit altem Gesicht, hohler Stimme, matt an Geist und Körper, oft so schwach, daß ich nur schleichen und wankend mich von einer Stelle zur andern fortbewegen kann. Das alte Feuer hat ganz ausgebrannt, und nur schlechte Kohle ist zurückgeblieben. Von allem, was sonst mich freute, hat nichts mehr einen Reiz für mich, nicht mehr die Bücher, nicht mehr die Frauen und Mädchen. So ganz und gar bin ich ein anderer geworden. Der neue Mensch aber, den ich, wie die Herren Pastoren rühmen mögen, angezogen habe, taugt mir ganz und gar nicht; ich hätte an dem alten mehr Freude und möchte ihn gern haben, wenn er nur zu haben wäre. – Die Teilnahme der guten Oechs konnte ich von unserer alten Freundschaft und ihrem edlen Gemüt erwarten. Grüße sie, liebe Rebekka, aufs innigste von mir und sage ihr, wie es mich kindisch freue, sie wiederzusehen, mit der ich einst als Kind gespielt und als Mann manche Freude und manchen Schmerz und manche Torheit geteilt habe.

Nimm, liebe Schwester, mit diesen wenigen Zeilen vorlieb. Obgleich mit Bleistift, kann ich doch nur mit großer Mühe meine Hand zum Schreiben gebrauchen. Alles, was ich sonst von Briefen zu schreiben habe, pflege ich einem Schreiber zu diktieren, was auch nichts weniger als angenehm ist. Eigentliche Geistesarbeit, wozu man die Feder braucht, kann ich gar nicht mehr verrichten, bin also, wie Du mich kennst, schon ein halb toter Mann. – Lebe wohl, liebe Schwester! Bald sehen wir uns wieder.*

* Leider war der „halb tote Mann", der diese Zeilen geschrieben, bald ein ganz toter. Nachdem er in seiner geliebten Vaterstadt, wohin ihn unter anderm auch das Scipionsche Gefühl „Ne ossa quidem [nicht einmal die Gebeine] etc." gegen sein Adoptivvaterland gezogen hatte, sich, scheinbar, ganz wieder erholt, sich des besten Wohlseins erfreut hatte, erkrankte er plötzlich (am Pfingstmontag auf einer Spazierfahrt nach dem Königstein) an einem ähnlichen Schlaganfall, wie er das Jahr vorher erlitten hatte, der aber dieses Mal schon in der Nacht des nächstfolgenden Tages (am 29. Mai) mit dem Tode endete. Seine Freundin Elise von der Recke war ihm wenige Wochen vorher vorausgegangen. „Bei der von ihm selbst verlangten Leichenöffnung zeigten sich alle edlen Teile ohne Fehler, die Krankheit ward für nervös erklärt." Das Publikum im allgemeinen aber schrieb die Ursache seines Todes einer Vergiftung wegen seiner Teilnahme an Kaspar Hausers Schicksal zu. Auffallend ist es allerdings, daß dieser noch in dem nämlichen Jahre *ermordet* wurde.

Anhang[1]

Über die Polizeistrafgesetzgebung überhaupt und den zweiten Teil eines „Entwurfs des Strafgesetzbuchs, München 1822"

Was einem Menschen, welcher sich seinen Begriff von Polizei bereits in etwas frühern Zeiten gebildet hat, bei Erblickung eines *Polizeistrafgesetzbuchs* zuerst einfällt, ist der Zweifel: ob eine Polizeistrafgesetzgebung und ein Polizeistrafrecht, wie beides heutzutage bereitwillig angenommen wird, überhaupt möglich und rechtlich zulässig sei. – Da von jeher das eigentümliche Wesen der Polizei, wenigstens einer guten Polizei, gerade darin gesetzt wurde – *Strafen zu verhüten*, so dürfte ein Polizeistrafkodex wenigstens nicht zu den Zierlichkeiten einer guten Polizeiordnung gehören. Je größer ein solcher Kodex, je zahlreicher die unter Strafe verbotenen sogenannten Polizeiübertretungen, je größer und häufiger die Strafen, in welchen sich die Polizei wirksam zu beweisen bemüht ist, desto vollständiger und umständlicher scheint die Polizei wider sich selbst den Beweis führen zu wollen, daß sie ihr *eigentliches Amt* – nämlich durch *Aufsicht* und durch *Anstalten* Übles zu verhüten und Gutes zu stiften – sehr schlecht oder gar nicht verrichte und für ihre schlechte oder versäumte Amtsverrichtung durch andere Geschäfte, die nicht ihres Amtes sind, sich zu entschädigen suche. Daß eine gute Polizei der eigentlichen Strafe selten bedarf und daß, wo Strafen nötig sind, das Recht, dieselben zu verfügen, durchaus nicht ihr selbst zukomme, ist nicht bloß

[1] *In A enthält der Anhang ausschließlich den folgenden Text: die zweite und dritte Abhandlung wurden zusätzlich in B aufgenommen (S. 617ff. des vorliegenden Bandes).*

längst erwiesen *, sondern auch, wenigstens was den letzten Punkt betrifft, in manchen wohlgeordneten Staaten, namentlich in Frankreich **, mit der Tat anerkannt. Was von der bürgerlichen Freiheit und der Gewähr der Rechte in einem Staat zu halten sei, wo nicht Gerichte, sondern Polizeibeamte die Staatsbürger zu *Geldstrafen* bis auf 500 Fl. – zum *Verlust ihres Gewerbes*, zu *Widerruf, Abbitte und Ehrenerklärung*, zum *Gefängnis* (Polizei-Arrest) bis zu sechs Monaten, zur Zwangs*arbeit* von *drei Monaten* bis zu *einem Jahr*, unter gewissen Voraussetzungen sogar auf *unbestimmte Zeit* verurteilen dürfen ***, hierauf liegt die Antwort schon in der Frage. Wenn die Verfassung eines Staates, wie die bayerische, jedem Einwohner Sicherheit seiner Person, seines Eigentums und seiner Rechte gewährt, wenn sie deshalb die Personen, ihr Eigentum und ihre Rechte in den Schutz der „ordentlichen Gerichte" stellt, wenn diese Gerichte, damit die Gerechtigkeit unparteiisch von ihnen gehandhabt werde, innerhalb der Grenzen ihres Amtes von der Allerhöchsten Gewalt selbst für unabhängig erklärt und deren Mitglieder, damit auch ihre Person sich unabhängig fühlen möge, durch besondere Vorrechte vor allen andern Staatsbeamten ausgezeichnet sind ****, wie möchte es mit solcher Verfassung vereinbar sein, daß Staatsbürger an ihrem Vermögen, an ihrer Ehre, an ihrer Freiheit bestraft werden können, ohne richterliche Erkenntnis, daß sie zu bedeutenden Geldsummen verurteilt, jahrelang ihrer Freiheit beraubt werden können *nicht* nach

* Z. B. von Hrn. Regierungsrat Lotz in dessen tiefgedachter Abhandlung: *„Über das Untersuchungs- und Bestrafungsrecht der Polizeibehörden"*. (*Im neuen Archiv des Kriminalrechts*, Bd. III, St. IV, Nr. 26; Bd. IV, St. IV, Nr. 22, und Bd. V, St. II, Nr. 9).

** Wo zwar für contraventions de police [Übertretung polizeilicher Vorschriften] die tribunaux de police [Polizeigerichtshöfe] bestehen, die aber nicht als Verwaltungsstellen zur Hierarchie der Verwaltung, sondern als *Gerichte* zur Hierarchie der *Justiz* gehören, von deren Erkenntnissen an die tribunaux de première instance [Gerichte erster Instanz] appelliert wird und hinsichtlich welcher récours en cassation [Ansuchen um Aufhebung] zum Kassationshofe stattfindet.

*** Vgl. Entwurf, Art. 2–28.

**** Verfassungsurkunde, Tit. IV, § 8, Tit. VIII, § 3.

richterlichem Urteile, sondern durch den Ausspruch von Behörden, die als solche *keine Gerichte* sind, nach dem Urteile von Beamten, die als solche keinen Richtereid geschworen haben und jener Unabhängigkeit und Selbständigkeit entbehren, welche die Verfassung, eben wegen der Sicherstellung jener Rechte, den Gerichten und den Richtern gewährt hat? Wer möchte ohne Spott die Behauptung aussprechen, Vermögen, Ehre, Freiheit der Staatsbürger seien durch den Schutz unabhängiger Gerichte gesichert, wo ein Untertan zwar nur durch gerichtliche Erkenntnis zum *Strafgefängnis* auf einige Tage, aber *ohne* richterliche Erkenntnis auf *ein Jahr zum „Arrest"*, zwar nur durch Urteil eines peinlichen Gerichtshofes auf ein Jahr in das *„Arbeitshaus"*, aber *ohne* solches Erkenntnis, auf das Urteil eines bloßen Polizeibeamten, auf *ein Jahr* oder auf *unbestimmte Zeit* zur *„Zwangsarbeit"* in einem sogenannten *Besserungshause* verdammt werden darf. Es scheint denn doch der Sache nach vollkommen gleichviel, ob jemand zur Strafe in einem *„Arbeitshause"* oder in einem *„Besserungshause"* mit Zwang zur Arbeit angehalten wird; davon ganz abgesehen, daß es sogenannte Besserungshäuser gibt, welche noch weit ärger sind als die allerärgsten Zuchthäuser. Wenn Polizeibeamte richten, warum sind sie nicht Richter? Wenn sie nicht Richter sind, mit welchem Rechte richten sie?* Ist für die gewährten heiligsten Rechte keine Gefahr dabei, daß Nicht-Richter die Macht haben, Untertanen in Arrest- und Besserungshäusern gefangenzuhalten, so ist durchaus nicht abzusehen, warum ihnen nicht zugleich das Recht übertragen ist, auch auf Gefängnis, Arbeitshaus und Zuchthaus bis auf unbestimmte Zeit zu erkennen. Wenn

* Wenn man bei unserm Entwurf zu einem Polizeistrafkodex bloß auf seine Redensarten sich verlassen will, so kann man versucht werden, zu glauben, man wandele da auf dem förmlichen Boden der *Justiz*. Denn es wird da ganz ernsthaft immer von *„Richtern"*, *„Gerichten"*, *„Urteilen"*, *„Straferkenntnissen"* gesprochen. Allein, wenn man fragt, wer hinter jenen „Gerichten" steckt, so ist die Antwort: in *erster* Instanz *Bürgermeister, Polizeikommissäre, Landgerichte* in ihrer Eigenschaft als *Polizeistellen*; in *zweiter* Instanz die Königlichen Regierungen, *Kammern des Innern*; in der *dritten* die *Staatsministerien* resp. der *Staatsrat*.

sie aber *dieses* nicht dürfen, weil schon Macht zu gefährlich sein würde, warum dürfen sie gleichwohl jenes, was meistenteils ebenso gefährlich und oft noch weit gefährlicher ist?

Doch alles dieses nur im Vorübergehen. Das Strafrecht der Polizei werde als bestehend vorausgesetzt. Auch hat diese Einrichtung keine sehr großen Nachteile, wenn die Polizei, mit geringen Ahndungen sich begnügend, nur nicht alle ihre Grenzen zu überschreiten, sich nicht zur Herrin über Vermögen und persönliche Freiheit der Untertanen aufzuwerfen, nicht, unter anderem Namen, ein von den ordentlichen Gerichten gesondertes Kriminaltribunal zu errichten sich unterfängt.

Wie aber auch immer die Polizeistrafgerichtsbarkeit beschaffen sein möge, so dürfte wenigstens so viel leicht dargetan werden können, daß ein für *diese* Gerichtsbarkeit geschriebenes allgemeines Gesetzbuch – falls ein solches möglich ist – mit dem eigentlichen *Strafgesetzbuch für Verbrechen* (Verbrechen im weitern Sinne genommen) durchaus nicht in *einem und demselben Werke* vereinigt werden dürfe.

Auf derselben Linie, auf welcher neben dem *Kriminalgesetzbuche* ein sogenanntes *Polizeistrafgesetzbuch* gedacht werden kann, steht dem *Zivilgesetzbuche* der von den Franzosen so genannte *Code administratif* gegenüber. Wäre es daher notwendig und rätlich, das Polizeistrafgesetzbuch mit dem Kriminalgesetzbuch in einer und derselben Gesetzgebung – gleichsam uno actu [in einem Zuge] – zu vereinigen, so würde es ganz aus denselben Gründen notwendig und rätlich sein, das *Bürgerliche Gesetzbuch* mit einem *Verwaltungsgesetzbuch* in eins zusammenzugießen und allenfalls in dem ersten Teile die Rechte des Familienstandes, die Lehre von Verträgen, Erbfolge, Testamenten u. dgl., in einem *zweiten* (entsprechend dem zweiten Teile des Strafgesetzbuches) die Ackerbau-, Handels-, Gewerbs-, Zoll- und andere Verwaltungs- und Finanzgesetze systematisch zusammenzustellen, eine Zusammenstellung, die an und für sich – freilich nur nicht in dieser Nachbarschaft – sehr nützlich und für die Verwaltungsbeamten, die nun nicht mehr in einer langen Bändenreihe von Regierungsblättern, Generaliensammlungen etc. herumzusuchen oder bald dieses, bald jenes Repertorium nachzuschlagen genötigt sein würden, nicht anders als sehr zeitersparend sein müßte. Was gleichwohl hier, bei reinen *Gesetzbestimmungen*, für unschicklich und unpassend mit Recht gehalten wird, warum möchte ebendasselbe dort, bei gesetzlichen *Strafbestimmungen*, für schicklich und zweckmäßig erachtet werden? Die Gründe sind für beide Fälle gleich. Und diese Gründe sind folgende:

Der allerunbedeutendste, wiewohl vielleicht einleuchtendste, ist der, daß niemand ein *einziges Buch* für ganz *verschiedene Personenklassen* schreibt, so daß die *erste Hälfte* des Buchs nur für die *eine*, die *zweite Hälfte* nur für die *andere* zum Gebrauch bestimmt ist. Gerichte und Polizeien sind zwei voneinander verschiedene und in den Städten sowie in allen höhern Instanzen zugleich gesonderte Behörden. In den Landgerichten sind sie wohl juridisch vereinigt, doch auch da meistenteils in den Personen getrennt. Die Kriminal- und Zivilstrafgerichte aller Instanzen haben keine Polizeigesetze anzuwenden, und doch soll in ihrem Gesetzbuch, das sie nun um die Hälfte teuerer bezahlen, zugleich das Polizeigesetzbuch stehen, welches nicht für sie, sondern für die Polizeibeamten geschrieben wurde, während das Buch, welches für die Polizeibeamten bestimmt ist, als Appendix [Anhang] an einem ebenso großen andern Buche hängt, das wiederum sie nichts angeht. Der Polizeibeamte wird zwar, um einen ihm zugewiesenen polizeilichen Diebstahl, Betrug etc. gehörig zu beurteilen, die Lehre von Diebstahl, Betrug etc. im allgemeinen studieren müssen; allein zum bloßen *Unterricht* werden ja keine Gesetzbücher gedruckt, und in jedem Falle sind dem Polizeibeamten auch zu diesem Beruf noch immer wenigstens 3/4 Teile des Kriminalgesetzbuchs überflüssig. Der Richter bedarf von dem Polizeistrafgesetzbuche kaum eines Bogens, allenfalls nur zur nötigen Aufklärung über die Grenzen seiner Zuständigkeit, und kann als der gründlichste Rechtsgelehrte über Hoch- und Staatsverrat, über Mord, Totschlag, Raub, Diebstahl etc. die trefflichsten Urteile fassen, wenn er gleich von den 356 Artikeln eines Polizeistrafgesetzbuchs nur ohngefähr 20 überblickt und durchaus nicht zu erfahren Lust hat, wie die Polizei das unterlassene Gassenkehren, das polizeiwidrige Ausstellen eines Blumentopfes, das Aufstecken eines Wetterhahns, das Schlittschuhlaufen bei nahem

Aufbruche des Eises etc. bestraft. Ein Buchhändler, welcher die hebräische Grammatik des Gesenius mit der griechischen von Thiersch in einen Band zusammendrucken und für dieses Doppelbuch ein Monopol sich geben ließe, hätte zwar finanziell gut spekuliert, weil er nun jedes dieser beiden Bücher immer doppelt verkaufen und den Hebräer zugleich bei den Griechen, den Griechen auch bei den Hebräern unterbringen würde; aber Nützliches hätte solcher Buchhändler gewiß nicht verrichtet, und zuverlässig würden ihm sowenig die Griechen als die Hebräer dafür Dank wissen. Aus diesen ganz einfachen Erwägungen besteht denn in *Österreich* das Polizeistrafgesetzbuch als eigenes Werk, gesondert von dem *Kriminalgesetzbuche*; jenes unter dem Titel „*Gesetzbuch über Verbrechen*", dieses mit der Aufschrift „*Gesetzbuch über schwere Polizeiübertretungen*". Wenn dagegen der französische Code pénal in seinem Livre IV. die contraventions de police [Übertretung polizeilicher Vorschriften] abhandelt, so hat dieses eben darin seinen Grund, weil es dort zwar Polizeiübertretungen, aber keine *polizeiliche Strafgewalt* im deutschen Sinne des Wortes gibt, weil dort über Polizeistrafen auch nur von *Gerichten*, und zwar, unter gewissen Voraussetzungen, von *denselben* Gerichten erkannt wird, welche auch über Vergehen oder über Verbrechen zu urteilen haben.

Bei weitem mehr noch entscheidet aber gegen solche Vereinigung die *absolute Verschiedenheit der Gegenstände* eines Kriminal- und eines Polizeistrafgesetzbuches.

I. Der wahre Gegenstand eines Polizeistrafgesetzbuchs sind die *eigentlichen Polizeiübertretungen*, d. i. diejenigen, welche der Beschaffenheit der Handlung nach bloß als Übertretung von Polizeigesetzen zu betrachten, mithin an und für sich, nämlich ohne vorgängige polizeiliche Anordnung, nicht juridisch unerlaubt, wieviel weniger strafbar sind. Sind der Polizei auch noch überdies wirkliche Rechtsverletzungen, z. B. kleine Diebstähle, Betrügereien, geringe Körperverletzungen etc. etc. zugewiesen, so gehören diese ihrem Wesen nach zur Sphäre der Kriminalgerichtsbarkeit, wurden aber – ihrer Geringfügigkeit wegen und weil man voraussetzt, daß denn doch, wegen Unbedeutenheit der damit verbundenen Strafe, die Polizei im schlimmsten Falle nicht viel dabei verderben könne – ausnahmsweise der Polizei zur

Erledigung überlassen. Diese heißen nun Polizeiübertretungen, nicht weil sie dieses *wirklich* sind, sondern weil sie in Hinsicht auf *Kompetenz* der über sie erkennenden Behörde mit den *wirklichen Polizeiübertretungen* auf einer *Linie stehen*.

Unter jenen *eigentlichen Polizeiübertretungen* stehen diejenigen in naher Verwandtschaft mit den Verbrechen, welche als *unsittliche* Handlungen bestraft werden. Sie haben mit den Verbrechen das gemein, daß sie, gleich diesen, den Gesetzen der Moral und der Religion zuwider sind und von beiden ebensowohl, wenn auch nicht durchgängig in gleichem Grade, verdammt werden wie diejenigen Übertretungen des Sittengesetzes, welche zugleich äußere Gesetze des Rechts verletzen. Verschiedene solcher unsittlichen Handlungen sind sogar von der öffentlichen Meinung mit tieferer Verachtung oder weit größerem Abscheu bestraft als manches eigentliche Verbrechen. Und eben darum wird der Gesetzgeber – will er nicht das allgemeine sittliche Gefühl empören, will er nicht in seinem eignen Gesetzbuche sich selbst dem Volke als Beschützer des groben verworfenen Lasters hinstellen und dieses Gesetzbuch dem gerechten Vorwurfe aussetzen, dieses Buch selbst verdiene unter die für Sitten und Religion gemeinverderblichen Schriften gestellt zu werden* –, er wird eben deswegen sich sogar verpflichtet halten, Unsittlichkeiten der gröberen Art, z. B. widernatürliche Wollust, Päderastie, Bestialität, Blutschande etc., etc., wenngleich die Gesetze des äußeren Rechts dadurch nicht verletzt werden, keineswegs als bloße Bagatellen der Polizei zur Ahndung zu überlassen, sondern dieselben den Verbrechen gleichzustellen, ihnen in dem Kriminalgesetzbuch selbst ihren schicklichen Platz einzuräumen und dieselben zur Bestrafung den ordentlichen Gerichten zu überweisen. Bloß einige gemeine *Unsittlichkeiten*, als Hurerei, einfache Kuppelei, Konkubinat und dgl., wird er der Polizei zuweisen dürfen, und wenn er auch *diese* Handlungen, allenfalls als Zugabe, dem eigentlichen Strafgesetzbuch mit anhängen wollte, so würde man

* Ein Vorwurf, welchen mit eben diesen Worten Staatsrat Oersted in seiner „*Ausführlichen Prüfung des neuen Entwurfs zu einem Strafgesetzbuch für das Königreich Bayern etc. etc.*", Kopenhagen 1823, eben diesem Entwurf von 1822 zu machen keinen Anstand nimmt.

ihn wenigstens nicht beschuldigen können, das sittliche Gefühl beleidigt und moralische Begriffe verwirrt zu haben.

Die allermeisten Handlungen oder Unterlassungen aber, welche die Polizeistrafgesetzbücher füllen, sind weder unrechtlich noch unsittlich, sondern an und für sich erlaubt, unschuldig und unschädlich, manche sogar sehr löblich. Alle werden erst nach mehr oder minder glücklicher Erfindung der Polizei selbst zu Übertretungen ausgeprägt – entweder wegen eines dadurch möglichen, vielleicht nur in fünfzig Jahren einmal daraus wirklich entstehenden Schadens oder weil sie einer, zu was immer für einen Zweck beliebig getroffenen, Staatsanstalt oder Vorsichtsmaßregel zuwider sind, oder weil sie mit den Vorstellungen, welche sich die pro tempore [derzeit] regierende Polizei über Reinlichkeit, Zierlichkeit, Gemächlichkeit, äußere Stille, Ruhe und Ordnung des gemeinen Wesens und über die hierzu dienlichen Mittel gebildet hat, sich nicht zu vertragen scheinen. Weder Religion noch Vernunft und Gewissen sprechen daher auch nur ein einziges Wort von solchen Übertretungen; sie stehen nirgends geschrieben als auf dem Papier der Polizeiverordnungen und haben keinen andern Halt als in der äußeren Sanktion, welche ihnen die Staatsgewalt beigelegt hat. Daß man in der Armut nicht die Wohltätigkeit um eine Gabe ansprechen dürfe, daß jeder Hausvater sonnabends die Gasse vor seinem Hause, der Schornsteinfeger zur gehörigen Zeit die Schornsteine seiner Kunden fegen und jeder Hund ein Halsband mit einem Stadtzeichen tragen müsse, daß man nach der Straße zu auf eigenem Grunde keinen Schweinstall, im eignen Haus keine chemische Küche anlegen und auf einen Dachgiebel keinen Wetterhahn ohne einen Blitzableiter setzen dürfe, daß es nicht erlaubt sei, an diesem, sondern nur an jenem Ort des Flusses zu baden und etwas Unreines auf die Straße zu gießen, wenn auch nicht einmal ein Hund damit begossen wird, daß man keinen Karren auf der Gasse stehenlassen und mit keinem Degenstock unter eine Menschenmenge gehen, daß der Küster bei einem Gewitter keine Glocken läuten, der Kutscher nur langsam fahren und kein Bube auf einem Pferd reiten dürfen, daß man Arrest oder Geldstrafen verdiene, wenn man zu eignem Vergnügen jauchzt und dadurch das Konzert eines andern stört, oder daß man wider die öffentliche Ruhe und den öffentlichen Rechtsfrieden sich verfehlt habe, wenn man nachts 11 Uhr in aller Ruhe und im tiefsten Frieden noch ein Glas Wein in einem Gasthause getrunken hat*, dieses und unzähliges andere gleichen Gehaltes, was noch die 356 inhaltreichen Artikel des Entwurfs vom Jahr 1822 füllt, ist insgesamt von der Beschaffenheit, daß schwerlich irgendein Mensch, dem es nicht erst die Polizeiverordnung ausdrücklich gesagt hat, dabei das allermindeste Strafbare sich zu denken vermag. Wem sollte denn z. B. auch nur im Traume einfallen können, zu glauben, daß ein geistreicher, gefeierter Mann sich einer Übertretung wider die Majestät schuldig mache** und statt einer goldnen Dose vierzehntägiges Gefängnis verdiene, wenn er, aus Ehrfurcht und mit Ehrfurcht, dem Könige oder einer Person des königlichen Hauses ein Meisterwerk seiner Wissenschaft oder Kunst zugeeignet und unglücklicherweise vergessen hat, daß man erst eine besondere Erlaubnis haben müsse, um in dieser Art einer höchsten Person seine Ehrfurcht bezeigen zu dürfen!

Wenn nun auch dem Gesetzgeber erlaubt sein sollte, durch so ausgedehnte Strafverordnungen über moralisch und juridisch indifferente Handlungen alle Schritte und Tritte, Bewegungen und Nichtbewegungen der Untertanen nach seiner Leitung und Lenkung zu regeln und hierdurch der in Europa noch nirgend erreichten bewundernswürdigen Polizeiordnung der Chinesen wenigstens so nahe als möglich zu kommen, so darf er mindestens nichts tun, was den Untertanen Anlaß geben könnte, Übertretungen von seiner eignen Erfindung mit moralisch schändlichen oder rechtsverletzenden Taten, mit Hochverrat und Majestätsbeleidigung, mit Mord und Raub, mit Diebstahl und Betrug zu vermengen. Wer Dukaten und Rechenpfennige in einen und denselben Sack zusammenwirft, spricht dadurch aus, daß er nicht viel mehr Wert auf die Dukaten als auf die Rechenpfennige legt. Und ein Strafgesetzbuch, welches so eingerichtet ist, daß der Vater, welcher sein Kind nach erreichtem ditten Lebensjahre nicht der Schutzpocken-

* Allen angeführten Exempeln, die noch um Tausende vermehrt werden könnten, liegen überall die Vorschriften des Entwurfs von 1822 zum Grunde.

** Entwurf, Art. 90.

impfung unterwirft*, mit dem Sohne, der seinen Vater gemordet hat – und der Bürger, welcher nach ausgebrochenem Brand nicht zu rechter Zeit bei der Spritze sich eingefunden oder sich das Loch in seinem Feuereimer nicht hat flicken lassen**, mit dem Räuber und Mordbrenner und dergleichen gleichsam in einem Gebäude vereint beisammen wohnen, ein solches Gesetzbuch, bestimmt, den Verbrechen zu wehren, wird selbst, vermöge jener Einrichtung, eine an Verbrechen ergiebige Quelle des Verderbnisses, weil es die Reinheit sittlicher Gefühle trübt, die Begriffe über Moralität der Handlungen verwirrt und umkehrt und in dem Untertan, der sich allmählich gewöhnt, Missetaten und Abscheulichkeiten mit sittlich gleichgültigen Handlungen zu vermischen, den Abscheu gegen wirkliche Laster und Verbrechen abstumpft.

Wie eigentliche Polizeiübertretungen von den Verbrechen ihrem ganzen Wesen nach verschieden sind, so besteht auch

II. zwischen *eigentlichen Polizeistrafen* und den Strafen für Verbrechen der auffallendste Gegensatz. Diese sind mit der *Handlung als solcher verknüpft*, sie werden über die Person verhängt, weil sie dieselbe *durch* ihre an und für sich schon unerlaubte *Tat verschuldet* hat. Alle Strafen hingegen, welche auf reine Polizeiübertretungen folgen können, sind weiter nichts als *Ungehorsamsstrafen*, welche den Übertreter nicht wegen seiner an und für sich unsträflichen Handlung oder Unterlassung, sondern nur darum treffen, weil er den Verfügungen und Befehlen der Polizeiobrigkeit *den schuldigen Gehorsam versagt* hat. Wie können nun zwei in ihren Elementen so durchaus voneinander verschiedene Systeme Gegenstand *einer* und *derselben* Gesetzgebung sein, soll nicht diese Gesetzgebung sich dem Verdacht bloßstellen, daß sie über die Beschaffenheit ihrer Verrichtungen mit sich selbst gar nicht im klaren gewesen sei? Daß der Versuch vom Jahre 1822 die Natur der eigentlichen Polizeistrafen, als bloßer *Ungehorsamsstrafen*, sowie das Wesen der Polizei im allgemeinen durchaus verkannt habe, beweist freilich nicht nur seine ganze Strafordnung, welche durchaus dem Strafsystem eines Kriminalgesetz-

* Entwurf, Art. 168.

** Entwurf, Art. 237.

buchs nachgebildet ist, sondern auch der Umstand, daß er Polizeistrafen mit *rein polizeiwidrigen* Handlungen oder Unterlassungen *unmittelbar* verbindet und dabei meistenteils* vergißt, daß bei solchen Polizeiwidrigkeiten erst *besondere Warnung* vorausgegangen sein muß, wenn die Polizeistrafe wirklich eintreten soll. Wenn sich ein Blumentopf polizeiwidrig vor meinem Fenster ausgestellt findet, mein Wagen auf offener Gasse stehengeblieben, ein Holzhaufen bis in den späten Abend von der Gasse nicht hinweggeräumt worden ist, so ist es nicht genug, daß der Polizeidiener, welcher dies gesehen, in aller Stille geschwind zum Hr. Bürgermeister läuft und daß mir sodann der Hr. Bürgermeister ohne weiteres einen Konto schreibt: „1. für einen ausgestellten Blumentopf (gemäß Art. 223) 10 Fl., 2. detto [desgleichen] für den Wagen, welcher, gegen die Vorschrift des Art. 226, auf dem Jägerplatz stehengeblieben, 25 Fl., 3. detto für einen ebendaselbst gelegenen Holzhaufen 25 Fl., in Summa 60 Fl., sondern diesen Konto bin ich erst alsdann zu bezahlen schuldig, wenn zuvor der Polizeidiener mir oder meinen Leuten gesagt hat, daß der fragliche Blumentopf weggestellt, der Wagen weggefahren, das Holz hinweggeschafft werden solle und dgl., und nun dieses gleichwohl nicht geschehen ist. Diese *vorgängige Warnung* ist bei allen rein polizeilichen Übertretungen darum notwendig, 1. eben weil alle bloße Polizeistrafen nur *Un-*

* Hie und da nur scheint dieses dem Entwurf einzufallen, z. B. Art. 226: „nach den gegebenen Weisungen". Allein gerade hieraus, und weil ihm diese Einfälle nicht in allen Fällen gekommen sind, wo sie hätten kommen sollen, entstehen die seltsamsten Antinomien. Wer einen Blumentopf vor das Fenster stellt, so daß, nach Ansicht des Polizeibeamten, Unglück daraus entstehen kann, muß, nach Art. 223, mit seinem Beutel oder seinem Leibe büßen, wenn es ihm zuvor auch *nicht* untersagt worden ist; wer aber einen Karren in der Nacht auf der Gasse stehenläßt, so daß sich die Vorübergehenden den Kopf daran einstoßen können, hat zuvor deshalb „besondere obrikgeitliche Anweisung" zu erwarten. Indessen ist noch sehr zu bezweifeln, was hierunter zu verstehen: ob *spezielle* Warnung und Aufforderung in jedem gegebenen Falle oder nur eine *besondere Polizeiverordnung,* welches letztere nur bei weitem wahrscheinlicher ist.

gehorsamsstrafen sind und sein dürfen, 2. weil das Wesen aller Polizei darin besteht, nicht durch *Gesetzgebung* und *Gerichtsbarkeit*, sondern durch *Aufsicht* und *Anstalten* zu wirken, weil sie nur insoweit von Strafen Gebrauch machen darf, als nötig ist, um ihrer Aufsicht und ihren Anstalten *Nachdruck* zu verschaffen, und weil ihr zur Ausübung jener Aufsicht und zur Handhabung jener Anstalten, nicht aber bloß zum Denunzieren und Strafheischen, Polizeidiener und andere Mittel gegeben sind, endlich 3. weil der Staat, dem es gewiß nicht darum zu tun sein kann, tüchtige Summen an Polizeistrafgeldern zusammenzubringen, allen Untertanen unmöglich wird zumuten wollen, ihre Seele zu einem Polizeistrafgesetzregister zu machen, dieses Register stets gegenwärtig zu haben und immer, in jedem Augenblicke, wo sie oder die Ihrigen etwas tun oder nicht tun, zu wissen, daß solches von diesem oder jenem Artikel des Polizeistrafkodex verboten oder geboten sei. In den 356 Artikeln des II. Teils des Entwurfs von 1822 sind nach Abzug der 50 Artikel des ersten Abschnitts und der Verordnungen, welche an und für sich strafbare Handlungen, z. B. Diebstähle, Betrügereien, Körperverletzungen usw., zum Gegenstande haben, nicht weniger als etwas über tausend verschiedene Arten rein polizeilicher Übertretungen verzeichnet, von welchen manche 10, 20, 30 und mehr Unterarten, diese aber wieder unzählige verschiedene Spezies unter sich begreifen. Wird nun ohne weiteres für alles, was in dem Polizeikodex verzeichnet steht, sogleich die verordnete Strafe eingefordert und entschuldigt nicht einmal die Unkenntnis der Strafverordnung, so kann solch ein Polizeistrafkodex für nichts anderes gelten als für eine bloße *Taxordnung*, nach welcher der Staat seine Untertanen tagtäglich, bei Tag und bei Nacht, in und außer dem Haus, auf dem Markt, auf Spaziergängen und in Wirtshäusern für das, was sie und was andere tun oder nicht tun und treiben, für ihre Kinder und für ihr Gesinde wie für ihre Hunde, Pferde, Ochsen und Schweine bei jedem Schritt und bei jedem Tritt, beim Kaufen wie beim Verkaufen, beim Bauen oder Nichtbauen, bei Geburten und Kindtaufen wie bei Todesfällen, bei Essen und beim Trinken, beim Schreiben, Reden, Jauchzen, Singen und Tanzen, beim Gehen, Reiten, Fahren, Baden, Schleifen, sie mögen etwas stellen oder legen oder nicht stellen und nicht legen usw. usw., an ihrer Person oder an ihrem Vermögen – *besteuert*. Sei nun ein Polizeistrafkodex bloß aus dem Gesichtspunkte einer solchen *Taxordnung*, als ein *Polizeistraf-Steuerbuch*, oder nach dem allein *wahren Prinzip* von Polizeistrafen bearbeitet, in keinem von beiden Fällen hat er etwas mit dem eigentlichen Strafgesetzbuch gemein.

III. Alle die Gesetze, welche den Inhalt des eigentlichen Strafgesetzbuches ausmachen, sind *allgemeine* Gesetze, welche zugleich insgesamt *unmittelbare* Anwendbarkeit haben, d. h. keiner besonderen vermittelnden Zwischenverordnungen bedürfen, um für die Praxis tauglich und der Anwendung fähig zu werden. Die Verordnungen des Strafgesetzbuchs gelten für *jeden Ort* und für *jede Zeit*; sie binden *unmittelbar* sowohl alle Richter als alle Untertanen; sie und nur sie geben die entscheidende Norm, nach welcher über Mord wie über Brandstiftung, Diebstahl, Raub usw. mit rechtlich entscheidender Kraft geurteilt wird. Alle *reinen Polizeistrafverordnungen* hingegen, so wie sie in dem vorliegenden II. Teil des Entwurfs von 1822 verzeichnet stehen, sind in ihrer Allgemeinheit und solange sie *bloß in diesem Kodex verzeichnet* bleiben, nicht nur leer und unanwendbar, sondern auch *unverbindlich*. Sie können – ihrer Form und ihrem Inhalte nach – keine andere Bestimmung haben als die – einer *bloßen Instruktion für Kreis- und Lokalpolizeibeamte über Ort, Umfang und Grenzen der von ihnen erst noch zu gebenden*, und zwar nach Ort, Zeit, Umständen zu bemessenden, *besonderen Polizeiverordnungen*.

Nichts kann einleuchtender sein als dieses. Man schlage das Buch nach Belieben auf und denke sich dasselbe in Beziehung auf das wirkliche Leben.

Wenn der Art. 171 verordnet:

„Geldstrafe bis zu zehn Gulden gegen denjenigen, welcher Mühlen, *Schlachthäuser*, *Fleischbänke*, Märkte oder andere dergleichen öffentliche Orte, wo Lebensmittel zubereitet (?) oder verkauft werden, *nicht in reinlichem Zustande hält*",

kann da ein Bürgermeister, bloß in Kraft dieses Artikels des Polizeistrafkodex, einen Metzger in 10 Gulden Strafe nehmen, weil er die Kaldaunen im Schlachthause ausgeleert und den Inhalt nicht vom Boden weggefegt hat?

„Mein Hr. Bürgermeister", könnte so ein Schlachter entgegnen, „ich weiß nicht, was Sie wollen. Dieser Kaldaunenkot liegt ja auf keinem Speisetische, sondern da, wo er gerade hingehört, auf der Erde, und unser Schlachthaus ist sowenig ein Galanterieladen als eine Garküche. Was Sie mir da aus einem dicken Buche vorgelesen haben, worin stehen soll, daß man „Schlachthäuser in reinlichem Zustande halten müsse", so muß ich vor allem in meinem eigenen und des Handwerks Namen bitten, daß uns zuvor durch eine gnädige, allenfalls in dem Intelligenzblatte bekanntzumachende Verordnung gesagt werde, *was* wir denn alles der Reinlichkeit wegen in unserem Schlachthause und auf unsern Fleischbänken zu beobachten haben. Sie werden ja selbst einsehen, hochzuverehrender Hr. Bürgermeister, daß es sonst Ihrem Hrn. Polizeiaktuar einfallen könnte, einmal alle Metzger, Mann für Mann, in 10 Gulden Strafe zu nehmen, weil wir auf der Fleischbank unsere Kalbsschlegel, unsere Schweine, unsere Würste nicht in Glasschränken verwahren, wo sie freilich gegen Staub und Mückenkot, gegen Schmeißfliegeneier und dergleichen am besten würden rein erhalten werden können."

Geradeso wie dieser Meister Fleischer kann jeder Hausvater, jeder Handwerker gegen jede in dem Polizeistrafkodex enthaltene reine Polizeiverordnung sprechen, auf deren Grund man ihm etwa einen Prozeß zu machen die Ungeschicklichkeit haben möchte. – Kein Mensch kann bloß vermöge des Art. 175 zur Gassenreinigung angehalten werden, sondern nur vermöge einer *Lokalverordnung*, welche bestimmt, an welchen *Orten*, an welchen *Tagen* und von wem, ob von den Hausherren allein oder auch von den Mietsleuten usw. gefegt werden soll. Gelte es für sich selbst schon, und zwar als ein *allgemeines*, *wirkliches* Gesetz, so würden dadurch ohne weiteres auch die Bauern verpflichtet sein, die vor ihren Häusern aufgetürmten Misthaufen, aus Rücksicht auf die „öffentliche Sicherheit im Staate", ohne weiteres anderswohin und, wenn sie sonst keinen Platz dazu in der Nähe haben sollten, allenfalls in ihre Stuben zu schaffen. –

Daß der Art. 213:

„Wer untaugliches, schlechtes, dem *vorgeschriebenen* Maße nicht entsprechendes Baumaterial verfertigt oder verkauft etc. – wird, nebst *Konfiskation* dieses Materials, an Geld 5–50 Gulden gestraft",

daß dieser Artikel, ungeachtet seiner gesetzlichen Form, dennoch kein Gesetz sei, bekennt er, wie viele andere, in dem Beiwörtchen „vorgeschriebenen Maße" bescheidentlich selbst. Er kann folglich erst dadurch Kraft haben oder bekommen, daß besondere Verordnungen bestimmen, mit welchen Steinen gebaut werden, wie die Ziegelsteine beschaffen, gemischt und gebrannt, wie lang und dick die Balken sein müssen, von welchem Holz, ob von Eichen, Fichten, Tannen usw., lauter Verordnungen, welche bloß von Örtlichkeiten abhängen, z. B. davon, wie der Lehm da und dort beschaffen ist, ob Steine zu haben sind, welche Steinarten sich in der Gegend finden, welche Bäume daselbst wachsen, wie man in dieser und jener Gegend zu bauen pflegt, ob von Erbauung eines Stalles, einer Bauernhütte oder eines Hauses die Rede ist etc. –

Der Art. 294 sagt:

„*Arreststrafe* bis zu zwei Wochen *und* Geldstrafe von 10 bis 100 Gulden trifft denjenigen, welcher bei der *Totenbeschau* oder bei der *Obrigkeit* über die *Zeit* des Todes einer Person unrichtige Anzeige macht und dadurch veranlaßt, daß die Leiche früher geöffnet oder beerdigt wird, als – den *Vorschriften* gemäß ist."

Nun denn, gerade *diese Vorschriften* sind es, worauf alles ankommt, ohne welche der ganze Artikel selbst, gleich dem Toten, von dem er spricht, nur eine geistige Leiche ist, ohne welche Verordnungen er gerade so viel gilt, als wäre er ganz in der Feder geblieben. Wer hat von dem Tode eines Menschen die Anzeige zu machen? Bei wem? Wie bald? Wann sollen die Leichen beerdigt werden? Wer hat die Totenschau? Was ist dabei zu beobachten? Gibt es an dem Orte ein Leichenhaus? usw. – Für die allermeisten Artikel, ähnlichen Inhalts, welche für sich allein gehaltlos in der leeren Luft herumflattern, sucht der Entwurf selbst von den Höhen seiner Allgemeinheit herab dadurch einen Ankergrund zu gewinnen, daß er sich auf solche schon gegebene oder noch zu gebende besondere Polizeivorschriften beruft, wie dieses z. B. in den Art. 139, 140, 146, 156, 163, 166, 167, 169, 172, 175, 177, 181, 182, 183, 190 und noch in unzähligen mit Recht geschehen ist. Aber auch in vielen andern, wo dieses mit Unrecht nicht geschehen ist, muß diese clausula salutaris [dieser zum Selbstschutz bestimmte Vorbehalt] wenigstens stillschweigend ergänzt werden.

Aus allem diesem könnte vielleicht die Schlußfolge gezogen werden, daß ein solcher Polizeistrafkodex seinen allergrößten, ja seinen wesentlichsten Bestandteilen nach ein sehr überflüssiges Buch sei, weil weder der Polizeibeamte noch der Staatsbürger in den allermeisten Fällen nach ihm sich richten könne, sondern beide ihre eigentliche Richtschnur erst in besonderen Provinzial-, Lokal- und Temporalverordnungen zu suchen haben. Und freilich, wer ein 10 Bogen starkes Büchlein: De omni scibili et quibusdam aliis [über alles Wissenswerte und über Sonstiges], in 356 Paragraphen schriebe, von welchen 356 §§ drei Vierteile mit diesen oder andern Worten mehr nicht sagten als ungefähr: „§. Was Geographie ist, aus wie vielen Teilen die Erde besteht und aus wie vielen Ländern Europa, ist aus den geographischen Büchern zu ersehen, die entweder schon geschrieben sind oder noch geschrieben werden; – §. Über Bayern, dessen Kreiseinteilung und dergleichen videantur [mögen nachgesehen werden] die bayerischen Autoren; – §. Jeder soll wissen, wie der Rechtszustand in Bayern beschaffen ist, und kann aus den Provinzialgesetzen, Statuten, Generalien und Regierungsblättern erfahren, worin er besteht usw.", was würde man zu einem solchen Buche sagen?

Es wurde jedoch das Obige nicht darum bemerkt, um dadurch solch eine Schlußfolge zu begründen, sondern nur, um auch von dieser Seite die Behauptung zu bekräftigen, daß der Hauptinhalt eines Polizeistrafgesetzbuchs mit dem Inhalte eines eigentümlichen Strafgesetzbuches nichts gemein habe, folglich beide nicht in einem Buche beisammenstehen können.

Dasselbe Ergebnis springt noch aus folgenden Gegensätzen zu sonnenklarem Lichte hervor.

IV. Der wesentliche Inhalt jedes eigentlichen Strafgesetzbuches ist so alt wie das Dasein der Staaten selbst; der Gedanke an Polizeistrafgesetzbücher ist so neu, daß man gar noch nicht weiß, wie lange er sich halten wird. Die zehn Gebote Moses, die sogenannten Libri terribiles [schrecklichen Bücher] des Corpus Juris und die peinliche

Gerichtsordnung Karls V. sagen alle, nur auf verschiedene Weise, dasselbe, und die allerneuesten Strafgesetzbücher können auch nicht mehr tun, als auf *ihre* Weise dasselbe zu wiederholen. Die Strafgesetzbücher verschiedener Zeiten und Völker können, nächst der Verschiedenheit und der Methode der Darstellung, der Bestimmtheit und Schärfe der Begriffe und Grundsätze, sowohl in Hinsicht auf die Abstufung der Verbrechen, rücksichtlich der Unterscheidung oder Nichtunterscheidung mehrerer Arten und Grade derselben, als auch in Rücksicht der Art ihrer Bestrafung voneinander bedeutend abweichen, und in diesen Beziehungen sind sie dem Einflusse der wechselnden Zeiten und Verhältnisse unterworfen. Allein alle Hauptgattungen, selbst alle Hauptarten der in ein Strafgesetzbuch gehörenden Übertretungen stehen *unveränderlich fest*; sie lassen sich durch keine neuen Erfindungen vermehren, und – wie auch die Zeiten sich ändern mögen – Hochverrat, Majestätsbeleidigung, Mord, Totschlag, Raub, Diebstahl, Brandstiftung usw. werden immer bleiben, was sie einmal sind und immer waren.

„Die Polizei", sagt *Lotz**, „soll und will die wechselnden Bedürfnisse des bürgerlichen Lebens beachten und anordnen, tun und leisten, was dieser ewige Wechsel der Bedürfnisse in jedem Stadium, oder ich möchte vielleicht sagen dürfen: in jedem Augenblicke der wechselnden Gestaltung des bürgerlichen Wesens und des Lebens in ihm, als notwendig darstellen und heischen mag." Wenn dieses die schöne Bestimmung der Polizei ist – wie es denn so wirklich ist –, ist für sie ein eigentliches *Gesetzbuch* möglich, in welchem sie selbst sich zu einer starren Salzsäule versteinert, während ihre eigentliche Bestimmung ist, als Proteus jedesmal die Gestalt anzunehmen und die Kräfte zu entwickeln, welche Zeit und Umstände jetzt von ihr fordern? Doch wie dem auch sein mag, so viel bleibt gewiß: Soll ein Polizeistrafgesetzbuch überhaupt bestehen, so muß dasselbe, wenn es nicht hinter den Bedürfnissen der Polizei selbst zurückbleiben, diese nicht in ihrem eigenen Gesetzbuche als Leichnam begraben werden soll, einer steten Veränderung, einer *immerwährenden*

* S. 583.

Revision unterworfen werden. Je rascher das wirkliche Leben vorwärtsschreitet, in je schnelleren Veränderungen dieses seine Gestalten wechselt, desto schneller wird bald dieser, bald jener Artikel des Polizeistrafgesetzbuchs entweder in Unbrauchbarkeit absterben oder für eine neue Erscheinung eine neue Bestimmung dringend fordern. Eine neue Entdeckung oder Erfindung, irgendein neues Bedürfnis oder irgendein neues Mittel zur Befriedigung aller Bedürfnisse, neue Meinungen, neue Ansichten oder neue Tendenzen können ganzen Kapiteln eines Polizeistrafgesetzbuches einen jähen Tod bereiten oder ebenso schnell ein ganz nagelneues Kapitel für nagelneu erfundene Polizeiübertretungen fordern. Der Artikel 200, die Blitzableiter betreffend, ist erst durch Franklin, der Art. 207 peto [im Punkt] der Luftbälle durch Mongolfier und der Art. 168 durch Jenner möglich geworden; wer ein anderes Mittel als die Impfung gegen die Blattern entdeckt, macht den Art. 168, wer für ganze Orte Zentralblitzableiter erfindet, macht den Art. 200 zum Unverstande, und der erste, der die Lenkung des Luftschiffes erfindet, macht durch unsere ganze jetzt bestehende Polizeiordnung einen Strich. Ist ein sicheres Mittel gegen die Hundswut entdeckt, so wird die Polizei aus gleichem Grunde und mit weit größerem Recht verordnen, daß bei 5–50 Fl. Strafe jeder Untertan jenes remedium [Heilmittel] in seiner Hausapotheke vorrätig haben soll, als sie jetzt verordnet, daß ein Vater sein Kind, sobald es drei Jahre alt geworden ist, bei Strafe von 5–50 Fl. der Schutzpockenimpfung unterwerfen soll. Kommt die Gasbeleuchtung in Gebrauch, verbreitet sich die Erfindung der Dampfmaschinen in unseren Fabriken und Gewerben, werden unsere Flüsse nicht mehr von Schiffen mit Segeln oder Rudern, sondern mit Dampfbooten befahren, so werden Polizeistrafverordnungen über die Anlegung der Gasbehälter, über die bei der Verfertigung und dem Gebrauche der Dampfmaschinen nötigen Vorsichtsmaßregeln gegeben werden müssen, wenigstens mit ebensoviel Grund, als die Länge und Dicke der Balken beim Bau der Häuser oder die Reparatur der Blitzableiter vorgeschrieben ist.

Wie können nun zwei Werke so ganz verschiedenen Charakters in *einem* Buche sich zusammen einigen? Das eine, welches seinen Vorzug gerade darin zu suchen hat, daß es, soviel möglich, unabhängig von den Veränderungen der wechselnden Zeit ruhig dauernd fortbestehe, während das andere nur dadurch brauchbar wird, daß es stets die wechselnde Zeit Schritt für Schritt begleitet und mit dieser sich verändert. Endlich

V. das Strafgesetzbuch über Verbrechen ist ein wesentlicher Bestandteil der Gesetzgebung überhaupt und hat, wenigstens allen seinen Hauptbestandteilen nach, einen *fest bestimmten Inhalt*. Was aber einen Polizeistrafkodex betrifft, so kann die Zeit kommen, wo die Überzeugung allgemein geworden und in das Leben getreten ist, daß der allerbeste Polizeistrafkodex derjenige sei, in welchem – *gar nichts steht*, und daß zu den ersten *Polizeiwidrigkeiten die Polizei selbst* gehöre, welche die Anmaßung hat, sich eine Strafgewalt beizulegen und sogar die Staatsuntertanen um gleichgültiger und unschuldiger Handlungen willen, eines eingebildeten Gemeinbestens wegen, mit Strafen heimzusuchen. Wo aber auch solcher Glaube noch nicht zum Durchbruch gekommen, wird doch immer unter fünfzig Polizeistrafgesetzbüchern kein einziges dem andern ähnlich sehen. Es wird mehr oder weniger enthalten, wird tausend oder nur hundert Übertretungen aufzählen, je nach dem verschiedenen Grade polizeilicher Erfindungskraft seines Autors, je nachdem der eine dieses oder jenes für etwas hält oder für nichts und je nachdem der eine oder andere mehr oder weniger die bürgerliche Freiheit und die Rechte seiner Mitbürger achtet. Wird solche Idee von einer Polizeistrafgesetzgebung einmal als gültig und zulässig vorausgesetzt, so ist kein Polizeistraf*kodex* zu ersinnen, dem man nicht mehrere hundertmal die Frage vorlegen kann, warum er gerade dieses und dieses und nicht auch noch jenes und jenes als Übertretung aufgeführt habe. Die Engländer haben strenge Polizeistrafgesetze zur Aufrechterhaltung der Sonntagsfeier; unser bayerisches Polizeigesetzbuch hält es für weit wichtiger, daß am Sonnabend die Gasse gefegt, als daß der Sonntag selbst geheiligt werde. Bei Arrest- und Geldstrafe verbietet der Art. 218, einem Buben ein Pferd anzuvertrauen; aber unerwachsenen und erwachsenen Buben ist nirgends verboten, wie in England, arme Tiere zu quälen, zu Tode zu martern und dergl., was denn doch ein wenig schändlicher und sittenverderblicher ist, als über den offenen Markt ruhig mit einem Degenstock zu gehen, der keinen Menschen sticht noch beißt, wofür man aber gleichwohl, nach Art. 249, mit der Konfiskation des Degenstocks und mit Arrest bis zu zwei Wochen zu büßen hat.

Es ist in dieser Beziehung interessant, den französischen *Code pénal, L. VI. des contraventions de police*, mit dem *österreichischen Gesetzbuch über schwere Polizeivergehen* und mit dem bayerischen Entwurf von 1822 zu vergleichen. In dem *ersten* sehen wir nicht mehr als 21 Artikel, welche die Polizeiübertretungen in drei Klassen aufzählen, in welchen alles in allem mehr nicht als 40 Hauptfälle enthalten sind. Der *zweite* (mit Ausschluß des polizeilichen Verfahrens) füllt 275 Paragraphen. Der *dritte*, dessen Flut bis auf die Höhe von 356 gestiegen ist, hat sich nicht bloß begnügt, den guten Vorrat seines Vorgängers ganz in sich aufzunehmen, sondern auch denselben durch die Erfindung einer ganz unzähligen Menge neuer Übertretungen zu bereichern und zu erweitern, so daß nun wirklich kein Glied des menschlichen Leibes zu nennen, keine Bewegung oder Nichtbewegung desselben zu ersinnen ist, dem nicht, nach Umständen und Voraussetzungen, seine gehörige Strafe gesetzt wäre. Vorsichtiger kann die Vorsicht selbst nicht sein, als sich die Polizei in unserm bayerischen Entwurfe zu erweisen versucht hat.

Gehe ich über die Wiese spazieren, wo eben der Brummochs weidet, und höre ich, in Gedanken verloren, nicht sogleich auf den Hirten, der mir zuruft, ich solle aufhören, mit meinem roten Schnupftuch in der Hand zu wedeln, weil sein Ochs wild zu werden drohe, so muß ich kraft der Worte des Art. 234:

„Wer auf Zuruf und Warnungen nicht mit Handlungen innehält, welche (Tiere) zur Wildheit reizen", in das Polizei-Gefängnis nach Umständen bis auf acht Tage. – Von meinem Spaziergang begebe ich mich an eine Tafel, an welcher ich, zu meinem Unglück, zwischen zwei Damen zu sitzen komme, von denen sich beide, auch wieder zu meinem Unglück, gerade schwanger befinden. Der Dame rechts präsentiere ich beim Dessert aus Scherz eine Knallpapillote, die sich unter dem Konfekt befindet, ich zerreiße sie, es knallt, sie fährt zusammen; abermals *Polizeiarrest*, und zwar bis zu *14 Tagen*, nach dem wortdeutlichen Inhalte des Art. 285:

> „Wer gegen eine *Schwangere oder in deren Gegenwart irgend*eine Handlung unternimmt, welche durch gewaltsame *Erregung von Schrecken oder andern heftigen Gemütsbewegungen* der Mutter oder dem Kinde schädlich werden *könnte*".

Die ebenfalls schwangere Dame linker Hand, zu der ich schmollend während der ganzen Tafel kein Wort gesprochen, hatte mir längst alle möglichen Schändlichkeiten und Verdrüßlichkeiten angetan; nach aufgehobener Tafel treffen wir beim Kaffeetisch wieder zusammen; es werden von beiden Seiten erst einige spitze Reden gewechselt; ein Wort gibt das andere; und ohne ihre Niederkunft abzuwarten, sage ich ihr mit einigen Sottisen ihre boshaften Klatschereien vor; hierüber kommt die Dame in die allerheftigste Gemütsbewegung; sie sinkt auf das Sofa; man muß Kölnisches Wasser gebrauchen. Wiederum 14 Tage Gefängnis, wenn sie gleich nachher um keinen Tag früher als nach vollen 9 Monaten mit einem gesunden Knäblein niederkommt, bloß der Gemütsbewegung wegen, die ich ihr gemacht habe und welche ihr oder ihrem Knäbchen hätte schaden *können*. – Unser Entwurf hat die Entdeckung gemacht, daß man, mittelst einer guten Polizei, gar wohl der Menschenliebe, der Mildtätigkeit und anderer dergleichen Tugenden entbehren kann. Das Stockhaus des Polizei-Bürgermeisters macht dieses alles ganz überflüssig; wer zu Tugenden nicht Lust hat, der bekommt sie schon, sobald es dem Herrn Bürgermeister Ernst mit der Handhabung des Polizeistraf*kodex* ist. – Diese Polizeierfindung stürzt mich diesen Tag von einem Malheur ins andere. Nach diesem verdrüßlichen Diner suche ich mich nämlich durch einen etwas langen Spaziergang zu zerstreuen. Eine Stunde von meinem Wohnort wirft der Fluß, an dem ich spazierengehe, einen nackten Leichnam aus, der noch ziemlich frisch aussieht. Jetzt hat mich der Zufall in eine kritische Lage gesetzt, in welcher ich mir auf dreifache Weise einen vierwöchentlichen Arrest und öffentliche Bekanntmachung verdienen kann, wenn ich nicht mit gehöriger Klugheit und nach gebotener

Menschenliebe mich benehme. Denn jene Strafe droht der Art. 297 demjenigen:

„Welcher an gefundenen *Scheintoten* die ihm bekannten *Rettungsversuche* unterläßt *oder* nicht *sogleich* einen *berechtigten* Arzt *oder* eine andere sachverständige Person zu *Hilfe* ruft *oder* zu dieser Hilfe die *mögliche Mitwirkung auf Anfordern verweigert.*"

Da dieser Artikel nur von *„gefundenen Scheintoten"* spricht und der Scheintote mir nicht sagen kann, ob er nur zum Schein oder ob er wirklich tot sei, so könnte ich eigentlich getrost meines Weges vorwärtsgehen. Allein das sicherste ist doch, zu bleiben und zu überlegen. Das erste, was das Gesetz von mir verlangt, ist, daß ich, der ich *weiß*, was zu den Rettungs*versuchen* gehört, den Leichnam ans Land ziehe, ihn mit Tüchern reibe und ihm mit dem ersten besten Instrument eine Ader öffne; allein da mir vor Toten und Scheintoten graut und ich mit dem Aderlassen nicht umzugehen weiß, so wähle ich lieber den zweiten Ausweg und laufe, um damit dem vierwöchentlichen Polizeikerker zu entlaufen, eine Stunde zurück in meinen Wohnort zu dem berechtigten Arzt. Damit dieser den Leichnam finde, laufe ich auch wieder mit ihm zu dem Fundort hinaus und bin nun aus Menschenliebe volle zwei Stunden gelaufen. Aber jetzt bin ich doch noch nicht von der Gefahr des Gefängnisses erlöst, solange es noch möglich ist, daß der Arzt mich auffordert, daß ich selbst mit Hand an den Scheintoten legen solle. Er ist unbescheiden genug, dieses, zu meinem Unglücke, wirklich zu tun; und da ich seiner Anforderung, wegen meiner Antipathie gegen Leichen, nicht genügen kann, so kehre ich, trotz alles dessen, was ich für den Scheintoten getan, beladen mit einer Übertretung, welche mich einmonatlichen Arrest kostet, von diesem schönen Spaziergange in mein Haus zurück. – Kaum bin ich in meinem Hausflur, so treffe ich daselbst einen kleinen zerlumpten, taubstummen Bettelknaben, welcher sich wahrscheinlich irgendwoher verlaufen hat, den ich aber, ärgerlich über die vorhergegangene Prüfung meiner Menschlichkeit, ohne weiteres durch meinen Bedienten zum Hause hinaus auf die Gasse führen lasse. Das sieht der vorübergehende Polizeidiener; ich hätte, laut Art. 284, den verlaufenen Jungen bei mir behalten, ihm

„bis zur obrigkeitlichen Verfügung die erste notwendige Hilfe nach Möglichkeit verschaffen",

d. h. ihm ein warmes Obdach, Essen und Trinken so lange geben sollen, bis es dem Bürgermeisteramt gefällig gewesen sein würde, ihn mir wieder abzunehmen. Für jene Unterlassung werde ich wieder mit einer Strafe von 10–150 Fl. in das Schuldenbuch des Hrn. Bürgermeisters eingeschrieben. – Weit Ärgeres begegnet mir ungefähr eine halbe Stunde nachher, weil es nun einmal mein Schicksal will, daß an diesem Tage die Segnungen mehrerer Kapitel und Artikel des neuen Polizeistrafgesetzbuchs zugleich an mir sich erproben sollen. Um mich alles Verdrusses vom heutigen Tage zu erholen, setze ich mich an den Pult, um zu meinem neuesten Werk, dessen letzte Aushängebogen vor mir liegen, eine schon längst in dankbarem Herzen beschlossene Dedikation zu schreiben, damit sie noch heute mit der Post zum Druck abgehen könne. Mitten im Schreiben meldet mir mein Diener, eine hochschwangere Weibsperson sei in die Küche gedrungen, habe etwas zu essen sich erbettelt, was man ihr auch gegeben, aber nun sitze sie auf der Treppe und scheine Geburtswehen zu bekommen. „Gebe er ihr ein Paar Batzen", rufe ich meinem Johann, „und sage er, daß sie so schnell als möglich aus dem Hause kommt". Gesagt, getan! – Jene Dedikation wird abgeschickt und erscheint bald nachher im Druck; diese Dirne wird aus meinem Hause geschafft und kommt bald nachher auf der Gasse nieder. In einer einzigen Viertelstunde habe ich jetzt wegen jenes Schreibens „Gefängnis bis auf 14 Tage", wegen dieser Weibsperson „eine Geldstrafe bis auf 200 Fl." verwirkt. Denn jene Dedikation gehörte, nach Art. 90, zu denjenigen, durch welche man der verletzten Ehrfurcht gegen die Majestät schuldig wird, und diese Dirne, wohlbekannt mit der Vorschrift des Art. 286, hatte gerade ihre Spekulation darauf gemacht, bei mir ihre Wochen zu halten. Sie hatte darauf gerechnet, ich würde, aus Furcht vor 200 Fl. Geldstrafe, ihr als einer Gebärenden so lange mein Haus und ein Bett einräumen, auch eine Hebamme einstweilen ihr holen lassen, bis ich den Vorfall dem Herrn Bürgermeister angezeigt und dieser sie anderswo unterzubringen sich angeschickt haben würde; der Herr Bürgermeister werde damit nicht eilen, weil er wohl wisse, wie gut sie bei mir aufgehoben sei; sie werde bis dahin niedergekommen sein, die schwache Kindbetterin werde man ohne Gefahr vor einer fahrlässigen Tötung durch die Polizei selbst nicht in kaltem Wetter fortschaffen wollen, und so werde sie bequem Kindtaufe und Wochenbett in meinem Hause abwarten können. Ihre Spekulation hatte sie freilich betrogen; aber ich habe nun doch einmal dafür meine Strafe. Und so habe ich, in nicht weniger als zwölf Stunden bei dem besten Willen in maximo [im Höchstfall] folgende Strafen teils mit meinem Leib, teils mit meinem Geld zu bezahlen: 1. wegen des Brummochsens Gefängnis auf acht Tage; 2. für die zerrissene Knallpapillote in Gegenwart der schwangern Dame rechts – Gefängnis auf 14 Tage, 3. wegen einer verdienten Sottise und daraus entstandenen heftigen Bewegungen im Gemüte der schwangern Dame links – 14 Tage Gefängnis, 4. weil ich auf Verlangen des Landgerichtsarztes den Scheintoten, welcher auch tot geblieben ist, nicht frottieren helfen, Gefängnis auf einen Monat, 5. für die geschriebene Dedikation – Gefängnis auf 14 Tage, 6. weil ich den taubstummen verlaufenen Jungen habe aus meinem Hause führen lassen – 150 Fl., 7. weil ich ein verlaufenes Weibsbild nicht habe in meinem Hause Kindbett halten lassen, 200 Fl. Tut im ganzen zwei Monate und drei Wochen Polizeiarrest und 350 Fl. Geldstrafe. – Während ich meine elf Wochen in einem bayerischen St. Pélagie abbüße, bringen Unmut und Langeweile mich dazu, ein Büchelchen auszuarbeiten, unter dem Titel:

„*Fug und Unfug der Polizeistrafgesetzgebung. Von einem Einsiedler im Gefängnis.*"

In diesem Büchelchen hatte ich nicht viel anderes gesagt, als was in gegenwärtigem Aufsatz zu lesen ist. Kaum ist aber mein Arrest überstanden und kaum jene Broschüre gedruckt, so wird diese mit Beschlag belegt, und ich selbst werde vor den Bürgermeister gefordert, um mich wegen „*Verbreitung staatsgefährlicher Grundsätze, Meinungen und Gesinnungen*" standhaft zu verantworten. Er verordnet nämlich der Art. 53:

„Wer öffentlich durch Rede, durch Lehren, durch *Schrift* etc. etc. Grundsätze verbreitet, welche wider die *Grundlagen des Staats*, wider dessen Selbständigkeit etc. etc. oder wieder *die Grundlagen aller Staatsgesellschaft überhaupt* gerichtet sind usw., verfällt in *Arreststrafe* von *zwei Wochen bis zu vier Monaten.*"

Alle meine Remonstrationen gegen die Anwendung dieses Gesetzes auf mein Büchlein frommen nichts; meine Einrede, was gegen die Polizei und ihren Umfang geschrieben werde, sei nicht wider die Grundlagen des Staats geschrieben, erhöht nur noch meine Strafbarkeit, weil zu der staatsgefährlichen *Schrift* auch die staatsgefährliche *Rede* sich gesellt und der Bürgermeister nur aus den Schriften des Professors Harl zu Erlangen klar den Beweis führt, daß die Polizei die Grundlage des Staats und aller Staatsgesellschaft überhaupt sei; wer folglich etc. etc. Und so wird mir, wegen vorhandener beschwerender Umstände, wegen Rückfalls, und weil ich kurz vorher sogar in einem Tag mich zu sieben verschiedenen Malen gegen verschiedene Polizeistrafgesetze gröblich vergangen, die Strafe des Art. 53 in ihrem höchsten Maße mit *vier Monaten* zugemessen. – Was mir, wie ich aus den Verhören und aus den Entscheidungsgründen des Urteils abnehmen konnte, ganz vorzüglich das Mißfallen des Bürgermeisters zugezogen, war folgende den *Art. 308* betreffende Stelle jenes Werkchens „*Über Fug und Unfug* etc."

„Wer öffentlich", sagt der Art. 308, „durch Rede, durch Lehre, Schrift oder bildliche Darstellung solche Grundsätze, Meinungen oder Gesinnungen verbreitet, welche wider die Grundlagen der Sittenlehre und Religion gerichtet oder sonst für Sitten oder Religion von gemeinverderblicher Beschaffenheit sind, wer sich öffentlich auf eine, die Ehrfurcht gegen das höchste Wesen gröblich beleidigende Weise äußert, ist mit Arrest von drei Tagen bis zu drei Monaten zu strafen."

„Unter den *Verletzungen wider die Rechte der Person*" *, sagte obgedachtes Schriftchen, hätte nun wohl niemand diesen Artikel gesucht. Bisher hat man auch nur von Grundsätzen, Meinungen, Gesinnungen gehört, welche durch *Rede* oder *Schrift* dargestellt werden, aber noch gar nichts von einer Verbreitung durch „*Lehren*", welche zwischen Rede und Schrift in der Mitte stehen und folglich

* Der Art. 308 steht nämlich im VII. Kap. mit der Überschrift: „Von Übertretungen wider die Rechte der Person".

weder gesprochene *noch* geschriebene Lehren sind. „*Bildlich dargestellte*", nämlich *gemalte, gezeichnete*, in *Kupfer gestochene, porträtierte* „*Grundsätze, Meinungen oder Gesinnungen*" sehen zwar, von der grammatischen Seite betrachtet, ebenfalls ziemlich seltsam aus, sind aber denn doch, die Sache gründlich erwogen, an und für sich nicht zu verwerfen und zu gar vielen Dingen nütz. Denn wer den Satan in einem Jesuitenrock zeichnet, wie er den mit dem Dolche bewaffneten Arm des Ravaillac nach dem Herzen Heinrichs IV. leitet, spricht dadurch deutlich aus, welche Meinungen und Gesinnungen er hinsichtlich der Jesuiten hegt, und diese Herren werden, wo sie aufkommen, nicht ermangeln, den sonnenklaren Beweis zu führen, daß, wer solche Meinungen und Gesinnungen gegen Jesuiten verbreite, „die Grundlagen der *Religion*" selbst antaste. Die Künstler mögen daher besonders ihre Launen hüten. Wer eine Leda mit ihrem Schwane oder wer den liebenden Erzvater Lot mit seinen Töchtern oder eine Szene aus dem Hohen Liede Salomonis malt, hat, wenn er auch dadurch die *Grundlage* der Religion und Sittenlehre nicht angegriffen hat, wenigstens solche Gesinnungen dargestellt, „welche für Sitten oder Religion *von gemeinverderblicher Beschaffenheit*" sind, und solch ein Künstler hat sicher seinen Arrest von 1–3 Monaten zu erwarten, wenn nicht bei den zuletzt erwähnten Vorwürfen der Kunst sich für ihn allenfalls noch die Geistlichkeit in das Mittel schlägt. Ein *Wieland* kann nicht mehr zum zweiten Mal in Bayern auftreten, ohne wegen des fünften Gesangs im „Oberon", wegen des „Agathon", des „Idris", der „Musarion", wegen des „Kombabus" und fast wegen aller seiner spätern Schriften, also wenigstens alle Jahre einmal, auf drei Monate in das Gefängnis zu wandern. Ein bayerischer *Goethe* würde nicht zum zweiten Male den „Prometheus" schreiben, ohne an den Grundlagen der Religion zu freveln, und hätte im Jahre 1774 schon der Art. 308 in Frankfurt am Main gegolten, so hätte der wahre Goethe, als Verfasser des „Werther", zumal diesem einige Narren in der Tat nachgefolgt sind, nicht eher als nach überstandenem Polizeiarrest seine liebe Vaterstadt verlassen. *Schiller* ist noch der erträglichste von allen diesen; indessen hätte er wenigstens zweimal wegen Übertretung des Art. 308, zum dritten Male wegen Übertretung des Art. 53 den bayerischen Polizeiarrest versuchen müssen. Das erste Mal wegen der „*Götter Griechenlands*", das zweite Mal wegen der „*Resignation*" und das dritte Mal, als Verbreiter staatsgefährlicher Grundsätze, wegen des „*Tell*". – Da es bei diesen beiden Artikeln gar nicht einmal gerade auf das *Selbstmachen*, sondern nur bloß auf das *Verbreiten* ankommt, so mögen die Herausgeber, Übersetzer und Verleger der alten Klassiker nur auch auf ihrer Hut sein. Wer den Tacitus oder den Livius unkastriert herausgibt, verbreitet staatsgefährliche Grundsätze und Meinungen; mehrere Oden des Horaz sind gegen einige Lobgesänge auf die alma mater [Universität] umzutauschen; mit den tribus fratribus nequitiae [drei Brüdern der Liederlichkeit], Catull, Tibull und Properz, auch Martial, ist mit der größten Vorsicht umzugehen; von allen Werken des Ovid ist nichts mehr zu brauchen als seine Jammerbriefe; Lucians gottlose Göttersprüche von Anfang bis zu Ende dürfen aus keiner bayerischen Presse mehr hervorgehen; und wer den Petron ediert, hat nicht bloß einfachen, sondern geschärften Polizeiarrest auf drei Monate zu gewärtigen. – Wie diejenigen zu bestrafen, welche die *Bibel* unter das Volk verbreiten und an den sogenannten *Bibelgesellschaften* teilnehmen, ist ebenfalls durch besagten Art. 308 über allen Streit entschieden, da Papst *Pius VII*. in seiner bekannten, an den Erzbischof zu Posen erlassenen Bulle das Verbreiten der Bibeln und das Teilnehmen an Bibelgesellschaften als ein „inventum diaboli [eine Erfindung des Teufels]" verdammt hat und wohl kein vernünftiger Mensch zweifeln wird, daß ein rechtskräftig ausgemachtes inventum diaboli eine ausgemachte Teufelei und folglich „den Grundlagen der Religion und der Sittenlehre" zuwider ist.

Alles genau erwogen, so ist der Art. 308 in Verbindung mit Art. 53 nur als eine gerechte Würdigung der von unserer Ständeversammlung zweiter Kammer mehrfältig erhobenen Beschwerden über die *Vielschreiberei* zu betrachten; und Hr. Ritter von Lang würde, wenn er die Art. 53 und 308 vor seiner *siebenten Reise nach Hammelburg* gekannt hätte, dieselben ganz gewiß unter die probaten Mittel, das fatale Schreiben, Drucken und Lesen aus der Mode zu bringen, mit aufzunehmen nicht ermangelt haben.

*Idee und Notwendigkeit einer Universaljurisprudenz.** *Naturrecht, Rechtsphilosophie, allgemeine Rechtswissenschaft*

Nach den herrschenden Ansichten und gemäß dem gegenwärtigen Zustande der Wissenschaften ist alles Wissen über Recht in drei wissenschaftliche Hauptabteilungen abgeschlossen: dem Naturrecht oder der Vernunftrechtswissenschaft, der Rechtsweisheitslehre (Rechtspolitik), auch wohl vorzugsweise Rechtsphilosophie genannt, und endlich der positiven Rechtswissenschaft. – Das Naturrecht ist nach gewöhnlicher Vorstellungsart das System der durch Gesetzgebung der Vernunft bestimmten Rechte des Menschen, also derjenigen Rechte, welche ihm kraft seiner vernünftigen Natur zukommen und aus reinen Vernunftgründen erkannt werden. – Die Rechtsweisheitslehre (meistens bloß als Teil, und nur so nebenbei als Teil entweder der sogenannten Klugheitslehre überhaupt oder der Staatsweisheitslehre

* „Warum hat der Anatom seine vergleichende Anatomie? Und warum hat der Rechtsgelehrte noch keine vergleichende Jurisprudenz? . . . Was die Universalgeschichte der Völker dem Geschichtsschreiber eines besonderen Staates ist, das sollte die Darstellung und Geschichte aller Gesetzgebungen dem Rechtsgelehrten sein . . . Montesquieu war der erste, dem diese Aufgabe vor der Seele stand und der ihre Auflösung wagte, aber er blieb bis jetzt der letzte." So äußerte sich F. 1810 in der Vorrede zu Unterholzners juristischen Abhandlungen. In dem Wiederabdruck dieser Vorrede in „Kleine Schriften vermischten Inhalts", 1833, bemerkt F. zu dieser eben herausgehobenen Stelle S. 164: „Der Verf. hatte zur Ausführung dieser Idee bereits eine Reihe von Jahren hindurch große Zurüstungen gemacht, bedeutende Materialien zusammengebracht und zum Teil schon manches vollständig ausgearbeitet, als eine Menge widriger Umstände ihn nötigten, diesem Werke für immer seine Tätigkeit zu entziehen." Wir teilen von diesem abgebrochenen Trümmerwerk, das gleichwohl F.s Hauptwerk hätte werden sollen und können, wenn die Ausführung eines Werkes nur von den eigenen Fähigkeiten und Kenntissen abhinge, hier die Idee desselben mit, nebst dem „Begriff der Ehe", als einer kleinen Probe von der Art und Weise ihrer Ausführung, jedoch nur auf den Wunsch unsers Verlegers zum besten einer zweiten Auflage, weitere Mitteilungen daraus einer spätern günstigeren Zeit vorbehaltend.

insbesondere behandelt) soll den Übergang von dem Naturrecht zu der positiven Rechtswissenschaft bereiten, indem sie die Darstellung der (aus der Erfahrung abgeleiteten) Bedingungen und Mittel zur wirklichen Geltendmachung des durch die Vernunft geforderten rechtlichen Zustandes zur Aufgabe hat. Oft wird sie mit der Wissenschaft von dem Geist der Gesetze für gleichbedeutend genommen und in Montesquieus unsterblichem Werke gesucht. – Die positive Rechtswissenschaft hat die durch Willkür (wie einige sich ausdrücken) oder (um jenem mit dem Rechte wenig befreundeten Worte auszuweichen) die kraft äußerer Gesetze wirklich geltenden Rechte zum Gegenstande. Dieses wird jedoch so, wie jetzt der Stand der Wissenschaften ist, nicht auf die Gesamtheit der Staaten und Völker bezogen (worauf die Allgemeinheit der Bezeichnung hinweist), sondern immer nur auf einen bestimmten Staat, gewöhnlich denjenigen, in welchem der Schriftsteller lebt, der von der positiven Rechtswissenschaft spricht. Jenes wäre die positive Rechtswissenschaft ohne Beinamen (*κατ' εξνχήν* [schlechthin, als solche]), welche sofern sie alle Völker umfaßt, die allgemeine positive Rechtswissenschaft (Universal-Jurisprudenz) und, sofern sie nur durch vergleichende Darstellung der verschiedenen Rechte und Rechtssysteme aus einer bloßen Kunde zur Wissenschaft werden kann, die vergleichende Rechtswissenschaft genannt werden könnte. Allein noch ist diese Wissenschaft weder vorhanden noch vorbereitet, und selbst der Begriff von derselben und der Wunsch darnach ist erst in unsern Zeiten rege geworden. Bis jetzt gibt es nur noch so viele sogenannte Rechtswissenschaften, als es Staaten und Völker gibt: deutsche Rechtswissenschaften, französische, englische, dänische usw.; und diese stehen, jede in sich abgeschlossen, losgerissen nebeneinander, ohne alle Verbindung und Berührung, ohne daß die eine auf die andere auch nur einen Blick zu werfen würdigte, dieses müßte denn geschehen, wenn sie einmal zufällig in der Ausübung zusammentreffen oder zusammenstoßen oder die eine sich einmal in das praktische Interesse der andern mit verwickelt. – Diese Tatsachen offenbaren zuvörderst eine gewaltige Lücke in unserm wissenschaftlichen Gebäude, welche (wie sich weiter unten zeigen wird) ein Mangel der wesentlichen Grundlage des Ganzen ist. Welch ein Sprung von jener höchsten Allgemeinheit des idealen Vernunftrechtes, wie das Naturrecht zu lehren, die Rechtspolitik zu verwirklichen verheißt, unmittelbar in die ganz beschränkte Besonderheit eines einzelnen Volksrechtes herab! Ist nicht das geltende Recht überhaupt, wo und wie es bestehe und gelte, als Sache der Menschheit überhaupt ein höchst würdiger Gegenstand des Wissens? Bezeichnet nicht der Rechtszustand der Völker mehr als alles übrige den Zustand ihrer geistigen, sittlichen und sinnlichen Bildung und den Stillstand, Fortschritt oder Rückschritt ihrer Gesittung? Die Wissenschaft des geltenden Rechts der Völker überhaupt ist wesentlicher Teil von der Wissenschaft über den Menschen und, geschichtlich aufgefaßt, der Geschichte des Menschengeschlechtes. Wie jedes einzelne Volk nicht für sich allein, sondern nur als Teil und im Zusammenhang des von der Natur geschaffenen Völkersystems besteht und nur als ein Glied dieses Ganzen für die Menschheit Bedeutung hat, so ist das Rechtssystem eines jeden besonderen Volks nur der Ast oder auch das Zweiglein eines einzigen großen, herrlichen Wunderbaums, der in den Tiefen der Menschheit wurzelt und mit seinen Ästen und Zweigen die ganze Erde beschattet. Ihr haut ein Ästchen ab, betrachtet es und zerlegt es und beschreibt jeden Knorren, jede Biegung, spaltet es in haarkleine Fäserchen – kennt Ihr den Baum aus seinem Zweig? Und was wißt Ihr nur von dem Zweig, ohne den Stamm zu kennen, aus dem er hervorgewachsen? Die genaueste Beschreibung der Eiche und der Pappel und der Palme gibt noch keine Pflanzenwissenschaft; die Ansicht einer Pflanze wird erst zur Kunde durch Kenntnis ihrer Art und Gattung, und die Kunde von ihrer Art und Gattung wird erst zur Wissenschaft durch das Wissen des Ganzen, in welchem alle Gattungen und Arten nur als ergänzende Teile bestehen. Die Geschichte der Staaten erhält erst als Teil der Menschengeschichte ihre große, würdige Bedeutung; erst die Vergleichung der Organe aller lebender Körper führt die Zergliederungskunst zur Wissenschaft; nur als Wissenschaft von dem Geist der Religionen überhaupt erhebt sich die s. g. Gottesgelahrtheit aus einseitig beschränkenden Banden; und solange es nur sogenannte positive Rechtswissenschaften gibt, so lange gibt es nur ebensoviele Rechtskunden, welche sich den

Namen der Wissenschaft mit ebensoviel Recht beilegen mögen, als eine (von der Kenntnis aller andern Pflanzengattungen losgetrennte, übrigens ganz vollständige) Beschreibung des Eichbaums, von seinen Teilen, seiner Entstehung, seinem Wachstum und Absterben, samt dessen Wartung, Nutzen und Gebrauch, den Namen einer Eichenwissenschaft. Ein sich selbst genügendes positives Rechtssystem, es habe sich der Geist noch so tief hinein- und er habe dann noch so viel künstliches wieder herausgesponnen, hat seinen Wert bloß in seiner Brauchbarkeit für den Kreis seiner Anwendung, entbehrt daher des rein menschlichen Interesses, welches dasselbe nur in seiner Beziehung auf das große Ganze, als Teil der Wissenschaft von dem Zustand und der Geschichte des Rechts unter den Menschen im allgemeinen gewinnen kann, und, in seinen engen Kreis gebannt, den kein vergleichender Blick in die Nähe und Ferne erweitert, haftet an ihm die Einseitigkeit und hiedurch das Gebrechen innerer Unvollständigkeit. Gründliche Erfahrungskenntnis geht aus von Vergleichung, von Beobachtung der Übereinstimmungen oder Verschiedenheiten. Je mannigfaltiger die verglichenen Gegenstände und die Gesichtspunkte der Vergleichung, desto gründlicher die Erkenntnis über jeden einzelnen für sich betrachteten Gegenstand der Vergleichung. Im Reiche des Wissens ist das von einem Ding auf das andere zurückgeworfene Licht weit heller und durchdringender als der Strahl, der auf den einzeln abgesonderten Gegenstand in der geraden Richtung fällt. Alle Wissenschaft besteht in der Erkenntnis des Allgemeinen und Notwendigen in seinem Verhältnis zum Besondern und Zufälligen. Allein zu solcher Erkenntnis über Erfahrungsgegenstände führt nur die vergleichende Kenntnis des Verschiedenen. – Hiedurch ist zur Genüge dargetan, daß, solange es noch an dieser allgemeinen Rechtswissenschaft mangelt, von welcher jede besondere Rechtskunde nur als ein ergänzender Teil zu betrachten ist, nicht nur das Gebiet unseres gesamten Rechtswissens im ganzen durch eine tiefe, meilenweite Kluft zerspalten, ohne Zusammenhang daliege, sondern auch jedes einzelne Rechtsgebäude seiner wahren Grundlage, des geistigen Bindungsmittels und des gediegenen, ihm eigentümlich zukommenden wissenschaftlichen Charakters, entbehre. – Wie auch immer die in die Tiefe verworrener Einzelheiten versunkene und ihrer Dämmerung sich erfreuende Beschränktheit sich gebärden mag, der nach Einheit der Kenntnis und nach höherem Lichte strebende Geist wird, sobald in ihm die Heiligkeit des Rechts zu klarem Bewußtsein gekommen, mit der bloß geschichtlichen Kunde des in diesem oder jenem Erdraume geltenden Rechts sich nimmer befriedigen. Er wird irgendwo einen festen Punkt zu gewinnen trachten, an welchem er die losen, scheinbar wie vom Zufall ausgestreuten Glieder zu einem Ganzen unter allgemeine Gesetze der menschlichen Natur fest verknüpfen kann. – Dieses Bedürfnis soll dann, nach dem dermaligen Stand der Wissenschaften, vorzugsweise von unserer Vernunftrechtswissenschaft, dem sogenannten Naturrecht, befriedigt werden! – Was ist denn aber dieses Naturrecht? Was kann es sein, solange es uns selbst noch an dem bloßen Versuch zu einer allgemeinen Rechtswissenschaft gebricht? – Die Idee von jenem nirgend bestehenden und nie bestandenen Naturzustand, welchen die meisten Gegner dieser Wissenschaft immer als einen Hauptpunkt ihres Angriffes ausersehen, gehört nur zur Form der Darstellung, kann also wohl (wie auch von manchen geschehen) aufgegeben werden, ohne daß darum die behauptete Wissenschaft selbst aufgegeben zu werden brauchte. Die Unzulänglichkeit derselben (um noch nicht Untauglichkeit zu sagen) geht aus anderen, tieferen Gründen hervor. – Schon das macht den Wert dieser Wissenschaft einigermaßen verdächtig, daß ihre als allgemeingültig ausgesprochenen Rechtsgesetze nicht nur unter den allerwenigsten Völkern wirklich gelten, sondern auch viele jener kraft Autorität der Vernunft herrschenden Gesetze unter bestimmt vorausgesetzten Zeit- und Ortbedingungen entweder nach physischen Gesetzen nicht geltend sein können oder mit unverkennbaren Forderungen gesetzgebender Weisheit in unvermeidlichen Widerspruch geraten. Die Lehre von der Notwendigkeit des Privateigentums an Grund und Boden wird in dem nördlichen Sibirien für den Rentier-Nomaden, wie für kleine Fischervölker in unfruchtbaren, aber von einem fischreichen Strom belebten Eisfeldern, entweder natürlich unmöglich oder zwecklos und ein Gesetzgeber, der auf der Guineaküste das Kapitel unserer Naturrechte von der einfachen Ehe auf

Lebensdauer als äußeres Gesetz einzuführen versuchen würde (da die Erfolge bald genug den Versuch bestrafen würden), kaum von einem europäischen Naturrechtlehrer unter die weisen Gesetzgeber gerechnet werden. Es ist sonst die Eigenschaft der Vernunft, daß sie nichts fordert, was nicht auch geschehen *kann*, und daß ihre Forderungen keinen außer ihr selbst liegenden Bedingungen weichen. Wahre Wissenschaft trennt nicht, sondern einigt, setzt keine Widersprüche zwischen sich und andern Erkenntnissen, sondern löst scheinbare Widersprüche in Einheit der Erkenntnis auf. Dagegen ist durch solches Naturrecht zwischen der Vernunft und Erfahrung, zwischen dem Sollen und Sein, dem Dürfen und Können ein Gegensatz erschaffen, welcher jene behaupteten Vernunftwahrheiten, mindestens die umfassende Brauchbarkeit dieser Wahrheiten, für das wirkliche Leben sehr verdächtig macht. – Dieser Bedenklichkeit zwar sucht das Naturrecht dadurch zu begegnen, daß dasselbe einerseits den Anspruch, seinem ganzen Inhalte nach allgemein und unbedingt wirklich zu gelten, selbst aufgibt, andrerseits den positiven Gesetzgeber und die Rechtsweisheitslehre zu Hülfe ruft. Jener soll, von der Staatsweisheit geleitet, dasjenige, was das reine Vernunftsystem unbestimmt lassen müsse, bestimmen und, was in jenem nicht unbedingt verboten sei, nach den gegebenen Bedingungen so oder anders einrichten. Die Vernunft wäre also zwar eine Rechtsgesetzgeberin, welcher aber der positive Gesetzgeber als Prätor mit dem jus augendi, corrigendi, juvandi juris naturalis [Recht, das Naturrecht zu vergrößern, zu berichtigen und zu fördern] an die Seite gestellt ist. Und so wäre die Vernunft des Naturrechts einmal eine halbe Vernunft, dann eine gehorsam geschmeidige Vernunft, welche von der Klugheit oder der Willkür Befehle oder Zurechtweisungen annimmt. – Beim ersten Blicke auffallend ist es ferner, daß die Gegenstände und Lehren unserer Naturrechte mit einem gewissen europäischen positiven Rechte die auffallende Ähnlichkeit engster Verwandtschaft haben, während kaum die leiseste Spur einer Rücksichtnahme auf Rechtsgegenstände oder Rechtsbestimmungen anderer, zumal außereuropäischer Völker darin wahrzunehmen ist. Unsere Naturrechte haben ganz das Ansehen eines auf eine geistige Retorte gebrachten römischen Rechts.

Wer nun nicht so geradezu entschieden ist, den europäischen Verstand für die Weltvernunft selbst zu halten, wird durch diese Erscheinung wenigstens in den Verdacht geführt, als sei die Vernunft des Naturrechts ein wenig zuviel bei dem positiven römischen Recht in die Schule gegangen oder als sei wohl gar dieses Naturrecht ein hoch über den Wolken liegender, aus sich selbst nichts erzeugender Boden, für den man einige Nutzpflanzen aus dem nächsten besten fruchtbaren Talgrund ausgerupft habe, um demselben wenigstens einen vorübergehenden Schein eigener Fruchtbarkeit zu geben. Daß dem wirklich also sei, überzeugt sich leicht ein jeder, welcher die Beschaffenheit und Elemente des Erdreichs mit prüfender Genauigkeit untersucht. – Das Naturrecht, gedacht als ein System wirklicher, dem Menschen aus bloßer Vernunft zukommender Rechte, enthält schon einen innern Widerspruch. Die Gesetze, aus welchen es diese Rechte ableiten will, soferne sie den Grund ihres Daseins sowie den Grund ihrer Erkenntnis in der bloßen Vernunft haben sollen, sind, wenn sie gleich äußere Handlungen zum Gegenstande haben, ihrem Dasein und der Erkenntnisquelle nach bloß innere, nur in dem eigenen Selbstbewußtsein jedes vernünftig sinnlichen Einzelwesens sich ankündigende, über dieses Selbstbewußtsein nicht hinausgehende Gesetze; sie werden allgemeingültig genannt, soferne die überall sich selbst gleiche Vernunft allen gemein, mithin das in jedem einzelnen sich ankündigende Vernunftgesetz zugleich mit der Anforderung auf gleiche Anerkennung von andern verbunden sei; sie fordern allgemein gleiche Anerkennung, wenn sie gleich nicht mit Übereinstimmung äußerlich anerkannt sein sollten; sie sollen gültig sein, wenn sie gleich nicht in der Wirklichkeit (objektiv) gelten. Aus einem solchen Gesetz lassen sich nun aber, schon vermöge des Rechtsbegriffs, nun und nimmermehr wirkliche Rechte ableiten. Ein Recht ist nicht bloß eine facultas moralis [moralische Anlage], eine von innen gegebene Erlaubnis zu äußerem Tun, sondern eine äußere Bestimmung des äußeren Wechselverhältnisses der Menschen, das bindende und ordnende Element ihres Nebeneinanderseins. Eine rechtliche Möglichkeit wird erst dann zum wirklichen Rechte, wenn sie, als bestimmendes Prinzip der äußern Ordnung des Lebens aus dem Innern des Geistes in die äußere Natur eingetreten, in ihr zu einer herrschenden Gewalt gekommen ist. Die durch den Begriff des Rechts bestimmte Notwendigkeit des äußern, objektiv wirklichen Daseins und der äußern Anerkennung des Rechts schließt daher von selbst die Notwendigkeit eines äußern, d. i. durch Wort oder Tat wirklich anerkannten, kraft dieser äußern Anerkennung objektiv geltenden, mithin auch äußerlich erkennbaren Gesetzes als Prinzip solcher Rechte in sich. Ein nur gültiges, aber nicht geltendes, d. i. nicht äußerlich anerkanntes, Gesetz erzeugt nur ein Ding, das ihm selbst gleich ist, nämlich ein gültiges, aber nicht geltendes, folglich nur ein mögliches, aber kein wirkliches Recht. Ein reines Vernunftgesetz, welches sein Gegenstand oder Inhalt sein möge, ist, weil seine Anerkennung und seine Erkenntnis nur im innern Selbstbewußtsein ruht, immer bloß ein Gesetz des Gewissens, welches nimmermehr eine äußere Gesellschaftsordnung, zu welcher das Recht gehört, hervorzubringen vermag. Jedes Recht schließt den Begriff von einem wirklichen Haben in sich; aber ein Haben, welches mir nur darum zukommt, weil ich es mir nach meinem Gewissen beilege und weil mein Gewissen mir sagt, daß das innere Gewissen aller andern mit dem Ausspruch meines Gewissens übereinstimmen solle, ist ganz gewiß noch kein wirkliches Haben, sondern nur die Möglichkeit zu einem Haben, verbunden mit der (subjektiven) Anforderung, daß mir solches Haben (objektiv und positiv) zugestanden werde. Ein an das deutsche Naturrecht glaubender Nomade Mittelasiens würde, wenn er einen Morgen Weidelandes in kraft des Rechtes zur Erwerbung durch zuvorkommende Zueignung für sich allein umgeackert hätte, dennoch vernünftigerweise von keinem wirklichen Recht an diesem Boden reden wollen, solange seine Horde in kraft ihres Gesellschaftsgesetzes, wonach der Boden zu gemeinsamer Weide unverteilt offenbleiben soll, jenes Recht zu einer solchen ausschließenden Erwerbung nicht anerkennt; seine Forderung, dieses Recht anzuerkennen, würde keinen andern vernünftigen Sinn haben als den, daß entweder das alte Gesetz selbst aufgehoben oder zu seinen Gunsten allein ein neues Gesetz anerkannt werde. – Aus reinen Gesetzen der Vernunft mag daher wohl gezeigt werden, welche Rechte möglich sein können, niemals aber mögen reine Vernunftgesetze wirkliche Rechte geben; in der Vernunft liegt wohl (um in alter Kunstsprache zu reden) das principium fiendi [Prinzip des Werdens], allein weder das principium essendi [Prinzip des Seins] noch das principium cognoscendi [Prinzip des Erkennens] von zuständigen Rechten. Das Prinzip des Daseins und der Erkenntnis wirklicher Rechte sind immer nur äußerlich anerkannte, folglich positive Gesetze. Folgende Betrachtungen werden dieses und die Behauptung von der Inhaltslosigkeit des sogenannten Naturrechts noch umständlicher rechtfertigen. – Das Rechtsgesetz, als höchstes Prinzip der Rechte, welches von dem Naturrecht in dem Gebot ausgesprochen wird: Jeder soll den Gebrauch seiner äußern Freiheit auf die Bedingung beschränken, daß derselbe mit dem Gebrauch der Freiheit aller übrigen zusammenbestehen könne, ist unbestreitbar und braucht nicht einmal aus dem hohen Himmel der Vernunft herabgeholt zu werden, um sich als gültig zu offenbaren. Die allgemeine Rechtsforderung, welche in diesem Gesetz enthalten ist, macht schon der rohe Instinkt und das sinnliche Bedürfen des Lebens im Zusammenleben mehrerer Menschen; und der Nukahiwa wie der Neuseeländer und Karaïbe würden zu jenem Prinzip sich bekennen, wenn sie, was ihre Gefühle sagen, ihre durch bloße Tat anerkannten Gesellschaftsregeln in eine abgezogene Formel zu bringen vermöchten. Aber was gibt und schafft diese Formel? Sie selbst für sich allein wenig oder nichts; Bedeutung und wahren Inhalt gewinnt sie erst durch das, was man von außen in sie hineinlegt. Und fürwahr, dieses Behältnis ist geräumig genug; dasselbe läßt sich mit edlen Metallen wie mit Staub und Steinen füllen und ist diesen wie jenen bequem. – Was der gemeinsamen äußern Freiheit nicht widerspricht, ist nicht unrecht; was nach diesem Gesetz nicht unrecht ist, das ist recht; und auf das, was recht ist, darauf habe ich ein Recht – um diesen Angel wendet sich zuletzt jede naturrechtliche Ableitung eines zuständigen Rechts. Sonach löst alles Recht, in welchem man gleichwohl etwas recht Positives zu haben meint, sich zuletzt in eine bloße Verneinung – eine Verneinung nämlich des Nichtrechts – auf. Hieraus ergibt sich aber zugleich noch weiter, daß die ganze durch diese Abmarkung bezeichnete Rechtssphäre ohne allen bestimmten Inhalt, ein durchaus leerer Raum sei. Da alles juridisch recht ist, was der gleichen äußern Freiheit anderer nicht widerspricht, so ist alles bis zu dieser Linie hinaus Mögliche Inhalt oder Gegenstand möglicher und wirklicher Rechte, und folglich sind in diesem so beschriebenen Rechtsgebiet nicht nur beliebig verschiedene, sondern auch einander widersprechende, sich selbst gegenseitig aufhebende Rechte möglich. So will z. B. das Naturrecht ein Eigentumsrecht an Grund und Boden erweisen und löst seine Aufgabe, indem es ausführt, wie die ausschließende Zueignung eines Teils des Bodens mit der äußern Freiheit anderer nicht im Widerspruch stehe. Allein es gibt noch sehr verschiedene andere Arten des Gebrauchs des Bodens, von welchen ebenfalls keine diesem Charakter rechtlicher Möglichkeit widerspricht. Mit der gleichen Freiheit anderer zusammenstimmend ist nächst dem Eigentum die Gemeinschaft des Gebrauchs, und zwar entweder des getrennten Gebrauchs oder des gemischten Gebrauchs, und das Privateigentum selbst kann wieder sein ungeteiltes oder geteiltes, unauflösliches oder wieder auflösliches, sowie auch die Formen der Gemeinschaft wieder sehr viele einander entgegengesetzte Formen unter sich begreifen, von welchen keine als widerrechtlich angesprochen werden mag. Folgt aber aus jenem naturrechtlichen Prinzip ebensowohl ein Recht auf Privateigentum als ein Recht auf gemischten Gebrauch und ein Recht auf getrennten Gebrauch des Bodens und werden diese Rechte als wirklich gesetzt nebeneinander gedacht (wie geschehen muß, sobald von gegebenen Rechten die Rede ist), so wird das eine dieser Rechte notwendig durch das andere zerstört, indem nun jeder das Recht zum Eigentum gegen das gleiche Recht anderer zu gemischtem oder getrennten Gebrauch und das Recht zum gemischten oder getrennten Gebrauch gegen das Eigentum geltend machen darf. Aus diesen Widersprüchen gibt es für die sogenannte Vernunftrechtswissenschaft keinen andern denkbaren Ausweg, als entweder die unbedingte Notwendigkeit eines Privateigentumsrechts zu behaupten, wodurch denn alle andere Gebrauchsart als schlechthin rechtlich unmöglich ausgeschlossen würde, oder auf den Anspruch, wirkliche Rechte lehren zu wollen, offenherzig zu verzichten und sich bescheiden mit bloß möglichen Rechten zu begnügen. Allein ein Beweis für jene ausschließende unbedingte Notwendigkeit ist überhaupt unmöglich, aus einem bloß formellen Rechtsprinzip nicht einmal denkbar; und was eine Lehre von bloß möglichen (auch einander kontradiktorisch entgegengesetzten) Rechten betrifft, so dürfte wohl mit dem bloßen Wissen all dieser verschiedenen Möglichkeiten so wenig dem forschenden Geiste als dem Leben viel gedient sein. Was ist wirklich Recht? Oder was soll und muß ein Recht werden? Das ist eigentlich die Frage, auf welche man aber von dem Dreifuß der bloßen Rechtsform vergeblich eine Antwort erwartet. Wenn die Sternkunde mehr nicht sagt als: Es ist möglich, daß sich die Erde mit andern Wandelsternen um die Sonne bewegt, und möglich, daß die Sonne mit den Wandelsternen um die Erde läuft, auch möglich, daß usw., was wäre wohl das Wissen dieser Wissenschaft? Und das Wissen der Erdkunde, wenn sie nur lehrte, die Erde kann entweder sein eine runde Tafel oder ein längliches Viereck oder eine Kugel usw.? – Nirgends trifft das innerste Wesen unserer formellen Naturrechte, ihrer Leerheit und ihres fruchtlosen Bemühens, aus Luftschichten Wohnungen zu bauen, so handgreiflich vor die Augen als bei der Erbfolge, besonders wenn sie die Frage über die naturrechtliche Möglichkeit eines Rechts zur Nachfolge nach letztem Willen sich zur Aufgabe machen. Die Notwendigkeit eines Erbrechts, als wesentlichen Bestandteils einer vollständigen Rechtsordnung, könnte wohl nur eine rasend gewordene Vernunft verleugnen. Gerade das gehört als das erste zu einer echt bürgerlichen Gesellschaft, daß das Mein und Dein vollständig bestimmt sei, daß jede Sache entweder ihren Herrn habe oder nach rechtlicher Ordnung ihren Herrn bekomme. Sollen Vernunft und Gerechtigkeit stets allwaltend fortbestehen, ist kein menschliches Tun ihren Gesetzen entrückt, darf keine Zeit ihnen Stillstand gebieten, keine Begebenheit ihre Herrschaft unterbrechen; so darf auch der Tod, wenn er den einzelnen der sichtbaren Verbindung entnimmt, die stete Verbindung rechtlicher Ordnung zwischen dem Jetzt und Künftig in Ansehung der noch Lebenden und hinsichtlich dessen, was ihnen von dem Toten zurückbleibt, nicht zerreißen. Wo der geschiedene Geist nicht mehr über das Seine gebieten kann, muß wenigstens darüber fortwalten der Geist der allgemeinen

Vernunft. Ist das Eigentum der Toten ungewiß, so wird dem Eigentum der Lebenden sein höchster Wert und mit der edelsten, mächtigsten Triebfeder zum Streben, Wirken und Erwerben dem die Menschen gesellig einigenden Verkehr die belebende Seele genommen. Wer mag mit anderen in ein rechtliches Verhältnis treten, wenn der bloße Zufall des Todes alle gegen mich übernommenen Verbindlichkeiten, alle gegen den Verstorbenen mir erworbenen Rechte zerstören kann? Wer wird sich mühen um Besitz und Erwerb, wenn der Kreis aller Sorgen nur auf den engen Raum des eigenen Lebens sich beschränkt, wenn die Bäume, die ich pflanzen soll, nicht einmal den Meinigen Früchte tragen, da sie vielleicht nicht einmal mir selber blühen? Ein Volk ohne alles Erbrecht müßte entweder im Schutze barbarischer Trägheit versinken oder, als ein eigensüchtiger Wüstling umhertaumelnd, nur leben, um für heute zu genießen, nur erwerben, um zu vergeuden. Der Gedanke, auch noch nach dem Tode in den Seinigen fortzuleben und nicht bloß sich, sondern ihnen zu erwerben, erweitert das Bedürfnis nach Besitztum, spornt und reizt die Kraft des gemeinsamen und besondern Wirkens und zieht die Sorge für den Erwerb aus der Niedrigkeit bloß tierischer Selbstliebe in das schönere Gebiet der Humanität hinauf. Diese und ähnliche Betrachtungen sind es, welche ein Erbrecht, sowohl nach letztem Willen als auch ohne denselben (nach einer gewissen gesetzlichen Ordnung ab intestato [für den Fall der Testamentslosigkeit] notwendig bestimmen. Will hingegen unser Naturrecht mit dem Werkzeuge seiner Rechtsform diese Aufgabe erfassen, so zerbricht oder entschlüpft ihm der Gegenstand; denn jene Form hat das Eigne, daß sie gerade hier sowohl zu eng als zu weit ist und sich ebensowohl ein Ja wie ein Nein damit ausprägen läßt. Weder die letztwillige Erklärung noch die Zueignung der Verlassenschaft durch den ernannten Erben ist dem Gesetz über die auf die Bedingung gleichen Freiheitsgebrauches sich beschränkende Freiheit widersprechend; denn wenn ich als Erblasser meinen Willen erkläre, ist die Sache noch mein, und im Moment meines Todes gehört sie noch niemand. Also von diesem Standpunkte aus gilt ein letztwilliges Erbrecht. Gleichwohl ist dem Naturrecht die reale Möglichkeit der Entstehung eines solchen Rechtes unerklärbar; denn wie ist es möglich, rechtlich über einen Gegenstand zu verfügen für den Moment, wo er schon aufgehört hat, mir zu gehören? In dem Augenblick, wo ich sterbe, also wo das Erbrecht in die Wirklichkeit treten soll, gehört die Sache nicht mehr mein; sie gehört aber auch noch nicht dem Erben, und folglich ist es weder gegen das Recht des Toten noch gegen das Recht des lebenden Erben, daß sich ein Dritter der Verlassenschaft bemächtigt. Von diesem Standpunkt aus gibt es also nach eben jenem Prinzip auch kein letztwilliges Erbrecht; der letzte Wille ist unkräftig, die Verlassenschaft herrenlos. Dieser Widerstreit, der sich in den entgegengesetzten Behauptungen unserer Naturrechtslehrer über die Gültigkeit oder Nichtgültigkeit des Erbrechts ausspricht, liegt in einem Widerspruch der angeblichen Wissenschaft mit sich selbst, der so lange unauflöslich ist, als diese nicht über die bloße Rechtsform hinausgeht und nicht aufhört, von dieser zu fordern, was sie als bloße Form nie zu gewähren vermag. Dagegen lösen sich alle jene Widersprüche in die schönste Übereinstimmung auf, sobald (um bei unserm einmal gewählten Beispiel zu bleiben) folgende Überzeugung gewonnen ist: Die bloße Rechtsform des Naturrechts zeigt nur die Möglichkeit einer Erwerbung aus letztem Willen; die Rechtsweisheit spricht die (praktische) Notwendigkeit solcher Erwerbung aus; das positive (durch Wort oder Tat äußerlich anerkannte, als geltend angenommene) Gesetz, welches solche Erwerbung annimmt und schützt, bringt jene Möglichkeit und diese Notwendigkeit zur Wirklichkeit. Und so ist auch der innere notwendige Zusammenhang von Wissenschaften geknüpft, die, ohne solche vermittelnde Idee durch eine weit gähnende Kluft getrennt auseinanderliegen. – Das Naturrecht, soferne es Rechte dazustellen unternimmt, ist daher eine mit dem Rechtsbegriff und mit sich selbst uneinige Wissenschaft, und soferne sie auf das Lehren von bloß möglichen Rechten und Gesetzen sich beschränkt, eine leere Wissenschaft, folglich in jener wie in dieser Gestalt keine Wissenschaft. Eine Form wie die dem Naturrecht zum Grunde gelegte Rechtsform, hat, eben weil sie Form ist, noch keinen Inhalt; ihren Inhalt muß sie erst von außen her empfangen. Und woher anders könnte ihr dieser Inhalt kommen als zunächst von eben der Rechtsphilosophie oder Rechtsweisheitslehre, von welcher sie sich mit demselben Grund absondert, womit die Knochen eines lebendigen Leibes die Verabredung treffen würden, Flechsen, Fleisch und Nerven von sich abzuwerfen, um in würdiger Selbständigkeit für sich selbst ein eigenes Leben zu behaupten? Beide sind unzertrenntlich eins und müssen eine getrennt von der andern verderben. Das Naturrecht legt eine Aufgabe vor, welche aber das Naturrecht aus der bloßen Aufgabe selbst zu lösen nicht vermag. Die allerdings in jedem Element der menschlichen Natur tiefbegründete Idee von einer allgemeinen, gleichen äußern Freiheit ist die Idee von einer äußern Rechtsordnung der Menschen überhaupt. Was diese Idee bedeute und umfasse, ist mit Wenigem leicht und erschöpfend entwickelt; und dieses Wenige füllt nicht den Raum einer eigenen Wissenschaft. Aber das ist eben die große Frage, auf deren Beantwortung die Vernunft und das Bedürfnis des Lebens dringt: Wie, d. i. auf welche Art und durch welche Mittel, jene Idee von einem Rechtszustand in der Wirklichkeit darzustellen sei? Und welches diejenigen Rechtsbestimmungen sind, die innerhalb der durch jene Idee bezeichneten Sphäre möglicher Rechte als wirkliche Rechte (durch positive Gesetze) geltend werden können und sollen? Diese Fragen bestimmen Aufgabe, Inhalt und Zweck der Rechtsphilosophie, welche als Lehre der gesetzgebenden Weisheit Philosophie der Gesetzgebung zu nennen ist und in deren tiefen, herrlichen reichen Strom das kleine Bächlein des reinen Vernunftrechts einströmen muß, wenn nicht dasselbe in dem Sand seiner Wüste verdünsten sollen. – Der Inhalt der Rechtsphilosophie wird zunächst bestimmt durch die Idee der Menschheit überhaupt. Ihre höchste Aufgabe kann keine andere sein als die: wie eine äußere Ordnung darzustellen sei, welche mit der menschlichen Natur und (weil dies das Wesen und die Bestimmung der menschlichen Natur ist) mit der allseitigen Entwicklung und Ausbildung aller Anlagen und Kräfte des Menschen am genauesten übereinstimme, nicht nur jenen Naturzweck nicht hindere, sondern (soweit es durch Gesetze und Einrichtungen geschehen kann) möglichst fördere. Als Werke der Klugheit sind die Kasteneinrichtung der Indier und Ägypter, der spartanische Staat, die Gesetzgebung und Verfassung der Chinesen unübertreffliche Meisterstücke des menschlichen Verstandes; denn sie entsprechen nach wohlbedachter, scharf zutreffender Berechnung auf das beste ihrem vorgesetzten Zwecke. Aber der Zweck selbst ist nicht eins mit den Zwekken der Menschheit und ist verwerflich. Es ist der Mensch, und nicht bloß diese oder jene Seite desselben, sondern der ganze, vollständige Mensch mit seinen geistigen, sittlichen und sinnlichen Anlagen, Kräften und Bedürfnissen, welcher der gesetzgebenden Weisheit als Gegenstand ihrer Betrachtung, ihrer schützenden und pflegenden Sorge hingegeben ist. Und insoferne strebt sie nach einem Ideal, das zwar in der Wirklichkeit unerreichbar ist, doch ewig der Zielpunkt alles vernünftigen Strebens und der Maßstab des Werts aller Versuche zur Einrichtung äußerer Rechtsordnungen bleiben muß. – Die Rechtsphilosophie, selbst in Beziehung auf diese ihre höchste Aufgabe gedacht, muß notwendig aus dem dunklen Gebiet metaphysischer Spekulationen in das heitere Gebiet der Erfahrung hinübertreten. Das Höchste soll sie den Menschen bringen; darum muß sie aus dem Himmel zu ihnen auf die Erde herab. Die Menschheit ist in den besondern Völkern und Menschen, und jene Entwicklung und Ausbildung ist nicht ein Hinaufsteigen in eine gleichförmige allgemeine Einerleiheit (welches die Natur nicht kennt), sondern ein Herausgehen zur höchsten Einheit in der höchsten Mannigfaltigkeit. Wie die Ceder auf dem Libanon und die deutsche Eiche nur dadurch zur Vollkommenheit eines Baumes aufwachsen, daß jeder in seiner Art die Kraft seines Keimes entwickelt, nicht daß die Eiche zur Zeder werde oder beide, nachdem sie gegenseitig ihre Verschiedenheiten abgelegt, sich in das Urbild einer rein allgemeinen Baumgattung auflösen, so soll und kann auch jedes Volk nur insoferne nach jener Idee der Menschheit aufstreben, als die ihm einwohnenden, nur ihm eigentümlichen Anlagen in Kraft und Tat zur Vollkommenheit streben. Schon die erste und höchste Aufgabe der Rechtsphilosophie führt daher diese in das Gebiet der Menschen- und Völkerkunde, der Menschen- und Völkergeschichte hinüber, wo erst ihre eigne Frage ihr vollkommen deutlich werden kann. Und die Antworten auf solche Frage sind ebenfalls nur von dieser Seite mit genügender Vollständigkeit zu erwarten. Was dem Leben gelten soll, kann auch nur aus dem Leben kommen. Besonderheit des Orts, der Zeit und äußere Verhältnisse sind die beschränkenden Bedingungen, unter welchen das Menschengeschlecht in der Wirklichkeit erscheinen kann, und jene Besonderheiten bestimmen ebensoviele eigentümliche Richtungen seines Strebens und ebensoviele Hindernisse oder Förderungsmittel dieses Strebens. Eine Rechtsphilosophie, will sie nicht bloß in das Allgemeine hin nur die Grundsätze gutmütig frommer Wünsche lehren, hat auch die Berge und oft himmelhohe Felsenwände mit in den Umfang ihrer Betrachtungen zu ziehen, welche das volkstümliche Wesen oder die Leidenschaften und Neigungen der Menschen aufrichten und um welche herum oft in weiten Schneckenkrümmungen der Weg in die Nähe des Zieles führt. Der Genius, welcher die Menschheit in einem Volke von seiner Stelle weiter vorwärtsführen will, muß denn doch dieses Volk erst auffassen auf dem Platz, auf dem es eben gegenwärtig steht; durch Zauberei wird kein Jahrhundert übersprungen, und die Wirklichkeit ist getrennt vom Ideal durch die Unendlichkeit. Das Hohe und Höchste, soll es die Menschen sich befreunden, muß erst ihnen gleichzuwerden scheinen und in demütiger Knechtgestalt den beleidigenden Glanz seiner Majestät verhüllen. Das Vortrefflichste ist oft das Verderblichste, sobald es sich aufdringt, ehe noch seine Zeit gekommen ist, und wer Ananas auf einen Boden pflanzt, der bis jetzt nur notdürftig Hafer trug, hat nicht bloß seine köstlichen Pflanzen, sondern auch die schlechtere Frucht verloren. – Wohin führen alle diese Betrachtungen? Dahin, wo es von selbst einleuchten muß: daß so, wie eine einzelne positive Rechtskunde ohne allgemeine, vergleichende Rechtswissenschaft ein Leib ist ohne sein Haupt, so auch alle Rechtsphilosophie ohne solche allgemeine Rechtswissenschaft ein Gebäude sein müsse ohne Grund. – Über keinen in der Erfahrung vorkommenden Gegenstand (wohin auch Gesetze und Recht gehören) läßt sich ohne die gefährlichste Wagnis irgendein in das Allgemeine hingehender Versuch des philosophischen Denkens unternehmen, ehe der Gegenstand nach seinen in der Erfahrung kundwerdenden Eigenschaften und nach den verschiedenen Formen und Gestalten seiner äußern Erscheinung beobachtet und zergliedert vor uns liegt. Die Erkenntnis der Erscheinung eines Dinges geht notwendig der Erkenntnis seines Wesens voraus. Das Wirken der Natur fängt in den dunklen Tiefen an und endigt bei dem sichtbaren Äußern; aber der Weg menschlicher Erkenntnis geht mit Sicherheit nur von außen in die Tiefe hinab. Metaphysik des Rechts, Philosophie der Gesetzgebung sind die Spitze einer Pyramide, welche, sich nach unten stets ausbreitend, zuletzt ganz breit und weit auf dem Boden der Erfahrung ruht. Eine Wissenschaft von den möglichen und notwendigen (äußern) Gesetzen ist ohne Beobachtung der unter den Menschen bestehenden oder bestandenen Gesetze so wenig fest zu Grunde als eine Theorie von den Naturgesetzen ohne Beobachtung der Natur oder eine Philosophie der Geschichte ohne Kenntnis des Geschehenen. Der mannigfaltige Reichtum dessen, was auch in dieser Beziehung die Natur durch den oft seiner eigenen Zwecke nur dunkel oder nicht bewußten Menschengeist (bei aller Einheit im Großen) hervorgebracht hat und noch stets hervorbringt, ist unendlich größer, als die höchste Regsamkeit einer nur in ihren eigenen Eingeweiden umherwühlenden Einbildungskraft zu ersinnen vermag. Eine Rechtsphilosophie, die allenfalls nur aus den Stoffen ihres heimischen Bodens ihre heimlichen Nahrungssäfte zieht, wird auch dessen Färbung annehmen und, da sie bloß ihrem Vaterlande angehört, keinen Anspruch auf den Namen „Weltweisheit" machen dürfen. Solange der über Recht und Gesetzgebung philosophierende Europäer nichts vor Augen hat als seine europäischen Gesetze, oder gar nur seine römischen, deutschen, englischen usw., je nachdem er Deutscher oder Engländer ist, so lange wird auch dieser Europäer einer indischen Rechtsphilosophie den Namen einer echten Rechtsphilosophie nicht abstreiten dürfen, wenn sie bloß an indische Einrichtungen und Gesetze ihre Betrachtungen knüpft und allenfalls bloß das Vorrecht der Braminenkaste vor der Kriegerkaste nach der Vernunft bezweifelt, weil der Mangel an Erfahrungskenntnis von einem ohne alle Kasteneinteilung bestehenden Rechtszustand jeden Zweifel an dem Recht und der Notwendigkeit eines Kastenunterschieds überhaupt ihr aus den Augen gerückt hat. – Geschichtliche Erforschung eines einzelnen Rechtssystems kann nicht als Ersatz für den Mangel einer allgemeinen Rechtswissenschaft gelten. Die vollständigste Geschichte der Entwicklung des vollkommensten aller Rechtssysteme (des römischen) lehrt uns immer nur Römisches, ein winzig kleines Bruchstück aus der Geschichte der Menschheit. Was an den Formen, in welchen sich unter diesem Volk und dieser Zeit der Geist der Gesetzgebung offenbaret hat, das rein Menschliche, das Notwendige und Allgemeine, was das Zufällige und Besondere sei, das ist aus der bloßen Entwicklungsgeschichte dieser Form nicht zu lernen. Dies lehrt nur die Vergleichung des Übereinstimmenden und Verschiedenen in dem Rechtszustand der verschiedenen Völker. Je fremder das Volk, je eigner sein Wesen, je schärfer die hieraus hervorspringenden Gegensätze, desto reicher die Lehre. Menu und Moses, Zerduscht und die Decemvirn, Muhamed und Manko-Kapak, die Rechtssitten des Jägers in Sibirien und am Orinoko, die Rechtsverfassung des Nomaden in Hochasien oder in Arabiens Wüsten, die geschriebene Rechtsgewohnheit der ackerbauenden Rajangs und die Gesetze des kunstfreien, in hoher Bildung versteinerten Chinesen, die Gesetzbücher der Germanen. Dschingis-Khans Yassa und das Vatschin-Bitschib der Eleuten, alle diese Denkmale des nach einem Ziele ringenden Geistes geben, nebeneinandergestellt und vom gehörigen Standpunkte aus betrachtet und miteinander verglichen, für die Rechtsphilosophie weit größere Lehren als Justinians Gesetzsammlung, verbunden mit der herrlichsten römischen Rechtsgeschichte einer deutschen Rechtsphilosophie, oder das Ta-thing-Hoci-tile und Tha-thing-Lecon-Lée einen über die Rechtsgesetzgebung philosophierenden zweiten Kon-fu-tse zu geben vermag. Grab also, ohne Vorliebe und Abneigung, mit offenem Auge in das Gewühl der Völker, zu dem Lebenden, Denkenden ihres Geistes, ihres Willens und Wirkens! Kein Volk, kein Stamm sei uns in dieser Hinsicht zu gering oder zu verächtlich. Jedes hat seine ihm eigentümlichen Schätze, die dem großen Zwecke (einer Philosophie der Gesetzgebung) dienen. Wo noch kein sichtbarer Gesetzgeber spricht, hat schon lange die Natur ihre Gesetze ausgesprochen. Was der menschliche Geist hervorbringt aus innerem Drang, aus lebendig gefühltem Bedürfen, gleichsam aus bewußtlosem Instinkt oder in jener Begeisterung, welche in dem Gegenstande das Wahre und Gute selbst verloren anschaut, wie es im erhöhten Gefühle der Seele sich im Besondern offenbart, das ist aus der Natur selbst geboren und fügt sich den Dingen an, für die es wird, nicht wie ein bloß umgehängtes Gewand, sondern wie Fleisch und Haut dem lebendigen Leib. Als Aristoteles die Regeln des Heldengesanges lehrte, war die Zeit der Homere längst vorüber. Die Gesetzgebungen der Völker, die Jahrtausende hindurch von Geschlecht zu Geschlechtern fortgewirkt, vor deren Trümmern wir zum Teil noch jetzt mit Bewunderung verweilen, wurden nicht nach Theorien und Begriffen und Schlüssen zusammengebaut. Aber die Werke der Natur und des Genies sind die gesetzgebenden Urbilder für die Regeln jeder Kunst, der edelste Stoff für die Grundsätze jeder auf unmittelbare Anwendung im Leben berechneten Wissenschaft. – Eine nicht nur hinsichtlich aller Gegenstände der Gesetzgebung, sondern auch aller Völker der Erde allgemeine Rechtswissenschaft ist in ihrer höchsten Vollständigkeit ein unerreichbares Ziel, so gewiß als eine ihrem Ideal vollkommen entsprechende allgemeine Menschengeschichte. Wie viele Völker sind untergegangen, ohne eine Spur ihres Lebens hinter sich zu lassen? Wie manche stehen noch auf der Weltbühne, deren früheres Leben in dem ewigen Dunkel des Vergangenen ruht! Manche weite Strecken hat noch keines Europäers Fuß betreten, manches kleine und große Volk ward noch von keinen oder nur von Krämer-Augen betrachtet! Wie viele Denkmale der Gesetzgebung sind auf ewig verloren! Wie manche der erhaltenen sind uns, wenigstens zum Teil, eine unverständliche Hieroglyphe, und wie manche noch bewahrte Reichtümer liegen bis jetzt unter dem Zauberbanne fremder Sprachen verschlossen! – Die allgemeine Rechtswissenschaft ist zugleich die Wissenschaft von dem Geist der Gesetze; denn der Geist ist das Wesen. Die wissenschaftliche Darstellung einer Rechtsbestimmung ist unzertrennlich von der Darstellung des Grundes, welcher sie bestimmt, ihres inneren Zusammenhanges mit demjenigen, was über, unter oder neben ihr steht. Hierdurch aber ist die allgemeine Rechtswissenschaft an die Geschichte notwendig geknüpft; denn keine Gesetzgebung springt wie Minerva mit Speer und Schild aus Jupiters Haupt. Um eine Gesetzgebung nach ihrem innern Wesen ganz zu erkennen, ist noch zu wissen, wie sie geworden, wie sie gekeimt, sich entwickelt, gewachsen, gediehen. Zeit und Zeitengang erklären die Gesetze, so wie umgekehrt Gesetze oft ihre Zeit und ihren Gang erklärbar machen. Aber eben die Zeit und die Zeitfolge in ihrem ursachlichen Zusammenhang mit den Gesetzen eines Volkes ist meistens die große, nicht zu beantwortende Frage. Aus der Nacht der Geschichte, mitten in Steppen und Wüsteneien ragt oft schimmernd ein Tempel der Gesetzgebung hervor. Wir stehen betrachtend davor, messen die Verhältnisse, durchgehen die Gemächer; aber: Woher ist er? Welches sein Meister? In welcher Zeit? Aus welchen Stoffen gebaut? Was gehört davon der Natur, wieviel der Kunst? Wo war des Baues Anfang, wo Fortgang und Ende? – Wir fragen und fragen, aber die Geschichte gibt keine Antwort zurück. – Bei allen dem und obgleich menschliche Kraft kaum zureicht, um auch nur das wenige Vorhandene zu umfassen, und obgleich jeder Versuch zu einer allgemeinen Rechtswissenschaft (welche zugleich die Aufgabe einer allgemeinen Rechtsgeschichte einschließt) in den spätesten Zeiten in weiter Ferne hinter der Aufgabe zurückstehen muß, so ist darum nicht minder jene Idee der Liebe und des Schweißes der Edeln wert. Soll eine Geschichte und Wissenschaft der Natur darum nicht sein, weil der Reichtum der Natur unendlich, ihre Tiefe unergründlich ist?

Begriff der Ehe

Unsere Rechtsphilosophien erklären die Ehe für eine zum Zweck der naturgemäßen Geschlechtsbefriedigung auf lebenslang und mit der Bestimmung der Ausschließlichkeit zwischen zweien Personen eingegangene Gesellschaft und geben für den Begriff der Ehe überhaupt den Begriff der europäischen Ehe insbesondere. Ein Orientale würde aus seiner Begriffsbestimmung die Zahlenbestimmung Zwei entweder ganz weglassen oder als Moslemin jene Zahl auf einen Mann und vier Weiber ausdehnen; der alte Römer würde gegen die Lebenslänglichkeit des Vertrags, welche in das neurömische Ehesakrament etwas hinspielt, seine Erinnerung machen; der Chinese würde jene Bestimmung bloß auf die Oberfrau anwendbar finden und ihn daher so erweitert wünschen, daß er auch den Frauen des zweiten Rangs anpasse; der Tibetaner endlich würde sich wundern, daß durch jenen Begriff seiner friedlichen, treuen Gemeinschaft eines Weibes mit vielen Brüdern der heilige Name „Ehe" versagt werde. – Indessen hat jene Rechtsphilosophie sogar noch mehr getan und die Rechtlichkeit der Ehe überhaupt dem Charakter der europäischen Ehe ganz ausschließend zugeeignet. Jede Geschlechtvereinigung, behauptet sie, sei ein Mißbrauch der Persönlichkeit des andern, soferne sie nicht kraft einer Vereinigung geschehe, worin jeder Teil sich dem andern ganz und daher ausschließend und daher auf immer hingebe. Hierbei ist nur das unbegreiflich, wie die Gegenseitigkeit der Hingebung dadurch, daß sie zwischen zwei Personen auf Lebenszeit geschieht, den Mißbrauch zum erlaubten Gebrauch heiligen, wie ein doppeltes Unrecht, gegenseitig zugefügt und durch unauflösliche Bande verewigt, zum Recht gesteigert werden könne. Der Witz mag ewig sich mit der Antwort begnügen, die Persönlichkeit, welche das Weib ihrem Manne hingebe, werde durch gleiche Hingebung an sie wiedergewonnen. Allein der Verstand wird bei dieser Vergleichung zum wenigsten sich ein „gleichsam" hinzudenken müssen und sich dann vielleicht berechtigt glauben, aus solchen Gründen auf die Gesetzmäßigkeit jeder Art nicht erzwungenen Geschlechtsgenusses zu schließen, weil in dem Moment der Hingebung das Weib ebensowohl die Person des Mannes als der Mann die Person des Weibes besitzt und daher das Weib, was es an jenen entäußert, gleichzeitig in der Person des Mannes wiederempfängt. – Es ist mit Recht gesagt, daß, wenn sich die Zwiebeln einen Gott machen könnten, so würden sie ihn in Zwiebelgestalt sich bilden. So machen auch unsre Rechtsphilosophen ihren europäischen Verstand zur allgemeinen Menschenvernunft, das Pünktchen, auf dem sie stehen, zum allein gelobten Land, ihr Völkchen zum auserwählten Volk Gottes, dessen Sitten, Einrichtungen und Gesetze zum allgemeinen Maßstabe dienen, an welchem das an sich Rechte und Gute abgemessen, nach welchem, wenn er für das Fremde zu groß oder zu klein ist, über die unbedingte Verwerflichkeit und Unrechtlichkeit des Fremden stolz entscheidendes Gericht gehalten wird. Wie der schlechteste Stein, die unvollkommenste Pflanze, das häßlichste Tier ein notwendiges Glied der Naturordnung ist, so ist auch jede menschliche Einrichtung, so seltsam oder unvollkommen sie scheinen möge, ein wohlberechtigter Teil in dem großen Plane der moralischen Ordnung der Dinge, an ihrem Platze, zu ihrer Zeit gut, wenigstens als notwendiger Übergangspunkt zu dem Besseren, als verbindendes Mittelglied zwischen dem Vollkommenen und Unvollkommenen. Der Rechtsphilosoph darf untersuchen, welches wohl die beste, der Menschheit angemessenste, dem Staat zuträglichste Form der Ehe sei, wie der Naturforscher den Elefanten für vollkommner erklären darf als die Milbe. Aber die Milbe unter den Tieren auszustreichen, weil sie nicht der Elefant ist, oder dem Neger den Menschennamen versagen, weil seine Haut nicht weiß und rot gefärbt ist, wäre mindestens sehr beschränkt und unphilosophisch gedacht. Ist entschieden, was das Vollkommenste sei, so ist selbst damit noch nicht ausgemacht, daß es überall das Zuträglichste sei. Das Beste ist oft weit schlimmer als das Halbgute oder Unvollkommene, wenn das Beste nicht ertragen werden kann. Die Brotfrucht ist vollkommener als unser Korn; wer sie zu uns brächte, um damit unsern Ackerbau zu verdrängen, würde aus Europa einen Leichenacker machen. So auch mit menschlichen Einrichtungen. Daß die Natur hier Monogamie, dort Polygamie, hier unter dieser, dort unter jener Gestalt entstehen, emporkommen, jahrhunderte- und jahrtausendelang bestehenließ, beweist, daß wenigstens sie diese mancherlei Formen in ihrem Plane hat. Die Natur kennt kein auserwähltes, kein Günstlingsvolk, das sie allein mit ihren Gaben schmückte; auch kein Volk der Verdammnis. Was die Natur billigt, sollen wir nicht in stolzem Eigendünkel als Kehricht wegwerfen, sondern mit ehrfurchtsvoller Schüchternheit behandeln. Sie übt auch an dem Menschen ihre tausend gestaltenden Wunderkräfte; sie will nirgends langweilende Einförmigkeit, sondern verbreitet ihren unerschöpflichen Reichtum in unendlichen Formen und Gestalten. Wie sie den Afrikaner nicht gleich dem Europäer gebildet, wie sie den Asiaten unter einen andern Himmel, in andere Umgebungen gestellt, wie sie jedem Volk seine eigne Gestalt, seine eigentümlichen Vorstellungen, seine eigne Lust, seine eignen Schmerzen gegeben hat, so gab sie ihm auch zugleich andere Formen seines gesellschaftlichen Lebens. – Wollen wir ein allgemeines Merkmal der Ehe, so darf von ihr mehr nicht gesagt werden, als sie sei eine dauernde, mit gemeinschaftlichem Zusammenleben verbundene, zwischen gewissen (?) Personen verschiedenen Geschlechts eingegangene und zugleich auf den Geschlechtsgenuß gerichtete Vereinigung. Ob diese Vereinigung zwischen einem Manne und einem Weibe oder zwischen einem Manne und mehreren Weibern oder mehreren Männern und einem Weibe eingegangen worden, ändert nichts an dem allgemeinen Begriff. Nur Weibergemeinschaft als einer Geschlechtsvereinigung mehrerer Männer mit mehreren Weibern, worin jeder Mann jedem Weibe, jedes Weib jedem Manne gehört (?), muß der Name einer Ehe versagt werden. Dauernd und mit gemeinschaftlichem Zusammenleben verbunden muß die Geschlechtsgemeinschaft sein, oder sie ist bloße Hurerei. Auch das Wort „dauernd" setzt die Ehe der vorübergehenden, durch augenblicklichen Instinkt geknüpften Geschlechtsgemeinschaft entgegen, begreift aber die lebenslängliche Dauer, eine bestimmte oder unbestimmte Dauer. Man wird es den Römern nicht absprechen können, daß sie in Ehen gelebt haben, wenngleich jeder nach Belieben mit dem „res tuas tibi habeto [Behalte deine Sachen für dich]" seine Frau aus dem Hause fortschicken und sich von neuem verheiraten durfte. Die Ehe, welche in Persien meistens von fremden Kaufleuten und andern, die nicht förmliche Ehe schließen wollen, auf eine bestimmte Zeit oder für die Dauer ihres Aufenthaltes geschlossen wird, wird dort, wenigstens von weiblicher Seite, für heiliger gehalten als oft manche lebenslängliche europäische Ehe. Da, wie sich später zeigen wird, Bestimmtheit der Verwandtschaft, Hervorbringung von bestimmten Familienbanden Natur- und bürgerlicher Zwecke der Ehe ist, so wird man diesen Namen selbst da nicht unpassend finden, wo sich der Mann auf eine bestimmte Reihe von Jahren oder allenfalls bis zur erfolgten Zeugung eines Kindes in solche Gemeinschaft begäbe. – Der Geschlechtsgenuß ist von der Ehe nicht auszuschließen; der vornehme Eunuche braucht zwar im Orient seinen Harem, aber nur so, wie er zur Pracht seine Stallmeister und Steigbügelhalter braucht; es ist ein Name, dessen die Ostentation auch da bedarf, wo die Natur die Sache verweigert hat. Es beschränkt sich aber die Ehe nicht notwendig und allein auf den Geschlechtsgenuß; die Sitte des Volks, die Ansichten der Gesetzgeber und Volkserzieher müssen bestimmen, was noch sonst in dem Zweck der Ehe mitbegriffen ist. Erziehung der Kinder gehört da nicht zur Ehe, wo man, wie meistens im Orient, die physische und moralische Erziehung bloß den Sklaven überläßt oder wo, wie sonst in Irland nach dem Institut der Fosterage, die Kinder der Vornehmen den Ärmeren übergeben wurden.* Bei den meisten wilden oder barbarischen Völkern schließt die Ehe Sklavendienst des Weibes ein; bei uns ist die Sache zu einem mutuum adjutorium [einer gegenseitigen Hilfe] verfeinert. Die Naturrechtsphilosophie machte bisher die Bedingung des gegenseitigen ausschließenden Geschlechtsgenusses zum Wesen der Ehe. Allein dieses ist wieder nur der kanonische Begriff von Ehe; denn bei den Römern, Griechen und vielen noch jetzt lebenden Völkern verpflichten die Gesetze nicht den Mann, sondern nur das Weib zur ehelichen Treue; bei andern gehört es noch jetzt zu den Gesetzen des Gastrechts, mit dem Fremden nicht bloß den Tisch, sondern auch das Eheweib zu teilen. – Viele sowohl polygamische als monogamische Völker unterscheiden zwischen förmlicher und nicht förmlicher Ehe. Beide sind

* Waracus de Hibernia cap. VIII. Leland Histoire d'Irlande T. I. disc. prél. p. 51.

erlaubt und gesetzlich; und bringt jene die vollen rechtlichen Wirkungen einer Ehe hervor, diese hat nur beschränkte; jene wird meistens mit gewissen Feierlichkeiten eingegangen, diese ohne dieselben. Der Name „Ehe" im eigentümlichen, strengsten Sinn wird dann gemeiniglich der förmlichen Ehe, der Ehrentitel „Ehefrau" bloß dem mit allen Ehren- und Rechtsvorzügen ausgestatteten, mithin förmlich geheirateten Weibe beigelegt. So hatte der Römer neben dem Connubium [der rechtmäßigen Ehe] den Concubinat [die wilde Ehe], wie wir die Ehe zur linken Hand. Muhamed erlaubt dem Gläubigen nicht mehr als vier Weiber; allein dies versteht sich bloß von den eigentlichen Eheweibern, nicht von den Konkubinen, deren Zahl nicht beschränkt ist. Man darf diese Bemerkung nie vergessen, oder man ist in Gefahr, Völker für monogamisch zu halten, die es nicht sind. Der Chinese heiratet nur eine Frau, und bloß im Fall ihrer Unfruchtbarkeit ist ihm erlaubt, mit einer zweiten sich zu verheiraten; doch ist unter dieser einen Frau nur die Frau des ersten Ranges, die eigentliche Hausherrin, zu verstehen, welcher die Weiber des zweiten Ranges als Sklavinnen in blinder Unterwerfung dienen, welcher selbst die Kinder, die von diesen Nebenweibern geboren werden, dem Recht nach ebenso angehören, als gehörten sie ihr durch die Natur an.

Inhalt

Anhang

[Zusätze der Ausgabe B zum Anhang]

FSC
www.fsc.org
MIX
Papier | Fördert gute Waldnutzung
FSC® C083411

Kolibri 360 GmbH
Ferdinand-Jühlke-Straße 7
99095 Erfurt, Deutschland
produktsicherheit@kolibri360.de